“三服务”调研报告集

浙江省社会科学界联合会 编

浙江工商大学出版社
ZHEJIANG GONGSHANG UNIVERSITY PRESS
·杭州·

图书在版编目(CIP)数据

“三服务”调研报告集 / 浙江省社会科学界联合会编. —杭州：浙江工商大学出版社，2020.3

ISBN 978-7-5178-3636-0

Ⅰ. ①三… Ⅱ. ①浙… Ⅲ. ①地方政府－社会管理－调查报告－浙江 Ⅳ. ①D625.55

中国版本图书馆 CIP 数据核字(2019)第 280673 号

“三服务”调研报告集

“SANFUWU” DIAOYAN BAOGAOJI

浙江省社会科学界联合会 编

责任编辑 刘淑娟 王黎明

封面设计 林朦朦

责任印制 包建辉

出版发行 浙江工商大学出版社

(杭州市教工路 198 号 邮政编码 310012)

(E-mail:zjgsupress@163.com)

(网址:http://www.zjgsupress.com)

电话:0571-88904980,88831806(传真)

排　　版 杭州朝曦图文设计有限公司

印　　刷 浙江全能工艺美术印刷有限公司

开　　本 787mm×1092mm 1/16

印　　张 31

字　　数 713 千

版 印 次 2020 年 3 月第 1 版 2020 年 3 月第 1 次印刷

书　　号 ISBN 978-7-5178-3636-0

定　　价 98.00 元

编写说明

2019年初，浙江省委、省政府部署开展“服务企业、服务群众、服务基层”活动，这是深入践行习近平总书记对浙江工作新期望、推进“‘八八战略’再深化、改革开放再出发”的具体行动，也是推进浙江经济高质量发展的务实举措。在2019年首个工作日，浙江省委书记车俊、省长袁家军等四套班子带队分赴全省各地，进企业、看项目、走村居、访人才，对企业发展和重点项目建设进行悉心指导，有针对性地研究落实帮扶措施，拉开了浙江全省开展“三服务”活动的大幕。

为了全面贯彻落实省委、省政府部署的“三服务”活动要求，省社科联于2019年3月启动了“2020年度省社科联研究课题（调研专项）”研究，共收到全省97家单位的申报材料400余份。经专家评审、网上公示、省社科联党组审定，确立了99项专项课题。这些课题涉及企业经营管理、“三农”问题、“最多跑一次”改革、教育、医疗、卫生、文化等关乎企业、群众、基层实际生产生活众多方面。

课题立项之后，各课题组纷纷组织调研，到企业一线了解生产经营状况，到群众中间了解民之所需，到基层单位了解具体问题和困难。至2019年10月底，99个课题组500余人共对1270个乡镇（街道）、1706个村（社区）、4691家企业、531个学校进行了调研，并召开各类座谈会694次，5116人次参与座谈，采访各类人员63916人次。各课题组在充分的实地走访调研基础上，运用数据分析、定性分析与定量分析相结合等方法，对所掌握的资料进行综合和实证研究，形成了系列课题调研报告。

各课题组递交的调研报告客观真实地反映了企业、群众、基层在改革发展过程中面临的突出困难和亟待解决的热点、痛点，提出了有助于当地经济社会发展的有针对性、可操作性的对策建议。为展示此次专项课题研究取得的成果，浙江省社科联决定择优将其中的51篇调研报告汇集出版，以供党政部门、理论工作者和实务工作者参阅。

目 录

企业篇

群众篇

基层篇

企 业 篇

浙江民营企业参与"一带一路"建设的成效及政府服务需求研究

[按语]民营企业是浙江参与"一带一路"建设的重要力量。在当前国内去产能、产业升级、结构调整的背景下,"一带一路"建设为浙江民营企业"走出去"提供了商业机会,同时也为企业加快转型升级提供了良好时机。但是在"走出去"的过程中,浙江民营企业也面临着诸多问题,如信息壁垒、风险管理、国际化人才保障和政府服务等问题。在此背景下,课题组拟对浙江省民营企业参与"一带一路"建设情况开展深入调研,掌握一手资料,发现制约浙江省民营企业参与"一带一路"建设的关键因素,并提出针对性、可操作性的政策建议。

一、研究概况

(一)研究的背景

2013 年,习近平总书记先后提出共建"丝绸之路经济带"和"21 世纪海上丝绸之路"倡议。在逆全球化和全球经济低迷的背景下,"一带一路"倡议成为全球经济合作与治理的典范和护全球开放的重要力量。据统计,2018 年,我国对"一带一路"沿线 56 个国家开展的跨国直接投资达到 156 亿美元,同比增长 9%,占同期我国对外直接投资总额的 13%,增幅遥遥领先其他地区。截至 2018 年底,我国在"一带一路"沿线累计投资达 300 亿美元,创造就业岗位 30 多万个,为东道国经济发展做出了重要贡献,受到沿线国家的热烈欢迎。

在"一带一路"建设过程中,浙江依托外向型经济优势,取得了"一带一路"建设的良好成效。根据国家信息中心"一带一路"大数据中心编撰的《"一带一路"大数据报告(2018)》,浙江省位列省市参与度指数第四位。截至 2018 年,浙江在"一带一路"沿线国家投资总额达 285 亿美元,浙江对"一带一路"沿线国家投资额占全省对外投资比重从 2014 年的 16%提升到 2018 年的 45%。在境外经贸合作区等重点平台的建设上,我省具有良好的基础,在"一带一路"沿线国家共有 10 余家境外经贸合作区,国家级园区数量居全国首位。

(二)课题调研情况

1. 调研对象

课题组结合浙江省社科联开展的大调研活动,先后到 15 家在"一带一路"沿线进行投资或者有投资意向的民营企业进行调研。课题组围绕企业对"一带一路"沿线国家投资的动机、决策机制、风险管理、投资绩效等进行深度访谈;重点梳理政策支持及政府服务体系在企业对外投资中的作用,并形成调研报告。

2.调研成果

完成调研报告《浙江民营企业参与“一带一路”建设的成效及政府服务需求研究》(0.7万字)和决策建议《浙江加快布局“一带一路”海外科技园区的建议》(0.4万字)。

二、浙江企业参与“一带一路”建设现状

(一)进出口贸易情况

“一带一路”倡议的提出为浙江进出口贸易提供了广阔的市场机遇。据统计,2018年,浙江与“一带一路”沿线国家的国际贸易额(进口和出口累计)达到近9000亿元,占2018全省对外贸易总额比重约三分之一。分地区看,如图1所示,东南亚是浙江对“一带一路”出口最多的地区,出口额达到3161.5亿元,约占35%;西亚北非16国位居我省出口市场第二位,达到2431.9亿元,约占为27%;其他地区分别为南亚8国(1509.9亿元,16.8%)、蒙古俄罗斯及中亚5国(856.4亿元,9.6%)、中东欧16国(808.1亿元,9%)及其他国家(198.8亿,2.2%)。2018年,浙江省与俄罗斯、印度尼西亚、越南、马来西亚等贸易额居前十位国家的贸易总额为4222.3亿元,占沿线国家贸易总额的47.1%。

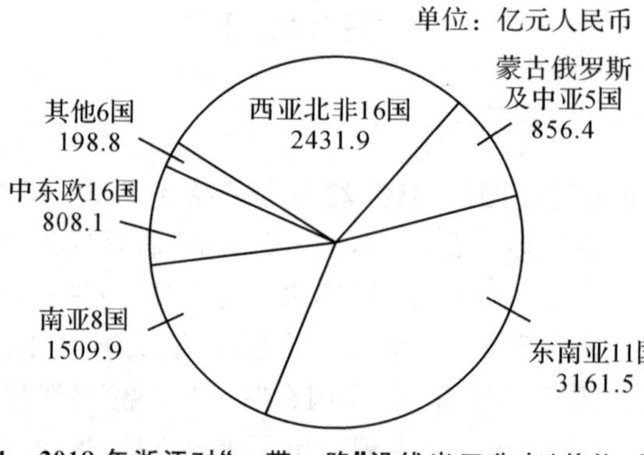

图1 2018年浙江对“一带一路”沿线出口分布(单位:亿元)

(二)对外直接投资情况

“一带一路”倡议提出后,浙江企业对沿线国家直接投资的意愿不断提升。2018年,浙江企业在“一带一路”沿线国家(地区)的海外投资项目共141个,占全年对外投资项目总数比重的30%,同比增长110%,增长势头迅猛。

从投资地区看,东南亚地区为主要投资目的地。2018年,浙江省对外直接投资位居前五的分别是柬埔寨、马来西亚、捷克、越南和泰国。东南亚地区由于地理位置相近、产业互补性强、市场潜力大、矿产资源丰富,浙江省对东南亚地区的中方投资额占沿线国家的68%,正成为主要受益地区。

从投资方式看,新建项(绿地投资)目仍为主要投资合作方式。2018年,浙江对外直接投资中新建项目共115个,占全部境外投资备案项目总数的82%;中方投资额21

亿美元，占境外投资备案项目中方投资额的85%；而以并购、增资、参股等方式的投资项目数较少，分别为14个、7个和4个，投资额分别为2.7亿美元、0.8亿美元和0.2亿美元。

从投资产业分布看，产业领域集中于制造加工、服务业和科技研发。2018年，制造加工(80个)、服务业(34个)和科技研发(9个)的中方投资额分别为17亿美元、4亿美元和2亿美元，共计投资23亿美元，占全部中方投资额的93%。与之相对，农林牧渔、油气、基础设施等领域中方投资额仅为0.3亿美元、0.1亿美元和0.1亿美元。

(三)境外经贸合作区建设

浙江参与"一带一路"有着良好的基础，与沿线国家的贸易和投资都走在全国前列。在境外经贸合作区等重点平台的建设上，我省也独具优势。截至2018年，浙江在"一带一路"沿线国家投资总额达192亿美元，在"一带一路"沿线国家共有8家境外经贸合作区，国家级园区数量居全国首位。"走出去"的脚步从东南亚的泰国、柬埔寨、越南、文莱，到中亚的乌兹别克斯坦，欧洲的俄罗斯、捷克、塞尔维亚，形成了遍布"一带一路"的境外经贸合作区新格局。通过境外经贸合作区平台，相关企业"抱团出海"，增加了业融入东道主市场和风险抵御的能力，强化了企业在国际市场的话语权。与此同时，互利共赢，共同发展，越来越多的境外经贸合作区正帮助"一带一路"沿线国家带动上下游产业发展，增加就业和税收，培养技术工人，促进经济共同发展。

(四)典型企业案例

参与"一带一路"建设过程中，浙江民营企业根据自身的实际，逐渐探索出一些独特的国际化做法，如青山控股的海外产业园区建设、均胜集团的跨国并购战略等，均在各自领域做出了出色的业绩。

1.青山控股:借力"一带一路"加强产能合作

青山控股集团有限公司(以下简称"青山控股")是一家起步于温州的民营钢铁企业，经过近30年的发展，布局浙江、辐射全国，成为我国不锈钢行业龙头企业，在国内市场日趋饱和的背景下，青山控股制定了国际化发展策略，积极布局海外市场。

青山控股2010年开始尝试国际化经营。2010年3月，经过精心筹划，该公司在印度尼西亚设立了海外首个子公司——苏拉威西镍业有限公司，主要从事镍矿开采工作。2013年10月，青山控股启动了中国-印尼工业投资合作区青山园区基础设施项目，从单向投资向产业集群式投资转型，从独立建厂，向投资产业园区"抱团出海"，形成了"镍铁+不锈钢"一体化为主，包含相关上下游产业链的专业化产业园区。2018年8月，青山控股在印尼启动了第二个工业园区——纬达贝工业园区项目。截至2018年底，青山控股印尼工业园区累计投资达到33亿美元，成为当地最大的外资项目，成为中印经贸合作的标志性工程项目。

在"一带一路"建设的引领下，青山控股继续深化国际产能合作，还将目光瞄向了非洲、西亚和南亚广大地区。2012年，青山控股通过绿地投资形式在非洲开拓市场并成立了中非冶炼有限公司;2018年10月，青山控股又投资10亿美元，高标准建设年产200万吨粗钢的不锈钢钢铁厂。在推动东道国经济发展的同时，青山控股国际化也为自身发展注入强大动力，企业规模、效益得到快速提高(见图2)。截至2018年，青山控股已经跃居全球第一位，不锈钢粗钢产量 达750万吨。全年实现营业收入1600亿元。

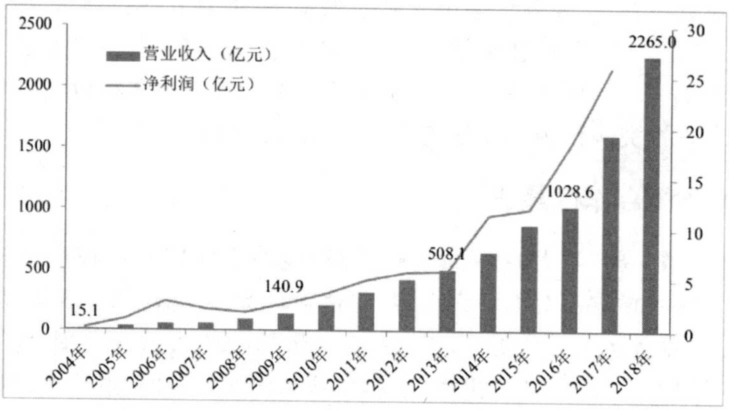

数据来源：历年中国企业500强数据。

图2 青山集团历年营业收入和净利润

2.均胜集团:借力“一带一路”实施跨国并购

浙江均胜原来是一家产汽车功能部件和饰件材料为主的传统汽车零部件企业，在行业内规模中等，但是却通过先后10次跨国并购(见表1)，迅速成长为一家国际上颇有影响力的零部件企业。主要经历三个阶段：

2008年2012年，是市场驱动的并购策略。这一阶段主要目的通过跨国并购开拓国际市场，利用国际品牌的销售网络和渠道，建立国际市场的桥头堡。2011年，均胜集团收购德国老牌汽车电子企业普瑞，一举跻身身为大众和通用汽的全球供应商，同时也实现了技术、品牌上的全面转型。截至目前，均胜已经成为奔驰、宝马和和劳斯莱斯等多家高端汽车电池管理系统和驾驶员控制系统的生产供应商，成为该领域的隐形冠军。

2013—2015年，是价值链驱动的并购策略。2013年起，均胜开始连续并购，围绕汽车电子、配件进行跨国资源整合，开始向产业链上游挺进。均胜先后收购德国汽车电子网络系统开发厂商Innoventis(2013年8月)、德国高端工业自动化制造公司(2014年8月)、高端内饰件与方向盘总成供应商Quin(2015年1月)。收购后，均胜通过研发、销售等资源协同，在汽车电子细分领域站稳脚跟，确立了行业地位。

2016年至今，进入技术驱动的并购策略。均胜集团通过连续跨国并购，逐渐成为以技术驱动的系统集成商。均胜以物联网、人工智能等技术为先导，先后收购德国车联网软件开发商德累斯顿、美国安全系统厂商KSS、工业自动化厂商EVANA、奥地利自动化公司M&R、日本安全系统厂商高田等一系列公司。通过并购、整合，在电池电控、车载充电研发制造等心零部件技术和占有一席之地，从零部件供应商升级为技术驱动的系统集成商。

表 1　均胜集团历次并购情况

时间	标的方	所在国	金额	所在行业
2011.7	普瑞集团 (Preh GmbH)	德国	16 亿人民币	空调控制系统、驾驶员控制系统、传感器、电控单元、工业自动化
2013.8	Innoventis	德国	56 万欧元	汽车测试软件开发
2014.8	伊玛自动化 (IMA Automation)	德国	1430 万欧元	工业机器人的研发、制造和集成
2015.1	群英(Quin GmbH)	德国	9000 万欧元	高端内饰件与方向盘总成
2016.1	TS 德累斯顿	德国	1.8 亿欧元	汽车行业模块化信息系统开发和供应、导航辅助驾驶和智能车联
2016.5	EVANA Automation	美国	1.95 亿美元	工业机器人和自动化系统的研发、制造和集成
2016.6	百利得(KSS)	美国	9.2 亿美元	主\被动安全系统
2017.11	Epower 公司	挪威		电力电子系统的研发和生产
2017.6	M&R Automation 自动化	奥地利		汽车动力总成系统和电动汽车设计
2018.4	高田(TAKATA)	日本	16 亿美元	被动安全系统

三、浙江民营企参与"一带一路"建设存在的问题

"一带一路"倡议提出六年来，浙江民营企业积极响应并参与，国际化进程有所加速。在全球政治经济秩序面临大调整、大变动以及中国经济面临动力转换、供给侧结构性改革的背景下，浙江民营企业"走出去"面临一些矛盾和问题。综合起来，主要表现在以下方面。

(一)浙江企业对外直接投资存在的问题

1.平均项目规模小

尽管浙江对"一带一路"沿线直接投资的企业数量增长迅速，但平均规模偏小。截至2018 年 12 月，全省经审批核准或备案的境外企业和机构共计 9980 家，累计境外投资备案额 910 亿美元，平均项目金额仅为 912 万美元，远低于全国平均水平。造成这一现象的原因一方面与投资主体有关，由于我省对"一带一路"直接投资的企业多为米宁企业，大多数是初次投资，投资相对谨慎。此外，也与对外投资的方式有关，我省对外直接投资跨国并购较少，因此超亿美元的大项目比较少。

2.规格和层次较低

浙江对外投资仍然处于初级阶段，以贸易型和经贸办事处为主，实体投资少，根植性差；投资项目多属于低附加值、低技术含量的劳动密集型项目；投资的方式多为新建或新设，跨国并购方式屈指可数。2018 年浙江 275 家对外投资企业中，贸易性企业和经贸办事处所占比重竟达 66%，而生产性企业仅占 18%的比重。贸易型企业和经贸办事处投资规模小，项目根植性差，因此受经贸形势影响大，很不稳定。

3.项目对接平台少

信息不对称和信息不充分是制约企业对外投资的最重要因素。企业“走出去”面临不熟悉当地投资环境、政策法规、社会文化等问题，希望出现能够提供投资综合信息服务的专业中介机构。一方面希望各国加强国际投资信息平台建设，为企业提供更多更好的服务；另一方面也希望更多地出现能够为“走出去”企业提供投资综合信息服务的专业中介机构。此外，缺少专业投融资服务平台。现在虽然有类似的中介机构，但提供的服务比较单一和有限，没有能够提供综合信息服务的中介机构。

4.国际化人才缺乏

实施“走出去”战略，需要高素质的人才。浙江高素质的国际化经营人才短缺，导致海外企业的运营和管理问题频发。从人才环境来看，浙江高校国际化、复合型才培养跟不上经济发展的需要，设立国际投资专业（方向）的院校数量偏少。在新的形势下，越来越多跨国企业开始采取措施引进、培养跨国经营人才，但效果不明显。此外，浙江民营企业内部治理情况也不容乐观，多数民营企业在海外企业管理时家族化色彩浓厚，直接导致民营企业对外投资工作水平低，增加投资决策风险。

（二）企业对政策支持和政府政服务评价

1.企业对各项政策的满意度

为了全面了解浙江民营企业对现有的政策和政府服务的满意度，课题组通过访谈、问卷调查的形式，对财税管理制度、投资管理制度、资金使用制度、外汇管理制度和信贷保险制度等方向进行分类调研，具体结果如图3所示。

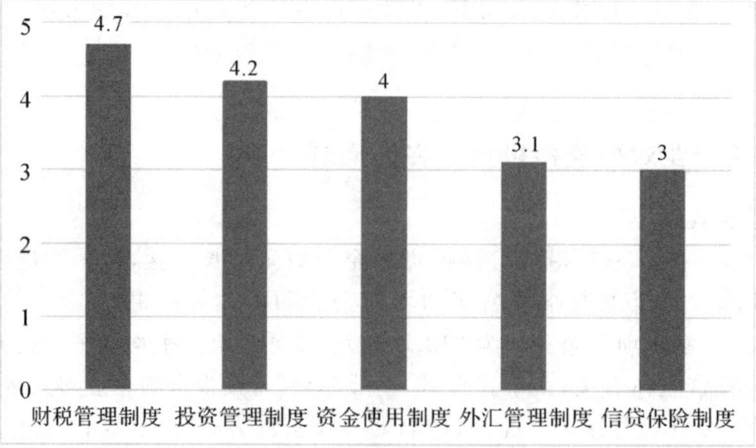

图3 企业对各项政策的满意度

总体上看，受访企业对我国各级政府现有鼓励“走出去”的政策表示基本满意。具体来说，对财税管理政策和投资管理制度的满意度较高。目前，除了省级专项资金支持外，各个地市也出台一系列支持企业“走出去”的财税支持，有力支持企业走出国门开展跨国投资。但是相对来说，浙江民营企业对信贷保险和外汇管理政策的满意度较低。主要原因是2017年以来，国家相关部委密集出台《关于进一步引导和规范境外投资方向指导意见的通知》《民营企业境外投资经营行为规范》和《企业境外投资管理办法》等一系列政策，加强对企业海外投资的管控，我国民营企业对外投资融资约束较强，在一定程度上限制了对外直接投资的便利性。但是部分企业对省商务厅、省财政厅和和中国出口信用保险公司共同搭建的浙江“走出去”融资与担保服务平台表示肯定，为企业获取政策性融资支持提供了积极的支持。

2. 对政府公共服务体系的评价

课题组对政府服务“项目信息服务”“外事服务”“法律服务”“技术服务”和人才培训等5个方面进行调研。受访企业对现有的“走出去”公共服务体系表示基本满意。在各项公共服务中，企业对项目信息服务最为满意，尤其是对浙江省经济信息中心（浙江省“一带一路”大数据中心）网表示高度肯定；此外，对我省外事服务“最多跑一次”改革表示满意；对法律服务业给予较高肯定。但是对技术服务和人才培训的满意度相对较低（见图4）。

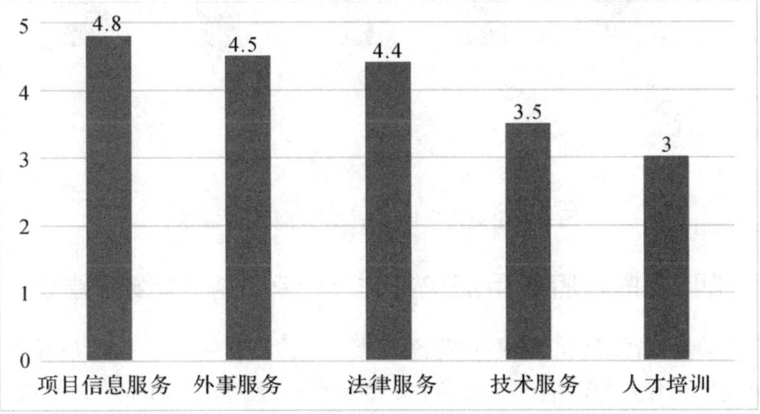

图4　企业对“走出去”公共服务体系的满意度

（三）企业对政策支持和政府政服务需求

1. 企业重点关注的政策支持

受访企业认为在对外投资时，最关注的是外汇管理制度、对外投资管理程序和政府提供专项资金使用和信贷上的支持。前两个方面是目前我国管理相对收紧政策；资金使用和信贷上的支持是目前企业投融资的重要保障。还有保护海外投资者和海外资产的合法权益、提供人才培训支持，企业也表示相当关心，但是重要性不如前三者（见图5）。

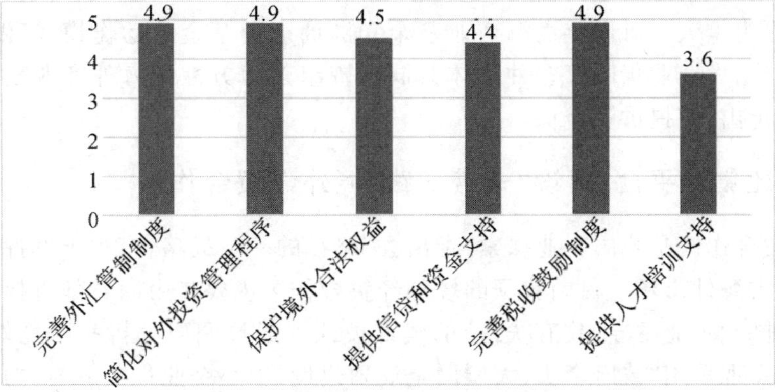

图5　企业重点关注的政策支持

2.企业对“走出去”公共服务的需求

几乎所有的企业都对政府开展经贸活动、搭建合作平台感兴趣，说明“政府搭台、企业唱戏”的模式是促进中国对外投资的重要举措；次外，企业对项目信息服务和项目对接需求也很强烈。但是对提供人才培训和技术援助期望度不高，可能这方面的工作还不够深入，没有对企业有实质性的帮助（见图6）。

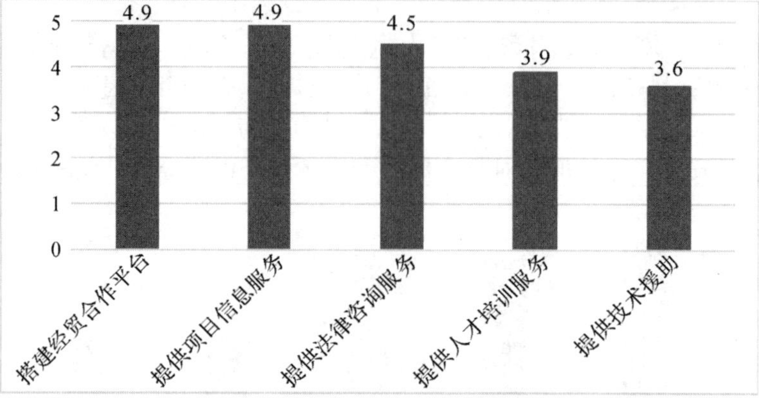

图6 企业对“走出去”公共服务的需求

四、发挥政府作用加快推进“一带一路”建设的建议

浙江民营企业在浙江经济发展中发挥重要作用。在“一带一路”建设的大背景下，民营企业又担负起“走出去”开拓国际市场、引领经济高质量发展的历史使命。通过课题组的调研，发现了浙江民营企业在“走出去”过程中存在的若干问题。针对这些问题，从政府服务的视角，提出若干对策建议。

（一）加强产业引导，细化“一带一路”建设的产业政策

近年来，在数字经济、智能制造、汽车等产业领域，浙江也走在了全国的前列，涌现出阿里巴巴、海康威视、吉利汽车等一大批国际化领军企业。为了更好地帮助企业实施“走出去”战略，充分发挥浙江主导产业的竞争优势，制定“浙江鼓励海外投资产业目录”。设立“走出去”专项资金，使企业享受国家和地方的双重财政支持。传统上，国内金融机构对企业“走出去”提供的融资支持都局限于债务融资。然而，对于“走出去”的企业而言，股权融资的意义更为重大。可借鉴渤海产业基金和浙商产业基金的运作模式，浙江政府推动银行、投资机构、大企业集团等多种主体共同出资组建地方性的海外产业投资基金，为地方中小企业“走出去”提供资金保障。

（二）搭建集聚平台，建设“一带一路”境外经贸合作区

境外经贸合作区是我国企业探索“走出去”路径的一项战略，有利于发挥集群优势，增强竞争力，抢占海外市场。目前我国的境外经贸合作区主要是由商务部直接牵头，由企业负责实施推进的“企业主导、政府扶持”的建设模式。通过调研分析我国境外经贸合作区的发展模式，发现采用“政府牵头、大型国企规划建设、中小企业积极参与”的模式，可看作

是中国企业走出去的一支“混合编队”。这种模式的境外经贸合作区最大特点就是通过地方政府的隐性介入，从产业规划、资金投入等方面高起点、高规格开展，形成了良性发展的机制。

（三）高标准建设“走出去”综合信息系统

信息服务尤其是项目信息是企业关注的焦点之一。建议我省整合商务、财政、税收、外汇等相关部门资源，协同建设浙江“一带一路”综合信息系统。宏观上，通过国际形势分析、东道国产业政策、东道国文化特征等研究和分析，为企业“走出去”发展提供公共信息。微观上，利用驻外机构和企业提供的信息，结合商务部、国家发改委的信息服务系统，建设“一带一路”国别投资环境信息库、风险防范数据库及其他相关“走出去”信息资料库，为企业“走出去”提供公共基础信息服务。

（四）积极培育行业协会和中介服务机构

行业协会在我国企业“走出去”中具有重要的作用。因此，要鼓励行业协会“走出去”，加强与境外同行的国际联系，开展“一带一路”行业交流、技术合作等活动。尤其是鼓励行业协会作为主体，牵头行业企业赴境外举行大型招商、会展等活动，通过搭建多元化平台，帮助浙江企业“走出去”。此外，也要积极培育涉外法律服务、战略咨询、涉外税务和会计等中介服务机构，为企业开拓“一带一路”市场提供全方位、多维度的环境支撑。

参考文献

[1] 李书彦. 民营企业“走出去”与政府服务创新——以宁波为例[J]. 中国国情国力，2012(06):30-32.

[2] 王军锋. 推动企业“走出去”中的政府作为[J]. 宁波经济:三江论坛，2012，000(009):25-27.

[3] 许颖悟，郭勇. 关于进一步加大支持天津市企业“走出去”工作力度的研究[J]. 天津经济，2010(5):39-43.

[4] 许颖悟郭勇.关于加大我市企业“走出去”工作力度的几点思考[D].天津:天津市发展和改革委员会天津外经集团公司,2009.

[5] 郭海涛.广州市企业海外投资风险分析与防范[D]. 广州:广东财经大学，2014.

[6] 王军锋，李书彦. 企业“走出去”及政府服务——以浙江为例的探讨[J]. 观察与思考，2012(01):62-63.

[7] 李滔. 抓住机遇　加快实施“走出去”战略[J]. 武汉商务，2011,(2):20-24.

[8] 陈光梅.陈光梅. 对促进宁波企业对外投资并购的思考[J]. 企业经济，2009(10):93-96.

[9] 陈芷瑶.湖南省民营企业 OFDI 绩效评价分析[D].长沙:湖南大学,2017.

[10] 刘杰.潍柴动力跨国并购凯傲公司的案例研究[D].泰安:山东农业大学,2018.

[11] 戴利研.主权财富基金研究:成因、影响及运营模式[D].大连:东北财经大学,2012.

[12] 程利.中国企业对外直接投资的产业选择研究[D].上海:华东师范大学,2009.

[13] 水剑. 曼达林基金助力中联重科海外并购[J]. 国际融资, 2009, 106(008):12-14.
[14] 徐冬青. 江苏企业创新方式"走出去"的若干建议[J]. 市场周刊,2014,(9):14-15.
[15] 张建民, 朱琦. 促进"走出去"企业发展的税收管理探析[J]. 涉外税务, 2012(12): 75-76.
[16] 宋洁. 构建新疆企业投资哈萨克斯坦农业风险的应对机制研究[D]. 乌鲁木齐:新疆农业大学,2013.
[17] 张娜. 中国对外投资税收激励政策研究[D]. 保定:河北大学,2010.
[18] 王亮. "一带一路"建设中文化贸易规则的构建[J]. 克拉玛依学刊, 2018.
[19] 齐贵权. 深化境外投资领域"放管服"改革[J]. 中国外汇, 2018(15):68-69.
[20] 曹红涛. 中国对外直接投资对先进制造业发展的影响研究[D]. 武汉:武汉大学,2017.

课题组单位:宁波财经学院

课题组负责人:李书彦

课题组成员:王瑞,谭晶荣,张超

课题名称及编号:浙江民营企业参与"一带一路"建设的成效及政府服务需求研究(编号:2020N30)

杭州城西科创产业集聚区科技人才引进工作绩效评估与提升路径研究

[按语]本次调研工作采用文献调研、调查问卷和访谈结合的方法进行。对杭州城西科创产业集聚区人才引进工作效能的评估,通过文献调研法对杭州市统计局、城西科创产业集聚区网站等官网资料进行收集,通过对城西科创产业集聚区管委会工作人员、产业集聚区企业引进人才进行访谈获取一手资料,通过发放600份调查问卷和专家访谈的方法开展调研。调研发现,通过前期建设,人才引进工作初见成效,人才政策渐成气候,人才平台初步搭建,城西科创大走廊已经成为杭州吸引和集聚科技人才的主要平台。但是当前城西科创大走廊依然存在引才水平有待提高、育才能力有待激发、用才效能有待提升、留才机制有待完善的问题,基于当前人才引进和使用现状,为激发人才集聚效应,需要政企合作协同建立“引得进、用得好、育得出、留得住”的人才可持续发展机制。

一、引 言

2016年,杭州市政府做出规划建设城西科创大走廊的重大战略决策,使之成为杭州乃至浙江省创新发展的主引擎。人才是创新的核心,而作为科学技术载体的科技人才自然成为杭州市打造科创产业基地必争的战略资源。杭州市科技人才引进工作积极推进并取得了巨大的进展:高度重视科技人才的引进,科技人才引进政策不断创新与丰富,引才引智环境得到持续改善。但是对于科技人才引进工作的关注多是停留在政策内容上,关注政策本身对科技人才的吸引力、政策的配套性、经济因素评估,并未将科技人才引进工作作为系统工程进行绩效评估。因此本课题基于对城西科创产业集聚区科技人才引进情况的实证调研,将科技人才引进工作效能评估作为研究问题,从宏观和微观两个维度对城西科创大走廊引进科技人才的效能进行评估并提出相应的提升机制,进而为提高科技人才引进和管理工作水平、实现科技人才资源的高效利用提供理论与实践依据。

二、城西科创产业集聚区科技人才引进工作现状与成效

(一)人才引进初现成效

通过前期建设,城西科创大走廊已经成为杭州吸引和集聚科技人才的主要平台。猎聘大数据研究院发布的2018年《杭州城西科创大走廊人才吸引力报告》显示,近两年来,

杭州城西科创大走廊人才净流入率达 25.1%，远高于同期杭州、深圳的人才净流入率，人才的集聚度在国内的产业平台里排在第三位，初步形成区域性人才高地和人才生态示范区。每 100 名流入杭州的人才中，超过 10 名选择加入科创大走廊；每 100 名流入杭州的互联网人才中，超过 22 名选择在大走廊企事业单位工作。

截至 2018 年，城西科创大走廊已引进海外高层次人才 6000 余名，其中国家级、省级海外高层次人才 452 名；培育引进两院院士 59 名。未来科技城累计引进各类高层次人才 1832 名，其中国家“千人计划”、省“千人计划”人才 201 名，青山湖科技城累计引进各类高层次人才 2103 人，引进和培育院士 15 人，国家“千人计划”、省“千人计划”人才等类型的人才 36 人(见表 1)。

表 1　城西科创产业集聚区人才统计表

单位：人

引才主体	人才总量	院士	“国千”“省千”	杭州“521”人才	其他
未来科技城	1832	0	201	0	1631
青山湖科技城	2103	15	36	2	2050
浙江大学	1498	33	192	0	1273
杭州师范大学	829	5	9	11	804
浙江农林大学	617	6	14	0	597
合计	6879	59	452	13	6355

城西科创大走廊以新一代信息技术行业为主导的产业特征决定了这一区域流入的人才以科技人员为主。从近两年大走廊流入人才的行业分布来看，互联网行业人才占流入人才的 48.8%，远高于杭州全市同期。研发类、技术类人才集聚，其中，计算机科学与技术专业背景的人才数量在城西科创大走廊总流入人才中占据第一位。在以阿里巴巴为代表的新一代信息技术企业的带动下，城西科创大走廊成为“杭派工程师”的集聚区。

(二)人才政策渐成气候

杭州城西科创产业集聚区科技人才集聚的卓越成果得益于大走廊优厚的人才政策，为支持科技人才创业创新整合出台了系列“人才新政”，加强了对科技人才的引进、培育和扶持，鼓励了各类人才入驻大走廊创新创业，打造了区域人才一体化发展的育才留才环境，推动了技术、项目、资本、人才信息等各类资源的加速集聚。

有力的政策支持是创新创业发展的重要软性环境。为深入实施创新驱动发展战略，省、市、区各层面已出台一系列有关的产业政策、人才政策等，以支持创新创业，为吸引人才、项目、投资创造了良好的条件。《杭州城西科创大走廊规划》《关于进一步完善杭州城西科创产业集聚区管理体制的意见》《杭州城西科创产业集聚区创新发展专项资金管理办法》等具体政策，为城西科创大走廊的发展提供了必要的实施依据和执行保障。同时，未来科技城、青山湖科技城等也出台了一些具体的扶持政策，招才引智成效显著。

(三)人才平台初步搭建

大走廊通过前期建设,打造了科技城、特色小镇、高校、院所、企业等众多类型的创新创业载体,包括未来科技城、青山湖科技城、浙江大学科技城等创新创业园区,阿里巴巴、杭叉集团、西子电梯、万马集团等知名企业,以及浙江农林大学、杭州师范大学、香港大学浙江创新发展研究院等一批高校院所,以这些高层次的平台为基础集聚科技人才,这些平台成为引才、聚才、留才的重要创新创业栖息地。随着大走廊建设的持续推进,之江实验室、阿里达摩院、浙大超重力实验室、西湖大学等创新平台将会进一步推动高新技术产业发展。

三、城西科创产业集聚区科技人才引进工作的绩效评估

本研究对科技人才引进工作绩效评估指标体系构建的基本思路是:首先,通过文献研究和实地调研,确定科技人才引进工作绩效评估指标的逻辑框架。其次,依据逻辑框架形成初步的指标体系,通过匿名方式向相关专家征求意见,经过多次信息反馈,对指标体系进行筛选,分析指标的有效性和确定权重,形成最终的指标体系。最后,进行实证分析,运用指标体系对城西科创大走廊人才引进工作进行绩效评估。

(一)科技人才引进工作绩效评估指标体系的建立

为了全面、客观地评估绩效水平,应按照人才引进工作“选、育、用、留”的逻辑顺序设计和遴选绩效评估指标。通过对科创产业集聚区企业和科技人员走访,管理部门工作人员访谈,政策文件解读等方式寻找人才引进工作绩效评估的指标元素。经过课题组专家的甄选,最终确定了包括 8 个二级指标、31 个三级指标在内的科技人才引进工作绩效评估指标体系。运用层次分析法(AHP)软件,经过计算,科技人才引进工作绩效评估指标体系中所有指标的最终权重分配结果如表 2 所示。

表 2　科技人才引进工作绩效评估指标权重

A1 引得进 31.9%	B1 人才引进政策 6.3%	C1 政策匹配度	0.7%
		C2 政策要点知晓度	0.7%
		C3 政策知晓途径	1.6%
		C4 政策内容吸引度	0.8%
		C5 政策执行力度	1.4%
		C6 政策执行效率	1.1%
	B2 人才引进方式 15.7%	C7 引才方式效率	4.1%
		C8 引才方式持续性	5.1%
		C9 评选方法科学性	6.5%
	B3 人才引进数量 9.9%	C10 人才引进数	3.3%
		C11 人才引进计划完成率	6.6%

续　表

A2 育得出 28.1%	B4 人才投入 28.1%	C12 载体、平台建设投入	7%
		C13 人才保障投入	10.4%
		C14 人才保值投入	2.8%
		C15 科技创新服务支持	1.7%
		C16 科研成果转化支持	6.2%
A3 用得好 24.3%	B5 人才产出效能 24.3%	C17 人才产出量	3.8%
		C18 投入产出比	3%
		C19 科技成果转化率	5%
		C20 对区域财税贡献	2.9%
		C21 对高新技术产业带动作用	5.8%
		C22 对区域社会声誉的提高	3.8%
A4 留得住 15.7%	B6 人才流动 4.9%	C23 人才流出量	2.5%
		C24 人才流进流出比	2.4%
	B7 人才满意度 7.7%	C25 福利待遇满意度	1.6%
		C26 发展机遇满意度	2.7%
		C27 配套政策满意度	1.5%
		C28 平台服务支持满意度	1.9%
	B8 人才忠诚度 3.1%	C29 持续创新创业	1.3%
		C30 推荐亲友	0.4%
		C31 主动宣传	1.4%

(二)实证分析

本研究主要采用问卷调研法，调研对象是管委会工作人员，高新技术企业以及研究型组织和学校中的科技人才，人力资源管理者，以及有关社会组织的高层管理人员等。问卷调查历时一个半月，共发放问卷 600 份，剔除无效问卷，收回有效问卷 536 份，回收率为 89.3%。问卷中对评估指标制定了详细的五级评分标准，对因素的判断分为：效果很好 95 分，效果较好 85 分，效果一般 75 分，效果有限 65 分，效果不好 55 分。问卷调查结束后进行统计分析，从而获取所需的评估数据。最后，对收集到的信息和问卷调查结果进行综合分析，经加权汇总后得到最终的评估结果。评估结果显示，城西大走廊科技人才引进工作效果良好，总评分为 81.02 分，但是仍然存在一些需要改进的地方。前二级指标的得分如表 3 所示。

表 3　城西科创产业集聚区科技人才引进绩效评估

一级指标	评分	二级指标	评分
引得进 31.9%	82.76	人才引进政策 6.3%	85.33
		人才引进方式 15.7%	80.29
		人才引进数量 9.9%	85.32
育得出 28.1%	82.19	人才投入 28.1%	82.19
用得好 24.3%	79.36	人才产出效能 24.3%	79.36
留得住 15.7%	78.00	人才流动 4.9%	77.57
		人才满意度 7.7%	79.62
		人才忠诚度 3.1%	75.33

从表 3 中可以看出，城西科创大走廊科技人才引进绩效评估良好，从四个维度分析来看，“引得进”得分最高，说明城西科创产业集聚区在科技人才的吸引和招纳模块方面的工作获得普遍认可；从二级指标得分来看，人才引进政策指标和人才引进数量指标均在 85 分以上，说明城西科创大走廊的打造离不开人才引进政策的推进和完善，调查对象对科技人才引进政策措施总体上是认可的，超过半数的被调查者对此评价较高，科技人才引进数量也基本符合人才引进需求。有部分对象对政策还有更高的期望，需要在充分了解其需求的基础上不断完善。人才投入这一项指标得分良好，表明城西科创产业集聚区对科技人才创新创业的支持和培育。为更大程度发挥人才价值，产业区不断加大对各类载体和平台的建设，以期为科技人才创新创业提供优良的环境，持续增加对创新行为以及科研成果转化的支持力度，在培育人才上舍得加大投入，保障人才的生活与工作需求。在“留得住”这个维度上得分最低，说明城西科创产业集聚区对科技人才的吸引力还有待进一步加强，一方面城西科创产业集聚区作为杭州的主力科技人才集聚区，事实上是在与北上广深这些一线城市争夺科技人才，而人才永远属于稀缺资源，因而面对北上广深这样强势的人才吸引，城西科创产业集聚区还需进一步增强自身实力，打造自身品牌，才能在科技人才战中占据一席之地。

四、城西科创产业集聚区科技人才引进工作存在的问题

(一)引才水平有待提高

1. 人才引进竞争力薄弱

根据《杭州城西科创大走廊规划》，到 2020 年为止城西科创产业集聚区计划引进人才总量达到 30 万名左右。这个体量在杭州的产业集聚区中首屈一指，但是相较于北京、上海、深圳等创新产业集聚区而言，人才总量相对较少。近年来，各地的人才大战烽烟四起，科技人才作为创新创业封口的稀缺资源，自然受到各地的争抢。因此城西科创产业集聚区在吸引科技人才过程中，其主要竞争对手不是杭州的其他产业集聚区，而是直面北上广深这样的一线竞争者。目前大走廊内的高端科技人才总体匮乏，尤其是信息技术、生物能源技术、环保技术、新材料技术等领域的人才缺口巨大。

2. 人才政策的"不到位"

在科技人才引进政策上，宏观指导型的政策较多，而具体的、实操性的政策相对不足，致力于人才引进、培育一体化的战略政策格局尚未形成。首先表现在科技人才引进的政策宣传上，渠道不够通畅，依然采用传统的网上发布招聘需要，开招聘会、招聘专场等方式吸引科技人才，但是这些传统的方式有其特有的局限性，可能导致许多优秀人才没有看到招聘信息而错失机会。从调研结果来看，城西科创产业集聚区科技人才政策细则宣传不够，大多数科技人才不能详述具体内容。此外，部分区域为了在人才竞争中获得优势，在科技人才引进政策制定上一味强调物质待遇加码，使得引进科技人才的生活和物质待遇呈现持续上升趋势，出现政策趋同、政策上盲目攀高和脱离实际需要引进的状况。此外，由于各区域人才政策的相互攀比竞争，也给一些投机者以可乘之机，出现大量皮包科技企业套取政策优惠，政策寻租和投机问题频繁。

(二)育才能力有待激发

引进人才固然重要，人才引进后是否能够持续发挥人才效能还要取决于育才水平。当前，大走廊的政策联动性水平相对不高，引才、选才、用才的合力还不足，识才、育才、用才的机制还比较陈旧，这在一定程度上制约了科技人才的引进与作用的发挥，不利于挖掘科技人才创新创业的潜力。

1. 人才创新创业的载体、平台还需进一步完善

随着科技人才的大规模引进，人才创新创业的载体和平台需求越来越大。载体平台建设不足，配套设施和人才服务环境不完善会制约人才的引进以及引进后的进一步发展。因此，需要发挥政府的规划引领和政策引导作用。动员和吸引广大社会资本，推进科技人才创业专业孵化器、加速器建设。

2. 人才生态环境有待优化

人才生态环境是人才竞争的重要因素。要打造良好的人才生态，需要建立"以人才引人才、以人才聚人才、以人才留人才"的发展格局。当前，城西科创产业集聚区区域内的企业、高校、科研院所发展实力不一致，水平差异较大。产业集聚区内资源大多倾斜于这些行业龙头，浙江大学在科研方面一枝独秀，阿里独领风骚；但是像阿里、浙大这样的平台太少，还需要进一步增强内生力量，通过资源的倾斜，最大程度发挥集聚区内众多平台的创新潜力，激发众平台之间的协同效应。

3. 人才的服务水平有待提高

大走廊区域内的科技城、高校、特色小镇等创新创业资源还未得到有效整合，尚未建立有效服务高层次人才创新创业的资源共享体系。从调研来看，大走廊区域内，还没有建立由政府或市场主导，专门致力于促进企业与金融机构合作，承担中小企业的政策申请、项目申报服务，搭建政府、中介、企业间信息交流的专业化综合服务平台。大走廊区域内的管理团队中熟悉商业模式、市场开拓、人力资源、法律问题等领域的管理辅助人才匮乏。

(三)用才效能有待提升

“用得好”就是看能不能发挥引进人才的作用,即科技人才产出的经济效益指标、社会效益指标、科技效益指标,而当前城西科创大走廊人才产出效能与北上广深等地相比还有差距。从全省范围看,杭州城西科创大走廊已在创新产业发展中处于领先水平。但从全国范围看,城西科创大走廊在区域工业总产值、科技成果转化率、对区域高新技术产业的带动作用等方面,与北上广深等地相比仍存在较大的差距。

(四)留才机制有待完善

“留得住”主要是通过环境留人、待遇留人和事业留人,主要包括工作环境和生活环境、待遇等方面。

1.人才管理体制有待优化

从宏观层面来看,城西科创产业集聚区尚未形成统一协同的管理体系。大走廊是基于打破地域限制的科技创新带,涉及杭州市、西湖区、余杭区、临安区等不同行政区划,区域管理涉及多个主体、多个平台、多个层级,较难形成统筹规划、统筹开发、统筹管理的合力。浙江大学科技城、未来科技城、青山湖科技城等创新创业园区,规划整合、产业互补、竞合互动的整体发展格局仍未形成;受现有政策体制和人才保障、属地管理等因素制约,同城不同待遇的问题依然存在。而从微观层面来看,科技人才在被引进企业以后,由于缺乏后续配套的管理制度,在项目申报、经费管理、科研评价、团队建设等方面受到了一定的约束。特别是在人才使用上,部分单位缺乏配套的管理机制和措施。

2.生活保障有待完善

城西科创产业集聚区自然环境良好,西溪湿地、青山湖等生态环境闻名遐迩,但是中轴线区域的园林绿化工程还不完善,尤其以文一西路为代表的老城区域交通拥堵问题严重,而部分新科技城交通不够便利,甚至没有班车。产业集聚区内优质教育资源不足,无法满足科技人才对子女教育的高标准需要。此外,医疗设施不健全,医疗保障能力较弱。文化设施较差,公共图书馆、体育馆等基本文体设施缺少。

五、对策研究

基于城西科创产业集聚区科技人才引进和使用现状,为避免“引而不用,用而不留”的人力资源浪费,激发人才集聚效应,需要政企合作协同建立“引得进、用得好、育得出、留得住”的人才可持续发展机制。

(一)建立科技人才引进和培育的一体化机制

1.构建协同化的管理体制

城西科创产业集聚区要进一步发挥统筹协调职能,以改革创新精神将“三统三分”的协同合作的管理体制落到实处,切实加大统筹力度,克服规划、政策、工作等方面的碎片化问题,不断提高发展的协调性。进一步理顺行政区划界限,不断完善创新联动机制,对城西科创产业集聚区管委会、未来科技城管委会、青山湖科技城管委会等相关职能机构的所属关系进行调整，明确各自职责定位，深化大走廊区城协同发展的谋划和实施。大走廊应统筹和整合自身资源，强化资本、人才、技术等要素在区域内的合理流动和高效配置，实现科技人力资源的最优配置和使用。

2.完善引进培育政策

一是继续完善相关配套政策，包括工商注册、落户居留、创业资助、住房申购、子女入学、签证办理等方面的系列政策文件，形成完整的政策体系，发挥政策联动的最大化效应。二是加大政策支持力度。政策支持力度是吸引科技人才扎根大走廊的重要条件。加强政策支持不仅能吸引人才，而且能留住人才，提高科技人才的稳定性。事实证明，科技人才的流失率与政策的支持力度呈反比，即随着人才政策的不断完善和政策支持力度的不断加大，科技人才的流失率也在不断下降，而科技人才引进签约人数则持续增加。

(二)优化科技人才生存发展环境

引才、育才、用才和留才的关键在于为人才创造一个良好的生存和发展环境。作为一个经济还不够发达的地区，如何更好地发挥自身优势，扬长避短，除了制定相应的优惠政策和配套措施，政府还必须创造一个适宜人才发展的良好环境。

1.优化人才服务系统

实现科技人才“育得出、用得好、留得住”，关键是要优化城西科创产业集聚区人才服务环境，充分调动各方面资源，通过统筹整合，打造优质的服务平台和服务环境，为科技人才的事业发展创造一个优化的生态系统。在行政服务方面，深入推进浙江省的“最多跑一次”改革，优化行政服务环境，一站式审批，全程代管，为科技人才的创新创业及落户提供专业化服务。

2.改善人才生活环境

城西科创大走廊吸引人才、留住人才的关键在于有吸引力的环境配套，因此改善人才生活环境，以优良的环境圈人留人是大走廊的首要选择。系统研究科技人才的需求，关注其多元化需求，积极采取更多有效举措解除人才的交通、居住、医疗、子女教育等方面的一系列“痛点”，以完备的城市配套设施和优质的生态环境圈人留人，吸引人才集聚。

(三)建立科技人才长效发展机制

1.完善科技人才引育服务平台

平台载体是城西科创产业集聚区吸引集聚科技人才、培育人才的基础和保障。要着力推进人才载体建设，努力为高层次人才创新创业提供良好的场所、空间和公共服务平台，包括人力资源开发服务平台、研发公共服务平台、国际科技合作服务平台、科技产业孵化器平台、科技成果转化服务平台，为高层次人才创新创业提供坚强支撑。通过人力资源服务平台，可以为大走廊搜集科技人才信息，拓宽引才渠道、引才方式和手段，提高人才引进和管理效率。通过科技产业孵化器，可以为科技人才创新创业开绿灯，简化各项手续。

2.强化科技人才创新创业的资源倾斜机制

政府应直接增加对科技行业的投入，设立大走廊科技人才和科技项目的专项基金，吸引和集聚大量科技创新创业项目，形成一套良性的资源集聚和政策扶持体系。

参考文献

[1] 王祖强,孙雪芬.杭州城西科创大走廊：功能定位与发展思路[J].浙江经济,2016(6):12-16.

[2] 刘娟,黄玉.打造杭州城西科创大走廊创新发动机——浙江大学产学研创新生态系统探索[J].杭州科技,2017(3):53-56.

[3] 马伟华.社会支持网构建：少数民族流动人口城市融入的实现路径分析[J].西南民族大学学报(人文社会科学版),2018(2):55-61.

[4] 苏斯彬,周世锋,史学,等.杭州城西科创大走廊引领浙江创新发展的路径研究及政策建议[J].科技与经济,2016,29(12):36-40.

[5] 曹丽娟.引进高层次创业创新人才评价指标体系研究[J].科技管理研究,2010,30(5):45-46.

课题组单位:浙江工商大学杭州商学院

课题组负责人:崔德霞

课题组成员:彭琳,孙乐,余琛

课题名称及编号:杭州市高层次科技人才引进效能评估与提升路径研究——基于城西科创产业集聚区的实证调研(编号:2020N65)

浙江省民营企业产权的法治化保障实证分析

——以地方政策与行政执法个案为样本

[按语]通过对我国民营企业法律法规600余件文本,以及浙江省2015年至2019年6月以民营企业为原告的7000余起诉讼案件的数据统计与分析,得出如下结论:我国民营企业处于不公平的制度环境,立法者、执法者在计划经济的惯性思维影响下,产权平等保护的法律意识极为薄弱,民企产权安全性严重不足。宪法与法律对民营产权采取差异化与有限保护,甚至形成了限制私有财产权的严密网络。政府对于民营企业的监管多依据党政机关的政策与政绩指挥棒而为,以政府主导代替市场主导,存在稳定性和法治保障不足的先天性缺陷。为此,必须将政府对民营企业产权的保障纳入法治化轨道,政府在法律框架内保障民企产权安全,明确政府与民营企业之间的界限;完善产权平等保护法律体系,确立平等保护民营企业产权的原则;有效制约政府机关权力;消除对民营企业的歧视性政策与隐性壁垒;强化乡镇等基层政府执法理念,提升执法水平与执法能力。

我国民营企业是伴随着改革开放大潮应运而生的一类极具活力的市场主体。但不可回避的是,它们成长于强大的公有制夹缝中,很长一个时期未获得被官方与法律认可的合法身份,处于灰色地带。囿于身份等体制性障碍,我国民企处于不公平的制度环境。同时,政府对于民营企业的监管多依据党政机关的政策与政绩指挥棒而为,在很大程度上属于“摸着石头过河”的试验性路径,决定了其存在稳定性和法治保障不足的先天性缺陷。在全面推进依法治国、依法行政的国家治理体系和治理能力现代化的大背景下,政府对于民营企业的产权保护必须纳入法治化轨道,在法律框架内实现政府的保障与监管职能,抑制政绩冲动,保障民营企业产权的安全。

一、我国民营企业产权保护现状:以法律政策文本与浙江执法实践为例

(一)关于民营企业的法律政策文本梳理与分析

1.法规政策文本数据概括

通过“北大法意”法律法规数据库检索共10大类,主要类别为地方法规、政府文件、行业规范、部委规章与政策纪律等5类。其中:行业规范属于行业自治性规范文件,体现的是市场主体的自治范畴;而其他4类均属于政府意志范畴,主要为国家政府监督管理规范,体现了国家有形之手对市场的干预。

运用4种检索方法,数据显示占比最大的一类为地方法规,分别为56.64%、72.42%、

72.71%与76.38%，均超过半数，后3类检索甚至超过2/3。占比第二位的是政府文件，比数分别为27.94%、11.69%、13.85%、12.58%。仅在第一种检索方法中，行业规范和政策纪律占比分别居于第三位与第四位；在其余三种检索方法中二者分别居于第四位和第三位。行业规范占比数偏低，分别为8.98%、2.96%、0.97%、1.18%①（详见表1）。

具有实施性与操作性的制度文本法律效力层级不高，政府文件与政策纪律甚至不属于法律范畴，法治化程度有限。

表1　法律法规文本检索对比表格

法律法规类型	搜索词与范围							
	1.民营企业 名称		2.民营企业 名称或者全文		3.民营经济 名称		4.民营经济 名称或者全文	
	数量(件)	占比(%)	数量(件)	占比(%)	数量(件)	占比(%)	数量(件)	占比(%)
宪法法律	0	0	1	0	0	0	0	0
行政法规	0	0	58	0.48	0	0	16	0.25
司法解释	0	0	5	0.04	0	0	0	0
部委规章	34	3.92	509	4.21	7	0.97	65	1.01
地方法规	448	56.64	8747	72.42	525	72.71	4912	76.38
军事法规	0	0	11	0.09	0	0	0	0
政策纪律	17	2.15	942	7.80	85	11.77	552	8.58
行业规范	71	8.98	358	2.96	5	0.97	76	1.18
国际条约	0	0	1	0	0	0	1	0.02
政府文件	221	27.94	1416	11.69	100	13.85	809	12.58
合计	791		12078		722		6431	

2.法律文本分析

首先，宪法对私有财产的差异化与有限保护。

《中华人民共和国宪法》（以下简称《宪法》）虽然宣示了对合法私有产权的保护，但与公有财产的表述存在差异。这些字里行间的细微差异在实践中对民企产权的影响却至关重大。它反映的是立法者对待不同所有制财产的差异化态度，私有产权的保护在法律范畴以及在顶层设计视野里劣于公有产权。不平等的制度设计②，必然产生歧视性的执法与司法实践。

---

①　检索日期截止于2019年10月12日。检索词设定为："民营企业"与"民营经济"。首先，设定"民营企业"为检索词，检索范围为"名称"。其次，设定"民营企业"为检索词，搜索范围为"名称或者全文"。再次，设定"民营经济"为检索词，搜索范围为"名称"。最后，设定"民营经济"为检索词，搜索范围为"名称或者全文"。不包括宪法，以及涉及民企产权的法律（物权法、合同法等）。

②　《中华人民共和国宪法》第9条、第13条、第51条与第56条等对私有财产权的诸多限制，无疑构成了限制私有财产权的一张严密的网络。

其次，法律层面保护存在诸多不平等因素。

以物权法为例，一方面规定了“善意取得”制度，另一方面又规定了国家所有的动产和不动产不适用善意取得等基于所有制身份而设计的差别制度。再如公司法中，有专门关于国有独资公司的规则，从而与普通一人公司相区别，也多由所有制身份差异所致。

再次，保护民企产权的行政法规规章操作性不强。

以《关于完善产权保护制度依法保护产权的意见》（以下简称《意见》）为例，其从内容和形式都明确表达了产权平等保护的意图。《意见》的两个“毫不动摇”和两个“不可侵犯”就更具有标志性政治意义了。但同时，尽管它是以中共中央名义出台的侧重于民营企业产权保护的顶层设计，由于内容较为原则，缺乏具体操作性设计，其实施效果尚待观察。

最后，地方法规规章与其他规范性文件保障性不足。

根据表 1-3-1 所示，地方法规、党政机关的政策纪律，以及政府文件构成民营企业与民营经济制度政策的主力军。上述制度政策中内部性政策纪律，以及政府的规范文件占比极高，效力有限，尤其是地方政府部门制定的其他规范性文件，其不确定性构成了重重隐性壁垒，成为民营企业产权保护的障碍。

（二）浙江省 2015 年 1 月—2019 年 6 月以民企为原告的行政案件数据分析[①]

1. 关于案由类型

2015 年 1 月—2019 年 6 月，浙江全省各级法院共收案 7057 件，案由 53 个，主要涉及劳动社保、城建、土地、乡政府、拆迁，以及工商管理、房屋登记、环保等。其中涉乡政府案件 401 起，占比约 6%。乡政府应当作为行政执法治理的一个重要对象。

2. 案件所涉的行政管理类型

与上述案由类型一致，在收案总数 7057 起中，涉案数最高为其他行政管理 1742 起；其次为劳动和社会保障行政管理 1103 起；再次为城建管理 941 起；土地 683 起；房屋拆迁 415 起；乡政府 401 起；工商与房屋登记分别为 254 起与 244 起。上述管理部门可以作为浙江省侵害民营企业产权的重点防范对象，规范限制其监管权限，减少侵害民营企业的违法行政行为（详见表 2）。

表 2　2015 年 1 月—2019 年 6 月收案所涉及的行政管理类型数据表

行政管理类型	案件数额
财政行政管理（财政）	47
城市规划管理（规划）	205
畜牧行政管理（畜牧）	3
道路交通管理（道路）	30

① 涉及民营企业产权保护的行政执法案例，选取了以民营企业为原告的行政诉讼案件为调研分析对象的视角。案件搜集主要来源：裁判文书网和浙江省高院网站；案件搜集年度为 2015 年 1 月—2019 年 6 月；案件搜集范围：浙江省。

续 表

行政管理类型	案件数额
地质矿产行政管理(地矿)	30
电力行政管理(电力)	6
房屋拆迁管理(拆迁)	415
房屋登记管理(房屋登记)	244
工商行政管理(工商)	254
公路交通行政管理(公路)	63
国有资产行政管理(国资)	4
海关行政管理(海关)	13
行政监察(监察)	18
环境保护行政管理(环保)	188
教育行政管理(教育)	10
金融行政管理(金融)	8
经贸行政管理(内贸、外贸)	2
劳动和社会保障行政管理(劳动、社会保障)	1103
林业行政管理(林业)	31
旅游行政管理(旅游)	6
民政行政管理(民政)	14
能源行政管理(能源管理)	4
其他(城建)	941
其他(公安)	57
其他(交通)	72
其他(农业)	4
其他(质量监督)	5
其他(资源)	47
其他行政管理	1742
商标行政管理(商标)	15
食品药品安全行政管理(食品、药品)	36
水利行政管理(水利)	30
税务行政管理(税务)	94
司法行政管理(司法行政)	1
体育行政管理(体育)	1

续 表

行政管理类型	案件数额
土地行政管理(土地)	683
外汇行政管理(外汇)	2
卫生行政管理(卫生)	16
未知	86
文化行政管理(文化)	8
物价行政管理(物价)	3
乡政府	401
消防管理(消防)	17
新闻出版行政管理(新闻、出版)	2
烟草专卖行政管理(烟草专卖)	3
盐业行政管理(盐业)	19
渔业行政管理(渔业)	11
质量监督行政管理(质量监督)	27
质量检验行政管理(质量检验)	4
治安管理(治安)	20
专利行政管理(专利)	10
合计	7057

3.案件所诉行政行为类型

案件所诉的行政行为是执法案例研究的一个重要参考要素。鉴于案件总数量较大,故以1252起败诉案件为统计基准。所涉及的行政行为共计20种,占比较高的为"行政强制"(44.25%)、"其他行政行为"(27.56%)、"行政登记"(9.9%)、"行政处罚"(4.79%)、"行政确认"(3.35%)、"不履行法定职责"(1.76%)、"行政复议"(1.60%)、"行政裁决"(1.28%)、"行政许可"(1.20%)、"行政征收"(0.80%)与"行政合同"(0.72%)。上述执法行为应当作为浙江省行政执法治理的主要对象,进行规范化与流程化改革(详见表3)。

当下侵犯民营企业产权主要表现形式有四类:一是混淆个人财产和企业财产;二是混淆个人财产和家庭财产;三是混淆合法财产和非法财产;四是违反程序对私人财产采取强制措施。

表3 浙江省民企败诉行政案件被诉行政行为类型表

行政行为种类描述	总数	占比(%)
其他行政行为	345	27.55591054
不履行法定职责	22	1.757188498
行政补偿	5	0.399361022

续 表

行政行为种类描述	总数	占比(%)
行政裁决	16	1.277955272
行政撤销	5	0.399361022
行政处罚	60	4.792332268
行政登记	124	9.904153355
行政复议	20	1.597444089
行政合同	9	0.71884984
行政监督	3	0.239616613
行政命令	4	0.319488818
行政批准	6	0.479233227
行政强制	554	44.24920128
行政确认	42	3.354632588
行政受理	1	0.079872204
行政许可	15	1.198083067
行政征收	10	0.798722045
行政执行	2	0.159744409
解除政府其他协议	6	0.479233227
政府信息公开	3	0.239616613
合计	1252	100

4.民营企业胜诉率与上诉率高

2015—2019年收案7057起，一审民营企业败诉案件1252起，以此推断，参考结案情况(详见图1)，除去25%准予撤诉案件，民营企业败诉率约为24%，行政机关的败诉率保守估算约为60%—70%。可见，行政机关对民营企业产权存在侵害事实，尽管数量有限，但这极大可能仅是诉讼案件这一最后救济途径所揭示的冰山之一角，对民营企业权益的消极保护与懈怠，以及大量抽象行政行为的存在，则很难通过诉讼途径得到救济。

同时，在一审民企败诉的1252起案件中，民营企业上诉案件为519件，上诉率为41.45%。由此，民营企业与政府部门之间的博弈与冲突的激烈程度可见一斑。

结合最高人民法院2018年12月发布的关于保护产权和企业家合法权益的典型案例，其中的“天新公司、魏某国申请某某省某某市人民检察院国家赔偿案”，主要问题之一就是执法部门未“严格规范涉案财产处置的法律程序，严格区分犯罪所得和企业家个人合法财产及企业合法财产”，案件多数属于最高人民法院通过二审、再审、复核或者执行申诉等程序纠正、改判的。更加证明民营企业在产权保护中与某些政府部门之间存在着尖锐的矛盾。

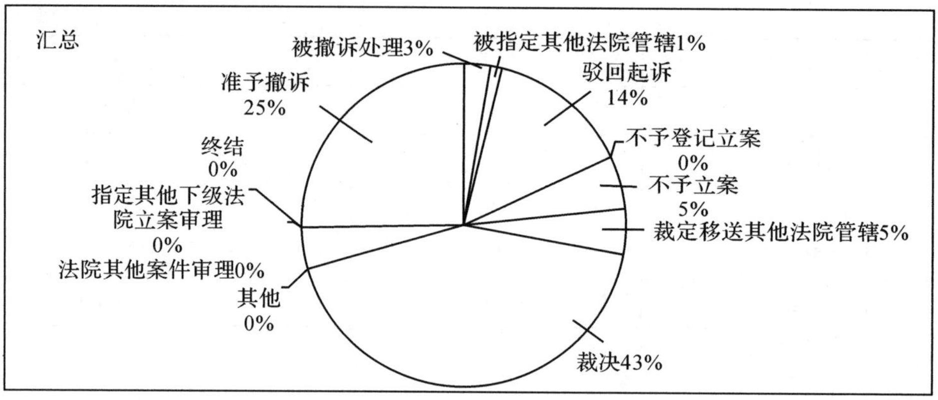

图1　结案方式

二、我国民营企业产权法治化保障存在的问题

(一)计划经济下的所有制意识根深蒂固

改革开放已经40余年,当下"民营经济离场""新公私合营"等谬言却引发了社会的广泛争论和民营企业家的恐慌,如此种种表明计划经济的惯性思维仍然根深蒂固。法律政策并未给予民营企业产权公平公正的对待。全社会普遍缺少财产权平等保护意识,立法者、执法者在计划经济的惯性思维影响下,产权平等保护的法律意识极为薄弱。在行政机关执法和司法机关救济的过程中,平等保护意识普遍缺失,民营产权的平等保护难以完全实现。

(二)缺乏产权平等保护的法律理念与法律体系

尽管改革开放以来,我国民营企业产权在政治上获得了认可,我国的宪法,以及物权法、合同法、公司法、证券法等民商事法律明确保护私有产权,并产生了一些产权平等保护的条款,尤以物权法为代表。但是其中却隐含着产权不平等保护的意思,例如有些具体认定合法与非法、违法犯罪的标准因产权关系不同而有不同规定①。

同时,宪法等法律对民企产权保护存在诸多模糊不确定的内容,这些内容从某种程度而言构成了对民营企业产权保护的法律障碍。例如《宪法》第11条和第13条②为政府等权力机构侵犯私营企业产权开了方便之门。第15条③中的"完善宏观调控""扰乱经济秩序"等表述含混,有被作为侵犯民营企业产权的"合法借口"之虞。实际上,在政府体制内由于民企和国企亲疏有别,在历次宏观调控中前者屡受冲击。

① 王丽:《混合所有制改革的关键在于完善产权平等保护制度》,《中国企业报》2014年10月21日,第12期。

② 《宪法》第11条:"国家……对非公有制经济依法实行监督和管理";《宪法》第13条:"国家为了公共利益的需要,可以依照法律规定对公民的私有财产实行征收或者征用并给予补偿"。

③ 国家加强经济立法,完善宏观调控。国家依法禁止任何组织或者个人扰乱社会经济秩序。

(三)对民营企业的歧视性执法

1.行政审批等市场准入领域的歧视

市场(行业)准入政策是制约民营企业产权发展的一个重要因素,突出问题就是“次国民待遇”,存在许多不合理的限制性政策,一些准入指导性文件语义含混,使得民企无从了解市场准入门槛的高低和行业政策风险的大小;同时准入程序复杂且欠缺透明度,许多本应公开的文件只由相关职能部门内部掌握,民营经济在获取行业信息方面的困难,变相成为进入某种行业的障碍,其中的隐性壁垒和潜规则更难突破。

2.放宽民营经济市场准入的政策实施性不足

长久以来,放宽民企市场准入的政策停留在国家政策或政府文件层面,并未上升为法律,民间投资仍然没有一个可以依循的、系统的、具有法律刚性权威的产业投资政策指南。虽然政策文件规定“凡法律法规未禁入的行业和领域民营经济都可以进入”,但是过于原则化,缺乏可操作性,缺乏明确的清单。而法律法规允许进入的行业和领域又如何确保民营经济真正进入,更缺乏具体的、易于操作的措施和办法。

3.民营经济准入审批流程复杂且成本高

地方政府相关部门在对民营企业资格的认定、注册资本的评估、用地指标的争取、经营范围的划定、投资项目的许可、贸易渠道的开放、产权转移以及企业兼并重组等诸多环节实行相对更多的前置审批程序,导致民营投资的手续杂、关卡多、效率低、费时长,无形中造成民营经济在与国有、外资企业进行市场竞争时,竞争资格、竞争条件与竞争机会往往处于不利地位,扼杀了民间投资的信心和积极性。

4.特殊行业领域准入举步维艰

当前的垄断行业,如电力、通信、石油等行业,并不完全属于自然垄断,有一部分是借助行政权力形成的。这些领域国有经济占据绝对垄断地位。另外,在金融、铁路、能源开发等领域也都存在不同程度的民营企业进入壁垒,行政性行业垄断的存在严重阻碍了民营经济的市场准入。

三、我国民营企业产权法治化保障体系的对策建议

(一)我国民营企业产权法治化保障的前提与原则

1.明确政府与市场的界限

从上述对法律政策文本与案例的分析可知,我国民营企业的发展始终伴随着国家政府的管制与监督,政府对民营企业的干预较深。然而从现代国家与市场的本质出发,显然要求政府应尽可能地退出市场,打破市场进入的制度壁垒,而由市场主导资源的流向和产品的流通,从而形成公平公正的“对市场的竞争”。它反映的是市场经济的一个基本命题,即政府与市场在资源配置中的相互关系。一个肯定的答案是市场主导,政府只在市场失灵的情形下对资源配置进行适当干预。然而,目前的现实表明政府成为民营企业与民营经济发展的主角之一,民营企业的发展与命运随着政府政策的变化而起伏不定,时而高歌

猛进,时而惶恐不安。为了实现民营企业与民营经济的稳定发展,将其纳入市场运行机制,政府仅基于"公共利益""财产权社会义务"等合宪性理由干预市场、限制私有财产权。为达致这一目标,对民营企业产权进行法治化保障当是必由路径。民企产权保护的法治化首先要求政府必须退出市场,由民营企业与市场来唱主角。因此,有效的应对措施应当是深化行政监管与执法改革,突破现存的制度性与非制度性壁垒,实现对民营企业产权的平等保护,保障民企的产权安全。

2. 秉持平等保护民营企业产权的原则

公平是产权保护的核心。市场经济要求公平竞争,所有制歧视显然违背了市场公平公开的基本要义,在市场经济环境下应当摈弃所有制这一身份标签,以及对企业三六九等的划分。从法律层面分析,公有制经济与民营经济是一种财产权的归属性质。简言之,即产权"出身"不同。市场经济的最大特点在于不论产权"出身"如何,应一律平等保护。在中央顶层设计,以及宪法、民商等法律法规和政府规范性文件中均应明确"平等"保护的原则,并将"平等保护"作为执法与司法的首要指导思想。

(二)构建平等保护民营企业产权的法律政策体系

1. 完善产权平等保护法律体系,落实产权平等保护原则

构建以宪法为统领,公司法为基础,物权法、合同法、公司法等法律法规为核心内容的社会主义法律体系,在执法、司法的各个环节做到有法可依。

首先,在宪法层面上,明确平等保护民营企业私有产权,保证民营企业平等参与、平等发展权利。其次,完善物权立法、债权立法,将平等保护作为基本原则,强化对交易安全的制度保障。最后,全面清理现行不符合产权平等保护原则的各种制度政策。

2. 提高地方法规政策的可实施性与可预见性

提高法律效力层级,增强产权平等保护法律规则的可操作性和可预见性,制定完善产权平等保护的具体实施规则,通过执法标准与程序设定,消除制度政策的模糊性和隐性壁垒,规范行政机关的执法行为。

(三)政府保障民营企业产权的法治化措施

1. 明确民营企业与政府的分野

依法适度分离民企与政府,提升企业自主性,减少企业对政府反嵌入的范围与频次。政府向市场经济时代的服务型政府转变,取消、下放或简化行政审批,完善企业的负面清单,"法无禁止则自由"。

通过市场适度隔离政府对民营企业的过度与频繁干预,让市场引导企业,进一步提升企业自主性。实现政治与经济分离,简化政商关系。

2. 树立产权平等保障的执法理念

民企产权的法治化保障要求行政机关确立"产权平等"的执法原则。

第一,政府通过对民企产权的平等充分保护,塑造民营企业的主体性、独立性、自主性等意识,促进民营经济的稳定发展,推进法治政府的建设进程。

第二,参考前述浙江的案件数据,将规范重点放在行政管理纠纷多发的领域,如劳动

社会保障行政管理、城建管理、土地、房屋拆迁、乡政府，以及工商与房屋登记等行政管理领域与机关。

3.消除对民营企业的歧视性政策与执法

第一，针对实践中程度不同地存在着不平等保护、差别待遇的政策和执法，废除对民营经济各种形式的不合理规定，消除形形色色的隐性壁垒，保证各种所有制经济依法平等使用生产要素、公开公平公正参与市场竞争、同等受到法律保护、共同履行社会责任。

第二，避免随意化监管与裁量，对于具有行政审批监管职能部门的自由裁量权进行规范化和程序性限制，保证审批与监管依循法定标准与程序进行监管。

4.建立公平开放透明的市场监管机制

制定权力清单，明确政府职能定位，规范其行政行为。下放审批权力和精简审批事项，保证民营企业等非公有制企业都能获得平等的行政审批；制定负面清单，放开市场准入。最大限度减少审批事项，简化审批程序，提高办事效率。制定责任清单，政府在减少行政干预、取代市场调节机制的同时，对市场中出现的垄断、不正当竞争等违法行为加以监管，维护公平竞争的市场环境。

5.培养契约精神，完善守信践诺机制

首先，禁止政府毁约。地方政府及其部门不得以政府换届、领导人员更替等理由违约毁约。依《中华人民共和国合同法》判断，凡未违反法律、行政法规强制性规定的合同均有效，均有执行力。其次，政府应当承担解约与违约责任。基于正当理由的解约，抑或违约，给企业，尤其是民企造成损失的，则必须承担相应的责任。最后，畅通救济渠道。进一步完善赔偿、投诉和救济机制，畅通投诉和救济渠道。

6.强化基层政府依法行政理念，提升执法水平与执法能力

第一，转变乡镇政府的治理理念，树立以善治为核心的科学、民主、法治治理理念，强化法治理念，规范其治理行为。

第二，改变乡镇政府的“官本位”思想，提高乡镇政府的服务意识。以民众的利益为导向，在制定和执行政策时，要充分尊重民营企业的立场和利益，考虑他们的需求和实际情况，服务于民营企业，尊重民营企业产权。

第三，细化操作性强的监督机制，监督目标具体化、监督程序化和标准化，督促乡镇干部提升执法素养和执法能力。

参考文献

[1] 张婷，张玉瑜.“五反”运动后上海私营企业产权的嬗变及其影响探究[J].上海交通大学学报(哲学社会科学版)，2017(6).

[2] 史山山.法治保障民营经济有效参与混合所有制发展研究[J].现代商贸工业，2016(33).

[3] 杨小军.非公有制经济产权保护的几个重要问题[J].贵州省委党校学报，2017(1).

[4] 赵金兆.国有企业发展混合所有制经济的路径研究[D].石家庄：河北经贸大学，2016.

[5] 金泽刚，宋承潞.论刑法平等原则与企业产权的法律保护[J].上海政法学院学报，2017(5).

[6] 范育涛.民营企业产权分析[D].合肥：中国科学技术大学，2001.

[7] 陈韶军.外部利润、产权博弈与制度变迁:苏南乡镇企业产权变迁的制度经济学解析[D].扬州:扬州大学,2008.
[8] 谭杰.我国民营企业产权制度创新研究[D].苏州:苏州大学,2011.
[9] 曲静敏.我国民营企业发展的政府规制研究[D].开封:河南大学,2009.
[10] 杨鹏程.在国家能力与法治之间构建政商关系新生态——以民营企业为例[J].理论导刊,2017(3).
[11] 罗晴.乡镇政府治理能力现代化及其推进对策研究——以L镇为例[D].长沙:湖南师范大学,2016.

课题组单位:浙江警官职业学院
课题组负责人:谢东鹰
课题组成员:肖春竹
课题名称及编号:浙江省民营企业产权的法治化保障实证研究:以地方政策与行政执法个案为样本(编号:2020N78)

跨境电商雇主品牌外部吸引力建设实践与路径研究

——以执御为例

[按语]调研显示，优化跨境电商企业的雇主品牌传播与提高求职者相应的认知度对完善企业的人才队伍和提升就业率具有重要作用。雇主品牌建设是个系统工程，涉及面广，层次复杂。结合雇主品牌吸引力理论及实际调研结果，从政府、高校和跨境电商企业三个角度出发，对跨境电商雇主品牌外部吸引力建设的实施路径进行探究，实现政府、高校、企业和行会“三向联动”，为求职者营造良好就业环境，满足企业人才需求。政府发挥宏观调控及舆论影响力，营造良好的产业环境；高校做好就业指导及教学改革，提升毕业生就业能力；企业规范用人机制，打造雇主品牌，树立独特的企业文化。

一、跨境电商企业雇主品牌对高职生外部吸引力现状分析

(一)跨境电商企业雇主品牌外部吸引力现状

1.潜在雇员对雇主品牌的认知现状

经调研发现，高职生作为跨境电商企业的潜在员工群体，总体上对跨境电商的雇主品牌印象刻板模糊。跨境电商行业发展时间短，绝大部分求职者对其岗位认知停留在“会说外语的淘宝客服”的状态，不了解巨大的海外市场和跨境电商发展前景，对职业方向难形成清晰的规划和具象职业成长期待。一般情况下，跨境电商公司规模不大，没有人力财力利用校园论坛、就业招聘网站、校企合作项目、行业精英社团等形式的雇主品牌推广来培育潜在雇员群体。毕业生求职过程中，对跨境电商行业和企业信息获取不够充分，对跨境电商雇主品牌，行业发展前景、工作内容、个人学习和发展空间等缺乏感知。跨境电商企业的雇主品牌不能充分吸引潜在人才，也削弱了培养和发现合格人才的能力。

如图1所示，只有9.92％的受访者表示“十分了解”跨境电商行业或企业，这部分人集中于通过校企合作接触过相关课程或实训的外贸、外语类专业学生，他们对跨境电商行业内部运营流程、岗位、技能、平台操作、政策法规、发展前景等有基本或者较多的了解。14.68％的调查对象对跨境电商企业不了解，没有相关的背景认知。“听过，但不了解”的受访者和“听过，一般了解”的受访者占比高达75.40％，并不知晓该行业与“物联网”“互联网＋”“供给侧结构性改革”“一带一路”等社会经济变革的关系，对国家经济发展方向不熟悉。大部分人对跨境电商的印象停留在“阿里巴巴”或“淘宝”的层面。对于这些跨境电

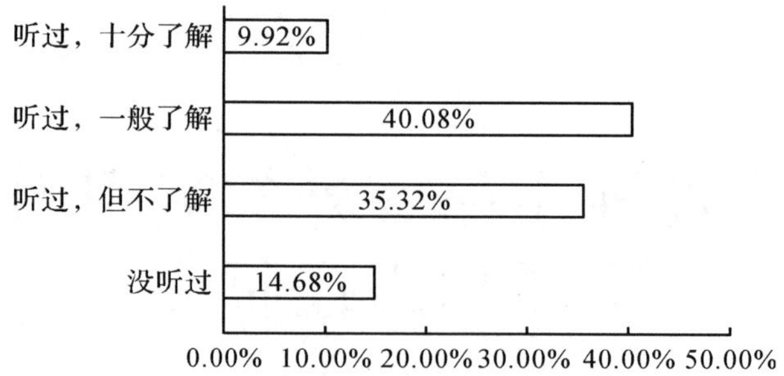

图 1 是否听说过跨境电商企业

商潜在雇员来说，更倾向于熟知的传统行业。跨境电商行业对大部分将要进入人力市场的高职生来说还是一个陌生的领域，信息不对称极大地影响了其就业选择。

在收入要求上(见图 2)，考虑到物价和生活成本，约 60%的受访者期望月薪为 3000—4000 元，15%期待月薪在 4000 元以上，只有不到 10%可以接受 3000 元以下。表明高职生对毕业后初入职场的收入定位还处在自给自足阶段，愿意接受更多的学习机会，为个人未来发展和丰厚待遇做储备。

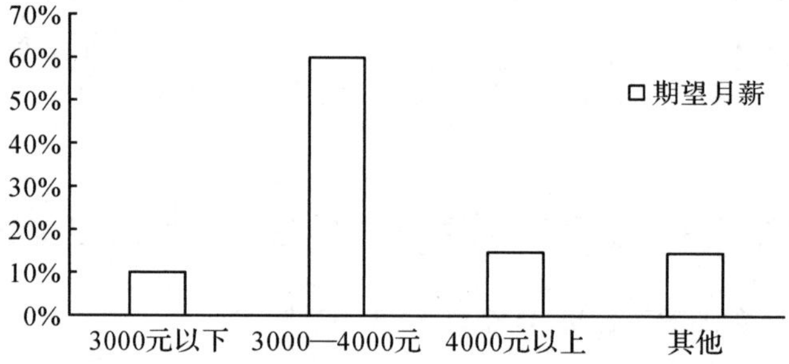

图 2 期望月薪值

2. 潜在雇员的就业选择现状

当问及是否愿意选择跨境电商企业作为就业单位时，如图 3 所示，仅有不到 3%的高职生“有强烈愿望”进入跨境电商企业。经了解，这些学生都是参加过跨境电商校企合作项目并表现良好的同学。近一半的高职生持有“走着瞧”的心态，表示“会考虑”跨境电商公司，“但不一定，要看缘分”。51%的受访者对跨境电商企业没兴趣或者不了解，选择了“不会考虑”(30.28%)和“说不准”(20.72%)。由此可见，对跨境电商企业的认知不足，发展前景不看好、福利待遇不满意等因素，导致求职者就业选择时对进入跨境电商企业的愿

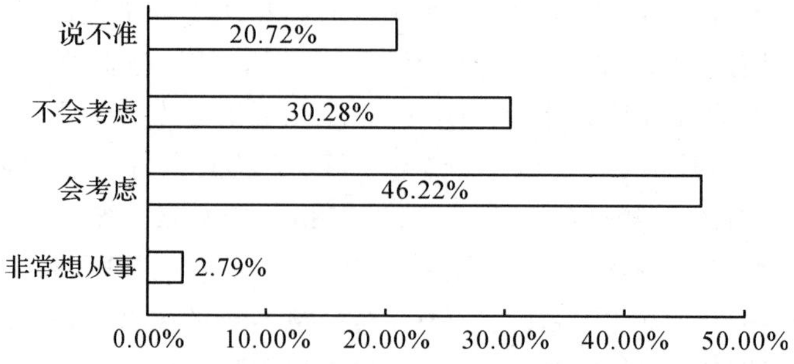

图 3 就业选择现状

望不强烈。因此，跨境电商企业对人才吸引力不足。

国内外发展环境不断变化，跨境电商企业面临激烈竞争，企业迫于压力不断转换经营策略，导致跨境电商企业特别是小企业招人难、用人难、留人难、培训难。跨境电商企业雇主吸引力不足，导致以下几个方面的招聘困境：岗位信息更新后无人投简历，被邀约人员不来面试，面试人员条件不符合工作岗位要求，同意入职后以各种理由不来上班，入职后新员工快速流失，等等。人力资源运营效率低下的主要原因是潜在员工对行业和公司的了解渠道不够多，求职者接触雇主品牌渠道主要是通过媒体、校园招聘活动以及校企合作项目等。根据信息不对称理论，愿意到跨境电商行业工作的学生绝大多数是参加过校企合作项目、竞赛或者相关专业的学生。由于跨境电商公司和高校合作项目数量较少，规模不足，影响了学生和企业双向"选择—磨合"。跨境电商发展初期，很多公司在人力资源工作因为种种原因尚不能如很多成熟行业大公司那样组织校园宣讲、精英培训、校园论坛、广告投放等活动，很大程度上影响了高职生对跨境电商行业的选择(见图 4)。

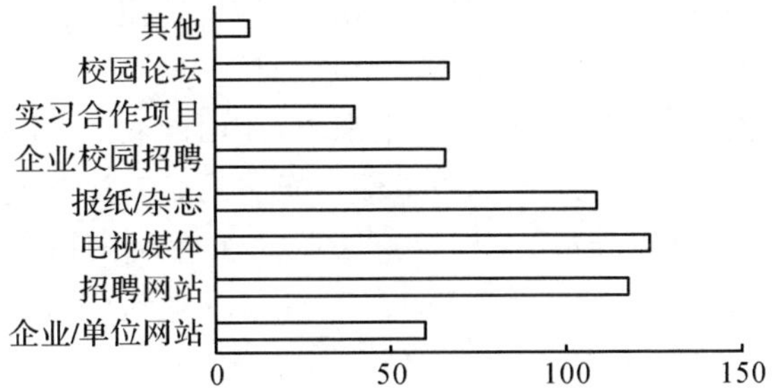

图 4　获取招聘信息的途径

3. 雇主品牌吸引力现状

跨境电商行业处在初创时期，我国跨境电商企业雇主品牌在研究实践、方法、思路等方面存在创新与拓展空间。跨境电商平台虽然解决了出海渠道及物流难题，但选品、前期筹备上新、推广、订单管理、产品运营和外语服务等中间运营环节人才需求缺口大。企业过快的发展和变化、制度的缺失、社会认知的不足、招聘成本高、培训期长、人员流动等现实都对该行业雇主品牌的树立产生影响。

如图 5 所示，求职者对"工作稳定性"(37.00%)、"薪酬福利"(23.06%)都相当看重。因此大多数人对跨境电商公司还持有观望态度，少有人主动接触该行业。对大多数高校毕业生来说，与熟知的传统行业相比较，跨境电商行业的未来不明确，个人发展空间和收入水平不确定。雇主品牌对招聘成本和招聘效果的影响力不足。

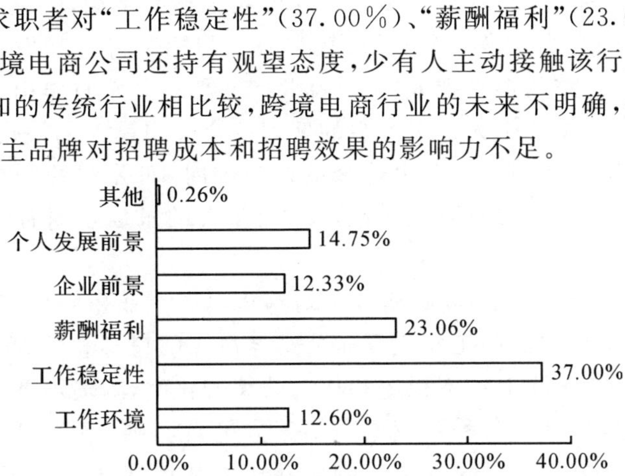

图 5　选择跨境电商型企业的障碍

跨境电商企业对各层次人才需求缺口大，人才招聘以网招和校招为主，雇佣双方接触机会少，了解的程度不深，匹配度不高，此种招聘方式效率低且成本高。同时，绝大部分新员工都需要进行长达3—6个月以上的培养周期，才能初步进入基础工作，此阶段的基本工资和绩效工资不够有竞争力，严重影响入职新人的稳定。入职新人对工作内容、初期待遇、职业规划等方面的预期和现实差异大，因此试用期离职率高。企业和员工需求差异导致企业招聘直接成本高，沉淀成本大。

（二）问题分析

1.“发展平台”和“福利待遇”对求职者的就业择业选择起到决定作用。对他们来说，雇主品牌意味着该雇主社会责任、社会声誉和信誉良好，能够提供个人发展机会，有竞争力的收入和福利，能够给自己带来价值和社会认同。

（1）马斯洛的需要层次理论提到，社会认同、自我实现、功能满足是潜在员工选择工作的推动力。求职者进入新的环境，内心期待文化的归属、价值的认同和社会的认可。在这个前提下，能够预见个人可持续性发展的潜力和空间。

（2）对于进入社会独立生存的高校毕业生来讲，体面的收入、生活的品质、公平和有趣的环境都是世纪之交出生的年轻人看重的条件。雇主品牌对这些有想法的年轻人来说尤为重要。他们既需要收入可以养活自己，最好是除了生存所需以外还能有余钱可以享受生活，如旅游、服饰、购物、电子产品等，又能在工作中体验到个人成长或兴趣得到满足的快感。

2.与互联网同时发展起来的新一代求职者，对个人的职业规划和职业发展有着前所未有的重视，他们在择业时尤其重视个人未来职业发展前景。他们思维活跃、勇于尝试创新，以及渴望实现个人价值，基本生存与未来发展是这些即将进入人力市场的年轻人的两个目标。在基本生存满足的情况下，他们会追求个人职业生涯的规划，即渴望在稳定雇佣关系、体面经济收入的同时，能实现个人价值、展示个人才华。于是，企业的在职培训、升职和锻炼等人才培养机能对雇主品牌的外部吸引力起到决定作用。

3.与基本生存和个人发展前景相比较，“企业文化”对高校毕业生的影响不大。由于企业文化术语——企业的“软实力”，很难为外人了解和接触，所以潜在员工对这个方面的感受不足。组织文化代表了企业的“软实力”，与福利待遇和发展前景比虽然企业文化不足以把人“引进来”，但在把人“留下来”上起到了很大的作用。当员工与公司价值理念相同的情况下，员工个人追求梦想的努力符合公司最大利益化，这是一个单位吸引并留住人才的关键。在高职毕业生选择就业单位时，对公司的“软实力”还处于抽象的认知阶段，没有充分机会去具象地了解，所以，年轻的求职者对福利待遇和个人发展机遇更加重视。

通过对调研数据分析得出，高校毕业生对跨境电商企业招聘反应不积极，主要原因在于：（1）人力资源培训方面的工作主要靠公司老员工的口耳相传，手把手教，员工对个人发展前景失望。（2）国际形势不稳定和相关政策变化大，跨境电商的外部环境影响了工作内容、收入的稳定。（3）各种跨境电商第三方平台和独立站层出不穷，求职者进入跨境电商公司，一般都要经过3—6个月的内部实习和培训才能真正独立上手，较长的学习期影响了他们的基本福利待遇和起薪，影响基本生存，势必会动摇新员工坚持这份工作的决心。

二、跨境电商公司企业雇主品牌建设实施路径

调研显示，优化跨境电商企业的雇主品牌传播和提高求职者相应雇主品牌认知度，对优化企业的人才队伍，提升高校毕业生的就业率具有重要作用。雇主品牌建设是个系统工程，涉及面广，层次复杂。结合雇主品牌吸引力理论及实际调研结果，从政府、高校和跨境电商企业三个角度出发，对跨境电商雇主品牌实施路径进行探究，实现政府、高校、企业和行会“三向联动”，为高校毕业生营造良好的就业环境，满足企业人才需求。政府发挥宏观调控及舆论影响力，营造良好的产业环境；高校做好就业指导及体制改革，提升毕业生就业能力；企业规范用人机制，打造雇主品牌，树立独特的企业文化。

(一)政府方面

政府通过舆论引导营造良好的就业环境，搭建平台对接数字经济人才，提高跨境电商企业社会认知和认可度，引导毕业生合理就业或创业。

在“一带一路”建设的大背景下，政府精准定位自身在跨境电商产业发展过程中的引导和扶持位置，提供舆论引导、支持政策和补贴计划，着力培育外贸竞争新优势。首先，在跨境电商海外仓建设、通关、物流、税收和继续教育培训等方面提供高效服务，加速行业硬件的发展，提升科技服务水平，营造行业健康运营环境。其次，借助各种舆论途径向社会介绍跨境电商行业作为国家积极的新型国际贸易形式已经成为我国外贸竞争的新发力点，宣传跨境电商行业对我国“一带一路”建设政策的重要意义，对国内产业转型、升级和“走出去”的积极作用，报道跨境电商行业的相关政策、发展前景和未来趋势。通过多种方式表彰和奖励优秀人才和企业，深化社会大众对该行业的了解和认可。在政策和资金等方面大力扶持行业协会、商会和高校专业建设，鼓励其开展社会服务项目，助力行业发展。地方政府搭建平台，增强政府的市场服务能力，定期举办人才对接和紧缺岗位招聘会和行业交流会，增加跨境电商企业和人力资源的接触机会，帮助企业解决人才需求问题。

(二)高校方面

高校充分发挥育人基地作用深化教育改革，引导适应市场人才需求的就业观念，架起毕业生和企业之间的桥梁。

高校不仅要向学生宣传国家政策，分析经济走势，介绍就业前景，把创新创业教育和就业教育贯穿大学始终，还要坚持“实用为主，够用为度”的理念，结合具体课程深入分析和研究岗位内容和工作流程并进行教学设计，把就业教育融入专业课程，丰富课堂教学和实践教学，提高教学质量。

切实开展校企合作、产教融合，通过订单班、产教园、创业项目、横向课题等方式，构建课堂学习、公司实战、创业孵化“三结合”的跨境电商专业人才培养模式。加大引进跨境电商项目和企业兼职教师力度，用行业最前沿、最实用的信息和技能补充高校教学资源和师

资队伍，增强教学效果，提高人才培养质量。同时，搭建教育服务平台，开展针对社会人员、企业员工的跨境电商社会培训，协调校企双方资源，把校园外的师资、技能、资源“引进来”，让校园里面的外包（美工、翻译）、培训（运营、美工、客服）、生态链服务（知识产权、物流、营销、运营）“走出去”。

高校在教育教学中充分考虑社会经济形势对人才的需求以及当地经济结构的特点，把学科建设和行业成长紧密结合起来，实现两者同步发展。以就业为导向进行专业建设，邀请相关领域的专家和企业的主管参与人才培养方案的制定和课程设置，广泛听取行业一线专家的意见，指导高校培养符合行业所需的人才。

高校在深入探索理实一体教学模式全程构建素质和技能培养框架的同时，还要通过各种方式和途径对学生进行职业生涯规划，提高学生人际沟通和团队协作能力，依托实训项目对商务礼仪、面试技能和简历制作等进行培训。在就业指导方面，高校就业指导中心组织各种就业主题活动，如举办跨境电商企业专场招聘会或宣讲会，邀请企业高管或优秀校友传授职场经验，完善就业信息库等。在就业指导工作中，必须把联系政府和服务企业结合起来，建立三者信息互通共享机制，更好地为学生就业和企业招聘服务，培养学生操作技能的同时提高其就业层次，关注学生职业发展前景。

（三）企业方面

企业极力打造雇主品牌，借助平台接触和培育高校潜在员工，提高企业知晓度和美誉度。

跨境电商企业需要树立雇主品牌意识，在着力打造硬品牌（公司的企业形象、办公场所、工厂环境）和软品牌（企业的文化、各项规章制度、员工的精神状态、企业的使命感、社会责任等）的同时，完善继续教育体系，规范人事管理机制，优化分配机制，既要把人引进来，又要把人留下来。提高在职员工和潜在员工对雇主品牌的认知，增强他们对行业和公司价值的认同感，重视雇主品牌对人才招聘和员工稳定的积极意义。

跨境电商企业通过各种途径（如校园宣讲会、学科竞赛、专项技术培训、校园活动赞助等多样形式）有效建立推广雇主品牌传播渠道，在求职者中提升雇主品牌认知度，提高潜在的求职倾向。企业积极参与校企合作，深化产教融合，鼓励企业员工进课堂授课，近距离接触学生，在传授技能的同时，介绍企业概况、文化、工作内容，接触心仪的学生建立聘任关系，在企业和学生的“选择—磨合”上下功夫。

结合企业和员工的具体情况，在收入分配上设计合理可行的工资奖金方案，保障员工生存发展需求的同时鼓励员工实现个人价值，追求个人目标与公司目标的一致。结合员工个体差异，建立有效沟通机制，加强员工和公司的情感沟通，既满足员工的情绪价值、自我价值，也增强员工的认同感和公司的凝聚力，提高工作热情和效率。“以人为本”的企业文化能够和谐内部关系，对于“90后”和“00后”这些崇尚个体自由、看重个人价值的群体来说，非常在意工作中和谐的人际关系，员工在思想上对企业产生认同感，才会对企业满意和忠诚，从而增强企业向心力，提高工作效率。

三、主要研究结论

(一)跨境电商企业雇主品牌外部吸引力的现状

调研发现,高校毕业生对跨境电商企业雇主品牌认知度和从业意愿不高,没能起到行业就业主力的作用。这与行业的历史、稳定程度、薪资水平、在职培训等方面有紧密关联。跨境电商行业处在发展的初期,人才梯队尚未完备,人才标准尚未建立,人才福利待遇和后继发展还没有保障,跨境电商行业发展受限于人力资源短缺和人才队伍不完善。

(二)雇主品牌传播对雇主品牌外部吸引力的影响作用

通过对数据进行分析,雇主品牌传播的各个因素均对跨境电商雇主品牌外部吸引力有较强影响。其中公共关系传播与广告传播,在跨境电商雇主品牌传播中对雇主品牌外部吸引影响最明显。由于公共关系传播与广告传播对经费投入要求较大,除了少数几个如阿里巴巴这样的大型跨境电商公司外,一般的跨境电商企业没有雇主品牌传播这份预算和经济实力,能够说明高校学生对跨境电商行业和公司不感兴趣的原因。

(三)雇主品牌感知对雇主品牌外部吸引力有强相关

跨境电商是互联网+传统外贸的产物。外贸类公司的工作氛围和经营风格对潜在就业者的影响也体现在了跨境电商公司的招聘过程中。年轻人看重个人价值的实现,会对就职单位的管理风格有一定的偏爱和选择。跨境电商公司的管理风格和对员工发展平台的搭建会对雇主品牌感知产生积极作用。

(四)雇主品牌传播和雇主品牌感知呈正相关

雇主品牌传播的四个因素对雇主品牌感知都有积极影响。广告效应对雇主品牌感知的影响最大,受众广泛认可度高,但成本较高,所以一般跨境电商公司很难承担这部分费用,这大大影响了跨境电商公司的社会知晓度和美誉度,降低了求职者对这类公司的向往和感知。这个层面的结论提示跨境电商公司需要通过提升自身实力来打造雇主品牌,以吸引适合的人才。

(五)雇主品牌感知具有中介作用

员工的福利待遇、公司自身实力、企业文化建设、领导管理风格这四个因素对雇主品牌传播和外部吸引力都起到了媒介的作用。因此,扩展雇主品牌传播渠道,提高企业雇主品牌形象,增强求职者对跨境电商行业和公司的雇主品牌感知,提升他们对跨境电商公司的就业意愿,从而实现吸引人才的目的。

四、对未来的展望

高校毕业生、跨境电商在职雇员、社会上求职人员、其他跨境电商公司的工作人员都属于跨境电商企业的雇主品牌传播的受众。把高校学生当作跨境电商行业潜在人力资源主要力量的同时，未来可以研究跨境电商行业雇主品牌的内部吸引，降低人员流失带来的招聘成本沉淀，维护公司内部人员的稳定和发展。也可以考虑把社会求职者作为研究对象，扩大跨境电商公司雇主品牌研究范围。

第一，诸多因素影响求职者的就业意愿和工作付出的程度，其兴趣、背景经验、性格特点等都可以考虑进雇主品牌外部吸引力的研究中。

第二，跨境电商企业涉及行业广泛，包括服装玩具、生活用品、机电工具、休闲娱乐等等，行业差别对跨境电商从业人员的工作内容、入行要求、职业发展会有各自的行业差别。未来的研究可以对这些细分的行业领域的工作人员加以深入研究，分析特定行业跨境电商公司雇主品牌对潜在求职者的吸引力。

第三，本研究是通过截面数据获取信息，而且仅限于金华和杭州地区。未来可将调研范围扩展至浙江省其他地区的企业和高校，以及不同发展阶段的跨境电商公司，获取企业发展不同阶段的截面数据，使跨境电商雇主品牌研究更具可持续性。

参考文献

[1] 刘珊.面向大学生群体的科技型中小企业雇主品牌吸引力研究[D].天津：天津大学，2014.

[2] 杨帆.我国进口跨境电商面临的主要问题以及对策分析[D].北京：对外经济贸易大学，2016.

[3] 戴云英.商业银行雇主品牌与应届毕业生求职意向的关系研究[D].武汉：华中师范大学，2015.

[4] 林嘉琨.企业产品品牌价值对雇主外部吸引力的影响机制研究[D].天津：天津大学，2015.

[5] 吕振奎.从泉州大学生就业期待看民企雇主品牌建设[J].泉州师范学院学报，2018(1)：103-108.

[6] 周芳.产业竞争力视阈下区域跨境电商发展路径研究[J].商业经济研究，2018(19)：102-126.

课题组单位：金华职业技术学院

课题组负责人：李颖

课题组成员：岑建，吴彩萍，陈舜孟，郑迎宁

课题名称及编号：跨境电商雇主品牌外部吸引力现状及发展路径研究（编号：2020N22）

绍兴纺织企业发展跨境电商的痛点及对策分析

[**按语**]近些年，与浙江省杭州市、宁波市相比，绍兴市跨境电商发展相对滞后，与其经济总量在浙江省内的排名不相匹配。为深入了解绍兴纺织企业发展跨境电商的痛点问题，笔者团队实地调研访谈了10家绍兴地区典型的纺织企业、绍兴纺织企业跨境电商代运营的公司、绍兴市商务局等。对访谈的内容利用扎根理论分析，进行开放式编码、主轴式编码、选择式编码，逐步梳理出绍兴中小纺织企业开展跨境电商痛点的主要范畴及其内涵。通过分析，既有绍兴纺织企业发展电商氛围较差的问题，也有企业产品自身的问题；既有企业对跨境电商认识不够的问题，也有跨境物流以及人才保障的问题。当下，随着“互联网+外贸”的不断加速融合发展，绍兴纺织企业传统外贸也在不断加快洗牌。在此背景下，绍兴应该在政府端、企业端、高校端花大力气，补齐跨境电商的政策、物流、人才、配套服务、环境等短板，结合绍兴纺织产业的优势，不断发展跨境电商，助推区域经济发展更上一层楼。

一、研究概述

(一)调研背景

1.中国纺织看“绍兴”

纵观我国纺织品产业的发展，产业聚集地大多集中在江浙一带，其中绍兴是我国重要的纺织品生产基地和集散中心。据统计，截至2016年底，绍兴大小纺织企业加起来共有6.5万家，拥有从业人员75万。其中上了规模的纺织企业有1413家，共计从业人数37万，完成了3234亿元的生产总值，产品销售收入高达3162亿元，实现利税225亿元，自营出口总额172亿美元。[1]

2.绍兴跨境电商的发展较落后

跨境电商正搭建起一个自由、开放、通用、普惠的全球贸易平台，亿万消费者可以买全球，中小企业可以卖全球，真正实现了全球连接、全球联动。跨境电商成为全国中小企业转型的方向。浙江省跨境电商蓬勃发展。根据浙江省跨境电子商务发展报告，2017年，全省实现跨境电商零售进出口总额603.9亿元，增长49.6%，其中跨境电商零售出口438.1亿元，增长37.2%；从主要地区上看，金华市、杭州市、宁波市等三地的跨境电商零售出口额居全省前三，占比分别为55.1%、19.3%、9.1%。全省活跃网店数66759家，但是绍兴地区活跃出口网店数仅为1325家。[2]从数据上很明显看出，绍兴跨境电商的发展要落后于其他地市。

（二）调研目的

绍兴纺织业是浙江省重要的特色产业，对创造贸易顺差、解决就业问题和促进区域经济发展都起到了非常重要的作用。当前，由于我国纺织产业的结构变化和经营模式的改变，中小纺织企业的发展受到了阻碍，可持续发展的新模式成为研究的重要方向；同时，跨境电商发展迅速，作为中小企业转型升级的重要选择之一，绍兴纺织业跨境电商发展缓慢，未见很大成效。因此分析并解决绍兴中小型纺织企业发展跨境电商的痛点和难点问题，是纺织行业发展所遇到的亟待解决的问题，也是浙江省发展壮大跨境电商亟待解决的问题，也正是本文的调研目的。

二、调研分析

（一）实地调研

首先实地调研访谈了10家绍兴地区典型的纺织企业、绍兴纺织企业跨境电商代运营的公司、绍兴市商务局等。在访谈过程中，我们对相关负责人进行访谈，对被调研企业的基本情况、企业市场竞争力、国内网络营销情况、从事跨境电商的情况及困难等多个方面进行深入了解，针对企业开展跨境电商方面的痛点展开全面分析。

1.对绍兴市商务局进行访谈

通过对绍兴市商务局的访谈，商务局认为目前绍兴市纺织企业发展跨境电商主要存在以下三个问题：

（1）物流仓储能力有待加强。物流与仓储是跨境电商发展初期的重要影响因素，目前绍兴市跨境电商主要以邮政小包的形式出口，存在运送时间长、物流成本高、品质保障弱等缺点，许多企业将货物运送到义乌、宁波等地再进行打包输送。

（2）人才支撑不足。由于缺少地域红利，电商人才一直处于紧缺状态，尤其缺少客服、运营人才，不少电商公司选择到杭州、宁波设立分点，也影响了绍兴市跨境电商的发展。

（3）发展深度不够。绍兴虽然有三个产业集群跨境电商发展试点，在窗帘窗纱、袜业、珍珠、领带等产业上优势明显，块状经济特点显著，但是跨境电商发展仍停留在表面。

2.走访跨境电商服务公司

杭州和绍兴地区的跨境电商服务公司为绍兴纺织企业发展跨境电商提供了技术方面的支持，他们对企业发展跨境电商应该是最了解的。因此我们走访了2家跨境电商服务外包公司，进行深入了解。

（1）绍兴蒲公英电子商务有限公司。

绍兴蒲公英电子商务有限公司作为一家绍兴本土的代运营公司，为企业提供电子商务全套服务。该公司承接的绍兴纺织企业占到公司总客户的80%以上，琪康纺织、豫嘉纺织等公司也通过该公司在1688平台上实现了一年千万元以上的销售额，因此他们对于绍兴纺织企业无论是电商总体情况还是跨境电商发展方面都非常了解。我们对绍兴蒲公英有限公司进行访谈时，陈总最后总结了绍兴纺织企业发展跨境电商的痛点，主要有电商氛围不好、老板意识问题以及绍兴地区太缺乏跨境电商人才。

(2)杭州念诚信息技术有限公司。

杭州念诚信息技术有限公司是一家专门提供电子商务服务外包的公司。该公司也为很多绍兴纺织企业提供过跨境电商外包服务。

对该公司运营总监余总进行访谈时，余总提到：很多绍兴纺织类的企业都会选择B2B，他们不太愿意接散户；绍兴纺织业经营者比较多，之前行业的暴利期获得的红利太大，现在都有点不太看得上电商，更别说跨境电商了；现在的跨境B2B平台，都是线上找到客户，线下进行交易，也就无法体现在跨境电商的销售额数据里；虽然绍兴纺织的线下交易规模在全球都是数一数二的，但是线上做得特别差，如1688平台，柯桥的产品做得并不多也不好，江苏南通、山东青岛，还有义乌和桐乡都超过它们了，绍兴纺织太故步自封了；绍兴纺织企业，太缺乏跨境电商成功案例了。

3.实地走访10家绍兴纺织企业

我们通过对绍兴市商务局进行访谈，确定了绍兴金蝉、理仁进出口、宏法针织等典型的纺织企业，并进行实地调研，主要从企业的基本情况、企业市场竞争力、国内网络营销情况、从事跨境电商的情况及困难等方面了解问题。表1是10家访谈企业的基本情况。

表1 10家被实地调研企业的基本情况

企业名称	从事产品	目前从事跨境电商情况
绍兴金蝉进出口有限公司	家纺	目前在国内外电商平台销售。从事跨境电商B2B和B2C，在多家跨境平台开店。“金蝉布艺”居京东、天猫商城等电商平台窗帘类商品销售量冠军，去年出口额达2500万美元
绍兴理仁进出口有限公司	服装面料	一般贸易，暂未从事跨境电商业务
绍兴宏法针织有限公司	元昊运动瑜伽系列、元昊触屏手套、瑜伽袜等	在国内天猫、京东等平台开店，跨境电商方面在阿里国际站、亚马逊、速卖通、Wish等平台开店
绍兴市上虞区崧厦镇某帐篷生产商	帐篷	淘宝有开店，跨境暂时没有涉及，但是想从事跨境
浙江西米露网络科技有限公司	袜子	在国内天猫、京东、拼多多、贝店等平台开店，暂未涉及跨境电商
诸暨市精创电子商务有限公司	女士梭织打底裤	暂时也不想从事跨境电商
诸暨市三飞袜业有限公司	各种儿童袜、男女袜	目前主要通过阿里国际站，但是交易主要在线下完成
浙江吉麻良丝股份有限公司	汉麻面料、服饰、家纺等	在国内天猫、有赞等平台开店，暂未涉及跨境电商
杭州素妍服饰有限公司	羽绒服	目前主要针对国内市场，线下为主，想从事线上销售
绍兴如盛家纺有限公司	触屏手套、劳保手套、袜子等	目前主要做国外的订单，主要在中国制造网平台出售产品，但是效果不好，现在主要还是靠以前老客户的订单维持

(二)扎根理论分析

根据对绍兴市商务局、2 家跨境园区电商服务公司以及 10 家典型的绍兴纺织企业的调研数据进行扎根理论分析。

1. 初步范畴化(开放性编码阶段)

首先,围绕着“绍兴纺织企业发展跨境电商的痛点”这一核心研究问题,对访谈数据的原始数据进行反复阅读,筛选,从而提炼出 200 余条相关访谈记录及相应的初始概念,最后进行不断的归纳总结,形成 14 个范畴(见图 1),分别是电商氛围不浓、政策导向不够、缺乏成功案例、产品不适合、产品附加值低、物流成本高、物流服务慢、海外仓服务有待提高、企业意识不够、企业不屑于做电商、企业运营能力不足、跨境电商人才短缺、校企合作效果不佳、人才培养质量不佳等。

定义现象	概念化	初步范畴化	主范畴及其内涵
绍兴没政策，都是跑到义乌、杭州等地开设公司开展跨境电商…… 绍兴纺织业土豪比较多，之前行业的暴利期获得的红利太大，现在都有点不太看得上电商，更别说跨境电商了…… 绍兴纺织企业，太缺乏成功案例了…… 绍兴纺织产品原料半成品多，不适合做跨境电商…… 像布料这些，发快递到国外去不划算，产品还没运费贵…… 绍兴太缺乏跨境电商人才了…… （计200余条访谈记录）	电商氛围：不够好 政策导向：缺乏 企业意识：不够 对电商态度：不够重视 成功案例：太少 产品问题：不适合 产品附加值：低 物流成本：贵 跨境物流：不方便 跨境电商人才：缺乏 招人：招不到合适的 人才引进：机制不好 校企合作：不顺畅 ……	1.电商氛围不浓 2.政策导向不够 3.缺乏成功案例 4.产品不适合 5.产品附加值低 6.物流成本高 7.物流服务慢 8.海外仓服务有待提高 9.企业意识不够 10.企业不屑于做电商 11.企业运营能力不足 12.跨境电商人才短缺 13.校企合作效果不佳 14.人才培养质量不佳 （计14个范畴）	一、环境问题 （从1—3初始范畴） 二、产品问题 （从4—5初始范畴） 三、物流问题 （从6—8初始范畴） 四、企业自身问题 （9—11） 五、人才问题 （12—14）

图 1　概念化和范畴化举例分析

2. 主范畴的发掘(选择性编码阶段)

根据开放性编码提炼的 14 个概念范畴,通过对其进行归类和总结,最终形成五大主范畴:环境问题(从 1—3 初始范畴)、产品问题(从 4—5 初始范畴)、物流问题(从 6—8 初始范畴)、企业自身问题(从 9—11 初始范畴)、人才问题(从 12—14 初始范畴)。

3. 模型的构建(理论性编码阶段)

在经过前两个编码阶段后,所得到的五个主范畴基本涵盖了“绍兴纺织企业发展跨境电商的痛点”的主要要素,根据主范畴的内容构建一个“环境问题—产品问题—物流问题—企业自身问题—人才问题”五部分构成的绍兴纺织企业发展跨境电商痛点的理论框架(见表 2)。

表 2　绍兴纺织企业发展跨境电商的痛点

绍兴纺织企业发展跨境电商的痛点	环境问题	电商氛围不浓
		政策导向不够
		缺乏成功案例

续　表

	产品问题	产品不适合
		产品附加值低
	物流问题	物流成本高
		物流服务慢
		海外仓服务有待提高
	企业自身问题	企业意识不够
		企业不屑于做电商
		企业运营能力不足
	人才问题	跨境电商人才短缺
		校企合作效果不佳
		人才培养质量不佳

(三)网络调研

最后,本研究根据建立的模型,构建网上调研问卷。我们网上调研共有208家企业参与,其中:生产类企业占51.85%,贸易型企业占48.15%。主要针对企业产品类型、国内从事电商的情况、从事跨境电商的意愿、对跨境电商人才的需求情况、企业发展跨境电商遇到的主要问题、希望政府提供的支持等多方面进行调研。共有208家企业参与,调研结果通过了所构建概念模型的饱和度检验。

三、绍兴中小型纺织企业发展跨境电商的痛点分析

(一)跨境电商氛围较差

政策支持力度有待加强。绍兴市早在2014年就发布《关于进一步促进电子商务发展的若干意见》,之后并未出台新的有关跨境电商的政策。自2019年1月1日《中华人民共和国电子商务法》正式实施起,截至1月中旬,短短半个月时间,绍兴市共有355家电商商户办理市场主体登记,其中278家的注册地在杭州市余杭区,这就导致很多绍兴本地企业到杭州下城区或者义乌开设公司,开展跨境销售。杭州不仅可以在线注册电子营业执照,在物质奖励上,在人才、物流领域的配备方面也堪称"高配"。本身绍兴市就有被杭州和义乌地区"虹吸"的压力,政策如果再跟不上,绍兴的跨境电商将会"雪上加霜"。

电商氛围不浓,缺乏典范企业。在访谈的过程中,大多数公司都觉得绍兴电商氛围不浓,除了政策支持力度的原因外,之前绍兴地区纺织企业在行业的暴利期获得的红利太大,主要集中做大型外贸,对于平台小批量交易的跨境电商兴趣不浓厚。另外就是绍兴地区缺乏一些典范企业,缺乏电商的成功"故事"。一旦有一些电商典范企业被大家知晓,就可以极大地提高企业开展跨境电商的积极性。

(二)产品附加值低

绍兴纺织产品大多是原材料或者半成品,产品附加值低,做的都是低端产品。在网上调研的208家企业中,70%以上都是做面料和原料的,42.59%的企业没有自主品牌,46.3%的企业没有自己的研发团队。绍兴纺织产品总体上结构单一,技术较简单并且容易被复制,没有品牌竞争力,无法满足国际市场多样化的需求。[3]

以绍兴市柯桥区为例,200余家纺织企业能生产156亿米布,总利润为13.11亿元;也就是说,平均每米布只挣0.08元。而与此相对应的是,这样的产品如果进行跨境销售,跨境物流的高成本和产品的低附加值完全不匹配,基本不适合跨境销售。

(三)企业对跨境电商认识不到位、运营能力不足

网上调研结果显示,有意愿做跨境电商业务的被调研企业不足32.86%。大多数企业不愿意开展跨境电商,绝大部分企业对跨境电商的认识仅仅是在相关平台上注册开店,而不是围绕电商的企业整体转型升级。绍兴市做跨境的纺织企业大多都在阿里国际站上拥有店铺,但是大部分都仅限于基础运营,而最终交易仍为线下交易。与宁波、杭州等地相比,绍兴线上落后较多。

(四)跨境电商人才极度缺乏

在实地走访的10家绍兴纺织企业中,有9家企业都提到了人才问题,网上调研更是显示60.19%的企业对跨境电商人才有需求。对于跨境电商企业来说,需要的不仅是具备流畅的英语或其他小语种的沟通能力的语言人才,还需要既懂得计算机、电子商务知识,又掌握营销、国际贸易知识的复合型专业人才。[4]

企业获得这种复合型人才的方式主要有两种:一种是通过高校招聘;另一种是对员工培训。根据对跨境电商岗位需求的调研,目前从事跨境电商的人才主要来自英语、电子商务专业。而目前电子商务专业开设的跨境电商课程远不能达到跨境电商企业的需求,[5]英语专业更是对跨境电商课程开设得少之又少,社会上针对跨境电商的培训开展也不足,跨境电商人才非常稀缺。

绍兴中小纺织企业对跨境电商的重视和投入都比较小。在开展跨境电商的企业中,只有26.85%的企业每月投入跨境电子商务业务中的经费(含雇佣的员工成本、店铺运营成本、管理成本等)超过3万元,46.3%月投入跨境电子商务的经费不足1万元。因此很难吸引到有实践技术、能力强的高级跨境电商人才。再加上受杭州、宁波等周边城市对绍兴市"虹吸"作用的影响,人才外流现象严重。绍兴市电商人才面临着"引进难""留住更难"的尴尬局面。跨境电商专业性人才的缺乏,成为制约绍兴纺织企业发展跨境电商的一个重要瓶颈。

(五)跨境物流成本高

物流对跨境企业的发展起到决定性作用,不仅物流成本占了交易金额的较高比率,直接影响企业的盈利能力,同时物流的质量也是影响终端消费者的重要因素。目前绍

兴市跨境电商缺乏海外仓储设备和跨境物流信息平台，物流方式主要以邮政小包以及e系列业务为主，配送速度慢，丢包、漏包问题也时常发生。而且由于绍兴业务量相对较少，绍兴邮政基本无折扣，跨境电商物流成本远远高于杭州、宁波以及其他大多数城市。

四、绍兴中小型纺织企业发展跨境电商的对策

（一）政府端

1. 出台接地气的跨境电商支持政策

鼓励跨境电商产业发展，形成绍兴特色，绍兴市政府应积极和相关部门一起制定跨境电商支持政策，注重资金和政策的扶持，制定“接地气”的实施方案，让相关企业及个人“享受得到，享受得起”。并且加强小微企业与政府沟通联系，使得优惠政策能宣传落实到相关企业及个人，而不是形同虚设，或者仅仅是被极小部分企业享受。

2. 校政企协同培育跨境电商人才

一方面，形成政府引导、高校主管、企业参与的校政企合作的跨境电商人才培养模式，并完善社会化的培训体系；另一方面，完善跨境电商人才引进激励措施，灵活开展团队引进、项目引进等方式以引进所需人才。

3. 注重培育跨境电商典范企业，并加大宣传力度

注重培育或者引进跨境电商典范企业，树立典型，并加大宣传力度。可以在绍兴地区优选出20家跨境电商企业进行培育；对于典范企业，政府一定要加大宣传力度，营造绍兴纺织企业开展跨境电商的氛围，从而带动该地区特色产业带的发展，并探索绍兴纺织企业跨境电商转型的新趋势。

4. 组织跨境电商相关活动

绍兴地区也可以多举办跨境电商高峰论坛、跨境电商资源对接大会等活动。通过上述活动，企业可以更加了解跨境电商运作方式、渠道优势和国外的市场情况等，同时电商服务企业更加了解小企业的产品情况，推动了双方的互动发展。

（二）企业端

1. 增强跨境电商意识

无论从国家政策方面来讲，还是纺织企业面临转型升级，探索出一种绍兴纺织企业的跨境电子商务与贸易出口相融合的新模式，无疑是个好机会。对于企业来说，任何一次转型都是一次浴火重生，老板首先坚定信念，思想重视，行动跟上，全心全意打磨自己的产品，恪守着一份匠心和初心，借助跨境电商推动绍兴纺织企业转型升级。

2. 加强电商人才培养

企业也要注重复合型跨境电商人才的培养和培训，同时通过校企合作的形式，建立电子商务教育实践与人才培训基地。

3. 优化产品结构,加强品牌意识,提高产品附加值

纺织企业应该深入了解和研究市场,通过加强自主创新和研发相应技术优化产品结构,提高产品附加值。同时也应该建立起品牌意识,创立属于自己的独特品牌并对它加以保护。经济效益更高的产品适应国际市场的多样化需求。

4. 选择合适的跨境电商平台

目前跨境电商模式主要有 B2B 模式和 B2C 模式。各个平台特点和产品定位不同,因此绍兴纺织企业应根据企业自身特点进行准确定位和合理选择。对于做原材料和半成品的企业,可以选择阿里国际站、敦煌网等 B2B 平台;对于做成品的企业,同时可以选择在阿里速卖通、亚马逊、Wish、eBay 等平台开展跨境零售出口。

5. 积极探索服务外包模式

对于传统的绍兴纺织企业来说,最好有自己的跨境电商运营团队。如果企业之前只会生产或者进行传统外贸,没有运营团队的,可以找有数据支撑、知道该怎么备货的代运营公司进行深度合作,积极探索服务外包模式。

6. 积极推行海外仓或境内仓库服务

跨境电子商务企业应建立海外仓库,将货物直接运输到海外仓库,降低物流成本。为避免海外仓库投资过高,也可以尝试建立境内仓库。例如,在我国黑龙江省黑河市建立境内仓库,专门负责与俄罗斯布拉格维申斯克等远东地区的贸易商品储存工作。

(三)高校端

1. 加强校企合作,校企双主体培养电商人才

绍兴纺织企业和高等院校合作共同制定跨境电商人才培养模式。校企共同开设一些最适合培养跨境电商人才的课程;并且和企业合作共同建设跨境电商进出口业务实践基地,培养学生跨境电商实践能力,学生毕业后也可以到合作企业任职。

2. 注重复合型跨境电商人才的培育和培训

高校还可以联合当地纺织跨境企业建立跨境电子商务培训中心,邀请一些电子商务专家定期为员工开展人才培训,对想从事跨境电商的社会人员进行培训。培育人才的同时营造绍兴跨境电商氛围。

参考文献

[1] 谢青.新形势下绍兴中小纺织企业"走出去"战略研究[D].南昌:江西师范大学,2018.
[2] 浙江省商务厅电子商务处.浙江省跨境电子商务发展报告[R].杭州:浙江省商务厅,2018.
[3] 胡晶菲.浙江省打造"一带一路"战略枢纽背景下传统产业对外发展的战略——以绍兴纺织业为例[C]// 浙江省长三角城乡社区发展研究院.浙江打造"一带一路"战略枢纽研究学术研讨会论文集.杭州:浙江省长三角城乡社区发展研究院,2018:3.
[4] 沈明威.我国纺织服装行业跨境电商出口的影响因素研究[D].上海:东华大学,2018.
[5] 史晓英,张越强.跨境电商视角下的中小外贸企业转型升级策略探析[J].新经济,2016(29):31-32.

课题组单位:绍兴职业技术学院
课题组负责人:聂爽爽
课题组成员:高寿华,朱伟芳,沈烂,陈洪飞,陈益峰
课题名称及编号:绍兴中小型纺织企业发展跨境电商的痛点及对策分析(编号:2020N49)

浙江中小民营企业参与“一带一路”建设的现状及对策研究

[按语]浙江中小民营企业在“一带一路”建设中发挥着积极的作用,“一带一路”也为中小民营企业带来了新的机遇。参与此次调研的涉及浙江省各个地市的619家企业,其中有效统计企业603家。经调研,企业参与“一带一路”建设的困难和问题主要表现在:企业的国际化能力不足,缺少国际化的人才队伍,缺少相关的政策支持,缺少相应的经济支持,获取相关信息的能力不足。针对以上实际情况提出以下建议和对策:第一,政府制定政策鼓励企业积极参与建设。第二,全方位培养企业“一带一路”建设人才。第三,政府提供经济支持,提高企业参与“一带一路”建设能力。第四,政府开展长期有针对性的培训,提高企业的跨国经营与管理能力。第五,政府构建各类信息平台,帮助企业提高风险防范能力。第六,政府搭建各类交流交往平台,提高企业开展对外交流交往的能力和水平。

一、课题研究的框架

(一)课题研究的背景

浙江省在国家“一带一路”建设中发挥着积极重要的作用,已成为“一带一路”建设枢纽。浙江中小民营企业在“一带一路”建设项目中,积极参与贸易、电子商务、服务、旅游、农业、中介咨询等领域的市场开拓,与国有企业形成了叠加优势;然而,中小民营企业参与“一带一路”建设仍处于起步阶段,处于自发的、零散的、孤立的“单打独斗”的状态。中小民营企业参与“一带一路”建设在实践中仍面临着政策支持体系相对滞后、信息沟通渠道不畅、高素质跨国专业人才缺乏等诸多问题。

(二)课题研究的意义

本研究通过对浙江省各地市从事外贸的中小民营企业进行大规模的调查,了解和发现目前浙江省中小民营企业参与“一带一路”的实际情况,发现问题和困难并提出相应的对策建议,从而帮助中小民营企业服务“一带一路”建设,推动浙江经济发展。

(三)课题研究的基本思路和方法

运用经济学、管理学、社会学等方法,通过对浙江中小民营企业进行较大规模抽样问卷调查及深度访谈,对杭州、宁波、温州、义乌、嘉兴、绍兴、舟山等地区的中小民营企业开展大规模的问卷调查和深度访谈。通过调研广泛收集第一手经验资料，准确把握浙江中小民营企业参与“一带一路”建设的意愿、路径和效果，调查分析浙江中小民营企业融入“一带一路”建设的困难和障碍，从宏观、中观和微观的角度分析造成中小民营企业融入“一带一路”建设的影响因素，提出相应的对策和建议。

二、课题研究结果

(一)浙江中小民营企业参与“一带一路”建设的现状分析

1.浙江省中小民营企业积极参与“一带一路”建设

(1)中小民营企业参与“一带一路”建设意愿较强。

由表1可知，浙江省中小民营企业对“一带一路”倡议了解情况较好，有利于中小民营企业积极参与“一带一路”建设。通过调查浙江中小民营企业对“一带一路”倡议的了解情况，有11.61%的企业对“一带一路”倡议“非常了解”，有60.53%的企业对“一带一路”倡议“基本了解”，有26.70%的中小民营企业对“一带一路”倡议“不大了解”，“完全不了解”的企业只占0.83%，“不想去了解”的企业只占0.33%。这些数据进一步说明了浙江省在“一带一路”建设中发挥了积极重要的作用。对中小民营企业对“一带一路”建设的重要性调查发现，61.53%的企业认为“一带一路”建设“非常重要”，34.16%的企业认为“重要”，3.48%的企业认为“一带一路”建设重要性“一般”，只有不到1%的企业认为“一带一路”建设“不重要”(见表2)。这说明“一带一路”建设对于以外向型为导向的浙江中小民营企业具有较强的吸引力，浙江中小民营企业不仅紧紧围绕市场导向，同时紧随国家政策，积极融入国际“一带一路”倡议和建设。

表1 您对“一带一路”倡议了解吗?

选　项	小计	比　例
A.非常了解	70	11.61%
B.基本了解	365	60.53%
C.不大了解	161	26.70%
D.完全不了解	5	0.83%
E不想去了解	2	0.33%
本题有效填写人次	603	

表2 您认为“一带一路”建设重要吗?

选　项	小计	比　例
A.非常重要	371	61.53%
B.重要	206	34.16%
C.一般	21	3.48%
D.不重要	2	0.33%

续 表

选　　项	小计	比　　例
E. 非常不重要	3	0.50%
本题有效填写人次	603	

(2)中小民营企业参与“一带一路”建设积极性较高。

①企业主动参与“一带一路”建设积极性高。

中小民营企业市场敏锐度高,依靠市场化力量参与“一带一路”建设。在调查的603家企业中,有44.94%的中小民营企业已经与“一带一路”沿线国家“有业务往来”,有26.70%的中小民营企业准备与“一带一路”沿线国家开展相关业务,有28.36%的中小民营企业未与“一带一路”国家开展业务(见表3)。从中小企业参与“一带一路”建设时间来看,多数企业参与“一带一路”建设时间较短,45.27%的企业在1年以内,在2—3年的有24.21%,4—5年的占比10.78%,6年以上的占比19.73%。

其中,企业成立时间长短与其参与积极性成正相关,企业成立时间越长其参与性越高。进一步访谈得知,大多数中小民营企业虽然参与“一带一路”建设意愿较强,但是对政策不够了解,企业面临诸多不确定因素和风险,降低了企业参与的积极性和效果。

表3　企业是否与“一带一路”沿线国家有业务往来

选　　项	小计	比　　例
A. 有业务往来	271	44.94%
B. 无业务往来	171	28.36%
C. 目前没有,但准备开拓相关业务	161	26.70%
本题有效填写人次	603	

②政府积极鼓励企业参与“一带一路”建设。

浙江中小企业参与“一带一路”建设受到了政府引导的拉力和企业发展需要的推力双重作用。在问到公司参与“一带一路”建设的原因时,47.43%的企业认为“‘一带一路’沿线国家有很大的市场机会”,有36.32%的企业认为是为了“拓展新业务的需要”,有43.78%的企业认为是“国家政策引导”,有31.18%的企业认为是“地方政府支持”(见表4)。

表4　您所在的公司为什么要参与到“一带一路”建设

选　　项	小计	比　　例
A. 国家政策引导	264	43.78%
B. 地方政府支持	188	31.18%
C. 原本就有业务往来	196	32.5%
D. 拓展新业务的需要	219	36.32%
E. “一带一路”沿线国家有很大的市场机会	286	47.43%
F. 其他	111	18.41%
本题有效填写人次	603	

(3)中小民营企业参与“一带一路”建设效果较好。

①“一带一路”建设提高了中小民营企业效益。

随着“一带一路”建设的推进,越来越多的企业参与到建设中。问到企业在“一带一路”建设中的收益时,有62.35%的企业认为参与“一带一路”建设给企业带来了收益。中小民营企业积极参与“一带一路”建设,其中与“一带一路”建设沿线国家业务量在公司中的比重略有差异,有27.53%的企业认为占比在10%—30%,有9.78%的企业认为占比在30%—50%,有7.63%的企业认为占比在50%以上。说明“一带一路”建设几年来,中小民营企业参与“一带一路”建设效果较好。

调查发现,大多数企业有进一步拓展与“一带一路”沿线国家业务往来的打算,其中有78.44%的企业有拓展的意愿。在问到近一年,企业与“一带一路”沿线国家业务发展势头的问题时,26.87%的企业认为是快速增长,23.88%的企业认为是缓慢增长,29.35%的企业认为保持增长,只有16.25%的企业认为不稳定。

②“一带一路”建设拓展中小民营企业海外市场。

中小民营企业参与“一带一路”建设的业务往来国家主要集中在亚洲国家和欧洲国家,分别占比70.48%和45.94%。非洲国家占比30.85%,美洲国家占比25.87%。

③“一带一路”建设提升中小民营企业海外建设能力。

中小民营企业参与“一带一路”建设业务往来集中在贸易往来(68.33%)、生产制造(33.50%)、物流运输(14.59%)、资源开发(9.78%)、科技研发(9.62%)、技术服务(9.29%)、设施建设(9.29%)等方面。

(4)中小民营企业“走出去”参与“一带一路”建设情况。

浙江中小民营企业积极参与“一带一路”建设,其中少部分中小企业选择“走出去”参与“一带一路”建设。问卷调查的603个企业中,有32%的企业已经“走出去”参与“一带一路”建设。企业“走出去”的动因是多元的,而拓展国际市场是最重要的动因。问及企业“走出去”的主要动因时,81.46%的企业认为是拓展国际市场,38.14%的企业认为是实现企业跨越式发展需要,35.99%的企业认为是获取品牌、技术、人才等战略要素,27.53%的企业认为是获取国外原材料等资源,26.37%的企业认为是利用当地劳动力等要素降低产品成本。在问及企业“走出去”的主要方式时,大多数的回答是对外投资。

2.浙江省中小民营企业参与“一带一路”建设的问题与挑战

多重叠加因素影响着中小民营企业参与“一带一路”建设(见表5)。在与“一带一路”沿线国家企业的往来中,中小民营企业面临的困难依次是“文化差异”(56.22%)、“物流运输成本政策问题”(36.48%),“资金问题”(35.49%),“信息沟通不畅的技术问题”(35.49%),“人才问题”(33.83%),“市场进入比较困难的法律问题”(27.20%)。同时,中小民营企业还面临自身实力不够强大,跨国经营管理经验不足,对国际形势的判断、把握能力不足,风险防范意识欠缺等问题(见表6)。

表5 在进行对外投资时遇到了哪些主要问题

选　　项	小计	比　　例
A.项目选择不准确	222	36.82%

续 表

选　　项	小计	比　　例
B. 融资困难	166	27.53%
C. 企业跨国经营管理能力较弱	223	36.98%
D. 对外投资信息掌握不完全	219	36.32%
E. 企业缺乏人才	274	45.44%
F. 产品缺乏竞争力	175	29.02%
G. 投资国政治局势不稳定	123	20.4%
H. 风险保障机制不健全	109	18.08%
J. 汇率波动	118	19.57%
K 文化差异	147	24.38%
L. 其他	88	14.59%
本题有效填写人次	603	

(1)中小民营企业国际化能力不足。

中小民营企业面临的最主要问题是文化差异带来的系列问题。各国的政治制度、经济环境、法律法规和商业文化差异较大,企业在国际市场拓展中,面临政策法规不兼容、贸易通道不畅通等挑战。具体体现在中小民营企业对各国市场深入了解不够、知识产权和品牌保护不够、国外法律法规运用和把握不够等方面。

表6　在与"一带一路"沿线国家的业务往来中,您觉得遇到的最主要困难有哪些

选　　项	小计	比　　例
A. 文化差异	339	56.22%
B. 物流运输成本政策问题	220	36.48%
C. 资金问题	214	35.49%
D. 信息沟通不畅的技术问题	214	35.49%
E. 政策支持力度不够	119	19.73%
F. 人才问题	204	33.83%
G. 市场进入比较困难的法律问题	164	27.20%
H. 其他	83	13.76%
本题有效填写人次	603	

(2)中小民营企业缺少国际化的人才队伍。

人才因素是"一带一路"建设成功的关键。中小民营企业在发展过程中需要具备一定的海外工作经验和专业知识技能的综合性人才,跨国人才可以帮助企业了解"一带一路"沿线国家的相关法律政策与文化习俗,帮助企业进一步了解国外市场环境。在问卷调查中，65%的民营企业表示缺乏熟悉“一带一路”相应国家国情的复合型人才，51%的民营企业表示缺乏适合“一带一路”建设的专业技术人才和小语种人才。

表7　您所在的公司有没有开展“一带一路”建设的相关培训？

选　　项	小计	比　　例
A. 有	110	18.24%
B. 没有	301	49.92%
C. 打算开展	192	31.84%
本题有效填写人次	603	

表8　您认为企业未能开拓海外市场的主要原因有哪些

选　　项	小计	比　　例
A. 产品缺乏国际竞争力	378	62.69%
B. 汇率波动风险	174	28.86%
C. 缺乏外向型人才	329	54.56%
D. 海关通关不利	82	13.6%
本题有效填写人次	603	

(3)中小民营企业缺少相关的政策支持。

与国有企业相比，中小民营企业在政策支持、财政支持、融资支持、项目支持、信用支持、外汇支持、专业知识等方面的国家扶持政策相对较弱，这在一定程度上制约了中小民营企业在“一带一路”建设中的能力(见表9)。调查中，企业需要政府提供的政策主要是产业政策(70.15%)、税收政策(64.84%)、投资政策(49.09%)、环保政策(37.31%)(见表10)。

表9　为了帮助您的公司更好地参与“一带一路”建设，您有哪些建议希望得到政府哪些帮助

选　　项	小计	比　　例
A. 希望政府多给予政策优惠支持，如税收减免政策等，并做好宣传工作	471	78.11%
B. 希望政府能多组织一些“一带一路”商业洽谈、业务推广等活动	376	62.35%
C. 希望政府提供“一带一路”专项建设资金，希望多一些文化交流，破除文化交流障碍	301	49.92%
D. 希望政府提供经济支持，提供贷款等扶持	254	42.12%
E. 其他	40	6.63%
本题有效填写人次	603	

表 10 希望企业得到政府哪些政策支持

选 项	小计	比 例
A. 产业政策	423	70.15%
B. 投资政策	296	49.09%
C. 税收政策	391	64.84%
D 环保政策	225	37.31%
E. 其他	68	11.28%
本题有效填写人次	603	

(4)中小民营企业缺少相关的经济支持。

调查中，对于“一带一路”建设中中小民营企业需要政府提供哪些帮助方面，有78.11%的企业希望政府给予经济政策支持。经进一步调查，企业需要政府经济支持的方面依次是“前期投入补贴”(64.68%)、“贷款贴息”(40.63%)、“中小企业融资担保”(39.64%)、“保险保费补贴”(33.83%)等(见表 11)。

表 11 您认为国家资金重点支持的方向应该是?

选 项	小计	比 例
A. 前期投入补贴	390	64.68%
B. 贷款贴息	245	40.63%
C. 保险保费补贴	204	33.83%
D. 营业额奖励	185	30.68%
E. 资源回运费补贴	139	23.05%
F. 劳务培训费补贴	173	28.69%
G. 中小企业融资担保	239	39.64%
H. “走出去”基金	128	21.23%
J. 其他(请说明)	35	5.8%
本题有效填写人次	603	

(5)中小民营企业获取相关信息能力不足。

调查发现，目前中小民营企业还缺乏高效及时的信息渠道和服务平台，对“一带一路”相关国家的政策、法律法规、投资环境、市场信息等不了解，现有的服务满足不了民营企业对信息有效性、系统性、互动性等方面的需求，并存在信息分散、滞后乃至脱节等问题。多数民营企业了解和掌握国外政治、经济、文化、社会及市场运作模式等相关信息不全面。“一带一路”沿线的许多发展中国家政局不稳、经济发展不确定、市场体系不规范、投资风险较大。许多民营企业在参与“一带一路”建设过程中遇到的风险问题突出，这些风险有些是不可抗力，是难以规避的，但是有些风险却可以通过政府风险预警体系的建立和采取灵活的措施加以规避。在问及企业需要政府提供哪些平台的问题时，有 66%的企业需要

“提供商务、金融、法律、税务、外语、国际谈判等专业服务信息”平台，有63.35%的企业需要“建立国别研究、行业调研报告、风险预警等信息服务平台”，有53.57%的企业需要“建立跨国经营管理人才、专业技术人才数据库”，有43.12%的企业需要“建立与政府部门、外交机构以及国内外各类商会组织沟通协调机制”，有41.29%的企业需要“建立‘走出去’项目信息库，搜索并发布潜在合作项目信息”，有19.57%的企业需要“组建境外重点国家地区中资商(协)会”(见表12)。

表12　您认为政府为企业开展“走出去”应该搭建哪些平台

选　　项	小计	比　例
A.建立国别研究、行业调研报告、风险预警等信息服务平台	382	63.35%
B.提供商务、金融、法律、税务、外语、国际谈判等专业服务信息	398	66%
C.建立跨国经营管理人才、专业技术人才数据库	323	53.57%
D.建立“走出去”项目信息库，搜索并发布潜在合作项目信息	249	41.29%
E.建立与政府部门、外交机构以及国内外各类商会组织沟通协调机制	260	43.12%
F.组建境外重点国家地区中资商(协)会	118	19.57%
G.其他	33	5.47%
本题有效填写人次	603	

表13　您认为政府相关部门为企业开展“走出去”的培训形式应有哪些

选　　项	小计	比　例
A.业务会议	100	16.58%
B.短期专题培训	99	16.42%
C.长期综合性培训	227	37.65%
D.研讨交流	65	10.78%
E.参观考察	112	18.57%
本题有效填写人次	603	

(二)浙江中小民营企业参与“一带一路”建设的对策与建议

鉴于“一带一路”建设过程中中小民营企业开展的实际困难和问题，就浙江省中小民营企业如何更好地参与“一带一路”建设提出如下建议。

1.完善中小民营企业参与“一带一路”建设的各项政策

在政策支持、资金扶持、融资担保、公共服务、投资便利等方面给予中小民营企业足够的重视，减少对中小民营企业外汇资金使用限制，促使民营企业获得与国有企业平等的发展地位和竞争地位。同时要积极加强政策沟通,政府不断拓宽渠道,积极与中小民营企业对接,针对中小民营企业反映的政策诉求,政府及时制定政策解决问题。

2.全方位为中小民营企业培养“一带一路”人才

组织和强化“一带一路”复合型国际化人才的培养。在内部培养和外部延揽的基础上积极加强本土人才的国际化培养。同时加强“一带一路”国家基础管理人员和技术人员的培养。各级政府积极制定符合中小民营企业发展的国际化人才体系,开展各类培训项目,有针对性地开展人才培训,各类各高校加快“一带一路”沿线国家小语种人才的培养。

3.政府加大对中小民营企业的经济扶持力度

设立中小民营企业“一带一路”专项扶持资金,重点加大对中小民营企业参与“一带一路”建设前期经济扶持,提高其竞争力和参与“一带一路”建设能力。制定针对性、操作性强的财政补贴政策,加大对民营企业“走出去”前期项目补助,增强民营企业“走出去”的底气。对中小民营企业开展海外投资与合作项目给予关税优惠和税收减免。

4.政府加强统筹和协调,提高服务效能

整合经济、商务、交通、物流、财政、金融、税务、工商、海关、检验检疫等职能部门的力量,定期召开会议集中解决共性问题,注重完善政策扶持体系,细化投资融资、信用担保、税收、关税、外汇管理等方面的配套政策,让民营企业有稳定、明确的预期。政府和相关部门为中小民营企业提供风险评估。制定投资国投资税收指南,帮助中小民营企业了解“一带一路”沿线国家税收制度和税收政策,判断控制税收风险,加强沿线国家的投资和贸易的风险预警。

5.政府提高服务效能,提升中小企业国际化水平

加快中小民营企业“一带一路”服务和支持体系的建设。培育一批开展国际业务的中介公司、咨询公司、会计师事务所、律师事务所,鼓励中介组织为中小民营企业提供法律、语言、风险评估等服务,助推中小民营企业“走出去”。积极发挥行业协会作用,在信息收集和公布、风险评估、法律援助等方面为中小民营企业提供支持和服务。加强浙江省境外投资企业服务联盟建设,助推中小民营企业对外投资。加强数据库建设,统筹各个部门建立“一带一路”数据库,及时向中小民营企业公开发布有关数据。各级政府搭建平台,组织中小民营企业积极参与商贸洽谈、商品展销、商贸交流,鼓励和支持中小民营企业“抱团”“走出去”。

参考文献

[1] 蓝庆新.应大力推进民营企业参与“一带一路”建设[J].人民论坛(学术前沿),2017(9):61-66.

[2] 郭朝先,邓雪莹,皮思明.“一带一路”产能合作现状、问题与对策[J].中国发展观察,2016(6):44-47.

[3] 周天勇.究竟如何落实好“一带一路”规划[EB/OL].[2019-8-15]https://money.163.com.

[4] 中国民生银行研究院民企中心课题组.民企参与“一带一路”建设面临的问题及对策[J].中国国情国力,2019(5):43-46.

课题组单位:义乌工商职业技术学院

课题负责人:汪燕

课题组成员:尹飞霄,陈旭华,蒋祝仙,许馨苓

课题名称及编号:浙江中小民营企业参与“一带一路”建设的现状及对策研究(编号:2020N61)

嘉兴农产品可持续包装设计发展战略对策

[按语]该课题针对嘉兴农产品包装设计开展了深入调研,从嘉兴当地企业到市场进行了观察、访谈等,发现其存在的问题主要有三个方面:(1)设计粗糙并缺乏文化内涵;(2)选材与可持续设计理念相矛盾;(3)缺乏先进的理念和科学指导。为提升农产品整体质量,该报告针对这些问题提出了四点改进方案:第一,选材天然化,以嘉兴的粽叶包装为例;第二,在品牌塑造过程中注重文化影响力与视觉表现力;第三,注重结构化的创新,结合人体工程学考虑设计;第四,增强商家与消费者的责任意识。相信以可持续理念为指导,融入艺术创意与人文关怀可以更好地促进农产品的发展,推进乡村振兴。

一、农产品可持续设计战略的探索

(一)研究背景

在乡村振兴的背景下,农业和农村发展成为工作重点。嘉兴市顺应时势,从战略的高度对农产品生产与开发进行精心规划布局。2018 年深化农业"两区"建设,新增 2 个现代农业园区和 3 个特色农业强镇,农业标准化生产率达到 65%,推出农产品区域公用品牌"嘉田四季",嘉兴农产品市场建设发展迅速,从数量扩张向质量提升转变,实现转型升级。

在农产品市场竞争日益加剧的情况下,除了加强对地方农产品的生产品质把控,农产品设计也越来越受到重视。以可持续思想为指导,全方位地凸显农产品生态性、地域特色成为嘉兴农产品品牌发展的重要手段。

(二)可持续发展思想的含义和指导意义

"持续"一词来自拉丁语,意在保持持续或继续提高。对资源与环境而言,应理解为保持或延长资源的生产使用性和资源基础的完整性,这意味着人类在利用自然资源时不可因过量开采而影响后代人的生产与生活。可持续发展理念从理论上结束了长期以来把经济发展同环境保护与资源利用对立起来的错误观点,并明确指出它们彼此相互联系和互为因果。

(三)农产品可持续设计

农产品可持续设计是按照可持续发展的要求,建立以生态文明为前提的人与物、人与自然、人与社会和谐共生为目标的发展观。传统的农产品设计大多将重点放在外观与应用上,主要考虑设计对于外观的美化、保护功能、信息传达效果等。

可持续发展观要求设计从生产到销售的生命周期，既降低商品不必要的成本，又降低包装废弃物对环境的污染程度，力求商品符合人、社会、自然的和谐可持续发展。

二、嘉兴调研体验与思考

（一）调研内容与范围

本次调研时间为2019年7月10日至7月25日，为期16天，调研对象是农产品包装，包括茶叶、瓜果蔬菜、粮油作物等食品与种植物。调研团队从市区到乡镇，深入嘉兴美丽乡村景区、走访农产品市场，从包装设计、包装结构、视觉设计等方面了解分析农产品设计现状和存在的问题。调研目的地包括嘉兴市区、嘉兴新塍镇、潘家浜村、位于嘉兴市七星工业园区的嘉兴市南湖斋红船粽子企业。此次调研采用了走访、观察、入户采访等方式获取信息。

（二）嘉兴调研开展

随着物质文化生活水平的提高，人们也提升了自己的精神文化内涵与修养，当休闲放松方式以多样化的形式存在于城市与乡村中时，人们会选择与长期的生活方式相反的休闲来对精神进行释放。嘉兴农村旅游在快节奏的城市生活中很快就受到人们的青睐，成为聚会休闲的好去处。

项目组首先来到位于嘉兴市西北部的新塍镇（见图1），这是一座拥有悠久历史和江南水乡特色的古镇，紧连嘉兴市区，虽然没有西塘乌镇的名气，但小镇白墙黛瓦，水清岸绿，使游客流连其中。随后我们来到新塍潘家浜村（见图2），这里拥有完善的民宿、农家乐设施、乡村茶室酒吧、观光带、开心农场等设施，吸引了很多城里人来此游玩，同时也推动了当地农产品市场的发展。每当周末节假日，这里就有许多城里人前来采摘、种植、钓鱼。潘家浜周围是一片片的桑园，这是其支柱产业之一；另外还有翠冠梨、苗木两部分。此外，村里还有个桑蚕博物馆，展示养蚕的过程与工具。

图1　嘉兴新塍县

图2　新塍潘家浜村

穿梭在各个农村景点的同时，游客还可以边品尝当地特色小吃、农家菜，类型从当地知名品牌到农家自制都有，在游玩结束时可以购买当地农产品或小吃作为伴手礼赠予亲朋好友。而嘉兴的土特产远远不止粽子，许多城市人很乐意来嘉兴农村淘土猪肉、土鸡蛋、新鲜时蔬、小杂粮、中药材、干鲜果等特色产品，许多当地土味甚至供不应求。

然而从本土超市、旅游景区、特色农产品专营店等相对集中的农产品销售渠道调研分析来看，尽管市场上农产品品类较多，但农产品包装良莠不齐，大多停留在实用层次，设计注重包装视觉元素的拼凑组合与简单应用，形式雷同单一、设计理念传统陈旧，未考虑当下消费人群的审美要求。由于对设计的片面理解以及对嘉兴文化的挖掘不足，造成一些农产品设计粗糙、缺乏品牌个性、包装材料缺乏环保理念，这导致嘉兴农产品无法开拓更大的市场空间。

如何挖掘嘉兴市农产品的自身价值和嘉兴地方化特征，如何满足更大货品流通量的包装设计要求并塑造具有旅游地特色的品牌，同时适应“传统市场＋互联网”新背景下的市场需求，是嘉兴市农产品亟待解决的问题。

（三）嘉兴农产品设计现状

1.设计粗糙并缺乏文化内涵

目前嘉兴大多数农产品设计水平良莠不齐、趋同化严重、缺乏特色。通过调查发现许多产品由于设计不当，出现包装撕裂、提手部位勒手、底部洞开、包装袋难撕或撕开后又很难保存等现象。并且有的包装盒规格结构、便利性、安全性也欠缺考虑。大部分包装还处于简易阶段，仅仅为满足完成包装产品的任务而设计，直接影响产品销量。

如图 3 产品包装采用最普通的白色塑料袋或瓶盛放，一些腌制带汁的食品，例如辣椒酱直接使用二次回收的饮料塑料瓶当容器，一些干货则使用盛放糖果的透明罐做包装，包装极其简陋并且缺少食品生产日期、配料等信息。通过走访调研，发现嘉兴农村旅游地有许多类似的自制农产品摊位，许多为临时搭建或以流动形式来售卖。

图 3　粗糙的包装

2.选材与可持续设计理念相矛盾

通过对当前嘉兴农产品市场调查，发现大多数农产品包装材质为塑料（见图 4）。尽管该材料在一定程度上为产品的卫生条件提供保障，但它们密封性不佳，并且塑料材质的回收利用也存在难度，加剧了白色污染问题。部分企业缺乏责任意识，选择低成本的塑料进行食品包装，对人体健康和环境都造成一定影响，这与可持续设计理念相矛盾。

图 4　各种塑料盒包装

3. 缺乏先进的理念和科学指导

先进理念和科学指导的缺乏使得许多从业人员对农产品包装产生错误的认识。例如，人们对于包装的附加价值没有一个客观的认识，认为包装只是在产品运输中起到保护作用，用毕即弃因而不需要引起过多重视。商家也把塑料的使用看作理所应当，因而设计上只注重实用功能，不愿意投入财力和人力进行材料改进和技术创新。此外，相关部门在发展当地品牌的同时没有重视设计，没有意识到产品包装设计这一细节带来的潜在经济效益。

三、改善对策

可持续发展设计理念均衡考虑经济、环境和社会问题，将生态主义的理性、人文主义的关怀与艺术设计的创意更好地结合。面临消费市场激烈竞争的新环境以及新挑战，地方特色农产品在包装设计上需针对现有问题，做出相应的改进与提高，以提升地方特色农产品的档次及市场竞争力，从而拉动地方经济，推进乡村振兴。

（一）包装选材天然化

材料是食品的物质载体，也是设计的物质基点。设计的用料是否具有可持续性成了农产品包装是否具有可持续性的先决条件。可持续性材料的选择要满足“无害性”，保证包装在不同温度状态下都不会产生有害物质。在调研中发现，植物、玻璃、纸、金属类包装是人们认为安全的包装材料。

可持续设计就应该接触自然、感悟自然、利用自然，通过采用天然材料、自然元素从而实现人与自然的共生共荣。古代人类很早便学会就地取材寻找盛装的容器，他们利用叶子、贝壳、秸秆、藤、稻草、布、麻、果壳等包裹食物。回顾历史，天然材料几乎作为人们日常生活主要的包装来源。

包装选材天然化的深刻内涵是更新设计理念。在设计过程中，以产品为中心，充分考虑与其相关的社会-经济-技术因素，对产品的全寿命周期进行系统的设计，使产品在实现自身功能的同时，兼顾资源和人们的精神需求，从而实现农产品链条的可持续发展。天然材料的包装是集环保、科技、节能、可循环、可生物降解或反复使用的功能性为一体的。这是与时代相适的新型设计理念，从更高层次上推进农村经济和人与自然的可持续发展。

日本由于地小资源有限，一直秉承着可持续设计理念，所以在包装材料上经常使用纸、麻、棉布等质朴的天然材料。这类材料来源充足、价格低廉、环保健康。例如：日本牛皮纸大米包装，其纸质形态可塑造多变造型；水户天狗公司纳豆包装利用稻草为材料，与其制作过程相呼应；古市庵生产的午餐套餐则采用竹叶进行包装，源于日本农村待客传统。嘉兴农产品包装可以因地制宜，采用当地纯天然的材料如竹、藤、草、麻、木等，打造更具土味又无污染的包装，正如中国古代天然材料包装的典范——粽叶，形式既简单又独特，带给人们良好的精神享受（见图 5、图 6）。

图 5　嘉兴红船粽子麻袋包装

图 6　嘉兴红船粽子仿竹外包装

（二）品牌塑造特色化

1. 文化影响力

首先，品牌塑造应注重文化影响力，它能够帮助企业形成独具特色的发展优势、彰显个性、增强农产品品牌的溢价能力。嘉兴文化底蕴深厚，历史遗存丰富，红色文化价值独特，如大纛旗、海宁皮影戏、嘉善田歌、海盐骚子等，各有其独特风韵。至于汉文化和妈祖文化更是源远流长、博大精深。设计应根据当地的文化，筛选与其相关联的文化元素进行整合提炼，如本地民俗风情、历史传说、文化故事等，也可以结合饮食文化、节庆活动等展现当地特色。

如图 7，“掌生谷粒”是一对中国台湾夫妇创立的创意农业品牌。通过该品牌，我们欣赏到普通食物——大米的不同样貌和美。作为掌生谷粒的核心产品，大米使用古朴的牛皮纸作为包装材料，顶部是揉制而成的纸藤圈，产品主体上贴有用书法写成的产品说明、产地、生产故事等，古朴而自然，传递着深厚的文化底蕴及其独特鲜明的品牌个性。

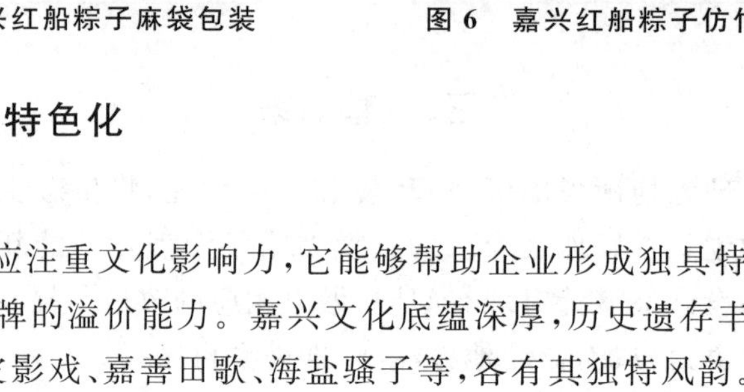

图 7　掌生谷粒大米包装

产品包装和品牌对稻米细致专业的解说，传达出企业对台湾稻米的认识和热爱。该企业不仅卖产品，还帮助消费者了解米文化、挑选大米与烹饪的方法。这体现品牌经营者用心为消费者考虑、重视产品质量与服务经营理念的精神。由此也加深了消费者对台湾文化的了解，购买者享受台湾米食的同时，还可以细细体会台湾农业文化的源远流长。这种淳朴而充满文化深意的设计，为其在日益关注食品安全和文化体验的受众中获得了良好的口碑。

2.视觉表现力

其次，注重品牌视觉形象的外在表现。通过品牌视觉形象中的标识、色彩、文字、辅助图形、品牌角色、包装等，构建一个互相联系的有机整体，有针对性地将地域文化特色和产品进行品牌视觉设计整合。设计既要避免俗套、千篇一律的风格，又要避免各种奢侈、浮夸的元素，应当尽量展现农产品本真、淳朴的气息。研究表明，80％消费者是通过视觉效应感知外部信息的，农产品的品牌形象设计犹如企业名片，因而前期要重视市场调查分析，收集具有地域特色的文化符号，对农产品品牌形象进行客观的、全面的、统一的定位，塑造有视觉冲击力的品牌形象。

标志是视觉设计的一个重要方面，它是对地域文化的提炼和高度概括，也是农产品企业形象设计中最核心的部分。尽管当下许多企业积极地研究品牌标志设计，尽可能地在标志中体现当地企业特色，但许多并未真正表现出企业特色和品牌文化的核心与精髓。另外，现在很多企业标志具有相似性，缺乏细节和创意，前几年的跟风热科技感元素泛滥，导致许多标识辨识度低。每一个著名企业品牌的背后都会有企业文化，标志是其传递地域文化与品牌价值最直观的方式。设计应打破惯性思维，根据特色找到设计创新点。

如图 8 是嘉兴知名品牌嘉心菜，该标志采用矢量蔬菜为图案利用叶片为外框呈现出圆润、绿色健康的形象。“嘉心菜”三个字为书法完成，手写的形式带给人手工、温润感。Logo 整体符合农产品企业形象定位，传递一种新鲜时蔬的产品印象。但是黑色和绿色对比过于强烈，并且矢量图形与手写字体的对比反差也过大。图 9 包装使用质地轻、便于携带的黑色塑料盒，表面透明覆膜，使商品一目了然。包装盒的正面贴有商品信息，包括中英文商品名称、价格、保质期和简单的农田插图，带给人可靠、绿色无害的感觉。

图 8　嘉兴知名品牌嘉心菜 Logo

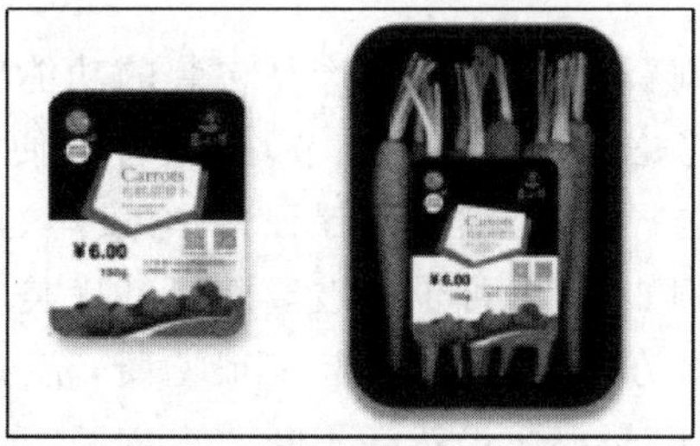

图 9　嘉心菜的蔬菜包装

图 10 是嘉兴的特色品牌五芳斋，行书书写的标志带来传统感，体现历史文化性。企业标志恰到好处地排在礼袋中上方，稳定而夺目，旁边配上低明度金色的装饰图纹，表现老店源远流长的历史。其包装以大红色作为主色调，与绿色粽叶形成对比色，突出

了美味诱人的肉粽。在材料上选用塑料真空包装，提升了品质和安全感。整体设计给人一种喜庆、文化的感觉，因而易于被大众接受。但在设计上有些四平八稳，呆板而创意不足。

相对来说，日本的食品包装上很少见到产品图片，以特有的日式装饰纹样和文字更为常见(见图 11)。该包装以黑色、黄灰为主色，画面没有繁复的装饰，只有设计师对文字的重新演绎和表现。文字的层级关系、比例、位置等都得到了和谐的处理，给人的视觉感受是简而不空，古朴雅致。包装结构采用纸质的包扎折叠方式将产品“礼”化，使人们在享用美食时，还可以享受包装带来的“精神礼遇”。日本产品包装总能带给我们物质与精神的双重享受，这是我们在探寻本土设计与创新时值得借鉴的。和以往不同的是，如今游客在旅游地购买土特产主要是用作伴手礼馈赠亲友，因而包装设计变得愈加重要。设计师要考虑游客送人上档次、携带方便等特点，因此产品分量要设计适当、并符合旅游伴手礼特性，以此提升旅游地整体形象。

图 10　五芳斋包装

图 11　日本食品包装

(三)包装结构创新化

包装结构是包装设计的核心部分，同时也是包装造型的基础，它涉及包装材料与容器、食品科学、包装技术、法律法规及质量监控等，是一门综合性应用科学，它属于但是又超越平面设计范畴。我国包装设计重平面轻结构的问题，究其根源就出在对结构设计能力的匮乏上，一个好的包装设计师不单单要有深厚的美学功底，同时还必须具备渊博的专业理论知识。优秀的结构设计能够赋予包装很多内涵，如包装的趣味性、功能性和宜人性等。

从结构创新方面来说，农产品包装的功能应更加注重便捷性，在设计时就应该设身处地为消费者考虑使用的各个细节，包括合理便捷的开启方式和易携带易储存等。这需要设计者正确选择材料及容器，保证科学、安全、环保，满足生产过程、运输流通、销售使用的性能要求。例如，可口可乐的玻璃瓶以其优美的曲线形态为世界各地的人们熟知，瓶子下面的凹部正好方便人握住，喝起来很方便，充分体现了人与物之间的和谐交互的关系。并且，可口可乐的塑料瓶仍然在不断改进创新，现在的塑料瓶比前些年的塑料瓶少用 5%的材料，而且更容易握住，更容易打开。人体工程学在包装中的体现表明设计师对人无与伦比的体贴和爱护，使设计充满人性。

在材料工效最大化的情况下，设计从包装结构出发，运用前沿工艺手段从拉、按、拧、盖等方面满足人体工学的要求，给消费者带来便利与好的体验。

（四）强化社会责任感

可持续农产品设计的发展，不仅需要普及相关的理念，还需要消费者积极参与，以高度的责任感约束自己，拒绝不环保、过度包装、有安全隐患的农产品。中华民族的优良道德传统能传承至今，就在于人们不断摈弃不符合社会发展的价值观，接受发扬进步的、向上的理念指导人们的行为活动。政府应当积极倡导可持续发展理念、提倡积极健康的商业风气，通过政策法规的严格贯彻将农产品市场规范化。嘉兴农产品企业及包装企业等不应该以利润最大化为唯一目标，应该有更强的社会责任感，以大局的眼光考虑农产品包装材料的选择、包装结构、包装视觉设计、包装印刷油墨的选择使用、包装废弃物的处理回收等问题。尽量注重资源节约、绿色环保，实现经济环境可持续发展。农产品销售人员也应当积极参与并鼓励消费者购买符合可持续发展的农产品。消费者在选购商品时不盲从，应该有正确的节约、环保意识，懂得分辨绿色包装和真正的绿色食品，拒绝不符合要求的农产品。

四、总　结

本调研以嘉兴地区农产品设计为研究对象，根据当前发展的状况展开实地走访，观察农产品设计的现状水平，分析存在的问题。然后对所得信息进行分析，借鉴本国与外国的优秀案例，提出以可持续发展理念为指导的改进对策建议，通过自然的选材、结构化创新、注重文化影响力等方面提高农产品设计质量和品牌影响力。

农产品在一定程度上反映了当地的经济结构及人文风貌，而农产品包装呈现出的环保意识、文化内涵、视觉品位则是对当地文化的表征与代言。我们应当尽量根据农产品的特色属性设置包装样式，通过对其材质、结构造型、外观等创新，最大限度降低农产品包装对于生态环境的恶劣影响，通过设计赋予产品魅力，使其符合人、社会、自然的和谐可持续发展。

参考文献

[1] 赵玺，严屏，高海燕．包装设计可持续性发展要素研究[J]．重庆大学学报（社会科学版），2011(2)：136-141.

[2] 李双蓉．生态农业创新品牌的可持续设计研究——以“荷塘月色”品牌设计为例[D]．株洲：湖南工业大学，2016.

[3] 王新．乡村振兴背景下地方特色农产品包装设计研究[J]．哈尔滨学院学报，2019(5)：102-104.

[4] 彭建祥．天然材料的包装设计方法研讨[J]．湖南包装，2014(2)：41-43.

[5] 高晗吉，林曦．融合地域文化特色的农产品公共品牌形象设计策略研究——以瑞安农产为例[J]．建筑与文化，2018(2)：186-187.

[6] 孙炳新，马涛，韩春阳，等．创新型思维在食品包装设计中的应用[J]．沈阳农业大学学报（社会科学版），2009(3)：283-285.

[7] 李康乐．可持续发展观视野下的现代包装设计研究[D]．开封：河南大学，2010.

[8] 李丽欣.基于生态理念的农产品包装设计研究——以银川艺术山村为例[D].秦皇岛:燕山大学,2017.
[9] 张继超.低碳理念下农产品绿色包装的创新设计[J].北京印刷学院学报,2018(9):58-61.

课题组单位:嘉兴学院

课题组负责人:熊雪

课题组成员:熊雪,杨春燕

课题名称及编号:可持续发展理念下的农产品包装创新设计调研——以嘉兴为例(编号:2020N18)

群众篇

“浙江省中小学教师压力现状调查”调研报告

[按语]在浙江省新高考背景下，本研究聚焦于“教师心理压力及其来源”这一主题，采用大样本分层取样的方式，调查了全省6446名一线中小学教师，全面了解教师压力的来源及现状。调查结果显示，浙江省中小学教师的心理压力程度很高，98%的教师超过了健康危险性压力标准；来自职业的压力对中小学教师的影响很大，学生问题行为、学校考核、工作负荷、学生学业压力、家长/社会期待以及专业发展是明显的六个职业压力源。其中，班主任群体是压力最高的人群。虽然总体上中小学教师有着较为理性积极的压力应对倾向，但仍难以应付如此沉重的压力现状，急需采取策略开展教师减压的系列工作。

一、调研背景

近年来一些数据表明，随着社会转型和经济发展，教育焦虑和压力不断升级，教师尤其是中小学教师长期以来承受着过高压力，心理健康水平不尽如人意。《心理健康蓝皮书：中国国民心理健康发展报告(2017—2018)》指出，教师群体心理健康水平整体呈逐年下降趋势，中小学教师的问题尤为突出，主要表现为焦虑、抑郁。不断有研究揭示中小学教师的整体心理健康状况低于全国常模，普遍存在情绪失调的现象。从公众影响上来看，校园环境下教师和学生群体中不断涌现与心理健康滑坡相关的极端事件。

浙江是教育大省，又走在新的高考改革前沿，在这样的背景下，浙江省中小学教师的心理压力呈现出什么特点？受哪些因素影响？如何找准教师的压力来源，切实解决教师面临的种种压力和困难？基于心理压力与个体身心健康的紧密关系，本研究聚焦于“教师心理压力及其来源”这一主题，采用大样本分层取样的方式，调查了全省超过6000名一线中小学教师，以标准化的心理测量工具获取浙江省一线中小学教师的心理压力程度及来源的量化数据，全面了解浙江省中小学教师压力的来源及现状，并结合深度访谈以及课题组这两年摸索尝试的教师减压系列工作成果，提出若干提升中小学教师心理健康水平，建设校园整体健康和谐文化的建议。

二、研究方法

采用问卷调查和深度访谈的方式，以标准化的心理测量工具获取浙江省一线中小学教师的心理压力程度及来源的量化数据，结合深度访谈，全面勾勒浙江省中小学教师的压力图景。问卷通过网络以无记名方式投放，访谈通过电话或面谈方式进行。

(一)研究对象

课题组于2019年8月11日—9月25日通过各相关网络平台向浙江省教师群体发放问卷,回收有效问卷6446份,覆盖全省11个地区。调查对象在学段构成、城市/乡村教师等人口学指标构成比例上的分布与“2018年浙江教育事业发展统计公报”报告的情况大致相同,可以认为能够真实反映浙江省中小学教师心理压力现状。调查样本在各人口学变量上的分布情况如表1所示。

表1 调查样本基本情况

人口统计学变量	分组	人数	百分比
学段	小学	3484	52.42%
	初中	1788	27.74%
	普高	899	13.95%
	中职	275	5.89%
教龄	10年及以内	2197	34.08%
	11—20年	2038	31.62%
	21—30年	1733	26.88%
	30年以上	478	7.42%
是否任班主任	是	2634	40.86%
	否	3812	59.14%
任教区域	城市	4352	67.51%
	农村	2094	32.49%
学校性质	公立	6108	94.76%
	私立	338	5.24%

(二)调查工具

1.中小学教师职业压力源问卷

该问卷由李琼、张国礼与周钧(2011)编制,用于测量教师在工作中感知到的压力源对自己的影响。问卷共23题、5个维度(工作负荷压力、学生学业压力、社会及学校评价压力、专业发展压力、学生问题行为压力),采用五级评分,分数越高代表压力源的影响更大。问卷具有较好的一致性信度,各维度的内部及总问卷的一致性 Cronbach 系数分别在0.72—0.90之间。

2.中文版压力知觉量表

中文版压力知觉量表(Chinese Perceived Stress Scale,CPSS)由杨廷忠、黄汉腾(2003)修订,主要用于评估个体对压力的整体感受。该量表具有较好的信度和效度,Cronbach 系数为0.78,各题因素负荷值均在0.50及以上。

3. 应对方式问卷

该问卷由肖计划与许秀峰(1996)编制,共 62 题、6 个维度(问题解决、自责、求助、幻想、退避和合理化)。问卷具有较好的信度和效度,各题的因素负荷值均在 0.35 以上,6 个应付因子重测相关系数在 0.62—0.72 之间。

4. 五因素正念量表

五因素正念量表(Five Facet Mindfulness Questionnaire,FFMQ)由 Baer 等人编制,用于测量个体的正念水平。正念是一种不偏不倚的对当下的注意,也可理解为专注于当下经验的能力,是压力状态的反面。量表共 39 题,包括 5 个维度:观察、描述、有觉知地行动、不判断、不反应。该问卷具有较好的一致性信度,内部一致性系数依次为 0.83、0.91、0.87、0.87 和 0.75。

(三)访谈方法

在问卷回收并做初步的统计检验后,就问卷中反映出来的教师压力形态,抽取高中、初中、小学教师共 8 人参与一对一深度访谈,具体了解这些教师的工作负荷、压力来源及应对方式。访谈时间在 30—45 分钟之间。

三、调查结果

(一)浙江省中小学教师心理压力现状描述

1. 总体情况

总体上,浙江省中小学教师心理压力状况不容乐观。根据知觉压力量表(CPSS)的测量结果,教师心理压力的均值为 41.56,健康危险性压力(HRS)的检出率为 98%,大大高于中国城市居民 44.56%的 HRS 检出率(见表 2)。

表 2　知觉压力水平描述性统计

平均值	中数	众数	标准差	最小值	最大值
41.56	42.00	42	7.87	15	70

图 1 是浙江省中小学教师知觉压力水平分数段的分布情况。

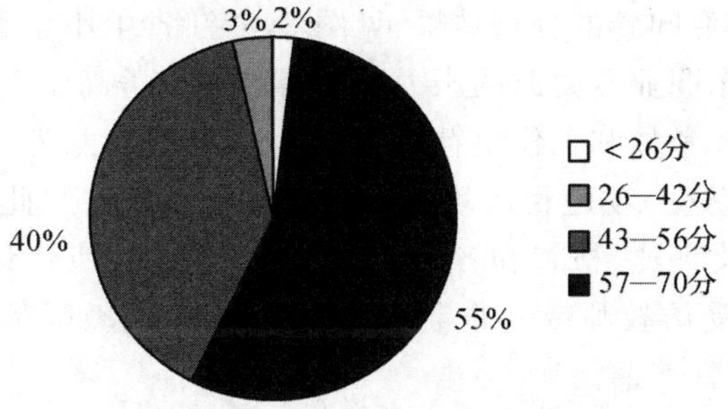

图 1　知觉压力水平分数段分布情况

注:CPSS 得分 26 分以上为健康危险性压力(HRS)。图中所示达到健康危险性压力的教师比例为 98%(中国城市居民常模 HRS 检出率为 44.56%),而达到 42 分以上超高压力的样本占总受访群体的 43%。

过高的心理压力会对个体的身心产生破坏性的影响。个体持续处于压力反应中会导致情感失调、身心耗竭、工作效率低下，以及各种与免疫系统相关的躯体疾病。在过去几项针对教师的心理健康调查中，均发现教师的抑郁、焦虑、恐怖、偏执等心理健康维度的得分高于全国常模。这些结果在访谈中也得到了印证，“紧张”“焦虑”“疲惫”“无力感”是被访教师在访谈中普遍提及的词语。

2. 人口学变量对教师心理压力水平的影响

对人口学变量的分析显示，在心理压力普遍较高的前提下，班主任教师群体需要特别关注。从访谈中也反映出，班主任的工作时间超长，工作压力特别大(具体见表3)。

表3 CPSS得分的组间比较

人口统计学变量	分组	HRS人数	M±SD	统计量	p
性别	男	1727	41.77±7.04	$Z=0.98$	0.327
	女	4589	42.01±7.62		
学段	小学	3408	41.92±7.38	$H=8.133$	<0.05
	初中	1758	41.94±7.51		
	普通高中	881	42.43±7.77		
	中职	269	40.76±7.15		
教龄	10年以内	2163	42.55±7.34	$H=80.170$	<0.001
	10—20年	1999	42.19±7.43		
	21—30年	1694	41.58±7.66		
	30年以上	460	39.35±6.92		
是否任班主任	是	2585	42.69±6.57	$Z=-6.354$	<0.001
	否	3731	41.43±7.35		

注：1. 由于数据整体呈现负偏态分布，选用非参数统计方法，性别、是否任班主任采用秩和检验进行差异比较，学段、教龄采用克-瓦氏单向等级方差分析进行差异比较。2. p 值小于0.05即表明组间差异显著。

(二)教师职业压力来源

根据教师职业压力源问卷的分析结果，见图2，浙江省中小学教师的工作压力结构多元且程度普遍较高，六个职业压力源的压力感知得分均显著高于3分的理论均值。其中，来自学生问题行为、学校考核和工作负荷以及学生学业压力尤为突出，“参与学校与教育部门的各种检查、评比”这一项题目的均分更是高达4.2分。与此相应的是，访谈中所有老师都谈到了“应对各类评比、检查和各项考核”带来巨大的工作量；此外，来自学生学业尤其是考试的压力，给受访教师带来非常大的影响。学生、教师都忙于应付考试，素质教育和考试分裂的现象非常普遍。

另一个值得深思的现象是，在各个压力源中，专业发展带来的压力是各个压力源中评分最低的。与此相应的是，访谈中许多教师谈及内在自发的专业发展需求，希望通过不断钻研和学习提高课堂教学质量、提升班级管理水平，但现实的繁重工作使得自己根本无暇

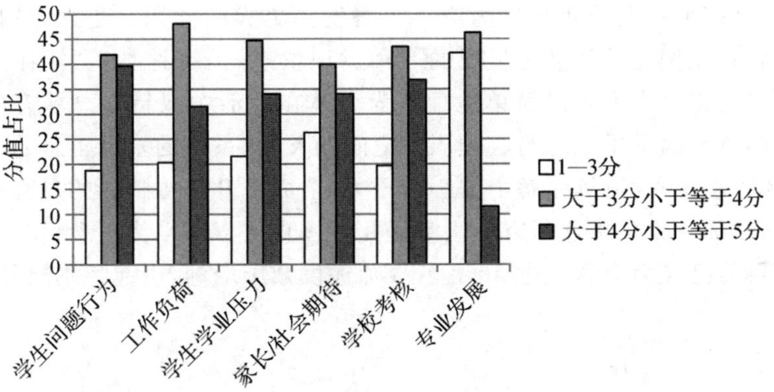

图 2　压力源分数段分布情况

注：此图展示了在各个压力源上的人数分布。可以看到，除专业发展外，其余 5 个维度均分在 3 分以上的比例均超过 70%，表明这些维度给教师带来明显的心理压力。

顾及专业发展。许多教师花在备课上的时间在总体工作内容的占比上是最小的，大量的时间用于各类杂务、评比、批改作业。教师无法安心从教、静心从教、舒心从教。

(三)压力应对策略与压力缓解

压力应对方式问卷可以反映个体在面对困难等压力情境时采用的应对策略偏好，其中“解决问题”为最积极的压力应对方式，“求助”为相对积极的压力应对方式，其余为消极的压力应对方式，长期使用会造成各种心理问题。

如图 3 所示，总体上本次受访教师的压力应对方式较为积极，以解决问题为主；同时，也会采用幻想、合理化、退避等消极和防御的压力应对方式。在访谈中，许多教师都谈到应对职业多重需求和繁重工作的办法，主动寻求心理学帮助，学习有意识地调节情绪。特别是，许多教师都提到了对学生的责任和爱这些教师职业的内在价值感对个人的支持作用。这些都是教师面对高压工作仍能保持基本健康的保护因子。但是，也要看到，总体上成熟的应对方式，并未在实质上缓解教师过大的心理压力。

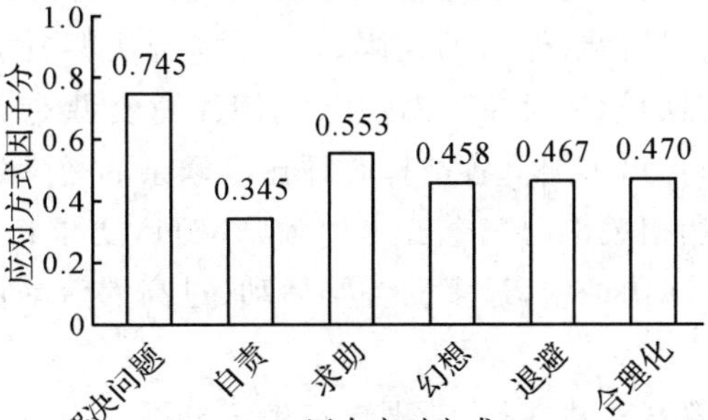

图 3　应对方式因子廓图

注：应对方式因子分表示受访对象在各项压力应对方式上的得分，1 分为理论最高分，代表个体完全采用此种方式。

特别值得注意的是，本次调查结果显示，教师的正念水平可以显著调节压力应对策略在缓解心理压力方面的作用（见图 4）。较高的正念水平与较低的心理压力相关（$r=$

-0.504, $p<0.001$),并且有助于压力应对策略发挥更大的效用。正念,是指对当下经验进行不加评判的、无偏见的注意时呈现的一种意识状态,是一种真正"活在当下""真正投入生活"的状态。正念水平可以简单地理解为个体在生活中保持正念状态的能力。近年来,无数的科学研究揭示了正念与心理压力之间的关系,系统的基于正念的心理干预能够有效提升个体正念水平,持续缓解个体心理压力,全面提升个体整体的身心健康水平。课题组所在的浙江师范大学正念研究实验室近几年一直从事用当代正念科学来为教师减压的系列工作,目前已经为全省超过2000名教师提供减压培训,引起特别热烈的反响,受到广泛的好评。

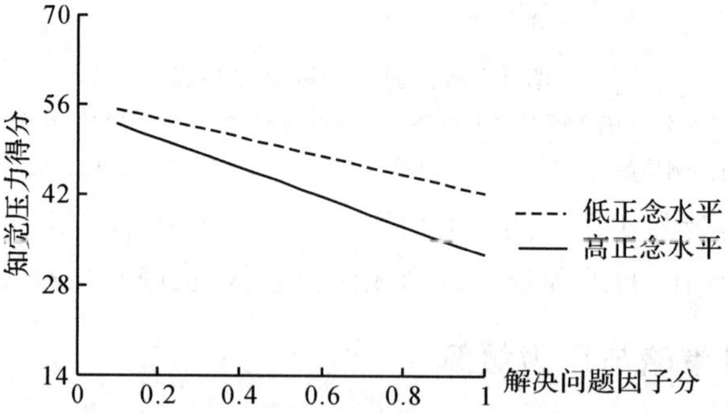

图4 正念水平调节压力应对策略有效性

(四)教师压力成因分析

根据本次调研心理测量和访谈的材料,不难发现造成教师心理压力普遍超标的主要原因,陈述如下。

1.压力来源过于繁杂,每一个都不能"放下"

压力源问卷的结果,描绘出职业压力"处处亮红灯"的紧急态势。学生问题行为、过高的工作负荷、繁杂多样的学校考核、学生考试成绩指标、家长/社会的过高期待,几乎每一个都不能轻松对待。一个人的内部心理资源是有限的,当实际外界需求超过了个体能够承担的范围时,就容易出现情绪、体力的耗竭。教师本身从事教学工作的特点(一个人面对数十个需要同时被关照的学生对象),对有效利用注意资源有着非常高的要求,各类学生管理工作也需要付诸心力,再加上各类检查评比等繁杂的教学之外的事务,其心理资源消耗程度可想而知。虽然相关部门三令五申给教师减负,要求将教师从"表叔""表哥"中解脱出来,但在调查和实际访谈中,过多的各类活动、过高的劳动负荷,仍然是教师压力的主要来源。

2.素质教育和应试教育双轨并行,新理念与考试分裂

虽然新课改实行了那么多年,浙江省又一直走在教育改革前沿,但实际上考核机制没有发生根本变化。提升考试成绩本无可厚非,难的是素质教育理念与应试实际并存并产生冲突,这种冲突既发生在工作内容、形式上,也发生在教师内心。

工作内容和形式的冲突表现在各种双轨。升学压力相对较弱的小学教师在访谈中提到,为了应付素质教育新理念和统考抽查,需要用到两套难度不同的作业本,公开课成为

素质教育理念的“作秀场”。

在内心的冲突层面，为了应付“考试成绩”这个金标准的考核，提前学、赶进度、刷题等违背教育规律的手段被无奈地使用，“将原本很有意义的学习变成了追求分数的功利的事情”。教师内心抗拒这样的做法，但一方面唯分数说话的现实过于强大，另一方面繁重的工作负荷让很多有心希望通过钻研教学方法，培养学生真正学习能力的老师根本没有时间进行这样的专业发展追求。在工作中经常处于“知行相悖”的状态下，对个体身心资源是个巨大的消耗因子，是造成教师心理压力超标的重要原因。还有教师在访谈中提到“目前的考核制度扼杀了老师的师德、剥夺了老师对学生的爱。因为，对学生的用心、爱的付出并没有人来进行考核”。

3.在教师心理健康维护方面严重缺乏组织和社会支持

心理健康教育在浙江省推行了这么多年，力气都用在学生身上，教师在其中是很少“被看见”的群体。似乎身为教师，就注定要有高尚的情操和强健的心灵。实际上，教师职业群体的心理健康是在诸多职业中相对较差且逐年下滑的。访谈中几乎所有教师都表示非常需要心理学方面的学习和帮助。现有的职业培训几乎都指向工作能力的提升。殊不知，底层心理素养的提升，才是最过硬的“工作能力”。

四、结论及建议

本次调研，是省内有史以来规模最大的教师职业压力调查，全面反映出浙江省中小学教师的心理压力现状与构成。数据显示，浙江省中小学教师的心理压力程度很高，98%的教师超过了健康危险性压力标准；来自职业的压力对中小学教师的影响很大，学生问题行为、学校考核、工作负荷、学生学业压力、社会/家长期待以及专业发展是明显的六个职业压力源。其中，班主任群体是压力最高的人群。虽然总体上中小学教师有着较为理性积极的压力应对倾向，但仍难以应付如此沉重的压力现状，急需采取策略开展教师减压的系列工作。教师，是“教育的天气”，维护教师群体的心理健康就是在维护教育生态的根本健康。

在问卷测量和访谈的基础上，结合国内外的教师心理健康援助工作经验，课题组提出以下几条建议，供相关部门参考。

首先，从压力形成源头着手，减少非必要的压力源事件。

——针对各类评比和工作负荷造成的压力，实行市、区、校各级联动，建立考评数量管控及预警机制，严控与教育教学无关的考核、评比进校园，净化校园环境；防止形式主义的考核检查干扰正常教学，防止形式主义的“过程管理”“痕迹管理”，将教师从“表哥”“表叔”中解放出来，通过制度保障教师的工作生活正常节律，减少工作时长，真正做到让广大教师静心从教、安心从教、舒心从教。

——针对社会及家长期待形成的压力，加强家校沟通，各级部门对“家长学校”“父母课堂”工作给予人力财力保障，引导家长、社会给予教师理解和尊重，形成家校配合的良好氛围。

其次，从压力源结构入手，善用考核机制，引导广大教师将主要精力放在教育教学、立德树人上。对符合教师职业内在价值感、使命感的工作内容附以更高的考核比重，利用各种奖励措施鼓励教师进行教学创新探索，减少考试成绩导向的考核指标比重。保护教师工作的成就感和内在价值感，为教师追求专业发展提供制度保障和实现路径，引入教师职业生涯服务，将专业发展压力转化为教书育人动力，从而切实提升教师的职业荣誉感、幸福感。

再次，从心理压力的内在形成机制入手，通过培育教师积极心理品质，引导广大教师善巧应对职业压力，在工作中获取源源不断的动力，避免职业倦怠和身心耗竭。

——自尊自信、理性平和、活在当下的积极心理品质，能够极大地缓解压力事件对个体的影响，帮助教师智慧回应职业压力。在师范生培养、教师职前和职后教育中，将积极心理学、个人压力管理等心理健康教育相关内容作为师德教育的重要基础，并给予专门的学分制度保障。

——突破心理干预只针对“问题人群”的被动响应模式，引入视角更为广阔、低成本高收益的心理健康三级预防体系：覆盖全员的心理健康知识普及、减压课程、教师健心馆、班主任沙龙、心理体检等为主要形式的一级预防；针对高压力教师群体和已经出现情绪困扰的教师开展以心理互助小组、团体辅导、个别辅导等为主要形式的二级预防；针对个别心理障碍教师实行心理治疗、危机干预及转介的三级预防。国际上流行多年的员工援助计划可成为组织内心理健康建设的参考模式，建立“教师援助计划”。

最后，建立健全教师身心健康维护系统，利用大数据、人工智能、可穿戴设备的最新发展，将建立教师身心健康云系统工作提上日程。利用现代化手段建立教师身心健康的动态档案，建设教师心理压力预警及响应系统，市、区、县、校各级联动，在人力、经费上给予保障，将教师身心健康纳入师德考核体系。

参考文献

[1] 傅小兰，张侃，陈雪峰，等. 心理健康蓝皮书：中国国民心理健康发展报告(2017—2018)[M]. 北京：社会科学文献出版社，2019：19.

[2] 胡卫平，马玉玺，焦丽英，等. 山西省中小学教师心理健康状况调查[J]. 教育理论与实践，2010(10)：57-60.

[3] 李琼，张国礼，周钧. 中小学教师的职业压力源研究[J]. 心理发展与教育，2011(1)：97-104.

[4] 李玉荣. 中学教师心理健康的现状分析及对策[J]. 大连教育学院学报，2006(3)：18-20.

[5] 刘亚丽，王瑶. 高中骨干教师生活质量与心理健康状况调查[J]. 心理科学，2008(3)：729-731.

[6] 肖计划，许秀峰. “应付方式问卷”效度与信度研究[J]. 中国心理卫生杂志，1996(4)：164-168.

[7] 衣新发，赵倩，胡卫平，等. 中国教师心理健康状况的横断历史研究：1994—2011[J]. 北京师范大学学报(社会科学版)，2014(3)：12-22.

[8] 杨廷忠，黄汉腾. 社会转型中城市居民心理压力的流行病学研究[J]. Chinese Journal of Epidemiology，2003(9)：760-764.

[9] 周少林. 压力知觉研究综述[J]. 商界论坛，2013(16)：270-271.

[10] BAER R A,SMITH G T,HOPKINS J,et al. Using self-report assessment methods to explore facets of mindfulness[J]. Assessment,2006(1):27-45.

[11] COHEN S,KAMARCK T W,MERMELSTEIN R. A global measure of perceived stress. [J] Journal of Health and Social Behavior,1983(4):385-396.

[12] CRESWELL J D. Mindfulness interventions[J]. Annual Review of Psychology, 2016(1):491.

[13] JENNINGS P A. Promoting teachers' social and emotional competencies to support performance and reduce burnout[J]. In A. Cohan & A. Honigsfeld (Eds.),Breaking the mold of pre-service and in-service teacher education: Innovative and successful practices for the 21st century. New York, NY: Rowman and Littlefield,2011:133-143.

[14] JENNINGS P A, FRANK J L, SNOWBERG K E, et al. Improving classroom learning environments by Cultivating Awareness and Resilience in Education (CARE): Results of a randomized controlled trial[J]. School Psychology Quarterly,2013:374-390.

[15] KABAT-ZINN J. Mindfulness-based interventions in context: Past, present and future[J]. Clinical Psychology: Science and practice,2003:144-156.

[16] ZALAQUEH C P,RICHARD J. Evaluating stress[M]. A book of resource,Vol 2. Lanham:Scarecow Press,Inc,1992:3-121.

课题组单位:浙江师范大学教师教育学院

课题负责人:李红梅

课题组成员:宋晓兰,葛星程,赵慧雯,楼挺

课题名称及编号:浙江省中小学教师压力现状调查(编号:2020N85)

浙江省育龄职业女性的两孩生育意愿及提升对策研究

【按语】为加快浙江省人口战略转型、优化人口结构、缓解人口老龄化压力，2017年4月，省委省政府提出了《关于实施“全面两孩”政策改革完善计划生育管理的实施意见》。当前，育龄职业女性是生育两孩的主力军，为更好地评估和完善我省“全面两孩”政策，课题组调查分析了杭州、嘉兴、湖州、宁波、绍兴、金华等地20—45周岁已婚育龄职业女性的两孩生育意愿及其制约因素。调查覆盖了制造业、服务业、教育、医疗卫生、金融等女职工集中的行业，被调查单位包含民营企业、合资企业、国有企业、机关事业单位。共发放问卷2200份，获得有效样本2001份。调查结果显示：育龄职业女性的平均初育年龄为29周岁，其两孩生育意愿率仅为25.4%。“想让孩子有个伴”是职业女性选择生育两孩的首要原因。在有两孩生育意愿的女性中，61.7%的女性尚没有明确的生育计划安排。制约育龄职业女性生育两孩的主要因素有：房价和消费水平高导致育儿直接成本高；生育待遇保障不足，职场隐性性别歧视有所强化；托幼照料、妇幼保健等公共服务资源严重短缺。因此，地方政府有必要通过树立“多部门合作”的治理理念，完善鼓励生育的家庭政策，合理分担用人单位的生育成本、防范隐性的就业性别歧视，优化生育相关公共服务资源配置等举措来提升职业女性的两孩生育意愿。

近年来，浙江人口总量增长势头明显减弱，劳动年龄人口和育龄女性数量逐渐减少，人口老龄化、高龄化程度不断加深。人口生育率低，不仅弱化了家庭养老扶幼的功能，也将对未来的劳动力供给及经济可持续发展产生制约作用。2016年1月，党的十八届五中全会做出“全面实施一对夫妇可生育两孩政策”的决定（下文简称“全面两孩”政策），即是中央决策层对低生育率问题可能带来的潜在经济社会风险的预判和公共政策回应。并且，低生育率问题正受到人口不婚比例提高、结婚年龄推迟、离婚率上升等社会问题的叠加性影响而日益变得复杂和严峻。在“少生优生”已成为当代社会主流生育观念的新时代背景下，“全面两孩”政策实施以后，浙江省能否跳出“低生育率陷阱”是政府和学术界关注的热点问题。随着鼓励女性广泛就业的政策实施和女性受教育程度的提高，女性的劳动参与率大大提升，职业女性已成为人口生育的主要承担者。生育意愿是预测生育行为的超前变量，通过掌握大量经验数据和资料，分析职业女性群体的两孩生育意愿及其分化情况、制约因素，以及对生育相关公共政策、公共服务的实际诉求，对于预测生育率、评估和完善“全面两孩”政策及其配套政策有着重要价值。

一、浙江省育龄职业女性的两孩生育意愿

(一)调查对象、方法与内容

1.调查对象

年龄为20—45周岁已婚育龄女职工,调查区域覆盖了杭州、湖州、嘉兴、宁波、绍兴、金华等地。

2.调查方法

采取分层、整群抽样法共抽取25个群。覆盖制造业、服务业、教育系统、医疗系统、金融系统等女职工集中的行业,单位包括民营企业、合资企业、国有企业、机关事业单位等。调查组共发放问卷2200份,回收2100份,剔除存在数据缺失以及奇异数据的无效问卷,获得有效样本2001份,有效率为90.95%。

3.调查内容

第一部分为调查对象的基本情况,包括年龄、学历、婚姻状况、健康状况、生育状况、初育年龄、行业、单位性质、岗位、家庭可支配收入、个人可支配收入。第二部分包括生育意愿、就业状况、用人单位的生育待遇、育龄女性对生育相关公共服务的需求等。

(二)被调查对象的基本特征

1.被调查育龄职业女性的社会特征

被调查女性以青年育龄职业女性为主,其中35周岁及以下的女性占总体的71.8%,35周岁以上女性占28.2%。受教育程度方面,大专及以上学历的女性占65.1%,中专或高中及以下学历的女性占总体的34.9%。婚姻状况方面,85.3%的女性已婚,14.7%的女性是未婚。健康状况方面,82.2%的女性自评健康状况比较好或非常好,17.8%的女性认为自己的健康状况一般或差。生育状况方面,被调查的育龄女性中,94.9%的女性符合全面两孩生育政策;其中,未育的女性占总体的28.1%,已育有一个男孩的占总体的37.1%,已育有一个女孩的占总体的34.8%。

2.被调查育龄职业女性的就业特征

(1)行业分布。从调查数据可以看出,在制造业等工业部门就业的女性占总数的52.2%,在商业或服务业就业的女性占14.6%,在医疗系统就业的女性占14.6%,在教育和金融业中就业的女性共占12.1%。

(2)单位和岗位分布。就工作单位属性而言,首先在民营或合资企业工作的女性占总数的60.8%,其次是在国有企业、机关事业单位工作的女性占29.5%。关于被调查对象从事的岗位分布:从事一线工作的,包括一线产业工人、服务人员以及办事人员,其数量占总数的54.8%;从事专业技术岗位、管理岗位的女性占总数的38.3%。

(3)收入水平。我们主要调查了女职工的年均可支配收入。多数女性处于中等收入水平,其中38.3%的女性收入为3万—5万元(含5万元),另有39.4%的女性收入为5万—10万元(不含5万元)。4.9%的女性收入水平较低,年均可支配收入在3万元以下,另有17.4%的女性年均可支配收入在10万元以上。

(三)生育意愿的描述性统计分析

“全面两孩”政策实施以来,浙江省二孩出生数量增长明显,有效缓解了一孩出生数量减少的局面,有利于改善人口年龄结构。就育龄职业女性的两孩生育意愿而言,调查结果如下。

1.生育理想、生育意愿与生育计划

调查结果显示,浙江省选择理想子女数为两个及以上的育龄职业女性占59.2%,但是明确表示“有两孩生育意愿”的比例仅为25.4%,明确表示“不想生育两孩”的占44.6%,“还没有想好是否要生育两孩”的占28.6%。我们将浙江的调查结果与2016年12月全国妇联发布的对我国东部、中部、西部计10个省21个市的调查数据做对比(见表1)。我们发现,浙江省有意愿生育两孩的育龄女性比例比全国平均水平高出近5个百分点。随着年龄的增加,特别是35周岁以后,职业女性的生育意愿显著降低。在有生育意愿的女性中,14.7%的育龄女性正在准备怀孕,15.6%的女性其生育计划安排是再等1—2年,8%的女性选择再等3—4年,还有61.7%的女性还没有明确的生育计划安排。

表1 浙江的生育意愿与全国比较

	浙江	全国
明确有两孩生育意愿	25.4%	20.5%
还没想好是否要生育两孩	28.6%	26.2%
明确不想生育两孩	44.6%	53.3%

2.愿意生育两孩的主要原因

育龄职业女性打算生育两孩的主要原因,按重要性或影响程度排序,分别是“想让孩子有个伴”占46.1%,“希望儿女双全”占10.9%,“考虑到一个孩子有风险”占5.0%,“老人希望生两孩”占4.5%,“养老有保障”占3.4%,“丈夫希望要两孩”占2.1%。

3.不愿意生育两孩的主要原因

育龄职业女性不愿意生育两孩的主要原因,按影响程度排序,分别是“两个孩子的生育成本太高”占31.6%,“担心无人照看孩子”占17.1%,“带大一个孩子太辛苦了”占14.8%,“少生优生,可以保证一个孩子的培养质量”占10.4%,“正处于事业上升期,担心对事业发展有影响”占9.0%,“身体状况一般,不适合再生”占6.5%。

(四)育龄职业女性的生育权益状况

为了解育龄职业女性是否因“全面两孩”政策实施而在劳动力市场上遭受不公平的对待,我们设置了如下几个问题来考察。第一个问题是“您单位是否有因女职工怀孕、生育、哺乳而出现以下现象”,答案包括各种就业不公平待遇选项。统计结果显示,20%左右的女性明确表示曾遭遇了因生育带来的就业歧视,其形式包括降低工资待遇、辞退、解除劳动合同以及推迟晋升等(见表2)。第二个问题是“女职工在产假之后能否返回原工作岗位”。统计结果显示,70.9%的用人单位可以让女职工在产假后返回原工作岗位,还有15%的用人单位只让一部分女员工或不让女员工在生育之后返回原岗位(见表3)。第三个问题是“如果您因生育受到不公平的对待会怎么做”。62.5%的女性选择用法律保护自己;28.6%的人选择到相关管理部门投诉;22.5%的女性选择多一事不如少一事,生完孩子再找工作;20.0%的女性选择服从原单位的意愿;6.0%的人选择求助媒体(见表4)。

表2　生育中的就业歧视状况

选项	百分比
降低工资待遇	8.6%
辞退	0.6%
解除劳动合同	0.3%
推迟晋升	11.4%
不清楚	31.5%
没有	47.7%

表3　生育女性能否返回原岗状况

选项	百分比
能	70.9%
不能	1.2%
部分能	13.8%
不清楚	14.1%

表4　女性对就业歧视的应对情况

选项	百分比
服从单位	20.0%
再找工作	22.5%
投诉	28.6%
法律保护	62.5%
求助媒体	6.0%

二、浙江省育龄职业女性两孩生育意愿的制约因素

(一)房价及消费水平高导致育儿直接成本不断攀升

生育成本是影响家庭生育意愿与决策的重要因素之一。根据美国学者莱宾斯坦提出的著名的“生育成本——孩子效用理论”,育儿的直接成本是母亲从怀孕到生育再到孩子成年所需要的衣食住行及教育方面的直接经济投入。浙江省属于东部沿海发达地区,随着房价和消费水平的逐年攀升,孩子的直接生育成本也在不断逼近上海等周边大城市的水平。高房价是造成家庭经济压力大的首要因素。已有研究表明,房价在生育率下降过程中扮演了重要角色,房价对居民生育行为的影响程度大于其他影响因素。1998年,浙

江省实施住房制度的市场化改革以来，各地房价普遍上涨较快，买房者多数需要启用按揭贷款。2004 年至 2017 年，居民的房贷收入比（个人购房贷款余额/可支配收入）从 17%增至 44%。由于房价持续维持在高位，年轻人购房的经济负担重，不仅延缓了其生育一孩的时间，也抑制了其生育二孩的意愿。

（二）生育待遇保障不足，职场隐性性别歧视有所强化

我们发现劳动力市场已有的隐性就业性别歧视因为"全面两孩"政策的实施而有强化的倾向。不同行业、不同性质的用人单位对"全面两孩"政策实施的反应各不相同，由此对女性就业造成的影响也是不一样的。具体而言——

（1）雇佣女职工较多的制造业对"全面两孩"政策的实施较为敏感，倾向于持不支持的态度。主要是因为这些企业直接承担了较多的生育成本。通常他们雇佣的女工需要有一定的技能要求或经验要求。一旦女工怀孕、生育，单位不仅需要支付产假期间的工资或生育津贴，还需要额外招聘替补人员，为此付出较多的人力成本。处于这样境况的民营企业，面对"全面两孩"政策可能带来的加倍的生育成本，已经开始积极寻求应对措施。例如，在招聘环节，企业通过了解求职女性的年龄、婚姻状况、购房状况、配偶、老人、兄弟姐妹等信息，甄别出近三年内有生育意愿的求职女性，并评估女性生育之后的儿童照料由谁承担。一旦发现求职女性近期有较高的生育可能性，就在招聘环节以各种理由拒绝录用。有些岗位无法回避录用女性的，则出现了要求女性承诺劳动合同签约期内不生育的现象。

（2）住宿餐饮、连锁食品、零售业等服务业的用人单位，对"全面两孩"政策的实施并不敏感，持既不支持也不反对的态度。这些行业的岗位对技能本身要求并不高，因此岗位的可替代性很强，人员流动性也强。我们通过访谈发现，这些单位很少为女员工缴纳生育保险，一旦怀孕，有的孕妇因为身体状况承受不了劳动强度而不能坚持工作，有的孕妇则为了在未来能更好地照顾孩子，会主动提出辞职。这样的情况以外地户籍的女性居多，她们本身对女性生育权保障、劳动法等了解得比较少。不过，在访谈中我们也发现有少数育龄职业女性因怀孕而面临被用人单位裁员，或被迫提出辞职的现象。

（3）女职工较为集中的教育、医疗卫生、金融业等行业，对"全面两孩"政策的实施，多数单位持中立的态度，并积极应对。其中，不少单位已经未雨绸缪，积极做好女员工可能生育两孩的应对措施。有些用人单位引导育龄女员工有序安排两孩生育计划。有些用人单位对于已经发生的女员工的怀孕和生育行为，倾向于通过重新调整员工的内部分工，即加大其他非孕期女性和男性的工作量来应对。最后，就单位属性而言，机关事业单位比企业更加支持"全面两孩"政策的实施，国有企业比民营企业对该项政策持更加积极的态度。

（三）生育相关公共服务资源严重短缺

1.托幼和学前教育资源短缺，幼儿照料和教育需求难以满足

一是 0—3 周岁的婴幼儿托管机构资源稀缺。只有少数家庭幼儿能进入托幼机构，不能满足多数职业女性再生育对托幼机构的需求。并且，托幼机构行业亟待规范和发展。当前，托幼机构发展目标不明确，在资金人才、服务标准、卫生安全、园所环境等方面不规范，监管主体缺位。社会办托幼机构的资金、政策、法律支持不足，影响了社会办托幼机构

的积极性。二是优质普惠的幼儿学前教育资源不足。浙江省公立幼儿园供给数量总体不足,区域差距大,新增公立幼儿园数量较少。整体上,有事业编制的幼师仅占20%,且非在编教师待遇普遍是在编教师的二分之一。私立幼儿园和早教亲子中心发展较快,许多家庭被迫选择价格昂贵的私立幼儿园。但是,私立幼儿园人才缺乏,师资稳定性差,流动性大,形成了明显的师资缺口。

2.妇幼保健资源短缺,供需矛盾突出

一是妇幼保健资源总量不足,结构不合理。全省104家妇幼保健机构中,能提供分娩服务的仅为二分之一。省、市妇幼保健机构的产科床位利用率高,而乡镇医疗卫生机构的床位使用率低,仅为1.25%。二是产科、儿科医疗资源短缺。浙江省每千名儿童床位仅为1.7张,远低于2.2张的规划要求。乡镇医疗机构设立儿科的仅为12.7%。"全面两孩"政策实施以来,浙江省高龄孕产妇数量明显增加,分娩风险加大。但是,高危妊娠管理、妇产科的人才和技术力量亟待加强,产妇及新生儿的危急重症救治能力不足。

三、提升育龄职业女性两孩生育意愿的对策建议

从国际经验来看,公共政策越早干预生育问题效果越好,且各国几乎都采取了多部门"合作治理"手段,即在出台鼓励生育的政策时,往往多种政策多管齐下,政策间相互配合与补充。浙江省应通过推动多部门合作治理,在低生育率治理中发挥主导作用。

(一)"多部门合作"推动生育观念转变

生育观念的转变不是偶然的,有其自身的演变规律。目前生育观念转变还处在传统主导型、政策主导型与利益主导型相互交织的时期。人们在认识上、行为上的差异日趋显现,不同层次的利益、需求并存,这一时期是生育观念实现根本性转变的关键阶段,引导和促进这个阶段的观念转变至关重要。卫生计生部门、妇联、宣传部、总工会等应成为推动生育观念转变的重要力量。应做好三方面工作:一是注重文化引领,普及先进的性别文化。相关部门要更好地扮演新型生育价值观塑造与构建的引领者角色,引导群众生育观念的根本转变。二是注重利益引导。通过社区活动、借助新媒体等多种方式,积极宣传"全面两孩"政策对于家庭、国家的经济社会利益,并切实通过对两孩家庭的关怀帮助,增强两孩家庭的发展能力。三是注重优质服务。要不断完善计划生育服务内容,拓展服务渠道,优化服务资源,改进服务方法,让人民群众在享受优质服务的过程中来认识和理解生育问题,获取更全面的两孩生育政策正面信息,形成更稳定的心理认同。

(二)完善支持生育的家庭政策体系

"少生优生"已成为人们现代生活的常态。可以预见,未来中国要从低生育水平状态回升上来,将经历一个非常漫长的过程。因此,地方政府必须营造支持"全面两孩"政策落地的政策环境,出台一套可操作的支持生育的政策内容:一是支持家庭的儿童照顾功能。根据儿童心理学理论,3岁以下儿童的良好母婴关系对于孩子未来的人际关系能力至关重要。因此,有必要通过进一步延长母亲带薪产假、推动用人单位实施弹性工作制、落实男性"育儿假"等政策措施来支持0—3岁幼儿的家庭照顾功能。对于拥有3岁以上孩子

的家庭,可通过带薪假期配合培育和完善公共托幼服务体系等政策工具来帮助其完成育儿责任。二是制定鼓励生育的家庭财税政策。由于普通收入家庭对直接的现金补贴更加敏感,而富裕家庭对税收优惠政策的刺激更敏感,因此税收减免的额度和比例,因家庭经济水平、孩子的出生次序、年龄的变化而变化。

(三)合理分担用人单位生育成本,防范隐性的就业性别歧视

切实对生育成本进行社会化分摊,才有利于从根本上减少对育龄女性的就业性别歧视行为,并有效提升育龄女性的两孩生育意愿。未来,对于一些女职工较多的企业,政府可以利用税收调节政策来激励和约束企业行为。根据男女职工的比例和生育补偿费用数额等因素,确定减税和附加税标准。对女职工超过一定比例的企业减税,给予因雇佣妇女而支付"性别成本"的企业以合理的补偿。

(四)加强妇幼保健体系建设,提升妇幼健康服务能力

一是加强各级妇幼保健机构的标准化建设,尤其是加大对县级妇幼保健机构的财政支持力度,新建、改扩建一批机构,加强硬件设施投入。二是创新"互联网+妇幼健康"服务模式。全面推行智慧医疗,逐步开展预约诊疗、便民门诊、移动客户端远程会诊等服务。三是推进优质服务资源下沉,提升基层妇幼保健服务能力。针对"全面两孩"政策实施后,高龄产妇增多及生育风险加大的问题,有条件的机构应设立高龄产科、高危妇科等特色科室,加强孕产妇妊娠风险评估和高危孕产妇管理,健全市县乡的会诊、转诊救治机制。四是加强产科、儿科的医护人员队伍建设。通过内培、外引,优化各级医疗机构,尤其是基层机构的产科、儿科的医护人员配置,提高妇幼医护人员待遇。建立符合产科、儿科特点的人事薪酬标准,在绩效分配、职称晋升、岗位聘任方面向儿科医生适当倾斜。

(五)加大托幼和学前教育体系建设的力度,满足托幼照料需求

一是将0—3周岁托幼服务纳入公共服务体系。借鉴上海、江苏等地的做法,制定和出台婴幼儿早期教育发展规划的规范性文件;明确政府主管牵头部门,统筹协调卫生、教育、财政等相关部门,统一管理责任和监管职能;建立以公共财政投入为主的多元化多层次的幼儿早期托幼服务体系。二是规范和加强托幼服务管理水平。明确托幼机构在工作人员资质、安全保障、服务内容、卫生条件方面的建设、管理和监督标准。三是做好公立幼儿园的增量和提质工作。测算、规划公立幼儿园的供给量,有计划分年度改造低水平办学的公办幼儿园,满足幼儿就近入幼儿园的需求;缩小在编教师和非编教师的待遇差距,将所有幼儿园教师纳入专业发展培训体系。

参考文献

[1] 人民网.《中国统计年鉴2016》显示生育率走低老龄化严重[EB/OL]. http://world.people.com.cn/n1‖1102/c1002-28829168.html? from=timeline.

[2] 任远."单独二孩"实施效果与改革策略[J].探索与争鸣,2015,1(2):54-56.

[3] 风笑天.生育政策潜在人口的结构及其二孩生育意愿——对两项大规模调查结果的

分析[J]. 江苏行政学院学报,2015(6):54-61.
[4] 陈宇,邓昌荣. 中国妇女生育意愿影响因素分析[J]. 中国人口科学,2007(6):77-83,98.
[5] 钟甫宁,王亚楠,刘亚洲. 中国农村人口生育水平估计方法及其影响因素——基于队列视角的分析[J]. 南京农业大学学报(社会科学版),2015(3):51-59.
[6] 钟晓华."全面二孩"政策实施效果的评价与优化策略——基于城市"双非"夫妇再生育意愿的调查[J]. 中国行政管理,2016(7):127-131.
[7] 顾和军,吕林杰. 中国农村女性劳动参与对生育行为的影响[J]. 人口与发展,2015(5):66-72.
[8] 尹文耀,姚引妹,李芬,等. 走进"全面两孩"——浙江的论证及前瞻[M]. 杭州:浙江大学出版社,2016.
[9] 陈蓉,顾宝昌. 上海市生育意愿30年的演变历程[J]. 人口与社会,2014,30(1):49-54.
[10] 莫玮俏,张伟明,朱中仕. 人口流动的经济效应对生育率的影响——基于CGSS农村微观数据的研究[J]. 浙江社会科学,2016(1):92-100,161.
[11] 廖静如. 城市流动人口生育意愿研究综述[J]. 社会科学战线,2013(6):203-208.
[12] 李静雅. 已育一孩职业女性的二孩生育意愿研究——基于生育效用感和再生育成本的实证分析[J]. 妇女研究论丛,2017(3):27-39.
[13] 张晓青,黄彩虹,张强,等."单独二孩"与"全面二孩"政策家庭生育意愿比较及启示[J]. 人口研究,2016,40(5):87-97.
[14] 张康之. 走向合作的社会[M]. 北京:中国人民大学出版社,2015.
[15] 王颖,孙梦珍. 鼓励生育的政策及其效果:国际经验、回顾和展望[J]. 浙江大学学报(人文社会科学版),2017(5):19-29.
[16] 郁建兴. 中国地方治理的过去、现在与未来[J]. 治理研究,2018(1):65-74.
[17] 童芍素. 双重角色冲突中的中国妇女发展问题[J]. 浙江学刊,1994(1):67-70.
[18] 郭志刚. 中国低生育进程的主要特征——2015年1%人口抽样调查结果的启示[J]. 中国人口科学,2017(4):4-16,128.

课题组单位:湖州师范学院
课题组负责人:张永梅
课题组成员:方晓伟,顾和军
课题名称及编号:浙江省育龄职业女性两孩生育意愿及对策研究(编号:2020N06)

结合“三服务”在结核病高疫情地区开展主动筛查实施效果调研报告

[按语]科技发展至今，结核病仍然是严重危害人类健康的重要疾病之一，我国、我省的结核病疫情仍然比较严重，按照现有坐等病人上门的被动发现的防控策略对结核病控制见效太慢。为此我省尝试在结核病高发地区高发人群(主要是老年人群)中开展主动筛查的发现方式，争取将潜在的结核病患者早发现、早诊断、早隔离、早治疗、早治愈，以尽快实现降疫情的目的。

前　言

结核病至今仍然是严重危害人类健康的重要疾病之一。自2001年实施《浙江省结核病防治规划》以来，2005—2017年浙江省肺结核报告发病率每10万人中从92.90人下降至47.54人，尽管取得了一些成绩，但是总体疫情下降速度仍然缓慢。究其原因，主要是结核病传染源发现困难，传染源难以控制。为进一步深入贯彻浙江省委、省政府关于重大疾病防控和“服务基层、服务群众、服务企业”的“三服务”工作要求，加速结核病的疫情控制，我省于2019年在结核病发病率较高(发病数较多)的20个高疫情县(市、区)开展针对结核病高危人群的“主动筛查、消除结核”三服务专项行动。

一、筛查现场对象

筛查工作涉及6个地市20个县(市、区)23个乡镇或街道，分别为杭州市的余杭区、萧山区、临安区、淳安县、建德市、桐庐县，温州市的泰顺县、瑞安市、鹿城区、永嘉县，金华市的义乌市、兰溪市、东阳市、永康市、浦江县，丽水市的松阳县、青田县，衢州市的常山县、开化县，台州市的温岭市。每个区县选择至少1个疫情较高的乡镇或街道开展一次结核病主动筛查工作，其中临安区、淳安县、义乌市各选择2个乡镇或街道开展，全省总共23个乡镇或街道参与筛查工作。省财政按照35元每例筛查对象的标准专项投入经费549万元。

为常住人口中65周岁及以上的老年人、糖尿病患者、既往患过结核病的人群进行肺结核患病情况筛查。筛查方法为症状筛查和胸部X线摄片检查，对具有肺结核可疑症状者或胸部X线摄片检查异常者进行痰涂片、痰培养检查。

二、筛查组织工作

(一)宣传发动

对开展筛查地区参加居民健康体检中的重点人群发放体检通知单,居民健康体检时进行筛查;对开展筛查地区未主动参加居民健康体检中的重点人群,入户发放体检通知单,通知其前往指定地点进行筛查。

(二)宣传方式

1.流动X线车现场筛查

经过入户调查确定的具有可疑症状者和重点人群,持体检单在现场接受流动X线车的胸部X线检查。所有的可疑症状者和X线检查结果异常的重点人群需要在现场留痰液标本,将痰液标本交给标本收集和检测人员进行实验室检查。实验室检查方法为传统痰涂片+固体培养。

2.可疑人群固定地点筛查

经过入户调查确定的具有可疑症状者和重点人群,如果无法在现场接受流动X线车的检查,需要持体检单去固定地点接受胸部X线检查。所有的可疑症状者在入户调查时现场留痰液标本,将痰液标本交给标本收集和检测人员。重点人群中X线检查结果异常者,须在接受X线检查的乡镇医院留取痰液标本。痰液标本进行实验室检查,检查方法为传统痰涂片+固体培养。

三、筛查结果分析

(一)筛查的总体情况

截止到2019年9月30日,本次筛查项目共筛查83607人,筛查人数占常住人口的59.1%。发现肺结核患者785例(目前确诊50例、疑似244例、陈旧性肺结核501例),对疑似患者全部进行了双向转诊;另外,该项目同时发现肺部肿瘤患者66例、肺炎或支气管炎患者1113例、肺部结节9例、心脏或肺部其他异常患者161例。总共发现各类病例2188例,疾病发现率26.2‰。确诊结核病患者已被列入治疗管理,肿瘤及其他患者也均已转上级医院进一步诊疗。

从确诊病人比例的按月分布看出,开展筛查的6—9月份确诊的病人占全年病人的比例为77.0%,与2017年(33.3%)、2018年(35.3%)相比大大增加。由此可见,通过本次筛查,提高了当地肺结核患者发现水平,部分患者确诊时间得以明显提前。

(二)筛查人群基本特征

本次筛查项目共筛查83607人,其中男性占45.7%,女性占54.3%。男性对象中,吸烟者占27.3%,饮酒者占26.6%。

课题调查组组织随机抽查的3497名对象的结核病核心信息知晓情况调查显示,正确知晓肺结核传播途径的为 1131 人(32.3%),正确知晓肺结核可疑症状的为 1517 人(43.4%),正确知晓得了肺结核应去定点医院治疗的为 209 人(6.0%),正确知晓肺结核免费治疗政策的为 1623 人(46.4%),正确知晓肺结核大部分能治好的为 564 人(16.1%)。五条核心信息综合知晓率为 28.9%。

课题调查组组织随机抽查的 3497 人中,有结核病疑似症状者 237 人(6.8%),无症状者 3260 人(93.2%)。出现 1 项肺结核可疑症状的有 222 人(其中最近一个月内咳嗽咳痰一周的有 211 人),2 项的有 11 人,3 项的 2 人,4 项的 2 人。筛查人群中确定亲属中有人得肺结核的有 223 人(6.4%),其中 202 人与患结核病的亲属有过密切接触,占确定亲属中有人得肺结核人群的 90.6%(202/223),与患者密切接触时间的中位数为 6 年。115 人与患者密切接触频率达到每周 4 次或 4 次以上,占与患结核病的亲属有过密切接触人群的 57.0%(115/202)。

(三)筛查发现的肺结核患者情况

课题调查组随机调查筛查发现 10 例肺结核患者,患者中男性 6 例、女性 4 例,患者年龄最小的 58 岁,最大的 80 岁,平均年龄 69 岁。X 线胸片筛查显示有肺部空洞的 2 例。涂片检查显示 3 例涂阳分别为<1+、1+、4+。痰培养检查显示 5 例阳性,3 例为 4+,1 例为 1+,1 例为 3+。对培养结果阳性的 5 例患者进行了菌种鉴定和药敏检查,结果显示 5 例患者均为结核分枝杆菌感染。药史调查显示 10 例患者过去均没有使用过抗结核药物,过去 2 年结核病症状调查显示 2 人出现过结核病相关症状,主要症状为咳嗽咳痰、食欲不振、体重减轻等,其中 1 人出现症状后曾去综合医院就诊 2 次。1 人未就诊,原因为自己没有重视。10 例患者自开始治疗起至本次调查时治疗总费用平均为 303.4 元,全部为自费支付。主要花费项目为辅助药物,费用平均为 266.8 元(占总费用的 87.9%)。通过调查发现 10 例患者密切接触者共有 16 人,累计接触时间平均为 13.6 天(自患者确诊后一天内接触时间为 8 小时以上计为 1 天),接触类型全部为家庭内接触。

四、取得的经验

(一)组织得力是筛查工作成功的领导保障

在筛查开始前需要制定详细的计划和方案,成立相关筛查工作领导小组和工作小组,相关筛查工作成员单位要明确职责分工,责任到人,环节到人。当地乡镇或街道政府能够负责组织各行政村、居委部署筛查发动工作;各行政村、居委负责具体入户到人村民的宣传发动工作;负责调查场地落实;负责安排人员通知、催检及入户带路;负责安排车辆接送行动不便或年老村民;负责安排专项经费用于村民误工补贴,做好防高温防暑;负责电力保障供应,积极与供电等部门协调,在拍片车进驻调查点之前做好三厢接电准备;负责筛查现场秩序维护;保证餐饮供应,送达调查现场,用于调查人员、村委参与人员用餐。项目实施依托于群众,项目开展服务于群众:在入户调查及宣传发动工作中,我们充分发挥镇村干部丰富的基层工作经验和善于做群众工作的优势,耐心细致地宣讲项目工作的目的意义，使老百姓认识到项目实施带来的实实在在的好处，提高村民参与的积极性。各行政村村书记、村主任亲自抓，召开公共卫生联系员、报账员、村民小组长会议全力配合做好工作，对因不了解项目工作而拒绝配合调查的多次上门，多次宣讲，同时通过张贴标语、召开广播会开展面上宣传。结合上门入户核查发放宣传单、告知单，通过各种形式的宣传做到广泛动员，家喻户晓，切实提高村民接受项目调查的自觉性、主动性和依从性。

（二）业务过硬是筛查工作质量的技术保证

卫生部门主要负责专业技术方面的工作，要做好与乡镇或街道的工作对接，负责安排督促疑似患者的追踪转诊。因此要抓好业务培训，多次组织对项目调查人员的培训，统一现场工作步骤，细化标准；组织各工作小组进行现场工作预演，确保各项工作严格按照项目要求规范开展；在现场调查结束进入资料整理阶段要规范资料的整理。在筛查中及时进行经验总结，根据工作开展情况灵活机动调整工作方式，有机使用集中卫生院拍片和现场拍片相结合的方式。从各个方面认真分析、讨论现场调查可能会遇到的各种情况，做好应对预案，力求万无一失，有序安全推进。

（三）团队协作精确谋划顺利推进筛查工作

开展各行政村常住6个月以上人口的信息登记、核查，采取集中调查和拍片的方式，每个村设一个固定点，每个点根据人口数限定一至两天。成立指挥协调组、户卡核实组、物理体检组、个案调查与资料收集组、痰盒发放（收痰）组、X线摄片组及宣传组等工作组。由各行政村委安排工作人员分片分队包干，负责通知村民到固定地点调查和拍片，采取提前通知、反复催检的方式。整个工作按流程有序开展，既要保证个案资料的完整性，又要保证调查的质量、提高拍片的覆盖率。为调查及拍片工作设计专门的排班表，包括工作日期限、村名、岗位、人员名单、工作地点、村委联系人，以方便工作的开展。由于农村居民劳动作息的特殊性，早、中、晚是调查的黄金时间，筛查工作宜早不宜晚；同时还要妥善处理好项目工作与日常工作的关系。

（四）艰苦奋斗作风是筛查工作的精神保障

在筛查工作中涌现出了许多可歌可泣的事迹，如由于农村居民劳动作息的特殊性，早、中、晚是调查黄金时间，工作人员早上五点半起床，六点出发到调查点，中午照常工作，晚上八点钟才赶回家，真的是披星戴月。入户调查时，调查人员一手拿工作资料，一手提调查礼品，交通工具全靠双腿，还要随时应对狗的袭击。许多点集中调查时刚好在七、八月的夏天，因设点需在面积较大的场所，大部分村子都没有条件，现场调查条件只能用一个“苦”字来形容。施工的工地、高速公路天桥下、露天晒谷场等地均成了我们的工作场所，最奢侈的就是村委活动室。集中拍片时，由于拍片车一天到晚地在运转，又无遮阳处，车内就像一个蒸笼，温度高达四五十度，拍片机器都“罢工”。除了工作环境的艰苦，由于现场调查人员集中，调查时工作人员都要提着嗓子说话群众才听得到，没几分钟下来大家嗓子冒烟，话都说不上来，只能靠润喉片维持。在筛查工作中工作人员发扬敢打硬仗、善打胜仗的优良作风，每日早出晚归，加班加点，战高温斗酷暑，克服现场调查环境的简陋恶劣，同时还要冒着被结核病患者传染的风险顺利完成了现场工作。

(五)丰硕成果不竭动力群众满意政府满意

基于早诊断、早治疗的目的，筛查工作具有可复制性和极高的推广意义，通过免费拍片筛查、可疑病例妥善安排到定点医院免费CT复查进一步明确诊断，一大批潜在(没有任何症状)的结核患者被发现并得到规则治疗，同时还发现了一些潜在的肺部肿瘤患者、肺部心脏等其他疾病患者，及早发现及早得到诊治。结核病主动筛查的实施为当地老百姓办了一件大好事，这事得到广大老百姓的普遍欢迎和高度认可，是一项真正的民生工程、德政工程。

检验队伍的筛查工作是公共卫生领域现场实施项目，涉及地域范围广、调查人数多、工作任务重、时间跨度长，真正是对卫生专业人员、镇村干部的思想觉悟、综合素质、能力水平、团队协作能力、工作作风的一次全面考验。通过项目实施，广大卫生专业人员的组织协调能力、基层工作能力等方面得到了锻炼，积累了许多有益的经验，进一步开阔了视野，增长了才干，提高了组织大型项目实施的操作水平，为今后更高更艰巨的公共卫生工作奠定了坚实的基础。

最终通过结合“三服务”在结核病高疫情地区开展主动筛查工作，一方面有助于发现潜在的肺结核患者，减少患者诊治延误，促进规范诊疗，减轻结核病高疫情高负担地区的疫情。另一方面，也是乡村振兴战略、精准扶贫工作和“三服务”工作要求在我省结核病防治工作中的具体落实和体现。各级卫生健康部门及疾控机构将积极组织协调，促成多部门合作，加强省、市、县、乡四级联动，携手把政府的此项民生工程高质量地办好、办实，更好地为人民群众健康服务，促进健康浙江建设。

五、存在的问题

(1)基层公共卫生人力资源建设面临挑战，结核病管理这一项服务人员较少，筛查项目工作极大地增加了基层医疗卫生机构人员工作负荷，难以满足现有的工作需求，是当前筛查工作中面临的难题。筛查工作经费按照成本预算下拨，按照35元/人进行核算，而医疗价格目录中正常摄片价格为50元/人，由于项目工作当地不能保证配套，导致项目筛查单位需要贴补筛查项目的组织成本、差额部分，由于没有多劳多得的激励机制，项目地区工作人员主要靠工作考核要求和艰苦奋斗无私奉献的精神来开展工作，如此项目筛查工作机制短期运作可以，但不可持续发展，可以说难以为继，不能转化为常态机制。

(2)一些筛查单位业务技术不过硬，筛查工作质量难以确保。一方面，可能由于社区卫生机构缺乏专业的临床医师，服务能力有限。大多数基层卫生院技术力量薄弱，仅有1名影像科医生。一些卫生院DR设备比较陈旧，放射科医生读片经验明显不足，且每日工作量较大，阅片质量更加难以保证。虽然有县级医院或医共体牵头医院影像科医生不定期地进行指导，但仍然可能对本次筛查结果产生影响。

(3)由于筛查对象年龄大，普遍文化程度不高，因此存在动员难度较大、信息沟通理解难等问题，五条核心信息综合知晓率为28.9%，远低于我省全人群平均知晓率(46.6%)，尤其正确知晓了肺结核应去定点医院治疗的人数仅占6.0%。项目地区老年人结核病防护意识较薄弱,确定亲属中有人得结核病的人群中,90.6%人仍然与患者密切接触,且密切接触时间较长,更有57.0%的人与结核病患者的接触频率较高,达到每周4次或4次以上。再加上老年人行动不便利,组织筛查难度大。即便考虑到老年人行动不便,安排流动拍片车入村筛查,一些对象由于对基层卫生机构缺乏信赖,习惯去县级医院;或者前期宣传解释工作不深入,筛查配合度比较低,导致服务量不足也会造成资源浪费。由于发现对象主要是老年结核病人,项目地区确诊的患者年龄较大,患者年龄最小的65岁,最大80岁,平均年龄69岁。这一本身特性决定了一些患者被发现以后转诊到位难,确诊之后纳入治疗难,治疗之后不良反应控制难,可能对患者治疗依从性产生不良影响,导致整个项目运作成本高,可持续发展程度不是非常高。

(4)部分项目点领导重视程度不够,组织不得力。部分项目点领导对项目工作重视程度不够,没有制定详细的计划和方案,成立相关筛查工作领导小组和工作小组,相关筛查工作成员单位职责分工不明确,或者工作流于形式,卫生业务技术发动组织能力薄弱,又不能得到乡镇街道的大力支持;或者尽管有乡镇街道的支持,但是相互之间配合不够默契,责任不能到人,环节不能到人。导致筛查工作进展不顺,相关单位和工作人员互相推诿;导致宣传发动工作不能到户到人,不能打通最后一米,使筛查工作不能深入开展,使老百姓不能充分认识到项目实施将带来的实实在在的好处,项目实施不能充分依托群众;导致村民参与积极性不高,筛查对象到位率不高,影响筛查工作效率。

六、对策和建议

国内外研究表明,老年人是罹患肺结核的高危人群。而老年人患病后往往延迟就医,或被误诊漏诊,需要采取一定措施早发现早治疗,以降低老年人肺结核扩散、传播的机会及漏诊误诊率、重症率、病死率。而涵盖胸部X线摄影检查的主动筛查策略能够很好地解决这一问题,但需要投入大量的人力、物力。随着人口老龄化进程的加快,肺结核作为一种多发于老年人的传染性疾病也越来越受到关注。多项调查研究显示,肺结核报告发病率随着年龄的增长呈上升趋势,老年肺结核患者占全人群发病比例逐年增大,65岁及以上年龄组发病率最高,且农村和高年龄组人群疫情更加严重,老年人群是需要采取措施重点进行防控的人群。相关研究表明,对主动就诊的老年可疑症状者结核筛查具有最低的成本-效果比(551元/例),是患者发现效率最高的诊断技术组合,但是通过提供专项主动筛查平均每发现1例肺结核患者需要7712元。我国东部地区一项全人群胸部X线摄影筛查的调查显示,平均每发现1例活动性肺结核患者的直接成本约为31000元。尽管从预防控制肺结核感染与发病的角度看,集中筛查式肺结核主动发现确有其公共卫生学意义;但是,开展这种主动筛查方式偏离成本-效益原则,不利于临床医疗资源的有效利用,难以将之作为一项常规工作长期开展,必须在现有条件下选择最高效、最符合成本-效益原则的策略。对不同发现策略应用于老年肺结核患者的发现工作,在现阶段认为单独开展老年肺结核患者的发现不符合成本-效益原则。2009年我国启动基本公共卫生服务,明确将老年人健康管理纳入基本公共卫生服务内容,涵盖了老年人肺部体格检查,意在将老年人慢性病控制的关口"前移";继而于2015年又将结核病管理纳入国家基本公共卫生服务项目:两部分工作相结合,为主动发现老年肺结核患者的工作提供了机遇。2017年《国家基本公共卫生服务规范(第三版)》将肺部影像学检查纳入居民健康档案体检项目,尽管目前尚未要求免费,但此项检查的明确纳入为老年人年度健康体检整合结核病筛查提供了条件。借助于现有公共卫生政策,老年人的健康管理服务是国家基本公共卫生服务项目中的重要一项,每年要为老年人提供1次健康管理服务,包括健康状况评估和相关检查等;另外,肺结核患者健康服务管理也包含在国家基本公共卫生服务项目中,从制定政策的角度考虑,可以将肺结核患者的发现同国家基本公共卫生服务项目中老年人的健康管理服务和肺结核患者健康服务管理有效结合,争取将老年人的结核病症状筛查和X线胸片检查资源整合,既能够提高肺结核患者的发现水平,又能极大地缩减花费的成本。为此建议规范开展基本公共卫生服务项目中老年人健康管理工作,是开展老年人肺结核主动筛查的前提,基础工作扎实、经费分配和使用合理、居民健康档案建档率达到80%以上是切实落实的保证。建议在上述条件下,老年人的体检率达到70%以上、配备胸部X线摄影设备并能够开展常规检查、各级政府支持力度大、乡村干部工作积极性高的适合地区,依托基本公共卫生项目进行老年人肺结核的主动筛查,在65岁及以上的老年人等重点人群的体检中增加胸部X线摄影检查,将其作为重点人群进行结核病主动筛查与基本公共卫生服务项目结合起来,合理分配基本公共卫生服务经费,既提高肺结核患者发现水平,又能大幅度降低成本,是符合实际的可在较大范围内推广的肺结核主动筛查方式。

在积极有效地整合资源的同时,加强基层医务人员培训,努力提高他们的业务技能。更好地通过主动筛查的方式发现结核病人,及时治疗患者,减少结核病的传染源。加强项目开展地区群众的结核病防治知识的宣传教育工作,提高当地群众的结核防治知识的知晓率,从而提高个人防护意识,进一步降低结核病传播风险,进一步落实结核病减免政策,减轻患者疾病负担。同时协调当地民政、红十字会等部门对贫困的结核病患者给予医疗、生活上的补助。对发现的年龄较大的患者要落实好社区的督导管理工作,对患者出现的不良反应及时处理,对行动不便的孤寡老人考虑采用送医上门、送药上门的方式提高患者依从性,减少中断治疗的可能性。

课题组单位:浙江省疾病预防控制中心

课题负责人:陈松华

课题组成员:张钰,周琳,柴程良,王晓萌

课题名称及编号:结合“三服务”结核病高疫情地区重点人群主动筛查实施效果的评价研究(编号:2020B08)

浙江省网络借贷风险控制的实证调研

——基于杭州地区的分析

[**按语**]P2P行业在中国经过12年的发展,已经进入关键转型阶段。虽然P2P的初衷是普惠金融的模式创新,然而其在财务健康、模式可持续性和合规发展方面暴露出了很多问题,值得我们对该行业持续性地关注。

本课题以杭州地区为主要调研区域,选择了9家平台作为调研对象,通过访谈、座谈等方式深入了解和分析平台经营现状、风控模式和经营中面临的风险,同时随机抽取了552个样本,从用户角度剖析老百姓对网贷风险的认知水平、参与现状和自我的风控管理能力。

本课题以国家宏观政策为导向,深入结合调研结果,提出从强化平台分级管理、加强网络借贷的联合金融监管、建立多层次征信服务体系、打造智能化风控管理模式、加快风控人才的梯队建设等方面来进一步规范浙江省P2P行业发展,促进行业健康转型。

一、课题调研背景

网络借贷即Peer to Peer,指的是不依赖于传统的金融机构,而通过互联网平台实现借贷双方的直接交易,它起源于英国,发展于美国,并于2006年引入中国。

2007年,我国第一家P2P网络借贷平台拍拍贷在上海成立。随后,互联网借贷在中国进入井喷式发展阶段,网络借贷平台数量由2008年的十几家迅速增长到高峰时期的6063家[①]。然而,由于初期的监管不严,入行门槛低,从2014年起,部分平台出现违约、暴雷、挤兑,甚至是恶意非法集资的现象,导致广大投资者对网络借贷普遍丧失信任,已经严重影响互联网金融的行业口碑。截至2018年12月31日,问题平台数量达到4672家,全国正常平台数量减少为1021家,贷款余额为7889.65亿元,比上年下降24.47%。2018年底,互联网金融风险专项整治工作领导小组办公室、P2P网贷风险专项整治工作领导小组办公室发布的《关于做好网贷机构分类处置和风险防范工作的意见》(整治办函〔2018〕175号),对网络借贷平台的发展提出了严厉的监管要求,要求对各类平台分类监管。然而,一些不良平台依然在严格的监管环境下屡屡爆出恶性事件。2019年"3·15"晚会上曝光"714高炮"等大量非法、恶性借贷平台,平台年化收益率超过1500%,已经远离普惠金融的本义,成为社会毒瘤。

浙江省作为互联网金融发源之地,网络借贷平台发展快、数量多,与之相对的,曝光的问

① 数据来源:《2018年中国P2P网贷行业报告》。

题平台数量也在全国问题平台中排名第一。从数量上看,2018年浙江省出现停业及问题的平台有299家,占全国总数的23.38%,居于全国第一。经过2018—2019年的行业洗牌,目前仅剩下正常运营平台79家,因此解决浙江省网络借贷的风控问题十分具有价值和意义。

本课题旨在以杭州市作为主要调研区域,从两个角度展开调研:(1)从借贷者角度进行网贷风险认知、网贷行为、信用风险的调查;(2)从平台角度选择9家在杭州具有一定典型性的互联网借贷平台,从平台规模、信用审核、内部合规管理、风控模式等角度进行深度访谈,了解杭州地区的互联网借贷平台的基本运行情况以及平台的风控手段,从而对如何提高网络借贷平台的风险控制水平,降低网络借贷的风险提供实证性建议。

二、浙江省网贷平台风险控制的实证调研——以杭州地区为主要研究对象

P2P网络借贷的风险大致可分为P2P网贷平台自身的法律风险、市场风险、操作风险、信用风险、流动性风险等。因此本课题组从P2P平台和借贷者两个维度进行调研分析,了解平台和市场面临的以上风险。

本次调研共选取微贷网等9家P2P平台,前8家平台是杭州本土的P2P平台。

(一)调研平台的基本信息

本次调研所选取的调研对象均为在行业内具有一定口碑、品牌形象良好、稳定经营期限较长的P2P平台,我们先从平台的成立时间、员工规模、注册资金、股东类型等几个方面对平台进行基本的信息了解(见表1)。

表1 P2P网络平台基本调研信息

	平台名称	股东类型	成立时间(年)	员工规模(人)	注册资金(元)	注册地
1	微贷网	上市公司系	≥8	≥500	≥1亿	杭州
2	拓道金服	民营系	5—8	50—200	0.5亿	杭州
3	挖财网	民营系	≥8	≥500	0.5亿—1亿	杭州
4	51人品	上市公司系	3—5	50—200	0.5亿	杭州
5	可溯金融	国资系	5—8	50—200	0.5亿	杭州
6	浙农金服	国资系	3—5	≤50	0.3亿	杭州
7	铜掌柜	上市公司系	5—8	50—200	0.5亿	杭州
8	新证金融	上市公司系	1—3	50—200	0.5亿—1亿	杭州
9	海金仓	国资系	3—5	≤50	0.5亿—1亿	北京

(二)杭州地区网贷平台的经营现状

1.合规平台急剧减少

近年来,由于平台自身经营和风险管控的问题,杭州地区平台爆雷现象频繁,截至2019年8月,违规P2P平台已经减少90%以上,目前合规平台仅剩79家。在爆雷事件中,不乏十六铺金融、鑫合汇等在杭州行业内影响力较大、交易金额巨大的平台,对杭州市

P2P 市场造成极为恶劣的负面影响。其中，既有因平台本身涉嫌“非法集资”“非法吸收公众存款罪”“集资诈骗罪”等造成的恶性爆雷事件，也有因自身资金流动不足或者因政策性因素导致的平台转型等良性退出。

2. 品牌平台尚显不足

从杭州市的 P2P 平台来看，虽然数量较多，但是缺少一线知名品牌的平台，除了微贷网以外，平台的规模普遍比较小。从注册资金来看，绝大部分的平台注册资金在 0.5 亿元左右，只有微贷网的注册资金超过 1 亿元。从股东背景来看，国资系平台占比相对较少，民营系平台占比最高，但是民营系平台的经营风险系数相对较高。从近年来爆雷的 P2P 平台来看，几乎清一色以民营系背景为主。结合个人问卷的调研，在经历了 P2P 行业大洗牌之后，老百姓对网贷平台极度缺乏信任感，有 81.42% 的客户将网贷平台的知名度作为平台选择的首要因素。

3. 合规管理彰显差异

从调研的情况来看，各家合规平台主要从健全信用评价系统、创新风控模式、完善催收系统等几个方面做好“贷前、贷中和贷后”信贷风控流程化管理。从调研的 9 家机构来看，各家平台注重合规管理工作、风控流程规范，2 家平台采用了风险准备金制度，有 8 家机构采用了银行存管制度，并且有 8 家平台进入备案流程，安全性相对较高。比如，微贷网结合自身车贷业务，完善风险预警系统、精准估价系统（大数据二手车交易数据）、基于多样化统计分析的催收系统和 GPS 定位系统进行车贷业务的风险管控。但是尚有部分平台的法律意识淡薄，风控管理手段落后，对合规管理工作不重视，平台信息不透明。其中，问题平台更是风控缺失，内控管理混乱，如杭州本土的千亿级 P2P 平台鑫合汇自 2018 年 8 月初爆大规模逾期开始，持续曝光平台虚构标的、发布不合规产品、财务造假、自融自用、借新还旧等问题。从 2018 年 6 月—2019 年爆雷的 P2P 平台中，均涉及非法吸收公众存款、财务造假、平台资金和投资人资金无法分离等内控问题。

4. 经营模式蕴藏风险

此次调研中，除了挖财网等平台采用纯信用大数据模式以外，微贷网和拓道金服是比较典型的车贷模式，其他平台采用抵押、信用、担保三种方式相互结合，产品类型有专门针对个人的消费分期、抵押贷款，还有针对企业的供应链金融产品等。总体来说，纯信用模式风险较高，对大数据技术的应用和风控管理能力要求较高，特别是那些并未切入实际消费场景的纯信用平台风险更高。截至 2018 年 12 月，纯信用个人贷款在 P2P 网贷中的业务占比达到 84.49%[①]，是当前网贷的最主要形态，因此，也蕴藏着较高的行业风险。

还有一些网贷平台打着互联网金融的旗号，客户无须抵押、无须担保，只需在平台输入个人信息即可获得高息网络贷款。此类平台已经远离互联网金融本义，成为非法高利贷敛财平台，恶化了整个 P2P 行业形象。

5. 利率水平暗藏玄机

一方面，从对 9 家 P2P 网络贷款机构的调研可以看出，7 家平台的出借年化利率在 8%—15% 之间，新证金融和浙农金服相对较低，在 0—8% 之间，其中挖财网的出借年化

① 数据来源：《2018 年中国网络借贷行业报告》。

利率相对较高，居于15%—24%的区间，大部分网络借贷平台的出借利率水平较商业银行贷款利率高出3—5个百分点。部分平台除了年化收益率之外，还收取名目繁多的综合服务费和管理费用，导致平台实际年化利率远超24%的民间借贷司法保护利率水平。更有一些网贷平台故意混淆年化收益率的概念，通过收取各项管理费、服务费等方式恶意规避利率监管，造成客户极大的还款风险。

另一方面，基于2018年网贷平台负面舆情较多，为重新建立客户信心，各平台通过赠送加息券、新人注册有礼等活动，提升投资者的收益率水平。2018年杭州市网贷平台的总体综合收益率在9.5%左右，与行业平均水平持平。

三、老百姓对网贷风险的认知分析

除了网贷平台的经营风险，还有因投融资人相关的投融资行为带来的信用风险。因此，本课题组除了对网贷平台的运营做了调研，还对个人客户进行了调研，从个体角度分析网贷风险。

本次调研共回收个人问卷552份，主要面向18周岁以上的完全民事行为能力人，其中浙江省内的问卷数量占比96.16%，调研从消费者对网贷风险的认知水平、网络贷款的参与现状和自我的风控管理能力等几个方面进行。通过调研，我们发现——

（一）网贷消费需求下降

本调查问卷首先了解了老百姓对网络借贷的现实需求和风险认知程度。

从图1中可以看出，在被调查者中，如果存在消费借贷需求，有56.42%的人会选择花呗、白条等知名互联网平台，有29.71%的人选择信用卡透支，只有4.35%的人会选择通过P2P网络借贷来获得资金。可见，P2P网络借贷在老百姓眼中的信任度已经十分低了。有如下几个原因：(1)P2P行业口碑不佳，极大地降低了广大消费者对P2P行业的信任度；(2)花呗、白条等知名互联网平台提供的消费信贷能够较大程度地满足借贷者的贷款需求，且其在场景应用、用户口碑、资金安全保障等方面都有一般P2P平台不可比拟的优势。

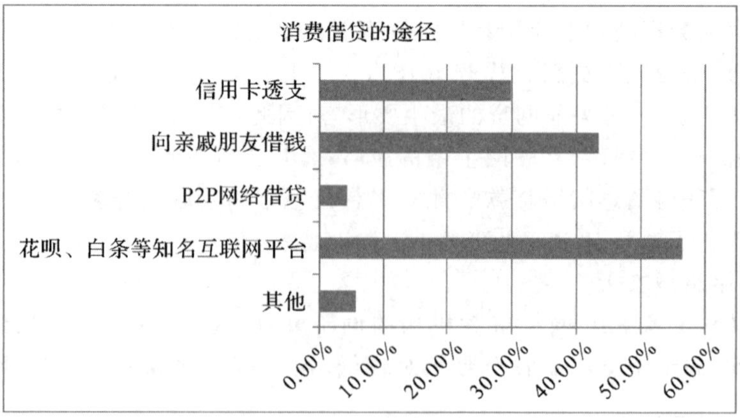

图1 老百姓消费借贷途径

(二)风险认知和管理能力有待提升

从本次调研中可以看到,由于P2P网贷频频爆雷,新闻媒体等渠道也在各主要媒体曝光各类爆雷、风险案件,因此老百姓对于网贷的风险认识程度有所提高。如图2所示,当被问及如果要贷款,是否会对平台进行比较深入的了解,有49.28%的人会去"彻底了解"平台的运作情况,有40.58%的人会去做一些"大致了解",只有3.62%的人完全"不会"去对平台进行了解。可见,普通老百姓已经认识到网贷的风险性,并且也有较强的风险意识去了解网贷平台的运作,老百姓的自我风险管理意愿在提升。

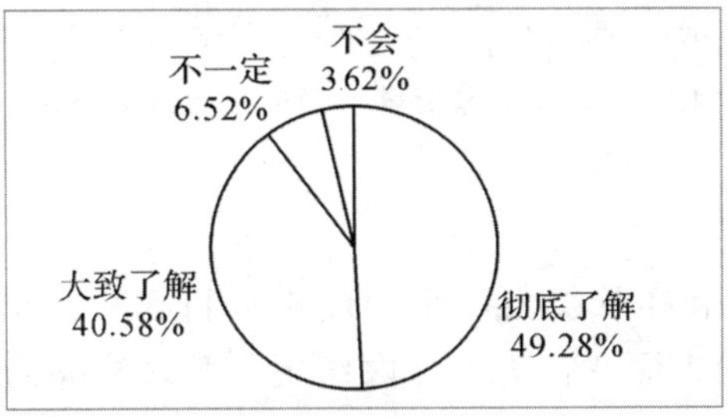

图2 P2P网贷平台安全性了解意愿的调查

然而,由于受到信息渠道和自身认知水平的限制,只有将近50%的受调查对象对网贷产品的安全性有全面、系统的了解,大部分人对于网贷风险的了解还处于模棱两可的状态,甚至还有将近4%的人完全不会去了解网贷产品的安全性,而这类人群往往是网贷的潜在高风险人群。

再结合另一项关于网贷逾期法律后果的了解调研,有47.83%的被调查者选择"不太清楚",有8.7%的被调查者选择"完全不知道"。因此对于网络贷款逾期的法律后果的认知程度是十分不足的。

因此,不管是互联网金融行业协会还是P2P平台,都有义务进行网贷知识和平台信息的进一步宣传和披露,努力降低信息不对称性,提升客户的自我风险管理能力,完善客户的法律法规基本知识。

(三)P2P网贷利率水平偏高

通过对调查对象能够接受的平台出借利率这一项的调查,86.23%的调查对象能够接受0—6%的贷款利率,有10.87%的受访者能够接受6%—10%的贷款利率,只有2.17%的人能够接受10%—20%的利率水平(见图3)。目前银行基准贷款利率水平在6%左右。因此6%—8%左右的利率水平可以视作贷款安全区间;超过这个范围,就可能存在利率风险。

事实上,结合我们之前针对P2P平台的调研,只有22.22%的平台出借利率在0—8%,大部分的平台贷款利率维持在8%—15%之间,甚至更高。因此,P2P网贷平台的出借利率普遍超出老百姓的风险承受能力,存在较高的利率风险。

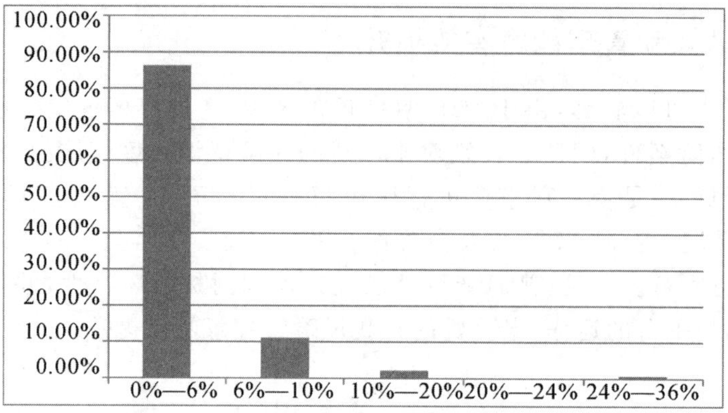

图 3 调查对象能够接受的平台出借利率

(四)信用风险偏高

本次调研从还款意愿和还款能力两个角度来分析客户的信用风险。根据图 4,从调研对象来看,有 39.13%的人愿意在 1 个月内偿还贷款,26.09%人愿意在 1—3 个月内还款,但是有 34.79%的人会在 3 个月以上还款,还有两类客户会在借款后 6 个月—1 年(12.32%),甚至一年以上(8.70%)偿还贷款。后两类客户还款意愿较低,存在较高的还款风险。

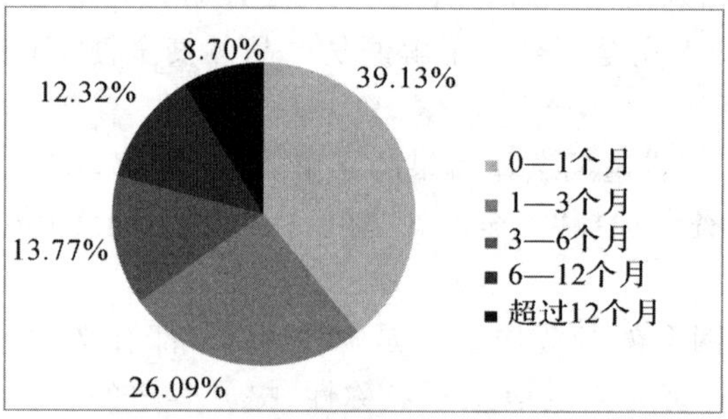

图 4 还款意愿调查

从客户还款能力来看,工资收入是主要的还款保障,66.67%的人将工资收入作为最为主要的还款来源,房产及其他抵押资产只占到 10.14%,第三方担保占到 6.52%,家庭银行存款占到 14.49%,还款来源比较单一,缺乏多元化的还款途径,抗风险能力弱,一旦发生流动性不足的问题,极易导致信用风险(见图 5)。

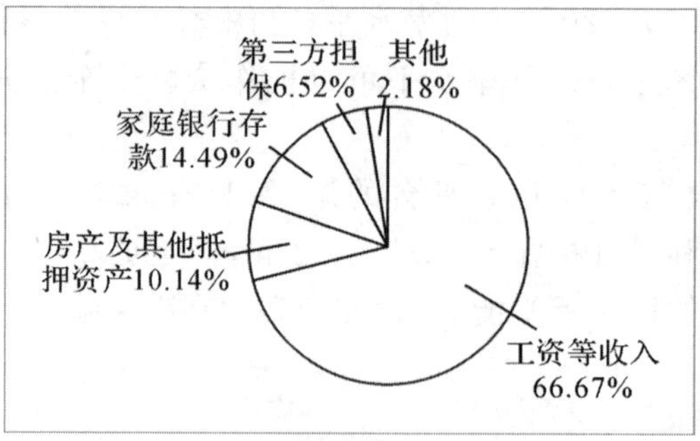

图 5 贷款资金还款来源调查

四、浙江省网贷风险控制的对策建议

(一)强化分级管理,促进平台转型

根据《网络借贷信息中介机构业务活动管理暂行办法》(2016 年 8 月)和相继出台的“三个指引”,以及《关于做好网贷机构分类处置和风险防范工作的意见》(“175 号”文件),网络借贷将根据行业监管规则,进入分级管理、分类发展的阶段。在浙江省范围内,可以先行制定全省统一的网络小额贷款监管制度和经营规则,提高准入门槛,引入分级管理模式,以推动网络小额贷款从业机构扶优限劣、规范发展。结合银保监会“三降”要求,加快分级、促进平台转型是 P2P 网络借贷行业未来的发展趋势。

1.加强平台分级管理

对于平台经营稳定、行业口碑良好的大型平台引导其向网络小贷公司、助贷机构或资产管理机构(AMC)等持牌金融机构积极转型,与传统金融机构——商业银行、担保公司等进行业务和模式上的合作。对于规模较大的在营高风险机构,应按照相关监管文件稳妥推动市场出清,妥善制定良性突出方案,努力实现良性退出,并切实保护出借人及其他利益相关方的合法利益;对于其余机构能退尽退、应关尽关,加大行业整治工作的力度,加快整治工作的速度。

2.促进平台健康转型

部分平台在政策条件下可转型成为消费贷款或者小贷公司,为满足后续新的监管验收标准做好准备。

P2P 网络借贷平台可以利用其网贷技术,与传统金融机构,如村镇银行、消费信贷公司、小贷公司共同开发助贷系统,并且加快大数据产品的应用,提供授信服务的前期客户风险审核工作。同时,与传统金融机构共同建设开发集交易处理、信息资讯、营销宣传、客户服务、产品创新和风险防控于一体的网络借贷服务平台,促进平台业务、技术方面的转型升级。

(二)加强网络借贷的联合金融监管

央行、银保监会、浙江省金融办、浙江省互联网金融行业协会、公安、工信部等各部门应联合加强对互联网借贷平台的监管力度,通过联合管理,取缔不合规平台,绝不姑息。通过加强监管,从根本上加强对借贷平台的风险管控(见图 6)。

具体来看,各监管机构应加快数据共享,浙江省金融办(局)和浙江银保监局作为主要监管机构应进一步联合起来,加大对问题及高风险平台的整治力度,杜绝网贷机构发生高利放贷、暴力催收等严重危害老百姓安全的行为。根据国家“三降”(降余额、降店面、降人数)的监管要求,减少 P2P 网络借贷的贷款余额,减少网贷门店和从业人员数量。严禁不良平台发放“套路贷”“现金贷”“变种现金贷”等,对拒不整改或超期未完成整改的网贷平台,应暂停其开展网贷业务,依法依规予以关闭或取缔,情节严重的,应移交公安、司法机关依法追究其刑事责任。

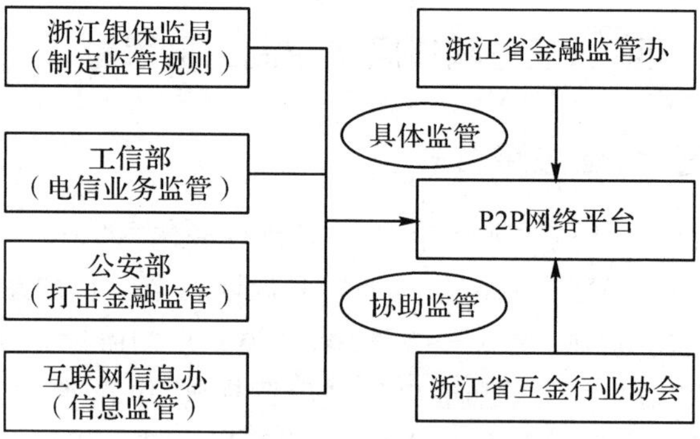

图6　网络借贷联合监管模式

对于网络贷款平台涉嫌面向公众发放高息贷款、恶性催收的，一经发现并核实，立即上报金融办或当地金融监管机构，全面取缔。

通过严厉规范的联合监管手段取缔违法借贷等违法金融活动，打击恶意逃废债行为，统一网贷平台的合规检查标准。

（三）建立多层次征信服务体系

对于大部分的 P2P 机构而言，其征信渠道主要来自第三方征信机构，或通过购买数据，或通过数据交换，同时对借款人也会做实地的征信调查，公司内部也会建立自己的征信信息系统。但是存在各数据库信息孤立、信息滞后，缺少征信数据共享机制，缺乏对借款人的约束机制，而目前央行征信系统也还不足以覆盖互联网金融的征信需求，这就不可避免地造成因信用信息缺失而导致的过度借贷乃至恶意借贷行为。因此，对于网贷行业，更需要能够打破“信息孤岛”，实现满足互联网金融领域信息共享需求的平台。2018 年 1 月，央行批准了我国首个市场化的个人征信机构——百行征信有限公司。该系统纳入央行征信中心不能覆盖到的个人客户金融信用数据，通过构建一个国家级的基础数据库，实现互联网金融行业的信息共享，以有效降低风险。目前共有包含铜板街在内的 19 家网贷平台接入征信系统，接下来要进一步扩大百行征信的服务范围，在未来，应将互联网金融机构全部接入金融信用信息基础数据库、百行征信等全国的征信平台。

通过建立央行征信、百行征信、平台自身数据库等多层次的征信数据库体系，实现数据共享，完善征信制度建设，降低 P2P 行业的信用风险。

（四）科技赋能，打造智能化风控管理模式

平台自身的风控建设是关键，应加大科技赋能的力度，利用大数据平台建立智能化的风控管理体系：从贷前、贷中到贷后，实现全流程风险监控，保障平台安全及极致的用户体验。具体来说，网贷平台应不断将人工和技术投入大数据风控模型中，依托深度学习、机器学习、人工智能、生物特征识别、区块链等金融科学技术，实现信贷数据的共享，利用智能算法决策驱动风控系统的不断迭代更新。

在申请贷前时，借助信用评估、风险预警等智能化系统，进行客户身份识别的可靠性和抵押品真实性的尽职调查，借助线上＋线下风控手段提升系统风险识别能力；在贷中环

节，注重对信贷客户进行二次风险识别和管理，注重线上风险的及时跟踪和反馈；在贷后管理环节，通过建立成熟的智能化合法催收系统，持续性对合作机构及上线资产进行监管，及时发现风险并进行贷款资金的安全回收，以此实现贷前、贷中、贷后全流程风控管理。

（五）加快风控人才的梯队建设

通过专业的风控人才组建高效能风控队伍，做好风控监测和模型调优，提供优质风控决策依据是平台完善风控管理的核心。然而，从行业领域了解到，目前网络借贷平台风控人才的缺失才是行业未来发展最大的隐患。以风控领域权威度最高的金融风险管理师证书(FRM)的持有率来看，截至2019年6月，全国只有不足2000人拥有此证，行业的风控人才需求产生巨大缺口。因此，对于网贷平台而言，除了要积极引进高端信息科技与金融风控管理人才，培养大数据分析、风控管理方面的人才，补足风险量化分析方面的短板，还要积极从内部员工团队中，培养优秀的风控人才。相比于其他工作岗位，风控人才的培养周期更长，平台应立足未来，放长眼光，优化激励制度，培养人、用好人、留住人。

通过“外部引进＋内部培养”相结合的方式，建立从基层业务员、产品运营专员，到风控高管的梯队化风控人才队伍。

课题组单位：浙江经贸职业技术学院

课题组负责人：陈颖瑛

课题组成员：潘上永，朱丽莎，李若羚，胡璐

课题名称及编号：浙江省网络借贷风险控制的实证调研——基于杭州地区的分析（编号：2020B07）

新高考制度对县域高中的影响及对策研究

——基于浙江省长兴县的实证分析

[**按语**]浙江新高考制度的实施，给县域高中及相关主体带来了切身的影响和变化。本课题通过文献研究、文本分析和目的性抽样访谈等方法，以浙江省长兴县为例进行调研，揭示新高考制度对长兴县高中学校的影响。主要表现为选科结构和考试节奏变化带来的挑战，县域高中优秀生培养的困境，以及学考科目的高利害性带来总体学业负担增加。针对这些新高考制度带来的新问题，我们提出了一些应对策略，包括合理选科的应对策略、走班管理的应对策略、优秀生的培养策略、教学管理的优化策略，并建议将学考成绩达标的方式纳入“三位一体”招生框架。

一、问题的提出

随着新高考制度的实践，反思也越来越多，这些反思的声音大致可以分为三类。第一类是改革推进者自身针对改革中实践问题的研究和反思。第二类是改革的观察者对改革中操作和技术层面的批判性反思。第三类是改革的观察者对改革方向性问题的批判性反思。

第一类的反思以袁振国研究团队和韩平等官方团队为代表。他们的总体观点是肯定改革的理念和改革的成绩，并对部分操作和技术层面的问题进行反思改进。袁振国团队经过调查，认为国务院《关于深化考试招生制度改革的实施意见》提出的五项改革目标中，前四项都得到了较好的落实，只有等级赋分一项，“认同度比较低，分分计较的情况不但没有减轻，反而在某种程度上还有所加剧”（袁振国，2018）；并指出了需要重视的新高考改革实践的五个新挑战。“如何在增强选择性的同时提高学生的科学素养，避免弃难就易，造成物理等科学素养的下降；如何科学有效地进行综合素质评价和使用评价结果，避免综合素质评价的结果不用或误用；如何进一步提高高考计分与分数合成的科学性；高校如何提升招生能力；如何在经费、场地和师资等方面改善，为高考改革提供条件。”韩平团队也在肯定成绩的同时，认为“师生负担并未得到有效缓解……经费、场地等办学条件难以完全落实……高校对高中教育的指导能力并没有完全展现”。（韩平等，2018）。

第二类的研究主要是对高考方案实施层面的问题进行的实证和对策研究。这些研究涉及选考物理人数大量下降的对策（柯政，2018；鞠勤，张斓，2018），涉及选科情况的调查与反思（刘宝剑，2015；杜芳芳，金哲，2016；张天若，2018），涉及综合素质评价的实践调查与反思（凌浩，孙玉丽，2017；李云星等，2018），等级赋分制度的调查与反思（刘希伟,韩娟,翁灵丽,2017;杨燕燕,余文一,2017;章建石,2018),大学自主招生的实践与反思(游畅等,2018;刘世清,崔海丽,2018),走班制度的调查与反思(王润,周先进,2016;纪德奎,朱聪,2016)。

第三类的研究相对较少,批判性相对更强。这类研究最大的特点是对改革方案本身指出了一些方向性的问题。21 世纪教育研究院副院长熊丙奇认为:"改革缺乏最重要的博弈,即学校、受教育者和政府权力的博弈,更进一步说,目前这些博弈都是由行政主导进行的,但真正应该推进的政府放权——把自主权给学校,把选择权给学生,却鲜见。"(熊丙奇,2014)。复旦大学高等教育研究所陆一博士在财新网发文,认为:"此次高考改革有一项措施存在方向性失误:在赋予学生选择权的名义下,科目选考和多次考试。改革后,学生可以选考不同科目的组合,达数十种之多,严重损伤了高考作为统一准绳的本质。统一准绳既保证了公平性,也是选拔有效性的前提。"(陆一,2018)。

上述的分析表明,目前对于新高考制度带来的影响进行的实证调查,主要聚焦在新高考改革实施方案本身。本研究是站在县域高中利益相关群体的立场,来为这个群体发声。一方面为相关决策机构提供参考;另一方面,为县域高中的相关利益群体提供参考,以采取更有效的应对措施。我们主要聚焦两个问题:新高考方案的关键变化对县域高中产生了什么样的影响?县域高中如何应对新高考方案带来的变化?

二、研究思路与方法

本研究从研究新高考方案与老高考方案的变化入手,并结合现有文献研究成果,提炼新高考方案的关键变化。在新高考方案对县域高中相关利益群体的影响上,我们主要采用文献研究、文本收集和目的性抽样访谈的方法,并以扎根理论为指导进行资料的收集和分析。

我们选取了县域内 4 所普高的学校管理者、教师代表进行资料收集。

文本分析。文本分析的主要对象是新高考方案的相关政策文件,各学校应对的各类方案,包括最初的原始方案和后期的修正性政策文本,学校的选科方案、走班方案、课程方案、教学管理方案等。

访谈法。进行目的性抽样的访谈方法,学校管理者包括 4 位校长,以及每所学校高一、高二、高三的分管领导各 1 位。教师群体范围上,每所学校抽样各个学科的教师代表至少 1 名,并且是经历过老高考的。

三、县域高中在新高考背景下面临的挑战

(一)选科变化所带来的挑战

选考和赋分制度带来的影响是直接而强烈的,学生的选科结构发生了巨大的变化。

从传统文理分科的格局看高考改革后选科,我们发现两个突出现象:(1)2017 届选考物理、化学、生物的学生仍然占据很大比重,相对于老高考文理分科的格局还有很强的延续性;(2)2018 届、2019 届选考物理、化学、生物的人数出现了大幅下降,其中物理学科下降到老高考人数的近八分之一。政治、历史、地理人数整体呈现上升趋势,其中政治和地

理人数上升到老高考人数的近2倍。新高考后列入高考选考科目的技术科目逐渐稳定在900人左右。(见表1)

表1 近几届长兴县域高中选考学科情况汇总 单位:人

学科 年级	物理	化学	生物	政治	历史	地理	技术
老高考	1680	1680	1680	1315	1315	1315	0
2017届	1163	1472	1560	1493	1392	1589	463
2018届	769	1226	1032	1677	1225	1682	903
2019届	214	704	918	2129	1584	2114	925

这一选科结构的变化,对学校教学提出了新的挑战。一是如何合理选科的问题。二是师资配备上的挑战,每年都会出现师资的“潮汐现象”。三是在教学管理方面,对学校排课、教室安排、教师评价等方面皆提出了新的挑战。

(二)优秀生培养的困境

以2018年为例,浙江省高考参加人数30.6万,其中通过“三位一体”招生录取的达1万余人(数据来自浙江省教育考试院网站),占比3.3%。从大的格局来讲,“三位一体”招生似乎并没有产生实质性的影响。

表2 2016—2018年高水平大学“三位一体”招人人数统计 单位:人

学校		清华	北大	上交大	复旦	中科大	国科大	浙大	港中文	南科大	合计
三位一体招生人数	2016年	105	50	300	200	100	37	400	85	—	1277
	2017年	105	65	300	200	100	38	655	95	—	1548
	2018年	105	85	305	210	100	39	700	120	50	1714
2018年招生总数		163	211	322	235	115	41	3020	140	50	4297
2018年三位一体比例		64.0%	40.1%	94.7%	89.4%	87.0%	95.1%	23.2%	85.7%	100%	39.9%

进一步分析高水平大学的招生数据,见表2,可以发现,2018年,9所高水平大学在浙招生总人数达4297人,其中通过“三位一体”招生1714人,占比39.9%(数据来自浙江省教育考试院网站),若除去浙大,比例高达79.4%。

可以说,“三位一体”招生已经成为进入高水平大学的主要渠道。这种形势下,对县域高中优秀学生进入高水平大学来说,新高考改革产生了什么样的影响?我们以浙江省内高中名校学生被录取进北大、清华的数据为例,来看看高考改革前、后发生了什么样的变化。

从表3中的数据我们可以看到,以Z、H、X为代表的省内一流高中,在新高考后的2017年、2018年,被清、北录取的学生数较之于传统高考明显地增加,其增长率达到近50%。可见,省内一流高中学生进入高水平大学已形成了“马太效应”。

表3　2014—2018年北大清华在浙三所顶尖高中录取情况　　单位：人

学校	2014年	2015年	2016年招生数（约350）	2017年招生数（约350）	2018年招生数（约370）
Z中学	39	41	42	66	62
H中学	43	40	32	51	60
X中学	22	26	25	31	30
三校合计	104	107	99	148	152

注：2016年是老高考的最后一年，2017年是新高考的第一年。

（三）考试节奏变化的影响

高考改革后，选考和外语学科有两次机会，取分数高的一次计入高考成绩。因此，学考、选考时间发生了变化。2014级至2016级，学考、选考安排在每年的10月和4月，一考两用。2017级开始调整至每年的1月和6月，学考、选考分离，且高一下学考科目不能超过3门。考试节奏的变化直接决定了高中学校教学安排和教学进度。

一方面，考试节奏的变化要求学校更加合理地选择参加学考的时机。既要保证必需的修习课时、完成基本课程体系和树立基本学科素养，又要考虑对选考学科的影响，为选考科目学习争取时间，还要考虑学校教学资源和全省整体选择，以保证取得优异的成绩。

另一方面，打破了传统的高考复习节奏。现在，越来越多的学校，尤其县域高中非常重视首考。第一次考试如果取得优异成绩，无疑为二考和语数高考赢得了时间。在这种背景下，如何科学合理地安排新课教学、如何有效地进行一轮复习、如何科学规划选考学科二考是至关重要的。

（四）学考科目的高利害性带来总体学业负担增加

目前很多大学的"三位一体"招生中，对学考科目获得A、B等级有硬性要求，而A、B等级是建立在竞争性的赋分制度下的，这使得学生通过"三位一体"招生途径进入优质大学，必须对所有学考科目同样重视。这与浙江省新高考方案中给予学生"选择权"的总原则是有冲突的。由于学业水平考试对大学录取的直接影响，学生的总体学业负担增加，这与教育部中小学减负的精神是有冲突的。

四、新高考背景下县域高中的应对策略

（一）合理选科的应对策略

选科是给予学生选择权的一个重要体现。给予学生选择权后，学生如何做出一个合理的选择，这实际上是一个非常复杂的问题。

首先，帮助学生更好地认识自我，正确定位。为了让学生更好地了解自己的学科强项，进行了学生的选科测评。主要有两种：一种是某测评公司的选科测评，学生可以借助大数据了解自己的学科知识和方法掌握的情况；另一种是学校提供的成绩跟踪分析表，主

要从纵向的角度提供学生历次期中期末考试的各科成绩及位次。学校开展的生涯规划教育贯穿高中三年，主要侧重认识自我和高中发展规划指导、个性特长发展指导、职业特征和职业理想与专业选择指导等生涯规划指导。

其次，与学生和家长进行最充分的信息沟通。主要是以家长会的形式，向家长解读高考变化，让其了解新高考背景下学生选考科目选择的重要性。指导家长如何帮助学生进行自我分析，客观选择。学校还给每个同学下发了一本浙江教育出版社出版的《7选3选考指南》并提供了“2017年高校在浙江招生专业（类）选考科目范围”的网络链接，让学生和家长共同研究，了解高校各专业对学科的要求，合理选择选考科目。4所高中还借助县级层面推广的“德育导师制”，给每个学生配备导师，帮助选择。

再次，提供学生充分选择的机会。在高一时分别让学生进行三次模拟选科，预期通过多次的模拟，不断完善科目的选择并固定三门优势选考学科。事实上，总有些学生还会摇摆不定，允许学生在学习过程中再做动态调整；同时，考虑到学生心理的不成熟性，可能稍遇挫折就会考虑改动选科，这样不利于学习和成长，故规定必须学习一段时间以后才能进行调整，让其有充分适应的过程。

（二）走班管理的应对策略

学生选科完成之后，必然产生多种选科组合，这就涉及走班管理。长兴县4所高中的走班情况大致出现过三种模式，第一种是“全走”，第二种是“全不走”，第三种是“有限度地走”，现在基本稳定在第三种走班模式。

“全走”指的是7门课完全放开，让学生自由选择。“全不走”是指学校提供“套餐”，如“理化生”“政史地”“理化地”“生化政”等，学生只能在其中进行选择。目前学校普遍采用的是“有限度地走”，先让学生进行自由选择，在选择的基础上进行组合。在组班过程中，尽量减少走班的科目，必须要走班的才安排学生走班。例如，120人左右选择理化生，就组成3个理化生班，38个人选化政地就组成一个化政地班。这种组班称为“3＋3”，语数外和3门选考科目固定组班，不需要走班上课。又如，某班有37人，其中所有学生选择政治、地理科目，另外有10人选技术，17人选物理，10人选生物。这个班就编成政地班，政治、地理在固定班级上课，技术、物理、生物走班上课。这种组班称为“3＋2＋X”，有两门选考科目固定班级上课，其他一门科目安排走班上课。以此类推，还会出现少数“3＋1＋X＋Y”的组班形式。

（三）优秀生的培养策略

当前9所高水平大学的“三位一体”综合评价校测更侧重数学和物理，难度基于高考与学科竞赛之间。因此，学校的优秀生培养思路从“竞赛进名校”向“竞赛促三一”转变。“竞赛促三一”的培养思路，利用高一整个学年进行数理初赛的辅导，对于个别非常优秀的竞赛同学，由竞赛教练单独培养，进行个性化的辅导。高二年级之后，根据特长分科培训，进行复赛教学，在省复赛结束后，再交叉学习另一学科内容，进行“三一”难度辅导。这种模式下，顶尖学生的数理能力能得到了充分锻炼，在高水平大学“三位一体”综合评价招生中体现了一定的优势。

从表4中可以看到,2017届按途径1培养优秀生,五校录取合计8人;2018届按途径2培养,五校录取合计15人,实践说明我们的优秀生培养思路是有效的。

表4 2017届、2018届通过三一、自招录取五校人数 单位:人

学校名称	2017届	2018届
北京大学	2	3
清华大学	3	1
上海交通大学	1	5
复旦大学	0	3
中国科学技术大学	2	3
合　计	8	15

(四)教学管理的优化策略

师资调配的完善。选科走班后,对教学资源的配置提出了新的挑战。其中最突出的是由于不同年级选课的变化带来师资上的"潮汐"现象。从长兴县4所高中的变化看,物理、政治、历史、地理等学科的选考人数发生的变化最大,物理、化学等学科老师的需求量大大减少,政治、历史和地理学科教师面临短缺。因此,一方面需要增加选考人数较多的科目的教师;另一方面则需要相应减少选考人数较少的科目的教师。在增加教师方面,一种方式是加大教师招聘力度,一种方式是借助"县管校聘"改革进行师资调剂(见表5)。

表5 近三年教师引进(政史地)和调出(理化)情况汇总 单位:人

年份	教师引进			县管校聘(外出)	
	政治	历史	地理	物理	化学
2017年	4	4	4	8	7
2018年	10	4	10	3	4
2019年	3	5	7	2	1

教学资源的优化。考虑到学生走班的需要,对教室进行改造,增加储物柜,为走班上课的学生制作桌牌,以帮助师生间更好地沟通。此外,为满足新形势下学生个性化需求,促进学科的专业化发展,学校投资建设了各种功能教室。如:新建、改建了美术、舞蹈、音乐专用教室;建设录播教室,建设物理、化学、生物、地理和历史创新实验室;建设"大学先修课"专用教室(沉浸式教室);建设"考古文博与3D打印"专用教室和通用技术专用教室。

考试节奏的调整。2017年,浙江省人民政府出台《关于进一步深化高考综合改革试点的若干意见》,关于学考有四点明显变化:"学考与选考分离","一次考试机会","高一第二学期学考科目不多于3门","学考合格方能参加选考"。基于保证课程知识体系和学科基本素养、利于提高学生学考成绩和减轻对选考教学影响,同时综合考虑学校教学资源

和课程进度安排，参照学校的规划和全省整体选择，确定了我校学考和选考参考时间（见表 6）。

表 6　长兴县各高中学校学考、选考时间安排

类别	高一下 6 月	高二上 1 月	高二下 6 月	高三上 1 月	高三下 6 月
学考科目	物理（全） 化史地（非选）	生物、政治（全）	语、数、化 史 地（选）、技术（全）	英语（全）	
选考科目				英语、选考 3 门	语、数、英、选考 3 门

评价反馈的完善。实行行政班“总分对比”（语数外用 3 门实际分，3 门选考科目采取等第赋分，让学生及早适应新高考的评分体系，也实现了 20 个班级不分班型进行比较评价）；同类型班级注重“同类对比”，帮助分析近期教学经验与不足；引入教学班“增量评价”，从起点看终点。

（五）建议将学考成绩达标的方式纳入“三位一体”招生框架

我们建议把学考成绩纳入标准参照考试的系统中，只要达到一定的标准要求，就可以获得“三位一体”招生的资格。也就是说，学考成绩只有是否达到标准的合格和不合格的定性，摆脱选拔性考试带来的对所有学科的全面高利害竞争。这样一来，“三位一体”招生仍然包括三部分的成绩，其中统一高考成绩和高校组织的综合素质评价可以量化和排名，这与 2014 年新高考改革方案中“三位一体”招生的总体框架仍然相容，同时更加体现给予学生选择权的指导思想和减负的精神。

参考文献

[1] 国务院．国务院关于深化考试招生制度改革的实施意见[N]．人民日报，2014-09-05.

[2] 浙江省人民政府．浙江省深化高校考试招生制度综合改革试点方案[N]．浙江日报，2014-09-19.

[3] 袁振国．在改革中探索和完善具有中国特色的高考制度[J]．华东师范大学学报（教育科学版），2018(3)：1-12.

[4] 柯政．高考改革需要更加重视科学学科[J]．华东师范大学学报（教育科学版），2018(3)：13-24.

[5] 鞠勤，张斓．高考模式下科学素养培养的困境与思考——基于江苏高考改革实践的思考[J]．华东师范大学学报（教育科学版），2018(3)：25-32.

[6] 张天若．从江苏省 Y 市高考选科情况看江苏高考方案——兼论浙江、上海的高考综合改革试点方案[J]．华东师范大学学报（教育科学版），2018(3)：33-40.

[7] 李云星，姜洪友，卢程佳，等．高校“三位一体”综合评价录取质量与公平的个案研究[J]．华东师范大学学报（教育科学版），2018(3)：41-56.

[8] 章建石．关于选考科目等级赋分的改进：历史经验、现实限制与可能方向[J]．华东师范大学学报（教育科学版），2018(3)：79-86.

[9] 游畅,王阳,朱晓超,等.科学选拔创新人才的理念、方法与成效——2006—2017复旦大学改革探索综述[J].华东师范大学学报(教育科学版),2018(3):115-124.
[10] 刘世清,崔海丽.高校招生自主权:历史嬗变与困境突围[J].华东师范大学学报(教育科学版),2018(3):125-134.
[11] 韩平,方红峰,任学宝,等.浙江高考综合改革试点的创新实践与探索[J].华东师范大学学报(教育科学版),2018(3):158-165.
[12] 刘宝剑.关于高中生选择高考科目的调查与思考——以浙江省2014级学生为例[J].教育研究,2015(10):142-148.
[13] 杜芳芳,金哲.新高考改革背景下高中生科目选择意向现状及对策——基于浙江省五所高中的调查分析[J].教育理论与实践,2016(8):15-18.
[14] 凌浩,孙玉丽.新高考后普通高中综合素质评价师生认可度分析——以宁波市为例[J].上海教育科研,2017(6):14-17.
[15] 刘希伟,韩娟,翁灵丽.新高考等级赋分制:学生认可度的实证研究——基于浙江省的实证研究[J].教育发展研究,2017(22):31-35.
[16] 王润,周先进.新高考改革背景下高中走班制机制构建[J].当代教育科学,2016(6):49-53.
[17] 纪德奎,朱聪.高考改革背景下"走班制"诉求与问题反思[J].课程教材教法,2016(10):52-57.
[18] 杨燕燕,余文一.改"静"为"动":新高考赋分办法修正对策——基于浙江省物理选考现状的思考[J].教育发展研究,2017(22):36-41.
[19] 熊丙奇.新高考改革方案价值几何?[J].河南教育(高教),2014(10):26-27.
[20] 陆一.高考改革不应使选择高度复杂化![J].教师博览,2018(6):6-10.

课题组单位:长兴县教育局

课题组负责人:豆雨松

课题组成员:徐晓伟,许立新,葛琪

课题名称及编号:新高考制度对县域高中的影响及对策研究——基于浙江省长兴县的实证分析(编号:2020B02)

"农二代"大学生返乡创业意愿的影响因素研究

——一项基于浙江省高校的调查

[按语]乡村振兴战略是新时代党中央做出的重大决策部署。实现乡村振兴，人才振兴是基础。课题组围绕"农二代"大学生这一高知青年群体返乡创业议题，特定在中国美丽乡村建设发源地、全国唯一部省共建乡村振兴示范省——浙江省展开实地调查，发现目前"农二代"大学生返乡创业意愿不够强烈，主要原因为乡村地区获取创业资源难度大、家乡基础设施偏落后等。针对此，建议政府、高校、乡村和媒体等相关主体可从改善乡村创业物质环境、创业文化氛围和提升大学生创业自我效能感等方面着手，制定切实可行的提升"农二代"大学生返乡创业意愿的对策。

一、导　论

(一)调研背景及意义

实施乡村振兴，是党的十九大做出的重大战略部署和新时代我国做好"三农"工作的总抓手。习近平总书记指出，乡村振兴，首在人才。近年来，从中央到地方政府陆续出台政策培养乡村振兴人才。突破人才制约瓶颈，鼓励和激发青年群体下乡返乡，提高农村创新创业人才的数量和质量，对于乡村振兴战略顺利实施具有至关重要的意义。而就现实来看，助推乡村振兴人才仍然供给不足，农村创新创业人才，尤其是优秀经营管理人才、农村致富带头人和优秀科技人才严重缺乏。最新统计显示，农民工和退伍军人是主流返乡青年群体，初中及以下学历居多，占60%，这一群体创业中暴露出产业集中度和层次低、创新驱动力不足等问题。乡村振兴需要大量拥有专业技能且勇于拼搏的创新创业人才，尤其是有知识、有文化的大学生，是建设美丽乡村强有力的后备力量。

在此背景下，本项目针对影响"农二代"大学生返乡创业意愿的主要因素展开实地调查，特定在浙江省展开实地调查，并根据调查结果提出相应的对策建议，以激发大学生这一高知青年群体返乡创业意愿，激励"农二代"大学生反哺乡村振兴，实现乡村创新创业人才供需的有效衔接，带动乡村产业、文化、生态和组织的全面振兴，具有非常实际的应用价值。

(二)调研目的

本次调查围绕"农二代"大学生返乡创业意愿这一主题，在浙江省高校范围内展开实地调查,主要调查研究“农二代”大学生这一群体的个人特征、家庭状况、家乡创业环境等因素对该群体返乡创业意愿的影响机理和具体影响程度,并采用描述性统计、卡方(列联表)分析、因子分析和分层回归分析等统计方法,对实地采集的样本数据进行了系统分析。最后,根据实证调查结果,项目组就如何提高“农二代”大学生这一高素质群体的返乡创业意愿提出相应的建议与对策。

二、概念界定

(一)“农二代”大学生

“农二代”大学生是指那些出生在农村,步入大学前长期生活在农村地区,高考被高校录取到城市求学的大学生群体。

(二)创业环境

创业环境是指对组织产生影响的各种因素互相作用的有机整体。因此将大学生创业环境定义为大学生在实施创业活动过程中所必须面对并对行为产生影响的各种因素的有机整体。

(三)创业自我效能感

创业自我效能感是指个体利用外部环境和资源,对运用自身知识和能力进行创业活动并成功创建一家新企业的信念和信心。

(四)返乡创业

返乡创业是指返回家乡从事创业活动。家乡是大学生家庭所在地,即其祖辈父辈世代居住的地方。“农二代”大学生家庭所在地经济一般较为落后,产业结构单一的“县”“镇”或“村”一级行政区域。

(五)创业意愿

一般来说,个体意愿与实施某种特定行为成正相关比。从心理学角度看,个体对创业行为的态度、期望,是从事创业活动的内在原因,是个体进行创业的直接意向和行动。

三、调查研究设计

(一)概念模型

项目组通过对文献梳理发现,学者们一致认为个体的个人特质、家庭、外部环境等因素直接影响其创业意愿(段利民,2012),同时根据认知理论,创业自我效能感在外部环境和个体创业意愿之间起到了中介作用。

本研究提出“创业环境—创业自我效能感—返乡创业意愿”的概念模型,一方面希冀探究大学生个体特征、家庭背景、创业环境对其返乡创业意愿的影响力;另一方面能够揭示创业环境影响大学生返乡创业意愿的内在机理，即探讨创业自我效能感的中介作用是否存在(见图 1)。

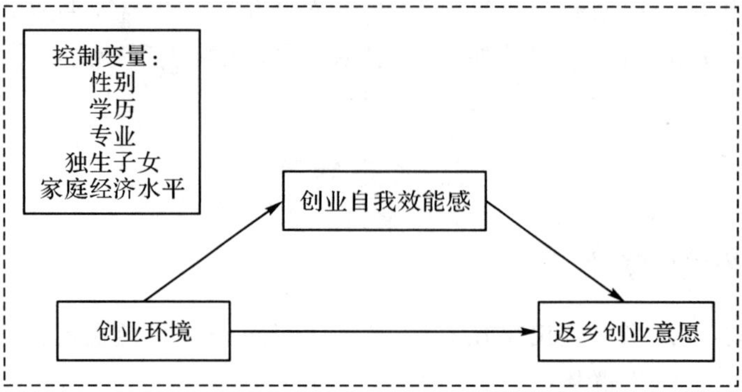

图 1 “农二代”大学生返乡创业意愿的概念模型

(二)变量测量与问卷设计

本项目的问卷设计主要参照国内外学者编制的成熟量表，并在预调查基础上，结合校内创业研究团队、大学生创客组成专家研讨会的意见后，最终形成本项目的调查问卷。

本文以“农二代”大学生返乡创业意愿作为因变量，将其个人特征、家庭因素、家乡创业环境、创业自我效能感 4 个自变量作为一级指标。

个人特征主要包括性别、学历、专业、是否为独生子女 4 个二级指标；

家庭因素主要利用家庭年收入这个二级指标来衡量；

家乡创业环境的测量确定了“家乡产业基础”“政府提供的优惠政策”“金融机构的资金支持”“家乡是否有重视商业的传统”等 11 个二级指标；

创业自我效能感的测量主要借鉴 Lucas 和汤明的研究，包括“我自身创造力强”“我喜欢冒险”“我善于分析外部环境发现机会和潜在问题”等，一共 11 个二级指标；

返乡创业意愿用“毕业后，您是否愿意回到家乡进行创业活动”这个二级指标进行测量。

在测量时，问卷采用五级制李克特量表，从 1 到 5 依次代表“完全不符合”“不符合”“不确定”“符合”和“非常符合”，受访者根据本身对每个问题的认知尺度选择相应的分值，认知尺度越高则分值越高。

(三)样本选择与数据来源

为保证样本可得性，调查问卷的发放范围主要集中在杭州、宁波和金华等省内高校集聚区。2019 年 6—9 月期间，项目组成员利用高校内现场发放形式搜集数据。此次调研一共发出 750 份问卷，回收了 598 份问卷，实际回收率为 79.7%，剔除数据不完整的问卷 60 份，有效问卷为 538 份，有效回收率达 71.7%。

四、调查结果的实证分析

项目组利用 SPSS 20.0 软件进行统计，主要运用描述性统计、因子分析和逐步回归分析等方法，对实地采集的样本数据进行系统分析。

(一)描述性统计

由表1可知,受访者中男生占比41.64%,女生占比58.36%;从独生子女分布上看,非独生子女占比70.45%,独生子女占比29.55%;从受教育程度分布来看,专科人数406人,达75.46%,本科人数占比20.26%,硕士及以上学历占比4.28%;在专业方面,文史类占比5.20%,理工类占比14.13%,经管类专业占比65.99%,其他专业占比14.68%;家庭年收入指标基本符合正态分布。

表1 样本基本信息统计表

指标	分类	频数	百分比(%)
性别	男	224	41.64
	女	314	58.36
独生子女	是	159	29.55
	否	379	70.45
学历	专科	406	75.46
	本科	109	20.26
	硕士及以上	23	4.28
专业	文史类	28	5.20
	理工类	76	14.13
	经管类	355	65.99
	其他	79	14.68
家庭年收入	5万元以下(不包含5万元)	128	23.79
	5万—10万元(不包含10万元)	158	29.37
	10万—15万元(不包含15万元)	115	21.38
	15万—20万元(不包含20万元)	52	9.67
	20万元及以上	85	15.80

(二)信度和效度检验

1.信度检验

为确保模型检验结果的可靠性,有必要对样本数据进行信度和效度分析。由表2可知,问卷总体Cronbach's α系数为0.929>0.8,说明研究数据信度质量很高。

表 2　问卷总体的信度分析结果

Cronbach 信度分析			
名称	校正项总计相关性(CITC)	项已删除的 α 系数	Cronbach's α 系数
gen	−0.169	0.933	0.929
only-child	−0.065	0.932	
edu	−0.151	0.933	
major	0.032	0.932	
income	0.278	0.933	
EN1	0.636	0.926	
EN2	0.632	0.926	
EN3	0.595	0.926	
EN4	0.607	0.926	
EN5	0.668	0.925	
EN6	0.587	0.926	
EN7	0.638	0.926	
EN8	0.564	0.927	
EN9	0.568	0.927	
EN10	0.692	0.925	
EN11	0.699	0.925	
EF1	0.665	0.925	
EF2	0.699	0.925	
EF3	0.658	0.926	
EF4	0.711	0.925	
EF5	0.746	0.924	
EF6	0.678	0.925	
EF7	0.461	0.928	
EF8	0.639	0.926	
EF9	0.699	0.925	
EF10	0.716	0.925	
EF11	0.686	0.925	
Int	0.501	0.927	

2.效度检验

效度分析通过 KMO 值和 Bartlett 的球形度检来分析，通常认为 KMO>0.6 即可接受使用因子分析。从表 3 可知，创业自我效能感的 KMO 为 0.943，Bartlett 的球形检验值为 4473.256，p 值<0.001，达到极显著水平。因此判定创业自我效能感的量表数据适合做因子分析。

表 3 KMO 和 Bartlett 的检验结果

KMO 值		0.943
Bartlett 的球形度检验	近似卡方	4473.256
	自由度 df	55
	Sig 值	0.000

在此基础上，本研究采用主成分分析法，对创业自我效能感(EF)进行因子分析，以特征值大于 1 为标准，提取出一个主因子，结果如表 4 所示，每个因子的因子载荷系数均大于 0.5，累计方差解释率为 67.633%。因此，创业自我效能感量表的效度良好。

表 4 旋转前的因子载荷矩阵表

	因子载荷系数	共同度
	因子 1	
EF1	0.788	0.622
EF2	0.824	0.679
EF3	0.768	0.589
EF4	0.848	0.719
EF5	0.871	0.759
EF6	0.819	0.671
EF7	0.587	0.437
EF8	0.757	0.573
EF9	0.841	0.708
EF10	0.855	0.732
EF11	0.827	0.684
累计方差解释率	67.633%	

从表 5 可知，家乡创业环境的 KMO 为 0.896，Bartlett 的球形检验值为 3361.512，p 值<0.001，达到极显的水平。因此创业环境数据适合做因子分析。

表 5 KMO 和 Bartlett 的检验结果

KMO 值		0.896
Bartlett 的球形度检验	近似卡方	3361.512
	自由度 df	55
	Sig 值	0.000

在此基础上，采用主成分分析法对创业环境进行因子分析，如表6所示，一共提取2个因子，每个题项的因子载荷均大于0.6，累计方差解释率为63.435%，创业环境量表的效度良好。其中，因子1主要涵盖解释家乡产业基础、政府政策、基础设施情况、资金支持等4个题项；因子2主要解释创业者受社会认可和尊重、政府和媒体对创业事迹的表彰与宣传、高校创业教育和创业氛围等7个题项。

表6 旋转后的因子载荷矩阵表

	因子载荷系数		共同度
	因子1	因子2	
EN1	0.247	0.830	0.750
EN2	0.275	0.836	0.774
EN3	0.273	0.796	0.709
EN4	0.304	0.786	0.711
EN5	0.725	0.213	0.572
EN6	0.627	0.324	0.498
EN7	0.771	0.183	0.628
EN8	0.737	0.204	0.585
EN9	0.725	0.219	0.573
EN10	0.644	0.406	0.580
EN11	0.673	0.380	0.598
累计方差解释率	34.143%	63.435%	

其实，创业环境量表提取出2个因子更符合创业现实情况，创业环境不仅包括了政府政策、基础设施、资金等有形的物质环境条件，还应包括无形的创业文化氛围。因此，将因子1和因子2分别命名为创业物质环境(EM)和创业文化氛围(EA)，具体分析两者对大学生返乡创业意愿的不同影响。

(三)回归分析

1.个人特征、家庭因素对返乡创业意愿的影响

首先，检验“农二代”大学生个人特征和家庭因素对其返乡创业意愿的影响，得到模型1。回归结果如表7。

表 7　个人特征、家庭背景对返乡创业意愿的线性回归分析

模型 1　因变量:返乡创业意愿									
自变量	非标准化系数		标准化系数	t	p	VIF	R^2	调整 R^2	F
	B	标准差	Beta						
常数	3.564	0.253	—	14.066	0.000***	—	0.064	0.055	7.274 (0.000**)
gen	−0.172	0.075	−0.100	−2.307	0.021*	1.069			
only-child	−0.023	0.081	−0.012	−0.286	0.775	1.063			
edu	−0.243	0.062	−0.167	−3.934	0.000**	1.023			
major	0.046	0.052	0.038	0.881	0.379	1.031			
income	0.083	0.027	0.133	3.116	0.002**	1.041			

注:D-W 值:2.012。* $p<0.05$,** $p<0.01$,*** $p<0.001$。

表 7 中,将性别、独生子女、学历水平、专业类别、家庭年收入作为自变量,返乡创业意愿 Int 作为因变量进行线性回归分析,结果显示,D-W 值在 2 附近,说明模型不存在自相关性,模型较好。

其中,性别回归系数为−0.172(t=−2.307,p=0.021<0.05),意味着性别不同对 Int 产生显著的负向影响。独生子女变量的回归系数为−0.023(t=−0.286,p=0.775>0.05),意味着是否是独生子女并不对因变量 Int 的影响关系不显著。学历变量的回归系数为−0.243(t=−3.934,p=0.000<0.01),说明学历对 Int 产生显著的负向影响。专业变量的回归系数为 0.046(t=0.881,p=0.379>0.05),表明专业不对 Int 产生显著影响。家庭收入变量的回归系数为 0.083(t=3.116,p=0.002<0.01),意味着家庭收入对 Int 产生显著的正向影响。

2. 创业环境和创业自我效能感对返乡创业意愿的直接影响

在表 8 中,在模型 1 的基础上,进一步引入 EM 变量、EA 变量和创业自我效能感(EF)变量,检验创业环境 EN 和创业自我效能感 EF 对因变量 Int 的影响。结果显示,R^2 值从 0.064 到 0.291,变化显著,模型解释力大大增强。

其中,EM 的回归系数为 0.223(t=5.353,p=0.000<0.001),意味着 EM 会对 Int 产生显著的正向影响。EA 的回归系数为 0.168(t=3.345,p=0.001<0.01),意味着 EA 会对 Int 产生显著的正向影响。EF 的回归系数为 0.109(t=2.564,p=0.011<0.05),意味着 EF 会对 Int 产生显著的正向影响。

表 8　创业环境和创业自我效能感对返乡创业意愿的线性回归分析

模型 2　因变量：返乡创业意愿									
自变量	非标准化系数		标准化系数	t	p	VIF	R^2	调整 R^2	F
	B	标准差	Beta						
常数	3.541	0.222	—	15.95	0.000***	—	0.291	0.280	27.099 (0.000**)
gen	−0.093	0.066	−0.054	−1.400	0.162	1.109			
only-child	−0.003	0.071	−0.002	−0.048	0.962	1.070			
edu	−0.136	0.055	−0.093	−2.476	0.014*	1.060			
major	0.029	0.046	0.024	0.636	0.525	1.046			
income	−0.003	0.024	−0.004	−0.111	0.912	1.128			
EM	0.223	0.042	0.262	5.353	0.000***	1.782			
EA	0.168	0.050	0.197	3.345	0.001**	2.590			
EF	0.109	0.043	0.128	2.564	0.011*	1.861			

注：D-W 值：2.066。* p<0.05，** p<0.01，*** p<0.001。

3. 创业自我效能感的中介效应检验

关于创业自我效能感(EF)的中介效应是否存在，本研究主要借鉴温忠麟提出的中介效应检验方法，如果变量 X 对变量 Y 产生影响，并且变量 M 也对变量 Y 产生影响，同时变量 X 对变量 M 产生影响，则说明变量 M 可能会在变量 X 对变量 Y 的影响中起中介作用。

首先，表 9 中结果显示了创业自我效能感(EF)在创业文化氛围(EA)和返乡创业意愿(Int)之间的中介效应。第一步回归结果显示了创业文化氛围(EA)对返乡创业意愿(Int)的回归系数是显著的(c1=0.234，p=0.000<0.001)，即可以进行中介效应的第二步检验；在第二步检验结果中，回归系数 a 和 b 都是显著的(a1=0.611，P=0.000<0.001；b1=0.109，P=0.011<0.05)，同时由于回归系数 c1’是显著的(c1’=0.168，P=0.001<0.05)，说明创业自我效能感(EF)在“创业文化氛围(EA)——返乡创业意愿(Int)”的正向关系中发挥部分中介效应。

其次，表 9 中结果显示了创业自我效能感(EN)在创业物质环境(EM)和返乡创业意愿(Int)之间的中介效应。第一步回归结果显示了创业物质环境(EM)对返乡创业意愿(Int)的回归系数是显著的(c2=0.230，p=0.000<0.001)，说明可以进行中介效应的第二步检验；在第二步检验结果中，回归系数 a 和 b 中有一个显著(a2=0.066，p=0.118>0.1；b2=0.109，p=0.011<0.05)，随后进行 Sobel 检验依然不显著，说明创业自我效能感(EF)在“创业物质环境(EM)—返乡创业意愿(Int)”之间的关系中不存在中介效应。

表 9　创业自我效能感在创业环境和返乡创业意愿之间的中介效应检验

自变量	第一步:因变量(Int)		第二步:因变量(EF)		第三步:因变量(Int)	
	B	S.E	B	S.E	B	S.E
常数	3.583***	0.223	0.391***	0.226	3.541***	0.222
gen	−0.114	0.066	−0.191	0.067	−0.093	0.066
only-child	0.066	0.071	0.089	0.072	−0.003	0.071
edu	−0.132*	0.055	0.035	0.056	−0.136*	0.055
major	0.016	0.046	−0.116*	0.046	0.029	0.046
income	−0.001	0.024	0.019	0.025	−0.003	0.024
EA	0.234***	0.043	0.611***	0.044	0.168**	0.05
EM	0.230***	0.042	0.066	0.042	0.223***	0.042
EF					0.109*	0.043
R^2	0.282		0.463		0.291	
D-W 值	2.085		2.028		2.066	

注：* $p<0.05$，** $p<0.01$，*** $p<0.001$。

五、结论与对策建议

(一)主要结论

1. 目前“农二代”大学生的返乡创业意愿不够强烈，有待提高

调查显示，表示“非常愿意”返乡创业的“农二代”大学生只有 8%，表示“愿意”返乡创业的“农二代”大学生只有 28%，而表示“不确定”或者明确表示“不愿意”和“非常不愿意”返乡创业的比例高达 64%。

2. 个体特征显著影响“农二代”大学生的返乡创业意愿

在个人特征方面，性别和学历的不同会对其返乡创业意愿产生显著影响。其中，相比于男生，女大学生的返乡创业意愿更加强烈。“农二代”大学生的学历对其返乡创业意愿产生负向影响。而是否是独生子女、所学专业不会对返乡创业意愿产生显著的影响。

3. 创业环境包括有形的创业物质环境和无形的创业文化氛围两个维度，两者通过不同影响机制对“农二代”大学生返乡创业意愿发挥作用

“农二代”大学生选择返乡创业受到诸多环境因素的影响，创业环境不仅仅指创业所必需的基础设施、资金支持、政府优惠政策等有形的物质环境条件，还包括政府、家乡、高校等主体营造的无形的创业文化氛围。其中，家乡的创业物质环境越好，“农二代”大学生返乡创业意愿越强烈；身边的创业文化氛围越浓厚，“农二代”大学生返乡创业意愿也越高。

4. 创业自我效能感不仅对“农二代”大学生返乡创业意愿产生直接的正向影响，而且在“创业文化氛围—返乡创业意愿”关系中发挥部分中介效应

创业自我效能感与返乡创业意愿呈正相关，说明“农二代”大学生对自我创业能够成功的自信心越强，就越有意愿回乡创业。同时，创业自我效能感在“创业文化氛围—返乡创业意愿”的正向关系中发挥部分中介效应，说明创业文化氛围会通过影响创业自我效能感，进而影响“农二代”大学生的返乡创业意愿。

(二)对策与建议

1. 政府层面：优化大学生返乡创业制度环境，提供政策和资金等支持

各级政府应该致力于为“农二代”大学生返乡创业提供更多政策和资金支持。加大大学生返乡创业的税费减免力度，切实解决大学生返乡创业融资难问题。譬如，政府可以向高校投放乡村创业专项资金，对接在校大学生农业类创业项目提供资金补贴；要求银行、农信社等金融机构降低贷款门槛，如为“农二代”大学生返乡创业提供低息甚至免息贷款；对于创业失败的大学生提供适额的创业补贴，帮助他们渡过创业瓶颈期。

2. 高校层面：加强创业教育，营造浓厚的创业氛围

高校应加强大学生创业教育，为大学生提供优质的创业教育，提供多元化创业教育体系，以浓厚的创业氛围鼓励大学生提升创业自信心。高校应当加强返乡创业宣传教育，提升大学生返乡创业成功的信心。多为学生树立创业榜样，例如，在校报、网站、广播等校内媒体上进行广泛宣传，介绍成功的创业案例和创业人士，或者定期邀请专家、学者、成功创业者举办创业讲座等。

3. 农村社会层面：改善当地创业物质环境，与高校联合共同开发大学生返乡创业服务平台

目前农村地区基础设施落后、产业基础薄弱、创业环境较差，是制约大学生返乡创业的重要壁垒。因此，乡镇机关和当地农村社会首先应改善自身环境，优化农村产业结构，改善农村基础设施建设，优化创业环境，为“农二代”大学生返乡创业提供良好的创业物质环境。其次，农村当地社会应主动伸出橄榄枝，寻求高校等主体的合作支持，与高校联合在当地建设大学生返乡创业服务平台，为“农二代”大学生返乡创业提供切实的帮助。

4. 媒体舆论层面：树立大学生返乡创业榜样，加强宣传和引导

社会媒体的广泛宣传和引导，是促进“农二代”大学生返乡创业的十分直接有效的途径。积极宣传毕业生返乡创业中涌现的创业创新典型人物和事迹，树立正确的舆论导向，努力在全社会营造鼓励大学毕业生返乡创业的舆论氛围，发挥榜样的辐射带动作用。

参考文献

[1] BTUTON G D，AHLSTROM D，SI S. Entrepreneurship，poverty，and Asia：Moving beyond subsistence entrepreneurship[J]. Asia Pacific Journal of Management，2015，32(1)：1-22.

[2] AKINBAMI C A O，MOMODU A S. Health and Environmental Implications of Rural

Female. Entrepreneurship Practices in Osun State Nigeria[J]. AMBIO,2013,42:644-657.

[3] ENGELHARDT GV, GREENHALGH-STANLEYN. Home health care and the housing and living arrangements of the elderly[J]. Journal of Urban Economics,2010,67(2):226-238.

[4] HUKAMPAL S S,BHOWMICK B. Innovation Network for Entrepreneurship Development in Rural Indian Context: Exploratory Factor Analysis[J]. International Journal of Innovation & Technology Management,2016,13(04):73-90.

[5] RICE K,WEBSTER F. Care interrupted: Poverty,in-migration,and primary care in rural resource towns[J]. Social Science & Medicine,2017(10):77-83.

[6] ZUO D,WU Z,LI S. Age and intergenerational exchange among older parents in rural China[J]. International Journal of Social Welfare,2011(20):S30-S46.

[7] 丁高洁,郭红东.社会资本对农民创业绩效的影响研究[J].华南农业大学学报(社会科学版),2013,12(2):50-57.

[8] 郭红东,陈亦悠.社会关系、资源获取与农民创业绩效[J].贵州大学学报(社会科学版),2015,33(3):79-88.

[9] 杨婵,贺小刚,李征宇.家庭结构与农民创业——基于中国千村调查的数据分析[J].中国工业经济,2017 (12):170-188.

[10] 张文伟,赵文红.行业内外联系、创业学习和创业绩效的关系研究[J].科学学与科学技术管理,2017,38(4):162-171.

[11] 郑刚,梅景瑶,郭艳婷,等.创业教育、创业经验和创业企业绩效[J].科学学研究,2018,36(3):1087-1095.

[12] 尹飞霄.创业教育、创业意愿与大学生创业绩效——基于235份问卷调查的实证分析[J].技术经济与管理研究,2019(2):41-46.

课题组单位:义乌工商职业技术学院

课题组负责人:葛佳佳

课题组成员:蒋祝仙,楼芸,王琼,曾宪达,翟文秋

课题名称及编号:乡村振兴视域下“农二代”大学生返乡创业意愿的影响机制研究——基于浙江省高校的调查分析(编号:2020N62)

当前退役军人就业创业的调查分析

——基于温州的调查分析

[**按语**]温州市每年接收3000名左右退役军人,大多数都需要自主就业或创业。退役军人自主就业创业问题,直接关系到退役军人群体稳定,关系到温州社会经济发展。本次调研通过温州市4个区5个县市的退役军人服务中心对退役军人进行抽样调查,共发放2600份问卷,收回有效问卷2278份。在瓯海、永嘉、乐清、平阳、瑞安等举行5场专题座谈会,走访十多家退役军人创办的企业。通过调研和访谈得知,退役军人的就业创业积极性极高,奉献精神较好,但是创业资源缺乏、就业基础技能薄弱、已有培训的质量参差不齐、政府综合性服务欠缺等关键因素影响其实施创业就业行动。要以改革创新精神干在实处走在前列,真正探索出一条退役军人就业创业服务的温州模式。

退役军人自主就业创业问题,直接关系到退役军人群体稳定,关系到温州社会经济发展。本课题希望通过调研掌握当前温州市退役军人就业创业的现状,通过分析发现存在的共性问题,通过研究提出改进的对策建议,为政府部门后续出台相关政策提供依据,为提高全市退役军人就业创业率和就业创业质量提出有效的建议。本次调查共发放问卷2600份,收回有效问卷2278份。其中,创业者占25.94%,就业者占46.67%,待业者占27.39%。调查显示,退役军人的创业意愿强烈、就业压力较大、技能短板、资源限制、公共服务体系不完善等成为影响其就业创业的核心问题。

一、创业就业基本现状分析

(一)创业者群体现状

退役军人创业意愿很高,在2278份调研样本中,创业者有591份,占25.94%。这个创业比例非常高,说明退役军人经过部队的锤炼,培养了吃苦耐劳、果敢、团队合作、百折不挠的创业品质,加之温州人与生俱来的创业基因,退役回来后在温州区域浓厚的创业氛围和现有的创业政策影响下,潜在的创业激情被激发出来。

调查显示,温州形成了退役军人草根创业的"新四军":(1)先就业后创业,退役后先就业,积累了资金、人脉、经验等资源后选择创业的,这部分占48.72%;(2)被动型创业,因为找不到心仪的合适工作岗位,也迫使一部分人选择了创业,这部分占26.06%;(3)直接主动创业,因为有创业技能、机会和资源,同时又获得家人的支持,退役后直接创业,这部分占 24.87%；(4)二代创业，退役后做家族企业的接班人，或者在家族企业的基础上进行二次创业，这部分占 8.97%。

调查显示，还有一大部分退役军人有创业想法，但是因为各种原因没有实施创业行为，潜在的创业者比例也很高。其中就业者群体正在准备创业和有创业想法的达到 56.73%，待业者群体正在准备创业和有创业想法的达到 47.46%。因此，需要对创业者群体进行深入研究：一是服务创业者；二是推动更多的退役军人实现创业梦想。

1.创业动机

创业动机是创业研究的重要内容，选择创业的根本动机是追求经济收益。列第一位的是争取更高的收入与改善生活状况(57.02%)；列第二位的是自我实现，追求个人的理想与价值(51.27%)；列第三位的是争取较大的自由度和灵活的工作时间(20.64%)；列第四位的是家庭和创业偶像的影响(9.98%)。

访谈发现，大部分退役军人创业者表示，创业的动机是为更多的人提供服务，为社会服务，而不仅仅是实现自身经济收益。这反映出经过部队锤炼，退役军人的社会责任感、奉献精神和服务意识更强，社会企业家精神丰满。

2.创业渠道

创业渠道的可获得性直接影响退役军人是否实施创业行为。调查显示，已经创业的退役军人的创业渠道较多元化。其中列第一位的是结合自己的兴趣爱好，占 36.87%；列第二位的是跟着亲戚朋友学创业，占 36.53%，这反映出温州的浓厚创业氛围带动了很多人的创业热情，尤其是温州人抱团的性格使得跟着亲戚朋友创业的特别多；列第三位的是找不到适合的工作被迫创业，占 12.12%；列第四位的是结合部队学习的技能，或者退役后所学的技能进行创业的，占 8.42%。这部分属于技能型创业，如利用部队习得的体魄和运动能力开设健身俱乐部、安保公司，利用在部队获得的烹饪技术开甜品店，退役后利用所学的祖传推拿技术开养生店，等等。但技能型创业者比例相对其他群体偏低。

3.创业资金

创业者的创业资金来源渠道，一般包括父母提供、贷款、自有资金、亲戚借款、他人投资等多种渠道。经调查可知，退役军人的创业资金来源，列第一位的是向亲戚朋友筹措资金，占 42.76%；列第二位的是依靠父母积蓄，占 20.37%；列第三位的是自有资金或退役金，占 19.53%；列第四位和第五位的分别是政府贷款(银行借款)支持(11.62%)以及其他来源(9.43%)。

4.创业政策

创业政策支持对创业行为有积极的影响，能否获取政策资源以及获取政策资源的多少对创业绩效高低都有显著影响，满意度较高的政策对创业意愿和创业绩效都会产生显著影响，对政策的熟悉程度直接影响政策的实施效果。目前退役军人对创业优惠政策“熟悉”的只有 9.48%，“比较熟悉”的是 28.93%，“一般”的是 42.81%，还有 18.68%的人不清楚不了解。如退役军人创业可以免抵押贷款 30 万元，可以很好地解决创业的启动资金缺乏的问题，但是几乎没有几个人知道有这个政策。因此，政策不仅需要完善，还需要宣传推广，政策惠普到个人才实现了真正的意义。

(二)就业者群体现状

退役军人就业的基本情况包括就业渠道，寻找工作花费的时间，就业行业及岗位、就业收入、岗位满意度和工作更换频率等基础信息。

1.就业基本信息

就业渠道：渠道的可获得性直接影响就业的质量。温州退役军人就业渠道呈现多元化。数据显示，目前温州市退役军人的就业渠道列第一位的是亲朋好友介绍(38.01%)，列第二位的是企业应聘(18.53%)，列第三位的是网络及广告招聘(16.56%)，然后是人才招聘会(16.09%)、家庭产业就业(7.24%)、职业介绍所(3.48%)、其他(0.09%)。

寻找工作时长：军人退役到就业有个过渡时间。通过调查，发现有24.98%的退役军人是退役后直接就业的，22.23%的人的过渡时间是3个月以下，3个月至6个月的为19.66%，6个月至9个月的为9.50%，9个月至12个月的为8.48%，还有15.15%的人过渡时间在一年以上。寻找工作时间长，客观原因是个人档案信息的落实需要占用一部分时间，主观原因是退役后适应社会需要一个过程。

求职次数：经调查发现，温州市退役军人就业求职失败的经历并不多，总体上来说成功率较高。54.56%的人是一次性成功就业的，32.93%的人失败经历在2次及以下，8.18%的人失败经历是3—5次，6次以上的为4.33%。通过访谈和交叉分析可知，求职失败率与就业渠道相关，退役军人就业的渠道主要是亲戚朋友介绍，针对性较强，所以成功率相对较高。通过企业应聘渠道的失败率相对要高。

就业障碍：调查显示，退役军人在就业时遇到的障碍主要为办公软件操作能力(32.08%)、沟通协调能力(29.73%)。访谈时，多名退役军人都表示大部分部队学到的技能在社会就业时都用不上，部队的生态和社会生态差距较大，管理模式完全不同。访谈中得知，文书岗位的士兵就业的衔接较好，其他部队所学技能对就业帮助不大。

2.就业岗位、行业及收入

就业岗位：调查数据显示，退役军人就业岗位形式多样，就业多元而且分散，就业面广。就业岗位列第一位的是行政管理工作(24.78%)，列第二位的是服务工作(18.91%)、列第三位的是营销工作(10.44%)，这主要与退役军人缺少专业技能和核心竞争力相关。

从事行业：调查显示，温州退役军人目前就业从事的行业较广，涉及三大产业的各个领域，其中服务业是最多的(17.03%)，其次是生产/加工/制造(12.04%)。总体上分布较广，各个行业都有。

收入水平：退役军人工作收入普遍偏低，就业岗位的职业发展前景一般，薪资提升的空间不大。月收入在0—3000元的占20.98%，3001—4000元的占34.52%，4001—6000元的占29.26%，6001—8000元的占11.29%，8000元以上的占3.95%。通过访谈得知，目前在企业上班的退伍军人很多没有“五险一金”，缺乏社会保障，商业保险更是很少有人缴纳，抵御风险的能力较差。

3.就业满意度及更换工作频率

就业满意度：通过对退役军人工作满意度的调查可知，退役军人对目前工作总体上满意度较高，“非常满意”的占23.42%，“比较满意”的占34.99%，表示“一般”的占36.22%，

"不满意"的占3.86%,"非常不满意"的占1.51%。退伍军人衡量工作满意度的指标主要是工作环境良好(38.1%)、发展前景较好(37.58%)、岗位符合自我定位(31.23%)、薪资福利良好(26.43%)。

退役军人整体工作岗位不好、收入不高,没有职业发展前景,但为什么满意率却很高,这让人很费解,原因可能是退役军人心态特别好,随遇而安。也可能是问卷统计时,部分退役军人故意把收入降低,或者没有把其他收入统计进去。

工作更换频率:退役军人工作稳定性较高,35.84%的人目前为止没有更换过工作,42.34%的人有2次及以下的工作更换,19.38%的人有3—5次的工作更换,2.45%的人有6次及以上的工作更换。一方面说明退役军人忠诚度高的特质,同时也说明退役军人缺乏核心竞争力,不具备转换工作的能力。

通过座谈会访谈得知,较多的退役军人换第一份工作主要是因为第一次就业比较仓促,对企业、行业、岗位并没有清楚的认知,工作几个月后才发现与预期的不符,如第一次就业是协警、辅警的基本上都会更换工作。

(三)待业者群体现状

本次调查,收回待业者问卷624份,占27.39%。在待业者的调研对象中,76.56%来自农村,14.35%来自乡镇,9.09%来自城市。来自农村的比例高出总样本(70.5%)5个百分点,来自城市的占比低于总样本(12.95%)4个百分点。说明户籍对就业创业存在一定影响,但不是主要原因,这为我们后续解决待业问题提振了信心。

调研对象学历为初中的为17.22%,高中的为44.34%,大专的为33.65%,本科及以上的为4.63%,其他学历的为0.16%。待业者学历结构与所有退役军人总体结构相近,说明学历对退役军人就业创业几乎没有影响,分析其原因可能与退役军人的学历很多是通过自学、函授、网络教育取得有关。

目前待业的原因分布是:一直找不到合适的心仪的工作(32.91%),转换工作,调查时正是空档期(18.99%),还有是因为不满意之前的工作,刚离职占13.61%,另外一部分处于创业的准备期,占13.77%,还有其他原因的占20.72%。

1.求职意愿较高

部分退役军人虽然目前处于待业状态,但是工作积极性较高,对未来有计划和安排。有35.87%的人在继续找工作,有28.41%的人准备创业,19.05%的人准备先就业再创业,只有16.67%的人准备先休整一段时间。

2.求职的四大困难

目前待业者在求职过程中遇到的障碍,主要包括社会关系缺乏(46.03%)、工作经验不足(47.14%)、专业技能欠缺(32.7%)和学历不高(31.52%),这已经成为阻碍退役军人就业的四大障碍。退役军人普遍存在就业技能与岗位匹配度较低的问题。

3.待业者参加培训情况

待业者群体中已经接受教育培训的只有14.92%,正在接受的占19.84%,正准备接受的占17.78%,三者合计为52.54%,与就业者基本持平(51.83%)。但第一项已经接受教育培训的只有14.92%,远低于就业者参加培训的比例(30.83%)。

一方面,说明培训对推动退役军人就业创业能产生积极的作用;另一方面,更说明退役军人参加培训本身就是一种积极向上的态度,参加培训可以促使自己不断更新市场所需的知识和技能,顺利完成身份转换、更好地适应社会,保持较强的就业竞争力。座谈中也发现,处于失业状态的退役军人很大一部分就是由于不正确的心态和就业观念造成的,比如宁可待在家也不愿意去当公交车司机。部分人对未来很迷茫,很困惑。

4.待业者对于参加培训的意愿不强

待业者群体非常渴望有机会参加培训的比例有40.79%,但也有近一半的人表示是看情况和随便看的。这部分群体对培训的重要性缺乏正确认识,容易成为就业困难户,更应该多加关注。

这个数据同时反映出目前的培训对部分待业者的吸引力一般,有关培训机构需要调整培训方案和培训内容。要解决待业者的就业问题,职业规划培训和技能培训是必不可少的,需要加强培训宣传,引起待业者对培训的重视。

二、主要问题分析

(一)创业主要问题

目前退役军人创业的类型主要为先就业后创业(48.72%),其次是找不到合适工作被动创业(26.06%),再次是退役后直接主动创业(24.87%),还有少部分是二代创业者(8.97%)。创业者遇到的主要问题依次是经验缺乏(50.08%)、技术瓶颈(44.50%)、创业环境(39.42%)和政策法规(20.47%)。

1.缺少创业启动资金,融资渠道单一

由于创业经验、融资渠道等问题,前期资金来源比较单一,亲戚朋友借款占42.76%,父母积蓄占20.37%,自有资金或退役金占19.53%,政府贷款(银行借款)占11.62%,以及其他来源占9.43%。创业者一致认为目前的融资环境需要改善,认为融资非常难和比较难的占74.79%,认为融资不难和容易的只占2.37%。融资难主要表现在贷款程序烦琐、金额有限、条件严苛等。

2.缺乏创业经验和专业技术

调查显示,近60%的退役军人创业者没有接受过系统的创业培训,退役军人创业一般都是通过先就业掌握一定技术后选择启动资金较少、风险较小的行业。由于缺乏经验、专业知识和技能,所花费的资金成本和时间成本都很高,增加了诸多风险。调查和访谈结果显示,创业者对技术和经验学习的需求是最高的。

3.创业风险及难度较大,综合支持不够

访谈时退役军人反映,虽然各级政府在创业基地建设、配套服务等方面做了很多实质性工作,但针对退役军人的服务基地和配套设施仍不够。如现有的温州退役军人众创空间面积1000平方米偏小,造血功能不足,难以为退役军人提供更多的孵化指导、创业咨询、创业培训、创业大赛与沙龙等活动。此外,在最希望政府部门对新创业者提供哪些扶持方面,依次是希望创业获得奖励(58.88%)、贷款优惠(51.27%)、简化审批流程(47.04%)、税收优惠政策(41.96%)、创业服务机构(34.18%)、提供免租金(低租)创业场地(30.46%)。资金、政策、场地和综合性服务是创业者最为关心的问题。

(二)就业主要问题

1. 主要集中在服务业,缺乏技术含量和发展前景

退役军人就业岗位门槛低,缺乏职业发展前景,从事技术与企业管理岗位偏低,从事行业最多的是服务业(17.03%),其次是生产/加工/制造业(12.04%)。高收入行业占比太小,如金融业(2.07%)、文体教育(2.16%)。这与退役军人缺少专业技能与核心竞争力相关。

2. 收入普遍偏低,更换工作频繁,就业满意度有待提升

调查显示,退役军人就业主要集中在服务业,如安保、后勤管理等所需专业技能并不是很高的岗位。薪资收入偏低。月收入在0—3000元的占20.98%,3001—4000元的占34.52%,4001—6000元的占29.26%,6001—8000元的占11.29%,8000元以上的占3.95%。通过访谈得知,在企业上班的很多没有"五险一金",缺乏社会保障。换工作较频繁,有45.6%的人平均换过3次以上的工作。就业满意度一般,满意和比较满意的占57.47%。

(三)待业主要问题

待业者占27.39%,比例较高。一直找不到合适的心仪工作占32.91%,转换工作期占18.99%,不满意之前的工作,刚离职的占13.61%,处于创业准备期的占13.77%,其他原因占20.72%。

1. 缺乏网络资源及技术支持,自信心不足

调查显示,待业者就业难主要原因依次是社会关系缺乏(46.03%)、工作经验不足(47.14%)、专业技能欠缺(32.7%)和学历不高(31.52%)。退役军人回到社会工作缺乏一定的社会网络资源,同时经验不足,加上专业技能和学历层次的短板,导致难以找到合适的工作。就业技能和学历的短板导致就业自信心不足,同时缺乏职业规划的培训引导,对前途感到很迷茫。

2. 培训意识欠缺,待业者参训意愿不高

待业者群体中已经接受教育培训的只有14.92%,有36.7%的人没能享受到任何形式的培训,同时有59.21%的人表示不愿意参加。一方面是培训意识淡薄,一方面是培训质量不佳影响了他们的培训积极性。

3. 政府公共服务体系未满足需求

调查显示,36.7%的退役军人没有参加过任何的就业创业技能培训。34.12%的人不知道有退役军人专场招聘会,39.45%的人不知道有退役军人免费的就业服务。待业者退役军人希望获得政府相关帮助:35.23%的人希望直接提供就业岗位,30.96%的人希望提供技术培训,21.33%的人希望提供交流平台。就业岗位、有针对性的技术培训和网络平台是目前待业者比较关心的问题。

三、相关对策建议

(一)总体思路

1. 建构“三驾马车”组织体系,发挥各自优势

由退役军人事务局、退役军人服务中心、社会民间组织,分别代表政府、事业单位和社会力量“三驾马车”,构建完整的退役军人就业创业服务的组织体系,各自定位清晰、分工明确、各负其责。

2. 找准“两类重点”服务对象,精准服务30—40岁待业人员

待业者比例高面临着较大问题和社会隐患。结合对温州退役军人三次调研结果综合验证,创业、就业和待业三者大约呈现3∶4∶3的结构。所以退役军人服务的对象应该集中在创业者和待业者两个群体,尤其是待业者,使待业向就业和创业转化。经过深入访谈,退役军人待业者最困难群体集中在30—40岁之间,大致是2001年至2013年之间退役的群体。

3. 打造“一核多点”服务平台,汇集服务资源

“一核”是指温州退役军人众创空间,作为全市退役军人就业创业资源汇集的总部平台,汇集了创业导师、退役军人服务促进会、培训、商事代理、知识产权、融资机构等众多资源,理应发挥龙头作用,以及示范和辐射作用。“多点”是指在每个县、市建立自己的退役军人众创空间,共享区域和总部的创业资源。

4. 形成“四位一体”服务体系,完善闭环系统

“四位一体”是指围绕退役军人主体,打造“调研+培训+就业+创业”的闭环服务体系。通过调研了解退役军人需求,根据需求开设不同的培训项目,谁培训谁负责推荐就业,有创业梦想的退役军人可以享受孵化,有就业需求的实施定向培训。

(二)具体措施

1. 完善和宣传退役军人就业创业专项政策,将培训政策落到实处

首先,建议由市政府牵头,出台《温州市退役军人就业创业扶持政策》,将就业创业优惠政策落到实处。同时扩大政策宣传,让退役军人充分了解相关的方针政策。

其次,落实培训政策和补贴政策。一是培训补贴范围扩大,把年龄30—40岁待业者纳入政府培训补贴范围;二是培训项目严格筛选,以技术型、管理型培训为主;三是加强对培训的过程监督和结果考核;四是增加创业培训,原因是温州退役军人创业的比例较高,并纳入政府补贴;五是建立全市退役军人创业导师团,针对退役军人制定个性化的职业规划与适应性课程,来引导他们转变观念、树立自信心,对全市退役军人服务中心工作人员加强培训,提高业务能力。

2. 建立退役军人创业担保基金,由温州银行率先推出退役军人专项贷款

在商业贷款、政府和其他机构的无偿自主风险投资资金、创业基金,以及在减税减费减开业手续费用等方面,给予创业退役军人更多支持。同时不断增加新的扶持内容,特别是在提供创业场所、创业投融资等环节为退役军人创业提供更有效的政策支持。

一是从市小微企业信用担保基金中划拨5000万元，作为温州市退役军人创业担保基金；二是由财政资金对退役军人创办企业贷款实行贴息，降低创业资金成本；三是由温州银行率先推出退役军人专项贷款。

3.加强政府、高校和民间的合作

一是加大对退役军人众创空间的专项扶持力度。采取政府出资金、市场运营的模式，为退役军人创业提供场地支持。二是对退役军人就业创业促进社会扶持，采用承接政府职能转移形式。如每年举办一次全市退役军人创业大赛，展示退役军人创业风采，树立典型，互相学习和交流，共同发展。温州创业博览会设立退役军人专场，扩大社会影响。

4.采用服务外包提升就业服务

一是退役军人专场招聘会委托专业化机构来组织运营；二是温州市人才网应开辟退役军人招聘专栏，发挥退役军人事务局官网和公众号在招聘方面的作用；三是开展前置性培训。

课题组单位：浙江东方职业技术学院

课题负责人：董舟

课题组成员：台新民，邵曦，姜茜，徐晓茹，黄翼丹，吴飞霞，金个

课题名称及编号：当前退役军人就业创业的现状与对策研究——基于温州的调查分析(编号：2020N64)

喉癌患者主要照顾者照顾准备度现状及其影响因素研究报告

[**按语**]喉癌(laryngeal carcinoma)是耳鼻咽喉头颈外科临床常见的恶性肿瘤,发病率在头颈部恶性肿瘤中居第二位。喉癌患者家属的照顾对喉癌患者的生存率和生活质量起着至关重要的作用。本课题以喉癌患者主要照顾者照顾准备度现状为研究切入点,通过对评估喉癌患者主要照顾者的主要照顾能力、照顾准备度现状,分析影响主要照顾者照顾能力的影响因素。结果发现,首发喉癌患者主要照顾者的照顾准备度处于中等水平,并受主要照顾者自觉身体状况、主要照顾者照顾经历、照护相关操作技术、照护行为态度维度得分、决策及自我效能感等因素的影响,且均是保护因素。建议临床医护人员应采取有针对性的指导和干预措施,注重提高主要照顾者的照顾技能、照护行为态度、决策及自我效能感,从而提高主要照顾者准备度,促进患者康复、提高患者及其家庭的生活质量。

一、引　言

(一)研究背景

喉癌(laryngeal carcinoma)是耳鼻咽喉头颈外科临床常见的恶性肿瘤,发病率在头颈部恶性肿瘤中居第二位,占全身恶性肿瘤 2.4%—2.7%[1-2]。Parkin 等[3] 2011 年报道,在发达国家,喉癌发病率为 5.5/10 万,死亡率为 2.4/10 万;在不发达国家,喉癌发病率为 3.5/10 万,死亡率为 2.1/10 万。

国内喉癌每年新发病人数和死亡人数也呈逐年上升趋势,喉癌发病人数和死亡人数不断增加,发病率居高不下。同时喉癌不同于其他部位的肿瘤,患者除对于患病后治疗效果、家庭、经济等问题的担忧外,因其位于颈部,是发音、呼吸及吞咽的重要器官,使得患者对术后的发音、呼吸和吞咽功能的保存等情况有一定的期待,对外貌、社交、认知等问题更为注重,更容易出现焦虑、抑郁等不良情绪[4]。高刚等对 78 例喉癌患者于术后 1 个月进行随访后发现,52 例(66.67%)患者抑郁阳性,43 例(55.13%)患者焦虑阳性[5]。

因此,如何提高喉癌患者的生存率和生活质量是临床医护人员面临的挑战。临床上制定以患者为中心的治疗计划及实施,在过程中主要照顾者的积极参与、主动落实、心理支持,对患者的生活质量有着至关重要的影响。喉癌患者术后因为气管切开,各类管道置入,生活自理能力下降,生活质量下降,早期和后期康复需要患者家属的参与。评估患者家属主要照顾能力现状，分析影响主要照顾者照顾能力的因素，创建一个涵盖主要照顾者身体、心理和社会需求的综合支持系统是目前研究的重点。

(二)国内外照顾者准备度照顾能力研究现状

照顾者准备度是指照顾者对照顾好患者的身体和情感需求的准备程度，以及照顾者为患者提供有效护理服务和处理紧急情况的能力[6]。有研究显示，照顾者准备度与照顾者的希望水平成正相关，与焦虑水平成负相关[7]。Lutz 等[8]研究者在对 40 例处于康复期的脑卒中患者主要照顾者的质性访谈中指出：照顾者由于还没有进入照顾者的角色，因此没有做好照顾患者的准备，并总结以下三点提高照顾者准备度的建议：①建立一个对照顾者的评估工具。②缩小患者护理需求和照顾者照顾能力与参与度的差距。③创建完善的提高照顾者准备度的计划。Grant 等[9]研究者在对非小细胞肺癌家庭的主要照顾者进行照顾技能的调查中显示，主要照顾者的照顾技能水平在照顾初期最高，随着照顾时间的延长，照顾技能水平逐渐降低。Mirkowski[10]等研究者对 180 名以家庭为康复地点的脑卒中患者功能恢复情况的跟踪调查显示，有照顾者参与的患者其功能恢复水平高于没有照顾者参与的患者。保证家庭照护的有效开展，不仅对患者，而且对照顾者和社会都会有深远的影响，不仅提高脑卒中患者生活质量、主要照顾者的自我效能感，而且减轻照顾负担，降低医疗费用，减轻社会负担[11,12,13]。

影响主要照顾者照顾能力的因素，主要包括患者因素和照顾者因素两方面。患者因素主要包括患者的病程、医疗费用支付方式、患者的日常生活活动能力等。研究发现，病程长的，有医疗保险的，日常生活活动能力较低的患者，其主要照顾者的综合照顾能力较强[14,15,16]。照顾者因素主要包括性别、年龄、教育程度、每天照顾时间、家庭照顾者照顾压力、照顾者身体健康状况等。目前国内对主要照顾者照顾能力的研究主要集中在慢性疾病照顾者的照顾负担及其影响因素方面。陈明濠[17]对痴呆患者的照顾者照顾能力的研究中发现，照顾者普遍存在时间负担、护理负担、焦虑抑郁情绪，睡眠质量差，身心健康严重受损，照顾者的正面感受水平较低的现象。马海萍[18]在对脊髓损伤患者照顾者照顾负担的研究中发现，脊髓损伤患者照顾者照顾负担沉重，包括社会、身体、心理、照顾能力等方面的负担，其应采取积极的应对方式，避免消极的应对方式，不断提高自我效能感及照顾能力。刘维[19]在晚期肝癌患者主要照顾者需求的研究中发现，晚期肝癌患者主要照顾者对疾病知识、医护相关行为、患者症状控制的需求强烈，倡导临床医护人员加强对照顾者相关知识的培训，有效调节照顾者自身情绪，提高照顾能力，进而提高晚期肝癌患者及其照顾者的生活质量。

二、研究方法

(一)研究设计类型：研究采用类实验性研究的方法

喉癌患者主要照顾者准备度研究团队由 1 名护理学院的教师、1 名省级三甲医院耳鼻咽喉科护士长、1 名省级三甲医院耳鼻咽喉科教育护士、12 名省级三甲医院耳鼻咽喉科责任护生组成。采用文献分析法确定本次研究的调查问卷。所有课题组参加人员进行 2

次集中讨论和建立时时沟通平台：第1次讨论时间为课题开展之前，确立研究内容、对所有参与课题组成员进行研究内容的具体说明和培训；第2次讨论为收集喉癌患者家属10例时（预实验结束时），讨论内容主要为：修改和完善一般资料表格、完善收集资料步骤和注意事项。

采用方便抽样法，选择40例2019年3—9月在杭州市某三级甲等医院接受住院手术治疗的首发喉癌患者主要照顾者。以喉癌患者主要照顾者为研究对象，应用一般资料调查表、主要照顾者照顾者准备度量表、外科大手术患者照顾者照护能力问卷、主要照顾者一般自我效能感量表、主要照顾者焦虑量表，从主要照顾者的准备度现状、照顾能力、照顾信心、照顾心理压力四维度为研究切入点。采用均数±标准差方法研究喉癌患者主要照顾者照顾准备度现状，采用单因素分析和多重线性回归分析进行照顾能力影响因素的探索。

（二）研究对象

选择40例2019年3—9月在杭州市某三级甲等医院接受住院手术治疗的首发喉癌患者主要照顾者。

研究对象纳入和排除标准如下。

1.纳入标准

（1）患者：

①病理诊断为喉恶性肿瘤；

②年龄≥18岁；

③有家庭照顾者；

④出院后以家庭为康复护理场所。

（2）主要照顾者：

①为患者家属，包括配偶、父母、子女、儿媳（女婿）、兄弟姐妹等；

②住院期间和（或）出院后均直接承担主要照顾工作（每天照顾患者的时间≥2h）；

③年龄≥18岁；

④意识清楚，具有良好的阅读理解和沟通表达能力。

2.排除标准

（1）患者：

合并其他危重疾病者，如心力衰竭、肺衰竭、肾衰竭者等。

（2）主要照顾者：

①护工；

②合并重要脏器（如心、肝、肺、肾）功能严重损害者。

（三）研究工具

1.一般资料调查表

该调查表分为两个部分：第一部分为患者资料，包括性别、年龄、婚姻状况、文化程度、付费方式、喉癌类型、既往慢性病史。第二部分为主要照顾者资料，包括与患者的关系、性别、年龄、文化程度、婚姻状况、居住地、自觉身体状况、是否患有慢性病、工作状态、家庭人均月收入、宗教信仰。

2. 照顾者准备度量表(Caregiver Preparedness Scale,CPS)

该量表由 Archbold 等[20]于 1990 年编制,用于评价照顾者感知照顾患者或家庭成员的准备度情况。该量表为单维量表,共包含 8 个条目,各条目均采用 Likert 5 级评分,从"非常不符合"到"非常符合"分别计 0—4 分,总分为 0—32 分,得分越高说明照顾者对于照顾行为的准备越充足,准备度越高。国内学者刘延锦等[21]将该量表汉化,并进行信效度检验,结果显示,中文版照顾者准备度量表的 Cronbach's 系数为 0.925,量表的分半信度系数为 0.864,重测信度为 0.807。效度分析显示,各条目得分与总分的相关系数在 0.706—0.839 之间;探索性因子分析共提取了 1 个公因子,累积贡献率为 61.647%,且各条目的因子载荷均>0.4,信效度良好,可以用来评价脑卒中患者的照顾者准备度。

3. 外科大手术患者照顾者照护能力问卷

该表由国内王永红编制,共 26 个条目,包括手术相关照护知识(8 项)、照护相关操作技术(8 项)、照护行为态度(6 项)、决策及自我效能感(4 项)等 4 个维度[22],回答结果分为"从不""偶尔""有时""一直"四个层次,依次给予 0—3 分的评定;所有条目得分相加得照护能力总分,总分范围为 0—78 分,得分越高表示照护能力越强。本研究使用该量表在患者术前 1 天、出院前 1 天对其主要照顾者进行调查。

4. 焦虑自评量表(SAS)

采用 Zung[23]编制的焦虑自评量表(Selfrating Anxiety Scale,SAS)评估患者主要照顾者的焦虑程度。SAS 中文版均已证实具有较好的信度和效度[24]。SAS 包括 20 个条目,回答结果分为"没有或很少时间""小部分时间""相当多时间""绝大部分或全部时间"等 4 个层次,正向计分题 A、B、C、D 按 1,2,3,4 分计;反向计分题(标注 * 的题目,题号:2,5,6,11,12,14,16,17,18,20)按 4,3,2,1 计分。总分乘以 1.25 取整数,即得标准分。按总分低于 50 分者为正常;50—60 分者为轻度焦虑;61—70 分者为中度焦虑;70 分以上者为重度焦虑。

(四)资料收集方法

在征得医院及护理部同意后,采用问卷调查法,由研究组成员在患者入院 24 小时内对主要照顾者现场发放问卷并当场回收。发放问卷前,研究者首先向研究对象说明本研究的目的和意义。在征得研究对象同意后,由研究组成员按统一指导语指导主要照顾者采用匿名的形式自行填写问卷,问卷填写完毕后当场检查,发现错项、漏项,及时返回进行填补、纠正。

(五)统计学方法

用 excel 建立数据库,数据双人录入,用 SPSS 21.0 统计软件进行数据分析。用均数、标准差、频数、百分比等指标描述患者及主要照顾者的一般资料,量表各维度及总量表得分用均数±标准差进行描述。进行单因素分析时,二分类变量采用两独立样本 t 检验;满足方差齐性的多分类变量采用单因素方差分析;方差不齐的多分类变量采用非参数检验;连续性变量与照顾者准备度的相关性采用 Pearson 相关分析。等级资料的变量采用

Spearman 相关分析。外科大手术患者照顾者照护能力问卷和自我效能感与照顾者准备度的相关性采用 Pearson 相关分析。将单因素分析中有统计学意义的变量引入回归模型,进行多重线性回归分析。

(六)质量控制

(1)研究对象严格按照纳入和排除标准进行遴选。

(2)研究正式开始前,研究者随机选取 10 名喉癌患者主要照顾者填写问卷,并收集研究对象填写问卷时提出的疑问,最后由研究组制定统一的问卷填写标准,以保证正式研究有统一的问卷填写标准。

(3)所有课题组参加人员进行 2 次集中讨论和建立时时沟通平台,发现问卷相关问题及时沟通,避免因不熟悉研究内容或标准不同而产生的原始资料的偏倚。

(4)问卷现场发放,当场回收并检查,发现错项、漏项,及时返回进行填补、纠正。

(5)问卷数据双人录入,若两人数据结果不一致,则返回原始问卷进行核对更正,保证数据的真实准确性。

三、研究结果

(一)问卷回收情况

本研究共发放问卷 45 份,回收 45 份,剔除无效问卷 5 份,最终回收有效问卷 40 份,有效回收率为 88.9%。

(二)研究对象一般资料

1.患者一般资料

患者中男性 31 例(77.5%),女性 9 例(22.5%);年龄为 31—45 岁的 6 例(15%),46—60 岁的 10 例(25%),年龄≥61 岁的 24 例(60%);未婚 0 例,已婚 33 例(82.5%),丧偶或离异 7 例(17.5%);小学及以下 22 例(55%),初中 10 例(25%),高中 8 例(20%),大专及以上 0 例;自费 2 例(5%),医疗保险 18 例(45%),省异地就医 2 例(5%),新农合 18 例(45%);声门型 17 例(42.5%),声门上型 14 例(35%),声门下型 7 例(17.5%),跨声门型 2 例(5%);有慢性病史 24 例(60%),无慢性病史 16 例(40%);有早期转移 29 例(72.5%),无早期转移 11 例(27.5%)(见表 1)。

表 1 患者一般资料及其对主要照顾者照顾准备度水平的影响

项目	类别	频数(百分比)	CPS 得分(分,$\bar{x}\pm s$)/秩均值	$F/t/\chi^2$ 值	P 值
年龄	20—30 岁	0(0)	—	8.005[1)]	0.001
	31—45 岁	6(15%)	19.67±4.93		
	46—60 岁	10(25%)	25.40±3.50		
	≥61 岁	24(60%)	15.71±7.56		

续 表

项目	类别	频数(百分比)	CPS得分(分,$\bar{x}\pm s$)/秩均值	F/t/χ^2 值	P值
性别	男	31(77.5%)	19.68±7.29	1.507[2]	0.140
	女	9(22.5%)	15.44±7.89		
婚姻状况	未婚	0(0)	—	0.013[1]	0.911
	已婚	33(82.5%)	18.79±8.13		
	丧偶或离异	7(17.5%)	18.43±4.04		
文化程度	小学及以下	22(55%)	16.95±6.56	3.365[1]	0.045
	初中	10(25%)	18.00±9.26		
	高中	8(20%)	24.50±5.32		
	大专及以上	0(0)	—		
付费方式	自费	2(5%)	31.50	9.474[3]	0.024
	医疗保险	18(45%)	24.39		
	省异地就医	2(5%)	3.50		
	新农合	18(45%)	17.28		
喉癌分型	声门型	17(42.5%)	18.00±8.05	0.396[1]	0.756
	声门上型	14(35%)	18.43±8.32		
	声门下型	7(17.5%)	19.57±5.91		
	跨声门型	2(5%)	24.00±6.72		
是否有慢性病史	无	16(40%)	19.25±8.47	0.356[2]	0.724
	有	24(60%)	18.38±7.02		
是否有早期转移	否	11(27.5%)	21.01±6.33	1.231[2]	0.226
	是	29(72.5%)	17.83±7.86		

注:[1]为F值,[2]为t值,[3]为χ^2值(非参数检验)。

2.主要照顾者一般资料

主要照顾者中男性12例(30%),女性28例(70%);年龄为20—30岁的6例(15%),31—45岁的18例(45%),46—60岁的11例(27.5%),年龄≥61岁的5例(12.5%);配偶17例(42.5%),子女21例(52.5%),儿媳或女婿2例(5%);未婚4例(10%),已婚36例(90%);小学及以下11例(27.5%),初中11例(27.5%),高中2例(5%),大专及以上16例(40%);市区8例(20%),县城10例(25%),城镇6例(15%),农村16例(40%);在职22例(55%),退休9例(22.5%),无业9例(22.5%);自觉身体状况良好29例(72.5%),一般11例(27.5%);患有慢性病5例(12.5%),未患35例(87.5%);家庭人均月收入“3000元以下”9例(22.5%),“3000—5000元”19例(47.5%);“5000元以上”12例(30%);从来没有照顾经历19例(47.5%),有过一次照顾经历12例(30%),有过多次照顾经历9例(22.5%)(见表2)。

表 2 主要照顾者一般资料及其对其照顾准备度水平的影响

项目	类别	均数±标准差/频数(百分比)	CPS 得分(分，$\bar{x}\pm s$)/秩均值	F/t/χ^2 值	P 值
年龄	20—30 岁	6(15%)	23.33±4.50	4.536[1)]	0.008
	31—45 岁	18(45%)	18.89±7.30		
	46—60 岁	11(27.5%)	20.27±6.54		
	≥61 岁	5(12.5%)	9.20±6.57		
与患者关系	配偶	17(42.5%)	18.12±8.49	1.651[1)]	0.206
	子女	21(52.5%)	18.33±6.64		
	儿媳或女婿	2(5%)	19.00±5.52		
性别	男	12(30%)	20.33±4.29	1.129[2)]	0.266
	女	28(70%)	18.04±8.54		
婚姻状况	未婚	4(10%)	20.00±4.62	0.353[2)]	0.726
	已婚	36(90%)	18.58±7.83		
文化程度	小学及以下	11(27.5%)	10.73	13.402[3)]	0.004
	初中	11(27.5%)	21.91		
	高中	2(5%)	36.50		
	大专及以上	16(40%)	24.25		
居住地	市区	8(20%)	20.25±4.03	3.395[1)]	0.028
	县城	10(25%)	24.00±4.42		
	城镇	6(15%)	15.67±11.67		
	农村	16(40%)	15.81±7.10		
工作状态	在职	22(55%)	19.09±6.81	0.716[1)]	0.495
	退休	9(22.5%)	20.00±7.31		
	无业	9(22.5%)	16.22±9.56		
自觉身体状况	良好	29(72.5%)	21.00±6.96	3.524[2)]	0.001
	一般	11(27.5%)	12.73±5.59		
是否患有慢性病	是	5(12.5%)	9.80±7.12	3.134[2)]	0.003
	否	35(87.5%)	20.00±6.77		
家庭人均月收入(元)	<3000	9(22.5%)	15.78±9.08	1.450[1)]	0.248
	3000—5000	19(47.5%)	18.47±7.68		
	>5000	12(30%)	21.33±5.52		

续 表

项目	类别	均数±标准差/频数(百分比)	CPS得分(分，$\bar{x}\pm s$)/秩均值	F/t/χ^2 值	P值
照顾经历	从来没有	19(47.5%)	15.42±8.00	4.601[1]	0.016
	有过一次	12(30%)	23.00±3.81		
	有过多次	9(22.5%)	20.00±7.60		

注：[1]为F值，[2]为t值，[3]为χ^2值(非参数检验)。

3. 喉癌患者主要照顾者照顾准备度、外科大手术患者照顾者照护能力问卷得分及其各维度得分、焦虑得分现状

本研究结果显示，主要照顾者照顾准备度总分为(18.73±7.53)分，外科大手术患者照顾者照护能力得分为(55.85±11.69)分，焦虑自评得分为(43.55±6.62)分。外科大手术患者照顾者照护能力各维度得分为手术相关照护知识维度得分为(15.35±4.90)，照护相关操作技术维度得分为(17.73±5.54)，照护行为态度维度得分为(15.43±2.14)，决策及自我效能感维度得分为(7.35±2.56)，见表3。

表3 外科大手术患者照顾者照护能力问卷得分及其各维度、焦虑与照顾准备度的相关性

项目	各维度得分及总分		照顾者照顾准备度得分	相关系数(r)值	P值
外科大手术患者照顾者照护能力问卷得分	维度1手术相关照护知识维度得分	15.35±4.90	18.73±7.53	0.078	0.056
	维度2照护相关操作技术维度得分	17.73±5.54	18.73±7.53	0.056	0.029
	维度3照护行为态度维度得分	15.43±2.14	18.73±7.53	0.109	0.012
	维度4决策及自我效能感维度得分	7.35±2.56	18.73±7.53	0.509	0.001
	外科大手术患者照顾者照护能力得分	55.85±11.69	18.73±7.53	0.191	0.238
焦虑自评得分	43.55±6.62		18.73±7.53	−0.171	0.291

(三)主要照顾者照顾准备度的单因素分析

1. 患者和主要照顾者一般资料

在患者和主要照顾者一般资料中，将主要照顾者照顾准备度得分与各研究变量做相关性分析、独立样本t检验、方差分析或非参数检验。结果显示，患者年龄、患者付费方式、患者文化程度、主要照顾者年龄、主要照顾者文化程度、主要照顾者居住地、主要照顾者自觉身体状况、主要照顾者是否患有慢性病、主要照顾者照顾经历得分差异有统计学意义($P<0.05$)。见表1和表2。

2.外科大手术患者照顾者照护能力、焦虑水平

将主要照顾者照顾准备度得分与外科大手术患者照顾者照护能力总分及其各维度得分、焦虑得分做相关性分析。结果显示，喉癌患者主要照顾者照顾准备度与外科大手术患者照顾者照护能力在3个维度中，照护相关操作技术维度（r=0.056，P=0.029）、照护行为态度维度（r=0.109，P=0.012）、决策及自我效能感维度（r=0.509，P=0.001）均呈正相关。即随着主要照顾者的照护相关操作技术、照护行为态度、决策及自我效能感的提高，主要照顾者照顾准备度也随之提高。详见表3。

3.喉癌患者主要照顾者照顾准备度的多重线性回归分析

以照顾准备度总分为因变量，选择单因素分析中有统计学意义的变量以及主要照顾者照护相关操作技术得分、照护行为态度得分、决策及自我效能感得分为自变量，进行多重线性回归分析。自变量赋值见表4。结果显示，影响主要照顾者照顾准备度的因素有主要照顾者自觉身体状况、主要照顾者照顾经历、照护相关操作技术维度得分、照护行为态度维度得分、决策及自我效能感维度得分。主要照顾者自觉身体状况越好、主要照顾者照顾经历越多、照护相关操作技术维度得分越高、照护行为态度维度得分越高、决策及自我效能感维度得分越高，主要照顾者照顾准备度越高，可解释总变异的59.7%。见表5。

表4 自变量赋值表

自变量	赋值
患者年龄	20—30岁=1；31—45岁=2；46—60岁=3；≥61岁=4
患者付费方式	自费=1；医疗保险=2；省异地就医=3；新农合=4
患者文化程度	小学及以下=1；初中=2；高中=3；大专及以上=4
主要照顾者年龄	20—30岁=1；31—45岁=2；46—60岁=3；≥61岁=4
主要照顾者居住地	市区=1；县城=2；城镇=3；农村=4
主要照顾者工作状态	在职（$Z_1=1,Z_2=0,Z_3=0$）；退休（$Z_1=0,Z_2=1,Z_3=0$）；无业（$Z_1=0,Z_2=0,Z_3=0$）
主要照顾者文化程度	小学及以下=1；初中=2；高中=3；大专及以上=4
主要照顾者自觉身体状况	良好=1；一般=2
主要照顾者是否患有慢性病	是=1；否=0
主要照顾者照顾经历	从来没有=0；有过一次=1；有过多次=2
照护相关操作技术维度得分	原值代入
照护行为态度维度得分	原值代入
决策及自我效能感维度得分	原值代入

表5 喉癌患者主要照顾者照顾准备度的多重线性回归分析(n=40)

自变量	回归系数	标准误	标准化回归系数	t值	P值
常数项	4.595	12.302	—	0.374	0.711

续 表

自变量	回归系数	标准误	标准化回归系数	t值	P值
主要照顾者自觉身体状况	−7.059	2.018	−0.423	−3.499	0.002
主要照顾者照顾经历	4.048	1.565	0.434	2.587	0.015
照护相关操作技术维度得分	1.051	1.794	0.125	0.586	0.026
照护行为态度维度得分	2.917	1.000	0.134	0.791	0.035
决策及自我效能感维度得分	1.319	0.658	0.448	2.005	0.045

注：$R^2=0.700$，调整 $R^2=0.597$，$F=6.766$，$P<0.001$。

四、讨 论

(一)首发喉癌患者主要照顾者照顾准备度现状

本研究结果显示，主要照顾者照顾准备度得分为(18.73±7.53)分，处于中等水平，与张悦等在恶性肿瘤患者照顾者准备度研究中相似为(14.03±2.58)分[25]。Henriksson等[26]研究者的一项类似研究中显示，进行姑息护理的患者主要照顾者的照顾准备度也处于中等水平，主要照顾者的照顾准备度得分在16—17分，与本研究结果相似。主要原因可能有以下几点：(1)喉癌疾病为外科疾病，通常是急性发病，同时喉癌疾病为恶性肿瘤，喉癌的主要治疗手段有手术、放疗、手术加化疗和生物治疗等，而以手术为主，早期喉切除术后并发症严重且死亡率高，因手术可能造成严重的呼吸、发音、吞咽等生理功能障碍，并可能造成容貌改变，甚至永久性气管造口等一系列问题，可导致患者的身体、心理、认知等方面不同程度的损伤，对于患者及其家庭来说，是较大的创伤事件，大多数患者主要照顾者心理上会受到一定的打击，表现出极大的焦虑和害怕[27]，从而缺乏成为照顾者的准备。(2)由于对喉癌疾病知识、手术相关照护知识、照护相关操作知识的缺乏，主要照顾者缺乏照顾患者的准备度，同时由于患者主要照顾者的焦虑和疾病知识缺乏，使其缺乏照护的自信心，因而照顾准备度降低。

(二)首发喉癌患者主要照顾者照顾准备度的影响因素

1.主要照顾者自觉身体状况影响照顾者照顾准备度

主要照顾者自觉身体状况是指主要照顾者对自我身体健康状态的感知。本研究结果显示，首发喉癌患者主要照顾者应自觉身体状况对照顾者准备度产生影响。自觉身体状况得分越高，照顾准备度越高($P<0.05$)。杨梦娟在脑卒中家庭照顾者健康状况研究中显示照顾者的健康状况与照顾能力呈正相关，与本研究结果一致[28]。可能的原因如下：喉癌疾病为急性恶性肿瘤，发病快，与其他慢性疾病不同，喉癌患者及家属要经历身体、心理和社会行为改变及疾病的不确定感。因此照顾者的自觉身体状况越高，照顾者准备度也就越高。

2.主要照顾者照顾经历影响照顾者照顾准备度

照顾经历是指主要照顾者协助患者康复的经历。本研究结果显示，首发喉癌患者主要照顾者照顾经历对照顾者准备度产生影响。主要照顾者照顾经历得分越高，照顾准备度越高(P<0.05)。可能的原因分析如下:主要照顾者有过照顾经历,可以让其了解医院的规章、制度、工作流程,主要的照顾工作内容,让照顾者在心理和技术上都有一定的知识储备度。

3. 主要照顾者照护相关操作技术影响照顾者照顾准备度

主要照顾者照护相关操作技术,是指主要照顾协助患者完成基本生活及提供疾病相关护理的技巧与能力[29]。本研究结果显示,首发喉癌患者主要照顾者的照护相关操作技术对照顾者准备度产生影响。照护相关操作技能越高,照顾准备度越高(P<0.05)。与Brereton等[30]研究结果相似,在脑卒中患者照顾中,掌握照顾脑卒中患者的技能对提高照顾者准备度有明显的促进作用。Hafstein sdóttir等[31]研究者对脑卒中患者和照顾者教育需求的文献综述中提到,如何护理脑卒中患者的日常活动和锻炼是最常见的教育需求,也从侧面反映了照护相关操作技术对主要照顾者的重要性。原因可能如下:当主要照顾者掌握如何照顾患者、促进患者康复的技能时,主要照顾者即能轻松地适应并胜任照顾者的角色,因此照顾者自觉准备度会有明显提高。

4. 主要照顾者照护行为态度影响照顾者照顾准备度

照护行为态度主要包括主动关注病人心情,经常寻求促进病人康复的健康信息,能不折不扣地完成医护人员交代的事情,主动向其他照护者探讨照护经验,经常了解病情[32]。本研究结果显示,首发喉癌患者主要照顾者照护行为态度得分对照顾者准备度产生影响。照护行为态度得分越高,照顾准备度越高(P<0.05),与王永红等研究结果相似[33]。

5. 主要照顾者决策及自我效能感影响照顾者照顾准备度

应对策略指面对照顾困难,照顾者所采取的应对方式及方法[29]。自我效能感是指个体对自己面对环境中的挑战能否采取适应性的行为的知觉或信念[34]。本研究结果显示,首发喉癌患者主要照顾者应对决策及自我效能感会对照顾者准备度产生影响。应对决策及自我效能感得分越高,照顾准备度越高(P<0.01)。当主要照顾者面对需要进行全面照顾的患者时,为了促进患者的快速康复,提高患者的术后日常生活活动能力,主要照顾者会寻求各方的帮助或自学术后及肿瘤相关知识和技能,积极寻找有效的应对方式和方法,从而减轻照顾者的压力和困难,提高照顾者准备度,达到提高患者康复速度和生活质量的效果。张旭等[35]研究者对脑卒中患者的主要照顾者照顾准备度的研究结果显示,主要照顾者的照顾准备度与应对策略及自我效能感呈正相关性。Van Den等[36]研究者的一项对脑卒中主要照顾者照顾能力的干预研究结果显示,伴随着照顾能力的提高,主要照顾者的自我效能感也有了明显提高。已有研究显示,照顾能力的提高会提高主要照顾者的照顾准备度[30,31]。此研究结果可帮助理解自我效能感对照顾者准备度的影响是显而易见的。

五、小　结

研究首发喉癌患者主要照顾者对全面评估喉癌患者照顾者的现状,分析相关影响因素,为临床医护工作者对照顾者实施干预提供理论依据;提高照顾者照顾能力,从而改善喉癌患者生活质量,促进喉癌患者身心康复;为创建一个涵盖主要照顾者身体、心理和社会需求的综合支持系统提供理论依据。

本研究结果显示，首发喉癌患者主要照顾者照顾准备度处于中等水平，并受主要照顾者自觉身体状况、主要照顾者照顾经历、照护相关操作技术、照护行为态度维度得分、决策及自我效能感等因素的影响，且均是保护因素。主要照顾者的自觉身体状况、主要照顾者照顾经历、照护相关操作技术、照护行为态度维度得分、决策及自我效能感越高，主要照顾者照顾准备度越高。因此，建议临床医护人员应采取有针对性的指导和干预措施，注重提高主要照顾者的照顾技能、照护行为改变、决策及自我效能感，从而提高主要照顾者准备度，促进患者康复、提高患者及其家庭生活质量。

参考文献

[1] PARKIN D M, PISANI P, FERLAY J. Global cancer statistics. CA Cancer[J]. Clin. 1999, 49(1): 33-64.

[2] PARKIN D M, BRAY F, FERLAY J, et a1. Global cancer statistics. CA Cancer[J]. Clin. 2005; 55(2): 74-108.

[3] PARKIN D M, PISANI P, FERLAY J. Global cancer statistics. CA Cancer[J]. Clin. 2011, (61): 69-90.

[4] 王笑. 老年喉癌患者手术效果及预后因素研究[J]. 中国医药科学, 2013, 3(3): 169-170, 172.

[5] 高刚, 钱茂华, 季超. 喉癌患者术后抑郁和焦虑的发病因素分析及其对喉癌患者预后和生活质量的影响[J]. 中国耳鼻咽喉头颈外科, 2018, 25(4): 195.

[6] PUCCIARELLI G, SAVINI S, BYUN E, et al. Psychometric properties of the Caregiver Preparedness Scale in caregivers of stroke survivors[J]. Heart Lung—The Journal of Acute and Critical care, 2014, 43(6): 555-560.

[7] HENRIKSSON A, ARESTEDT K. Exploring factors and caregiver outcomes associated with feelings of preparedness for caregiving in family caregivers in palliative care: a correlational, cross-sectional study[J]. Palliat Med, 2013, 27(7): 639-646.

[8] LUTZ B J, YOUNG M E, CREASY K R, et al. Improving Stroke Caregiver Readiness for Transition From Inpatient Rehabilitation to Home[J]. The Gerontologist, 2017, 57(5).

[9] GRANT M, SUN V, FUJINAMI R, et al. Family caregiver burden, skills preparedness, and quality of life in non-small cell lung cancer[J]. Oncol Nurs Forum, 2013, 40(4): 337-346.

[10] MIRKOWSKI M, PEREIRA S, JANZEN S, et al. Caregiver availability for severe stroke results in improved functional ability at discharge from inpatient rehabilitation[J]. Disability and Rehabilitation, 2016, 10. 1080/09638288. 2016. 12606521-5.

[11] FARRAN CJ, MCCANN JJ, FOGG LG, et al. Developing a Measurement Strategy for Assessing Family Caregiver Skills: Conceptual Issues[J]. Alzheimers care today, 2009, 10(3): 129-139.

[12] 赵雪萍, 薛小玲, 苏翠红, 等. 协同护理干预对社区脑卒中患者照顾者生活质量及照

顾能力的影响 [J]. 中华护理杂志,2012,47(3):206-208.
[13] 周如女,宋黎翼,彭幼清,等. 喘息照护缓解住院脑卒中患者家庭照护者压力的效果 [J]. 解放军护理杂志,2011,(21):5-8,21.
[14] 何淑宁,陈芸娥. 脑卒中患者主要照顾者照顾能力调查及影响因素分析 [J]. 护理学报,2011,28(21):25-28.
[15] 吕露露,郭红,胡力云,等. 脑卒中患者照顾者综合照顾能力现状及影响因素分析 [J]. 护理学杂志,2016,11: 1-4.
[16] 张俊娥,苏永静,蔡丽娥,等. 脑卒中病人家庭主要照顾者照顾能力及其影响因素分析 [J]. 护理研究,2009,23(21):1891-1892.
[17] 陈明濠. 痴呆患者照顾者现状的评价及其影响因素分析[D]. 广州:广州医科大学,2015.
[18] 马海萍. 脊髓损伤患者照顾者照顾负担及其影响因素的研究[D]. 上海:复旦大学,2014.
[19] 刘维. 晚期肝癌患者主要照顾者需求及其影响因素研究[D]. 西安:第四军医大学,2016.
[20] ARCHBOLD P G,STEWART B J,GREENLICK M R,et al. Mutuality and preparedness as predictors of caregiver role strain [J]. Res Nurs Health,1990,13(6):375-384.
[21] 刘延锦,王敏,董小方. 中文版照顾者准备度量表的信效度研究[J]. 中国实用护理杂志,2016,32(14): 1045-1048.
[22] 王永红,胡雁,马红丽,等. 大型外科手术患者主要照护者照护需求及照护能力的调查[J]. 护士进修杂志,2012,27(4):305-307.
[23] ZUNG W W. A self-rating depression scale[J]. Arch Gen Psychiatry,1965. 12:63-70.
[24] 段泉泉,胜利. 焦虑及抑郁自评量表的临床效度[J]. 中国心理卫生杂志,2012,26(9): 676-679.
[25] 张悦,王会英. 恶性肿瘤患者家庭照顾者准备度现状及影响因素分析[J]. 天津护理,2019,27(03):272-276.
[26] HNETTE HENRIKSSON,PEtER HUDSON,JOAKIM ÖHLEN,et al. Use of the Preparedness for Caregiving Scale in Palliative Care: A Rasch Evaluation Study [J]. Journal of Pain and Symptom Manage,2015,50(4): 533-541.
[27] LUTZ B J,YOUNG M E,COX K J,et al. The crisis of stroke: experiences of patients and their family caregivers[J]. Top Stroke Rehabil,2011,18(6): 786-797.
[28] 杨梦娟. 脑卒中家庭照顾者健康状况及其影响因素的相关性研究[D]. 武汉:湖北医药学院,2018.
[29] 王赞丽. 对脑卒中家庭照顾者实施过渡期护理干预的效果研究 [D]. 天津:天津医科大学,2012.
[30] BRERETON L,NOLAN M. "You do know he's had a stroke,don't you?" Preparation for family care-giving—the neglected dimension[J]. Journal of Clinical Nursing,2001,9(4): 498-506.
[31] Thóra B,Hafstein sdóttir,Martine Vergunst,et al. Educational needs of patients

with a stroke and their caregivers: A systematic review of the literature[J]. Patient Education and Counseling,2011,85(1): 14-25.

[32] 王永红. 外科大手术患者主要照护者照护能力、照护负荷及照护相关健康教育需求的研究[D]. 上海:复旦大学,2012.

[33] 王永红,胡雁,马红丽,等. 大型外科手术患者主要照护者照护需求及照护能力的调查[J]. 护士进修杂志,2012,27(4):305-307.

[34] 王才康,胡中锋,刘勇. 一般自我效能感量表的信度和效度研究 [J]. 应用心理学,2001,7(1):37-40.

[35] 张旭,任蔚虹,泮燕红. 家庭赋权方案对首发脑卒中患者主要照顾者的影响研究[J]. 中华护理杂志,2018,53(2):133-138.

[36] VAN DEN BERG M,CROTTY MP,LIU E,et al. Early Supported Discharge by Caregiver-Mediated Exercises and e-Health Support After Stroke: A Proof-of-Concept Trial[J]. Stroke,2016,47(7):1885-1892.

课题组单位:杭州职业技术学院

课题组负责人:沈泽群

课题组成员:金冬爱,高丽萍,顾芳萍,任蔚虹,张旭

课题名称及编号:喉癌患者主要照顾者照顾准备度现状及其影响因素调查研究(编号:2020N05)

浙江农村老人的社会养老服务需求调查与对策研究

[**按语**]农村老龄化、高龄化程度高于城市,因此农村老年人对社会养老服务的需求更加迫切。通过对浙江杭州、湖州、金华、丽水等地的年龄为60周岁及以上的浙江省农村老年人的实地调查和研究,发现农村老年人对社会养老服务(即居家养老服务、社区养老服务和机构养老服务)的需求率达到23%。农村老年人对社会养老服务需求内容的排序上,依次是生活照料、医疗护理、精神慰藉、文化娱乐等四项内容。农村居家养老服务的供方存在市场化程度不高、从业人员待遇低、社会地位低和专业人才匮乏等问题。农村社区养老服务存在适老设施设备少、规模小、档次低、活动内容单一等问题。需要发挥农村老年协会协同管理的功能,发挥其他社会团体及志愿者等多种力量在监督、管理和评估方面的作用。建议推广社区嵌入式养老模式,将农村或社区闲置的场地改建为社区日间照料服务中心。民办公助模式的机构养老服务,能减轻民办养老机构的资金负担,盘活经营不善的民办养老机构,有效促进社会力量进入养老行业并提供优质服务。

一、浙江省农村老人的社会养老服务需求调查

(一)调查对象、方法、样本量与内容

1.调查对象

调查对象为年龄60周岁及以上浙江省农村老年人,调查区域覆盖杭州、湖州、金华、丽水等地。

2.调查方法

本次调查主要采取分层抽样和简单随机抽样,对被调查者按照问卷设计中所在地类别进行分层抽样,再进行随机抽样。

3.样本量的确定

样本量计算公式为:

$$n=\frac{(Z_{\alpha/2})^2\pi(1-\pi)}{E^2}$$

当置信度为95%($Z_{\alpha/2}=1.96$)时,置信度允许的最大绝对误差为3%($E=0.03$)时对我们的调查目标较为适宜。由于$\pi(1-\pi)$在$\pi=0.5$时达到最大值,由样本量计算公式计算可得:$n=1067$。在剔除存在数据缺失以及奇异数据的无效问卷后,最后收回有效问卷1021份。

4. 调查内容

第一部分为调查对象的基本情况，包括性别、年龄、婚姻状况、儿女数目、文化程度、是否党员、是否干部、年收入、收入来源、健康状况、有无慢性病、是否经常吸烟、是否经常饮酒等。第二部分为调查对象的养老状况，包含是否独居、与家人关系、寻求帮助对象、家人是否给予照顾、家人照顾满意度、是否有老年人活动场所等(见表1、表2)。

(二)被调查对象的基本特征

表1　受访者基本信息

受访者情况		频数	比例
性别	男	538	52.7%
	女	483	47.3%
年龄	60—69岁	585	57.3%
	70—79岁	342	33.5%
	80岁及以上	94	9.2%
婚姻状况	婚姻不完整(未婚、离婚、丧偶)	216	21.2%
	婚姻完整(已婚)	805	78.8%
儿女数目	0个	30	2.9%
	1—2个	538	52.6%
	3个及以上	453	44.5%
儿子数目	0个	153	15%
	1个	519	50.8%
	2个及以上	349	44.2%
女儿数目	0个	308	30.2%
	1个	348	34.1%
	2个及以上	365	35.7%
文化程度	小学及以下	431	42.2%
	初中	362	35.5%
	高中	175	17.1%
	中专	32	3.1%
	大专及以上	21	2.1%
是否党员	是	88	8.6%
	否	933	91.4%
是否干部	是	30	2.9%
	否	991	97.1%

续 表

受访者情况		频数	比例
年收入	2000 元及以下	370	36.2%
	2001—10000 元	343	33.6%
	10000 元以上	308	30.2%
收入来源	农业收入	447	43.8%
	经营工商业	34	3.3%
	土地、房屋租赁	12	1.2%
	打工	125	12.2%
	养老金	553	54.2%
	家庭成员资助	167	16.4%
	亲友资助	32	3.1%
健康状况	非常差	45	4.4%
	差	172	16.8%
	一般	381	33.2%
	好	389	37.3%
	非常好	84	8.2%
有无慢性病	有	386	37.8%
	无	635	62.2%
是否经常吸烟	是	264	25.9%
	否	757	74.1%
是否经常饮酒	是	187	18.3%
	否	834	81.7%

(三)被调查对象目前的养老状况

表 2 受访者养老状况

受访者情况		频数	比例
是否独居	是	82	8%
	否	939	92%
与家人关系	很差	17	1.7%
	较差	20	2.0%
	一般	88	8.6%
	较好	468	45.8%
	很好	428	41.9%

续 表

受访者情况		频数	比例
寻求帮助对象	家庭成员	876	85.8%
	亲戚	462	45.2%
	朋友	156	15.3%
	邻居	350	34.3%
	村干部	62	6.1%
	家政服务	15	1.5%
家人是否给予照顾	是	974	95.4%
	否	47	4.6%
家人照顾满意度	很不满意	27	2.6%
	较不满意	31	3.0%
	一般	97	9.5%
	较满意	487	47.7%
	很满意	379	37.1%
是否有老年人活动场所	没有	570	55.8%
	有	275	26.9%
	不清楚	176	17.2%

由表2可知，8%的受访者处于独居状态。大部分受访者都与家人关系比较融洽，只有12.3%的受访者与家人关系处于“一般和差”的状态。当在日常生活中需要找人帮助解决问题时，家庭成员成为老年人最信赖的对象，占比85.8%；其次是亲戚(45.2%)、邻居(34.3%)、朋友(15.3%)、村干部(6.1%)和家政服务(1.5%)。当遇到身体不适需要照料时，95.4%的受访者家人能给予照顾，且高达84.8%的受访者对家人的照顾感到满意。55.8%的受访者所在村“没有老年人活动场所”，“有”和“不清楚”的比例分别为26.9%和17.2%。

(四)被调查对象的养老服务需求

从表3来看，大多数农村老年人主流意愿的养老模式是“家庭照料”，这与“养儿防老”的传统观念是相一致的，但是这一比例比往年有所下降。此外，农村老年人的养老服务需求已呈现出各种分化趋势，有337个受访者表示愿意选择社会养老服务，比例为33%。其中有13.9%的受访者选择机构养老服务，这表明伴随浙江省城镇化的快速发展、家庭规模开始大幅萎缩，农村老年人开始逐步接受养老机构，对其有较强烈的需求。另有11.7%的受访者表示愿意接受居家养老服务。7.4%的受访者表示愿意接受社区养老服务。

表 3　受访者基本信息

养老服务类型		频数	比例
社会养老服务	机构养老服务	142	13.9%
	居家养老服务	119	11.7%
	社区养老服务	76	7.4%
家庭照料		684	67%

当前针对农村老年人的社会养老服务主要包括生活照料、医疗护理、文化娱乐、法律援助、精神慰藉等具体内容。从表 4 可知，在对机构养老服务有需求意愿的 142 个受访者中，其对生活照料、医疗护理需求程度最为强烈。这很可能是老年人在得不到家人、邻居和亲人的生活照料时，难以应对各种生活风险，希望通过入住养老机构来改变当前生活状况。

表 4　受访者对不同养老机构服务内容的需求

养老服务内容	机构养老服务	居家养老服务	社区养老服务
生活照料	142	105	68
医疗护理	142	110	37
文化娱乐	71	52	71
法律援助	20	16	26
精神慰藉	84	71	65

(五)老年协会对社会养老服务的参与

浙江省作为社会组织发展较好的省区之一，农村老年协会开始逐步在供给农村养老服务中发挥作用。由表 5 可知，有 2/3 以上的老年人享受过老年协会提供的文化娱乐服务。

表 5　受访者对老年协会提供的养老服务使用

养老服务内容	频数	比例
生活照料	168	16.5%
医疗护理	57	5.6%
文化娱乐	685	67.1%
法律援助	28	2.7%
精神慰藉	206	20.2%

二、浙江省农村老人的社会养老服务需求影响因素分析

(一)社会养老服务需求的相关性分析

由表6可知,性别与社会养老服务需求之间存在负相关关系,相关系数为-0.069,这表明相对于女性,男性老年人对社会养老服务的需求意愿更加强烈。而年龄与社会养老服务需求的相关系数为-0.071,这可能是相比于高龄老年人,低龄老年人更愿意接受社会养老服务。婚姻状况与社会养老服务需求的相关系数为0.092。儿女数目、儿子数目和女儿数目与社会养老服务需求的相关系数分别为-0.118、-0.095和-0.070,这表明无论是拥有儿子还是女儿的农村老年人对社会养老服务的需求都较低。文化程度与社会养老服务需求意愿之间呈现正相关关系,相关系数为0.117,是否党员和是否干部与社会养老服务需求意愿之间呈现负相关关系,相关系数分别为-0.149和-0.047。个人年收入与社会养老服务需求意愿有正相关关系,相关系数为0.229。身体健康状况和有无慢性病与社会养老服务需求意愿之间是负相关关系,相关系数分别为-0.062和-0.014。是否经常吸烟和是否经常喝酒与社会养老服务需求意愿存在负相关关系,相关系数分别为-0.097和-0.084。

表6 受访者基本信息

是否愿意接受社会养老服务		
性别	相关系数	-0.069
	显著性(双侧)	0.027
年龄	相关系数	-0.071
	显著性(双侧)	0.019
婚姻状况	相关系数	0.092
	显著性(双侧)	0.003
儿女数目	相关系数	-0.118
	显著性(双侧)	0.000
儿子数目	相关系数	-0.095
	显著性(双侧)	0.001
女儿数目	相关系数	-0.070
	显著性(双侧)	0.014
文化程度	相关系数	0.117
	显著性(双侧)	0.000
是否党员	相关系数	-0.149
	显著性(双侧)	0.000

续 表

是否愿意接受社会养老服务		
是否干部	相关系数	−0.047
	显著性(双侧)	0.134
年收入	相关系数	0.229
	显著性(双侧)	0.000
健康状况	相关系数	−0.062
	显著性(双侧)	0.032
有无慢性病	相关系数	−0.014
	显著性(双侧)	0.664
是否经常吸烟	相关系数	−0.097
	显著性(双侧)	0.002
是否经常喝酒	相关系数	−0.084
	显著性(双侧)	0.008

(二)社会养老服务需求的因子分析

在相关性分析中,研究了受访者基本信息众多变量与是否愿意接受社会养老服务意愿,但是这些变量往往自己内部就存在相关性,从而可能出现分析结果与实际有偏差;为了消除这些影响,我们下面将进行因子分析。将受访者的性别、年龄、婚姻状况、儿女数目、文化程度、是否党员、是否干部、年收入、健康状况、有无慢性病、是否经常吸烟、是否经常喝酒进行因子分析,得到如下表格。

由表8可知,前5个因子就可以解释原始变量62.154%的信息。由表9可知第一个因子主要由儿女数目(x_4)、儿子数目(x_5)、女儿数目(x_6)所解释,所以可以命名为“子女数目因子”(F_1),该值越小说明儿子数目、女儿数目以及儿女数目越少。第二个因子主要有性别(x_1)、是否经常吸烟(x_{13})和是否经常饮酒(x_{14})所解释,可以命名为“性别特征因子”(F_2),该值越小说明是男性,且经常吸烟和饮酒。第三个因子主要由年龄(x_2)、婚姻状况(x_3)、文化程度(x_7)、年收入(x_{10})所解释,可以命名为“个人特征因子”(F_3),该值越小说明年龄大、婚姻不完整、文化程度低、年收入低。第四个因子主要由健康状况(x_{11})和有无慢性病(x_{12})所解释,可以命名为“身体素质因子”(F_4),该值越小说明健康状况线差,患有慢性病。第五个因子主要由是否党员(x_8)和是否干部(x_9)所解释,可以命名为“个人身份因子”(F_5),该值越小说明有党员和干部身份。

确定好5个因子后,由表10可以得到5个因子得分表达式如下:$F_1=-0.022\times x_1+0.124\times x_2+0.136\times x_3+0.484\times x_4+0.225\times x_5+0.430\times x_6+0.051\times x_7+0.002\times x_8+0.014\times x_9+0.024\times x_{10}+0.025\times x_{11}+0.027*x_{12}+0.015\times x_{13}+0.014\times x_{14}$

$F_2=0.385\times x_1-0.037\times x_2+0.116\times x_3+0.001\times x_4-0.016\times x_5+0.004\times x_6+0.014\times x_7-0.036\times x_8-0.065\times x_9-0.016\times x_{10}+0.047\times x_{11}+0.035\times x_{12}+0.455\times$

$x_{13}+0.443\times x_{14}$

$F_3=0.024\times x_1-0.343\times x_2+0.526\times x_3+0.044\times x_4-0.208\times x_5+0.217\times x_6+0.322\times x_7-0.035\times x_8+0.069\times x_9+0.284\times x_{10}-0.032\times x_{11}-0.030\times x_{12}+0.079\times x_{13}+0.105\times x_{14}$

$F_4=0.071\times x_1+0.007\times x_2-0.117\times x_3+0.033\times x_4+0.105\times x_5-0.045\times x_6+0.030\times x_7+0.035\times x_8+0.011\times x_9+0.146\times x_{10}+0.561\times x_{11}+0.553\times x_{12}+0.021\times x_{13}+0.016\times x_{14}$

$F_5=0.001\times x_1-0.097\times x_2+0.046\times x_3+0.000\times x_4-0.168\times x_5+0.141\times x_6-0.138\times x_7+0.537\times x_8+0.597\times x_9-0.039\times x_{10}-0.041\times x_{11}+0.084\times x_{12}-0.095\times x_{13}-0.042\times x_{14}$

通过因子分析，可将原来受访者性别、年龄、婚姻状况、儿女数目、文化程度、是否党员、是否干部、年收入、健康状况、有无慢性病、是否经常吸烟、是否经常饮酒 12 个变量转化成儿女数目因子、性别特征因子、个人特征因子、身体素质因子、个人身份因子共 5 个因子，从而实现了变量降维，且这 5 个因子不存在线性相关性。

表 7　KMO 和 Bartlett 的检验

Kaiser-Meyer-Olkin 度量		0.472
Bartlett 的球形度检验	近似卡方	5628.635
	自由度	91
	显著性	0.000

表 8　解释的总方差

成分	初始特征值			提取平方和			旋转平方和		
序号	合计	方差的%	累积%	合计	方差的%	累积%	合计	方差的%	累积%
1	2.836	20.256	20.256	2.836	20.256	20.256	2.069	14.779	14.779
2	2.026	14.474	34.729	2.026	14.474	34.729	1.985	14.177	28.956
3	1.420	10.139	44.869	1.420	10.139	44.869	1.689	12.062	41.017
4	1.245	8.895	53.763	1.245	8.895	53.763	1.542	11.014	52.031
5	1.175	8.390	62.154	1.175	8.390	62.154	1.417	10.123	62.154
6	1.026	7.326	69.480						
7	0.903	6.451	75.931						
8	0.700	5.002	80.933						
9	0.627	4.476	85.409						
10	0.581	4.151	89.561						
11	0.522	3.729	93.289						
12	0.483	3.450	96.739						

续 表

序号	合计	方差的%	累积%	合计	方差的%	累积%	合计	方差的%	累积%
13	0.444	3.173	99.912						
14	0.012	0.088	100.000						

表 9 旋转成分矩阵

	因子 1	因子 2	因子 3	因子 4	因子 5
性别	−0.036	0.731	−0.144	0.015	0.122
年龄	0.388	0.088	−0.582	−0.083	−0.066
婚姻状况	0.101	0.001	0.729	−0.100	−0.014
儿女数目	0.979	0.007	−0.109	−0.018	−0.010
儿子数目	0.528	0.013	−0.362	0.086	−0.199
女儿数目	0.812	−0.017	0.147	−0.096	0.153
文化程度	−0.026	−0.200	0.557	0.129	−0.272
是否党员	0.011	0.123	−0.163	0.013	0.755
是否干部	−0.003	0.036	0.003	0.006	0.807
年收入	−0.090	−0.238	0.526	0.303	−0.141
健康状况	−0.027	−0.055	0.069	0.843	−0.077
有无慢性病	−0.021	−0.033	0.043	0.825	0.097
是否经常吸烟	0.030	0.822	−0.092	−0.066	0.001
是否经常饮酒	0.019	0.805	−0.057	−0.068	0.066

表 10 因子得分系数矩阵

	因子 1	因子 2	因子 3	因子 4	因子 5
性别	−0.022	0.385	0.024	0.071	0.001
年龄	0.124	−0.037	−0.343	0.007	−0.097
婚姻状况	0.136	0.116	0.526	−0.117	0.046
儿女数目	0.484	0.001	0.044	0.033	0.000
儿子数目	0.225	−0.016	−0.208	0.105	−0.168
女儿数目	0.430	0.004	0.217	−0.045	0.141
文化程度	0.051	0.014	0.322	0.030	−0.138
是否党员	0.002	−0.036	−0.035	0.035	0.537
是否干部	0.014	−0.065	0.069	0.011	0.597
年收入	0.024	−0.016	0.284	0.146	−0.039

续 表

	因子 1	因子 2	因子 3	因子 4	因子 5
健康状况	0.025	0.047	−0.032	0.561	−0.041
有无慢性病	0.027	0.035	−0.030	0.553	0.084
是否经常吸烟	0.015	0.455	0.079	0.021	−0.095
是否经常饮酒	0.014	0.443	0.105	0.016	−0.042

(三)社会养老服务需求的 Logistic 分析

将子女数目因子(F_1)、性别特征因子(F_2)、个人特征因子(F_3)、身体素质因子(F_4)、个人身份因子(F_5)共 5 个因子作为自变量,是否有社会养老服务需求($p=1$ 表示有社会养老服务需求,$p=0$ 表示没有社会养老服务需求)作为因变量进行 Logistic 回归分析,得到表 11、表 12、表 13。

表 11　Logistic 模型系数的综合检验

步骤	卡方	df	显著性
1	61.541	5	0.000

表 12　Logistic 模型摘要

步骤	−2 对数似然值	Cox & Snell R 方	Nagelkerke R 方
1	1245.935	0.058	0.081

表 13　Logistic 回归结果

	B	S.E.	Wald	df	显著性	Exp(B)
F_1	−0.183	0.071	6.548	1	0.010	0.833
F_2	−0.195	0.066	8.615	1	0.003	0.823
F_3	0.416	0.073	32.761	1	0.000	1.516
F_4	−0.089	0.068	1.712	1	0.191	0.915
F_5	−0.210	0.066	10.306	1	0.001	0.810
常量	−0.713	0.069	106.076	1	0.000	0.490

由表 11 和表 12 可知,总体模型卡方值为 61.541,显著性为 0.000,小于 0.05 的显著性水平,−2 对数似然值、Cox & Snell R 方和 Nagelkerke R 方也表明模型拟合的结果较好。由表 13 可得到如下的 Logistic 回归方程:

$$\ln\left(\frac{p}{1-p}\right)=-0.713-0.183F_1-0.195F_2+0.416F_3-0.089F_4-0.210F_5$$

从回归方程中可知,个人特征因子(F_3)与社会养老服务需求存在正相关关系,且系数绝对值最大,说明年龄越小、婚姻完整、文化程度高、年收入高的人群的老年人社会养老服务需求的愿望最强烈。个人身份因子(F_5)与社会养老服务需求存在负相关关系,且系数绝对值排第二,说明有党员和干部身份的老年人也有较多的社会养老服务需求。性别特征因子(F_2)与社会养老服务需求存在负相关关系,且系数绝对值排第三,说明是男性且经常吸烟饮酒的老年人也有一定的社会养老服务需求。子女数目因子(F_1)与社会养老服务需求存在负相关关系,且系数绝对值排第四,说明子女数目偏少的老年人也存在社会养老服务需求。身体素质因子(F_4)与社会养老服务需求存在负相关关系,且系数绝对值排第五,说明健康状况差,患有慢性病的老年人也存在社会养老服务需求,但是5%水平上没有通过显著性检验。

三、调查结果分析

根据以上的调查结果、实证分析和对老年人的访谈,可以得到以下结论。

第一,农村老年人对社会养老服务有较强的需求意愿。在浙江省农村老龄化逐步加快的背景下,尽管大部分农村老年人希望由家庭照料的方式进行养老,但仍有约33%的农村老年人对社会养老服务有需求意愿。具体地看,农村老年人对机构养老服务、居家养老服务和社区养老服务的需求意愿分别是13.9%、11.7%、7.4%。在社会养老服务需求内容上,农村老年人对生活照料、医疗护理、精神慰藉、文化娱乐等四项内容的需求意愿较为强烈。

第二,单一的社会养老模式存在弊病。机构养老服务模式主要存在养老机构供需失衡、养老机构设施配备缺乏、管理混乱、农村老人对机构养老认识存在误区等问题。居家养老服务模式主要存在农村老人的收入来源没有保障、独居老人生活不便利、子女供养力不足等问题。社区养老服务模式主要存在政府支持不足和社区养老服务能力偏弱等问题。

第三,老年协会参与社会养老服务能力偏弱。基层老年协会等社会组织在农村养老服务中开始逐步发挥积极作用,为部分老年人提供了文化娱乐、精神慰藉和生活照料等多方面的服务,但是在管理、经费和积极性等方面仍然存在不足。

第四,社会养老服务相关人员不足,且缺乏相关专业技能。由于社会养老服务劳动强度大、时间长,收入相对较低,所以造成相关服务人员不足的现象。

第五,计量分析结果表明,具有年龄小、婚姻完整、文化程度高、收入高、具有党员干部身份、男性、经常吸烟饮酒、子女数目少等特征的老年人更愿意接受社会化养老服务。

四、浙江农村老人的社会养老服务供给与需求的矛盾分析

(一)居家养老服务:专门化程度不高

在浙江农村地区,居家养老服务主要服务内容是就餐、理发、医疗保健和娱乐文化等,尤其是就餐服务,无论是运营较好的网点还是一般的网点,都有一定数量的稳定老年人群就餐,其中以留守、独居老人居多,在价廉、方便、有伴等因素的作用下,他们会选择在照料中心就餐。农村老年人群在收入相对充裕的情况下,有更高层次选择,更愿意在家(或餐厅)就餐,选择偏爱的理发店理发,或者去一些社区医院、大型医院就诊,发挥实效性较明

显的是文化娱乐设施。居家养老服务模式虽然能够较好地满足老年人的社会心理需求，但是存在专业服务人员缺少行业标准等弊端。

(二)社区养老服务:政府与社会组织的协同不够

一是政府支持不足。社区养老是公共服务范畴,这需要政府进行主导,但是由于政府的财政能力问题,导致对农村社区投入少,这是制约社区硬件设施建设的重要因素。社区养老服务能力偏弱。由于刚刚处于起步阶段,社区养老服务人员业务水平整体偏低,缺乏专业的护理经验,对老人的生活照料和医疗护理没有起到很好的效果。

二是社会组织的作用发挥有限。农村老年协会等社会组织在农村养老服务中开始逐步发挥积极作用,但是也存在一些问题。首先是组织定位问题。虽然浙江省对老年协会的组织性质给出了明确定位,但是老年协会的发展完善程度与实现注册登记之间仍有较大差距。其次是经费来源问题。农村老年协会往往缺乏稳定的经费来源,从而很难开展有效的工作。最后是老年同志的工作能力和积极性问题。虽然很多农村出于老龄工作的需要成立了农村老年协会,但老年人带头组织和管理老年协会的积极性不强。

(三)机构养老服务:资源配置失衡

老龄化增速加快引发机构养老服务需求与有效供给之间的矛盾。一是需方的问题：农村老人对机构养老认识存在观念误区。相当一部分农村老人认为入住养老机构是一件很没有面子的事情,是子女不孝顺的表现,从而非常排斥养老机构。二是供方的问题:一方面浙江省农村老龄化速度快,虽然多数公办养老机构在活动场所、医疗器材、娱乐设施等都投入较少且设施简陋,不能满足要求较高的老人的需求,但是由于其收费相对低,导致养老床位成为非常紧俏的资源。公办养老机构存在总量供给不足、区域分布不均、内部改善动力缺失等问题。另一方面,民办养老机构突出的困境在于融资难、用地审批难、招人留人难等。

五、满足浙江农村老人的社会养老服务需求的对策建议

(一)发挥政府在社会养老服务中的主导作用

一是发挥政府的规划和监管作用。政府作为农村养老事业领导者、规划者和政策制定者,要从制度上保障养老服务工作进行科学、有效、持续的开展。同时作为养老服务质量监控者,要加强对养老服务参与者、投资者以及养老服务供给者进行全程监督和分类管理。

二是建立政府购买养老服务的竞争机制。在养老服务机构的进入、退出、监管等方面采用竞争性模式购买养老服务。建立公平竞争机制,通过公开规范的渠道进入居家养老服务体系。建立养老服务质量监督评估体系。制定和完善养老服务相关标准,规范养老服务市场行为。建立养老机构等级评定机制,明确养老服务考核奖惩机制,完善养老服务机构进入退出机制。

三是建立财政资金引导下的多元筹资机制。加大财政资金投入力度,将养老服务工

作列入政府实事工程或政府预算。通过政府购买社会养老服务方式，吸引民间资本进入，提高社会养老服务投资效率。

(二)发挥老年协会在社会养老服务中的协同作用

一是加强政府对农村老年协会的政策引导。农村老年协会的发展离不开村委和基层政府的政策支持，政府应鼓励有条件的地区积极创立老年协会，而老年协会充分发挥自我管理、自我发展的能动性，且通过完善的制度和管理来获得村委会的信任和支持，共同致力于改善农村老年人的福利。二是积极拓展老年协会经费来源。各村的老年人不仅仅是需要养老服务的个体，更是具有深厚社会关系的群体，在农村有一些老年人是德高望重的人士，应充分发挥老年个体和群体的社会资本效用。

(三)重点突破农村社会养老服务的人力资源难题

对社会养老服务人才进行职前职后、分层分类一体化的培养设计，定期、定点、分层、分类、分主题进行业务提升服务；借鉴上海市、天津市的经验和做法，由民政部门联合教育部门，依托医学院校设立护理学院，开设老年护理专业；整合地方职业院校、卫生学校、社区学院和老年大学等资源，进行“医养教”一体化人才培养；将社会养老服务从业人员纳入人才序列，在职称评定、技能水平认定、薪酬晋级等方面予以政策倾斜；可将养老护理员纳入企业新型学徒制试点和城市积分入户政策范围。

参考文献

[1] 黄俊辉.政府责任视角下的农村养老服务供给研究[D].南京：南京农业大学，2013.

[2] 黄俊辉，李放，赵光.农村社会养老服务需求意愿及其影响因素分析：江苏的数据[J].中国农业大学学报(社会科学版)，2015，32(2)：118-126.

[3] 张娜.农村社会养老服务需求与发展路径研究[D].南京：南京农业大学，2015.

[4] 邹楠.黑龙江省农村居民养老模式研究[D].哈尔滨：东北农业大学，2017.

课题组单位：湖州师范学院

课题组负责人：方晓伟

课题组成员：张永梅，李放，黄俊辉

课题名称及编号：浙江农村老人的社会养老服务需求调查与对策研究(编号：2020N07)

文旅融合大背景下文化遗产的发展现状与策略研究

——以杭嘉湖地区为例

[按语]文旅融合、以文促旅、以旅彰文，已成为发展文化遗产旅游业、促进文化传播的必然选择。杭嘉湖地区具有良好的发展文化遗产旅游的基础条件。运用调查分析，剖析杭嘉湖地区文化遗产的发展现状，发现其具有分布位置不均，保护水平和开发水平不均衡，非物质文化遗产数量相对较多，各地对非物质文化遗产的保护、宣传等层次不同等特征。而我国已全面进入大众化旅游时代，旅游消费成为国民常态化的生活方式之一。从杭嘉湖区域文旅融合发展模式构建，文化遗产展示体系建设；文化遗产与旅游融合项目培育与推广；规划丰富旅游产品及业态，加快推进融入长三角旅游一体化等方面探讨杭嘉湖区域文旅融合发展对策，以期进一步推动文旅融合发展。

一、研究对象简述

对杭嘉湖地区的文化遗产进行调研梳理，重点对全国重点文物和国家级非遗项目进行调研。

(一)文物重点保护单位

本次调查的地点为杭嘉湖地区的国家文物重点保护单位，主要包括古遗迹、古墓葬、古建筑、石窟寺及石雕、近现代重要史迹及代表性建筑五大类，其中杭州 21 项，嘉兴 10 项，湖州 13 项，如表 1 所示。项目选取有代表性的地点调研；重点以古遗迹、石窟寺及石雕，以及近现代重要史迹及代表性建筑类为主，具有一定的代表性。

表 1 杭嘉湖地区主要国家级文物重点保护单位数量统计

地区	古遗迹	古墓葬	古建筑	石窟寺及石雕	近现代重要史迹及代表性建筑	合计
杭州	5	2	5	3	6	21
嘉兴	4	0	3	1	2	10
湖州	3	0	5	1	4	13
合计	12	2	13	5	12	44

(二)全国非物质文化遗产

杭嘉湖地区的国家级非遗项目,重点在传统手工技艺。调查的对象是文物保护单位、景区管理部门、景区游客和非遗传承代表人物等。非物质文化遗产方面,主要为国家级别的非遗传承人和产业集聚地,以及在旅游行业中的创新运用。国家级非遗项目涵盖民间文学、传统舞蹈、传统戏剧、传统美术、传统手工技艺等不同类型,调研其保护现状与发展近况,具体如表 2。探索不同的产业转化机理,有望为全国其他不同类型的非遗项目的产业化提供借鉴和参考。

表 2 杭嘉湖地区主要国家级非物质文化遗产数量统计

地区	民间文学	传统舞蹈	传统戏剧	传统美术	传统手工技艺	传统音乐	曲艺	传统体育、游艺与杂技	传统医药	合计
杭州	4	1	0	1	13	3	6	2	4	34
嘉兴	0	1	1	2	2	2	1	2	0	11
湖州	1	2	1	0	5	0	0	0	0	9
合计	5	4	2	3	20	5	7	4	4	54

非物质文化遗产中,杭嘉湖地区在全省数量中总体占比较大。建立非物质文化遗产代表性项目名录,对保护对象予以确认,以便集中有限资源,对体现中华民族优秀传统文化,具有历史、文学、艺术、科学价值的非物质文化遗产项目进行重点保护,是非物质文化遗产保护的重要基础性工作之一。国家级名录将非物质文化遗产分为十大门类:民间文学,传统音乐,传统舞蹈,传统戏剧,曲艺,传统体育、游艺与杂技,传统手工美术,传统技艺,传统医药,民俗。

二、现状分析

本文通过文史资料研究、田野调查、问卷调查,发掘物质文化遗产的典型遗存,对文化遗产的现状和文化遗产相关的旅游现状进行分析。从对物质文化遗产和非物质文化遗产的保护,以及所产生的经济效应两个方面调研,具体分为文化遗产现状、经济产出效应、政府投入、产业效应等方面的调研。与文化遗产相关的旅游现状从被调查者人口统计学特征、被调查者对景区各方面的重视程度和满意程度、景区旅游活动的多样度、游客对景区活动的参与度、旅游商品丰富度和特色度、景区商业化程度、景区内外交通便利度、景区文物保护情况、餐饮品种及特色等方面来进行调研分析。

(一)物质文化遗产现状分析

分布位置不均,保护水平和开发水平不均衡,特别是古遗迹和古墓葬的保护水平差。杭嘉湖地区物质文化遗产包含五大类型共计 44 项,集中在杭州 21 项、嘉兴 10 项、湖州 13 项。相对而言,针对古建筑和石窟寺及石雕的保护比较好。由于多数遗址保护范围的规划建设基地是由于村落迁移而建设,遗址周边的人气尽失,配套设施与交通建设也不好。另外,村庄迁移,道路改变,遗址的周边建控地带与开发建设产生冲突,更让遗址整体显得格外凄凉暗淡，有些遗址保护区内早就种满了农民的瓜果蔬菜甚至水稻。遗址开发建设后，虽然各地方政府加强了对文物的保护措施，但在遗址环境的保护和管理的具体实施过程中却存在很多问题，在行政管理中，现在遗址地块分别受经济发展、农林水利、城建规划等部门多方管理，没有形成完整规范的管理机制。经过调查问卷和实地调研发现，大部分人对大遗址都不是很了解，到遗址景观进行文化旅游的人更少。不过，大部分人都觉得应该加大对这些遗址的保护力度，以促进其更好地发展，让更多的人了解这些伟大的历史。

由于大部分古建筑和石窟寺均建立于人口繁华或景色优美之地，加上古建筑自身结构独特具有吸引力，文人墨客的赞扬推广、专家学者的研究与探讨使得古建筑更具政治性、历史性和神秘色彩。人们对古建筑的认知度更高，更多的人会选择古建筑进行游玩观赏，地方政府为促进当地旅游发展或提升当地知名度，会加大对古建筑的保护与宣传，从而形成一个比较好的良性循环。比如六和塔和嘉业堂藏书楼及小莲庄。六和塔已经与杭州西湖景点连成一体，作为杭州西湖景点之一，它以依山靠水的有利位置吸引了大量游客。中秋前后，登上六和塔的游人尤为众多，因为六和塔是观赏秋潮的最佳地点之一。郭沫若登上六和塔时即兴赋的诗——《登六和塔》向众人展示的正是钱塘江边千年古塔的雄姿。嘉业堂藏书楼及小莲庄也具有相同的模式，他们作为南浔古镇旅游景区的主要景点，吸引了大批游客来参观了解。虽然古建筑由于自身优势，使得其在宣传、保护、知名度、受欢迎度等方面都比其他物质文化遗产好。但是对古建筑的管理目前仍存在一定隐患，有些管理甚至显得有些敷衍或放任。比如，湖州的飞英塔。飞英塔坐落于湖州飞英公园内，该塔结构非常特殊，建筑具有很浓厚的历史文学性，故事传说更为它增添了一些神秘色彩。目前为了保护飞英塔，该塔内部已不再对外开放，游客只可观赏其外部结构。飞英塔建筑结构的特殊性，主要体现在其内部塔中塔的结构上，当人们不能再直接欣赏塔内的美妙之处后，飞英塔的美也无法再口口相传。关闭塔内参观，是地方政府对古建筑的保护。这个无可厚非，但问题在于关闭之后的管理显得非常滞后，既没有影视图音也没有人工的讲解宣传，这让飞英塔显得异常寂寞。另外，古建筑和石窟寺存在风化、病害等破坏性灾害。目前有较多的古建筑和石窟寺存在这方面的问题。

(二)非物质文化遗产现状分析

当前所整理的非物质文化遗产多与民俗生活相关，非物质文化遗产包括民间文学、传统舞蹈、传统戏剧、传统美术、传统手工技艺等多种不同类型。本部分内容试图在文旅融合的大背景下，分析非物质文化遗产的现状。

非物质文化遗产数量相对较多，各地对非物质文化遗产的保护、宣传等层次各不相同。由于各非物质文化遗产的形式不同，其开发程度与推广程度也呈现出很大的差别。非物质文化遗产能够打破时空的界限，在一定的时间维度、空间范围内进行传播，是一个国家和民族本土文化活态传承的关键载体和工具。非物质文化遗产本身的特点导致了不同的文化遗产有着不同的存在状态。如，有的非物质文化遗产由于传授过程复杂、不易保存或者知道的人很少，而有的非物质文化遗产由于人们的保护意识不足正处在消失的边缘。在非物质文化遗产的保护过程中，国家虽然出台了相关的法律法规，但是在实际执行过程中，一些地方保护力度不足，没有形成完善的保护方案。在一些经济发展水平不高的地方，政府难以投入足够的资金保护非物质文化遗产，政策上的支持也与当地的实际情况不相匹配。这样一来，保护的力度跟不上破坏的速度，影响了当地非物质文化遗产的保护与发展。现阶段，各地的非物质文化遗产保护大多停留在“输血式”保护阶段，即依靠政策扶持、政府拨款等措施维持现状，保证非物质文化遗产“尚存”，而忽视了对孕育非物质文化遗产的自然和社会土壤的保护，对非物质文化遗产如何自立、自强、自续等问题缺乏关注和思考，非物质文化遗产的保护工作存在片面性和局限性，长期处于初级阶段。社会层面对非物质文化遗产保护的重要性认识不足，导致非物质文化遗产保护整体氛围淡薄，群众自发性弱，相关工作严重依赖政府，出现非物质文化遗产保护“政府热、社会冷”的现象；与此同时，政府也存在方向不明、职能不清、资金不足等问题，又为非物质文化遗产保护蒙上了一层阴影。一项非物质文化遗产项目能够经久不衰、熠熠生辉，根源在于其与群众生活密切相关，拥有广泛的群众基础，能够结合时代的特点展现自身不同的价值，满足群众生产生活所需要的物质与精神需要。在现阶段的非物质文化遗产保护中，一些人片面地将非物质文化遗产视为“文物”，主张“守旧”“顺其自然”，认为这样就是在进行原汁原味的保存延续，却忽视了非物质文化遗产的根本属性——活态性，割断了非物质文化遗产与生产、生活之间的内在联系。一些保护单位和传承人也成为这种错误观念的践行者，充当起了“讲解员”“守旧者”的角色，主动熄灭了时代之气、创新之焰，囿于桎梏，不思进取，使部分非物质文化遗产渐趋落寞，濒临灭绝。非物质文化遗产的数量、质量都处于一个大量级，加之非物质文化遗产保护工作的长期性和高耗性，意味着非物质文化遗产保护工作不可能一蹴而就，其资金投入必将是巨大的、持久的。

非物质文化遗产的保护与推广存在资金短缺，这是世界各国，尤其是发展中国家普遍存在的问题。资金短缺问题对非物质文化遗产的开发保护及推广十分不利。现阶段，非物质文化遗产保护资金来源主要有三个：一为中央设立的国家非物质文化遗产保护专项资金；二为各省市县政府设置的地方配套非物质文化遗产保护资金；三为社会募集的公益资金。其中，国家非物质文化遗产保护专项资金占较大比重，尽管专项资金总数可观，但分散到各省市县等多级地方后便变得捉襟见肘，供不应求。随着社会的转型，现代的、高科技的、超前性的生活观念对传统观念造成重大冲击，逐渐占据主流，这样背景下诞生的年轻一代更喜欢接触新鲜事物，他们站在时代浪尖，不愿学习“老土”的传统技艺，延续旧有生活模式，这为非物质文化遗产的自发性传承模式（师徒传承、家族传承）带来诸多困难。事实表明，目前，非物质文化遗产的自发性传承已经不适应现代社会的发展需要。目前，非物质文化遗产难以推广的根本原因在于，其与现代生活融合困难，不能满足时代发展和人们多样化的需求。在理论层面，目前对非物质文化遗产保护的研究尚不成熟；在实践层面，存在着流于表面、缺乏实效、治标不治本等问题。部分地方政府思路局限，做法守旧，仅仅将非物质文化遗产保护归于某一领域，割裂了非物质文化遗产保护与其他领域之间的联系，对非物质文化遗产未来何去何从、自存自续等问题缺乏长远考虑和规划，使非物质文化遗产保护“造血”能力不足。

随着生活水平逐渐提升和新兴技术快速发展，一些非物质文化遗产与社会发展的需求脱钩，渐渐淡出人们的视野。一些古代戏曲的节奏比较舒缓，不适应当前快节奏生活的节拍，逐渐没有了市场，被流行音乐、摇滚乐取代。作为著名的非物质文化遗产，昆曲的产生和兴起都和当时的生活习性有很大关联。但到了乾隆年间，普通民众成为社会主要的阶层，昆曲赖以生存发展的基础不复存在，于是逐渐衰落。社会环境的深刻变化，也促使了非物质文化遗产的消逝。西方文化的"软入侵"影响了大众文化的价值取向，民众对自己民族的文化趋于淡忘与背离。在当代媒体的冲击下，民众审美观和休闲方式也发生了转变。

目前，许多非物质文化遗产的传承人存在年龄偏大，没有合适的后继者，传承人所掌握的技艺受传承人所限趋于消失等问题。再加上非物质文化遗产自身形态的原因，其传承主要依赖于代际传承。种种原因导致了非物质文化遗产传播推广受限。所以，提高对传承人的重视程度，建立传承人接续的良性机制，鼓励有代表性的传承人将其所掌握的技艺散播，显得尤为重要。

(三)文化旅游现状分析

当前，随着社会经济的高速发展，我国已全面进入大众化旅游时代，旅游成为国民常态化的生活方式之一。特别是浙江的杭州、湖州和嘉兴旅游产业发展比较好。在旅游过程中，部分旅游消费者已不再满足于走马观花式或纯观景休闲式的旅游消费模式，而是更注重旅游过程中对旅游景区人文历史文化底蕴的探讨研究和体验，以及由此带来的精神富足。在这样一种精神需求上，产生了文化旅游产业。目前非物质文化遗产由于内容丰富形式多样，观赏性与参与性都比较好，所以，相对而言关于非物质文化遗产的文化旅游开展得比较好。另外，重点文物中的代表性建筑、石窟寺及石雕等由于其可观性、具实性都非常强，其相关的文化旅游也有不同程度上的发展。文化旅游发展最不好的是古遗迹，这和古遗迹的特征有直接关系。另外，文化遗产旅游景区文创产品相对缺失。文创产品是将"文化"元素转换为"创意"之后，加诸产品之上，体现了人与物之间的联系，除了有生活化的使用功能外，还要符合消费者心理需求，可以是单面的精神填补，也可以是心灵的共鸣。目前大部分文化旅游产品几乎等同于旅游纪念品，其质量、品牌效应、影响力和销售业绩均远低于前述预期的文创品牌。再是文化旅游相关单位在文物宣传与讲解方面过于简单，总体来说布局混乱、简陋粗糙、沉闷乏味，大多质量不高、观赏性不强，缺乏与游客的互动。

三、杭嘉湖区域文旅融合发展模式构建

浙江杭嘉湖区域文旅融合是基于文化遗产展示，利用便利交通方式而发展的旅游模式，当然跨越浙江全境的文旅融合不可能一蹴而就，可以在杭州、嘉兴、湖州首先形成试点，而后逐渐将各市的文旅融合连接起来，采用"由点—连线—成轴—呈面"的渐进发展模式。

(一)文化遗产展示体系建设

文化旅游的核心是文化遗产的活态化展示，需要将物质文化遗产与非物质文化遗产紧密结合，形成文化遗产环境的综合保护与营造。本研究在厘清杭嘉湖文化遗产的基础上，从遗产故事的影视化呈现、历史现场的虚拟化呈现、历史场景的演绎性呈现、艺术作品

的动态化呈现、文化遗产的产业式更新等方面创新文化遗产与精神的多元展示方式，使游客在参与历史事件、叩问历史命脉的过程中，深刻领会文化遗产的精神价值。同时对各市镇文化遗产的展示重点进行统筹设计，形成各市镇一脉相连又各具特色的遗产展示体系，规划多元创新、各具特色文化遗产展示体系。

如图1所示，文化遗产的展示与宣传可以采取线上线下一体化展示体系。线上展示主要是借助互联网、数字多媒体及虚拟现实等技术，线下展示主要是通过实物体验式或者实物展示性（演示性）等方式进行构建。线上展示系统的构建可以是平台形式，也可以是三维立体，可以是PC端软件，也可以是移动设备（手机等）APP软件，或者两者兼顾。为了增加更丰富的娱乐性和交互性，可以将线上展示平台做成更具参与度的游戏。线下展示平台的构建要充分考虑文化遗产自身的特性进行展示，在一些必要环节充分利用数字多媒体技术，有些环节还可以利用虚拟现实技术让游客参与。比如，茶艺文化的展示可以进行实物展示、表演，也可以让游客实际参与。比如湖毛制作、丝绸制作等除了实物展示与操作外，在有些环节还可以采用AR/VR技术进行操作。针对文化遗址等更需要采用虚拟现实技术进行遗址地重现，并将遗址现有的框架通过数字多媒体及虚拟现实技术进行三维立体重构，让游客有更直观、更清晰的认知，而不是完全依靠游客自身的立体想象，通过虚拟现实技术还可以让游客置身于虚拟遗址，这样更有利于遗址的推广宣传。

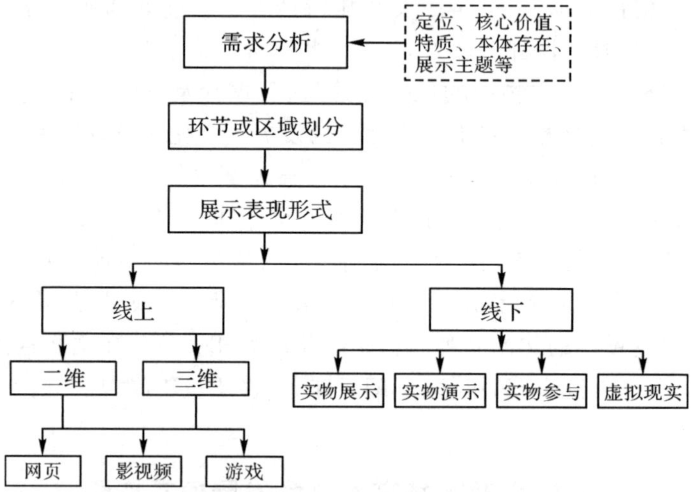

图1 文化遗产展示与宣传体系

（二）文化遗产与旅游融合项目培育与推广

1.规划培育一批，增加游客参与性、互动性、体验性强的文旅融合消费项目

挖掘文化特色，在非物质文化遗产和文物古迹中挑选一批保存较好和便于创新的项目，根据国家鼓励开发11大旅游新业态，培育文化体验游、乡村民宿游、生态和谐游、研学知识游等。加大教育领域研学旅游，随着体验式教育理念的深入和旅游产业的跨界融合，研学旅行已经成为教育体系、校外培训、旅游产业的市场热点。以文化遗产著称的旅游景区，在规划开发保护建设的过程中，应从历史的时间维度、社会的生态维度和地理的空间维度等跨学科多层次的，对散落在典章制度、考古发掘、宗教仪轨中的历史文化资源进行

深度挖掘和梳理，且重新提炼出景区核心的文化内涵，并结合景区的自然景观予以融合，以最契合旅游者心意的形式予以呈现，从而提升景区的核心文化品质，提高大众旅游者的心理感受度。文化旅游的推广有不同的发展道路选择，就发展现状来看，与教育系统结合，推广研学文化旅游是一种更有效的方法。了解和传承中国优秀文物文化也是教育的一项主要责任。国家相关政府部门也多次提出"学习之旅"。研学文化旅游有助于传承文化内涵，同时也会培养未来的潜在消费市场。政府应为研学旅游提供政策和财政支持，学校在政府支持下也应确保研学文化旅游的安全性，研学基地作为开展研究旅游的主要场所，更是需要提供相应场所保障。旅游企业是研究旅游产品和活动的主要设计者，为产品安全、媒体等肩负责任，为研学旅游营造良好的舆论氛围。研学文化旅游市场非常大，不同层次的学生都可以参加。研学旅游与文化遗产的结合主要可以从寓教于乐，多学科的交叉学习和相应的实践教学分析，构建适应社会发展及相应的旅游学科发展的有效模式。因此，也可以将研学旅游与实际的教学内容相结合，从而促进有效的知识体系的建立和发展，实现对有关旅游学科发展的教育教学资源的有效利用，以体现研学旅游资源的整体性。所以，将文化遗产与研学旅游相结合不是单一独立的，而是各个部门总体资源的有效结合与规划设计。首先，政府要对与文化遗产相关的研学旅游在政策和资金上进行引导和支持，相关文化遗产直接管理单位或个人要分析文化遗产各个环节的有效性和适应性，并基于各教育层次知识体系与文化遗产相关领域的相关性进行有效分解对应，能进行统一展示的可以统一展示，不能统一展示的可以根据不同教育层次对不同文化遗产进行不同内容和深度的衔接。总之，要针对不同教育层次进行文化遗产相关旅游项目的设计开发。学校部门需要积极组织学生参加文化旅游，也可以积极参与文化遗产旅游项目的开发。旅游服务公司是推广旅游产品和实施活动的组织者，文化遗产管理部门或个人要积极与旅游公司链接，形成一个完整的产业链(见图 2)。

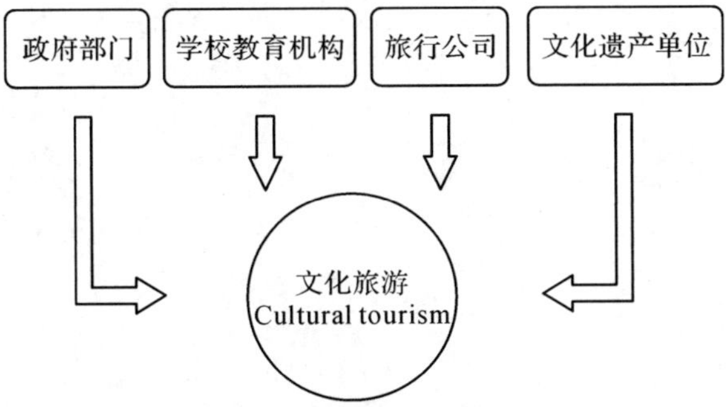

图 2　研学文化旅游

2. 多渠道投入构建智慧沟通平台，打通游客与文化遗产之间的间壁

调研发现游客获取文化旅游讯息的渠道比较散乱，不够全面、及时，需加大政府支持力度，文化遗产保护单位联手，同时吸纳民间资本的投入构建智慧沟通平台(见图 3)，打通游客与文化遗产之间的间壁，让游客可以及时地接收到文化保护单位的相关活动与信息，产生互动，促进文旅深度融合。

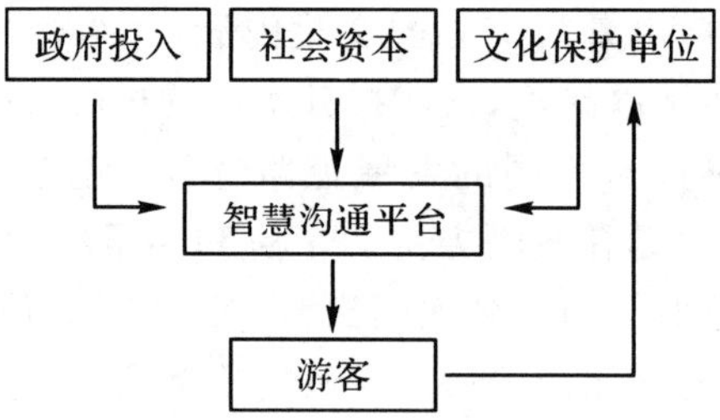

图3　智慧沟通平台

3. 规划丰富旅游产品及业态，加快推进融入长三角旅游一体化

调研发现存在以下问题，首先是旅游产品与项目同质化，大多数旅游产品与项目相似度很高。其次，当地特色性、创新性不够突出，游客的参与和推广度不够。再者，旅游产业链的完整性和集聚性不够。旅游产品与业态需对散落的区域进行整合，提炼出与其他地区的差异性，形成特色，主打推广；对特色做系列的规划，呈现更加丰富的形式，大型旅游综合体项目整合多种领域成为文旅融合发展的重要方向和拉动地方经济发展的重要动力。以杭嘉湖地理优势，助力融入长三角旅游一体化。提升文化遗产的旅游品质，打造文旅商集聚区。借助文旅融合推动对 GDP 的贡献，同时带动相关产业与乡村振兴发展，打造文旅商集聚区。

课题组单位：湖州师范学院

课题组负责人：吴秀娟

课题组成员：韩超，蔡志端，刘佳妮，陈湘

课题名称及编号：文旅融合大背景下文化遗产的发展现状与策略研究——以杭嘉湖地区为例（编号：2020N10）

基于区块链技术的老龄人口医养结合调查及影响因素分析

[**按语**]当前人口老龄化形势非常严峻，如何养老、如何更好地养老，这一论题已在全球范围内探索了几十年。在这一背景下，兼顾“医”和“养”两大核心养老需求的“医养结合”模式应运而生。在完善居家养老、社区养老、机构养老等服务功能的基础上，通过整合医疗资源从而为老年人提供一定的诊疗服务，如用药指导、康复护理服务、慢性病管理、健康体检、保健咨询、心理疏导及临终关怀等。本研究对嘉兴市本级22个乡镇、街道的老龄人口及其子女进行线上线下问卷调查，对设置有老年病房的嘉兴市医疗服务机构中住院老人及医护人员进行访谈，并走访了医保局、民政局、卫生健康委员会等多个部门，发现并整理了调研过程中存在的问题，并提出初步的解决方案。

一、老龄人口医养结合现状调查

(一)研究背景

党的十九大指出，要“积极应对人口老龄化，构建养老、孝老、敬老政策体系和社会环境，推进医养结合，加快老龄事业和产业发展”，这是在我国人口老龄化速度加快，失能、半失能老人数量大幅增加的背景下提出的。我国目前已经进入老龄化社会，空巢、独居、失能和半失能老人数量呈快速增长态势。国家统计局数据显示，2019年末，全国60岁及以上人口为25388万人，占18.1%，其中，65岁及以上人口为17603万人，占12.6%。与2018年末相比，老年人口比重持续上升，其中，60岁及以上人口增加439万人，比重上升0.25个百分点；65岁及以上人口增加945万人，比重上升0.64个百分点。扶养比将提高到28%左右；用于老年人的社会保障支出将持续增长；农村实际居住人口老龄化程度可能进一步加深。预计到2030年，我国60岁及以上老年人口总量将达到3.58亿人，占我国总人口的25.1%；到2050年将达到4.87亿人，占比35.1%。届时，全球60岁以上老年人将达到20.2亿，我国60岁以上老年人口将占世界老年人数量的24.1%。

嘉兴市是全省乃至全国较早进入人口老龄化的城市之一，呈现老龄人口基数大、增速快等特征，其中户籍人口老龄化程度尤其高。嘉兴市公安局人口资料显示，2017年末，全市户籍人口356.37万人，其中60岁及以上老年人口92.28万人，与2016年相比，老年人口总量增加4.09万人，增幅4.6%，老年人口增幅高于户籍人口增幅3.4个百分点；老年人口占户籍人口的比重达到25.89%，比上年提高0.84个百分点。“十三五”时期是我国全面建成小康社会的决胜阶段，也是我国老龄事业改革发展和养老体系建设的重要战略窗口期。

以上数据表明，当前人口老龄化形势非常严峻。如何养老、如何更好地养老，这一论题已在全球范围内探索了几十年。在这一背景下，兼顾“医”和“养”两大核心养老需求的“医养结合”模式应运而生。在目前尚不完全具备建立社会化的长期护理保险制度的基础条件的情况下，我们可以先研究建立医养结合机制，然后在此基础上逐步完善机制、体制，最终建立社会化的长期护理保险制度。

（二）研究对象

本研究的研究对象分为以下四类。

第一，嘉兴市本级60岁以上的居家的城乡老龄人口。将嘉兴市本级常住人口中60岁以上人群以社区进行划分，形成抽样群体；再在所有社区中随机选择几个社区，对该社区内的所有观察单位构成调查的样本。分析嘉兴市本级社会保障制度、老龄人口参与机构养老的意愿、嘉兴市老龄人口疾病谱变化、医疗费用变化情况等因素，探讨医养结合的现状及存在的问题。

第二，嘉兴市38家本级养老机构（其中公立养老机构20家、民营养老机构18家）。

第三，嘉兴市医保局，市民政局，市卫生健康委员会，区医保局。

第四，设置有老年病房的嘉兴市医疗服务机构中的住院老人及其医护人员。

（三）研究步骤与方法

1. 研究的基本框架

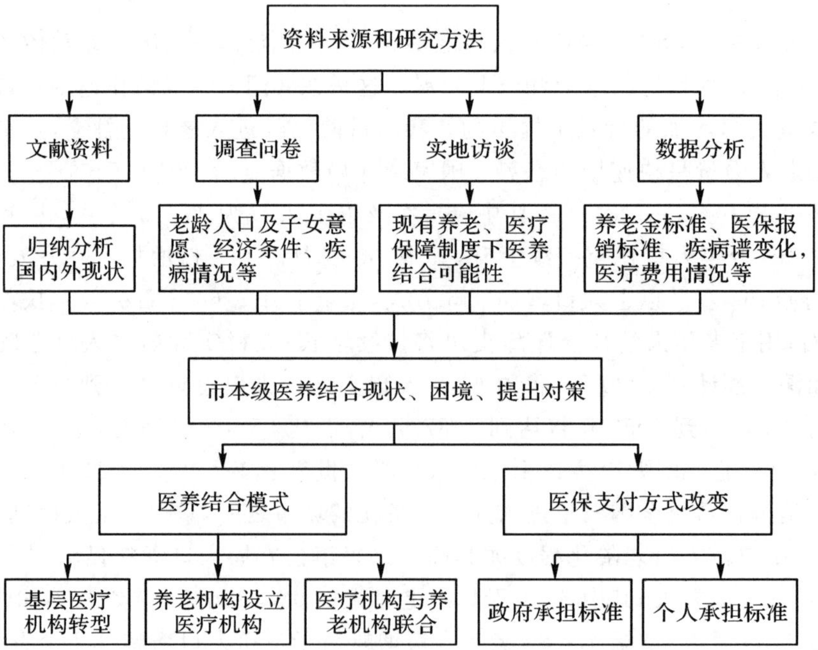

图1　研究基本框架

2.研究步骤

第一步,建立基于区块链技术的老龄人口信息管理线上路径。线上路径包含两个主要部分:ULE(传感器和网络)和基于区块链的云平台。允许医疗和养老机构、监管机构、老年人及其照料者群体通过基于区块链的集成云平台安全地访问服务。

第二步,通过线上及线下两种途径进行某市医养结合养老现状的调查。具体步骤为:

(1)设计问卷调查表,进行预调查。

(2)对部分问卷调查表进行信效度检验。

(3)按预先设计路径发放问卷,并回收,专人录入问卷结果。

第三步,根据调查结果结合老年人就医、收入、家庭情况等,综合分析医养结合现状的影响因素,并探讨解决路径。

3.研究方法

一是文献资料分析法。查阅国内外关于老龄人口医养结合、长期护理制度的研究成果,进行相应的整理和分析研究,确定本研究展开的立论基点和主要思路。

二是基于云平台的线上线下问卷调查。通过对市本级22个乡镇、街道的老龄人口及其子女进行调查统计并分析。

三是实地访谈法。邀请从事养老、医保、卫生、民政工作的领导、专家学者进行座谈,以掌握嘉兴市未来养老、医保、医疗的发展规划和思路,为研究的顺利实施奠定基础。

四是实证数据分析。对市本级历年基本医疗保险数据进行研究,分析老龄人口医疗费用的发生情况,如疾病谱的变化、门诊、住院频次变化、均次门诊、均次住院费用、平均床日数、每床日费用等,为提出将看护费用纳入医保并改变医保支付方式的观点提供实证支持。

二、医养结合现状调查结果

为进一步了解嘉兴市本级老龄人口的生活状况、老龄人口及其子女对长期护理的意愿情况,课题组对嘉兴市22个镇、街道的老龄人口及其子女进行了抽样调查,共发放《老年人生活状况与长期护理需求调查表》和《老年人子女的长期护理保险意愿调查表》各2000份,分别回收有效问卷1286份、1414份,有效问卷回收率高达64.3%、70.7%。调查获得的数据通过Microsoft Excel工作表进行汇总、分类统计后用统计软件SPSS 22.0进行分析,并通过卡方检验对数据有效性进行检验。

通过对问卷的深入分析,对嘉兴市本级老龄人口的生活状况、老年人及其子女对长期护理的意愿有了一定的了解,为探索和建立适合嘉兴地区的医养融合及长期护理保险制度提供了实证资料。

(一)问卷调查基本概况

1.性别情况

《老年人生活状况与长期护理需求调查表》共计发放了2000份,有效回收1286份,其中涉及城镇老龄人口的问卷765份,其中:男性351人、占总人数的45.9%;女性414人、占总人数的54.1%。涉及农村老年人问卷共521份,其中:男性254人、占总人数的

48.8%;女性 267 人、占总人数的 51.2%。本次调查对象中城镇、农村老龄人口性别比例基本相当。

表 1　嘉兴市本级城乡老龄人口性别分布情况　　单位:人

性别	男	女	小计
城镇老龄人口数	351	414	765
农村老龄人口数	254	267	521
合　计	605	681	1286

2.年龄结构

在 765 位城镇老年人中,60—69 岁的老人共 369 人,占总人数的 48.2%;70—74 岁的老人共 174 人,占总人数的 22.7%;75—79 岁的老人共 107 人,占总人数的 14%;80 岁及以上老人共 115 人,占总人数的 15.1%。在参与调查的 521 位农村老年人中,60—69 岁的老人共 263 人,占总人数的 50.5%;70—74 岁的老人共 138 人,占总人数的 26.5%;75—79 岁的老人共 60 人,占总人数的 11.5%;80 岁及以上老人共 60 人,占总人数的 11.5%。

从年龄结构来看,城镇、农村中 80 岁以下老龄人口分别占总人数的 84.9%,88.5%;80 岁以上的高龄老人分别占比为 15.1%,11.5%,年轻老人占绝大多数,农村与城镇老龄人口的年龄结构分布基本一致。总体来看,嘉兴市本级人口老龄化虽已达 22.28%,远高于全国水平,但尚未进入高龄化。高龄化是人口老龄化进程发展到一定阶段的必然产物。人口高龄化是在老龄化基础上孕育和生发出来的,一般指年龄在 80 岁及以上的所谓老年人占全体老龄人口(≥60 或 65 岁者)的比例趋于上升的过程。2000 年高龄老龄人口增长率已达 5.21%。根据联合国预测,中国将经历最为迅速的老龄化和高龄化过程。在未来 50 年,中国高龄老龄人口将增长得更为迅速。到 2050 年中国高龄老龄人口占全世界的比例将高达 25.7%,而那时中国总人口占世界的比例将只有 15.7%。据此推算,嘉兴市在不久的将来即将进入人口高龄化社会。

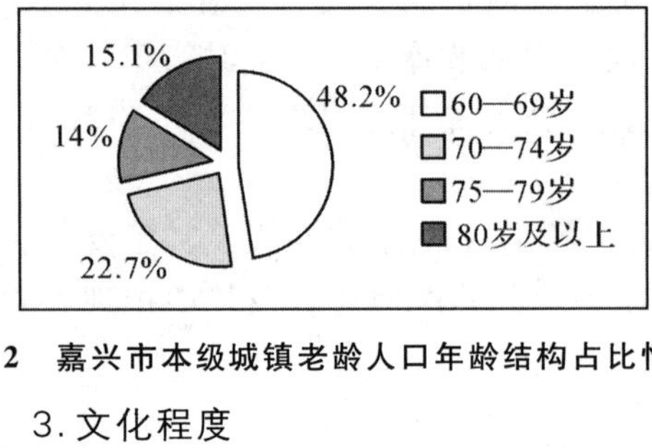

图 2　嘉兴市本级城镇老龄人口年龄结构占比情况

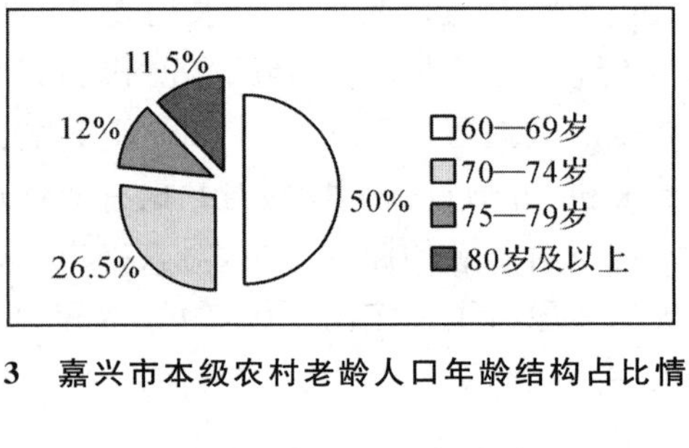

图 3　嘉兴市本级农村老龄人口年龄结构占比情况

3.文化程度

在被调查的 765 位城镇老年人中,有 145 人几乎不识字,占总人数的 19%;有 237 人为小学文化水平,占总人数的 31%;有 204 人为初中文化水平,占总人数的 27%;有 179 人为高中及以上文化水平,占总人数的 23%。在被调查的农村老年人中,有 226 人几乎不识字,占总人数的 43.4%;有 212 人为小学文化水平,占总人数的 40.7%;初中文化水平有 65 人,占总人数的 12.5%;18 人为高中及以上文化水平,占总人数的 3.4%。

从上述数据中可以看出，嘉兴市本级城镇老龄人口文化程度为小学及以下的占50%，与初中、高中及以上文化水平的人数相当；但农村地区老年人文化水平比较低，小学及以下文化水平的占了84%，初中以上文化水平的仅占16%，与城镇老龄人口文化程度有较大差别。

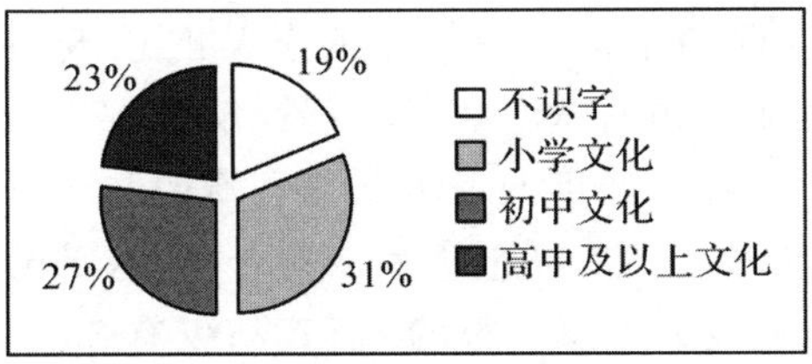

图4 嘉兴市本级城镇老龄人口文化程度占比情况

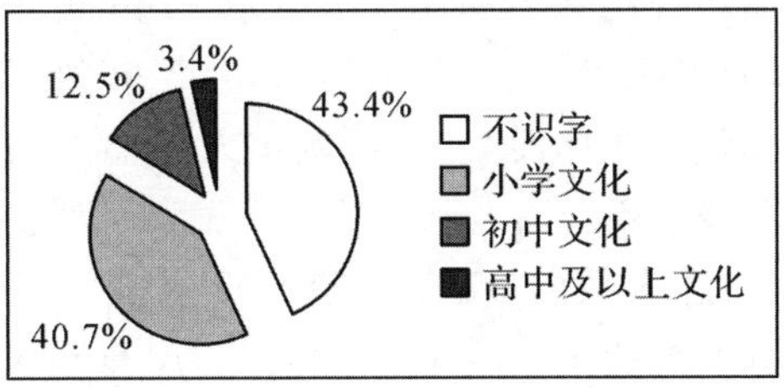

图5 嘉兴市本级农村老龄人口文化程度占比情况

4.配偶及子女情况

在被调查的765位城镇老年人中，夫妻双方健在的共583人，占总人数的76.2%；丧偶的为182人，占总人数的23.8%。在被调查的521位农村老年人中，夫妻双方健在的为21人、占总人数的4%；丧偶的为500人，占总人数的96%，约是城镇老龄人口23.8%的丧偶率的4倍。城镇老龄人口一般以离、退休人员居多，养老保险、医疗保险等社会保障制度健全，相关待遇较好，有足够的经济能力进行医疗救治。而农村老龄人口则以城乡居民养老保险、城乡居民合作医疗保险居多，享受离、退休待遇的人员相对较少，经济能力、医疗保障待遇水平较低，在卫生保健意识、医疗救治条件等方面均比城镇老龄人口低，这是农村老龄人口丧偶率居高的一个重要原因。

表2 嘉兴市本级城乡老龄人口配偶情况 单位：人

配偶状况	双方健在	丧偶	小计
城镇老龄人口数	583	182	765
农村老龄人口数	21	500	521
合 计	604	682	1286

在调查者中，无子女的城镇老年人仅为9人，占总人数的1.2%，其余756位老人均有一个及以上的子女；没有子女的农村老年人为21人，仅占总人数的4%，其余500位老人均有一个及以上的子女。

(二)老人居住现状及居住意愿调查结果

1.老人居住现状

在被调查的765位城镇老年人中，有390位调查者与子女分吃分住，占总人数的51%；有288位调查者与子女合住，仅占总人数的37.6%；有87位调查者与其子女分住但不分吃。总体上来说，半数以上的调查者与其子女是分吃分居的，仅有三分之一左右的调查者与其子女合住。

在被调查的521位农村老年人中，有166位调查者与子女分吃分居，占总人数的

31.9%；有322位调查者与子女合住，占总人数的61.8%；有33位调查者与其子女分住但不分吃，仅占6.3%。总体上来说，半数以上的调查者与其子女是合住的，仅有三分之一左右的调查者与其子女分住分吃。

2.老人与子女合居意愿分析

调查结果显示，有418位城镇老年人表示愿意且希望与子女合住，占总人数的54.6%；有220人表示可以自己单独居住也愿意和子女合住，这部分人占总人数的28.8%。总体而言，城镇老年人中愿意与子女合住的占总人数的83.4%，仅有127位调查者表示不愿意与子女合住，占16.6%。有360名农村老年人表示愿意且希望与子女合住，占总人数的69.1%；有102人表示可以自己单独居住，也愿意和子女合住，这部分人占总人数的19.6%。总而言之，愿意与子女合居的老人占总人数的88.7%；仅有33位调查者表示不愿意与子女合住，占6.3%。

3.老人机构入住意愿及参加护理保险态度的结果分析

表3 农村老人入住意愿的多项 Logistic 回归分析

VAR0009[a]	B	标准错误	Waid	dt	显著性	Exp(B)	Exp(B)的95%信赖区间	
							下限	上限
C 截距	−19.718	1999.888	0.000	1	0.992			
[VAR00001=A]	−0.166	0.269	0.382	1	0.537	0.847	0.500	1.435
[VAR00001=B]	0[b]	.	.	0	.	.	.	.
[VAR00002=A]	1.478	0.557	7.035	1	0.008	4.385	1.471	13.074
[VAR00002=B]	1.816	0.552	10.830	1	0.001	6.148	2.084	18.132
[VAR00002=C]	1.052	0.614	2.935	1	0.087	2.862	0.859	9.530
[VAR00002=D]	0[b]	.	.	0	.	.	.	.
[VAR00003=A]	0.396	0.726	0.298	1	0.585	1.486	0.358	6.170
[VAR00003=B]	0.677	0.724	0.873	1	0.350	1.967	0.476	8.133
[VAR00003=C]	0.792	0.773	1.050	1	0.306	2.208	0.485	10.051
[VAR00003=D]	0[b]	.	.	0	.	.	.	.
[VAR00004=A]	−12.438	318.762	0.002	1	0.969	3.963E-6	1.852E-277	8.485E+265
[VAR00004=B]	−12.728	318.762	0.002	1	0.968	2.967E-6	1.387E-277	6.350E+265
[VAR00004=C]	0[b]	.	.	0	.	.	.	.
[VAR00005=A]	−0.133	0.590	0.051	1	0.822	1.142	0.359	3.628
[VAR00005=B]	0[b]	.	.	0	.	.	.	.
[VAR00006=A]	−0.196	0.579	0.114	1	0.735	0.822	0.264	2.558
[VAR00006=B]	−0.737	0.569	1.677	1	0.195	0.479	0.157	1.460
[VAR00006=C]	0[b]	.	.	0	.	.	.	.
[VAR00007=A]	1.344	0.456	8.697	1	0.003	3.836	1.570	9.372
[VAR00007=B]	1.148	0.479	5.744	1	0.017	3.153	1.233	8.065

续 表

VAR0009[a]	B	标准错误	Waid	dt	显著性	Exp(B)	Exp(B)的 95%信赖区间	
							下限	上限
[VAR00007=C]	0[b]	.	.	0	.	.	.	.
[VAR00008=]	14.857	1974.321	0.000	1	0.994	2833607.511	0.000	0
[VAR00008=A]	14.269	1974.321	0.000	1	0.994	1573373.710	0.000	0
[VAR00008=B]	14.618	1974.321	0.000	1	0.994	2230862.498	0.000	0
[VAR00008=C]	15.052	1974.321	0.000	1	0.994	3442741.054	0.000	0
[VAR00008=D]	0[b]	.	.	0	.	.	.	.
[VAR00010=A]	15.249	0.315	2346.065	1	0.000	4192510.484	2262021.008	7770548.590
[VAR00010=B]	16.759	0.000	.	1	.	18984005.59	18984005.59	18984005.59

结果显示，农村老年人入住意愿有显著的年龄差异，年龄越小越倾向于机构养老模式。半数以上的老年有意愿与子女合住，60—69 岁及 80 岁以上的老年人愿意与子女合住的意愿更高。总体而言，农村老年人与子女合住的意愿高于城镇老年人。

表 4　城市老人入住意愿的多项 Logistic 回归分析

VAR0009[a]	B	标准错误	Waid	dt	显著性	Exp(B)	Exp(B)的 95%信赖区间	
							下限	上限
C　截距	−16.395	0.569	829.385	1	0.000			
[VAR00001=A]	0.059	0.195	0.092	1	0.762	1.061	0.724	1.553
[VAR00001=B]	0[b]	.	.	0	.	.	.	.
[VAR00002=A]	−0.424	0.329	1.658	1	0.198	0.654	0.343	1.248
[VAR00002=B]	−0.306	0.338	0.819	1	0.366	0.736	0.380	1.429
[VAR00002=C]	−0.169	0.364	0.214	1	0.644	0.845	0.414	1.726
[VAR00002=D]	0[b]	.	.	0	.	.	.	.
[VAR00003=A]	−0.832	0.317	6.885	1	0.009	0.435	0.234	0.810
[VAR00003=B]	−0.710	0.253	7.862	1	0.005	0.492	0.300	0.808
[VAR00003=C]	−0.516	0.260	3.924	1	0.048	0.597	0.358	0.995
[VAR00003=D]	0[b]	.	.	0	.	.	.	.
[VAR00004=A]	16.333	0.238	4696.258	1	0.000	12402396.47	7773713.186	19787125.47
[VAR00004=B]	16.206	0.000	.	1	.	10921652.30	10921652.30	10921652.30
[VAR00004=C]	0[b]	.	.	0	.	.	.	.
[VAR00005=A]	16.217	1338.981	0.000	1	0.990	11042214.10	0.000	.
[VAR00005=B]	0[b]	.	.	0	.	.	.	.
[VAR00006=A]	−0.083	0.324	0.065	1	0.798	0.921	0.488	1.736
[VAR00006=B]	−0.026	0.335	0.006	1	0.939	0.975	0.505	1.880
[VAR00006=C]	0[b]	.	.	0	.	.	.	.

续　表

VAR0009[a]	B	标准错误	Waid	dt	显著性	Exp(B)	Exp(B)的95%信赖区间	
							下限	上限
[VAR00007=A]	−0.135	0.285	0.223	1	0.637	0.874	0.500	1.529
[VAR00007=B]	−0.440	0.292	2.271	1	0.132	0.644	0.364	1.141
[VAR00007=C]	0[b]	.	.	0	.	.	.	.
[VAR00008=]	−0.764	0.644	1.409	1	0.235	0.466	0.132	1.645
[VAR00008=A]	−0.184	0.372	0.245	1	0.621	0.832	0.401	1.725
[VAR00008=B]	−0.146	0.385	0.143	1	0.705	0.864	0.406	1.838
[VAR00008=C]	0[b]	.	.	0	.	.	.	.
[VAR00010=A]	1.485	0.234	40.217	1	0.000	4.417	2.791	6.990
[VAR00010=B]	0[b]	.	.	0	.	.	.	.

结果显示，入住意愿有显著的文化程度差异，文化程度越高越倾向于机构养老模式。

表5　所有老人机构入住意愿的二元 Logistic 回归分析

	B	S. E.	Wald	df	显著性	Exp(B)
步骤1a　VAR00011			42.586	2	0.000	
VAR00011(1)	21.241	40201.818	0.000	1	1.000	1678655943.403
VAR00011(2)	22.423	40201.818	0.000	1	1.000	5473617415.454
常数	−21.203	40201.818	0.000	1	1.000	0.000
步骤2b　VAR00003			34.158	3	0.000	
VAR00003(1)	1.092	0.224	23.760	1	0.000	2.979
VAR00003(2)	0.848	0.218	15.192	1	0.000	2.335
VAR00003(3)	0.191	0.242	0.620	1	0.431	1.210
VAR00011			39.679	2	0.000	
VAR00011(1)	20.786	40195.356	0.000	1	1.000	1064652678.714
VAR00011(2)	21.949	40195.356	0.000	1	1.000	3406667733.977
常数	−21.394	40195.356	0.000	1	1.000	0.000

结果显示，文化程度是影响老人机构入住意愿的主要因素。

(三)医院中的养老病房现状调查

嘉兴市近年来在试点探索开展的医养结合服务模式大约有5种，分别是“养中设医”模式(养老机构内设医疗机构)、“医养合作”模式(养老机构与周边医疗机构建立对口合作机制，医疗机构在养老院设立医务点)、“医养融合”模式(医院统筹医疗设立老年病院、康复医院、护理院等)、“居家养老”模式(由社区养老服务中心设立医务点，社区医生为社区老年人提供日常照料的服务)和“居家巡诊”模式(通过老年人家庭医生签约，开展上门健康管理工作等)。这些模式在运行上各具特点,医与养的功能上略有侧重,分别适用于城市和乡村的不同老年人养老,总体效果良好。

医院中老年病房具有鲜明的医养结合属性。嘉兴市采用医养融合模式的医院有11家。在众多医养结合模式中,医养融合模式在专业方面有很大的优势。医养结合是一个全新的制度模式,目前尚属于起步、探索阶段,没有形成一个规范和固定的模式。从浙江全省的实际情况来看,我省有很多地方如杭州、宁波、湖州、嘉兴等均在进行医养结合的探索,但目前仅是将医疗与养老简单相加,将相关费用转嫁到了医保基金。从某种意义上说,这样的操作模式是违反基本医疗保险原则的,对医保基金的安全构成了威胁,不可避免地造成了医保基金的流失。为此课题组调查了医院养老病区的费用构成情况。

平均入住年龄86.7岁,平均住院天数为93.4天,西药费13597元,中成药1518元,诊疗费6277元,检查费858元,输氧费3994元,注射费274元,治疗费14317元,化验费2203元,材料费1696元,护理费2661元,床位费6250元,总费用54588元,统筹基金49915元,自费现金4680元。而同期50岁以上职工医保的平均支出为378元,统筹基金为180元,医养结合中的养老病房费用远远高于常规医保支出。

医院中的养老病房作为医院的组成部分,医疗、护理等方面管理更加规范,硬件设施比较完备,医护人员业务水平相对较高,根据病情需要随时可以享受专业、高效的治疗和护理;尤其是配备康复团队的医院,能为失能和半失能的患者提供专业的康复治疗。患者发生病情变化时,可以得到更专业更快速的救治。特别是大型综合医院,专科细化,院内急救团队完善,通过急会诊和RRS(快速反应系统),可以使患者第一时间得到救治,有效避免了病情危急患者不能及时得到抢救的情况。

但也存在许多问题,第一,全科医生和有中医基础的医生配备不足。老年人一般大多有多种基础疾病,需要有全面医学知识的医生来制定更合理的治疗方案,特别是随着国家对中医的重视,中医治疗在老年慢性病和常见病治疗中发挥着重要作用。第二,医养结合型护理专业人才匮乏。目前老年科病房的护士并非专业的老年护士,没有相关的专业资格证书,也没有进行过系统的老年护理相关知识的学习。承担生活护理的护工的素质也是参差不齐。特别是为了降低昂贵的陪护费用,部分家属会请一些高龄、没有任何护理技能和护理知识的护工负责老人的生活起居,存在很大的安全隐患。第三,缺乏科学而合理的用药管理。由于老年患者患有多种疾病,存在严重的多重用药现象,导致多种用药不良反应。第四,由于医院内住院的老年患者均享受医保待遇,在目前住院指征掌握不严的前提下,占用的医保资金数额巨大。

三、医养结合对策讨论

嘉兴市的城镇老年人大部分是愿意接受政府的照料服务或到敬老院居住的,而农村老年人由于受传统观念影响及文化程度较低而不愿意到敬老院或接受政府帮助的相对较多。而从子女们的调查情况来看,子女照顾父母的压力相对较大,绝大部分的子女是愿意照顾父母、支持机构养老并愿意支付相应的费用,文化程度越高支持力度越高。通过对问卷调查的分析,机构养老是大多数人所能接受的。目前在嘉兴市推行医养结合制度是可行的,但做好前期的宣传工作及社会保障制度的进一步完善更具有重要意义。

(一)建立风险防控机制

1.建立专家队伍

从上文可以看出,医养结合制度的实施,关键是ADL分级的评估。由于ADL分级评估的专业要求较高,一般人员无法胜任。因此我们有必要建立一支由副主任医师、副主任护师等组成的专家队伍,可聘请已退休但身体健康的老同志及在职的专家来进行ADL评估、审核,使评估结果具有权威性。

2.建立审核机制

为方便老年人能及时入住医养机构,避免来回奔波,我们应建立一套审核机制,即由医养机构对有入住需求的老年人进行初步评估,对符合条件的人员填写申请表并送医保管理机构。医保管理机构在收到申请后三个工作日内安排有关专家进行实地评估,对于符合条件的老人开具同意入住单据。医养机构据此单据可办理入住手续,并将相关费用实时传送医保机构按月结算。

3.基金风险防控

医养结合基金安全关系到医养结合制度的可持续发展,在进行按服务单元付费后,由于相关人员的经济压力减轻,医养机构的逐利行为必然会出现一定的道德及法律风险,如分解住院、挂床,将非定点医养机构发生的费用纳入医保进行结算、伪造住院病历、篡改化验结果等违规行为,以及在康复完成后继续住院等行为。因此要建立定期巡查机制,对已入住的老人定期进行ADL评估,对不符合条件的老人不纳入医保结算范围。

(二)探索政府购买服务的管理模式

由于医养结合制度由医保部门进行管理,但医保部门人手紧缺是个不争的事实。因此我们可探索通过政府购买服务的管理模式,由第三方如有资质的商业公司介入进行实地监管。

(三)加强医院中养老病房的管理

1.培养全科医学人才和专业的老年专科护士

医院可以和医学院校合作,采用远程教学和到校面授相结合的方式,考核合格发证等手段,在不影响医院人力使用的前提下,分批次提高医护人员的知识面和操作技能,从而为老年人提供更合理和更专业的治疗方案、饮食指导、康复训练和心理指导等。

2.提升护工的综合素质

医院加强护工的统一管理,逐步取消“黑护工”。陪护公司严格执行护工持证上岗,可以利用院内高级护理人才,强化对护工护理基本知识、基本技能和护理新进展的培训;并根据患者的自理能力和病情,提供不同的护理服务内容,采用一对一、一对二、一对多等方式,切实减轻患者家属的经济负担。医院和陪护公司双重考核管理,监督护工的护理工作,解除患者家属的顾虑。

3.医院利用信息化手段

引进合理用药管理系统和药师申方机制协助和监控医生合理用药,避免和减少多重用药导致的不良反应。

4.医保部门利用大数据，加强医保费用监管

首先，严格把控老年患者的住院指征，杜绝单纯医保养老的现象；其次，政府部门应建立一个市级医院、乡镇医院、养老院、社区和老人互动的平台，完善老人健康档案，根据患者自理能力和病情及医疗需求，科学引导患者分层养老。

参考文献

[1] 魏华林，金坚强．养老大趋势：中国养老产业发展的未来[M]．北京：中信出版社，2014：136-139.

[2] 龙玉其．医疗服务体系的满意度评价[J]．社会保障研究，2011(1)：92-96.

[3] 陈卫，杜江勤．中国高龄老龄人口性别比的社会经济差异[J]．人口研究，2004(1)：44-45.

[4] 于本海，智荣腾，郭林，等．不确定信息环境下的医保基金绩效评价模型[J]．管理学报，2018(12).

[5] 王顶贤，夏琴荣，高燕勤，等．探索医养结合模式促进老人身心健康[J]．中国民康医学，2011(19)：2463-2464.

课题组单位：嘉兴学院

课题组负责人：王筝

课题组成员：毛宏飞，王玉珍，杨玲飞，王凤华，石统昆，陈姗，敖康

课题名称及编号：基于区块链技术的老龄人口医养结合调查及影响因素分析(编号：2020N17)

乡村振兴人才培育研究

——以浙江省武义县"乡村红领新青年"工程为例

[**按语**]以浙江省武义县"乡村红领新青年"工程为例,开展乡村振兴人才培育研究。首先,从实践背景来看,浙江省武义县已经在进行实践性的探索,即实施"乡村红领新青年"培育工程,并且取得了很好的成效,培养了一批批乡村振兴人才,具有很强的实践价值。其次,从理论总结、经验推广的角度看,需要将其经验进行总结、提升、推广,为其他地区乡村振兴人才培育做参考。本文在对武义县、浦江县、磐安县、义乌市、金东区等县市区调研的基础上,通过介绍武义县"乡村红领新青年"培育工程的起源、实施过程与具体措施,进而对该培育工程进行绩效分析,总结其经验,指出其存在的问题。最后,对"乡村红领新青年"培育工程及此类的乡村振兴人才工程的完善和深化提出对策和建议。

乡村振兴,人才是关键。党的十九大报告提出"实施乡村振兴战略,必须破解人才瓶颈制约";2018 年 9 月,党中央、国务院印发的《乡村振兴战略规划(2018—2022 年)》提出,"强化乡村振兴人才支撑,实行更加积极、更加开放、更加有效的人才政策,推动乡村人才振兴"[1];2019 年中央一号文件提出,"把乡村人才纳入各级人才培养计划予以重点支持"[2]。中央的文件精神,为新时代乡村振兴人才培养工作指明了前进方向,提供了根本遵循。

一、发端与做法:武义县"乡村红领新青年"培育工程的实施

随着城市化的推进,经济相对欠发达的金华市武义县农村青年都离乡背井,外出创业,武义县乡村空心化现象严重,急需破解青年人才缺乏的问题。

进入新时代,时值乡村振兴开局,一些大学毕业生、外出发展的优秀农村青年认识到乡村振兴的光明前景,也看清了自己的现状与愿景间的距离,愿意回乡发展,真心追求进步,即通过学习培训提升自我,能动地改变自身的条件,从而实现自己的愿景,投身乡村振兴,回报家乡。

2015 年 3 月,武义县委组织部根据组织需求和乡村振兴的美好前景,审时度势,会同其他部门,组织开展了"乡村红领新青年"培育工程。

"乡村红领新青年"培育工程中的"红领"代表信仰坚定,代表向党的红心和先锋的形象,"新青年"代表助力乡村振兴的新生力量。培育工程以"提升农村青年综合素质,充实农村后备人才力量,激发农村建设活力,打造引领乡村振兴人才队伍"为理念,兼顾个人的发展与农村集体的发展。此项培育工程为乡村的优秀青年提供急需的、系统的培训,让他

们在家乡的大地上立根立业。通过招才引智政策,搭建创业创新平台,吸引各类人才回乡发展,投身乡村振兴。重点是从乡村优秀青年中遴选出自身素质高、创业有经验、对农村有感情、有较强示范带动能力的人员,通过集中培训、导师帮带、顶岗锻炼、一线考验等方式进行培养。

该项工程确立的目标是:对红领新青年进行全方位轮训,全面提升政治素养、业务水平和治村理念。三年内培育农村各类创业致富能人200人以上,确定入党积极分子500人以上,储备农村后备干部500人以上。

"乡村红领新青年"培育工程就是武义县为乡村振兴战略下的"先手棋"。其基本做法如下。

(一)共同发起,参与部门分工协作

武义县的"乡村红领新青年"培育工程由县委组织部、县委宣传部、县委党校、团县委、县人力社保局联合完成。组织部负责组织协调,宣传部负责培养品牌的宣传,党校、团县委负责具体培养工作。明确的分工确保了培养工程的顺利开展。在实践中,组织者充分利用微博、微信等新媒体和广播、电视、报纸等传统媒体,做好宣传,使优秀农村青年了解并积极参与到培养工程中来;对"乡村红领新青年"培养工作进行宣传报道,扩大社会影响。党校、团县委安排有经验的人员全程跟班管理,培训班实行军事化管理,以乡镇为单位设组,让每一名组员都能获取更多的锻炼机会。

(二)务实培训,培养目标具体明确

乡村振兴背景下对农村青年的素质和能力要求是全方位的。因此"乡村红领新青年"培育工程,不仅在内容上重视对农村青年的能力培养,而且更注重培养的科学性和系统性。培育工程是通过知识、技能和态度三个维度来搭建能力提升总目标。前期的培训课程以理论知识为主,让学员对乡村振兴相关政策法规有所理解;接下来,让学员学习掌握在生产工作中经常要用到的实务,例如,农业技术创新、药材、菌菇种植、网店营销、急救、消防、心理健康知识等;最后,再通过互相交流、实地调研、导师讲解、现场教学等诸多方式培养他们解决实际问题的能力。经过培训,很多青年人的政治素养、创新能力、攻坚克难能力、思维和语言表达能力等各方面都有了大幅提升,弥补了自己的某些缺陷,使自身趋于完美。

(三)优化提升,三级接力培训模式

"乡村红领新青年"培育工程采取三级接力式培训模式,让红领新青年的能力不断提升,培训的效果逐级递增。第一阶段,参加"新晋"班次。此类班次的学员选拔标准是本人参与意愿强烈、未参加过"乡村红领新青年"培训班、年龄不超过35周岁的优秀青年。程序是通过个人报名、镇村推荐、组织严审后,参加为期两个月、时间不少于160个课时的培训。第二阶段,参加"提升"班次。参加过"新晋"班次并顺利毕业的学员才有资格参加此培训。此阶段培训的时间不少于20个课时。培训班分类进行,由学员根据个人实际,自主选择,每人限报一个,培训班分为"党务村务知识培训""农业项目培训""电子商务培训"

“工商管理培训”四个类别。第三阶段，参加“菁英”班次。在“提升”班次的基础上，针对政治立场坚定、积极进取、表现优秀的学员举办为期一个月的“菁英”培训班。该班培训时间不少于 80 个课时。着力加强红领新青年能力素质的提升，对其政治思想、基础理论、方针政策、基层治理、创业创新等方面进行全方位培训。

(四)压担锻炼，扎根乡村发挥作用

“乡村红领新青年”培育工程重视培训的效果及其实际运用。特别是把“乡村红领新青年”放到一线锤炼考验，增长其才干，让他们参与抢险救灾、护村巡逻、消防灭火等急难险重任务。在重点工程、重点工作的政策处理等方面分配工作任务，以工作成效考验其攻坚克难能力、组织协调能力。越来越多的“乡村红领新青年”全身心投入乡村工作，到村务管理、重点工程等平台锻炼成长，在乡村振兴中发挥越来越大的作用。调研发现，培训结束三个月后，学员学会了分析问题，找到问题背后的原因，从根本上解决问题。不少人成为所在村居党、团组织的骨干力量，在政策宣讲、服务群众、环境整治、村庄建设等方面发挥了积极作用。在此过程中，一大批优秀的人才脱颖而出，他们在农村电商、现代农业等方面成为当地产业发展、农民致富的带头人。他们有理想、有知识、有活力，是建设和美乡村的主力军，愿意且更主动地肩负起乡村振兴的重任，他们正成为一支强大的乡村振兴人才队伍，为武义县乡村的振兴发展注入源源不竭的动力。

(五)贷款优惠，加大政策扶持力度

培育工程在对乡村优秀青年进行分批脱产培训的同时，还为每一个人的创业发展给予一定的政策扶持和贷款优惠，即“红领贷”，鼓励其在家乡创业创新。“红领贷”，是武义农商行针对符合条件且有需求的“乡村红领新青年”设计的，是以信用为主、利率优惠、随借随还、三年期的专项创业扶持贷款，信贷资金规模 1 亿元。每一名“乡村红领新青年”根据项目实际需求，可申请 5 万到 30 万元的低利率“红领贷”支持。目前，该行已为 317 名“红领新青年”提供了 8349 万元的“红领贷”资金支持[3]，为乡村振兴源源不断地注入青春血液。

二、成效及不足：“乡村红领新青年”培育工程的评价

“乡村红领新青年”培育工程为参与培养的青年人在思想基础、工作技能、致富能力等方面打下坚实的基础，为农业绿色转型、美丽经济富民、基层组织建设、乡风文明建设、基层社会治理提供了坚强的人才保证。

(一)正确的价值取向夯实了“乡村红领新青年”的思想基础

“乡村红领新青年”工程积极向上的价值取向为农村青年提供了思想上的引领，科学的培训理念给青年人提供了在农村基层党建和个人素质提升的实践平台。红领新青年们认清现状，找到自己在知识、创业等方面的短板，有动力不断地获取乡村振兴必需的政治理论、法规政策、基层党务村务等方面的知识。特别是该工程所蕴含的终身学习、团队合作、奉献自我、开创未来的理念，为新时代农村青年奠定了价值观的基础，将青年人的视野从“自家”拓展到乡镇、县域甚至更广阔的天地，将他们个人的情感升华为家国情怀。培训

中的思想教育、政治引导、党性锻炼、作风塑造，为今后从中选拔出忠诚、干净、担当，愿为国效力、为百姓谋利的基层干部打下了坚实的思想基础，进而巩固党的执政基础。

(二)创业平台的搭建为“乡村红领新青年”扎根基层提供了支撑

在国家强有力的强农惠农富农政策推动下，乡村发展活力不断展现，发展机会日益增多。“乡村红领新青年”就有了实现自身价值和提升自身能力的契机。组织上挑选老乡镇、优秀村干部、成功企业家等作为其导师，通过师徒结对、交流互动、跟踪服务等方式进行指导和帮助，提供有效果的培训和符合发展需要的技术；培育工程为每一个“乡村红领新青年”创业发展给予一定的贷款优惠，即“红领贷”，个人可申请5万到30万元的低利率“红领贷”，为其振兴乡村提供了金融支持。宣传对“乡村红领新青年”的优惠政策，营造出良好的创新创业环境和助推经济社会发展的浓厚氛围。通过多管齐下，多措并举，“乡村红领新青年”能够下沉到农村基层想事业、干事业、干成事业。

(三)接力式的培育增强了“乡村红领新青年”做好农村工作的本领

分期、分批、分类，点对点，面对面，接力式的培养，采取互动讨论、现场指导、专家教授传帮带等多种培养形式，为“乡村红领新青年”提供有急需、有效果的培训，深受他们的欢迎。武义县注重提高“乡村红领新青年”的科学文化素质、生产劳动技能和适应市场经济的能力，鼓励、支持、引导“乡村红领新青年”中的技术能手做大做强现有产业，带领群众共同致富。通过培养，“乡村红领新青年”进一步开阔视野、拓展思路、提升本领，有些“乡村红领新青年”已经成为爱农业、懂技术、善经营的新型职业农民，还有人成为农村实用人才带头人、扎根服务基层的农技推广人才和善于治理的基层带头人，为乡村振兴提供了更多的技术、组织和智力支持。

(四)系统化的培训，提升“乡村红领新青年”素质，促进乡风文明

“乡村红领新青年”参加系统培训后，爱国主义、集体主义的思想、遵守法律法规的自觉、为民惠民的意识等理念已深深扎根在他们心里。回村后，他们能够率先垂范，带头践行核心价值观，补齐农村精神文明建设的“短板”，促进乡风文明。他们带头加强农村环境卫生管护，美化生活环境。开展“五水共治”“三改一拆”“小城镇环境综合整治”“美化庭院”等专项行动，改变多年焚烧或就地掩埋农作物秸秆的陋习，提倡自觉回收、改做饲料的科学方式。他们带头移风易俗，协助村两委制定完善村规民约和红白喜事制度，逐渐树立“婚事新办、丧事简办、公事公办”的文明新风，封建迷信、薄养厚葬、酗酒赌博等陈规陋习荡然无存，优化了农村社会风气；宣传积极健康的文化理念，在他们的积极参与下，农村文化礼堂、农村书屋等农村公共文化服务设施不断完善，农民文化生活日益丰富多彩，有力地促进了乡风文明。

(五)基层组织的有序建设，提高了基层治理的现代化能力和水平

接力式的培育，把“乡村红领新青年”作为党员发展和村级后备干部重点培养对象，对基层组织建设起到打基础的作用，为农村基层社会治理的有效性提供了组织保障。在村

(社区)两委干部出现职位空缺时,优先从经过培养的红领新青年中提名推荐,有利于农村基层组织建设,促进农村基层社会的有效治理。武义县“乡村红领新青年”培育工程开展两年以后,有795人成长为农村后备干部,106人被发展为共产党员,79人发展为入党积极分子,78个行政村改变了没有35周岁以下党员的情况。在基层组织换届中,“乡村红领新青年”有114名当选为村两委干部:3人当选为村党支部书记,25人当选为村委会主任,另有86人当选为村两委班子成员。与前届相比,村党组织班子中初中及以下学历人数下降了16.4%,35周岁以下成员数提高了24.2%。

目前,武义县“乡村红领新青年”培养经验已在金华市乃至浙江全省推广开来。通过“乡村红领新青年”培育工程,非党员“乡村红领新青年”被培养成党员和致富能手,党员中的“乡村红领新青年”被培养成致富能手、村级干部。目前,金华市共培育了12000余名红领新青年,其中,有289名90后“乡村红领新青年”、46名研究生学历人员进入村两委班子,还有2263人成为入党积极分子,有效地改善了农村干部队伍结构。通过晋升激励、待遇激励等方式,唤醒他们的家恋乡愁,激发他们的爱岗热情,使他们能沉下身子了解村情民情,磨破鞋子走到群众中间,想破脑子为村集体发展谋思路,打造一批勤学善思有境界、服务群众用真心、解决问题有办法、干事创业能作为的村级“全科”干部。“乡村红领新青年”已是一支可以信赖的队伍,他们成为村居班子成员、村民小组长、新乡贤、道德模范、党员等,积极参与村居服务,共同推进乡村治理现代化。

(六)“乡村红领新青年”培育过程中存在的不足

“乡村红领新青年”培育工程在培育乡村振兴人才方面成效显著,但在调研中我们也发现了一些问题,主要表现在:

1.重视程度不同,培育工程效果有别

该项工程已经在全省各地借鉴、推广开来,但是,由于各地重视程度不一样,该项工程的进度和影响力大不同:武义县、浦江县党委政府重视,部门齐心协力,探索出一套完整、成熟的培育模式,社会反响很好,收效明显,浦江县还注重对培训对象的考核评议,考核评议结果作为村(社区)后备干部培养、调整和使用依据。对考核不合格者,由乡镇(街道)进行诫勉谈话,对拒不改正的取消其后备干部资格。而有的县市区只是下发过文件,未见实际行动和成效。

2.主办单位不同,培育质量反差很大

调研中发现,有的县市区是组织部主抓,力度大、措施实,武义县、浦江县都将此项工作作为基层组织建设的重要举措来抓,列入重要议事日程,纳入中心工作目标,有领导、有计划、有步骤地推进;但有的县市区组织部门很难抽出时间和精力、人员负责;有的是团委负责组织,有朝气、能创新,活动丰富,具有凝聚力,但后期的管理和使用效果不够理想;还有的是宣传部、人力社保局、党校等多家合办,建立联席会议制度,联席会议下设办公室和组织协调、教学、考务等相关办事机构,但容易形成“九龙治水”的尴尬局面,培育工程质量大打折扣。

3.经济发展程度不同,可选生源多寡不均

经济发达的县市区,农村青年在当地就业,可选的培训生源丰富,而在一些欠发达地区,经济基础比周边地区薄弱,是人口流出地区,例如磐安县,人口基数少,农村返乡优秀青年资源更少,留在家乡人员年纪偏大,可选人员少、范围窄。

4.创业条件不同,红领新青年去留各异

经济发达的县市区,经济基础好、发展机会多,红领新青年培训结束后留在家乡就业创业;而经济欠发达地区,不少优秀青年经过培养后,受主客观条件所限,还要继续外出创业就业,本地红领新青年流失严重,队伍不稳定。

三、思考和建议:"乡村红领新青年"培育模式的完善

武义县的"乡村红领新青年"培育工程,有力地解决了武义乡村振兴人才匮乏的难题,有效地促进了农村产业兴旺、农民生活富裕、乡风文明,提升了乡村治理水平和治理成效。为了更好地实施、推广此项培育工程,使之逐渐完善,成为推动乡村振兴战略的务实举措,我们建议——

(一)提高认识:既要"赞成"更要"完成"

乡村振兴是国家战略,乡村振兴的前提是乡村人才的培养。近年来,习近平总书记多次强调"乡村振兴,人才是关键"。党的十九大报告提出"实施乡村振兴战略,必须破解人才瓶颈制约"。因此,各地不仅"拥护、赞成",更要高质量地"完成"。该培育工程是落实党的十九大精神、习近平总书记人才重要思想,促进乡村振兴战略顺利实施的具体举措,务必从政治高度来重视,保质保量地打造一支知识型、技能型、创新型、管理型的乡村振兴人才队伍。

(二)明确责任:变"合办"为"主办"

鉴于"合办"或"协办"过程中容易出现这样或那样的问题,我们建议各地应明确主办单位,统一由组织部门牵头实施。"红领新青年"培育工程归属于"党建+社会治理"范畴,组织部门有责任、有能力把这项工作抓实抓好,从人员选定、培养、使用等各个环节把关。这样,避免出现"九龙治水"现象,责任具体化,管理更顺畅。

(三)督促考评:变"提倡"为"必须"

抓好源头,增加人才储备,推行指定性任务交办制,并实行专项考核。根据各乡镇经济发展水平、人口规模的大小分配培训指标,尤其是,要给红领新青年后备梯队严重不足、工作积极性不高的乡镇党组织下达指令性培养任务,比如,要求每个村每年储备若干名。浦江县就明确规定:"原则上每个村(社区)选拔 1 名后备干部,规模较大、人口较多、工作任务较重的村(社区)可选拔 2 名。"同时,"各乡镇(街道)党(工)委书记为第一责任人,牵头负责村(社区)后备干部队伍的选拔、培养、管理、考核工作"。把"软"的一般性的建议变为"硬"的指标考核,这样乡镇才能把此项工作做实、做细。

(四)以德为先:既要"专"更要"红"

红,是指具有坚定正确的政治方向、拥护党的领导;专,是指学习和掌握了所需的专业知识,成为乡村振兴的内行和能手。只有政治上可靠的人,才能忠诚于党、用自己的专长

服务于百姓,奉献乡村振兴。金华市和浦江县规定有“五不能”“六不宜”情形的青年不能列为培养对象。因此,名额确定之后,要严格经过民主“双推”、乡镇(街道)考察、公示确定。培训过程中要把政治引导思想教育、作风塑造等内容贯穿于培训工程的始终,适当增加比例,使得红领新青年始终跟党走,忠诚可靠,德才兼备。同时,要丰富教育方式,比如,现场教学、案例分析、学员研讨等方式,增强可听性、吸引力和感染力。

(五)守住成果:既要“育出”又能“留住”

乡村振兴人才培育出来后,要跟踪培养、使用,提升效果,要稳住人才队伍,避免流失。各地应因地制宜,出台一套切实可行的制度,保证该项工程的顺利实施和发挥作用。要为已经参加培训的“红领新青年”提供创业就业渠道、平台和支持,多多关心关爱。浦江县要求“乡镇(街道)党(工)委每季度进行一次集体谈话、村(社区)党组织书记每月开展一次走访,时刻关注后备干部工作、生活、思想等各方面动态”,让他们能静下心、安下身为乡村振兴做贡献。

武义县通过对“乡村红领新青年”的培养,既能解决乡村振兴人才匮乏的难题,促进农村产业兴旺、农民生活富裕,又能带动农民自身素质、思想观念和生产生活方式的转变,促进乡风文明,提升乡村治理水平和治理成效。其经验做法简单易学、可复制、可推广,对其他地区乡村振兴战略的实施具有一定的借鉴意义和参考价值。

参考文献

[1] 中央农村工作领导小组办公室.国家乡村振兴战略规划(2018—2022年)[R].2018-09-26.

[2] 新华社:中共中央　国务院《关于坚持农业农村优先发展做好“三农”工作的若干意见》[R].2019-01-3.

[3] 武义对“红领新青年”开通贷款绿色通道[N].浙江日报,2018-09-02.

课题组单位:中共金华市委党校
课题组负责人:朱正刚
课题组成员:陈晨,陈旭东
课题名称及编号:乡村振兴人才培育研究(编号:2020N21)

浙西南地区城乡老年人健康自我管理影响因素研究

——基于丽水市的实证调研

[按语]丽水市城乡社区老年人健康自我管理能力总分范围为93—190分(149.6±18.1)分。其健康自我管理认知、健康自我管理环境及健康自我管理行为3个亚量表得分依次为(62.0±6.1)分、(35.7±6.7)分、(51.9±9.2)分。老年人健康自我管理能力在性别、文化程度、自我效能、家庭功能、社区参与及社会支持等方面差异具有统计学意义($P<0.05$)。丽水市城乡社区老年人健康自我管理能力处于中等偏下水平,总体呈现出相对较高的健康自我管理认知、较低的健康自我管理环境和较差的健康自我管理行为的状况,且健康自我管理相关知识匮乏、意识淡薄及技能缺乏等问题共存且较为明显。采取针对性措施提高老年人的自我效能、改善其家庭功能、增加社区参与和社会支持等,均有助于提升老年人的健康自我管理能力。

一、研究背景

老龄化是一个多学科交叉的议题,也是一个世界性的难题。在2015—2050年间,全球超过60岁人口比例将从现在的12%上升至22%,预期达到现在的近两倍。预计到2050年,我国老年人口比例将达到34%。未来,我国老年人口群体将进一步扩大。2018年底,浙江省老年人口数占总人数的22.43%。丽水市地处浙江西南部山区,老年人口数占总人口数的19.17%。随着人口老龄化程度的不断加深,老年人的健康问题引起社会各界的广泛关注。

我国先后出台的《健康中国2030规划纲要》《健康中国行动(2019—2030)》等都指出,居民健康知识知晓率低,缺乏锻炼、不合理膳食等不健康的生活方式比较普遍,引起的健康及疾病等问题也日益凸显,表明普及健康知识,提升居民健康自我管理能力是提高全民健康水平最直接最为经济且有效的措施之一,同时动员社会各方广泛参与。老年人作为特殊的群体,特殊的躯体健康状况、特殊的时代背景下所形成的生活方式及习惯,在预期寿命不断延长、健康问题日益凸显的背景下更应予以重视。但我国地域辽阔,不同省份及区域内经济发展水平、生活方式、饮食习惯等方面存在多元性、差异性。因此,立足经济欠发达的浙西南,以丽水市城乡社区老年人为研究对象,探明其健康自我管理能力的现状,并分析其影响因素,是进一步采取有针对性措施提高老年人健康自我管理能力的前提和基础。

二、文献回顾

(一)国内外学者关于老年人健康管理能力的研究

健康自我管理能力,是指个体在对自身健康进行管理时所具备的能力,其具体体现在个体的自我管理认知、自我管理环境及自我管理行为等三个方面。世界卫生组织指出,在影响人类健康的因素中,60%取决于个人的行为和生活方式。可见个体对自身健康管理的重要性。国外研究标明,在控制社会人口学信息的前提下,健康自我管理能力与自评健康状况呈显著负相关。老年人的健康自我管理能力与社会、认知及躯体功能及主观幸福感相关。健康自我管理能力是社会、认知与老年人主观幸福感之间的变量。对慢性病患者的研究结果显示,健康自我管理能力可有效预测心脑血管疾病、糖尿病和慢性阻塞性肺病等慢性病患者的躯体健康状况及抑郁症状。健康自我管理能力与个体的受教育程度、经济收入、增龄及婚姻状况有关联。对社区老年人采取干预措施有助于增强老年人的健康自我管理能力,且靠对老年人的生理、心理及社会适应产生一定的积极影响。国内关于老年人健康自我管理能力的研究起步相对较晚,近年来学者们分别在不同地区对不同类型的老年人个体或群体进行了探讨。有学者分别从健康自我管理能力三个维度进行分析,指出社区老年人在健康自我管理认知、自我管理环境及行为得分在不同地域间有不同。可见不同类型的老年人个体及群体其健康自我管理能力均有待提高,同时各维度的得分情况在不同地区间的分布也各有不同。老年人健康自我管理能力同时受基本社会人口学信息的影响,社会经济状况对老年人健康自我照顾能力具有决定性作用。婚姻状况对老年人健康自我管理能力的影响目前观点不一。

(二)国内外学者关于老年人健康管理与环境的研究

关于老年人健康管理与环境之间的关系,国内外学者分别在不同时期进行了探讨。国外学者在20世纪六七十年代提出了P-E fit模型,从老年人的个人属性(P)、生活与社会环境(E)探讨人与环境的适应性,解释城乡不同类型地区老年人的健康状况,强调注重从老年人日常的生活环境(如社区、村庄)等场所方面探讨老龄化及老年人健康管理相关的问题。我国学者在基于国外学者研究的基础上,考虑了社会要素(S)这一本土化特征,建构出P-E-S fit模型,即人—地—社会诸要素的关系。加之老龄化与城镇化的叠加及社会制度的影响,我国的老龄化进程对地域空间以及社会心理转向具有更为广泛的影响,需要从社会、经济、环境、心理、文化等多个维度加以评估和应对。

经查阅国内外关于老年人健康自我管理的相关研究发现,国内外学者进行了积极探索,为后期的研究奠定了一定的基础。但仍存在如下问题:(1)偏重于较大区域层面的分析(如不同国家之间),较少思考区域内部的城乡差异,丽水市城乡老年人健康自我管理能力的实证研究鲜见;(2)老年人健康自我管理能力影响因素的评估中,除了在基本社会人口学中部分结论存在分歧(比如婚姻状况影响)外,关于老年人自身现存或潜在的资源对其健康自我管理能力的影响尚未予以探讨。因此,本研究将综合马斯洛的需要层次理论、奥瑞姆的自护理论及互补理论,立足于浙江省欠发达的浙西南地区,以丽水市城乡社区老年人为研究对象，通过了解浙西南地区丽水市城乡老年人健康自我管理方面现存及潜在的问题，为政府相关部门合理优化配置养老资源提供参考；探讨浙西南地区城乡老年人健康自我管理能力的影响因素，为该区域老年人个体、家庭、社区及社会采取有针对性的措施来提高老年人的健康自我管理能力提供支持。

三、研究设计

本研究首先采用多阶段分层随机整群抽样的方法，在丽水九县市（即莲都区—龙泉市—青田、缙云、松阳、遂昌、景宁、云和和庆元）对符合纳入排除标准的老年人进行分层抽样，然后采用随机数字表法随机抽取浙西南地区丽水九县市行政区的 1—2 个社区（村落），并根据社区或村落的人口覆盖量进行亚（次）分层，最后按照居民楼或单一的村落为整体进行整群抽样，采用公式法结合丽水九县市取样的均衡性确定样本量。

四、研究对象

在 2019 年 5 月—9 月，采用多阶段分层随机整群抽样的方法，对丽水九县市符合纳入排除标准的城乡社区老年人进行问卷调查。纳入标准为：年龄≥60 周岁，在丽水市城乡社区常住 1 年以上者；具有一定的认知理解和语言表达能力；无精神疾患，经知情同意参与调查者。排除标准：非丽水市城乡常住社区居民；认知理解、意识、听力、视力或语言沟通有明显障碍者；瘫痪或有严重精神疾患者等无法配合完成问卷者，或经知情同意后不愿意参与调查者。其中参与调查的老年人中，年龄为 60—99（71.6±7.2）岁。

五、研究方法

本研究中主要介绍现况研究部分，侧重于研究工具的选择、质控的控制及数据分析。

（一）研究工具

在量性研究中，研究工具主要使用国内外公认的老年人评估量表及自编一般人口学特征问卷。前者主要包括健康自我管理能力调查量表、一般自我效能感、家庭功能评估量表、社会支持等，均经我国学者进行过本土化测试，且具有良好的信度、效度。城乡老年人一般人口学特征调查表包括年龄、性别、婚姻状况、社区公共卫生资源的可及性、健康自我管理方面的知识、态度等。

（二）质量控制

在量性研究质量控制中，由项目负责人、临床医学、护理学专业在校本科生共计 12 人组成了“专项调查团队”，前期培训并开展模拟调查，经考核合格后开展预调查，两周后进行实地走访并开展问卷调查。调查员与调查对象进行面对面访谈，逐项填写，现场收回、当日回收的调查问卷由指定质控员再次检查并对问卷进行编号，发现错填、漏填及时补充修正，否则予以作废。考虑到老年人语言等问题，专项调查员均来自丽水九县市，确保了沟通及问卷的质量。为了提高依从性，每位完成问卷的老年人赠送礼品一份。两周后抽查问卷量的 10％进行复测，前后结果的一致性为 98.3％。本次研究共发放问卷 613 份，回收有效问卷 596 份，问卷有效回收率达 97.2％。

(三)数据分析方法

在量性研究分析中，采用 Epi Data 3.1 建立数据库，SPSS 25.0 进行统计分析，计数资料以频数或百分比(%)、χ^2 表示，计量资料用(均值±标准差)、百分位数描述，采用回归分析探讨城乡社区老年人健康自我管理能力的影响因素。

六、研究结果

(一)丽水市城乡社区老年人健康自我管理能力现状

本研究中，丽水市城乡社区老年人健康自我管理总分 93—190(149.6±18.1)分，其健康自我管理认知、环境及行为 3 个亚量表得分均值依次为(62.0±6.1)分、(35.7±6.7)分、(51.9±9.2)分。老年人健康自我管理能力在居住地方面(城市社区、乡镇社区)差异无统计学意义($p>0.05$)。

(二)丽水市城乡社区老年人健康自我管理相关知识、态度及技能现状

本研究中，丽水市城乡社区老年人健康自我管理相关知识、态度及行为的调查结果显示，对吸烟危害性的知晓率为 5.5%、癌症早期危险信号识别的知晓率为 6.4%、对中国居民膳食指南的知晓率为 11.4%、成年人每日食盐摄入量的知晓率为 23.7%。其余健康自我管理相关知识的知晓率见表 1；健康自我管理态度中，有 58.6%的研究者很少主动获取保健知识，其他见表 2；健康自我管理行为中，分别有 30.5%和 24.3%的老年人能经常自测血压、血糖，分别有 21.6%和 12.9%的老年人存在饮酒、吸烟行为，健康自我管理相关技能见表 3。

表 1 丽水市城乡社区老年人健康自我管理相关知识知晓现状[n(%)]

老年人健康自我管理相关知识	答对例数	百分比(%)
健康的概念，描述正确的是	451	75.7
自测血压的意义	54	9.1
正常血压值范围	336	56.4
成年人空腹血糖正常值范围	145	24.3
成年人腋下体温正常值范围	349	58.6
成年人正常脉搏范围	200	33.6

表 2 丽水市城乡社区老年人健康自我管理态度[n(%)]

老年人健康自我管理态度	从不/偶尔/有时	经常/总是
主动获取保健知识	349(58.6)	247(41.4)
需要时主要向他人寻求帮助和支持	164(27.5)	432(72.5)
恰当利用身边的医疗卫生资源	248(41.6)	348(58.4)
就医时积极配合医护人员的治疗或护理	46(7.7)	550(92.3)

表 3　丽水市城乡社区老年人健康自我管理行为[n(%)]

老年人健康自我管理行为	从不/偶尔/有时	经常/总是
参加社区免费体检	97(16.3)	499(83.7)
参加体育锻炼情况	158(26.5)	438(73.5)
吸烟	519(87.1)	77(12.9)
饮酒	467(78.4)	129(21.6)
自测血压	414(69.5)	182(30.5)
自测血糖	451(75.7)	145(24.3)
自测心率	490(82.2)	106(17.8)

(三)丽水市城乡社区老年人健康自我管理能力影响因素分析

基本社会人口学资料对城乡社区老年人健康自我管理能力的影响因素分析单因素分析结果显示,丽水市城乡社区老年人健康自我管理能力在性别、年龄段、文化程度、婚姻状况、自评经济状况等方面差异具有统计学意义($P<0.05$),见表 4。

表 4　基本人口学因素对丽水市城乡社区老年人健康自我管理能力的影响因素分析

因素	N	健康自我管理能力得分 M±SD	t/F 值	P
性别			0.734	0.001**
男	268	146.9±18.4		
女	328	151.8±17.6		
年龄			0.749	0.001**
≤70 岁	286	151.6±17.6		
≥71 岁	310	144.3±18.4		
文化程度			0.364	0.000***
小学及以下	406	145.6±17.2		
初中及以上	190	158.1±17.1		
婚姻状况			0.154	0.002**
在(再)婚	433	151.1±17.9		
不在婚(离异/丧偶/未婚)	163	145.8±18.3		
自评经济状况			1.154	0.000***
宽裕	227	152.9±17.2		
不宽裕	369	147.6±18.4		
居住地			1.962	0.690
城市社区	147	150.1±16.7		
农村社区	449	149.4±18.6		

注:* 表示 $p<0.05$;** $p<0.01$;*** $p<0.001$。

丽水市城乡社区老年人的自我效能、家庭功能、社区参与、社会支持及基本人口学资料等综合作用对其健康自我管理能力的影响因素分析。以丽水市城乡社区老年人健康自我管理总分为因变量，以单因素分析中有统计学意义的变量为自变量，同时综合考虑老年人的自我效能、家庭功能、社区参与及社会支持，进行多重线性回归模型。结果显示，性别、文化程度、自我效能、家庭功能、社区参与及社会支持是丽水市城乡社区老年人健康自我管理的主要影响因素（$P<0.05$），见表5。

表5 丽水市城乡社区老年人健康自我管理能力影响因素回归分析

变量	未标准化系数		标准化系数	t	P
	回归系数	标准误			
常量	82.095	5.674		14.469	0.000
性别	3.388	1.262	0.093	2.689	0.007
文化程度	7.677	1.453	0.199	5.283	0.000
自我效能	0.569	0.117	0.188	4.867	0.000
家庭功能	1.517	0.335	0.178	4.534	0.000
社区参与	3.142	1.365	0.080	2.301	0.022
社会支持	0.616	0.106	0.246	5.806	0.000

七、讨 论

(一)丽水市城乡社区老年人健康自我管理现状亟待改善

本次研究结果显示，丽水市城乡社区60岁以上老年人健康自我管理能力总分低于河北省唐山市、长春市社区老年人。各维度得分中，丽水市城市社区老年人健康自我管理认知得分高于长春市社区老年人，与唐山市社区老年人得分接近；但健康自我管理环境得分及健康自我管理行为得分均低于唐山市及长春市社区老年人，提示丽水市城乡及城市社区老年人健康自我管理现状亟待改善，且存在“高健康自我管理认知、低健康自我管理环境和健康自我行为的现状。丽水市城市社区和乡镇社区老年人的健康自我管理能力无显著的差异，一方面可能与丽水市的地理位置及老年人的文化程度有关系。丽水市以山、丘陵地貌为主，老年人文化程度普遍较低且多以种地为生，即使现居住在城市社区数年之久，生活方式及健康理念仍受到不同程度的影响。另一方面，可能与丽水市的城镇化水平较高有关。2018年末，丽水市城镇化率(61.5%)高于全国常住人口城镇化率(59.58%)，高速城镇化进程中老年人的健康理念、生活方式等的改善需要漫长的时间去调适和改变。因此，如何搭建健康促进的桥梁缩小高速城镇化进程与老年人较低的健康自我管理能力之间的差距，需要引起老年人个人、家庭、社区及社会相关部门的重视。

(二)丽水市城乡社区老年人健康自我管理相关知识匮乏、意识淡薄及技能缺乏等问题共存

本研究结果显示,丽水市城乡老年人在健康自我管理方面存在如下问题:一是健康管理相关知识匮乏:有超过70%的老年人对自测血压的作用、中国居民膳食指南知晓及吸烟的危害性、每日盐的推荐摄入量及空腹血糖的正常值均表示不知情,提示丽水市城乡社区老年人健康自我管理相关知识普遍匮乏;二是健康自我管理意识淡薄:有超过80.0%的老年人不会利用社区的健康教育进行健康自我管理、有超过83.0%的老年人参与社区提供的免费体检但对体检结果的知晓率不足30%、超过半数者没有主动获取保健知识的意识等,表明丽水市城乡社区老年人自身健康自我管理意识亟待加强;三是健康管理技能缺乏:分别有超过82.0%的老年人不会自测血糖及脉搏、有超过63.0%的老年人不会自测血压及体温,由此可见丽水市城乡社区老年人健康自我管理的技能缺乏。综上所述,丽水市城乡社区老年人健康自我管理相关知识普遍匮乏、意识淡薄、技能缺乏等问题共存,在丽水市城乡社区老年人中开展有针对性的健康教育改善其自我管理相关知识,增强其健康自我管理意识,并传播健康自我管理的相关技能具有非常重要的现实作用和意义。

(三)老年人个体因素、家庭功能、社区参与、社会支持是其健康自我管理能力的主要影响因素

本研究中,老年人健康自我管理能力受到老年人个人因素(性别、自我效能)、家庭功能、社区参与及社会支持共同作用的影响,与国内学者的研究结果一致。也证明了国家层面提出的统筹个人、家庭、社区、行业和社会等多个层面形成的多层次、多元化的社会共治格局,对于有效控制影响健康的因素具有重要的理论意义和战略价值。以老年人这个特殊群体为例,注重其健康自我管理,针对不同阶段的主要健康问题及主要影响因素,采取有针对性的措施,如引导老年人意识到健康自我管理的重要性,同时充分发挥老年人的优势,积极利用家庭、社区及社会可用资源,多角度全方位提升老年人的健康自我管理能力,提高其整体健康水平。

八、结　论

综上所述,丽水市城乡社区老年人健康自我管理能力处于中等偏下水平,总体呈现出相对较高的健康自我管理认知、较低的健康自我管理环境和健康自我管理行为的状况,健康自我管理相关知识匮乏、意识淡薄及技能缺乏等问题共存且较为明显。采取有针对性措施改善老年人的自我效能、家庭功能、增加社区参与和社会支持以及综合协同作用,对提高其健康自我管理能力均有不同程度的影响。

参考文献

[1] WORLD HEALTH ORGANIZATION. Health topics on elderly depression[J]. World Health Organization, Geneva. Available from: https://www. who. int/zh/news-room/fact-sheets/detail/mental-health-of-older-adults,2017.

[2] UNITED NATIONS. Department of Economics and Social Affairs and Population Division[J]. World Population Prospects,2008.
[3] WAN H,GOODKIND D,KOWAL P. An Aging World: 2015 International Population Reports,U. S. Census Bureau,11.
[4] 浙江户籍老年人口比例超五分之一!明日重阳记得做这些事[N/OL]浙江新闻,2019-10-06. http://news. cnnb. com. cn/system/2019/10/06/030090629. shtml.
[5] 慢性病造成全国88%死亡 成立慢病大数据中心势在必行[J]. 2019-10-16. http://finance. eastmoney. com/a/201910161263226362. html.
[6] 赵秋利,黄菲菲. 成年人健康自我管理能力测评量表的编制及信效度检验[J]. 中华现代护理杂志,2011,17(8):869-869.
[7] 李鲁. 社会医学[M]. 北京:人民卫生出版社,2012.
[8] CRAMML J M,TWISK J,NIEBOER A P. Self-management abilities and frailty are important for healthy aging among community-dwelling older people; a cross-sectional study[J]. 2014,BMC Geriatrics,14,2-5. http://www. biomedcentral. com/1471-2318/14/28.
[9] CRAMM J M, HARTGERINK J M, STEYERBERG E W, et al. Understanding older patients' self-management abilities: functional loss,self-management,and well-being[J]. Quality of Life Research,2013,22 (1):85-92.
[10] CRAMM J M, NIEBOER A P. Self-management abilities, physical health and depressive symptoms among patients with cardiovascular diseases,chronic obstructive pulmonary disease,and diabetes[J]. Patient Education and Counseling,2012,87 (3):411-415.
[11] LINDSAY S. How and why the motivation and skills to self-manage coronary heart disease are socially unequal[J]. Res Social health care,2008,26:17-39.
[12] STEVERINK N,LINDENBERG S,SLAETS J P J. How to understand and improve older people's self-management of wellbeing[J]. European Journal of Ageing,2005, 2 (4): 235-244.
[13] BAUER J M,SIEBER C C. Sarcopenia and frailty: A clinician's controversial point of view[J]. Experimental Gerontology,2008,43 (7):674-678.
[14] 胡玉喆,柴倩文,王韵璘,等. 社区空巢老人自我健康管理能力与社会支持的相关性研究[J]. 天津护理,2018,26(1):12-15.
[15] 黄菲菲,赵秋利,郭美宜,等. 成年人健康自我管理能力现状及影响因素的调查[J]. 中华护理杂志,2011,46(7):701-704.
[16] 黄芳,陈长香,李淑杏,等. 社区老年人婚姻状况与自我健康管理的相关性[J]. 中国老年学杂志,2016,36(10):2512-2513.
[17] 陈红,任新,荀雪琴. 社区高龄独居老人健康自我管理能力状况调查与分析[J]. 上海医药,2015,36(10):49-51.
[18] 冯丽娜,陈长香,田苗苗. 老年人自我健康管理、家庭及社会支持系统与心理健康的

相关性[J]. 现代预防医学,2014,41(16):2963-2966.
[19] 冯丽娜,陈长香. 老年人社会经济地位与其健康自我管理的相关性研究[J]. 中华护理杂志,2014,49(11):1303-1307.
[20] 冯丽娜,陈长香,李淑杏,等. 社区老年人健康自我管理及一般自我效能感影响因素[J]. 中国公共卫生,2014,30(02):135-138.
[21] LAWTON,M P. Environment and other determinants of well-being in older people [J]. The Gerontologist,1983,23(4): 349-357.
[22] LAWTON M P,NAHEMOW L. Ecology and the aging process[M]. Psychology of adult development and aging. American Psychological Association,Washington, DC 1973:619-674.
[23] 高晓路,吴丹贤,许泽宁,等. 中国老龄化地理学综述和研究框架构建[J]. 地理科学进展,2015,34 (12): 1480-1494.
[24] 王才康,胡中锋,刘勇. 一般自我效能感量表的信度和效度研究[J]. 应用心理学,2001(1):37-40.
[25] 化前珍,胡秀英. 老年护理学[M]. 4 版. 北京:人民卫生出版社,2017:281.
[26] 汪向东. 心理卫生评定量表手册[J]. 中国心理卫生杂志,1999,13(增订版):127-131.
[27] 刘继文,李富业,连玉龙. 社会支持评定量表的信度效度研究[J]. 新疆医科大学学报,2008,31(1):1-3.
[28] 路英慧,邵艳辉,于淑艳. 社区老年人健康自我管理与应对方式的相关性分析[J]. 医学与社会,2018,31(11):65-67.
[29] 陈萍,陈长香. 社区冠心病老年患者健康自我管理的影响因素研究[J]. 中国煤炭工业医学杂志,2016,19(8):1239-1244.

课题组单位:丽水学院

课题组负责人:陈建华

课题组成员:邹继华,应碧荷,胡晓霞,赵磊,陈一莉,姜琳

课题名称及编号:需要层次理论视角下浙西南地区城乡老年人健康自我管理路径研究——基于丽水市的实证调研(编号:2020N28)

浙江新高考背景下大中学生物理教学体系与学习兴趣调研

[**按语**]本次调研聚焦于浙江省学生在新高考背景下物理教育与自身学习兴趣的关联，覆盖了初一到大一年段的学生，及相应年级的教师。调查数据显示，学生学习兴趣对于高考选科的影响是存在的，但学生对物理学科的兴趣度随着年段增长而下降的现象较为严重，原因包括教学体系，教师学生等多方面：物理教学的大中衔接、初高衔接存在较大的问题，使得整个教学各自为战，没能对学生的科学素养达到系统性培育的目标；对学习兴趣至关重要的科学启蒙学习，也存在着违背科学本身的特点，教材内容有诸多错误等现象。针对问题课题组给出了具体对策，包括课程向下延伸，提升教师能力、教材质量，做好改革的落地政策等。希望调研成为对我省学生科学的一贯式教育研究的新开端。

一、项目背景

浙江新高考改革中，物理选考人数呈断崖式下跌，成为教育界，乃至全社会关心的话题。造成这种现象的原因，是国人对高考的重视，趋易避难，采用赋分制又使得弃考物理的现象更严重，高考作为衡量学生学业水平和能力方式，作为高等教育基础选拔的方式，出现了较大的矛盾，一方面，大学所有专业中，对物理的需求是最多的；另一方面，选考物理的浙江考生，反而是越来越少的。

从制度设计方面来说，高考希望真实地反映一个学生的学习成绩，但赋分制和选考双重因素，使物理科目在高考中呈现出奇怪的现象。一方面，由于选择物理的学生少，加之保底人数的存在，如果选考人数在 2.8 万人，那么学生一个字不写，就可以拿到 76 分，这导致了物理分数拉不开，使中等成绩甚至中上成绩的学生选择竞争优势更强的科目，而物理很差的学生，反而会因赋分高而选择物理，这样就失去了科目选择的意义。事实上，我们在调研过程中发现，近三年高考选择物理的学生，两极分化的严重程度是所有科目中最高的。

从学生角度而言，本次调研数据显示，高中阶段，浙江考生高考科目选择的原因，兴趣第一位；但让大一新生回顾选科原因，学科成绩则上升到第一位，所有的教育者都清楚学习兴趣与学习成绩是正相关的，但目前的制度下，却有较为奇怪的现象，学生对物理、化学感兴趣，却选择历史、政治等记忆性质的科目比比皆是。所以，在以高考作为指挥棒的今天，学生的选择原因中，学习兴趣还不足以撼动学习成绩，或者说学习兴趣带来的学习成绩的提高,还不足以因学科差别,或者学习方式带来的成绩提升有效,这是作为教育者值得思考的一个问题。

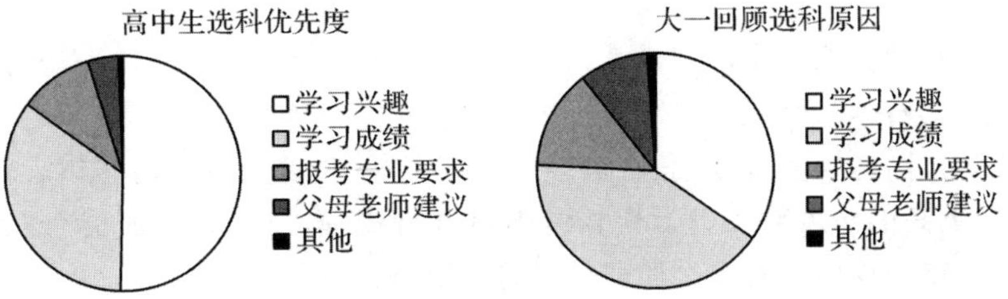

图 1　选科原因对比

从教师角度,此轮高考改革中最累的就是高中教师,改革的初衷是希望每个学生都有选择的权利,但教师流动性小。教师储备较少的学校,学生科目选择若不均衡,则该校教师会承担非本专业教学,教学质量势必降低。

教指委的全国工作会议上,教育部为浙江高考的定性为:方向正确,细节有待改进。说明教育部始终在支持浙江的高考改革。随着改革的深入,如何更好地将浙江的高考改革顺应教学规律,避免分数指挥棒等现象,是改革中亟待解决的问题;而且,调研也显示,上述情况客观存在。

有鉴于此,项目展开了调研,希望通过对学生的物理课程学习兴趣进行多个维度的调研,能对提升中学学生物理类课程学习兴趣给予一些建议;同时,对初高中和高中大学的物理衔接教育,进行一些针对性的研究。

二、课题预期研究计划及执行情况

(一)课题的预期研究计划

课题组首先进行理论分析,中学物理教学中存在不是以科学素质培养为目标,而是以考试为导向的教学模式,一定程度上会伤害到学生的学习积极性;同时,教学内容存在章节孤立,缺乏严谨性描述,语焉不详等与科学研究相悖的内容。其次是数据采集,通过问卷调查以及座谈等方式采集数据,在较大样本范围内获得第一手数据。最后进行分析研究,结合学生科学素养的目标,分析目前教学体系中存在的漏洞与断层,辩证分析教学体系与学习兴趣之间的关联。

1. 研究对象

在浙江省内选取大学和中学各两所,研究对象:其一是教学资料,包括初中科学课程,高中物理课程和大学科学素质类课程;其二是教师,包括调研一线授课教师的教学方法、教学手段,以及其对课程的理解;其三是学生,包括从初中到大学每个年段的学生,调研其对物理(或科学)课程的学习兴趣。

2. 总体框架

总体上研究内容集中在两个方面,一是大中学生物理教学的内容体系,包括教学内容,涵盖初中科学启蒙阶段,高中物理课程内容,大学人才培养方案中要求具备科学素质的支撑课程,以教材、作业、课外阅读为主。教学方法,包括各阶段的课程设置,课堂教学方法,学生评价方法,以及课程质量评价方法等。教学手段,包括采用传统课堂、混合式、实验式等教学手段,或者借助多媒体、网络、平台等手段。

3. 重点难点

重点:寻找教学体系与学习兴趣之间的关联性,通过调研资料,对初高衔接,以及大中衔接给出合理的分析与建议。

难点:我国自高考恢复以来,教育已经经历四十多年,课程教学内容相对较为完善,本调研需要站在更高的角度对大中学生教学内容进行梳理,对课题组成员个人素养要求相对较高,需要站在全局而不是某个阶段课程进行理解。

(二)执行情况

1. 教材调研

对浙江省初、高中及大学的教材都进行了梳理、研讨。项目组认为目前教材存在许多问题。目前浙江地区使用的科学启蒙教材是人教版和浙教版的,两种教材均存在一些错误。比如,在水的章节,"每天至少喝 8 杯水",没有杯子的容量,又忽视了其他食物中的水分,属于严重错误;在空气的章节,"我们把物质与氧气的反应称作氧化反应",氧气还原反应是重要的概念,可以完全没有氧气参与,这属于概念的偏颇;"CO_2 溶解在水里形成了碳酸",溶解是个物理过程,物质不发生变化,而 CO_2 与水进行化学反应才能形成碳酸,这里混淆了物理过程与化学变化。

项目组讨论认为,目前科学教材启蒙部分将生物、物理、地理、化学等科目混杂在一起,且章节之间割裂严重,没有明显的线索贯穿。对于初学者来说,连续性知识的缺失,是学习得不到正向反馈的重要原因;同时,学习兴趣的培养,教师的课堂授课和课外阅读也是重要原因,穿插式的教材,蜻蜓点水式地照本宣科,很难激发学生的学习兴趣。

目前的物理教材中,包括力、电、光、热以及近代物理模块,在教材的不断改革中,创新点不足,始终不敢对原有的重要内容进行增删。在重要的牛顿第三定律,作用力与反作用力的描述中,始终是"大小相等方向相反",其实在后续章节介绍牛顿力学中几个重要力的分类以后,可以对第三定律加上"是一对相同性质的力"这样的一个判定;但我们的教材中都没有。

教材本身需要一定的严谨性,但许多已经被证伪的故事却依旧可以在教材上发现,如力学奠基人牛顿,被塑造成一名科学贡献巨大、道德品格完善的伟人,而事实上牛顿本人心胸狭隘;更有甚者,他所说的"站在巨人的肩膀上",是为了和胡克吵架,根本与自己谦虚没有任何关系。科学本身需要严谨求实,已经被证伪的事件出现在教材中,这件事情本身就很难再要求学生具有求实的精神了!

2. 学生调研

对学生,采用问卷调查和实地访谈相结合的方式,我们在宁波科学中学、余姚中学、杭十四中、宁波财经学院、浙江工业大学进行调研,对采集到的数据进行了整合和分析。结果显示,学生对物理科目的兴趣度,随着年级的增加而减小,这种减少在初一到初二,以及高一到高二较为明显。

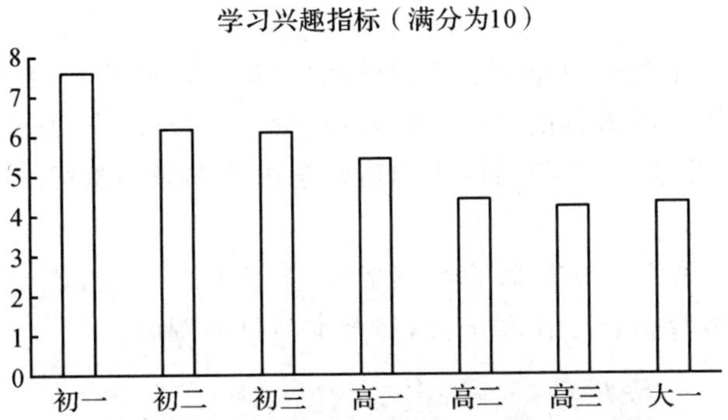

图 2　物理科目学习兴趣

调研发现，在细化的物理分支科目中，学生其实对宇宙相关的知识始终保持较高的兴趣，可以以此为契机，做一些课堂内外的延展，这会对学生学习兴趣的激发和保持有一定作用。

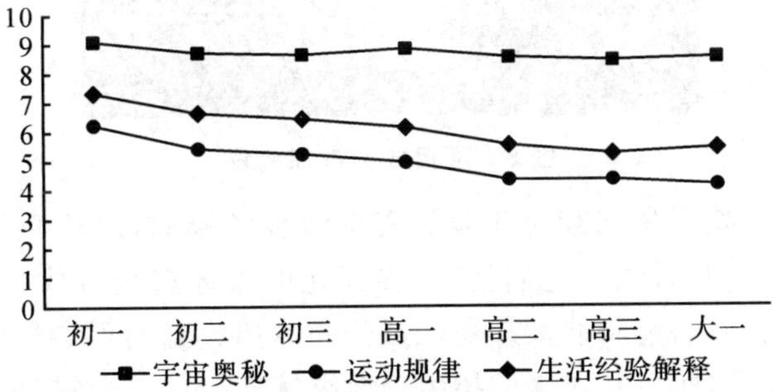

图 3　物理分支内容兴趣度

在物理科目兴趣下降的同时，调研了从有到无部分学生的原因，其中，越学越无聊和学科难度大占据了一半，这从一个侧面证明了调研的另一个结论，就是我们科学启蒙教育中存在较大的问题。在访谈中，很多学生都提到，学着学着不会了，就没什么兴趣。

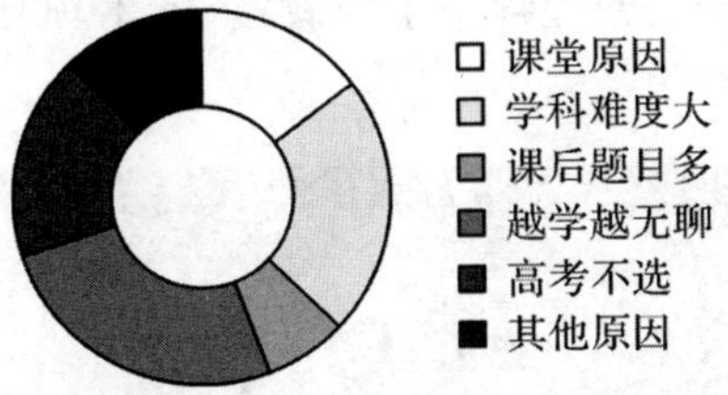

图 4　物理学科兴趣从有到无的转变原因

3. 教师调研

项目期间，我们开展了四场教师座谈会，包括初中科学教师、大学物理教师各一场，高中物理教师两场，讨论了教师在物理教学中所用的教学方法和教学手段，探讨了教师教学中对学生学习兴趣的关注度。

在教师座谈中，教师都明确学习兴趣的重要性，但在实际教学过程中，在提升学生学习兴趣上，教师的投入明显不足，因为中高考压力的存在，使老师都希望快速见效，尤其是浙江新高考改革以后，客观上缩短了物理课程备考的时间，所以教师更倾向于短期效应的提升。

新高考背景下，对于教学改革中的新尝试，教师都非常谨慎，不会自主尝试，除非学校规定或者政策倾斜，用一线教师的话说，可能在教学上，自己本科目都不一定能保证，哪里还有心思去思考教学改革，认真核对改革前后教学内容差异的教师只有极少数。

4. 专题学习

2019 年 5 月于清华大学举行教育部教指委全国工作会议，研讨高考改革的相关情况，并成立大中物理教育衔接工作委员会，契合本项目的调研。

图 5　项目成员参加会议

会上，以清华大学院士朱邦芬为代表的资深教育学家们，对这几年高考改革，尤其是浙江省的改革提出了一些看法。他们指出，多元化的人才选拔方式是取代高考一考定胜负的必然趋势。数据显示，清华北大从浙江三位一体招收到的顶尖学生，比只通过高考渠道选拔的学生能力要强，所以在未来的招生中会继续实行，其他高校也应注重多元选拔。

朱院士在对中学生物理学习的寄语中提到，学习兴趣的保持和自学能力的养成尤为重要，证明了对于长期学习乃至终身学习过程中兴趣的重要性。

5. 专家访问

教指委成立了全国大中物理衔接工作委员会，浙江工业大学教授施建青担任委员会主任。2019 年 6 月，项目负责人专程拜访了施教授，就本项目关联的一些问题，与教授进行了深入的交流，受益匪浅。

图 6　项目组拜访专家

施教授对浙江省大中物理衔接提供解决方案，在大学层面，浙江工业大学进行大学物理预修的分层教学模式，针对学生不同层次，在预修课程中可以选择模块式的学习方式，从而弥补在此轮高考改革中出现的一些问题。他对浙江省高考改革下一步的计划进行了介绍，指出大学应向高中开放教学内容甚至开设课程，下一轮的改革在教材、考纲等方面有变化，高考改革行将进入深水区。

三、课题研究结果

(一)问题及对策

问题一：大中与初高衔接教学不畅客观存在。

全国各地的物理课程课标不同，使得高考后同一专业的学生物理课程能力有显著的差异，在浙江地区该差异尤为明显，重点院校招生能保证高中物理选课，而一般院校相关专业则难以保证，这对大学教学无疑是巨大挑战。

全国本科工作会议确定"以本为本，四个回归"主题之后，虽然要求高校对本科生能力进行重视，包括文化素养和科学素养均需要加强，但只有较少的院校，为非理工科的学生开设科学类通识课程。

对策一：加强大学物理预修课程与科学通识课程的建设，并向下延伸。

在制定各年段物理类课程标准时，需要自上而下地进行充分而有效的沟通。大学需要高中怎样的前置知识体系，高中需要初中培养怎样的科学素养，这些都需要大学与高中，高中与初中的教师进行充分交流，尤其是一线教师之间的交流。

问题二：学生学习兴趣的弱化，与多维度有关。

首先是教师层面，注重解题而不是注重思维的培养，授课枯燥，只停留在教学内容，很少扩展或联系实际，对学生感兴趣的问题涉猎较少。

其次是学生本身，只关注解题过程，而忽视物理原理，导致学习中难以举一反三，陷入学习的恶性循环。

最后在学校层面，因为中高考的原因，学校更加注重学习的短期效应，注重解题技巧、试题覆盖等方面，不注重提升学生的学习兴趣。

对策二：多元化提升学生学习兴趣。

教师需提高自身能力，对课堂进行良好的设计：清晰的课堂教学结构，高比例的有效学习时间，促进学习的课堂氛围，明晰的教学内容，完备的课堂教学环境。在课外：创建有意义的师生交流，研讨多样化的教学方法，促进个性化发展。

学生需具备良好的学习状态：抓住学习规律，克服畏难情绪，重视基本概念的学习，耐心，细致，学会自学。课外通过一些实验锻炼动手能力，参加科学比赛，阅读宇宙奥秘相关的书籍，生活中学会观察现象，体会事物的运动规律。

学校层面应安排教师能力提升，教学技能竞赛等活动，进行学科类的竞赛，科学运动会等丰富学生学习生活。充分保持学生的学习资源，安排一些科普讲座和科学活动，调动学生的学习积极性。

问题三：科学启蒙存在问题。

课程学习，启蒙非常关键。在调研中，至少有两点问题，一是通过教材调研，发现启蒙的教材中存在一些错误；二是教学方法，大部分学校依旧是传统的讲授式，知识检测采用测试，使得学生认为物理就是做题，是深奥的学科，而物理恰恰是规律和道理，其本质是简单的，是在复杂现象中寻找统一规律的学科。

对策三：加强教材建设，鼓励教学改革与尝试。

教材是教学的重要基础，应注重启蒙阶段的教材建设，集思广益。美国的物理学教程有很多不同版本，差异化很大，如费曼的物理讲义，而我们现行教材区分度很小，几乎没有选择余地。鼓励高学历和有丰富经历的教师撰写科学启蒙的教材，打开科学启蒙的困局。

物理，是事物的道理，道理是简单而凝练的。我们的教育工作者，在对学生进行物理启蒙教学的时候，有些人没有记得这个初衷。建议对初一初二的科学教师进行一些培训、交流等活动，个别学校如科学中学，开展了丰富的科学课外活动，包括科学实验、科学运动会、科学技能比赛等，对学生在科学启蒙阶段兴趣的保持起到一定的作用，值得借鉴。

问题四：教学改革在落地环节面临困难。

在此轮教学改革中，浙江和上海确实走在了前面，但是在前端的充分论证，并不代表改革一定能顺利进行，缺少政策落地这关键环节——广大一线教师的工作。

对策四：重大教学改革注重落地环节。

执行全面教学改革，应关注资源配置，比如课标、教材等先期准备，教学资源的充分保障，以及极端情况下的应对措施。在政策落地环节，应对广大一线教师进行必要的宣传与培训，让教师了解改革的目标与路线，成为主动的参与者，而不是被动执行政策。

（二）创新性

新高考背景下，教育内外部环境的变迁以及受众代际特征的变化，对学生教育提出了新的时代命题。国家未来需要有科学知识的人才，社会需要有科学素养的民众，在多元包容的学习体系中，学生兴趣依据教学体系会发生怎样的变化，都需要通过调研和分析才能得到较为客观的结果。本项目不是以高考改革为导向的补丁，而是希望遵循教育本质的探索。

（三）突出特色

全面性强：作为一次计划从局部出发的调研课题，最终梳理了中学到大学的整个教学体系，调研较为全面；在核心内容、学生的学习兴趣上，从多个角度剖析了原因。

立足点高：此次调研，恰好契合了教育部教指委全国工作会议的主题，全国的教育专家从各角度解读高考改革的方向，并着重研讨了浙江和上海模式，拜访专家得到调研的决策建议。

四、成果价值

（一）学术价值

本次调研属于教育学大类中的教学研究。通过本次调研，提出了人才科学素质培养的一贯式教育方式，揭示了学生学习兴趣的部分关联度，不仅仅在于学生本身，也在于教学理念甚至教学方法，对研究学习兴趣有一定的指导意义。

在科学启蒙教学中，调研认为目前的科学启蒙教育存在较大的问题，需要全方位的改革，提出了一些改革的设想，对未来科学启蒙教学改革有部分指导意义，进而，保持学生对科学及物理学的兴趣，丰富教学理念。

(二)应用价值

在高等教育不断深化的今天，选拔人才的方式必然是多元化的，改革的方式应遵循教育本身的规律。本调研项目是依托教育在培养科学素质的一贯性下进行的。调研报告，对目前物理课程教学体系进行梳理，可以应用于教材编写、课程制定、教育目标等方面决策的参考，有助于中学生对自我学习目标进行评价，并在高考选择科目时更加理性化。

(三)社会影响

项目针对社会热议的浙江高考物理选科问题进行调研，客观上展示了此轮浙江省高考改革的方向，指出此轮改革的多元化选拔人才等优点，以及改革落地执行存在困难等弊端，提出目前在高考分数指挥棒的社会风气下，需要家、校、生有共同的认识和努力才能做好，而不是一味地指责某一方；并且，也可以让家长思考，还教育以初心，如果让学生能够充分发展自身的兴趣并契合高考，也不失为解决高考选科难的一种良性解决方案。

五、不足之处

(一)不足与欠缺

此次调研，不足之处在于样本的地域性不强，还不能代表浙江一些教育不发达县市的状况。同时，浙江省近两年高考物理选科数据处于保密状态，虽然项目组获得了一些资料，但不能作为此次报告的相关材料展示。

项目组成员的学历与教学能力，可以完成项目的内容，但成员中缺少中学的一线教师，对于中学教学方面的资料仅来自有限的座谈会。

(二)尚需深入研究的问题

1.科学教学的系统性构架

科学启蒙，到物理学习，到科学素质的培养，是连续有机的过程；而目前初中、高中、大学学制以及地域性等问题，使得这个过程被割裂，希望有强大的专家团队，深厚的专业背景，以及经验丰富的教师，来系统性地设计从小学到大学的一贯式教学。

2.学生兴趣的保持和培养

本次调研只调研了物理学科中学生学习兴趣的现状，以及与学习兴趣关联的一些因素。对学生学习兴趣的培养，以及学习兴趣的保持，涉猎不多。此次调研揭示了部分的问题，但许多问题的解决方案还需要更深入的研究。

3.男女生在各学科比例

本次调研，在前端设计时，未涉及性别比例。在目前大学生中女生已经比男生多的情况下，性别和学科的关联，以及对高考学科的选择，也是一个非常值得研究的问题。

参考文献

[1] 张家勇. 新高考改革的进展、挑战与政策建议[J]. 中国教育学刊,2018(8):42-46.

[2] 袁致丹.“3+3”新高考模式下“弃物理现象”的思考[J]. 智库时代,2017(15):91-92.

[3] Nilufer Korhasan, et al. How should textbook analogies be used in teaching physics? [J]. Physical Review Physics Education Research,2019(15).

[4] 余华,等. 物理学术竞赛对学生从中学到大学过渡的桥梁作用[J]. 物理与工程,2017,27(6):104-107.

课题组单位:宁波财经学院

课题组负责人:王振彦

课题组成员:孙盛芝,金宏雁,孟祥佩,潘红,沈继元

课题名称及编号:浙江新高考背景下大中学生物理教学体系与学习兴趣调研(编号:2020N32)

基于 SERVQUAL 的浙江居家养老服务质量评价指标体系构建与实践

[按语]本研究在文献回顾的基础上,采用 SERVQUAL 模型建立浙江社区居家养老服务质量评价模型,并运用德尔菲法和层次分析法构建浙江社区居家养老服务质量评价指标体系。根据该体系设计问卷,收集数据,运用 SPSS 22.0 软件进行数据分析,探索浙江社区居家养老服务质量现状和影响因素,并提出提升服务质量的对策建议。构建得到包括助洁、助浴、助餐、医疗保健等 8 类服务项目,可靠性、保证性、响应性、移情性和可感知性 5 个评价维度的浙江社区居家养老服务质量评价指标体系,并对 652 个样本进行数据分析。浙江社区居家养老服务总体质量较高,但助浴、助急和医疗保健的服务质量仍有待提高。可通过政府加大居家养老服务建设力度,完善居家养老服务制度建设和加强居家养老服务人力资源队伍建设等途径提升服务质量。

一、研究背景

面对人口老龄化压力的加剧,社区居家养老已成为我国养老服务形式的必然选择,而服务质量则是社区居家养老服务发展的关键。正确评价和提高服务质量影响到服务体系的构建、服务过程的规范、服务人员素质的提高乃至老年人生活质量的提升。2017 年,浙江省的杭州市、宁波市、温州市和绍兴市先后成为我国社区居家养老服务改革试点,各市政府出台了居家和社区养老服务改革试点工作的实施意见或工作方案,以期健全居家养老服务标准和质量评估体系,全面提升服务质量。因此,在社区居家养老服务改革背景下,构建浙江居家养老服务质量评价指标体系并进行实证研究,分析浙江居家养老服务质量现状及影响因素,提出服务质量提升建议,对提升浙江居家养老服务质量和发展浙江社区居家养老服务业具有深远的意义。然而,纵观文献,浙江地区的相关研究较少,且缺乏理论和实证基础,这也说明本课题的研究具有理论和现实意义。

二、研究方法

(一)研究思路

本课题的研究思路如图 1 所示。

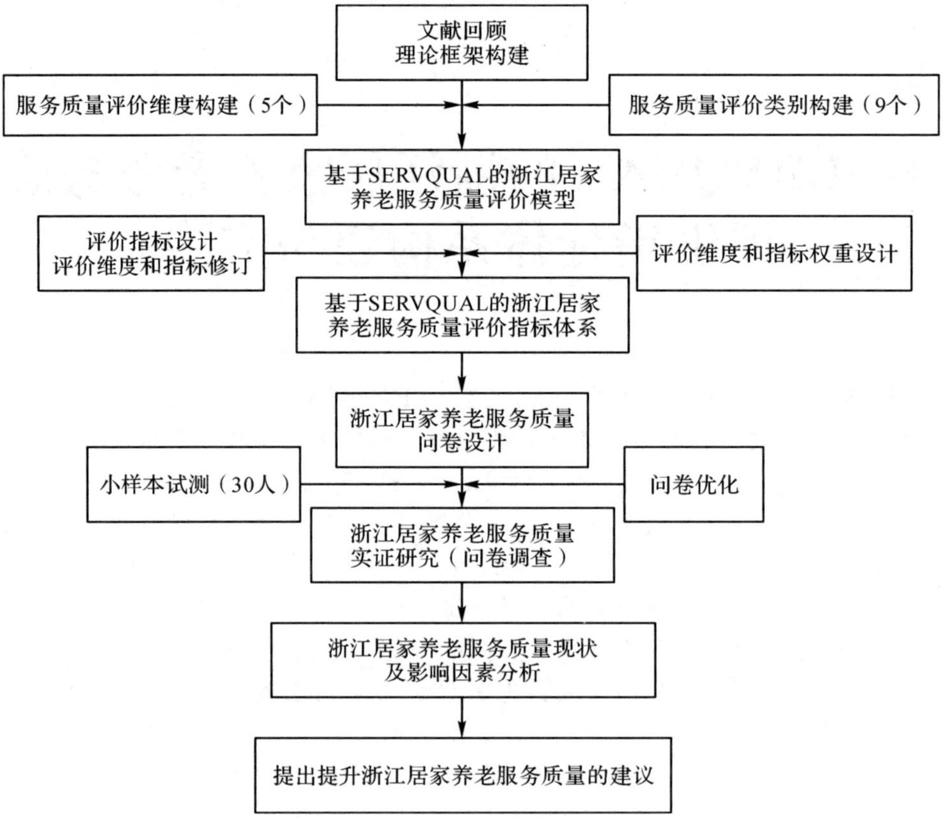

图 1　本课题研究思路

(二)研究方法

1.文献研究法

搜集查阅国内外相关领域最新研究成果，着重研究分析国内外构建居家养老服务质量评价指标体系的理论与方法，以此作为本研究的理论依据和指导方法。

2.德尔菲法(专家意见法)

使用深入访谈法收集居家养老服务专家的意见，对浙江居家养老服务质量评价维度和指标进行修订，同时由专家对各维度和指标进行重要性打分以设计权重[1—3]。

3.问卷调查法

在浙江居家养老服务质量评价指标体系的基础上编制问卷，采取整群抽样法，在杭州市、宁波市、温州市和绍兴市范围内各选取有代表性的 2 个区县，在每个区县内随机抽取 2 个社区，共 16 个社区，每个社区中随机抽取 50 位老年人，共 800 人进行调查。请各市接受居家养老服务的老年人，根据自身的实际感受对接受的每一项服务(每个评价指标)的满意程度进行评分。本问卷同样采用李克特(Likert)五点式评量尺度，每个指标的满意程度有 5 个，分成“非常不满意”“比较不满意”“无意见”“一般满意”“非常满意”5 个选项，分别给予 1,2,3,4,5 分。得分越高，说明此项指标的老人满意度越高[4—5]。

4.统计分析法

本研究中的定量资料，主要使用 SPSS 22.0 软件进行统计分析。

(1)描述性分析:描述样本资料的基本情况,即居家养老老年人的基本信息,例如性别、年龄、文化程度、是否患有重大疾病、接受居家养老服务时间以及评估照料等级等。数值变量中服从正态分布的,采取均数和标准差作为统计指标,不服从正态分布的采用中位数和四分位间距作为统计指标进行描述;分类变量资料采用率或构成比进行描述。

(2)信效度分析:信度分析使用 Cronbach α 系数,效度分析使用 Kaiser-Meyer-Olkin 值和 Bartlett 球形检验。

(3)主成分分析法:采用方差最大化正交旋转方法对数据进行运算,从而分析浙江居家养老服务质量影响因素[4]。

(4)模糊综合评价法:通过构建模糊评价矩阵并进行合成运算建立综合评价模型,从而计算得到浙江居家养老服务各类别服务质量评价得分和总体服务质量评价得分,从而分析浙江居家养老服务质量现状[6]。

三、结　果

(一)浙江社区居家养老服务质量评价指标体系

本课题研究的社区居家养老服务属于公共服务,因此在本研究中采用 SERVQUAL 方法来评价服务质量是切实可行的。考虑到社区居家养老服务的特殊性,我们将服务评价维度构建为可靠性、保证性、响应性、移情性和可感知性 5 个方面,再根据专家意见和实际情况,将服务分为助洁、助浴、助餐、助行、助急、医疗保健、文娱和教育 8 类,从而构建出浙江社区居家养老服务质量评价指标体系及权重,详见表 1。

表 1　浙江社区居家养老服务质量评价指标体系及权重

项目(权重) 维度	可靠性 (组合权重)	保证性 (组合权重)	响应性 (组合权重)	移情性 (组合权重)	可感知性 (组合权重)
助洁 (0.137)	洁净操作专业规范(0.0268)	助洁服务人员按时提供服务(0.0271)	助洁服务人员态度友好,尊重老人(0.0285)	根据老人实际助洁需求提供服务(0.0240)	洁净效果好,整体干净整洁清新(0.0279)
助浴 (0.089)	洗浴操作专业规范(0.0181)	助浴服务人员按时提供服务(0.0186)	助浴服务人员态度友好,尊重老人(0.0175)	根据老人实际情况提供服务(0.0172)	洗浴过程舒适,洗浴后身体洁净(0.0176)
助餐 (0.205)	餐食营养且符合老人口味(0.043)	助餐服务人员按时提供餐食(0.039)	助餐服务人员态度友好,尊重老人(0.040)	根据老人口味提供餐食(0.037)	餐食色香味俱全,进餐氛围愉快(0.046)
助行 (0.088)	出行安全有保障(0.0179)	助行服务人员及时提供服务(0.0173)	助行服务人员态度友好,尊重老人(0.0178)	根据老人实际移动能力提供服务(0.0176)	助行辅具配备完整,出行过程氛围愉快(0.0174)
助急 (0.114)	能解决老人遇到的紧急情况(0.0231)	助急服务人员在最短时间内提供服务(0.0229)	助急服务人员态度友好,尊重老人(0.0227)	根据助急实际内容提供服务(0.0225)	问题解决时不断反馈进展,且最终能解决问题(0.0228)
医疗保健 (0.191)	医疗软硬件齐全,服务人员具备医疗资格且水平较高(0.0386)	医疗人员按时或及时提供服务(0.0378)	医疗人员态度友好,尊重老人(0.0380)	根据老人实际健康状况提供服务(0.0384)	医疗环境良好,医疗人员穿戴整洁,技术过硬(0.0382)

续 表

项目(权重) 维度	可靠性 (组合权重)	保证性 (组合权重)	响应性 (组合权重)	移情性 (组合权重)	可感知性 (组合权重)
文娱 (0.132)	文娱活动质量高,符合老人需求,文娱设备先进(0.0262)	文娱服务人员按时提供服务(0.0269)	文娱服务人员态度友好,尊重老人(0.0266)	根据老人爱好提供服务(0.0259)	文娱活动氛围愉快,文娱环境宽敞舒适(0.0264)
教育 (0.044)	教育活动质量高,符合老人需求,教育设备先进(0.0088)	教育服务人员按时提供服务(0.0094)	教育服务人员态度友好,尊重老人(0.0091)	根据老人能力和需求提供服务(0.0082)	教育活动氛围愉快,教育环境明亮舒适(0.0085)

根据层次分析法的准则,该评价指标体系中的服务项目和评价维度的专家 W 值较高、且 P 值均<0.01,即协调系数有统计学意义,说明该体系有较好的专家意见协调程度[7]。同时,服务项目和评价维度的一致性比例均<0.1,说明该体系有较好的专家一致性。

(二)问卷调查的结果

本研究采用整群抽样法,在目前已作为浙江居家养老服务改革试点的杭州市、宁波市、温州市和绍兴市范围内各选取有代表性的 2 个区县,在每个区县内随机抽取 2 个社区,共 16 个社区,每个社区中随机抽取 50 位老人,共 800 人进行调查。

1.样本描述性分析

本次调查共发放问卷 800 份,其中有效问卷 652 份,问卷有效率为 81.5%,符合调查研究要求的问卷回收率不低于 20%的要求,问卷描述性分析详见表 2。从表 2 可以看出,接受居家养老服务的浙江老人以 70 岁以上居多,超过了 70%,男性女性老人比例约为 2∶3,接近 70%的老人与子女或配偶同住。超过 50%的老人失去正常的自理能力,其中轻度依赖的老年人占 29.0%,中度依赖的占 15.5%,重度依赖的占 11.8%。而超过 65%的老人月收入不足 1000 元,仅有 7.8%的老人月收入超过 2000 元,老人总体收入偏低。

表 2 问卷调查人口基本信息统计情况

变量	人数	百分比(%)	变量	人数	百分比(%)
年龄(岁)			生活自理能力		
60—69	158	24.2	正常	285	43.7
70—79	211	32.4	轻度依赖	189	29.0
80—89	215	33.0	中度依赖	101	15.5
90 以上	68	10.4	重度依赖	77	11.8
性别			收入水平(元/月)		
男	247	37.9	500 元以下	178	27.3
女	405	62.1	501—1000	255	39.1
居住情况			1001—1500	101	15.5
与子女居住	254	39.0	1501—2000	67	10.3

续 表

变量	人数	百分比(%)	变量	人数	百分比(%)
与配偶居住	197	30.2	2001以上	51	7.8
与亲戚朋友居住	12	1.8			
独居	189	29.0			

2.服务质量现状分析

本研究采用模糊综合评价法对社区居家养老服务质量进行综合评价[2]。研究结果显示,居家老人对助洁、助浴、助餐、助行、助急、医疗保健、文娱和教育服务的最终评价得分依次为4.126分、3.989分、4.091分、4.103分、3.821分、3.792分、4.210分和4.015分,可以看出老人对助浴、医疗保健和助急服务的评价相对较低。同时浙江社区居家养老整体服务质量综合评价得分为4.012分,说明老人对整体服务质量比较满意,评价结果详见表3。

表3 浙江社区居家养老服务质量评价结果

项　目	得　分	整体得分
助洁	4.126	4.012
助浴	3.989	
助餐	4.091	
助行	4.103	
助急	3.821	
医疗保健	3.792	
文娱	4.210	
教育	4.015	

3.服务质量影响因素分析

由于居家养老服务内容多样,因此本研究主要对已构建的8类基本服务的质量进行探索性因子分析,采用主成分因素分析、最大方差正交旋等技术进行。本研究问卷所有评价项目的Cronbach α系数均大于0.8,KMO值为0.825,巴特利特球体检验显著性概率为0.000,小于1%,表明本研究数据适合进行探索性因子分析,分析结果详见表4。

表4 浙江社区居家养老服务质量评价指标体系探索性因子分析结果

指　标	助洁	助浴	助餐	助行	助急	医疗保健	文娱	教育
助洁服务人员态度友好,尊重老人	0.781							
洁净效果好,整体干净整洁清新	0.753							
助洁服务人员按时提供服务	0.722							
洁净操作专业规范	0.703							

续 表

指　　标	助洁	助浴	助餐	助行	助急	医疗保健	文娱	教育
根据老人实际助洁需求提供服务	0.687							
助浴服务人员按时提供服务		0.742						
洗浴操作专业规范		0.738						
助浴服务人员态度友好，尊重老人		0.735						
洗浴过程舒适，洗浴后身体洁净		0.721						
根据老人实际情况提供服务		0.720						
餐食色香味俱全，进餐氛围愉快			0.780					
餐食营养且符合老人口味			0.742					
助餐服务人员态度友好，尊重老人			0.735					
助餐服务人员按时提供餐食			0.716					
根据老人口味提供餐食			0.681					
出行安全有保障				0.735				
助行服务人员态度友好，尊重老人				0.710				
根据老人实际移动能力提供服务				0.702				
助行辅具配备完整，出行过程氛围愉快				0.696				
助行服务人员及时提供服务				0.687				
能解决老人遇到的紧急情况					0.722			
根据助急实际内容提供服务					0.701			
问题解决时不断反馈进展，且最终能解决问题					0.689			
助急服务人员态度友好，尊重老人					0.677			
助急服务人员在最短时间内提供服务					0.670			
医疗软硬件齐全，服务人员具备医疗资格且水平较高						0.710		
根据老人实际健康状况提供服务						0.705		
医疗人员穿戴整洁，技术过硬						0.690		
医疗人员态度友好，尊重老人						0.657		
医疗人员按时或及时提供服务						0.649		
文娱服务人员按时提供服务							0.789	
文娱服务人员态度友好，尊重老人							0.770	
文娱活动氛围愉快，文娱环境宽敞舒适							0.762	

续 表

指　　标	助洁	助浴	助餐	助行	助急	医疗保健	文娱	教育
文娱活动质量高，符合老人需求，文娱设备先进							0.746	
根据老人爱好提供文娱服务							0.715	
教育服务人员按时提供服务								0.722
教育服务人员态度友好，尊重老人								0.714
教育活动质量高，符合老人需求，教育设备先进								0.708
教育活动氛围愉快，教育环境明亮舒适								0.699
根据老人能力和需求提供服务								0.692

通过以上探索性因子分析发现，每一种测量模型中的5个题目都高度聚集到一个因子上，我们分别命名为助洁服务因子、助浴服务因子、助餐服务因子、助行服务因子、助急服务因子、医疗保健服务因子、文娱服务因子和教育服务因子，这也说明本研究在8类服务基础上构建的社区居家养老服务质量评价指标体系是科学合理的。

四、讨　论

(一)浙江社区居家养老服务质量现状

通过采用模糊综合评价法对浙江社区居家养老服务质量进行了综合评价。研究结果显示，老人对社区居家养老服务质量总体比较满意，尤其是文娱和助洁服务得到了老人的高度认可。助洁服务是浙江省最先开展的居家养老服务之一，发展至今已经趋向市场化和成熟化，因此助洁效果，尤其是衣物清洗和房屋保洁的效果基本都能得到老人的肯定。

而文娱服务的高分与近年来浙江省各城市对老年人精神慰藉的重视和投入是分不开的。许多社区都进一步修缮了老年娱乐场所，提供了更多的文娱软硬件设施，如健身器械和娱乐棋牌。同时，许多社区邀请了专业社工师对居家服务人员进行培训，使服务人员具备组织策划老年集体游戏的能力，从而改变老人原本单调的娱乐方式。

然而助浴、助急和医疗保健的服务得分并不高，说明老年人对这3类服务质量并不是很满意。助浴服务是处于起步阶段的居家养老服务，操作流程尚不规范，并且服务人员为老人洗浴时会接触到老人身体包括一些较隐私的部位，因此操作难度较大，有时可能会造成老人的不适感。

助急服务也是近几年新开设的服务，许多老人对此项服务并不了解，因此提出的服务需求种类繁多，但目前浙江省各城市能提供的助急服务有限，主要包括突发健康事件和安全事件的紧急救援等，这就导致了需求方的“落差”，使得部分老人对该服务的评价较低。

虽然浙江省各城市在社区医疗卫生上的投入一直很大；但从研究结果来看，老年人对医疗保健服务的满意度依然不高。通过实地考察，我们也发现许多社区卫生服务中心的医疗基础依然薄弱，限制了社区医疗保健服务的发展，也不利于促进老人的健康，间接限制了老人生活质量的提高，因此评价较低。

(二)浙江社区居家养老服务质量影响因素

通过采用主成分因素分析法，对浙江省社区居家养老服务质量影响因素进行了分析。研究结果显示：

在助洁服务中，服务人员的态度影响最大，因子荷载为0.781，说明老人最看重开展助洁服务人员的服务态度。助洁服务人员一般是上门服务的，而老人一般对陌生人会保持一定戒心，因此良好的服务态度是拉近客户距离，并让老年客户对服务满意的基础。

在助浴服务中，助浴服务人员按时提供服务的影响程度最高，因子荷载为0.742，说明老人很在意该服务的及时性。老年人生理机能退化，为减少跌倒等情况的发生概率，洗浴频次锐减，一般是在急需的情况下才会需要助浴服务，因此服务及时性就显得尤为重要。

在助餐服务中，餐食色香味俱全，进餐氛围愉快和餐食营养且符合老人口味影响最大，因子荷载分别达到了0.780和0.742，这一结果也和我们与老人深入访谈的结果一致。老年人对助餐服务的最大需求是餐食本身的质量，因此餐食的营养和味道是老人最看重的。

在助行服务中，出行安全有保障的影响程度最大，因子荷载为0.735，一般需要助行服务的都是失能、失智或高龄老人，这类老人也是跌倒风险最高的群体，因此出行的安全性是老人最为看重的。同时，助行服务的本质是服务人员陪同老人外出，因此需要服务人员与老人顺畅地沟通交流并和谐相处，因此老人对服务态度也比较敏感。

在助急服务中，能解决老人遇到的紧急情况和根据助急实际内容提供服务影响程度最大，因子荷载分别为0.722和0.701，老人尤其是空巢老人处理突发情况的能力较弱，因此他们需要服务人员能在最短时间内为他们解决紧急难题。同时老人的各类助急服务需求颇为繁杂，因此能否实际解决老人的难题是老人最看重的。

在医疗保健服务中，医疗软硬件齐全，服务人员具备医疗资格且水平较高的影响程度最大，因子荷载为0.710，这也和实际情况相符。许多老年人“久病成医”，对医疗保健服务的质量要求也在不断提升，因此他们最看重的是医疗人员和软硬件水平能否准确为其诊治，能否实际促进自己的健康。

在文娱服务和教育服务中，服务人员按时提供服务和服务人员态度友好、尊重老人影响程度最大，因子荷载分别为0.789，0.770以及0.722，0.714。说明老人相对于文娱及教育服务质量，更看重该类服务的准时性和服务人员的友善程度，原因是许多居家养老的老人常年孤独寂寞，他们更需要人的温暖陪伴。

(三)提升浙江社区居家养老服务质量的对策建议

1.完善居家养老服务体系

根据本研究的结果，在浙江社区居家养老服务中，助浴、助急和医疗保健的服务满意度较低，急需提高服务质量。在助浴服务方面，首先应规范服务价格标准，让老人明确服务内容和相应收费标准，避免过高的期望。其次，应重点提升服务人员的操作规范，定期组织培训考核，督促服务人员不断提升操作能力。

在助急服务方面，应首先提高服务的及时性，可借助互联网和物联网等先进技术，建立智慧养老助急服务平台，拓宽信息沟通渠道，提供多种助急服务项目。其次，可根据不同社区老人的实际需求扩大各机构服务范围和服务内容。

在医疗保健服务方面，首先应提高财政投入，提升社区医院的软硬件设施条件，招聘具有较高专业水平的医务人员，这是提升该服务质量的基础。其次，应根据当地社区老人的实际情况，完善社区卫生服务中心的服务内容。同时，要加强老年健康管理，提升老年人的健康素养，促进老人健康。

2.政府加大居家养老服务建设力度

由于社区居家养老服务是一种基本的社会公共服务，而政府是提供该服务的主体，因此政府应履行好自己的职责。首先，可建立居家养老服务公共财政预算制度，建立居家养老服务专项资金，健全政府投入机制以提高政府的财政投入，并加大补贴力度和补贴范围。同时应继续加大对社区居家养老服务机构基础设施建设的投入，以保证居家养老服务机构的运行和服务人员培训的基本费用。其次，应制定扶持政策，拓宽融资渠道，建立多渠道社会力量的准入机制，制定减少税收和土地优惠等政策，吸引更多社会资本进入居家养老服务行业。最后，应尽早建立老年长期护理保险制度，可参考发达国家保险制度的先进经验，为高龄和失能失智老人及其家属提供护理服务或支付保险金[8-9]。

3.完善居家养老服务制度建设

目前针对居家养老服务的法律法规数量较少且缺少现实指导意义，因此应健全相关法律法规。为此，应尽早出台《浙江省居家养老服务条例》，明确浙江居家养老服务内容、服务规划与建设、服务供给与保障机制、监督管理机制和法律责任等。同时应制定各级各类居家养老服务机构的内部规章制度，同时与服务流程、服务标准、收费价格和人员资格等相关的重要制度应上墙并具备完整的文书。

4.加强居家养老服务人力资源队伍建设

为了提高居家养老服务质量，必须全面提升服务人员的综合素质，包括岗位所需的专业知识技能和与各类老人沟通交流的能力。为此，可依托高校和教育机构培养养老护理员、个案管理师和全科医生等居家养老服务人才。其次，应建立规范的人才培训和考核制度，提高服务人员专业素质，提高行业准入门槛。同时应完善居家养老服务工作者的激励机制，适当提高服务人员薪资水平和福利待遇，以吸引更高层次人才继续居家养老行业。另外，应完善居家养老服务人才的管理制度，将居家养老服务人才培养制度化、规范化、市场化和专业化。最后，可引导各类公益组织和社会团体参与居家养老服务，开展各类敬老志愿服务以弥补居家养老服务人员数量和质量的不足。

5.提供个性化的居家养老服务内容

由于居家养老老人的年龄、健康状况、家庭情况和社会背景各不相同，因此需要针对不同老年人的实际情况，提供有针对性的服务。例如，应向高龄和失能失智老人提供更多的日常生活照料和医疗保健服务。向独居和空巢老人提供更多的精神慰藉和情感关爱服务，向刚步入养老生活的老人提供更多文娱服务，向需要中度和重度护理的老人提供更多的专业性照护服务。同时，可针对部分老人的特殊要求提供特需服务。

6.建立居家养老服务评价和监管制度

为保证居家养老服务质量，评价和监管制度也尤为重要。首先，应加强对居家养老服务机构日常运营、安全管理和服务质量等方面的监督管理，要求各机构的运营制度、服务标准、应急方案及重大活动等均有台账记录。其次，应定期对各级各类居家养老服务机构进行评估和复查，形成服务质量评价结果的信息公开与共享。同时，应发展居家养老服务质量的第三方评价机构，培养服务质量评价专业人才，以保证评估结果的科学性。最后，应注重评价体系中反馈和修正机制的建设。

参考文献

[1] 杨双. 地方政府购买居家养老服务质量研究[D]. 石家庄：河北经贸大学，2017.

[2] 朱亮. 医养结合社区居家养老中心供给服务质量评价指标体系的构建研究[J]. 中国全科医学，2019，22(2)：86-92.

[3] 田帅帅. 基于SERVQUAL模型的居家养老服务质量研究[D]. 西安：西北大学，2018.

[4] 章晓懿，刘帮成. 社区居家养老服务质量模型研究——以上海市为例[J]. 中国人口科学，2011(3).

[5] 江海霞，张澜，陈雷. 居家养老服务质量评估指标体系构建研究[J]. 广西经济管理干部学院学报，2015，27(2)：7-11.

[6] 牟娉婷. 社区居家养老服务质量评价指标体系研究[D]. 大连：大连理工大学，2014.

[7] 隋小磊. 基于SERVQUAL模型的居家养老服务质量研究[D]. 西安：陕西师范大学，2016.

[8] 武佳. 居家养老服务质量评价的日本经验及启示[D]. 西安：陕西师范大学，2016.

[9] 冯丽扬. 瑞典居家养老服务质量的监督与评估研究[D]. 济南：山东大学，2016.

课题组单位：宁波卫生职业技术学院

课题组负责人：应宇辰

课题组成员：于立博，郭春燕，俞曹平，张秀娟，应黎明

课题名称及编号：基于SERVQUAL的浙江居家养老服务质量评价指标体系构建与实践(编号：2020N37)

浙江省留守老年人精神健康状况调查及以“PRA”为核心的精神卫生服务对策调研报告

[按语]近年来,我国农村留守老年人的数量急剧增加。由于缺少子女陪伴,加之农村地区娱乐资源匮乏,致使留守老年人心理问题突出、精神症状显著。本研究对200例浙江省农村留守老年人开展问卷调查。结果显示,浙江省农村留守老年人抑郁症发生率为43.0%。“老年焦虑量表(GAI)”得分在5分及以上的占41.5%,10分以上的占25.0%。9.0%的留守老年人处于精神分裂症前驱期。进一步分析发现,浙江省留守老年人患慢性疾病种类多,期望家庭团聚、子女外出孤独感强烈是其患精神疾病的危险因素。以参与性农村评估法(PRA)评估留守老年人的精神生活及精神需求,结果显示,浙江省农村留守老年人精神生活呈现单调性、自发性、低质性的特点,提示留守老年人的子女应担负起为留守老年人提供物质支持与精神支持的双重责任;同时相关部门应该不断建立及完善农村养老模式、农村文化设施、农村精神卫生服务机构以及心理咨询服务机构,据此改善留守老年人的精神健康状况,提高其身心健康水平。

一、研究背景及国内外研究现状

随着我国城市化和现代化进程的加快,越来越多的农村青壮年涌入城市,农村留守老年人(以下简称留守老年人)的数量急剧增加。据民政部统计,目前我国留守老年人已超过5000万人,占我国老年人口总数的25.8%,且数量和规模仍在增长。近年来,党和国家政府高度重视对留守老年人的服务问题。2018年2月,民政部、公安部、司法部、全国老龄办等9部委联合印发《关于加强农村留守老年人关爱服务的工作意见》,进一步提出要建立健全家庭尽责、基层主导、社会协同、全民行动、政府支持保障的留守老年人服务工作机制。在党和国家的带领下,社会各界积极响应上级文件精神,大力开展留守老年人服务工作,取得了一定的成功和进步。然而,在解决老年人基本物质生活保障、医疗保障的同时,由于子女外出务工,不能陪在老人身边,再加上农村地区缺乏相应的娱乐资源等原因,致使留守老年人失落感、孤独感、恐惧感、自卑感等心理问题突出;焦虑、抑郁等精神症状显著。长此以往,将严重影响他们的身心健康和生活质量[1,2]。因此,在留守老年人中开展行之有效的精神卫生服务势在必行。本研究以浙江省农村作为研究地点,深入调查留守老年人的精神健康状况,了解他们的精神需求,以他们的意愿作为引导,构建适宜他们生活背景、满足他们的精神需求的精神卫生服务,以期有效地改善留守老年人的精神健康状况,进而提高其身心健康。

(一)国内精神卫生服务开展情况

葛平[3]对精神卫生服务进行了界定，认为老年人精神卫生服务是指，社会工作者满足老年人对自身精神需求的依赖和渴求，针对需求的状态和层次，提供相应的精神需求服务。2013年新修订的老年人权益保障法，虽然明确规定“家庭成员应当关心老年人的精神需求”，但这个规定比较笼统，缺乏程序性保障。2015年颁布的《中华人民共和国老年人权益保障法》专门强调老年人精神性权益的保护，但缺少具体条款的有效说明，导致社区为老人的服务仍局限在对各类困难老人的物质或经济的社会救助上。直至2017年，民政部、国家标准委共同颁布的《养老服务标准体系建设指南》中将老年人精神关爱的标准化建设提上了日程，这为老年人精神服务的健康发展提供了强有力的政策支撑和技术支持。

(二)国外精神卫生服务开展情况

国外针对留在原籍生活的老年人开展的精神关爱服务较少，多是在开展整体养老服务时涉及一定形式的精神支持，其中以社会支持最为多见。Nguyen[4]的研究也发现，良好的社会支持影响着老年非洲裔美国人的心理幸福感以及生活满意度。Kwan[5]通过问卷调查分析发现，老年人得到最多的社会支持来自家庭，其次是朋友和重要他人。社会支持通过影响老年人的心理健康进而影响总体的健康状况，而留守老年人由于缺少家人的关心，因此其希望获得更多的社会支持以改善其精神心理状况。Conte[6]在研究美国老年印第安人的社会支持水平时，提倡未来的公共卫生部门可以利用社会支持来改善老年人的精神和身体机能。

二、研究目的、研究对象、研究工具及研究方法

(一)研究目的

第一，调查浙江省留守老年人抑郁、焦虑等精神疾病的发生情况，并分析影响浙江省留守老年人精神健康的因素。

第二，以“参与性农村评估法(PRA)”为核心，评估浙江省留守老年人的精神需求，进而提出留守老年人精神卫生服务对策建议。

(二)研究对象

采用便利整群抽样方法抽取浙江省农村共200名留守老年人作为调查对象。具体入组及排除标准如下：(1)年龄≥60周岁。(2)长期生活在户籍地，近期无迁移计划。(3)尚有子女，且子女离开户籍地进入城镇≥6个月。(4)调查时神志清、理解能力良好(精神疾病稳定期)。(5)自愿签署知情同意书。

(三)研究工具

1. 一般情况调查表

包括性别、年龄、文化程度、职业、居住方式、主要收入来源、年收入水平、患慢性病种类。

2. 与子女沟通交流情况调查表

包括对于家庭团聚的期望、子女孝顺程度、与子女沟通交流频率、子女外出是否感觉孤独。

3. 老年抑郁量表(Geriatric Depression Scale,GDS)

老年抑郁量表(GDS)是由 Brank 等人在 1982 年创制,专用于老年人抑郁的筛查。每个条目要求被测者回答“是”或“否”,回答“是”得 1 分。用于一般筛查目的时建议采用:总分为 0—10 分,属正常;11—20 分,为轻度抑郁;21—30 分,则为中重度抑郁。

4. 老年焦虑量表(Geriatric Anxiety Inventory,GAI)

老年人焦虑的测量工具在 2007 年由 Pachana 等人提出。以自我报告的方式进行同意/不同意的两级计分,“同意”计 1 分,“不同意”计 0 分,分值越高,表明老年人焦虑症状越严重。

5. 精神病前驱期问卷(Prodromal Questionnaire,PQ-16)

精神病前驱期问卷 16 项版本(PQ-16),共 16 个条目,要求受试者对最近一个月内的状况进行评估,每个条目选“否”记 0 分,选“是”记 1 分。如果选“是”则需要继续对痛苦的严重程度进行评估,按照 0 分(无痛苦)—3 分(重度痛苦)4 级评分。其中每个“是”条目相加即为“条目分”,每个条目的痛苦程度分相加即为“痛苦分”。本研究以该量表评估浙江省留守老年人精神病性症状的发生情况及其痛苦程度,以“痛苦分”达到 9 分为临界,对于精神病风险筛查具有较好的识别能力。

6. 精神生活状况调查表

包括自评精神健康程度,对于“精神保障”的看法,对于子女在“精神保障”方面所做的事情是否满意,您居住的村(镇)是否开展过针对老年人的服务活动,您村(镇)上的娱乐设施现状,您是否会去村里的活动广场,您是否愿意参加一些丰富生活的活动,您会采取何种方式表达自己的精神需求。

(四)研究方法

1. 问卷调查

调查前做好实地考察,联系村委会工作人员,在其带领下逐户排摸,以便取得留守老年人的信任及配合。问卷调查采用一对一询问方式进行,以便对难以理解的问题及时做好解释工作。调查前进行调查员集中培训,就调查指导语、问卷询问的方式、各题目的解释方式进行统一用语规定,确保调查的一致性。调查后由负责人对收集的资料进行统一检查,不符合标准的资料及时更新或剔除。

2. 参与性农村评估法(PRA)

采用参与性农村评估法(PRA)中制图表的方式,由调查者通过查阅文献、关键人物访谈、分析前期研究数据,制定出三张图表,分别为“您主要的娱乐方式”“您认为影响娱乐生活的原因”和“您希望获取的精神服务”,由留守老年人自行划选出多项符合自己情况的项目。评估后由调查者对图表进行整理分析,形成清晰直观的直方图。

3.资料分析

采用 Epidata 3.1 软件建立数据库，两人同时将问卷调查数据录入，进行匹配纠错。应用 SPSS 20.0 统计软件对数据进行统计分析，以 $P<0.05$ 为差异具有统计学意义。采用频数、百分比对一般人口学特征、与子女沟通交流情况、精神生活状况各变量进行统计学描述；采用均数、标准差对 GDS、GAI、PQ-16 的量表得分进行统计学描述；单因素分析采用方差分析，多因素分析采用多元线性回归分析，对浙江省留守老年人精神健康的影响因素进行分别分析。

三、研究结果

(一)浙江省农村留守老年人一般人口学特征

根据入组及排除标准，本研究共调查农村留守老年人 200 例。调查对象的一般人口学特征信息见表 1。

表 1　浙江省农村留守老年人一般人口学特征

项　目	分　类	调查例数 n=200(%)
性别	男	88(44.0%)
	女	112(56.0%)
年龄	60—69 岁	84(42.0%)
	70—79 岁	83(41.5%)
	80 岁以上	33(16.5%)
文化程度	小学及以下	148(74.0%)
	初中	37(18.5%)
	高中及以上	15(7.50%)
现在或以前的职业	农民	141(70.5%)
	非农民	59(29.5%)
居住方式	独自居住	74(37.0%)
	与配偶居住	98(49.0%)
	与孙辈居住	28(14.0%)
主要收入来源	养老金补贴	71(35.5%)
	子女供给	90(45.0%)
	劳动收入	39(19.5%)
年收入水平	5000 元以下	67(33.5%)
	5000—10000 元	67(33.5%)
	10000—30000 元	44(22.0%)
	30000 元以上	22(11.0%)

续 表

项　目	分　类	调查例数 n=200(%)
患慢性病种类	0 种	55(27.5%)
	1 种	96(48.0%)
	2 种	49(24.5%)

(二)浙江省农村留守老年人与子女沟通交流情况

200 名留守老年人与子女沟通交流情况见表 2。

表 2　浙江省农村留守老年人与子女沟通交流情况

项　目	分　类	调查例数 n=200(%)
对家庭团聚的期望	期望	177(88.5%)
	无所谓	21(10.5%)
	不期望	2(1.0%)
子女孝顺程度	非常孝顺	103(51.5%)
	一般	95(47.5%)
	不孝顺	2(1.0%)
与子女沟通交流频率	经常	80(40.0%)
	偶尔	116(58.0%)
	从不	4(2.0%)
子女外出是否感觉孤独	从不	31(15.5%)
	偶尔	121(60.5%)
	经常	48(24.0%)

(三)不同特征浙江省农村留守老年人 GDS 总分比较

200 名农村留守老年人的老年抑郁量表(GDS)得分为(10.02±6.407)分,其中 73 例(36.5%)轻度抑郁、13 例(6.5%)中重度抑郁。将不同特征的留守老年人 GDS 总分进行比较,不同职业、年收入水平、患慢性病种类、家庭团聚期望、子女孝顺程度、子女沟通频率、子女外出孤独感的留守老年人 GDS 总分差异有统计学意义($P<0.05$),具体见表 3。

表 3　不同特征浙江省农村留守老年人 GDS 总分比较

变量	分类	人数	抑郁分($\bar{x}\pm s$)	F 值	P 值
现在或以前的职业	农民	141	10.71±6.506	5.661	0.018
	非农民	59	8.37±5.895		

续 表

变量	分类	人数	抑郁分($\bar{x}\pm s$)	F值	P值
年收入水平	5000元以下	67	11.52±6.774	2.899	0.036
	5000—10000元	67	9.73±6.099		
	10000—30000元	44	9.61±6.409		
	30000元以上	22	7.14±5.213		
患慢性病种类	0种	55	7.75±5.358	6.776	0.001
	1种	96	10.20±5.866		
	2种	49	12.22±7.668		
对家庭团聚的期望	期望	177	9.64±6.125	3.422	0.035
	无所谓	21	12.43±8.010		
	不期望	2	18.00±2.828		
子女孝顺程度	非常孝顺	103	8.12±5.865	11.146	0.000
	一般	95	11.93±6.311		
	不孝顺	2	17.50±9.192		
与子女沟通交流频率	经常	80	8.15±6.191	6.553	0.002
	偶尔	116	11.16±6.323		
	从不	4	14.50±3.317		
子女外出是否感觉孤独	从不	31	5.10±3.919	21.241	0.000
	偶尔	121	9.78±5.910		
	经常	48	13.81±6.632		

(四)浙江省农村留守老年人GDS总分多因素回归分析

以GDS总分为因变量，职业、年收入水平、患慢性病种类、家庭团聚期望、子女孝顺程度、子女沟通频率、子女外出孤独感为自变量进行多元线性回归分析。结果表明，未患慢性病(t=3.175，P=0.002)、期望家庭团聚(t=3.319，P=0.001)，子女外出无孤独感(t=6.199，P=0.000)是留守老年人抑郁症状的保护性因素，具体见表4。

表4 浙江省农村留守老年人GDS总分多因素回归分析

变量	β	SE	标准化β	t值	P值
患慢性疾病种类	1.702	0.536	0.192	3.175	0.002
对家庭团聚的期望	3.640	1.097	0.205	3.319	0.001
子女外出是否感觉孤独	3.990	0.644	0.389	6.199	0.000
常量	−7.195	2.787		−2.582	0.011

复相关系数R=0.571；决定系数R^2=0.327。

(五)不同特征浙江省农村留守老年人 GAI 总分比较

200 例农村留守老年人的老年焦虑量表(GAI)得分为(5.20±5.886)分,其中 10 分以上 50 例(25%)。将不同特征的留守老年人 GAI 总分进行比较,子女外出孤独感受不同的留守老年人 GAI 总分差异有统计学意义(F=13.643,P=0.000),具体见表 5。

表 5　不同特征浙江省农村留守老年人 GAI 总分比较

变量	分类	人数	焦虑分($\bar{x}\pm s$)	F 值	P 值
子女外出是否感觉孤独	从不	31	1.81±4.070	13.643	0.000
	偶尔	121	4.83±5.600		
	经常	48	8.31±6.182		

(六)不同特征浙江省农村留守老年人 PQ-16 得分比较

200 例留守老年人的精神病前驱期问卷(PQ-16)条目分为(3.95±3.573)分,痛苦分为(2.46±4.226)分,其中痛苦分在 9 分以上的占 9.0%。将不同特征的留守老年人 PQ-16痛苦分进行比较,不同居住方式、对家庭团聚期望的留守老年人 PQ-16 痛苦分差异有统计学意义(P<0.05),具体见表 6。

表 6　不同特征浙江省农村留守老年人 PQ-16 痛苦分比较

变量	分类	人数	精神症状痛苦分($\bar{x}\pm s$)	F 值	P 值
居住方式	独自居住	74	2.51±4.165	5.929	0.003
	与配偶居住	98	1.74±2.756		
	与孙辈居住	28	4.79±7.068		
对家庭团聚的期望	期望	177	2.23±4.018	5.220	0.006
	无所谓	21	3.52±4.665		
	不期望	2	11.00±9.899		

(七)浙江省农村留守老年人 PQ-16 痛苦分多因素回归分析

以 PQ-16 痛苦分为因变量,居住方式、家庭团聚期望为自变量进行多元线性回归分析。结果表明,期望家庭团聚(t=2.874,P=0.004)是留守老年人精神分裂症状的保护性因素,具体见表 7。

表 7　留守老年人 PQ-16 痛苦分多因素回归分析

变量	β	SE	标准化 β	t 值	P 值
对家庭团聚的期望	2.351	0.818	0.201	2.874	0.004
常量	−1.609	1.296		−1.241	0.216

复相关系数 R=0.226;决定系数 R^2=0.051。

(八)浙江省农村留守老年人精神生活状况调查

200 例留守老年人精神生活状况见表 8。

表 8 留守老年人精神生活状况

项目	分类	调查例数 n=200
自评精神健康程度	很好	67(33.5%)
	一般	125(62.5%)
	很差	8(4.0%)
对于“精神保障”的看法	非常重要	76(38.0%)
	一般重要	118(59.0%)
	不重要	6(3.0%)
对于子女在“精神保障”方面所做的事情	非常满意	53(26.5%)
	基本满意	128(64.0%)
	不满意	19(9.5%)
您居住的村(镇)是否开展过针对老年人的精神卫生服务	开过	120(60.0%)
	不清楚	62(31.0%)
	没有	18(9.0%)
您所在村(镇)上的娱乐设施现状	设施健全	35(17.5%)
	有一些,但不完善	163(81.5%)
	根本没有	2(1%)
您是否会去村里的活动广场	经常去	53(26.5%)
	偶尔	113(56.5%)
	没去过	34(17.0%)
您是否愿意参加一些丰富生活的活动	愿意	84(42.0%)
	有点兴趣	97(48.5%)
	不愿意	19(9.5%)

(九)浙江省农村留守老年人精神需求情况

1. 浙江省农村留守老年人主要的娱乐方式

浙江省留守老年人日常娱乐方式见图 1。

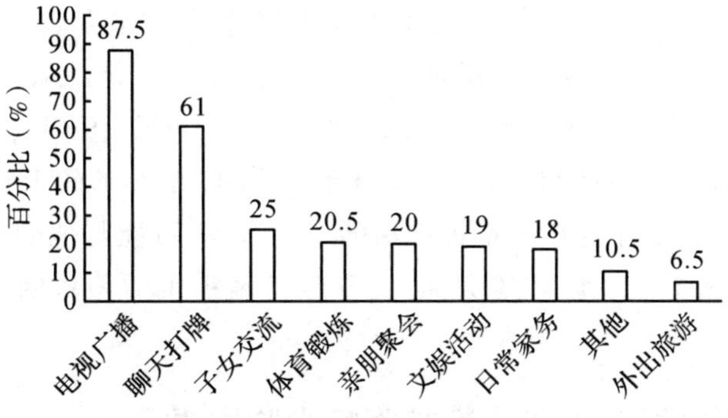

图 1　日常娱乐生活方式

2. 影响浙江省农村留守老年人娱乐生活的原因

影响浙江省农村留守老年人娱乐生活的主要原因见图 2。

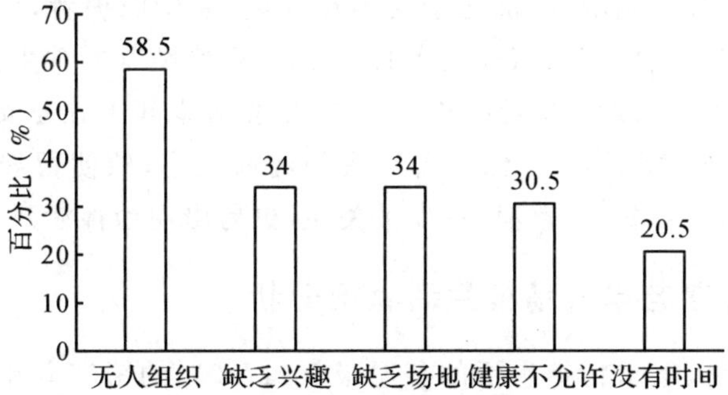

图 2　影响娱乐生活的原因

3. 浙江省农村留守老年人希望获取的精神服务

浙江省留守老年人希望获取的精神服务见图 3。

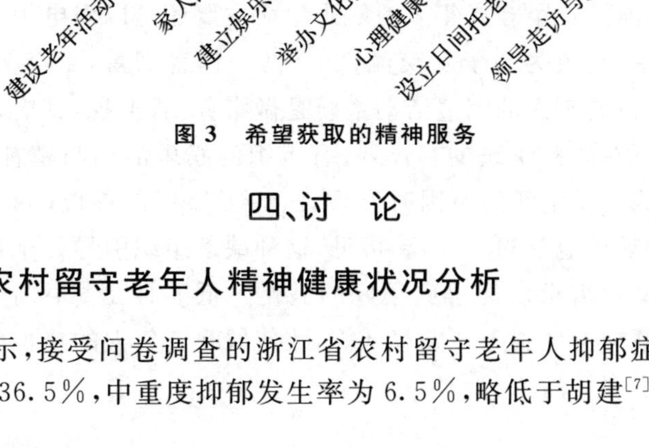

图 3　希望获取的精神服务

四、讨　论

（一）浙江省农村留守老年人精神健康状况分析

本研究结果显示，接受问卷调查的浙江省农村留守老年人抑郁症发生率为 43.0%，轻度抑郁发生率为 36.5%，中重度抑郁发生率为 6.5%，略低于胡建[7]等人在贵州省兴义市开展的研究结果，分析原因可能为边远民族地区农村留守老年人抑郁症的发生率相对更高。本调查中留守老年人“老年焦虑量表(GAI)”得分在5分及以上的占41.5%，10分以上的占25.0%，与陈英[2]等人的研究结果相似。9.0%(PQ-16问卷得分在9分及以上)的留守老年人处于精神分裂症前驱期，这意味着他们中约20%的人群，可能在2年之内转化为精神分裂症[8]。留守老年人精神疾病的发病率高，可能与他们生活高度孤寂有关。子女过年不回、自身遭受疾病困扰等原因，会导致其精神生活陷入困境，进而导致精神疾病高发[7]。

(二)浙江省农村留守老年人精神疾病影响因素分析

对浙江省留守老年人精神疾病影响因素进行多元线性回归分析发现，浙江省留守老年人未患慢性疾病，期望家庭团聚、子女外出无孤独感是其患精神疾病的保护性因素。这一结果提示我们长期被疾病困扰，加之子女不在身边，缺少照护者，会加重留守老年人的生活负担，进而导致焦虑、抑郁等精神疾病的高发，严重影响其精神生活质量。同时，调查发现，88.5%的留守老年人期望家庭团聚，84.5%的留守老年人在子女外出务工时感到孤寂，然而仅40%的调查对象与子女保持着紧密的沟通频率，致使留守老年人缺少家庭支持及社会支持，情绪得不到合理宣泄，缺少被关注，更易出现精神症状。

(三)浙江省留守老年人精神生活状况分析

浙江省留守老年人追求精神生活的意愿极低，17.0%的留守老年人从未去过村里的文化广场，9.5%的人群不愿意参加娱乐活动，这一结果表明农村老年人缺乏追求高层次精神生活的内在动力[9]，农村老年人受自身文化素质制约提不出高层次的精神需求；同时调查发现，31.0%的留守老年人表示不清楚其所在的村庄是否开展过精神卫生服务，9.0%的调查对象表示村里从未开展过精神卫生服务；82.5%的留守老年人表示其所在的村庄娱乐设施仍不完善，甚至根本没有。这就使得，即使文化素质相对较高的农村老年人有较高层次的精神需求，也会受客观条件的制约而无法得到满足。这不仅降低了留守老年人的精神生活质量，影响其身心健康，更重要的是阻碍了农村精神文明建设的发展，农村的经济和社会发展也间接地受到影响。

浙江省留守老年人的精神生活呈现单调性、自发性、低质性。单调性是指文化娱乐生活单调。调查发现，浙江省留守老年人的娱乐生活主要还是以看电视听广播(87.5%)、聊天打牌(61.0%)为主，其次为与子女交流(25.0%)、体育锻炼(20.5%)等。丁士军[10]等人的研究也发现，农村老年人的消遣活动主要是做家务、看电视，其次是串门、聊天。自发性是指留守老年人所在的村庄缺少有计划、有组织的娱乐活动与精神卫生服务。通过让留守老年人分析影响娱乐生活的原因时发现，“无人组织”占首位(58.5%)，其次为“缺乏兴趣”(34.0%)，“缺乏场地”(34.0%)。可见，这种缺乏组织引导处于自发状态的现实，导致农村老年人精神文化需求没能得到很好的满足。低质性是指由于留守老年人内心孤寂，娱乐生活单调，精神卫生服务开展率低等，致使留守老年人的精神生活质量较低，进而导致精神疾病的发生率较高。

五、对策与建议

以上研究表明，由于子女长期外出务工，导致的距离感、孤寂感，使得浙江省留守老年人精神健康状况不容乐观，焦虑、抑郁、精神疾病的发生率均较高。笔者在前期研究基础之上，以参与性农村评估法（PRA）为指导，提出浙江省留守老年人精神卫生服务对策及建议，以期为改善留守老年人的精神健康状况，提高其身心健康水平提供可循依据。

（一）子女应尽到物质支持与精神支持双重责任

农村年轻劳动力大量涌入城市，居住距离的拉大，不仅减少了老年人家务帮助和日常生活照料资源，而且减少了老年人与子女沟通交流的机会，致使老年人的物质生活与精神生活均呈现空虚状态。因此，子女们要意识到仅仅给予老年人一些经济上的补贴是不够的，更要在精神上体贴关怀老年人。子女应该多耐心倾听老年人的心声，多站在老年人的角度考虑问题，尤其是独居老年人，更要充分地理解他们的精神需求。子女的关心与支持是老年人精神生活得以提高的重要方面。

（二）农村养老模式的建立与完善

研究分析发现，留守老年人年收入水平、患慢性病种类等，均是影响其精神健康的危险因素。可见，子女外出务工导致的对家庭内部结构变动的抵制和社会经济等外部因素的制约，为留守老年人带来了繁重的生活压力，严重影响其身心健康。因此，国家应该不断深化、完善针对留守老年人特有的养老模式，提升对留守老年人的专业服务水平；培养社会工作专业人才，明确社会工作服务的紧迫性，加大物质保障、医疗保障的投入力度，只有当老年人的基本生活得到保障的基础上，其精神生活才能得到更好的建设。

（三）农村文化设施的建立与完善

通过留守老年人制图表发现，留守老年人希望获取的精神服务占首位的是“建设老年活动中心”（54.0%），其次为建立娱乐设施（37.5%）、举办文化活动（36.5%）、心理健康咨询（13.0%）、设立日间托老机构（11.0%），以及领导走访与扶持（9.5%）。可见，留守老年人对于娱乐活动、文化生活仍然具有一定程度的向往。然而，目前留守老年人精神文化生活仍处于自发状态，缺少有组织、有计划的活动。因此，应加强农村文化设施基础建设，为老年人创造有利于开展文化活动的良好环境，如建立农村老年人文化活动中心，为农村老年人提供一个开展文化娱乐活动的场所；设立留守老年人日托机构，有专人负责留守老年人的大小事宜；政府部门也应鼓励社会力量投入老年文化事业中去，定期开展适合农村老年人的文化活动，为老年人提供交流和娱乐的空间。

（四）县域（农村）精神卫生服务机构的建立与完善

《全国精神卫生工作规划（2015—2020 年）》明确要求所有县域要建设精神卫生专业机构或至少在一家综合性医院设立精神科，这一工作规划对于实现县域精神卫生机构的全面布点，解决规模建设问题具有指导意义。研究发现，精神卫生机构老年就诊患者人数与县域是否有精神卫生领导组织、是否有专职管理人员等因素具有相关性。因此，要建立行之有效的精神卫生服务机构，地方政府要充分发挥其引导作用，从精神卫生领导机构及专职管理人员、精神卫生制度、精神卫生财政投入政策、精神卫生人才培训计划、新农合医保补偿政策等方面完善县域精神卫生管理组织与制度体系。同时，县域精神卫生服务功能应当精细化、服务资源应当专门化，以满足农村老年人精神需求，促进农村老年人精神卫生服务的供需平衡和良性发展。

(五)心理咨询服务机构的建立与完善

农村老年人如果有心事，其主要倾诉对象是配偶或子女；而留守老年人，特别是独居老年人由于缺少倾诉对象，遇事基本都憋在心里。因此，在农村地区设立心理咨询服务机构是十分必要的。政府要扶持建立老年心理服务组织和服务网络；培训专业的留守老年人心理咨询师；定期组织开展心理疏导活动；加强慈善机构及老年服务志愿者的投入力度；同时还可以借助微信等新媒体为留守老年人普及精神卫生知识，切实帮助老年人缓解心理压力，保障老年人的心理健康。

参考文献

[1] 聂森，汪全海，姚应水．我国留守和空巢老人心理问题研究进展[J]．中国老年学杂志，2011，31(12)：2364-2366.

[2] 陈正英．西部民族地区留守老年人心理健康状况与心理干预[J]．护理研究，2008，22(12)：3138-3139.

[3] 葛平．退休知识分子精神关爱服务的社会工作介入研究——以南京市J社区康复养老院为例[D]．南京：南京农业大学，2013.

[4] NGUYEN A W，CHATTERS L M，TAYLOR R J，et al. Social Support from Family and Friends and Subjective Well-Being of Older African Americans[J]. Journal of Happiness Studies，2016，17(3)：959.

[5] KWAN P，ALI A，DEURIS P. Psychiatric morbidity，quality of life，and perceived social support among elderly population：a community — based study[J]. Dysphrenia，2016，7(1)：31.

[6] CONTE K P，SCHURE M B，GOINS R T. Correlates of social support in older American Indians：the Native Elder Care Study[J]. Aging & Mental Health，2015，19(9)：835-843.

[7] 胡健，雷世光．兴义市农村留守老年人抑郁状况及相关因素[J]．中国老年学杂志，2016，36(16)：4081-4082.

[8] NELSON B，YUEN H P，WOOD S J，et al. Long-term follow-up of a group at ultra high risk("prodromal")for psychosis：the PACE 400 study[J]. JAMA Psychiatry，2013，70：793-802.

[9] 杨红辉，张云英．农村老年人精神需求的调查研究——以湖南省为例[J]．武陵学刊，

2015(3):80-84.
[10] 丁士军. 中国农村老年人保障[M]. 北京:中国财政经济出版社,2005:423.

课题组单位:宁波卫生职业技术学院

课题组负责人:杨爽

课题组成员:孙宁,周淑萍,周颖,董晓欣

课题名称及编号:浙江省留守老年人精神健康状况调查及以“PRA”为核心的精神卫生服务体系构建研究(编号:2020N38)

浙江省居家养老服务智慧化建设调研报告

[**按语**]进入21世纪以来，在党的领导下，国民生活水平得到了极大改善，国民平均寿命显著提高，社会进步变化的同时也带来了很多新的挑战。社会老龄化是我国当下社会的重要问题，如何实现老龄化社会的“软着陆”是许多学者研究的热点，更是推动健康中国建设的重要组成部分。本课题在这样的时代背景下，以智慧养老作为切入点，在调研多个地区基础上，认为我省居家养老智慧化存在如下几个问题：单一养老模式不能完全满足需求；养老智慧化平台资源利用率低；智慧养老产品开发略显不足；养老智慧化政策缺失严重；养老智慧化无顶层设计。结合相关文献资料与国内外实践经验提出四个对策：引进国内外先进智慧养老模式；从产品与老年人群心生理角度推广智慧助老产品；弥补政策空白，加大财政支持力度；完善顶层设计，建立智慧养老生态圈。

一、课题调研现状

(一)养老模式现状

当下养老模式主要分为三种，分别为家庭养老、社区养老、机构养老，在实际调查与操作中我们也往往以这种居住形式来进行区分。家庭养老主要是指由核心家族成员照顾老人的日常起居，满足老人的物质、精神即医疗护理需求，不过这一类养老属于非正式护理的范畴，调研过程中发现家庭养老是老年人首选的方式，在部分家庭养老老人的访谈中发现，选择这种方式主要是受到传统的“家本位”“落叶归根”等思想的影响，也有部分老人子女认为是其他两种养老模式不够完善。社区养老是指老年人居住在家中或社区，由社区或社区协助家庭为老人提供生活照料、医疗护理支持、精神慰藉等社会化的养老服务，该种模式最主要特点是社会化服务进入家庭，老人享受家人照顾同时还能够得到正式的专业化护理服务，结合我国大众思维看来这无疑是理想的养老模式。机构养老是指国家和社会建立的专门化社会组织或专业机构，为老人提供满足其身体、心理、精神慰藉等需求的集中式养老模式，该种模式最主要的特点是养老集中化、专业化、制度化。

(二)养老智慧化平台的应用

近几年来随着“互联网＋”“物联网”“5G通信”等技术的发展，养老智慧化平台也开始逐步发展起来，很多应用于安保、医疗的设备、器械都逐渐进入养老领域，借助无线通信技术大放光彩，居家视频监控、居家防摔倒地板、居家智能床垫、可佩戴实时体征监测设备等都起到了很大的作用。

在调研中发现，上海的养老智慧化建设较为发达，养老机构信息化程度普遍较高，很多中心（点）的餐饮配送完全脱离了人工管理，以系统信息化管理为主，人工管理为辅，在个别机构中还配备了智能养老床位，用于照料慢性病人或老年患者。在宁波也看到了类似的智能化养老床位，都是基于无线局域网技术，通过智能床位传感器，在对象无察觉的状态下对心率、呼吸及床上体动等数据进行实时的监控、采集、分析统计。在智慧化平台的搭建上，人才与专业公司的引进也至关重要。衢州市龙游县直接与中国工程院院士杨小牛对接，成立了院士专家工作站来开发智能居家养老系统。衢州柯城区府山街道养老中心也引进杭州蓝谷科技有限公司作为技术支持，投入 200 多万元建设区级智慧养老综合服务平台。

（三）政府信息化平台搭建现状

在调研过程中，我们发现只有上海有比较完善的信息化平台。该信息化平台名称为“上海市养老服务平台”（见图 1），平台主要功能包含了政策查询、机构查询、养老顾问咨询等功能，是一个比较完善且信息高度集中的平台。

图 1　上海市养老信息化平台

在杭州、衢州、宁波等地，虽然对养老信息化平台建设做了一些尝试，但都是以各个试点为主。宁波市海曙区广安智慧养老服务中心在 2016 年搭建了信息平台，覆盖了该区 60 多个居家养老服务点。衢州市府山街道居家养老服务中心 2017 年底在原本的养老信息化平台基础上进行升级，打造了服务全区（衢州市柯城区）的社会化运营平台。杭州市在前不久被确立为全国“智慧健康养老示范基地”，同时多个街道被评为“智慧健康养老示范街道”，各个养老信息化示范点的建设也初具规模，近期也准备开始建设覆盖全市范围的“线上＋线下”一揽子居家养老服务平台。

（四）各地政府关于养老智慧化政策的探索

我国指导养老智慧化的政策早在 2011 年的《社会养老服务体系建设规划（2011—2015 年）》中就已经明确提出要“运用现代科技成果，提高服务管理水平”。2013 年全国老龄委也成立了"全国智能化养老专家委员会",为我国养老服务的智慧化提供理论指导。浙江省在养老智慧化政策出台上也积极响应上级民政主管部门的号召。2015 年《浙江省居家养老服务条例》中虽然未明显指出智慧养老的概念,但是认为网络信息技术是今后服务养老产业工具,这也在后续浙江省智慧养老的建设实践中得到了很好的印证。该条例还指出各级人民政府应当推行便民信息网、远程监控、无线呼叫等智能化技术手段,提高居家养老服务水平。不得不说,该条例中关于智慧建设的相关指导意见是非常关键亦是非常正确的。

二、调研过程中发现的不足之处

(一)单一养老模式不能完全满足需求

我们常谈"以需求为导向",在选择某一种养老模式,某一种养老服务时也应当如此,根据老人的自身需求来选择,但在调研中发现,没有哪一种养老模式是能够完全满足老人自身的需求的,有些老人甚至对他们所处的养老模式抱怨不已。现阶段存在的更多情况是老人迫于现实或者说是某种条件的无奈,改变自己的习性去适应某种养老模式,调研中发现有一部分老人选择多种模式的养老,以社区＋家庭养老两个模式结合选择最多,访谈这部分老人发现,他们的大多数回答都是认为这样既能够解决吃饭、聊天解闷、日常锻炼这些需求,也能够不离开自己的家庭。但就目前的情况来说,无论怎么结合,养老模式中的某些问题始终无法彻底解决,这就需要我们结合一些新的技术加以思考,以解决目前的弊端。

(二)养老智慧化平台资源利用率低

2015 年,国务院印发关于积极推进"互联网＋"行动的指导意见,提出要以"促进智慧健康养老产业发展"为目标,从此拉开了养老服务业信息化、智慧化的改革与发展。就在上海闵行区以及衢州市本地考察的情况来看,目前养老服务智慧化推广发展逐渐步入正轨,但也存在一些或大或小的问题,在这其中以平台资源利用率低下最为严重。以衢州市府山街道居家养老智慧平台的运营情况调查来看,目前只开展了智慧养老社区管理以及餐食网络定制配送两个模块的服务,在智慧养老社区管理模块中也只涉及老人基本信息数据的收集,智慧化平台很多功能因为资金、接口、政策等问题处于搁置或半搁置状态,这其实是对搭建好的平台的一种浪费,实属可惜。

(三)智慧养老产品开发略显不足

我们在调研了浙江省多个地区的智慧养老开发情况之后,发现我们并不缺乏智慧养老的平台搭建,例如前文中所提到上海的养老信息化平台,宁波市海曙区广安智慧养老服务,以及衢州市府山街道居家养老服务,在杭州、嘉兴等地区像这种养老服务平台我们在调研过程中还发现了很多。另外也发现了一些正在搭建或是一些信息化平台的模型,在平台搭建上或者说是智慧化指挥"大脑"上并不缺乏探索和实际应用,但是在智慧助老产品上也就是"触手"这一环节缺乏开发和利用。老年人应该为智能家居的一个重要消费群体，而目前社会对这个群体的开发还远远不够。以养老机构智慧养老产品应用来说，大型养老机构在智慧养老产品的应用上仅仅只是摸索到了冰山一角，更不用谈小型居家照料点，以及90%的居家养老老人。

(四)养老智慧化政策缺失严重

国务院等中央领导机构对我国的养老事业非常重视，2019年4月国务院印发的《关于推进养老服务发展的意见》等文件就是最好的体现。课题组在调研过程中发现与智慧养老有关的政策缺失严重，或描述较少，在宁波市、丽水市、衢州市、上海闵行区四地的养老服务工作情况汇报会上，鲜有提到对智慧养老的政策规划，这些地区的工作汇报主要围绕党政统筹、模式多样化、财政投入、试点情况、人才培养为主，本次考察上海市闵行区的养老服务工作汇报文件中未涉及智慧养老相关内容，丽水市与宁波市全市的养老服务工作汇报文件中也仅仅是在创新点中有提及智慧养老的建设和发展。近几年来浙江省省政府包括各地区都有出台关于养老服务方面的文件，但是文件中也几乎未涉及智慧养老的相关要求，涉及的政策也只是寥寥几句，一笔带过。

(五)养老智慧化无顶层设计

顶层设计的概念源于系统工程，主要的思想内涵是指利用系统的观点，建立系统设计对象的总体架构，让对象内部的各子对象有着统一标准和架构参照。在对智慧养老顶层设计的调研中发现，除去上海之外调研范围内的其他5个区域均无顶层设计，甚至有些区域民政部门还未意识到顶层设计的重要性与合理性。杭州市也仅仅只是初步展开顶层框架的搭建，上文中提到的《条例(草案)》中指出市民政部门应当建立全市统一的养老服务综合信息平台，社会相对于平台都要接入其中，这其实就是一个初步的框架构建，包括浙江省民政厅也提出要搭建“浙里养”智慧养老服务平台框架，这些都是顶层设计完善与改进的过程。可以说缺乏顶层设计对于智慧化养老来说是致命的，没有顶层设计智慧化养老就是无根的浮萍，顶层设计是一个整体框架的搭建，是实现一个城市智慧养老标准化、系统化的必经之路。

三、居家养老智慧化建设对策

(一)引进国内外先进智慧养老模式

通过调研我们发现当下的智慧养老模式远远不能满足老年群体日益增长的美好生活需求，这就需要我们借鉴、引入、融合一些成功的智慧养老模式。本课题组查阅相关学术文献库对智慧养老模式进行了系统性的检索，获得了一些成果，一共筛选并汇总了12种国内外智慧养老模式，将国内与国外智慧养老的经典模式进行比较分析，选取其中2种国内外模式详细介绍供大家参考。

1. 中国北京“北京通”模式

所谓的“北京通”是指养老助残一卡通，是集社会优待、政策性津贴发放，金融借记账户等多功能与统一体的电子或实体卡片。“北京通”模式是典型的大数据框架下的运营模式，是数据与工具相结合的模式代表。其运营框架基于北京市养老数据服务中心，北京市60岁以上人口均可办理和使用，主要服务包括如下几项：(1)免费乘坐市区内公交车；(2)免费游公园和景区；(3)具备银行借记卡功能；(4)在养老单位消费，可享受优惠、优先服务；(5)具有普通市政交通一卡通功能；(6)老人享有居家养老服务补贴。“北京通”模式特色在于充分体现了大数据时代的特点，将原本分散在各个平台不同类别的消费数据整合起来，通过一张小卡片记录老人的习惯与活动，为老人提供一站式消费体验，为企业提供获得市场的工具，为政府提供数据支持和监管渠道。

2. 美国 Honor 应用平台模式

Honor 平台是由美国一家信息公司开发的 App 类应用平台，主要服务对象为老年人残疾人，该平台整理运营模式类似于“滴滴打车”，课题组成员给这种模式取了个亲切的名字，称之为“滴滴养老”。任何满足条件(有服务资质，提供过至少6个月以上服务)的人员都可以在平台上申请成为一名“滴滴养老”服务人员，这种模式自身并不提供线下场所和服务人员的支持，而是通过匹配养老服务提供人员和老人或其子女线上提出的订单，完成养老服务需求的满足。其模式主要提供陪伴服务、配餐服务、卫生护理、用药提醒、上门照护、简单家务、陪同锻炼、辅助出行等居家养老服务，这种模式的特色在于发挥了互联网时代的共享经济特性，在一定程度上缓解了供需双方的匹配问题，从而缓解资源不平衡的问题。

(二)从产品与老年人群心理生理角度推广智慧助老产品

积极推广和应用智慧助老产品是当下养老服务业的一个重要课题，在今后智慧助老产品的大范围应用是一种趋势，潜在使用者对智慧助老产品的了解程度、生活习惯、文化程度、身体状况等都是他们采纳与使用某一类智慧助老产品的关键，开发适合老年群体使用的智慧助老产品是关键。

1. 开发特色鲜明的智慧助老系统与设备

智能家居是以住宅为平台，利用综合布线技术、网路通信技术、安全防范技术、自动控制技术、音视屏技术等构件一套高效的管理系统。一套好的智能家居系统的使用方式应该是简单、方便、安全的，遵照这个原则我们可以进行一系列设计，如图2所示。与此同时，我们还应该对智能家居系统的构成设备进行开发与优化，这些设备的开发应该以老年群体实际需求为导向，以科学创新为特色，以安全为底线，课题组列举了一些具体的例子，如表1所示。

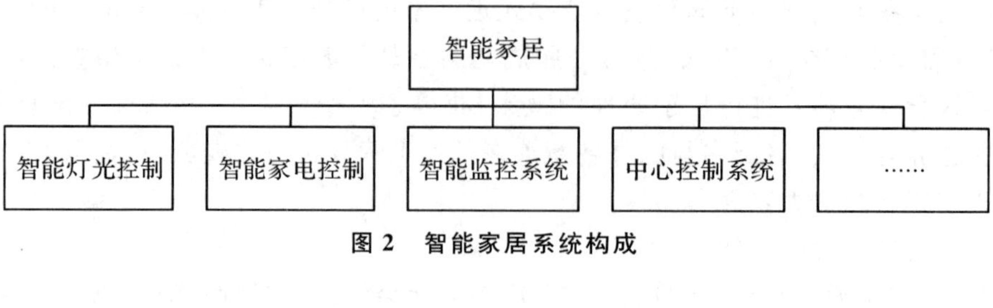

图2 智能家居系统构成

表1 智能家居设备举例

位置	设备名称	设备功能
客厅	虹膜识别门	方便、准备、安全，让记忆力衰退的老人免除忘带钥匙的烦恼
	红外摄像头	对住宅内的情况进行实时监控，有异常情况及时报警，子女也可以通过该设备随时了解老人家中情况
	健康监控沙发	沙发通过老人身上的可穿戴设备对坐在上面的老人身体各项指标进行监控，数据记录在控制中心，及时发现老人身体变化
	智能推送鞋柜	老人无须弯腰即可换上合适的鞋子
厨房	烟雾探测器	监测空气中烟雾、煤气等浓度变化，为嗅觉不灵敏的老人提供安全保障
	智能冰箱	显示食物可存放时间，能自动订货
卫生间	空气循环器	监测卫生间氧气浓度，避免老人洗澡过程中没有及时感知到而缺氧
	智能马桶	自动收集和分析老人排泄数据，数据存入控制中心，协助监控老人健康
	红外线感知器	感应老人出入卫生间的时间，如离开时间超过平常设定时间，将会启动警示模式
卧室	智能感知床	床上的感知器能够感应到老人躺下或坐起，监控睡眠数据，监控老人夜间生理状态，防猝死
	电动窗户	方便老人开关窗户
	地板防跌倒传感器	监控在地板上行走的老人步速、节奏、姿态等的变化发现异常及时报警
	触摸控制面板	通过卧室的终端控制厨房、客厅、卫生间等灯光、水电使用等问题，解决老人行走不便的困难

2.组织专家研究老年人群的生理心理现状

目前的智能居家养老系统以及养老设备能够非常有效地改善老人的养老环境，主要原因是这些系统与设备结合了老年群体的生理与心理特性。笔者认为老年人尤其是65岁之后的老年人群普遍具有感知能力弱化、神经功能老化、运动能力退化、抗病能力退化、孤独失落增加等几个方面的特点，市场上的智慧助老产品在进行设计的时候应该多考虑老人的生理、心理、自我认识等特点，另外我们还需要重视环境因素对老年群体的影响。我们应该认识到针对这些可变的因素进行智慧助老产品的开发是这个领域今后要研究的一个重要问题，社会公益组织、政府有关部门应当组织专家利用科学合理的统计手段，对老年群体进行阶段性研究以及长期性研究，为智慧助老产品的开发提供依据，为智慧助老产品的推广提供方案。

(三)政策扶持与财政注入双帮扶

1.弥补政策空白

现阶段的智慧养老是大势所趋，政府在大方向上进行把控，在推进某项民生项目时，应该为其制定相应的政策法规，目前我国国内关于智慧养老发展的相关政策需要进一步完善，国家宏观层面上的指导政策应该增加，例如2017年老龄办颁布的《全国智慧健康养老社区建设整体解决方案》这样的全文指导养老智慧体系建设的文件。另外区域政策文件的缺少与少数民政部门忽视智慧养老方面的建设也应该引起重视，尤其是在当下智慧养老信息化体系和适老建筑智慧化标准两个方面的政策规定几乎都是空白的。在政策方面我们应该尽快解决如下三点：(1)出台政策指导建立完善的智慧养老体系；(2)出台政策完善适老建筑智慧化标准；(3)出台政策保护智慧化养老信息安全。

2.加大财政支持力度

智慧养老的发展并非是单元的，涉及政府、社区、家庭、企业、医院、机构、平台等这些主体，在这些主体背后需要大量的物资财政支持，需要民间资本注入与政府财政扶持。本课题组提出三条具体对策：第一，对开展智慧养老的社区机构、养老服务中心点提供资金补助，尤其是机构的智慧化建设可以给予全额补贴。第二，在智慧养老建设用地上，应该给予政策倾斜，例如租金补助或免费提供房屋使用权。很多养老机构愿意开展养老智慧化的改造，但是苦于实际用地用房条件限制，养老机构短时间内无法负担这些成本，政府如果能够在房屋土地使用上给予便利，能够极大地促进养老机构开展养老智慧化建设。第三，政府加大对老年群体关于智慧养老方面的消费补助，我们可以在养老智慧化消费上给予很大力度的减免，例如 65 岁以上老人优惠购买智能养老手环等这样的补助。在整个过程当中政府充当着双重身份，不仅要扮演财政扶持者，还要承担监督者这一身份，政府应和相关部门共同探讨一系列规则，制定相对应的标准，使社会机构依法参与其中。

(四)完善顶层设计，建立智慧养老生态圈

1.明确顶层设计，搭建信息服务框架

顶层设计的重要性我们已经在前文中提到，这里不多赘述。我们对国内外文献做了一定的研究调查，发现在智慧养老上，已经有相对成熟的顶层设计理论模型。课题组成员引入左美云、王涛等人的智慧养老模式总体框架供大家参考，如图 3 所示。图中智慧养老服务模式分线上和线下两个部分，分别从边界跨越载体、边界跨越方式和边界跨越者三方面进行建构。养老服务商要想实现规模经济和集群效益，就需要跨越不同类型养老服务商的边界，这里的边界包括地理边界、组织边界和职能边界(如理发、送餐、助医等不同智能)，智慧养老在互联网背景下，线下人机驱动的养老服务要与线上数据驱动的养老服务集成在一起。

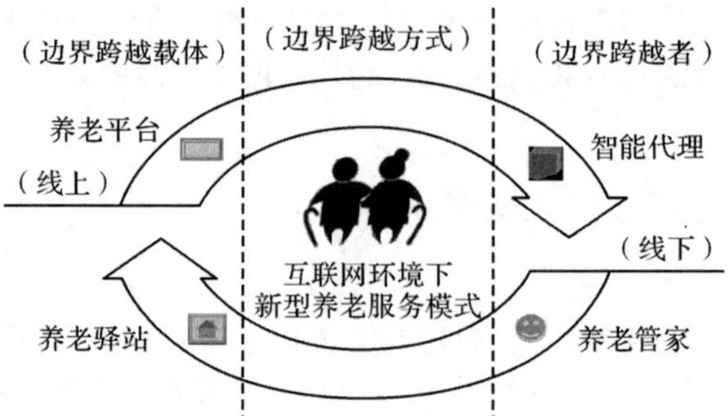

图 3　智慧养老模式顶层设计(左美云，2018)

智慧养老平台也就是前文所提到的智慧养老信息系统，是智慧养老生态圈中的重要一环，课题组在阅读大量文献的基础上认为智慧养老平台的框架设计应该包含三个层次，如图 4 所示，分别为：(1)建立一个城市级别的养老服务数据中心；(2)建立县(区)级的养老服务监管平台，建立街道级别的服务监管系统；(3)每个养老运营服务商应该建立有自身特色的养老服务系统并接入政府服务监管系统。

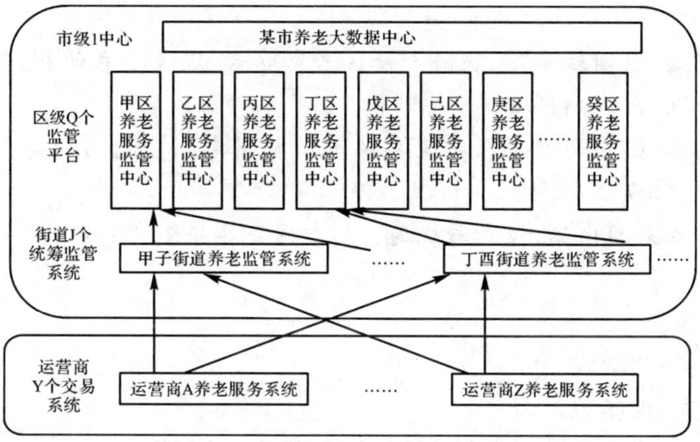

图 4　智慧养老信息化平台示范模板(左美云)

2. 建立智慧养老生态圈，促进上下游良性发展

智慧养老是未来养老服务中非常重要的一部分，智慧养老的建设与发展绝非毕其功于一役，社会需要或者说是智慧养老服务产业发展需要建立一个良好的养老生态圈，达到良性循环发展。课题组成员认为养老生态圈是一个多层的结构，类似于顶层设计，顶层设计主要讲的是智慧养老的大概理念，而生态圈则描述智慧养老中具体模块事物之间的联系，如图 5 所示。大数据服务中心应该处于这个生态圈的最顶层，在大数据服务中心这个基础之上我们运用互联网、物联网的相关技术，开发养老信息服务平台，开发相关智慧助老设备。这些开发的具体工作应该由高等院校、科技公司、信息服务企业等机构在政府的

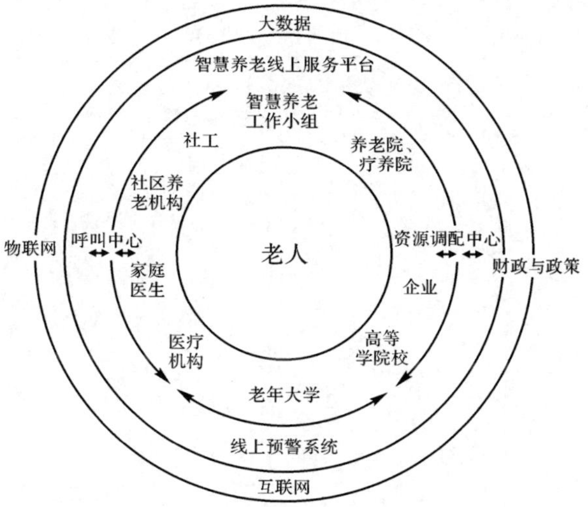

图 5　智慧养老生态圈系统

监管下完成，在这其中政府不但是监督者还应该是制定相关政策的引导者，最后通过养老服务运营中心、运营点、照料点等基层机构实际推广运用到老人生活之中。同时在这个生态圈之中，各个环节并非只有“上至下”的关系，还存在“下至上”的关系，即老年群体的消费、对智慧助老产品的使用感受，会直接影响到上游生态圈的发展。

参考文献

[1] 睢党臣，彭庆超．我国城市“互联网＋社区居家养老”服务模式的构建基础分析[J]．社会保障研究，2017(03)：18-26.

[2] 朱海龙．智慧养老：中国老年照护模式的革新与思考[J]．湖南师范大学社会科学报，2016，45(03)：68-73.

[3] 左美云．智慧养老的内涵、模式与机遇[J]．中国公共安全，2014(10)：48-50.

课题组相关信息

课题组单位：衢州学院

课题组负责人：徐盛城

课题组成员：卢晓文、许晓威、范冬香、叶群、周庆、罗文昆

课题名称及编号：浙江省居家养老服务智慧化建设推进方案(2020N40)

基于“产学研用”的产教融合推进人才培养和“双师型”教师队伍建设

[按语]在经济产业发展转型升级不断加速的背景下，各行各业对于高素质职业技能人才的需求不断增加。为适应新时代发展的步伐，开展行业企业与高职院校产教深度融合成为职业教育改革的工作重心之一。衢州作为浙江省新的经济增长点，需解决职业教育人才培养紧跟新产业技术变革的现实问题。课题组对衢州市高职院校和行业企业开展了产教融合的调查研究，重点围绕产教融合中“产学研用”情况走访调研当地10余家企业、职业院校、机关单位相关部门，了解我市产教融合的实际情况，从产学研用渐进式推动产教融合，将“职教20条”落到实处，促进教育链、人才链与产业链、创新链有机衔接，在产教融合中推进人才培养和“双师型”教师队伍建设，服务企业发展，推动地方经济发展。

一、调研概况

(一)调研背景

随着我国经济由高速发展迈向高质量发展，经济结构由劳动密集型向知识密集型转化，各行各业对创新人才和技术技能人才的需求越来越紧迫，职业教育的重要作用更加凸显，一系列发展职业教育的高规格文件应运而生。2019年年初，国务院颁布《国家职业教育改革实施方案》(职教20条)；4月，教育部、人社部、财政部、发改委等4部委在职业教育电视电话会议上发言，明确大力实施产教融合发展职业教育；9月，《国家产教融合建设试点实施方案》及《浙江省产教融合“五个一批”工作方案》发布，为今后深化产教融合进行了战略性部署。

浙江省作为全国制造业大省、创新强省，提出干在实处、勇立潮头，要在高端装备制造、海洋经济、新能源新材料、互联网经济等新兴产业领域保持领先地位。要实现这个目标，人才必须先行。人才队伍既需要有一批高学历的产品研发人才，更需要大量掌握先进技术同时技能方面突出的实践型人才。这些技术技能人才要适应科技进步要求，掌握新工艺新技术，掌握信息技术、质量管理、产品营销，实践能力强。衢州在浙江省的发展中定位为全省经济新的增长点，正在推进高端装备行业的新一轮发展，打造数字经济新引擎。衢州高端装备制造业和信息产业的发展需要大量的技术技能人才。

基于此，本项目针对“职教20条”中提到的“职业院校应当根据自身特点和人才培养需要，主动与具备条件的企业在人才培养、技术创新、就业创业、社会服务、文化传承等方面开展合作”,深化产教融合,促进教育链、人才链与产业链、创新链有机衔接,在产教融合中推进人才培养和“双师型”教师队伍建设,服务企业发展,推动地方经济发展。课题组对本市高职院校和行业企业开展了产教融合的调查研究,重点围绕产教融合中“产学研用”情况进行了调研,侧重于查找问题,提出对策。

(二)研究对象

本课题的研究对象是产教融合中“双元”育人的高职院校和行业企业当中的师生以及企业技术骨干,研究如何围绕“产学研用”开展产教融合的落地,服务企业人才需求和技术进步,促进人才培养质量的提升,促进“双师型”教师队伍建设。高职院校调研范围主要为教学科研管理人员、学生工作管理人员、专任教师、在校学生、毕业生。企业调研范围主要为本市先进制造业企业、信息化骨干企业以及规模企业,具体人员包括企业高管、人力资源人员、技术骨干、实习学生,同时还有人力资源市场和机关管理单位。调研的对象具有代表性、覆盖面,获取的数据来自产学研用中校企双方的直接间接管理部门、参与人员,真实性和普遍性好。

(三)调研方法

第一,采用文献调研法和分析归纳法,对校企合作、产教融合、师资建设等文献进行收集、分析和归纳研究,了解当前最新动态和成果,并在充分研究现有资料的基础上,通过分析,归纳激发产教融合内生动力的原理和关键方法。

第二,采用问卷和访谈的调研法,分别面向高职院校管理人员、一线教师、学生、企业管理人员等开展问卷和访谈调查。调研本市机械制造和信息技术产业的骨干企业对高职院校技术技能人才的需求;调研产教融合中顶岗实习、订单班、现代学徒制、嵌入式校企合作(由企业完成部分岗位课程替换校内部分相近专业课程,研制培养计划,开展特色教学)等形式的培养计划研究制定情况;调研教师和企业导师对学生实习的指导管理情况,培养计划落实情况以及合作进展。根据调查结果数据进行问题梳理、总结和原因分析。

第三,采用定性与定量分析法,基于调研数据信息,比较分析围绕“产学研用”开展渐进式产教融合,对“双师型”教师队伍建设以及服务企业技术技能人才需求情况,做出结论。进一步推进教师顶岗实习、技术服务、产品研发、成果转化和兼职教师队伍建设,共同研究制订培养计划,引进企业案例进课堂,打造专业特色,实现良性互动。激发企业参与和举办职业教育的内生动力,实现校企双方形成命运共同体。

(四)调研框架

通过调研行业企业在技术技能人才的需求紧缺情况,推进校企在顶岗实习、订单班、现代学徒制、嵌入式等方面的合作;通过不同形式的校企合作带动教师顶岗实习和共建实训基地,共同研究制订培养计划;进一步推进校企科研、技术服务、成果转化等方面的合作,及时将新技术、新工艺、新规范纳入教学标准和教学内容,加强“双师型”教师和兼职教师队伍的建设与管理,层层推进产教融合,实现各领域的产教融合,服务企业人才需求,服务企业技术进步。

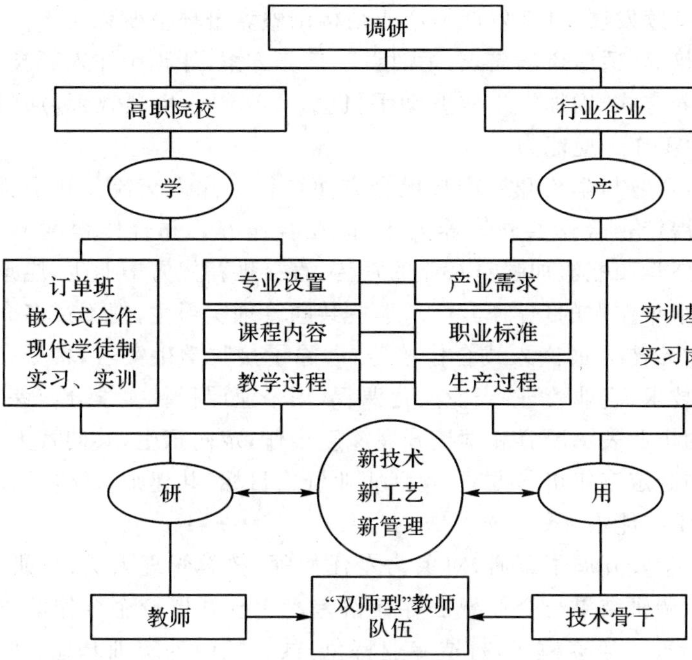

图 1　调研框架

二、调研结果分析

(一)产学调研及分析

首先,课题组对企业人才需求情况开展调查。本次调研的是衢州本地行业企业,企业性质主要是高端制造行业、信息行业和现代服务行业。调研的企业有行业中技术领先的上市公司,有销售额10亿元以上的大型企业、销售额数亿元的规模企业,也有部分中小型企业。调研企业数量达到10余家,具有很好的代表性。结果显示,企业更看重专业技术人才,其中高职院校毕业生需求量最高,超过40%;本科院校毕业生需求量次之。同时,在相关企业看来,专业人才短缺不仅表现为数量不足,而且还有质量不够,建议学校加强相关能力的培养(见表1),根据行业企业发展及时调整专业设置,以更加适应订单和任务的个性化需求,适应不断提高效率的要求和国际化要求。

表 1　企业人才需求情况调查

量的需求		质的需求
		专业基础知识
		实践动手能力
高职院校毕业生	42%	创新能力
应用型本科院校毕业生	38%	管理能力
高学历人才及其他特殊人才	20%	工作适应能力
		社会交往能力
		职业生涯规划

可见企业的可持续发展、创新发展是产业结构调整竞争环境变化对于人才的要求，学校要加大创新能力培养，适应市场需求，适时调整培养方案，课程中注入新技术，要加强学生教学做一体化培养方式，增加学生实践动手机会，重视职业生涯教育，加强跨专业知识的拓展，提高毕业生工作适应能力。

其次，课题组对企业与学校开展产教融合方面进行了深入交流。几乎所有的企业都表示愿意与学校开展校企合作共同培养人才，但在合作方式和合作程度上有较大差别。52％的企业表示希望学校能够加强对企业的宣传，直接推荐优秀毕业生，愿意接收大三高职学生到企业进行半年左右的顶岗实习，与学校共同管理实习生，但不过多介入学校的人才培养；33％的企业希望开展嵌入式合作培养，即除了接收学生实习，希望在大二或大三时加入企业的产品技术、企业管理、企业文化课程，用企业课程替换学分或课时，开展较为深入的合作；15％的企业表示愿意和学校开展深度合作，定向招生，共同育人，共同建设校内外实训基地，共同制定三年培养方案，规划职业资格目标，共建师资队伍，校企深度融合培养企业需要的技术技能人才。

同时，课题组在学校开展了调研，对象为专任教师、教学管理人员、科研管理人员、合作发展处管理人员，调研结果与企业想法存在偏差。学校开展校企合作的出发点是提升人才培养质量，创新人才培养模式，打造专业特色，共建校内外实训基地、共建师资队伍。将企业案例引进课堂，让学生尽快熟悉掌握新兴产业带来的新知识新技能，拓展学生实践能力，实现就业无缝对接。从学校的角度，希望通过长期深度产教融合，促进人才培养质量的稳步提升，所以最希望能够与调研中15％的龙头企业开展校企合作，通过招生即招工，三年高职期间校企共同育人。同时学校也希望与33％的企业开展嵌入式合作、订单班、现代学徒制培养，在学校看来这是产教融合很有效的路径。通过与行业骨干企业合作，将企业案例引进课堂，企业技术能手充实兼职教师队伍，更好地为学生提供实习实训基地，通过不同企业的合作能够源源不断地输送新的课程内容，对学生培养质量的提高有很大帮助。

课题组还分别对目前顶岗实习生和2018届毕业生进行了问卷调查。结果显示，这两类人员对学校教学满意度分别为95％和97％，对当前工作胜任情况认为自己能够胜任当前工作的分别为93％和98％，对职业发展信心表示“非常有信心”和“比较有信心”的共占比分别为64％和70％（见表2）。学生普遍认同学校目前的教学培养模式及教学内容，但刚参加顶岗实习的学生不管是满意度，还是胜任情况，或者是职业发展信心均低于毕业生，一段时间的顶岗实习让学生能更好地弥补实践技能的不足，增强自信。

表2　学生满意度相关调查

调研项目 \ 调研对象	顶岗实习生		毕业生	
对学校教学满意度	满意	95％	满意	97％
职业胜任度	完全能胜任 能够胜任 基本能够胜任	20％ 39％ 34％	完全能胜任 能够胜任 基本能够胜任	34％ 40％ 24％

续　表

调研对象 调研项目	顶岗实习生		毕业生	
职业发展信心	非常有信心 比较有信心	15% 49%	非常有信心 比较有信心	27% 43%

（二）研用调研及分析

高职院校与企业开展研究和技术服务是学校自身发展的需要，也是学校服务经济社会的功能之一，为企业创新发展和技术进步提供有力支撑。高职院校与企业合作的研究开发主要是产品的技术开发、技术创新、技术应用以及生产线的技术改造、技术服务，在原创性研究开发领域涉及较少。应用主要是信息、自动化、机器人、互联网等技术在企业中的应用，以及高职院校教师自主知识产权在行业企业的转化等。课题组对当地企业和学校开展研用方面调研中了解到由于学校和企业在需求上存在不同，研用在不同企业中开展的层次也不一样。

首先是较低层次研究，研究教师参与比例为20%。主要是大型骨干企业，这些企业一般都有研发机构，高职院校教师参与研发的能力水平尚有不足，更多的是参与企业研发团队中的小部分工作。

其次是一般层次研究，高职院校教师参与比例40%。主要是中小企业，这些企业在创新驱动、技术迭代发展中需要不断改进产品和更新技术，自身的研发实力不是很强，对高职院校教师参与技术开发的需求较大，但是由于项目本身不大，持续深入不够，项目比较孤立，往往一个项目结束就停止合作了。

最后是通过“产学研用”进行的科研和服务工作。主要是规模龙头企业和中型效益较好的企业，这些企业与当地经济结合紧密，急需提升技术增强市场竞争力，注重与当地高职院校开展产学合作，双方共同开发课程、编写教材、制定人才培养方案、申报各级各类项目、申报成果和专利。这些合作领域对双方技术技能人才培养是互利共赢的，主动性强，研究和应用能够持续推进并不断深化，促进人才培养质量和科研能力提升。

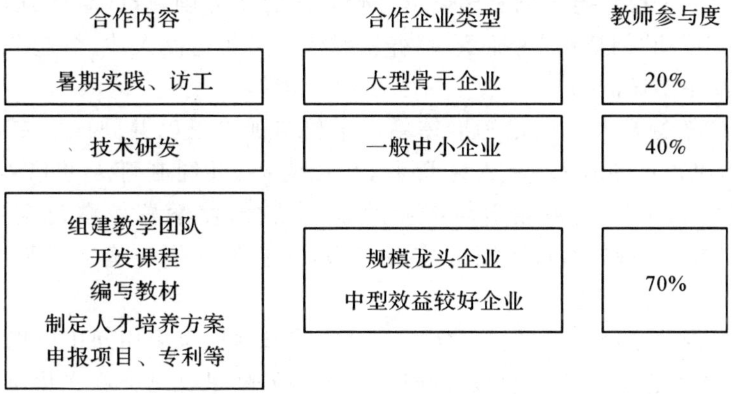

图2　研用调研情况调查

(三)产教融合案例

1.红五环集团产教融合案例

红五环集团是国家高新技术企业、浙江省机械行业重点企业、衢州市专利示范企业，主要业务领域包括空气压缩机、露天潜孔钻车等六大系列200多种产品。综合实力在空气动力、工程掘进行业中位列国内前茅。

早在2002年，红五环集团就在行业内率先与浙江工业大学浙西分校(现衢州学院)开展产教融合试点，此后持续推进，先后与衢州中专、衢州学院、浙江师范大学、西安交通大学、衢州职业技术学院等开展产教融合共同育人。红五环公司通过设备投入、组建“红五环班”、设立奖学金奖教金、校企共建师资团队等形式深入开展校企合作，已培育工程硕士2名，工程师55名，订单人才800名，其中企业高管1名；完成研究课题、项目9个，创造产值3600万元，有效实现了学校内涵和企业发展的互促共赢。

2019年7月，该集团又升级一对一嵌入式师徒制培养，与衢州职业技术学院合作开设“企业文化培训”“专业技能训练”和“专项岗位技能培训”等企业课程及生产实践环节构成的“校企合作教学置换”课程包，并共同进行成绩认定和学分置换，学生毕业后可直接到企业就业。

红五环集团与学校合作开发风动机械特色课程、建设技能大师工作室、共建实训基地、共同开展科研攻关。在人才培养过程中，该集团注重文化融入开展学生素质锻炼。如红五环集团每两年组织校企合作毕业班学生与企业员工一起翻越唐古拉山，在途经12个省的“天路行”中，帮助学生克服疲劳、高原反应等困难，磨砺意志、升华人格。

2.衢州职业技术学院与阿里巴巴产教融合案例

2017年10月，衢州职业技术学院与国际电商巨头阿里巴巴集团对接，共建客户体验中心——阿里巴巴校内客户体验实训基地。基地建有100座物理席位，是全国高校第一家消费者热线基地，主要承接淘宝、天猫等平台消费者购买、支付、物流、话费等模块业务。基地现有各类实习生200余人，日均承接业务量1000个，服务水平、实时满意度、五天用研满意度均超过80%，高于全国平均水平。在基地成功运营一年后，学校又面向2019级新生开设了首个阿里巴巴电子商务运营人才产教融合培养创新班(简称“创新班”)。校企双方以“体验基地”和“创新班”为抓手，培养新时代新零售电商人才，打造了校企深度融合的衢职模式。其主要做法为：

一是共建产教融合人才质量标准体系。学校与阿里巴巴共同成立专业教学指导委员会，借助阿里巴巴的专业技术、人才资源、文化优势，共同制订人才培养方案、课程体系、评价模式、教学模式，实现教学与产业的紧密结合，使学校教学与企业需求无缝衔接，与技术发展方向一致，通过不断的实践调整，逐步形成了一套产教融合人才质量标准体系。

二是打造校内共享型生产性实习实训基地。该基地完全采用阿里巴巴的职场标准建设，工作内容和流程也引用企业参数，同时具有浓厚的阿里巴巴企业文化氛围。学校根据教学计划和人才培养方案，每学期分批选派一定数量的学生到基地进行顶岗实习。学生在“创新班”学习过程中，阿里将定期指派企业行业专家来校开展培训和讲座，使基地成为学生成长成才的摇篮。

三是建成教学资源研发中心。阿里巴巴集团作为“全球第21大经济体”，拥有领先的国际标准、优秀的高科技人才和大量的工程实践案例，学校充分利用这一资源优势积极建设教学资源研发中心，将相关3个二级学院的专业教师作为基地的指导教师深度融合到基地的运营过程中。阿里巴巴对基地学生进行培训的内容，通过校企师资团队的开发，纳入课程标准，并将培训的视频编入教学资源库，使共享型生产性实训基地的合作成果能够辐射到每一位同学。

衢州职业技术学院与阿里巴巴对在基地实习实训的学生进行初级、中级、高级三个等级的认证，相关的认证证书可以与学校选修课、课外素拓分进行互换。对于获得对应认证证书的学生，阿里巴巴会优先推荐到阿里经济体生态企业进行就业，一方面解决了衢州地区对相关电商信息人才的需求，另一方面提高了学生的就业质量。

三、调研总结

课题组通过学习国家和省市职业教育文件和政策，深入解读其中产教融合的精神。在此基础上，走访调研当地企业、职业院校、机关单位相关部门，了解我市产教融合的实际情况，从产学研用渐进式推动产教融合，将“职教20条”落到实处，更好地推进人才培养，并有力地促进“双师型”师资队伍建设。具体总结如下：

(一)产学是基础

产教融合是职业院校技术技能人才培养的必由之路，在产业转型经济高质量发展的今天，很多企业已经有了深刻认识，学校要寻求与这样的规模企业开展合作，在订单培养、现代学徒制、嵌入式合作方式中找到合适的路径，校企共同制订人才培养方案、课程教学改革、实训基地建设、师资队伍建设等工作，目标是培养德才兼备的具有行业企业特点的技术技能人才。

(二)研用是纽带

在持续推进产学合作的基础上，学校和企业逐渐成为命运共同体，教师在学生管理和顶岗实践过程中，掌握生产一线的工艺流程，将生产过程案例引入课堂，开展活页式手册式教学，改革教学手段方法，为企业解决技术难题，双方建立研发团队进行项目申报和成果转化。企业骨干参与学校专业建设培养方案制定，参加学校教学方法培训、理论知识学习、专业活动研讨，促进研用在各领域深化，也推进产学合作进一步开展，形成良性互动良性循环的态势。

(三)制度是保障

要建立促进“产学研用”工作的激励和约束机制，促进校企成为命运共同体。双方要成立学生教学管理队伍、技术研发团队，明确各自职责分工，制度化、项目化推进产学研用深入开展。学校要建立鼓励和约束教师顶岗实践、横向科研技术服务制度，在职称评审、课时津贴、评优评先、教学改革、兼职教师等方面建立有利于学校和教师参加产教融合过程的激励机制，企业要建立参加产教融合员工的激励约束机制，形成校企双方共同为产教融合良性发展的动能。

(四)成果是导向

基于“产学研用”基础上的人才培养和“双师型”教师队伍建设必将取得很好的成果。这些成果主要是产学研用培养了产业转型升级所需要的大量技术技能人才，为企业创新驱动发展提供人才保证，为企业可持续发展提供智力和人力资源保证，为高职院校教师实践能力提升提供保证，为高职院校教师教学改革提供保证，为高职院校教师技术服务科研能力提升提供保证，为“双师型”师资队伍建设提供保证，为学校特色发展提供保证，为产业可持续发展提供了源源不断的动力。

参考文献

[1] 中华人民共和国国务院，《国家职业教育改革实施方案》(职教 20 条)，2019.01.

[2] 教育部党组书记、部长，陈宝生《提高技术技能人才培养质量——在全国深化职业教育改革电视电话会议上的发言》2019.03.

[3] 罗明誉.高职院校产教融合实现机制研究——基于浙江省高职院校的现状分析[D].杭州：浙江工业大学，2017.

[4] 陈星.应用型高校产教融合动力研究[D].重庆：西南大学，2017.

课题组单位：衢州职业技术学院

课题组负责人：李莎

课题组成员：倪立宠，薛晶，樊美君，孔慧兰

课题名称及编号：基于“产学研用”的产教融合推进人才培养和“双师型”教师队伍建设(编号：2020N41)

浙江省社区居家养老发展情况调研报告

[**按语**]社区居家养老服务模式实现了机构养老与家庭养老资源的有机整合，更加符合我国现阶段基本国情。浙江省社区居家养老服务存在供给不足，供给与需求不匹配、不平衡，管理运行机制不健全，服务人员不够专业，资金来源不足、使用效益不高，法治保障不充分等问题。发展社区居家养老要拓宽资金来源渠道，创新资金投入方向和方式，优化社区居家养老多元化服务，丰富多样化养老项目供给，实现队伍的专业化、职业化，建立健全社区居家养老的法治保障体系。

浙江省是全国最先进入人口老龄化社会的省份之一，根据《2018 年浙江省人口主要数据公报》显示，2018 年末全省常住人口中，60 岁及以上的人口为 1124.4 万人，占总人口的 19.6%，比上年上升 0.7 个百分点。其中 65 岁及以上人口为 780.2 万人，占比为 13.6%，比上年上升 0.6 个百分点。① 2019 年政府工作报告中指出“让老年人拥有幸福的晚年，后来人就有期待”。根据《中华人民共和国老年人权益保障法》规定，国家建立和完善以居家为基础、社区为依托、机构为支撑的社会养老服务体系。② 2017 年《“十三五”国家老龄事业发展和养老体系建设规划》将居家养老服务和社区养老服务的提法整合，提出大力发展居家社区养老服务。社区居家养老是立足家庭，依托社区，以家庭养老为主，以社区养老为辅，向老人提供日常照料、生活护理、特需服务等为主要内容的养老服务模式。③ 社区居家养老服务模式实现了机构养老与家庭养老资源的有机整合，更加符合我国现阶段基本国情，顺应了养老观念和传统习俗，满足了老年人在家安度晚年、接受照料的需求，有利于我国养老保障体系的整体提升。因此，社区居家养老整合了社区和家庭的资源优势，为解决我国养老问题提出了更适合现阶段基本国情的模式选择。

一、浙江省社区居家养老服务基本情况

截至 2019 年 9 月 2 日，全国启动了中央财政支持开展居家和社区养老服务改革试点工作共计四个批次。浙江省杭州市、宁波市、温州市、绍兴市、丽水市、湖州市先后成功入选社区养老服务改革试点。根据 2019 年 9 月浙江省民政厅发布的《2018 年浙江省民政

① 浙江省统计局：《2018 年浙江省人口主要数据公报》，浙江省统计局，2018。

② 《中华人民共和国老年人权益保障法》第 5 条。

③ 王向南：《基于三方合作的社区居家养老服务模式探讨》，《学术交流》，2018 年第 1 期，第 130 页。

事业发展统计公报》显示，截至2018年底，全省共建成城乡社区居家养老服务照料中心2.36万个，居家养老服务设施城乡社区基本全覆盖。[①]

(一)关于社区居家养老法律与政策规定

2015年1月25日浙江省第十二届人民代表大会第三次会议通过了《浙江省社会养老服务促进条例》，这是国内首部由地方人民代表大会通过的社会养老服务地方性法规。该《条例》中明确规定了社区居家养老的运营管理、服务主体、服务内容、服务监管等内容。2018年8月6日浙江省人民政府办公厅下发了《关于深化养老服务综合改革提升养老服务质量的实施意见》，对居家养老服务中心建设、长效运行机制、运营方式改革、信息平台建设等进行了具体部署。2018年1月20日宁波市第十五届人民代表大会第三次会议通过《宁波市居家养老服务条例》，成为浙江省范围内首个居家养老服务的地方立法。该《条例》从服务设施规划与建设，服务供给与保障，监督管理，法律责任等内容做出了规定。近年来，杭州市、金华市、绍兴市等地也制定了相应的政策文件，对推进居家养老服务规范化、制度化、长效化建设做出了具体部署。

(二)关于社区居家养老涉诉纠纷案件情况

中国裁判文书网数据显示，近年来浙江省内各级人民法院审理的涉及居家养老案件共计139件：其中刑事案件17件，涉及破坏社会主义市场秩序罪3件，侵犯公民人身权利、民主权利罪3件，侵犯财产罪3件，妨害社会管理秩序罪3件，贪污贿赂罪6件；其中民事案件59件，涉及人格权纠纷4件，婚姻家庭继承纠纷10件，合同、无因管理、不当得利纠纷29件，知识产权与竞争纠纷1件，公司、证券等有关纠纷2件，侵权纠纷7件；其中特殊程序案件案由5件；执行案由3件；行政案由46件。[②]

这些案件涉及社区居家养老项目建设、居家养老服务过程、居家养老经营过程等多方面内容，既有民事案件，更有刑事案件和行政案件。仅从老年人权益保障角度，对这些案件做进一步的梳理发现，涉诉案件的主要类型包括：一是以居家养老为由，向不特定群体吸收投资款，构成非法集资的犯罪案件；二是在提供居家养老服务的过程中，侵犯老年生命权、健康权、身体权的纠纷案件；三是因居家养老引起的赡养纠纷案件；四是在履行居家养老服务协议过程中服务人员人身损害案件。

(三)调查走访有关情况

浙江省各地从场所建设、服务项目、服务主体、服务方式、服务保障等方面探索社区居家养老一系列典型做法，也取得了一定的实效。为全面分析社区居家养老服务发展情况，

---

① 黄珍珍：《〈2018年浙江省民政事业发展统计公报〉发布》，浙江新闻，http://zjnews.zjol.com.cn/zjnews/zjxw/201909/t20190920_11049013.shtml。

② 中国裁判文书网，2019-9-24，http://wenshu.court.gov.cn/website/wenshu/181217BMTKHNT-2W0/index.html? pageId = e79e0c9c5ab74ab8fd40b02a99158924&s21 =%E5%B1%85%E5%AE%B6%E5%85%BB%E8%80%81。

课题组专门进行了问卷调查和走访。本次在浙江省范围内共发放调查问卷800份，共计回收有效调查问卷728份。其中，55—60岁的为271份，61—70岁的为315份，70岁以上142份；男性为365份，女性为363份，男女比例约为1∶1，性别与年龄两个因素具有较好的代表性。杭州135人，宁波61人，温州210人，嘉兴68人，湖州18人，绍兴40人，金华34人，衢州6人，舟山6人，台州55人，丽水75人。受访者中，小学文化程度351人，中学（中专）252人，本科（大专）83人。本次调查为了获取"准老年人"对于社区居家养老的需求，特别对55—60岁的人群发放了调查问卷，共计回收了259份。

1.关于社区居家养老有关政策的了解程度

针对老年人对社区居家养老政策的了解程度调查发现，了解社区有这项服务的占61%，但是仍然有高达39%的老年人并不了解社区有这项服务。而不了解社区居家养老具体服务政策的占51%（见图1）。说明近两年，虽然政府部门大力推进社区居家养老服务项目的建设，但是其宣传普及还不到位，有许多老年人还不了解。

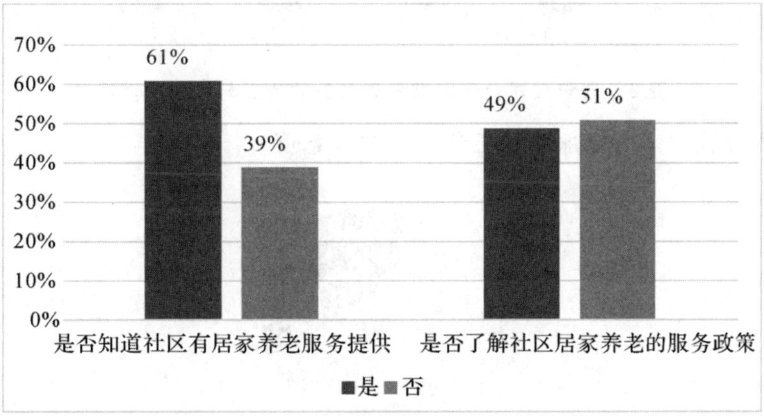

图1　老年人对社区居家养老服务了解情况

2.对养老模式的选择方面的情况

针对我们设计的几种养老模式，社区居家养老模式被选择的人数占比29%，是五种模式里占比最高的类型模式（见图2）。反映了社区居家养老模式比较受老年人欢迎。

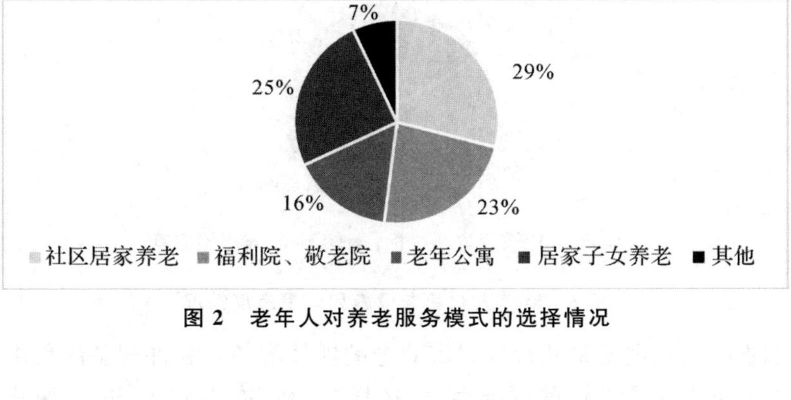

图2　老年人对养老服务模式的选择情况

3.关于现有社区居家养老服务的情况与满意度调查

针对这项内容的调查我们发现，有较大比例的人还没有成为社区居家养老的服务对象，占到调查人数的30%。在接受社区居家养老服务的对象中，有13%的老年人对服务是不满意的，对服务满意的比例仅为26%（见图3）。说明社区居家养老模式下提供的服务与老年人的需求还存在一定的差距。

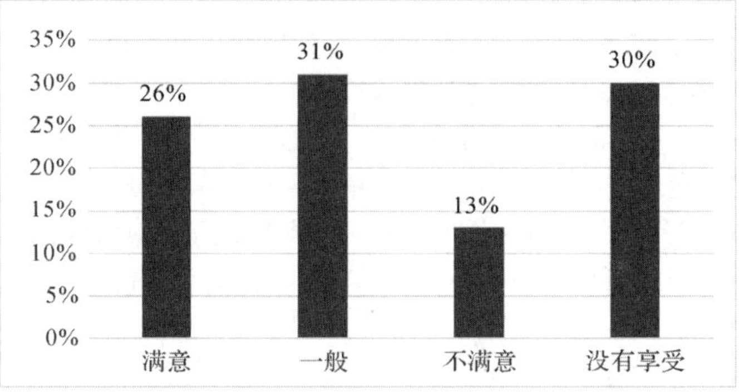

图3 老年人对社区居家养老服务的情况与满意度情况

4.对提供社区居家养老服务的工作人员的满意度

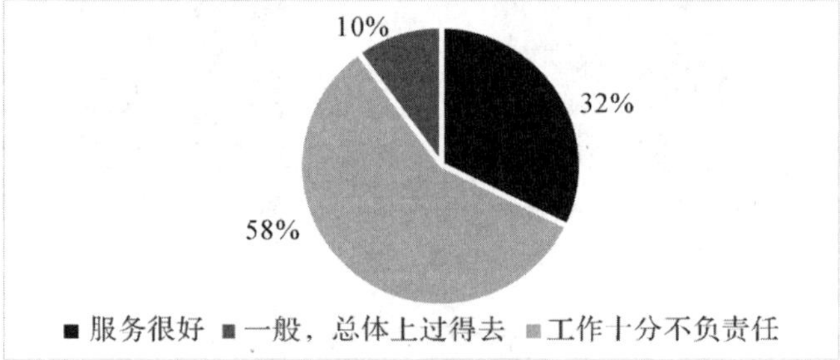

图4 老年人对社区居家养老服务人员满意度情况

5.对目前养老设施建设和养老政策规定的态度

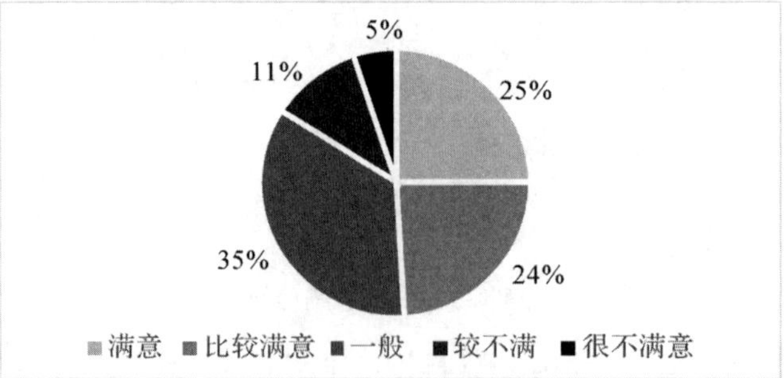

图5 老年人对养老设施和政策态度情况

这两项调查的内容主要是从社区居家养老的硬件配备和软件配备的角度调查了老年人的满意度。就工作人员提供的服务而言，选择“一般”的占到了58%（见图4），占比最高，这与走访中我们了解到的基本情况是一致的。反映了社区居家养老服务的工作人员专业化不高、数量不多、服务质量还有待改进的现状。在调查中对养老设施建设和养老政策有 16%的老年人是不满意的(见图 5)。这反映了我们的现有政策和基础的硬件设施还没有满足部分老年人的需求。尤其是基础设施的配套方面,由于老年人口的迅速增长,这个方面的供需不足的矛盾也会越来越突出。

6.老年人养老服务的需求调查情况

调查问卷设置了服务设施、服务工作人员的素质和服务项目三个内容,结果显示老年人对这个三个方面的需求都较为迫切,均达到了 50%及以上的比例(见图 6)。

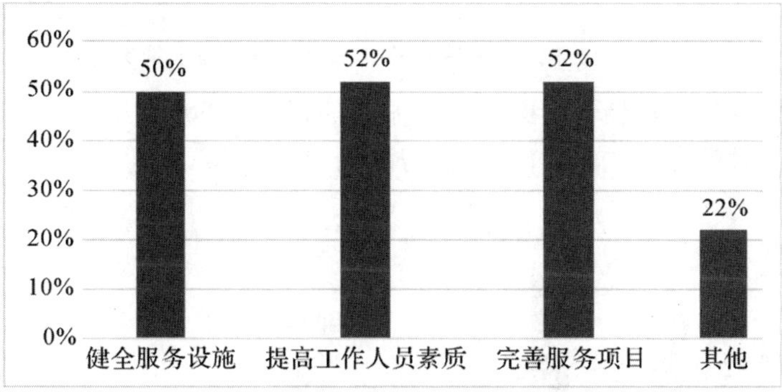

图 6　老年人对养老服务需求情况

7.在需求的项目内容方面

我们从社会生活照料、家居照料、家居维修、个人康复、关爱沟通、法律服务等 6 个方面进行了调查,老年人对生活照料的需求情况如图 7 所示:

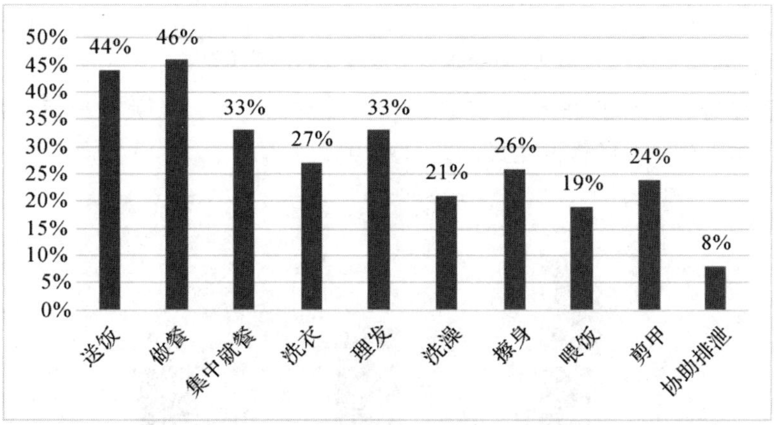

图 7　老年人对生活照料的需求情况

就生活照料而言,"民以食为天",在 10 项内容里,做餐、送饭、集中就餐位列前三,表明老年人对于用餐方面的需求较大。

对于家居照料的需求指数而言,室内环境打扫的需求最高,占到了 56%的比例。家居维修方面,两项内容(家电维修、下水道疏通)基本持平(见图 8)。

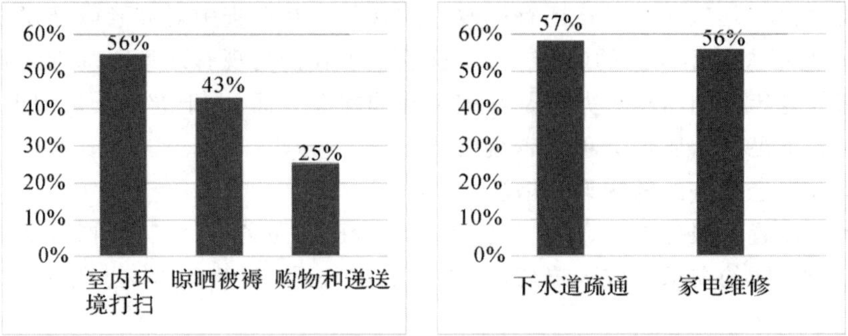

图 8 老年人对家居照料和家居维修的需求情况

从个人的康复需求情况看，代配药和量血压都超过了 50%（见图 9），需求的人数比较多，表明了老年人对最为基本的健康需求关注度比较高。

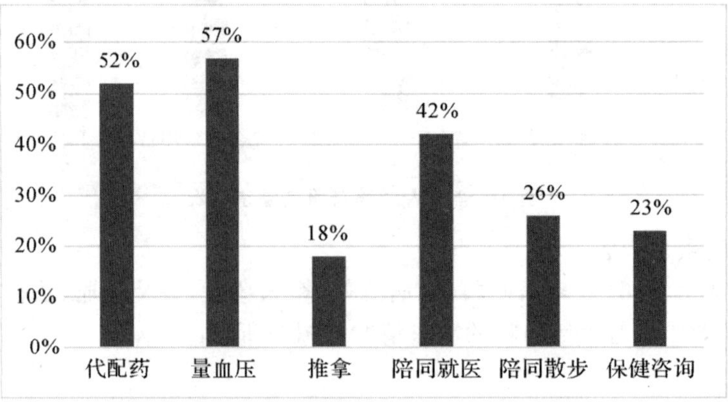

图 9 老年人对个人康复的需求情况

老年人是容易被忽视的群体，尤其表现在情感交流方面。从关爱沟通的需求方面看，谈心交流的比例占到了 54%，占比最高（见图 10）。

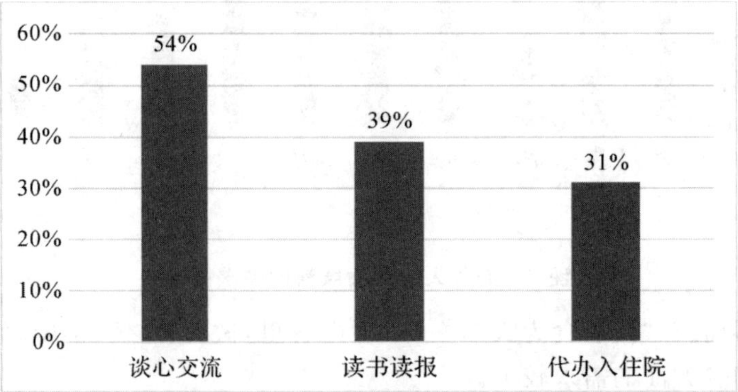

图 10 老年人对关爱沟通的需求情况

从老年人的法律服务需求情况来看，权益保障和法律咨询分别占到了 51% 和 48%（见图 11），表明对老年人而言，欲通过法律途径维护自身的合法权益的意识比较高。

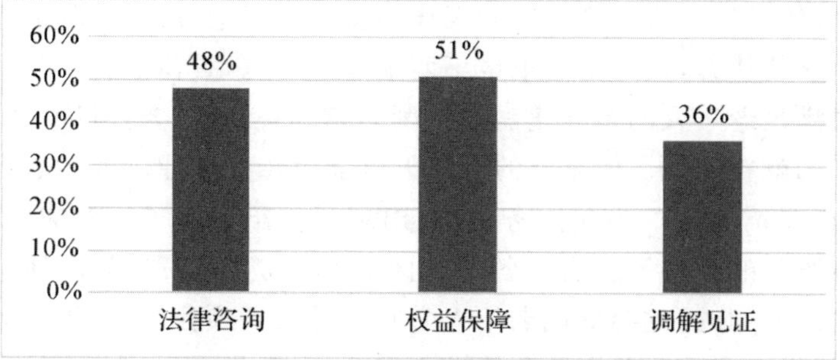

图 11　老年人对法律服务的需求情况

8.对可能遇到的伤害所持有的态度

对可能受到的伤害，选择使用法律的武器维权的老年人占到了78%(见图12)，这充分说明在老年人的群体中，大家的法律意识比较强。这反映了法制的进步，同时也为纠纷发生后，用法律的手段处理问题提供了较为理想的前提基础。

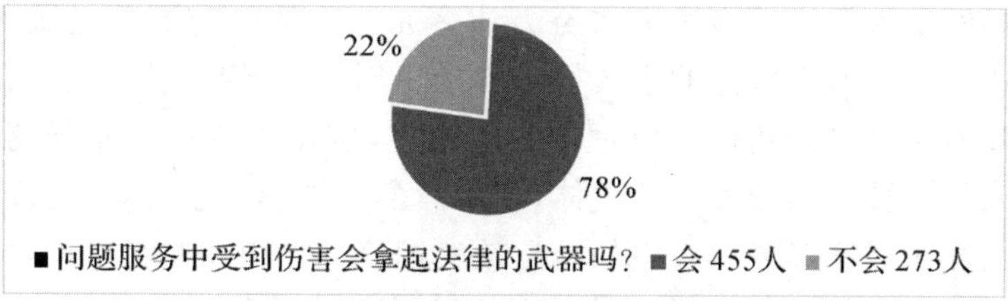

图 12　老年人对可能遇到的伤害所持有的态度情况

9.关于老年人遇到较多的法律问题的调查情况

调查表明，在老年人的群体中，赡养和虐待等家庭纠纷与财产纠纷的占比相对较高，尤其是家庭的赡养和虐待等纠纷占4项调查内容之首(见图13)，反映了关于家庭养老纠纷的现实存在，以及老年人对该问题较为关注。

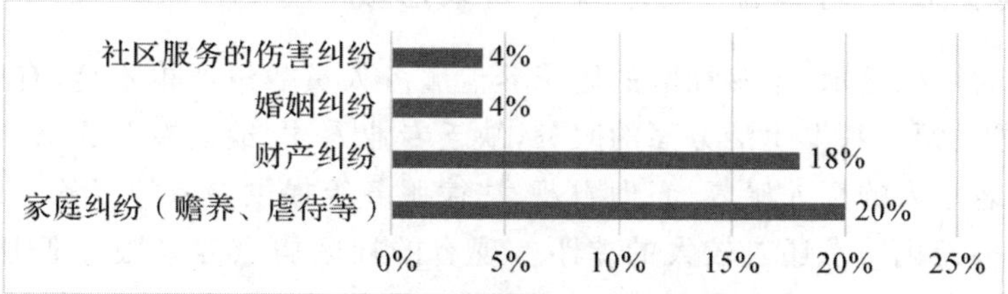

图 13　老年人遇到法律问题的情况

二、社区居家养老服务存在的问题

(一)供给不足，供给与需求不匹配、不平衡

总体而言，由于老年人口基数大并呈现了逐年增长的趋势，虽然浙江省已经实现了居家养老设施城乡社区的基本全覆盖，但是由于场地有限、设施有限、服务人员有限，有限的资源无法满足所有老年人的需求，特别是提供医疗保健、心理疏导的专业服务人员严重欠

缺，加上越来越多的老年人将社区居家养老作为首选的养老方式，实际上社区居家养老服务呈现了供不应求的状态，供给与需求也不匹配、不平衡。具体而言，第一，社区提供的居家养老服务无法满足老年人的差异化需求。例如，有的社区主要提供的集中就餐的食堂，可以解决老年人的就餐问题。但是有的老年人可能由于身体原因或者心理原因不能或者不愿集中就餐，而是需要上门做餐服务，这就出现了供给与需求不对应的状态。第二，资源的不平衡导致服务的不均等。由于各个社区的本身资源差别，就出现了各个社区养老服务内容和质量的差别，因此会形成老年人之间接受服务项目、水平等差异化的情况。第三，服务质量有待提高。有些养老服务管理不规范，出现收费贵、态度恶劣、服务质量不佳的情况，甚至还存在坑骗老人的现象。

(二)社区居家养老管理运行机制不健全

通过调研我们发现，政府部门既是社区居家养老政策的制定者，又是养老服务的推进者，具有一定的行政化色彩。虽然在这一过程中政府尝试公建民营、购买社会化服务、放开养老服务市场的准入资格等多种方式努力让多元化主体参与到养老服务中来，但目前来看，政府依然是主导者，是资金的主要投入者，是服务的宣传发动者，是政策的组织实施者。部分基层政府对自己的角色定位过于大包大揽，挤压了企业和非营利社会组织的发挥空间。老年人作为社区居家养老的主体，现阶段多是被动的享受者，还没有成为主动的参与者。政府在社区居家养老服务中如何有效发挥管理作用和监督作用，民间组织、企业或者个人如何有效地参与进来，老年人如何发挥养老服务合同当事人的作用，如何形成养老服务的规模化、长效化，这些都需要在社区居家养老的运行中进一步探索完善。当前，我国社区居家养老服务刚刚起步，有关保障机制尚未完全建立，存在与目标、任务、形势、需求脱节的现象，机制的不健全导致在实践过程中损害老年人养老权益时，也不能及时有效的处理。

(三)服务人员不够专业，人才规模尚未形成

走访调研的情况显示，很多社区的居家养老服务人员数量严重不足，有些仅能够提供生活照料、家居照顾等基本生活方面的服务，缺乏专业人才，缺乏专业的培训，这导致了很多社区无法对老年人的个人康复、心理慰藉、法律服务等提供专门的服务。这与调查问卷统计的老年人多元化需求还有较大的差距。现有的社区居家养老服务职业群体中，居家养老服务人员往往被等同于家政人员，这一职业的群体社会地位不高，并未得到应有的重视。例如，我们在走访中了解到，有的社区需要专业的护理人员，而从事社区居家养老服务的护理人员的资格认定、职称评定等很难实现，再加上缺少系统的培训，就出现了职业服务人员严重缺失的现象。目前，社区居家养老服务队伍中志愿服务的数量少，志愿者缺乏统一有效的组织，尚未形成规模化、常态化，志愿服务的作用发挥不明显。

(四)资金投入来源不足，使用效益不高

调研组在走访一些社区中发现，一方面，目前社区居家养老的资金来源主要是国家补助、社区自筹，随着养老服务需求的差异性、多样化，以及软硬件维护成本的提高，这

种资金的模式不足以支持社区居家养老服务的进一步发展。另一方面，一些社区按照规定的标准建成了一些设施及场地，购进了一批设备，比如洗衣机房、浴室等，但是由于缺乏使用制度规定和管理人员，加之部分安全因素的考虑，使得这些设施的使用率并不高。

(五)社区居家养老服务的法治保障不充分

1.社区居家养老法律体系不完善

社区居家养老服务法律关系既有民事法律关系，又有刑事法律关系，还会涉及行政法律关系。近年来，国家修订了《中华人民共和国老年人权益保障法》，浙江省出台了《浙江省社会养老服务促进条例》，宁波市也制定实施了《宁波市居家养老服务条例》，但这些法律法规，尤其是《老年人权益保障法》和《浙江省社会养老服务促进条例》的规定多是发挥一定的引导作用，针对性还不够，可操作性还不强。据了解，除宁波市外，浙江省范围内绍兴市也正在紧锣密鼓地制定养老服务方面的条例，但是其他地区尚未出台相应的法规，现有的法律规定还没有形成一套完整的法律体系。根据调研的社区居家养老服务的涉诉纠纷来看，有关社区居家养老服务的民事纠纷，多是依据《民法总则》《合同法》《侵权责任法》等法律来解决。

2.社区居家养老服务监管存在欠缺

依据《浙江省社会养老服务促进条例》第四十七条之规定，“县级以上人民政府民政部门负责养老机构的指导、监督和管理，其他有关部门依据职责分工对养老机构实施监督”。因此，民政部门是社区居家养老服务的主要监管部门，食品药品监督管理、公安消防、审计部门、卫生计生等部门参与监管。法律虽然有明确的规定，但在具体的实施过程中会出现监管不力的情形。据访谈得知，关于养老服务相关事宜多是汇聚到民政部门，或者由民政部门出面与其他部分协调沟通，这一方面分散了民政部门的精力，造成了民政部门监管不力，另一方面由于职责划定不清，也会出现民政部门与其他部门沟通不顺的情况。另外，取消养老机构设立许可后存在事中、事后监管的新问题，这个问题如何解决，目前尚无明确的法律依据。

3.养老服务合同的主体、权利义务关系还需要进一步厘清

在走访过程中，有老年人反映有的养老公司没有按照约定提供服务，或者提供的服务不合格，存在价格高，服务不到位的情况，有的还忽视了老年人应有的知情权。服务合同是社区居家养老服务建立的基础，是社区居家养老运行的法律依据，但是在签订合同阶段，如果合同的内容约定不明确，就会在履行合同过程中产生纠纷。在司法实践中，由于《合同法》未对居家养老服务合同做具体的规定，养老服务合同属于无名合同，法院主要是参考类似有名合同的规定进行裁判，这给法官的审判与纠纷有效地解决都带来了一定的难度。另外，养老服务中存在着大量的政府购买养老服务合同，这些合同的性质本身就存在争议，合同参与的各方主体权利义务如何界定，作为受益人的老年人权益如何保障，社区居家养老公司、政府、老年人违约责任应该如何承担等问题需要进一步研究探索。

三、对策与建议

(一)拓宽资金来源渠道,创新资金投入方向和方式

1.拓宽资金来源渠道

社区居家养老服务持续发展的重要保障是资金的投入。一方面要加大各级政府对资金的投入力度,确保财政专项资金的不间断供应。另一方面要拓宽资金的来源渠道,进一步放开门槛,探索资金认缴制,鼓励社会资本的进入,扩大民办公助、公建民营等创新型社会资本引入方式。

2.创新政府财政投入方向和使用方式

“好钢要用在刀刃上”,在完成居家养老服务设施基本全覆盖后,建议将资金的投向转移到居家养老的软件建设中来。政府资金的投向逐步向人工成本倾斜,加大对社区居家养老的管理队伍和服务人才经费投入力度,尤其要专门划定服务人员的培训费用的比例。在资金的使用方式上,可以打包切块,按照服务投向具体落实到基层的社区组织中,由基层社区组织根据本社区的实际情况整合各种资金来源,制定资金使用的预算,确定资金使用的方法。

(二)优化社区居家养老多元化服务,丰富多样化养老项目供给

(1)按照标准建成基础养老设施,在提供基本的休闲娱乐、集中就餐、日托休息、图书阅览等基本服务供应的基础上,扩大做实居家养老的上门服务。除上门提供必要的家政服务外,定期提供探视、送餐、送医、情感交流等上门服务项目,以满足行动不便老年人的需求。

(2)进一步探索社区居家养老的医疗服务模式,搭建公立医院、社区医院、居家养老助医工作人员的联动平台,实现资源信息的共享。打通“居家养老助医定期体检、慢性疾病监测—社区医院常见疾病的治疗—大型医院的大病诊疗”的一站式服务通道,做到病有所医、医在及时。

(3)创新“互联网+社区居家养老”服务模式,实现线上点单、线下服务的无缝对接。通过智慧养老服务平台、手机App呼叫软件等现代化手段,为老年人订制个性化的养老服务。逐步扩大网络的覆盖面,依托互联网、物联网、云计算、大数据等实现养老服务的需求者、提供者、管理监督者互动,创造老年人网上晒单、养老服务公司下单、政府部门监管的新业态。

(三)优化社区居家养老人才队伍,实现队伍的专业化、职业化

(1)建立养老服务工作人员的入职培养。当前,专业培养护理老年人的学校教育还有很大缺口,尤其是具备医疗知识和专业护理知识的专业人才比较缺乏,建议国家高职类院校增设养老护理类专业,或者明确养老护理类方向,开设相关护理类课程,加快培养养老护理人才队伍。

(2)加强养老服务工作人员的继续教育培训、职称晋升工作。政府要充分发挥社区居家养老中的管理职责,建立养老服务工作人员入职准入制度,做到持证上岗。制订居家养

老工作人员的继续教育培训规则办法。健全居家养老培训机制，定期开展对社区居家养老工作人员的培训考核。开展居家养老工作人员职称评定工作，建立激励机制，对初级、中级、高级护理工作人员给予一定的岗位津贴奖励。

(3)吸纳社会组织，汲取社会之力，建立全员助老养老格局。积极发动志愿者服务队伍加入社区居家养老服务行列。充分利用社会资源，引入公益企业等社会公益组织，不断壮大社区居家养老各类服务队伍。积极倡导“我为人人，人人为我”的理念，在全社会形成爱心助老的氛围，实现志愿服务与有偿服务的协作互补的局面。在青年群体中大力弘扬敬老孝老的优良传统文化，在老年群体中倡导互助帮扶风气，建立全员助老养老的格局。

(四)建立健全社区居家养老的法治保障体系

1.加强社区养老服务立法工作

建议各地根据《中华人民共和国老年人权益保障法》及《浙江省社会养老服务促进条例》制定社区养老方面的地方法规。制定法律时要本着倾斜性保护的原则，充分保障作为弱势群体的老年人的合法权益。省级人大要加强各地立法工作的指导和监督。建议及时总结《宁波市居家养老服务条例》的实施效果，在全省范围内形成“《宪法》—法律—地方法规—部门规章”的完整社区居家养老的法律体系。同时充分运用其他规范性文件，因地制宜和因时制宜，有针对性地解决相关问题。建议法律内容上注意强制性规范的运用，突出法律规定的刚性要求，明确违反法律规定的法律责任。建议《合同法》中专门设立养老服务合同，对合同的签订、履行等各个环节予以规范，涵盖养老服务的全过程，减少纠纷的发生。合同的内容至少包括合同的主体、标的、收费标准、履行地点及时间、违约责任、争议解决方式等主要内容。建议合同法规定中进一步明确社区居家养老各方参与主体的权利义务，确保法律纠纷发生时有法可依。

2.完善救济途径，建立社区居家养老服务的监管与运行机制

第一，明确监管主体和监管原则，形成社区居家养老监管合力。民政部门是社区居家养老服务的监管重要主体，食品药品监督管理部门、公安消防、审计部门、卫生计生部门等多部门参与监管。应当理顺民政部门与其他监管部门的关系，形成分工负责、互相合作、互相监督的局面。依据各部门的职责范围针对性监管，做到分工负责。多个部门之间要通力合作、互相监督，各部门应制定沟通协调机制和质量监管机制，加强相互之间的联系，提高办事效率。建议明确民政部门的首要职责，强化对其他部门的监督权，赋予其在社区居家养老监管中对其他部门的质询权，避免出现监管的不作为和乱作为现象。

第二，建立健全救济机制，加大养老服务保障力度。充分发挥法律对子女赡养老人的约束作用。充分利用社区居家养老合同规制相关责任主体，明确社区组织对辖区老年人维权的职责和方式方法。对于因精神残疾和身体残疾的老年人遭受侵权时，赋予老年人的监护人、近亲属、社区组织、残联等组织和个人的诉讼代理人地位。通过社区组织的定期巡查，政府有关部门的不定期执法检查，约束监督养老服务组织。在社区内设立举报信箱和举报热线，方便老年人及时反映接受养老服务过程中受侵害的情况。对于在社区居家养老服务中针对老年人的违约行为和侵权行为给予充分的司法保护，建立社区居家养老服务涉诉纠纷赔偿的先于执行制度。明确养老权的可诉性，扩大公益诉讼制度范围，将

养老权纳入公益诉讼制度中。进一步扩大社区居家养老服务中保险参保制度，引入商业保险公司参与服务管理工作，减轻政府的压力，降低社区居家养老服务组织的运营风险。扩大保险投保范围，对老年人意外身故、意外伤残、出行平安、意外医疗等内容进行投保。进一步完善老年人长期照料保险制度，给特殊需要的老年人的基本生活照料和相关的医疗护理提供服务，费用主要由长护险基金支付，以推动社区居家养老服务可持续健康发展。

大力发展社区居家养老服务符合现阶段我国的基本国情，也顺应养老服务的国际趋势。浙江省各地在推动社区居家养老服务的发展方面探索了一系列典型做法，制定了相关的法律和政策制度。浙江省各地要积极应对存在的问题和困难，努力实现“让每一位老人都能生活得安心、静心、舒心，都能健康长寿、安享幸福晚年”的目标。

参考文献

[1] 新华网:《习近平元旦前夕在北京市看望一线职工和老年群众》，http://www.xinhuanet.com/politics/2013-12/28/c_118749469_2.htm。

课题组单位：绍兴文理学院元培学院

课题组负责人：田野

课题组成员：王平，许苗苗

课题名称及编号：社区居家养老模式的选择与法律问题研究——基于浙江省的调研(2020N44)

健康中国视域下社区老人“体育+养老”服务需求特征研究

[**按语**]积极应对人口老龄化是决胜全面建成小康社会的重要命题，面对老年人口数量最多、老龄化速度最快、应对人口老龄化任务最重的老龄工作形势，本研究积极探索“体育+养老”服务需求特征，通过对482名老人的社会人口学特征、自评健康状况、身体运动功能、认知功能、体育锻炼情况调查分析，发现目前体育养老服务需求尚存在“城乡二元化”差异显著、体育锻炼科学性与组织化程度不高以及衰老发生发展规律认识不充分等问题，给新时代体育应对人口老龄化的价值发挥带来挑战。对此，建议建立健全老年体育权益最低保障和专项保障机制，积极推动体育嵌入居家养老服务，加强老年运动健康促进行动。

一、前　言

积极应对人口老龄化是全面建成小康社会的重要命题，面对老年人口数量最多、老龄化速度最快、应对人口老龄化任务最重的老龄工作形势（2016，邬沧萍），健康中国战略引领下的《全民健身计划（2016—2020）》以及《“十三五”国家老龄事业发展和养老体系建设规划》等明确要求“发挥全民健身多元功能在养老事业发展中的积极作用，加强老年人体育健身活动及科学健身指导，构建健康生活方式”。但现阶段我国老年体育健身事业发展中还存在着一些问题和挑战，如：政府供给单一难以满足老年人科学健身需要、社区老年体育健身活动组织化程度低、缺乏针对性的体质监测以及科学健身指导等，这势必影响新时代体育解决人口老龄化社会问题的价值发挥（王占坤，2013；汪流，2015；李捷，2018；刘路，2018）。此外，国外研究进一步证实：以社区为基础开展老年体育健身活动，能够有效地提高老年人体力活动水平，重构健康生活方式，减少慢性病相关危险因素，降低医疗支出和死亡率，改善健康状况（Romera L，2014；Marazzi MC，2015），国际社会也普遍重视“老年人体育健身活动”，并将其作为积极应对人口老龄化的重要举措（于洪军，2013；Liotta G，2018）。

借鉴国外体育应对人口老龄化的成功经验可知，上述举措要转化为实现健康老龄化的行动，一般多落实在社区层面构建的支持环境下，进一步结合我国“居家为基础、社区为依托、机构为补充、医养相结合”的多层次养老服务体系建设背景，健康中国视域下的社区“体育+养老”即“以社区辐射范围内的老年群体为服务对象，通过整合各方体育资源，提供科学健身服务，切实提高老年人的生活质量和健康水平”。这是新时代“体养结合”实现健康老龄化的必然选择,然而限于现阶段我国老年体育事业发展中存在一些问题和挑战,目前有关社区“体育+养老”的研究尚不多见。因此,本研究以社区老人“体育+养老”服务需求特征切入点,旨在探索体养结合实现健康老龄化的可能性,以期为深入贯彻和落实健康中国战略引领下的体育应对人口老龄化行动提供参考依据。

二、研究概况

(一)数据来源

《2018年绍兴年鉴(社会民生)》数据显示,2017年绍兴市60周岁以上户籍老年人口占全市户籍人口的23.93%,高于同期发布的《浙江省2017年老年人口和老龄事业统计公报》中全省60岁以上户籍人口占总人口21.77%这一数值。因此,基于研究成果应用解决人口老龄化社会问题的前瞻性考虑,本课题所需数据将在老龄化程度高于全省平均水平的绍兴市通过问卷调查和场地测试法(Field Test)采集完成。

(二)样本量估计

《2018年绍兴年鉴(社会民生)》数据显示,2017年绍兴市60周岁以上户籍老年人口为1068782人,本研究显著水平α设为0.05,当置信度为1-0.05=0.95时,k=1.96,$P=0.5$,依据样本抽样的公式:$n \geqslant \dfrac{N}{\left(\dfrac{\alpha}{\kappa}\right)^2\left(\dfrac{N-1}{P(1-P)}\right)+1}$,此次抽取样本数量应不少于385人。

(三)数据质量控制

整个调查从2019年6月开始到2019年8月结束,经历了队伍组建、抽样设计、问卷设计、培训材料准备、抽样和问卷试调查、督导、问卷回收、复核、数据录入清理及统计分析等阶段。

三、研究对象与方法

(一)研究对象

采用分层随机抽样方法主要从绍兴市越城区北海街道、府山街道、塔山街道、城南街道以及柯桥区兰亭街道和福全街道等约16个社区调查60周岁以上老人共计500人,其中有效调查人数为482人,男性206人,女性276人,年龄介于60岁至104岁间。

(二)研究方法

1.问卷调查

采用国家体育总局《全民健身活动状况调查问卷》和中国人民大学《中国老年社会追踪调查问卷(居民卷)》,通过入户的结构式访谈法进行调查,了解老人社会人口学特征、健康状况、社会经济状况、体育锻炼情况等。

2. 身体运动功能测试

采用场地测试方法进行身体运动功能评估，主要包括简要身体运动功能测试（Short Physical Performance Battery，SPPB）和“起立—行走”计时测试（Time Up and Go，TUG），测试方法及流程如下：

（1）SPPB 包含平衡功能测试（Balance Tests）、步行速度测试（Gait Speed Test）和重复椅子站起测试（Repeated Chair Stand Test），每部分赋予 4 分，总计 12 分，得分越高身体运动功能越好；其中平衡测试主要通过调整下肢支撑面评估老人平衡功能（见图 1）。测试中首先要求受试者双脚并拢站立保持 10 秒以上，若能完成则转变为半前后脚站立（一足跟对准另一足部的大脚趾侧面）保持 10 秒以上，若能完成则转变为前后脚站立（脚跟对脚尖站立）保持 10 秒以上，最终依据受试者每个阶段完成情况及保持时间赋予一定分值，得分越高平衡功能越好；步行速度测试要求受试者正常速度下步行 4 米，记录完成时间并据此予以评分，时间越短得分越高；重复椅子站起测试要求受试者双手交叉于胸前，尽可能快的在不用双臂情况下完成 5 次从椅子上站起来，记录时间并据此予以评分，时间越短分数越高。

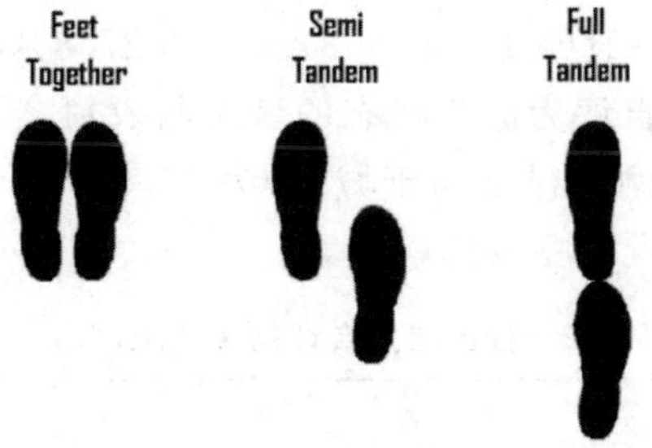

图 1　平衡功能测试

（2）TUG 测试：受试者坐在有扶手的靠背椅子上，身体背靠在椅背上，在离椅子 3 米远的地面上放置一个明显的标记物，测试人员发出“开始”的指令后，受试者从椅子上站起并按照平时走路速度向前走 3 米，绕过标记物走回椅子前并转身坐下，记录完成测试所需时间。

（3）测试流程：为了避免不同项目间可能对测试结果产生干扰，首先进行平衡功能测试，其次进行步行速度测试，再者完成 TUG 测试，最后进行重复椅子站立测试。

3. 数据处理

采用 SPSS24.0 统计学软件进行数据处理，从整体上归纳分析调查对象的基本人口学特征，再对比体育锻炼意识以及体育锻炼行为对老年人健康相关要素的影响。

四、研究结果与分析

（一）社区老人个体基本特征

由表 1 可见，此次调研对象的年龄、性别和户口分布情况，表中显示百分比均为占总调研人数的比例，调查对象年龄主要集中在 70 岁以下，参与调查的女性略多于男性，农村户口人数略多于城市户口，不同户口状态的年龄分布差别不大。

表 1 调查对象按年龄、性别、户口分布情况(%)

年龄	合计	性别		户口	
		男	女	城市	农村
60—64	25.5%	6.43%	19.05%	10.56%	14.48%
65—69	24.6%	10.18%	14.46%	11.76%	12.37%
70—74	22.4%	11.08%	10.57%	9.74%	12.21%
75—79	13.4%	8.24%	5.15%	6.59%	6.79%
80—	13.9%	6%	7.86%	5.39%	8.49%

(二)社区老人健康状况

1.社区老人自评健康状况

本研究界定“很健康”和“比较健康”为健康状态,“比较不健康”和“很不健康”为不健康状态,其余为健康状态一般。由表 2 可知,自评健康状态为健康的男女比例为 54.3% 和 55.4%,自评健康状态为一般男女比例为 31.5%和 27.8%,而自评为不健康的男女比例分别为 13.5%和 16.6%;自评为健康状态的城市与农村老人的人数比例差别不大,但自评的不健康的老人人数比例农村略高于城市,为 15.9%和 13.8%,从整体上看年龄可能不是影响老人自评健康状况的主要影响因素。

表 2 社区老人自评健康状况(%)

健康状况	合计	年龄					性别		户口	
		60—64	65—69	70—74	75—79	80—	男	女	城市	农村
很健康	27.8%	35.7%	21%	24%	29.2%	29.8%	25.2%	29.7%	28.8%	26.2%
比较健康	27.1%	22.7%	30.2%	29.6%	26.1%	26.8%	29.1%	25.7%	26.6%	28.6%
一般	29.4%	26%	34.4%	33.3%	24.6%	25.3%	31.5%	27.8%	29.2%	29.1%
比较不健康	13.4%	11.3%	13.4%	10.1%	18.4%	17.9%	11.6%	14.8%	12.9%	14.5%
很不健康	1.8%	4%	0.8%	2.7%	1.5%	0	1.9%	1.8%	1.9%	1.4%

2.社区老人身体运动功能状况

身体运动功能评估由三部分内容构成:(1)日常活动能力,采用 Easy-care 量表中日常基本活动能力(ADL)的评估,涉及上下楼梯、行走、乘车、购物、做饭和做家务等 9 个条目,按照相应任务完成程度赋予 1—3 分(部分条目 1—2 分),最低 9 分,最高 25 分,分数越低 ADL 越强,分数越高失能风险越大;(2)SPPB 身体运动功能测试,最低 0 分,最高 12 分,分值越高身体运动功能越好;(3)TUG 测试,以完成时间评价老年人动态平衡能力,时间越短越好。

由表 3 可知,对不同年龄组间进行单因素方差分析发现,伴随年龄增长,ADL 得分呈上升趋势,老人日常活动能力逐渐下降,其中 80 岁以后显著降低;SPPB 得分也伴随年龄增长呈现下降趋势,其中 75 岁以后开始出现显著衰减且伴随年龄增长衰减速率加快;

TUG 测试所需时长在 60—74 岁之间变化不明显，但 75 岁以后所需时长显著延长。此外，通过独立样本 t 检验发现，城市老人在 ADL、SPPB 及 TUG 测试中部分身体运动功能明显优于农村老人，但不存在性别差异。

表 3　社区老人身体运动功能状况(分)

	年龄					性别		户口	
	60—64	65—69	70—74	75—79	80—	男	女	城市	农村
ADL	9.15±0.50	9.18±0.57	9.23±0.97	9.31±0.64	10.19±2.75 *#¥&	9.26±1.09	9.41±1.36	9.23±1.04	9.48±1.47@
SPPB	10.52±1.97	10.34±1.72	9.99±2.18	9.11±2.70 *#¥	8.32±2.44 *#¥&	9.79±2.40	9.91±2.16	9.95±2.60	8.92±3.21@
TUG	8.87±3.65	9.05±2.49	8.95±2.92	11.36±4.75 *#¥	12.47±4.94 *#¥	10.00±3.60	9.50±3.97	8.06±4.13	9.60±5.12@

注："*"代表与"60—"比较，P<0.05；"#"代表与"65—"比较，P<0.05；"¥"代表与"70—"比较，P<0.05；"&"代表与"75—"比较，P<0.05；"@"代表与城市比较，P<0.05。

3. 社区老人认知功能状况

认知能力是老年人日常生活所必备的能力之一，认知功能下降意味着失能风险增加，对身体健康也将造成深刻影响，还会增加家庭内部护理和照料负担。本研究对认知功能的评估包含 4 部分："部分 1"采用 5 个问题反映老人定向能力，回答正确 1 分、错误 2 分，最低 5 分，最高 10 分，得分越高，定向能力越差；"部分 2"仅 1 个题目，要求老人能复述三个词语，如：苹果/桌子/硬币，记录复述准确个数，反映即刻记忆力；"部分 3"为计算题，要求老人连续 5 次完成"100－7＝?"，记录准确个数，反映注意力和计算力；"部分 4"要求老人回忆并说出"部分 2"中的三个词语，记录准确个数，反映回忆能力。

由表 4 可知，对不同年龄组间采用单因素方差分析发现，不同年龄老人定向力不存在显著差异，但伴随着年龄增长，瞬时记忆力、注意力和回忆力呈现下降趋势，尤其是 75 岁以后显著下降，但较 80 岁以上老人无显著变化。此外，通过独立样本 t 检验发现，城市老人显著优于农村老人，而不同性别间不存在显著差异。

表 4　社区老人认知功能状况(分)

	年龄					性别		户口	
	60—64	65—69	70—74	75—79	80—	男	女	城市	农村
定向力(分)	5.05±1.05	5.02±1.31	5.00±1.17	5.32±1.49	5.06±1.84	5.08±1.12	5.06±1.47	5.24±1.20	4.77±1.61@
瞬时记忆力(个)	2.69±0.87	2.64±0.88	2.71±0.84	2.38±1.13 *#¥	2.39±1.14 *#	2.64±0.88	2.57±1.00	2.70±0.81	2.47±1.09@
注意力(个)	3.61±1.79	3.67±1.81	3.78±1.70	2.77±2.01 *#¥	2.45±1.98 *#¥	3.41±1.82	3.37±1.94	3.50±1.79	3.26±1.99
回忆力(个)	2.34±1.12	2.17±1.20	2.20±1.15	1.77±1.37 *#¥	1.58±1.30 *#¥	2.05±1.23	2.11±1.23	2.17±1.20	1.98±1.27

注："*"代表与"60—"比较，P<0.05；"#"代表与"65—"比较，P<0.05；"¥"代表与"70—"比较，P<0.05；"&"代表与"75—"比较，P<0.05；"@"代表与城市比较，P<0.05。

(三)社区老人体育锻炼情况

1. 社区老人体育锻炼意识状况

体育锻炼意识以个体对体育锻炼的重要性评价表示，分为五个等级，即"非常重要、比较重要、重要、不重要、非常不重要"，本研究中界定"非常重要、比较重要"代表体育锻炼意识“强”,“重要”代表体育锻炼意识“一般”,“不重要、非常不重要”代表体育锻炼意识“薄弱”。

由表5可知,有52%的老人体育锻炼意识强,体育锻炼意识一般老人占比32.1%,体育锻炼意识薄弱老人占比13.8%;从年龄上来看,不同年龄阶段存在一定差异,75岁以前体育锻炼意识强人群比例伴随年龄增长有上升趋势,但80岁以后体育锻炼意识强人群比例大幅下降,体育锻炼意识一般和薄弱人群比例增多,而不同性别老人体育锻炼意识差异不大,城市老人体育锻炼意识强的人数比例大于农村老人,分别为56.5%和48.7%,体育锻炼意识一般人数比例二者基本相当。

表5 按照年龄、性别、户口的社区老人体育锻炼意识情况

体育锻炼意识	合计	年龄					性别		户口	
		60—64	65—69	70—74	75—79	80—	男	女	城市	农村
非常重要	39.4%	36.5%	36.9%	46.2%	76.9%	34.3%	41.2%	38%	44.4%	32.8%
比较重要	13.6%	23.5%	12.6%	10.1%	20%	8.9%	13.1%	14.1%	12.1%	15.9%
重要	32.1%	27.6%	33.6%	28.7%	0	40.2%	32.5%	31.8%	32.6%	30.9%
不重要	13.6%	11.3%	16.8%	12.0%	0	14.9%	12.1%	14.8%	9.8%	18.7%
非常不重要	0.2%	0	0	0.9%	0	0	0.4%	0	0.3%	0

2.社区老人体育锻炼行为状况

体育锻炼行为以“过去一年是否参加过体育锻炼”来表示,由表6可知参加体育锻炼老人比例为58%,其中75岁以前各年龄阶段参加体育锻炼的人数比例基本相当,80岁以后略有上升;而对于不参加体育锻炼的老人,75岁以前各年龄段人数比例也基本相当,但80岁以后人数下降;从户口类别来看,城市老人参与体育锻炼的人数比例远大于农村老人,分别为70.7%和42.7%。

表6 按照年龄、性别、户口的社区老人的体育锻炼行为状况

体育锻炼行为	合计	年龄					性别		户口	
		60—64	65—69	70—74	75—79	80—	男	女	城市	农村
参与	58%	56%	58.8%	58.3%	56.9%	61.1%	59.2%	57.2%	70.7%	42.7%
不参与	41.9%	43.9%	41.6%	41.6%	43%	38.8%	40.7%	42.7%	29.2%	57.2%

(四)体育锻炼对社区老人健康相关要素的影响

体育应对人口老龄化的积极效应已获得国际社会广泛认可,从健康视角分析其主要通过改善老人生理心理功能发挥作用。因此,本部分就体育锻炼意识和体育锻炼行为对老人自评健康状况、日常活动能力、身体运动功能以及认知功能的影响进行分析。

1.体育锻炼意识对社区老人健康相关要素的影响

自评健康状况通过“您觉得目前身体健康状况怎么样?”“跟同龄人相比,您觉得您的健康状况怎么样?”“和去年相比,您现在的健康状况有什么变化?”三个问题反映,前两个题目采用“很健康”到“很不健康”5级评分,最后一个题目采用“变好了”到“变差了”3级评分，分值范围 3—13 分，得分越高自评健康状况越差，相反则自评健康状况越好，其他变量的定义或界定参见前文方法。

由表 7 可知，通过卡方检验发现体育锻炼意识对老人自评健康状况、身体运动功能以及认知功能均有不同程度的显著性影响，体育锻炼意识强老人自评健康状况、身体运动功能中的 SPPS 和 TUG 表现、认知功能中的瞬时记忆力均优于体育锻炼意识薄弱者。

表 7　体育锻炼意识对老人健康相关要素的影响(平均值)

	变量	强	一般	薄弱	卡方值	显著性
自评健康状况	自评健康(分)	6.85	7.51	7.29	11.970	0.003**
身体运动功能	ADL(分)	9.27	9.43	9.42	0.821	0.663
	SPPB(分)	10.21	9.42	9.68	11.482	0.003**
	TUG(秒)	8.91	10.54	10.59	19.064	0.000***
认知功能	定向力(分)	4.99	5.15	5.22	0.852	0.653
	瞬时记忆力(个)	2.72	2.62	2.31	15.488	0.000***
	注意力(个)	3.59	3.35	3.01	3.747	0.154
	回忆力(个)	2.23	2.04	1.84	5.554	0.062

注:“*”代表 P<0.05;“**”代表 P<0.01;“***”代表 P<0.0001;

2.体育锻炼行为对社区老人健康相关要素的影响

依据“过去一年中是否参加过体育锻炼”将老人体育锻炼行为划分为两个水平，即“参与体育锻炼”和“不参与体育锻炼”，通过卡方检验探讨体育锻炼行为对老人健康相关要素的影响。

由表 8 可知，通过独立样本 t 检验发现，参加体育锻炼老人自评健康状况、身体运动功能以及认知功能中的瞬时记忆力和回忆力显著优于不参加体育锻炼老人。

表 8　体育锻炼行为对老人健康相关要素的影响(平均值)

	变量	参与	不参与	显著性
自评健康状况	自评健康(分)	6.96	7.40	0.012*
身体运动功能	ADL(分)	9.18	9.57	0.019*
	SPPB(分)	10.33	9.18	0.000***
	TUG(秒)	9.29	10.33	0.019*
认知功能	定向力(分)	5.01	5.15	0.416
	瞬时记忆力(个)	2.72	2.48	0.001**
	注意力(个)	3.56	3.21	0.112
	回忆力(个)	2.20	1.97	0.043*

注:“*”代表 P<0.05;“**”代表 P<0.01;“***”代表 P<0.0001;

五、主要问题与建议

(一)健康视角下体育养老行为“城乡二元化”差异显著

农村老人普遍受教育程度、养老金收入水平以及居住社区资源配置均较低,对体育健康知识接触少,而且传统观念往往难以改变,严重影响农村老人体育锻炼意识增强和参加体育锻炼行为的形成,导致城市与农村老人在体育养老行为上存在显著的“城乡二元化”差异。老年人体育锻炼保障体系建设是一项涉及体育、卫生以及民政等多部门协作的复杂性工作,可能需要一个长期的过程。因此,在现阶段体育资源配置尚不均衡的情况下,重点关注体育锻炼困难老人,尤其是弱势老人群体,将老年体育服务纳入社会最低保障制度,同时构建专项保障体系解决老年人体育锻炼最低保障服务持续性高质量供给问题。

(二)老年人体育锻炼需求高涨,但体育锻炼的科学性与组织化程度不高

老年人体育锻炼意识普遍较强,过去一年有58%的老人参加体育锻炼,但多以低强度步行运动为主,运动频度多维持在平均每天1次以上,运动时间主要集中在30—120分钟之间,由此不难看出老人锻炼积极性很高,但存在运动形式单一、运动频度过高以及运动时间跨度过大等问题,另日常也缺乏有组织性体育锻炼,体育锻炼科学性与组织性程度不高。因此,建议积极推动体育嵌入居家养老服务体系,打造社区老年运动健康促进平台,为社区老人提供个性化、精准化体育锻炼服务。

(三)重视衰老“加速期”,加强老年运动健康促进行动

传统观点认为衰老是增龄性的机能下降,是一个渐进性的过程,本研究发现75岁前后可能是老年人身体机能衰退的“加速期”,尤其是身体运动功能和认知功能的减退,对此若认识不足,将造成老年人失能和失智风险增加,严重危害老年人健康。因此,建议针对该阶段老人加强运动健康促进行动,形成“个人—家庭—社会—政府”共同参与的老年人脆弱预防体系。

参考文献

[1] 戴志鹏,马卫平.人口老龄化背景下我国老年人体育发展动向研究:基于全面推进居家养老服务的思考[J].南京体育学院学报,2017,31(1):18-23.

[2] 刘路,史曙生.新时代体育应对老龄化社会问题的价值审视及策略探析[J].体育文化导刊,2018(8):11-16.

[3] 施学莲,王爱丰,王正伦,等.公共服务视野下老年体育工作推进策略研究[J].广州体育学院学报,2018,35(3):22-24,66.

[4] 舒刚民.审视与治理:我国老年公共体育服务供给的再认识[J].西安体育学院学报,2018,35(4):420-425.

[5] 王占坤.老龄化背景下浙江老年人体育公共服务需求与供给的实证研究[J].中国体育科技,2013,49(6):70-80.

[6] 汪流,王凯珍."国家在场"的中国老年体育:回顾与思考[J].武汉体育学院学报,2015,49(7):14-18,23.

[7] 邬沧萍.全面建成小康社会积极应对人口老龄化[M].北京:中国人口出版社,2016.

[8] 于洪军,仇军.老龄化的挑战与应对:老年体力活动专题研究述评[J].北京体育大学学报,2013,36(8):55-60,121.

[9] EVANS A B,NISTRUP A,PFISTER G. Active ageing in Denmark: shifting institutional landscapes and the intersection of national and local priorities[J]. J Aging Stud,(46):1-9.

[10] LIOTTA G,CANHAO H,CENKO F. Active Ageing in Europe: Adding Healthy Life to Years[J]. Front Med (Lausanne),2018,5:123.

[11] ZENG Y,FENG Q,HESKETH T, et al. Survival,disabilities in activities of daily living,and physical and cognitive functioning among the oldest-old in China: a cohort study[J]. Lancet,2017,389(10079):1619-1629.

课题组单位:绍兴文理学院

课题组负责人:张亚军

课题组成员:吴嫔赟,岳文雨,董梁,吴建红,张颖,朱燕

课题名称及编号:健康中国视域下社区老人“体育+养老”服务需求特征及影响因素研究(编号:2020N45)

马克思人学视域下医学伦理思想的演进与构建

[按语]现代医学呈现出“科学主义化”倾向，医学场域出现了失人性化，医学发展中“人的价值”失落等问题，医学是科学，更是人学，归根结底是一门关于“人”的学问。马克思从人的历史发展过程开始考察人的发展，阐述了丰富的人学思想，指引了社会科学和自然科学研究，形成了科学的马克思人学。自然的人、社会的人和精神的人与医学生理属性、社会属性和心理属性内在契合，马克思人学科学地指引医学发展。深入学习马克思人学理论对全面地把握医学伦理思想的演进、正确地引领医学伦理思想的构建、有力地促进医学发展具有重要的时代价值。

一、现代医学的价值困惑

(一)现代医学发展“科学主义化”

迄今为止，没有任何一门应用科学能够像医学这样“顶天而立地”。谈及“顶天”，是因为医学本身所要探究的是生命科学的终极指征，且医学对自然科学前沿学说及领域的思考，让人类对生命自身有了全然不同的认知和理解。随着医学技术的不断发展，特别是19世纪以来，人们用技术理性摆脱了宗教神学对医学的束缚，医学在根本上完成了从经验医学到实验医学的转变，人类对医学学科的认知已然不仅仅停留在祛除身体疾患、心理病症等基本的生理层面之上，更包含了对医学知识本身的认知、理解以及再创造。医生做各种研究和试验、修配组织器官、延长人类寿命，当代医学科学从上帝之手仿佛窃取了“魔杖”，一次次给人类带来奇迹。“随着科学研究和临床试验的快速发展，我们面临着一系列新的挑战。”[1]医学科学不断被“主义化”，强势的医学科技遮蔽了医学内在固有的人文属性，使医学偏离了对“人”的生命和健康的守护，沦为医学技术主体化和资本主体化的附庸。[2]至此，医学学科内在的自然科学属性被置于到了一个至高无上的地位。进入21世纪以来，随着医学技术的不断发展，医学更是征服了许多严重的疾病，提高人类的生活质量，医学学科由此具有了更大的权威。然而，当人们已然习惯于为医学所获得的成就喝彩、沉醉之时，医学反而变为了自身成功的囚徒，公众的目光越来越难以触及医学的内层困惑，现代医学的目的究竟是什么？是阻断生老病死还是“所有可能的痛苦与拯救”？医学科学研究又应该在哪里停止？是该“止于至真”，还是应该“止于至善”？

(二)现代医学发展"人的价值"的失落

当传统"技艺"的医学成为科学的生物医学后，医学中人的价值连同人文精神开始了全面的"失落"，医学场域出现了失人性化、缺乏责任和缺乏自律的现象。历史上曾经发生的多起假借医学进步为名进行的恐怖人体试验，正是医学内核混乱的集中表现。较为人熟知的如"二战"期间纳粹德国与日本利用战俘所进行的各种非人道的人体试验，包括德国及日军利用战俘进行活体解剖、蓄意使战俘感染疾病、试验人体对严苛环境(如异常气压、温度、吸入毒气、电流等)的耐受程度等，造成受试者的死亡与永久伤残。纳粹惨绝人寰的残害生命、违反传统道德、伤害基本人权，引发了医学界的震惊。"二战"后，美国公共卫生署(U. S. Public Health Service，USPHS)所进行的"塔斯吉吉梅毒研究"(该研究从1932年起在亚拉巴马州塔斯吉吉为600名非裔低收入户男性提供免费健康检查，其中约有400名为感染梅毒者，研究者透过这些患者了解梅毒的自然病史，却隐瞒其罹病的事实，甚至在1945年盘尼西林发明后，仍蓄意拒绝给予病患盘尼西林来治疗梅毒，整起非人道的研究在1972年遭到揭露与调查)、犹太人慢性病医院癌症研究(22名老年住院患者在不知情的状况下被注射活体肝癌细胞以便观察人体免疫系统的反应)、willow brook肝炎实验(州立疗养院中智障儿童被故意染上肝炎病毒以便研究肝炎的自然史)等研究相继被一一揭露。"人们没有预料到旨在发现宇宙真理的科学研究会以如此不人道的方式进行。"[3]虽然执行这些惨无人道的人体试验的研究人员中，许多人受到了追究与审判，但是，这不能不引起医学界的深刻反思，医学发展到今天，"医学人文教育虽有了一定程度的发展，但从总体上看还十分薄弱，存在着政策内涵模糊、课程规划失范、研究碎片化等突出问题，发展水平与其应承担的责任之间相距甚远"[4]。"我国的医改进程中，医疗环境恶劣、医患关系紧张、利益冲突等问题并未很好地得到解决，反而患者不断抱怨有些医院的医生越来越冷漠，显现出医学专业精神的危机。"[5]当人们把医学本身的精神性、伦理质素以及文化传统观念去除之时，医学是否会成为人体疾病的"修理辅助器"或人体器官的"加工厂"？因此，在面对科学技术不断进步和发展的今天，我们到底需要通过何种方式和途径让医学回归到医学的本源之中，避免让医学沦为利益交互的工具，真正地让医学造福人类，是我们在面对现代性医学进程中，必须要面对和解决的问题。人文精神和科学精神是高等医学院校人才培养的"双引擎"，人文精神塑造直接关系到医学生能否从根本上确立起"仁爱"价值取向和价值目标。[5]走出医学的科学主义迷失和人文精神缺失的困境，迫切需要最科学、最先进的理论指导。

二、马克思关于"人"的学说

马克思在批判地吸收一切人学思想精华的基础上，创造性地开拓了人学的变革，马克思人学是关于人的真科学，主要包括以下几个方面。

(一)人的存在论

人的存在论是马克思人学理论的出发点和基本前提。"人是直接地自然存在物"[7]，是有意识的存在物。恩格斯说，唯物史就是"关于现实的人及其历史发展的科学"[8]。马克思人学是从实际出发研究真实的人、现实的人,通过直接涉及人的生存的两种基本关系,人和自然、人和社会的矛盾分析入手,把握人的存在的特点,以及人在自然界和社会中的位置,创造性地把人从“虚幻”“空灵”“无我”的“观念人”转换成“有血有肉”“真真实实”“有我”的“现实人”。

从古希腊始,德尔菲神庙箴言“认识你自己”,普鲁泰格拉指出“人是万物的尺度”,古希腊伯利克里强调“人是第一重要的”,对人本源的探讨就呈现出截然不同的理解,是追寻人真真实实、现实的、具体的存在,还是执着人立于人类实践之外、“不食人间烟火”观念的存在,整个西方传统人学都是通过后者,在独立于人类生活实践之外寻找人的存在,憧憬“上帝”、寻求“绝对精神”,总是用彼岸的“逻各斯”来阐释此岸的真实社会中人的活动。马克思从“一些现实的个人,是他们的活动和他们的物质生活条件,包括他们已有的和由他们自己的活动创造出来的物质生活条件”[9],“以一定的方式进行生产的一定的个人”[9],受制约于物质生活条件的真实的人出发,彻底摒除了脱离大众、“超凡脱俗”、没有“肉身”的“精灵”,全面地、系统地、完整地认识“人”。

(二)人的本质论

人的本质论是马克思人学理论的着力点和核心要义。马克思、恩格斯批判地吸收人类文明优秀成果,在《关于费尔巴哈的提纲》指出:“人的本质不是单个人所固有的抽象物,在其现实性上,它是一切社会关系的总和。”[9]马克思这一从社会关系方面科学的揭示,并把人现实化的特征,为全面认识人、理解人、探究人提供了最科学的方法。

马克思从批判费尔巴哈开始,不是全部否定人类所具有的某些共性,而是直接地指出费尔巴哈没有对这种现实的本质进行批判。人的类特性恰恰就是自由且自觉的活动。马克思在《1844 年经济学哲学手稿》指出,“一个种的整体特性、种的类特性就在于生命活动的性质,而自由的有意识的活动恰恰就是人的类特性”[9]。马克思看到劳动的必要性,劳动是人和动物的本质区别。但是要揭示人类个体的差异,就要分析人所在的社会特性。一般在一定的社会物质生活条件下,人们相互联合结成社会关系,不断满足日益增长的需要以获得更多自由。人是社会的人,而不是各种社会关系简单的叠加,是一切社会关系的总和。

(三)人的发展论

人的发展论是马克思人学理论的落脚点和终极归宿。马克思最早预言人文社会科学和自然科学的交融发展,强调人的科学建立在融合自然科学和人文社会科学之上,提出最彻底解放全人类的伟大理想:建设每个人的自由发展是一切人自由发展的条件的联合体。

考察人的发展,首先应该从人的历史发展过程开始。“人的依赖关系(起初完全是自然发生的),是最初的社会形态,在这种形态下,人的生产能力只是在狭窄的范围内和孤立的地点上发展着。以物的依赖性为基础的人的独立性,是第二大形态,在这种形态下,才形成普遍的社会物质交换,全面的关系、多方面的需求以及全面的能力的体系。建立在个人全面发展和他们共同的社会生产能力成为他们的社会财富这一基础上的自由个性,是第三个阶段。第二个阶段为第三个阶段创造条件。”[10]人学必须在社会历史背景下来讨论自由而发展的人的三个阶段。在最初的社会形态，社会分工还没有出现，社会关系的“丰富性”还没有形成，人的能力发展不自由、不充分和缺乏深刻内容，能力具有原始性和局限性，人的生产能力孤立、狭窄发展着；“物的依赖性”是从个人发展的社会基础出发来阐述的。伴随着社会功能的划分，个人同时归属很多类型的群体，打破了隶属单一阶层的情形，给人以表面形式的独立，这种独立存在于市场和法律意义，比如不再以农奴的身份、能改变生活地点、不依附于他人等等，但由于以物的依赖关系为社会基础，这种独立最终注定只是一种不切实际的幻想；自由个性是个性自由发展的最高成果，是个人可以自由地实现自己的个人生活和社会生活。具体来说，包括自律、自由性、自觉性、独立自主性、独创性等。这实际上就是共产主义社会的本质特征。马克思说：“共产主义是每个人的全面而自由的发展为基本原则的社会形式。”[11]这种方式既实现了资本主义社会的优点，又克服了资本主义社会固有劣势，并作为普遍的现实确定下来，也自然只能开始于共产主义社会。

三、马克思人学引领医学伦理思想的构建

马克思在批判地吸收一切人学思想精华的基础上，创造性地开拓了人学的变革，形成科学丰富的马克思人学。医学从现代化的追逐到现代性的反思，迫切需要思想精神的引领，否则医学难以从现代化本身或此或彼的据囿之中，实现现代性的转变。[12]医学归根结底是人学，医学伦理思想从人切入、着眼于人、落脚在人，研究医学领域中人与人、人与社会、人与自然关系的道德问题，马克思人学与医学统一于人，并科学地指引医学伦理思想演进。医学模式是医学科学发展的重要标志、总体概括和集中体现，现代医学模式提出要把生物—心理—社会三个要素当作整体来认识健康和疾病的问题，这与马克思人学所强调的人是整体的人，包括自然的人(生理)、社会的人(社会)以及精神的人(心理)有机整体相契合。人在同自然、社会和自身三种关系中，作为自然存在物、社会存在物和有意识的存在物所表现出的自然属性、社会属性和精神属性，这些特性有一个结构系统，它们相互联系、相互作用，形成人性的系统结构，完整地表征了作为整体存在的人。马克思人学与现代医学模式具有根本一致性，并正确地引领医学伦理思想构建。

(一)自然的人与医学的生理属性

人作为自然界存在的一种生物个体，其最先拥有的就是自然属性。“全部人类历史的第一个前提无疑是有生命的个人的存在。因此第一个需要确定的事实就是这些个人的肉体组织以及由此产生的个人对其他自然的关系。当然，我们在这里既不能深入研究人们自身的生理特性，也不能深入研究人们所处的各种自然条件——地质条件、山岳水文地理条件、气候条件以及其他条件。任何历史记载都应当从这些自然基础以及它们在历史进程中由于人们的活动而发生的变更出发。”[9]马克思对人的本质的理解也是基于对人的自然的理解，基本前提是人的存在，从直接地自然存在物的人，对人的探究，从人的生物体特性着手，进而探究人的社会属性等多方面特征是马克思对“现实人”探究的基本纬度。

新医学模式是从批判地吸收生物医学模式基础上进化发展而来，不是刻意否定生物医学模式，而是在吸收其合理性基础上探求更为符合人本质的医学观演化，也是建基于自

然人的前提下，赋予医学更多的人文属性。马克思人学中关于自然的人即生理属性的理论内在契合，现代医学模式不仅继承延续传统医学对人生命医治的内涵，而且从解放人“自然”属性的角度，丰富着传统的医学理念，将原本生物医学模式中所积淀的社会认知和情感体验，转换成为一种理想性的、应然的价值取向，促使人逐渐发展成为具有自为、自由的价值存在。现代医学模式正是逐渐实现着对传统医学模式的超越，并从更广泛的维度促进现代医学的发展。

(二)社会的人与医学的社会属性

马克思人学所强调人是现实的人，只有人真正地回到社会之中，回到物质生产生活之中，从实践活动本身出发，才能够实现对人本质的认知。人是具有不同的需要和利益、不同的才能、不同的忧虑、不同的困惑，又被具体的历史的规定着的社会的人，是通过自己的劳动、自己的行动、自己的实践活动改变着自身和世界的现实的人，人应该在整个哲学研究对象中处于中心地位，而不是抽象的超历史的人。同作为目的性的人相比，所有的研究本身都只是一种手段，并非是目的本身。“医学科学发展及研究对象都是人的生命，对‘人’的把握水平制约着现代医学模式和医学发展的水平”[13]，用马克思人学反思生物医学的失误，在逻辑起点上为医学科学提供了方法论基础。

人生活在社会之中，“直立行走”“手变得自由”“人脑的形成”等一切行为都是社会活动的结果。动物不同于人之处就在于它们不能通过相互之间的学习来达到自身的发展，而人能在与他人的接触交往中反思、提高、进步，通过模仿、学习克服不足获取新知。无论是从社会与自然之间的关联，还是从社会与个体之间的关系来看，人是这个社会的主体，只有从人这个主体的观点出发，才能够去理解和认识社会，才能够把握社会的本质。新医学模式所倡导的就是这种人的社会属性，它要求人不仅应该具有健康的生理，还应该能够适应社会发展的需求，原本单一维度的生理健康逐渐演变为生理—心理—社会的多维度，医学的社会属性与社会的人帮助人类摆脱异化困境并实现解放。

(三)精神的人与医学的心理属性

资本主义世界的经济一度有过狂飙式的发展，少部分人短期内攫取了大量财富，面对物质突然的满足，少部分资产者成为“物质”的依附，抛弃了人本质的属性，异化为“异化的人”。技术异化在医学发展中也使人沦落为丧失了自由、批判和创造力的“单向度的人”，人丧失了人性、异化了人类自身、丢失了本不该被制度和机器制约束缚的自由。正如马克思所说，“动物和自然界是直接同一的，它没有意识……而人则把自己的生命活动本身变成自己的意志和意识的对象”[7]。人是有意识的存在物，是一种精神存在物。[14]人精神层面的健康对人类主体性的自由和解放至关重要。马克思认为，人的精神性存在是包括所有理性和非理性的精神活动的人的存在，他反对把理性夸大为人的本质，反对只把人看作某种精神性存在物，不可否认，人是有精神需要、精神能力以及精神生活的存在物。“现实的人”具有意识、理性、思维，这些是人区别于动物的一个重要特征。新医学模式正是对马克思人学之中关于人“解放”问题心理层面的阐释和言说，这是医学终极依附的指征——人的多元性所决定的，这就是说医学所服务的对象是“人”，是有情感、有尊严、有主体性的人，他们需求健康，但这种健康并不仅仅体现在生理上，人的本质要求人应该具有作为生物的生理健康，同时人又是“灵肉合一”的整体，这就进一步要求人需要具有精神和情感属性。

医学科学与医学伦理之间问题伴随着医学技术的进步和发展愈发紧张和突出，“生物医学模式、技术主义和拜金主义的影响及医学人文教育整体协调机制缺乏是主要根源”[15]。马克思人学在人与自然、人与社会、人与心理三种关系之中，实现着对人的存在、行为等问题的探究。因而，马克思人学所探究的并非仅仅是人与自然、社会和心理等中的任一关系，而是要通过探究人与社会、自然、心理等多个层面的关系，实现人的解放。马克思人学是以人为出发点，肯定人在社会发展之中的核心地位与作用，并以此真正实现人的解放。这不仅仅是一种简单的价值取向，同时更强调了对人主体性的尊重，以“人”的维度来重新审视社会中所出现的种种问题，在共时性的语境之中，实现人的全面发展。而这也正是新医学模式在新时期所要追求和探寻的医学观，即通过生理、社会、精神等层面协同实现人“真正”的健康。因此，实际上新医学模式是在马克思人学的指引之下，将人解放的问题具体化，并通过现代医学的手段和理念，促使人在不断发展之中实现对自我的解放。

马克思人学从“人”的角度，对“人”问题探究，形成关于“人”的思想。马克思人学并非是单纯理论的建构，而是在强大的现实基础之上，进行批判性解读的关于“人”的学说。人通过劳动获得自身的本质属性，并在劳动之中，形成人之于社会的关系，人的全面而自由的发展是马克思人学思想的终极归宿。马克思人学本身是以广大无产阶级为政治立场的，马克思人学的目的是使无产阶级劳动者能够正确地认识自我，将个人的历史使命和无产阶级的历史使命结合起来，把个人全面而自由的发展和社会的发展结合起来。马克思人学理论是科学性和革命性的统一，马克思人学理论追寻的人全面而自由的发展是建立在每个单独个体都能够自由发展基础之上的，而这种自由的发展，并不仅仅包含人“生理”上的自由，更包括了人“心理”“社会”等层属关系上的自由，只有当人的社会属性、心理属性及生理属性相互协调发展时，才能够真正实现人的自由发展。当代医学正处于从生物医学模式向生物—心理—社会医学模式的转变过程中，马克思人学提出人的全面发展，正是要求医疗主体在技术、素质、能力和社会关系等诸方面的全面发展，在医学发展领域，做到尊重人的生命、尊重人的人格、尊重人的权利，让活人回到医学中来，从而真正解决现代医学领域各种伦理失范与异化问题。

参考文献

[1] 翟晓梅.生物医学研究面临新挑战[N].健康报，2019-02-25(008).

[2] 刘婵娟，李军红.新常态下的医学人文教育：困境与出路[J].高等工程教育研究，2015(03)：134-137.

[3] 陈元方，邱仁宗.生物医学研究伦理学[M].北京：中国协和医科大学出版社，2003：35.

[4] 苏强，吕帆，林征.医学人文教育的危机与重塑[J].高等教育研究，2016，37(04)：66-70.

[5] 翟晓梅.医学的商业化与医学专业精神的危机[J].医学与哲学(A)，2016，37(04)：1-3.

[6] 刘永君，李宇遐，胡乃宝.论协同推进医学院校人文精神塑造[J].中国卫生事业管理，2018，35(12)：926-928.

[7] 马克思恩格斯全集:第 42 卷[M]. 北京:人民出版社,1979:16,96.
[8] 马克思恩格斯选集:第 4 卷[M]. 北京:人民出版社,2012:247.
[9] 马克思恩格斯选集:第 1 卷[M]. 北京:人民出版社,2012:146,151,139,56,146-147.
[10] 马克思恩格斯全集(第 46 卷,上册)[M]. 北京:人民出版社,1979:104.
[11] 马克思恩格斯全集:第 23 卷[M]. 北京:人民出版社,1972:649.
[12] 王一方. 现代性反思与好医学的建构[J]. 医学与哲学(A),2013,34(01):4-5.
[13] 王健,张晨,徐青松. 马克思关于人的学说与当代医学发展[J]. 中国医学伦理学,2009,22(06):42-44.
[14] 万光侠. 现实的个人与马克思人学观[J]. 山东社会科学,2009(06):28-32.
[15] 张威,孙宏亮. 我国医学人文教育研究的现状及走向——近十年医学人文教育研究综述[J]. 医学与哲学(A),2017,38(07):52-54.

课题组单位:温州医科大学
课题组负责人:翟渊明
课题组成员:陈丹佐妮,陆璐,秦治霞
课题名称及编号:医学伦理审查制度建设研究(编号:2020N54)

乡村振兴背景下"空间生产"与乡村文化治理

——基于浙江省丽水市文化大礼堂的调研

[按语]为什么要发展农村文化礼堂？我们应该以一种什么样的价值观和价值导向来发展文化礼堂？这个问题不仅涉及文化礼堂发展的目的性与国家乡村振兴需求之间的战略关系，而且也是发展文化礼堂最重要的理论基础和出发点。2018 年 7 月—2019 年 4 月，我们在浙江省丽水市筛选了 10 个五星级文化礼堂进行调研，通过分析农村文化礼堂的物理空间、精神空间和社会空间解读文化大礼堂空间生产的机制和过程。乡村振兴背景下文化礼堂的"空间生产"具有乡村文化治理功能："菜单式服务"缓解政府投入与村民需求之间不对称的矛盾，"乡村春晚"映衬着文化民权的充分表达，"全域性"文化产业助推乡村文化的现代化转型，数字化时代农村文化礼堂的信息化建设严重不足。通过对文化礼堂的"空间生产"的思考，提出构建"全域性"、智慧型、生态性的文化大礼堂。

农村文化礼堂作为一个"集思想道德建设、文体娱乐活动、知识技能普及于一体的农村文化综合体"(2013《浙江省政府工作报告》)是为克服和解决农村文化服务建设中存在的危机而提出来的，被赋予了承担国家乡村振兴建设中国家文化治理的重要职能。那么，农村文化礼堂的空间生产具有什么样的属性？乡村文化治理功能是怎么实现的？文化礼堂的未来发展应该是一种什么样的形态？本文随机选取丽水市若干五星级文化礼堂为研究案例，对这些问题进行探讨。

我们在浙江省丽水市筛选了 10 个五星级文化礼堂进行了调研(见表 1)，调查情况包括：文化大礼堂的"空间生产"属性、乡村文化治理功能、信息化情况。样本及数据采集时段为 2018 年 7 月—2019 年 4 月。本调研以列斐伏尔空间生产理论为微观视角，采取定向访谈和填写调查问卷相结合的方式进行研究，访谈人员包括龙泉市宣传部副部长、市乡村级团委书记、村干部、文化管理员、部分村民。

表 1　文化礼堂的星级名称

名称	文化礼堂星级
莲都区丽新镇咸宜村文化礼堂	五星级(2017 年度)
龙泉市锦溪镇中锦村文化礼堂	五星级(2017 年度)
龙泉市住龙镇住溪村文化礼堂	五星级(2017 年度)
龙泉市宝溪乡宝溪村文化礼堂	五星级(2018 年度)

续 表

名称	文化礼堂星级
缙云县壶镇镇湖川村的文化礼堂	五星级(2017 年度)
缙云县新建镇笕川村文化礼堂	五星级(2017 年度)
松阳县大东坝镇六村文化礼堂	五星级(2017 年度)
庆元县淤上乡淤上村文化礼堂、	五星级(2018 年度)
庆元县黄田镇黄坞村文化礼堂	五星级(2018 年度)
景宁畲族自治县大均乡文化礼堂	五星级(2018 年度)

一、文化大礼堂的空间生产属性

在理论意义上,空间生产有两方面含义:"空间中事物的生产"和"空间自身的生产"①。马克思论述的空间生产是第一层含义,主要是指资本推动的商品生产及其再生产。第二层含义由列斐伏尔最先论述,他认为,因为城市化的迅速进行和都市空间的急剧膨胀等因素,人类的生产方式已经"由空间中事物的生产转向空间本身的生产",② 这是生产力进步和空间认识提升的表现。就现实意义而言,空间生产体现生产力,也蕴含着各种社会关系。列斐伏尔详细阐述了空间生产蕴含的多重属性:自然性、精神性和社会性。下文就从列斐伏尔空间生产的属性(见图 1)入手,解读文化礼堂空间生产的机制和过程,阐述对空间正义的追求。

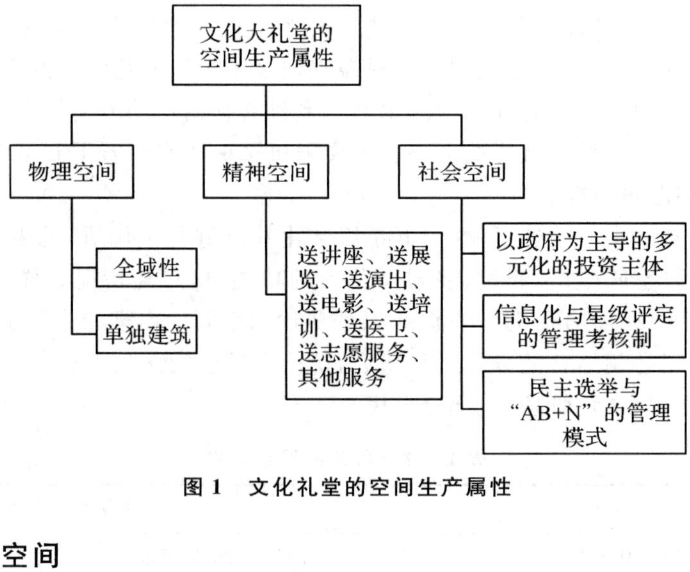

图 1　文化礼堂的空间生产属性

(一)物理空间

空间生产首先是物质形态的存在。空间生产是普通的、第一眼能够感觉到的东西,是能够被体验的物理场域。丽水地区农村文化礼堂的物理空间主要有两类,一类是全域型

①② 包亚明主编:《现代性与空间的生产》,上海教育出版社 2003 年版,第 47 页。

的，比如龙泉市住龙镇住溪村的整条老街上有 13 家个性鲜明的“文化小礼堂”，主题为书画、兰花、手艺、酿酒等，汇聚成一个“文化大礼堂”。目前，丽水地区不少文化礼堂都积极向打造全域性文化礼堂靠拢，比如庆元淤上村文化礼堂、黄坞村的文化礼堂等。另一类是单独一幢建筑物，或者新建，或者是旧有建筑的改建，比如中锦村文化礼堂。丽水地区文化礼堂的内部空间设置一般包括礼堂、文化讲堂、展示厅、农家书屋等，比如淤上村设“一展两堂七廊”(农耕文化展；礼堂、讲堂；七条长廊分别以村史、励志、成就、家园、文化、风情和县情为主题)，农家书屋与浙江省图书馆相连。

(二)精神空间

空间生产是一种具有精神尺度的社会活动。以 2018 年龙泉市农村文化礼堂服务为例，2018 年由市政府各级部门组织的活动包括送讲座、送展览、送演出、送电影、送培训、送医卫、送志愿服务、其他服务。比如“送讲座”内容为“习近平新时代中国特色社会主义思想和党的十九大精神宣讲”(全年，50 场)、“党的理论、形势政策宣讲”(全年，20 场)、“慈孝文化讲座”(6—12 月，10 场)、“龙泉人文小讲堂”(全年，20 场)、市妇联“家庭教育讲堂”(全年，20 场)、“法治讲座”(全年，12 场)。组织活动的主体是市委宣传部、市委党校、市文明办、市社科联、市妇联、市司法局、市文旅委、市农办、团市委、市卫生计生局、市文联。组织活动的客体为全体村民，有些是有人数要求的。[①] 文化大礼堂是一个具备符号功能和价值的社会空间，不仅仅是使用价值的载体，其符号消费让日常生活的物理空间消解，使得空间生产布满权力意图、等级秩序、消费意愿。

(三)社会空间

空间生产是呈现着社会意义的空间实践。这意味着空间生产既是资本获取利润的工具，又是资本政治意义的体现，它与统治秩序、意识形态、国家安全斗争紧密相连，能够为政治霸权服务。也就是说空间生产既是物质资料生产的工具，也是生产关系生产和再生产的对象和产物，各种生产关系因生产实践而产生并相互影响。

1. 以政府为主导的多元化的投资主体

农村文化礼堂的空间生产是以政府投资为主，动员多方力量积极参与的建设。代表政府权力的各级政府机关、代表市场的企业家、代表集体的乡镇街道组织以及村民构成了文化大礼堂空间生产的主导力量。在资金投入上，龙泉市建立了“市财政投一点，联系部门支持一点，社会各界赞助一点，乡镇(街道)、村自筹一点”的投入体系。由于资金的限制，农村文化礼堂的筹建往往把民政、居家养老中心、农家书屋等集合在一起，资源整合，因地制宜开展建设。

2. 民主选举与“AB+N”的管理模式

文化礼堂管理员的职位一般由竞选产生。比如，中锦村文化礼堂管理员是由两委党员、小组长选举产生的，普通村民也可参与竞选，成立初期有十几个人参与竞选，任期没有限制，做得好可以一直连任。

---

① 《2018 年龙泉市农村文化礼堂服务菜单》由龙泉市委宣传部提供。

微观层面上，龙泉市创新推出“AB＋N”岗的管理模式，目前在丽水地区普遍实行。A岗为专职管理员；B岗兼职管理员，从村委干部中选出；N为协同管理人员，确保文化礼堂长期性开放。住龙镇住溪村的管理非常规范，全域性文化礼堂在配齐专兼职管理员的基础上，还有协管员（乡贤村民、乡村教师、民间艺人等）参与管理，“小小导游团”（选取四、五年级的农家少先队员12名）在节假日期间客串导游。虽然文化礼堂设立专职管理员是文件的要求，但许多村子在实际操作中往往还会身负其他的职位。大多数村子的日常管理比较随性，管理措施随具体事项而定，缺乏一些制度性的规定。

3.信息化与星级评定的管理考核制

中观层面，在落实“AB岗”的基础上，龙泉市实现了信息化与星级评定的管理考核制度。微信群工作交流机制融合文化活动资源信息（市级文化指导员、乡镇文化员负责）、文化礼堂动态信息（文化礼堂管理员负责）、专业指导意见（专家指导员负责）于一体，在日常管理中时时召开“现场会”。同时，全市55个农村文化礼堂统一安装在线管理系统，开通在线管理平台，实现实时督查和管理。龙泉市星级评定的管理考核制度已经比较成熟，《龙泉市农村文化礼堂星级评定管理考核办法》对全市建成的农村文化礼堂按“五星、四星、三星、二星、一星”五个档次进行评定，进行分档奖补。

从文化礼堂筹建投资的主体、管理员产生的方式以及微观管理模式、上级政府机关的管理考核制度，我们可以清晰地看到农村文化礼堂的空间生产机制表明空间被占据、被管理、被利用，看似客观性的均质性的空间是由政治集团造成的空间，人们对空间进行了政治性的加工、塑造，使其充斥着意识形态表现，是一种社会的产物。文化礼堂在空间布局上往往与基层组织乡、镇、村的办公地设置在同一幢楼里，乡村文化治理主体上更强调政府的主导作用，文化讲堂的意识形态教育浓厚，同时也积极动员乡村精英与普通村民的踊跃参与。

二、农村文化礼堂的乡村文化治理功能

社会空间生产所构成的内容和价值体系是人们社会存在和社会方式的一种表达形态的有机统一。如果文化价值观（或者说意识形态的价值追求）与人们的生活方式相分离，是不可能生成国家乡村文化治理能力的。

（一）“菜单式服务”缓解政府投入与村民需求之间不对称的矛盾

在农村文化建设过程中，政府实施了大量的惠民工程，然而政府投入与村民需求之间存在不对称的现象。政府开展的一系列“文化下乡”活动在丰富农村精神生活的同时，农村和农民作为受惠方被动接受的多，这也导致村民参与的积极性不高，文化礼堂平时闲置的时候比较多。政府决定送的内容和形式在某种程度上忽视了农民真正的文化需求，提高文化建设政绩或受财政制约，在一定程度上使得文化礼堂的存在形式大于内容。2018年龙泉市政府开展了一系列送讲座、送展览、送画册、送演出、送电影等活动，龙泉市农村文化礼堂菜单式服务在一定程度上弥补了政府单向输出，忽视民意的不足。这种“文化定制”模式，即以送戏下乡为代表的“配餐式”服务转变为按需供给的“定制式”在国内产生了较大的影响，也得到了权威专家的肯定。文化大礼堂的空间生产具有准公共产品的性质，

文化礼堂通过政府提供的各项活动和服务在相当程度上满足村民的社会文化需求,缓解生存所带来的心理压力,疏导社会不良情绪,使广大村民在享受丰富多彩的精神文化生活时,实现乡村社会的有效治理。

(二)“乡村春晚”映衬着文化民权的充分表达

乡村春晚是丽水地区很早就兴起的民间节庆活动,历史悠久,乡村普及性高。在政府引导参与下,该地区“送文化”“种文化”“链文化”活动开展得如火如荼,现在已成为文化大礼堂建设的一个非常重要的文化项目。根据丽水市文广旅体局2019年春节期间文化活动安排的统计(我们调研的村子涉及的地区):莲都区举办乡村春晚和民俗文化活动的村子有72个。其中举办乡村春晚(包括优秀春晚展演、特色乡村春晚、春节联欢晚会、重点特色乡村春晚)的村子有33个,举办元宵节系列活动的村子有29个,举办其他活动(包括陈十四夫人亲子节、布龙巡演活动、陈十四夫人信俗活动、舞龙含板凳龙布龙、采茶灯)的村子有10个;龙泉市举办乡村春晚和民俗文化活动的村子有84个,庆元县举办乡村春晚和民俗文化活动的村子有74个,缙云县举办乡村春晚和民俗文化活动的村子有119个,松阳县举办乡村春晚和民俗文化活动的村子有108个,景宁县举办乡村春晚和民俗文化活动77个。只有对自身精神生活的高度满足和认同,才能产生内在的向心力和凝聚力,才能实现文化空间对乡村国家文化治理的价值和作用,这就涉及文化民权是否得到充分表达的问题。国家普通民众日常生活方式和社会主义核心价值观是紧密相联系的,文化大礼堂里凝聚浓厚非遗元素的节目展演、乡风乡俗的戏曲清唱是村民幸福指数的生动表达,体现于落实于人们的日常生活与行为方式中的社会主义的核心价值观成为国家乡村振兴中的一种凝聚力量。

(三)“全域性”文化产业助推乡村文化的现代化转型

在新的历史结点上,文化产业的发展是国家乡村振兴战略的治理性需求,也是实现乡村文化治理目的的根本手段。实现乡村振兴的一个基本前提就是乡村的经济要振兴,要吸引农村主要劳动力回乡,文化大礼堂应该是一个蕴含经济功能的空间场所。全域性文化礼堂是结合自身的历史文化自然资源,将全村、甚至邻近村落的资源进行整合,建设一个功能全面、覆盖众多文化资源的综合性文化礼堂。住龙镇“礼堂+业态”模式将农村文化礼堂建设和全域旅游紧密结合,“近郊休闲旅游”是淤上村文化礼堂活动的重要活动,缙云县新建镇笕川村文化礼堂的花海产业带动了旅游、就业、餐饮、民宿的发展,景宁畲族自治县大均乡文化礼堂围绕畲乡景宁和畲族文化开展文旅结合赚足了游客的眼球。发展全域性文化礼堂必须充分挖掘乡村的自然文化资源,在对乡村文化生态进行合理保护的基础上让文化产业项目惠民富民,对乡村社会经济的发展以及社会关系的结构都产生了深刻的影响。

(四)数字化时代农村文化礼堂的信息化建设

“云”和“智慧”的概念展现了未来社会的连接模式,目前丽水地区文化礼堂的信息化服务并不乐观。调研样本中,管理员学历高中/职高、大专/本科、小学及以下学历均有,总体来说学历普遍偏低，年龄主要集中在 40—60 岁。

从农家书屋的使用现状来看，书籍来源主要有政府机关、出版社、图书馆捐赠，比如淤上村大部分图书是文化局分配的。也有村集体购买书籍的，如湖川村农家书屋。图书品种大都为中小学辅导书、政治、法律、文学等人文社科类书籍，部分书屋有农林渔牧等技术书籍；数量大都为 500—3000 本，但湖川村建有缙云县第一个村级万册图书馆，藏书量达到万册以上。资金来源主要是政府拨款和集体筹资，也有图书馆的资金，比如中锦村。调研样本数据显示，农家书屋的使用主体 90%为中小学生，举办活动的频率 1 月/1 次、1—3 月/1 次、1—3 周/1 次均有，活动的内容主要为乡村村晚和节假日主题活动。

从农村文化礼堂的信息化程度来看，首先是信息化硬件设备不足，信息化主要设备只有电脑，多数文化礼堂的电脑数量在 10 台以内，个别文化礼堂没有电脑，更遑论互联网接入。电脑主要用于查阅与存放资料。90%的文化大礼堂与省、市、县、乡、镇上级政府机关通过电话联系；50%的文化礼堂与省、市、县、乡、镇各级图书馆、博物馆、学校联网；95%的文化大礼堂没有独立网页和数字化地址，与村民的信息化沟通程度低。

值得肯定的是有一些文化礼堂在这方面做了积极的探索。庆元县淤上乡淤上村文化礼堂资源有一个比较特别的地方就是 2015 年底成立了浙江图书馆首个村级分馆，为了反哺回报抗战时期淤上村对浙江图书馆《四库全书》古籍的完整保存，浙江图书馆与该村实现了相互联通；莲都区丽新镇咸宜村与莲都区图书馆相互联网。宝溪乡溪头村是龙泉青瓷的发源地，该文化礼堂与龙泉青瓷博物馆联网；莲都区丽新镇咸宜村是极富有畲族民族特色的一个村子，文化礼堂实现了与景宁畲族博物馆的互联互通。此外，文化礼堂还与当地的一些学校进行了比较密切的沟通合作。淤上村文化礼堂与庆元县实验小学及淤上乡小学、湖川村文化礼堂与湖川小学及湖川中学、咸宜村文化礼堂与丽新小学经常举办参观展览等学习活动；淤上村文化礼堂还与淤上老年学校联网，是全县第一所乡村老年学校；黄坞村文化礼堂与浙江艺术职业学院有定向培养计划。部分文化礼堂实现了与政府机关的联网。

三、农村文化礼堂“空间生产”存在的问题与建议

(一)构建“全域性”的农村文化礼堂

丽水着力构建的“一县一文化品牌一文化节庆”的区域特色文化格局已经形成，作为村(社区)级基层单位的文化机构——文化礼堂的产业发展有否搭上区域文化发展的顺风车？产业发展在文化节庆时热闹一阵，过后冷冷清清的现象说明了建设“一村一品”的道路还很漫长。比如淤上村的近郊休闲游、黄坞村文化礼堂积极推进全域性的文化大礼堂建设，但是这些文化礼堂的全域性打造项目存在融合性不强、缺乏有机联系、产品开发粗浅等问题。这就涉及文化礼堂作为一个空间生产媒介如何进行产品深层次开发，一村一品，围绕特色营造体验式经济的问题。笕川花海经济在产业开发上进行了有益的探索。

(二)构建智慧型的农村文化礼堂

农村文化礼堂建设中信息技术是短板,传承发展传统乡土文化动力缺乏,开发创新新时代乡村文化能力不够。“智慧”型的文化大礼堂意味着立足于服务一个村或者附近几个村镇的村民,利用“云”技术和数字技术的优势,与大型公共图书馆、博物馆等社会公共服务资源链接,为村民提供与生活、学习工作等密切相关信息与服务;与省、市以及周边的文化大礼堂互通互联,资源共享;与政府机构保持密切的信息化联系,便于资源集中有效的管理,提供更好的服务;加强文化礼堂的多媒体数字化的展览与体验,建立一个容展示与娱乐一体的“活态”的文化场所。这需要省政府的顶层设计,统筹安排,也需要各个乡镇文化礼堂对本土文化资源的充分挖掘。如此,乡村振兴战略背景下文化礼堂如何进行信息化管理,如何实现与社会公共服务资源的链接、互通互联,如何实现多媒体数字化,这些是构建智慧型文化大礼堂需要思考的问题。

(三)构建生态性的农村文化礼堂

空间生产与生态是互动关系。克服文化礼堂空间生产非生态化的悖论首先要尊重自然的差异,倡导生态关系多元化,把生态理念融入政治决策、生产活动和日常生活领域,让现实生产能按照生态化模式进行。宝溪乡溪头村构筑了一个生态性的文化礼堂。宝溪乡可谓“人杰地灵”,竹木茂盛、山高涧深,青瓷文化源远流长。溪头村里的水利用地势和水利实现循环利用,从村头山上引入溪水,溪水流动于整个村庄,清澈见底。“不灭窑火”的开窑仪式是穿越时空的文化标记,青瓷文化贯穿于人们的生活。宝溪乡环境优美,自然生态极佳,获得了 2014 年中国人居环境范例奖。2016 年首届国际竹建筑双年展中 8 个国家的 11 位世界建筑大师建筑起 16 座单体建筑构成了当代乡村的新人文地景。构建生态性的文化大礼堂意味着在农村社会变革的历史进程中坚持生态理念,对人的社会生产实践活动进行约束,推行可持续性发展战略。

四、结　论

本调研报告基于浙江省丽水市 10 个文化礼堂的调研进行案例分析,理论框架源自列斐伏尔空间生产理论的微观视角。通过分析农村文化礼堂的物理空间、精神空间和社会空间解读文化大礼堂空间生产的机制和过程,乡村振兴背景下文化礼堂的“空间生产”具有乡村文化治理功能,目前文化礼堂的信息化情况总体不够好。建议:文化礼堂整合历史文化与自然资源进行合理有效的产业发展是吸引农村劳动力回乡的根本途径;加强信息化建设,构建智慧型文化礼堂是必要的措施;坚持人人平等地享有在空间中生存以及使用空间资源的权利,关注代际平衡,倡导生态正义是文化礼堂的发展未来。农村文化礼堂的空间生产彰显出对空间正义的追求,它以提升广大村民的文化权利和幸福指数为根本目的,而建构合理的空间生产方式是乡村文化治理走向文化“善治”的重要手段。

参考文献

[1] 胡惠林.国家文化治理:中国文化产业发展战略论[M].上海:上海人民出版社,2012.
[2] 包亚明.现代性与空间的生产[M].上海:上海教育出版社,2003.
[3] LEFEBVRE H. The Production of Space[M]. Translated by Donald Nicholson-Smith, London:Oxford UK:Blackwell Ltd.,1991.

课题组单位:浙江工商大学
课题组负责人:冯洁
课题组成员:商月怀,吴依帆,谢舸

课题名称及编号:乡村振兴背景下“空间生产”与乡村文化治理——基于浙江省丽水市文化大礼堂的调研(2020N66)

从司法审判看外来务工人员法律需求

——基于中国裁判文书网浙江省诉讼案例的分析

[**按语**]在共建共治共享的新时代,保障外来务工人员的合法权益,努力提供均等化基本公共服务是政府职责所在。本课题以外来务工人员法律需求为导向,通过搜索和筛选"中国裁判文书网"中浙江省涉及外来务工人员的诉讼案例,对其区域、案由、法条引用等进行了集中统计和分析,明确了外来务工人员法律需求的特点,以及当前法律服务的不足。以个体和社会的不同视角,落脚于司法行政机关法律服务能力的提升以及服务对象满意度的提升,从方向、靶向、人员、制度等不同的层面提出了进一步推进浙江司法行政机关公共法律服务改革的措施和建议。

一、问题的提出

作为全国经济发达省份之一的浙江,民营经济蓬勃发展,"小企业解决大就业"的现象比较突出,同时由于民营企业的劳动密集程度高,学历、技术要求低,因此民营企业成为吸纳新增劳动人口的主渠道,尤其是吸收了大批的农民工就业。一方面,这对稳定浙江就业局势起到很大的正面作用,另一方面,受经济大环境的影响,民营企业的发展呈现出明显的马太效应,好的愈好,差的更差,整体经济效益大不如前。另外,在社会产业转型过程中,劳动密集型产业的发展空间必然会被压缩,因此,规模以下民营企业的用工矛盾将会越来越突出。随着浙江外来务工人员数量的不断增加,民营企业的用工环境在经济效益面前显然处于弱势地位,农民工的合法权益难以得到保障。在共建共治共享的新时代,保障外来务工人员的合法权益,努力提供均等化基本公共服务是政府职责所在,而法律是社会的底线,对外来务工人员的法律服务应该是重中之重,因此司法行政机关在公共法律服务领域需要凸显对外来务工人员的关心和帮助。

本课题以浙江外来务工人员的法律服务为研究对象,针对浙江外来务工人员的法律需求特点,在对司法行政部门法律服务工作进行调研以及运用司法审判数据进行实证分析的基础上,揭示了需求和服务、利益和信任的内在联系,以外来务工人员法律需求为导向,对法律服务的效益进行量化的统计和质化的分析,以个体和社会的不同视角,落脚于司法行政机关法律服务能力的提升以及服务对象满意度的提升,在此基础上提出了进一步推进浙江司法行政机关公共法律服务改革的措施和建议。

二、外来务工人员法律需求实证分析

分析外来务工人员的法律需求，最终目的是从前端供给上给予精准的法律服务。从政府的角度来看，就是提供更为精准的公共法律服务，而政府提供的公共法律服务主要体现在两个方面，一是普法教育，二是法律援助。

普法教育工作是司法行政机关公共法律服务中的"主动型"工作，通过对现行法律法规的对外宣传，使广大老百姓了解法律规定，知道法律内容，树立法治观念，培植法律意识，即"知法守法学法用法"。法律援助工作的形式比较丰富，包括提供法律咨询、代拟法律文书、代理、辩护、公证证明等，专业化程度比较高，相对于普法工作而言，法律援助工作显得比较"被动"，外来务工人员涉及自身无法解决的法律问题时，可以寻求专业的法律援助。

本课题的研究是建立在掌握一定数量的跟外来务工人员有关的司法审判的基础之上的，笔者于 2019 年 6 月份登陆中国裁判文书网（http://wenshu.court.gov.cn/）①，查找相关裁判文书。在文书的筛选上，主要围绕浙江本省发生的，跟外来务工人员相关的裁判文书，因此，笔者在中国裁判文书网首页的搜索栏目中，点击高级检索，全文检索项目下输入"外来务工"，法院名称项目下输入"浙江"，最后进行检索，筛选出需要的裁判文书，共筛选出 64 份裁判文书。然后仔细阅读筛选出来的裁判文书，确定当事人身份是否为"外来务工人员"，64 份裁判文书都符合要求，但其中有 2 份文书存在重复，因此最后共确定了 63 份文书样本。研究团队对文书进行了梳理，明确案件发生的时间，并逐个统计案由，还对法院裁判援引的具体法律条文进行了记录。最后，对梳理的情况进行分类汇总和整理，运用定量分析法，进行了比率分析。

（一）地域分析

这 63 份裁判文书中判决书有 40 份，裁定书有 23 份。以二审裁判为主，做出裁判的法院涵盖了浙江省内大部分地级市的中级人民法院（见表 1）。

表 1　做出裁判的法院层级及法院名称

法院层级	法院名称	数量（份）	占比（%）
高级人民法院	浙江省高级人民法院	6	9.5
中级人民法院	杭州市中级人民法院	2	3.2
	宁波市中级人民法院	34	54
	温州市中级人民法院	2	3.2
	嘉兴市中级人民法院	16	25.3
	台州市中级人民法院	1	1.6

① 中国裁判文书网于 2019 年 8 月份左右进行了改版，本次调查数据以课题申报时该网站的原有数据为准，在该网站首页右上角有"返还旧版"的选项。

续　表

法院层级	法院名称	数量(份)	占比(%)
	绍兴市中级人民法院	1	1.6
	丽水市中级人民法院	1	1.6
合计		63	100

从统计数据看，除了浙江省高级人民法院的6份再审裁判文书，各地市中级人民法院的裁判文书占了绝大部分，其中宁波中级人民法院的文书数量最多，占所有文书数量的54%，嘉兴次之。

(二)案由分析

通过对这63份裁判文书的仔细阅读，我们发现诉讼类型涉及民事、刑事甚至行政领域(见表2)。

表2　裁判文书诉讼类型和案由

诉讼类型	案　由	数量(份)	总数(份)	占比(%)
民事诉讼	人格权纠纷	2	46	73
	知识产权与竞争纠纷	1		
	劳动争议	39		
	侵权责任纠纷	4		
刑事诉讼	盗窃	8	16	25.4
	寻衅滋事	4		
	抢劫	1		
	故意伤害	1		
	危险驾驶	1		
	开设赌场	1		
行政诉讼	行政给付	1	1	1.6
合计			63	100

其中，民事诉讼占据了我省外来务工人员法律诉争的将近四分之三，刑事诉讼占了四分之一，行政诉讼最少。笔者又对民事诉讼案由进行了进一步细分(见表3)。

表3　民事诉讼中案由的具体类型

案由	具体类型	数量(份)	占比(%)
人格权纠纷	生命权、健康权、身份权纠纷	2	4.3
知识产权与竞争纠纷	商标权权属、侵权纠纷	1	2.2
劳动争议	劳动合同纠纷	35	76.1

续 表

案由	具体类型	数量(份)	占比(%)
	社会保险纠纷	2	4.3
	福利待遇纠纷	2	4.3
侵权责任纠纷	机动车交通事故责任纠纷	3	6.6
	提供劳务者受害责任纠纷	1	2.2
合计		46	100

从表3中可以看出,劳动合同纠纷在所有的民事诉讼案中占比最高,成为外来务工人员最主要的诉讼类型。

(三)法条引用分析

各法院在分析案情的基础之上,通过引用相关法条做出判决或裁定。课题团队成员把63份裁判文书中,法官据以判决的法典以及具体法条进行了梳理,把引用次数较多的法条提取了出来(见表4)。

表4 裁判文书中多次被引用的法条及其内容

法典	法条	内 容	引用次数(次)
中华人民共和国劳动法	第72条	强制缴纳社会保险	18
	第44条	加班工资	10
	第50条	及时足额支付工资	7
中华人民共和国劳动合同法	第46条	经济补偿	14
	第38条	劳动者单方解除劳动合同	11
	第47条	经济补偿的计算	10
	第31条	加班	8
中华人民共和国刑法	第264条	盗窃罪	8
	第64条	犯罪物品的处理	8
	第65条	累犯	6

在劳动争议中,围绕薪资和待遇发生的纠纷为大多数,薪资纠纷中又以加班工资和补偿金的给付最为突出;而在刑事诉讼中,外来务工人员文化程度低,法律意识淡薄,容易走上违法犯罪的道路,并且有些还可能会成为惯犯。

(四)问题和结论

1.外来务工人员法律需求地区差异大

虽然筛选出的63份裁判文书以二审裁判为主,但也相应地反映了各地基层人民法院承担的涉及外来务工人员的诉讼案件情况。浙江省内各地市经济发展参差不齐,支柱产业不尽相同,外来务工人员的流动情况也不一样。

总的来说,由于各个城市之间经济发展不平衡,司法资源不均衡,公共法律服务不协调,所以各城市在外来务工人员法律服务工作上的差异是很明显的。以杭州、宁波、温州、嘉兴等为代表的外来务工人员增量较多的城市,在对外来务工人员提供法律服务的时候,投入的资源和精力将会是巨大的,服务要求会更高更具有挑战。

2.外来务工人员涉法案由分散又集中

从63份样本裁判文书来看,外来务工人员涉法案由呈现分散又集中的特点,分散指的是外来务工人员法律服务涉及的法律法规规章较多,从样本分析来看主要涉法的范围包括了民法、刑法以及行政法,横向涉及面比较广。另外,在纵向上看,案由中包含民法领域的人格权纠纷、劳动争议、侵权责任纠纷、知识产权与竞争纠纷等,刑法领域包含盗窃、抢劫、寻衅滋事、故意伤害等,案由涵盖不可谓不全;集中指的是法院所审理的这些涉及外来务工人员的诉讼大都集中在民事领域,纠纷类型和外来务工人员工作生活密切相关,尤其是在劳动生产方面所引起的纠纷占了文书样本的一半以上,体现出了高度的集中性。

在司法行政机关日常的法律服务工作中,针对外来务工人员,各地司法行政部门都不约而同地把劳动方面的法律法规作为普法宣传的重点,忽视了外来务工人员法律需求的广泛性。

3.外来务工人员法制教育不够深入

当前司法行政机关在对外普法工作中,针对外来务工人员设计了专项的,以《中华人民共和国劳动法》(以下简称《劳动法》)、《中华人民共和国劳动合同法》(以下简称《劳动合同法》)为主题的普法宣传活动,他们深入外来务工人员聚居区,或是工地场所进行面对面的宣传,整个普法工作表面上看有主题、有手段,但是宣传内容上的眉毛胡子一把抓,使得法制教育容易走入一种口号式宣传,机械式接受的误区。缺少反馈互动的普法工作犹如蜻蜓点水,没有达到提升外来务工人员法律素养、维护自身合法权的目的。

4.地方性劳动规定被广泛引用

在对63份裁判文书案例样本进行分析的时候,涉及劳动争议的案件,地方法院在援引法律条文的时候除了从法律法规上去匹配相应法条,还会从本地实际出发,结合地方性条例和规定给出相应的裁判解释。因此在对常用法律法规的进行普法宣传的时候也不能忽视对地方性条例和规定的普及。

三、完善外来务工人员法律服务的政府路径

构建公共法律服务领域"需求导向"模式,以外来务工人员法律需求为法律服务的抓手,以切实的服务内容提升服务对象的满意度,以服务的最终质效来维护个人的合法权益,以期实现司法领域社会的公平正义,赢得政府公信力。

(一)明确法律服务需求差异

1.平衡地域差异

城市和城市之间,城市和农村之间由于经济社会发展的不平衡而产生的现实差异性,决定了人们社会关系的内容以及调节这些社会关系的方法和手段的不同,当然也决定了

在相当长的一个时期内，法律服务需求与供给的多元化和多层次性，因此也就决定了法律服务必须呈现一定的差异性，在全省范围内如何去平衡地区发展不同带来的法律服务的差异值得深思。

(1)实现政府主导和社会广泛参与。政府部门确保法律服务资金投入，加强社会合作，拓宽服务供给方式，同时进一步明确政府与社会、政府与市场供给职能的划分，提高法律服务效率。(2)加强公共法律服务平台建设。把法律服务的内容全部囊括进去，同时要对各地区的法律服务内容进行个性化设计，形成覆盖全业务、全时空的法律服务网络。

2. 遵循个体差异

外来务工人员对于使用法律服务资源的主观能动性各异，每个个体对法律服务信息的可得性、可理解性以及对法律服务的信赖程度等都存在差异。而法律服务属于典型的“信赖品”，缺乏理解的信任只可能是对法律服务的盲从，只有在信息充分的情况下对相应法律服务进行本质上的理解后才能对服务的客观性做出把握和确认，因此公民对法律服务选择的主观性也取决于相关信息的充分性、连续性、可得性。(1)充分性，提供的法律服务要有明确的法律支撑，具备专业的解释能力。(2)连续性，法律服务作为产品，需要设定一定的保质期，在质保期内对咨询问题的处理情况有相应的跟踪反馈。(3)可得性，服务需要落地，针对外来务工人员的法律服务可以把服务阵地建在工地、工厂或农民工集中生活区。

3. 把握法律差异

根据第二十四次全国地方立法工作座谈会通报的情况，截至2018年8月底，我国现行有效法律267件，行政法规756件，地方性法规12000多件，以宪法为核心的中国特色社会主义法律体系形成并不断完善。需要把这些法律法规全部应用于外来务工人员的法律服务工作吗？笔者认为完全不需要，也没有必要。

在我省外来务工人员涉诉案件中，涉及的部门法包括民法、刑法以及行政法，从横向对比来看，司法行政机关应着重掌握民法方面的专业知识，提升解决民事纠纷的能力，特别是劳动纠纷的处理是重中之重。从纵向对比来看，除了全国范围普遍适用的法律法规以外，司法行政机关还要充分掌握与劳动相关的地方性规定。

(二)突出法律服务靶向需求

1. 普法工作

在普法工作上，司法行政机关不仅要关注外来务工人员当前急需，更要掌握未来备需。外来务工人员法律需求集中在民法、刑法领域，尤其是民法，因此在法律服务工作中应凸显民事法律的地位，以实体法为主形成普法资料包(见表5)；同时在确定宣传内容的时候应该更倾向于劳动法律法规(见表6)，尤其是对其中的重点法条内容进行全面解读。

此外，我们也要预见到外来务工人员外出打工，长期背井离乡，除了工作，生活也会发生一定变化，婚姻家庭方面的法律法规对他们而言同样实用。

表 5　外来务工人员常用法律法规

外来务工人员常用法律法规	
序号	法律法规
1	中华人民共和国民法总则(2017 年 3 月 15 日)
2	中华人民共和国合同法(1999 年 3 月 15 日)
3	最高人民法院关于适用《中华人民共和国合同法》若干问题的解释(一)(1999 年 12 月 19 日)
4	中华人民共和国劳动法(1994 年 7 月 5 日)
5	中华人民共和国劳动合同法(2007 年 6 月 29 日)
6	中华人民共和国婚姻法(2001 年 4 月 28 日)
7	最高人民法院关于适用《中华人民共和国婚姻法》若干问题的解释(一)(2001 年 12 月 24 日)
8	最高人民法院关于适用《中华人民共和国婚姻法》若干问题的解释(二)(2003 年 12 月 25 日)
9	中华人民共和国侵权责任法(2009 年 12 月 26 日)
10	中华人民共和国刑法(2017 年 11 月 04 日)

表 6　外来务工人员常用劳动法律法规和相关规定

外来务工人员常用劳动法律法规和相关规定	
序号	法律法规和相关规定
1	中华人民共和国劳动法(1994 年 7 月 5 日)
2	中华人民共和国劳动合同法(2007 年 6 月 29 日)
3	集体合同规定(2004 年 1 月 20 日)
4	中华人民共和国工会法(2009 年 8 月 27 日)
5	中华人民共和国社会保险法(2018 年 12 月 29 日)
6	工伤保险条例(2010 年 12 月 8 日)
7	浙江省工伤保险条例(2017 年 9 月 30 日)
8	工资支付暂行规定(1994 年 12 月 6 日)
9	对《工资支付暂行规定》有关问题的补充规定(1995 年 5 月 12 日
10	最低工资规定(2003 年 12 月 30 日)
11	违反和解除劳动合同的经济补偿办法(1994 年 12 月 3 日)
12	浙江省企业工资支付管理办法(2017 年 3 月 2 日)

2. 法律援助

在法律援助上，司法行政机关工作人员以及志愿者们应储备更多的民事法律知识，尤其是劳动法律法规，并及时充分地掌握地方性相关规定，提升对劳动争议案件的处理能力。例如，工作人员需要具有分析民事案件，特别是复杂劳动争议案件的能力，能够快速检索相关法律条文，找到法律依据并给出专业解决意见等。

3.普法工作和法律援助形成双向传导

普法工作中经常会有拿着宣传资料前来咨询相关法律问题的人员，工作人员应能现场给予答复，无法现场答复的可以给出明确的咨询途径，在普法现场直接转移给法律咨询部门，双方具有承接性。

另一方面，在法律咨询或者其他法律援助工作中，通过直接对咨询案件的把握汇总，又能给前端的普法宣传工作提供更为精准的靶向。普法宣传和法律援助工作之间互相传导，互相推动。

(三)构建法律服务专业团队

在法律服务人才培养上，司法行政机关要建立一支公共法律服务骨干队伍，为外来务工人员提供专业化、团队式、综合性法律服务，切实维护外来务工人员的合法权益。

1.明确职能

作为司法行政机关从事外来务工人员法律服务的人员，思想上应充分认识到自身职责所在，合理分工，相互协作。

2.提升专业

团队成员首先要完善知识储备，时刻关注法律动向，及时跟进学习、研究，定期举行交流学习活动，分析劳动与保障法律风险点，细化、分解深层次纠纷根源。

3.加强激励

推动建立公益性法律服务补偿机制，对积极参与公共法律服务的机构和人员，通过奖励、表彰、培训等方式加以补偿和激励。

(四)建立法律服务评估体系

1.评估体系构建原则

司法行政机关外来务工人员法律服务评估体系的构建遵循以下原则：(1)遵循国家司法体制改革总目标；(2)符合管理科学相关要求；(3)评估指标设计全面客观；(4)评估指标设计针对性强；(5)评估工作具备可操作性；(6)评估体系内容结构稳定。

2.评估指标体系的基本结构

按照评估指标体系构建流程，以浙江省省委全面深化改革领导小组审议并通过的《关于加快推进司法行政改革的实施意见》中公共法律服务改革项目为基础，在专家访谈、行业调研的基础上，初步形成司法行政机关外来务工人员法律服务评估体系(见表7)。

表7 浙江省司法行政机关外来务工人员法律服务评估体系

外来务工人员普法教育工作	组织管理	目标设定	目标与上级要求的符合度
			目标的创新度
			目标的难度
		制度建设	将外来务工人员普法教育工作纳入日常工作计划或规划
			建立针对外来务工人员普法教育的相关制度

续 表

		组织建设	有明确的工作负责人
			有明确的工作机构和团队，职责分工明确
		机制建设	建立了普法教育方案制定、实施、监控、改进、奖惩考核等工作机制
			建立了普法教育工作经费保障机制
	工作推进	落实普法责任制	健全完善普法责任制，制定普法责任清单
			组织对外来务工群体聚集区单位普法责任清单实施情况第三方评价
			协调指导相关部门解读与外来务工人员相关法规政策、履行普法义务
			加强以案释法工作，建立以案释法平台
		构建大普法工作格局	健全外来务工人员普法宣传教育工作机制，定期召开小组会议
			梳理普法依法治理工作要点，紧密联系普法重点单位
			加强普法志愿者、普法讲师团等队伍建设，引导社会力量参与法治宣传教育
			全面落实工作人员学法用法制度
			提升运用新媒体开展普法教育水平
		加强法制宣传教育考核评估	推动外来务工人员普法教育工作纳入部门年度综合目标考核
			完善外来务工人员普法宣传教育与平安浙江、法治浙江、法治政府建设考核的衔接机制
			开展普法工作中期督查、终期检查
			推进宣传教育第三方评估机制建设
	成果亮点	成果提炼	成果提炼精准、精炼，特色鲜明、要素完整
		成果推广	成果在相关媒体报道，或者受到上级领导指示肯定
	工作实效	工作成效	提高普法宣传工作效率
			降低普法宣传工作成本
			社会影响力提高
		群众满意度	外来务工人员受众数量
			普法形式、内容满意度监测
			外来务工人员法治意识提升
外来务工人员法律援助工作	工作组织	目标设定	目标与上级要求的符合度
			目标的创新度
			目标的难度
		制度建设	将对外来务工人员的法律援助工作纳入日常工作计划或规划
			建立针对外来务工人员法律援助工作相关制度

续 表

		组织建设	有明确的工作负责人
			有明确的工作机构和团队，职责分工明确
		机制建设	建立了法律援助工作方案制定、实施、监控、改进、奖惩考核等工作机制
			建立了法律援助工作经费保障机制
	工作推进	扩大法律援助覆盖面	放宽法律援助的经济困难认定标准，推行经济困难承诺制
			扩大劳动纠纷领域法律援助事项范围
			推动困难群体申请法律援助不受事项范围限制
			开展法律援助费用分担制度试点
		开展刑事案件律师辩护全覆盖试点	完成刑事案件律师辩护全覆盖试点工作
		提供法律咨询服务	有针对外来务工人员的明确的法律咨询服务流程
			多种形式拓宽法律咨询的途径
			确保每个工业园区至少配备一个咨询服务点
			有对咨询事项的跟进机制
	成果亮点	成果提炼	成果提炼精准、精炼，特色鲜明、要素完整
		成果推广	成果在相关媒体报道，或者受到上级领导指示肯定
	工作实效	工作成效	提高法律援助工作效率
			降低法律援助工作成本
			社会影响力提高
		相关群体评价	受援助的外来务工人员评价

参考文献

[1] 俞可平.治理与善治[M].北京:社会科学文献出版社,2000.

[2] 孙雁.完善农民工法律援助工作的对策探索[J].产业与科技论坛,2018(6).

[3] 徐晓放,赖声利.新生代农民工法律知识教育的内容和路径探讨[J].职教论坛,2019(2).

[4] 王欢.城镇化背景下农民工法制教育问题及对策探析[J].劳动保障世界,2019(6).

[5] 陈德强.关于优化公共法律服务体系供给侧结构的探索[J].纳税,2019(9).

[6] 赵昊.城乡法律服务差异比较探析[J].职工法律天地:下 2014(7).

课题组单位:浙江警官职业学院
课题组负责人:范南强
课题组成员:胡晓军,王红梅,潘昀
课题名称及编号:从司法审判看外来务工人员法律需求(编号:2020N77)

杭州市中小学英语培训机构存在的问题及对策建议

[按语]2019 年 6 月至 8 月，课题组以个别访谈、问卷调查、课堂观摩等方式对杭州市新东方、新课堂、学而思等培训机构及中小学家长和学生进行了调查。通过数据分析发现存在的主要问题有：培训机构品牌差异化不足；机构过度商业化；师资力量良莠不齐；教材选用不恰当，教学内容缺乏系统性；课堂缺乏互动；缺乏有效的监督机制等。面对这些问题，有关部门必须制定相关对策，整顿、规范整个教育培训市场：一应规范机构准入机制；二应加强行业监管，由教育主管部门和工商管理部门共同协调培训机构的管理；三应统一机构收费机制；四应严格师资要求，限制课程设置，加强教材监管。对培训机构而言，则应规范内部机制，完善硬件设施，加强师资力量，实行因材施教，改革人事管理制度。家长在为孩子选择英语培训机构时应了解机构背景，考察教学环境，衡量收费标准，关注教材体系、教学方法、师资力量等。

随着我国对外开放的不断扩大和国际地位的显著提升，社会对英语培训的需求日趋增长。在杭州这个国际化城市，尤其是 G20 峰会之后，更多人意识到在生活、学习、工作中会使用英语的重要性，英语培训产业愈加火爆。英语培训不是一种短暂的商业投机行为，它已经构成了一种教育和文化氛围。

杭州市场上的英语培训机构数量众多，且每一家机构都声称自己能提供适合孩子的高端英语培训，但由于培训行业准入门槛较低，市场竞争秩序混乱且教学质量良莠不齐，大多数家长自身又缺乏外语基础，无法正确判断英语培训机构的资质和水平，因此在选择英语培训机构方面存在一定的盲目性。这也让很多以营利为首要目的的英语培训机构钻了空子。英语培训机构出现的种种乱象让家长们忧心不已，也让教育部门甚是头疼。

本研究对杭州市主城区中小学英语培训机构开展调查，根据调研结果指导中小学家长理性选择英语培训机构，同时也帮助英语教育者更好地了解英语培训机构的现状，为教育部门整顿教育秩序提供参考，为英语培训机构完善办学提供信息。

一、调研方法

2019 年 6 月到 8 月，课题组对杭州市新东方、新课堂、学而思等培训教育机构进行了调查，对调查的现状加以分析研究，并提出一些解决的建议。本次调研的对象有四类：中小学生家长、中小学生、中小学英语培训机构教师、中小学英语教师。本次调研的方法有：

(一)文献资料法

通过中国知网数据库、互联网等查阅相关文献,获取杭州市英语培训机构的相关信息资料。

(二)问卷调查法

课题组主要通过纸质问卷(线下)和问卷星问卷(线上)相结合的方式,对杭州市主城区英语培训机构、家长、学生进行问卷调查,共收回培训机构有效问卷 32 份,家长有效问卷 182 份,学生有效问卷 150 份,并对问卷数据进行统计分析。

(三)个别访谈法

课题组选择了几个中小学及英语培训机构,与中小学英语教师及机构的老师进行电话及实地访谈,通过他们的视角来分析杭州市中小学英语培训机构的特点及存在的问题。

(四)课堂观摩法

以参与体验课的形式,课题组进入几个中小学英语培训机构听课,了解教师的授课内容、授课方法、师生互动、学生学习状态等情况。

二、调研结果

(一)英语培训机构类型

杭州市英语培训机构的种类及数量众多。从消费群体来看,可主要分为三类:幼儿英语培训、校园英语培训(中小学)及出国英语培训等。从办学主体来看,大致可以分为三类:第一类为国际化的语言培训机构进军中国市场;第二类为国内民营机构;第三类为小型培训班。前两类培训机构实力较强,以连锁模式在全国范围内设点,在培训市场上占有较大份额;第三类往往有固定生源,在本地市场上占有一席之地。

(二)家长选择培训机构的途径

在调查中发现,家长了解培训机构的渠道多元化,通过朋友介绍的占比 87.91%,口碑对机构长远发展的重要性不言而喻;通过机构邀约体验课了解信息的占比 19.78%;在平面广告了解信息的占比 16.48%;通过互联网,如微信公众号等了解信息的占比 16.48%(见表 1)。

表 1　家长了解培训机构的途径(多选)

选　　项	小计	比　　例
A. 平面广告(报纸、杂志、广告、传单)	30	16.48%
B. 朋友介绍	160	87.91%
C. 互联网(微信公众号等)	30	16.48%

续 表

选　　项	小计	比　　例
D. 机构电话	18	9.89%
E. 邀约体验课	36	19.78%
F. 其他(请填写)	2	1.1%

(三)对培训机构的满意度

对机构的教学设施及教学环境,家长满意度较高。表示非常满意或满意的家长占52.75%,认为环境一般的46.15%(见表2)。大多数培训机构,尤其是品牌英语培训机构,教学环境舒适、教室布置精细而温馨,家长等候区等场所设施也较为完备。授课环境的满意程度较高,说明培训机构已经达到市场对于行业的基本要求。

表2　您对孩子参加的英语培训机构的教学设施及教学环境满意吗?

选　　项	小计	比　　例
A. 非常满意	6	3.3%
B. 满意	90	49.45%
C. 一般	84	46.15%
D. 不满意	0	0%
E. 非常不满意	2	1.1%

对机构的培训效果,总体来看,家长满意度一般。34.07%的家长认为培训机构是营利为主,教育为辅的机构。仅有5.49%的家长表示对培训机构非常满意,61.54%的家长表示比较满意,认为一般的占比28.57%,不太满意和非常不满意比例占3.3%和1.1%(见表3)。

表3　您对孩子所参加的英语培训机构总体满意度如何?

选　　项	小计	比　　例
A. 非常满意	10	5.49%
B. 比较满意	112	61.54%
C. 一般	52	28.57%
D. 不太满意	6	3.3%
E. 非常不满意	2	1.1%

中小学生对于英语培训机构的总体满意度也非常一般,仅有不到1/3的学生表示非常满意或比较满意,近60%的学生表示一般,近10%的学生对英语培训机构表示比较不满意或非常不满意。

(四)在培训机构学习英语的主要目的

64.84%的家长表示让孩子参加英语培训课是作为学校教育的补充;68.13%的家长是为了提高孩子的英语交流能力;另有约1/3的家长是为孩子出国留学做准备(见表4)。

表4 您决定让孩子参加英语培训课的原因有哪些?[多选题]

选项	小计	比例
A.作为学校教育的补充	118	64.84%
B.提高英语交流能力	112	68.13%
C.培养兴趣爱好	38	20.88%
D.为出国留学做准备	50	27.47%
E.为了将来工作	18	9.89%
F.其他(请填写)	4	2.2%

由以上数据可见,大多数家长对孩子参加英语培训班的目的非常明确:在应试教育下以提高学生考分,这与目前的教育评价体系息息相关。然而英语能力的提高不是以课程试卷成绩的提高来体现的,如果机构和家长不改变对英语培训的理念,就很难真正提高学生的听说读写能力。

(五)在培训机构学习的优势

培训班如此如火如荼,一定有它独特的优势。在调研对象中,45.67%的学生觉得培训班教师可以调整教学进度,灵活度高;23.62%的学生认为培训班的教学更有针对性;14.86%的学生觉得培训班教师讲解的更加仔细;此外,还有学生提到,培训班教学资源丰富,有较多的课外拓展内容,更有利于查漏补缺等。

三、杭州市中小学英语培训机构存在的问题分析

(一)机构品牌差异化不足

课题组调查发现,杭州市英语培训机构绝大多数是民营的,在培训理念、营销策略和管理机制上基本采用市场化经营运作,发展速度快,市场占有率大。但当前培训机构的办学特色不够鲜明,品牌差异化不足。个别培训机构打着国内外名校的牌子吸引消费者,而事实上并非是名校授权或者加盟的;有些分校的教学质量、硬件、软件设施远不如总机构,且偏离了总部的办学特色。

(二)培训机构过度商业化

教育培训是特殊的消费品,中小学英语培训机构作为一个服务型教育产业,其营利的目的无可厚非。可是,一旦把培养人的“教育”与“企业”联系起来,就会引出许多让人担忧的问题。在实地调研中有些培训机构为了吸引家长和招揽学生而打出虚假广告,夸大师

资力量和培训效果。这些虚假宣传严重违背了教育的本质,频频传出负面新闻。其次,目前杭州中小学英语培训机构的收费标准比较混乱,而家长在课程选择上也比较盲目,以为贵的就是好的,结果助长了培训机构不合理收费的现象。这在一定程度上会加大教育资源的不均衡分配。

(三)师资力量良莠不齐

63.74%的家长在选择英语培训机构时最看重的三项是教学师资、教学理念和方法、机构的诚信度和口碑。师资力量是培训机构吸引家长和学生的重要因素。然而现在机构的师资水平却差强人意,25%的家长和25%的机构教师都明确指出培训机构存在师资力量不强的问题,17.32%的学生认为培训班师资薄弱。在对机构教师的调查、访谈中发现杭州英语培训机构师资存在的问题有:

1.教师教育背景多样

培训机构的教师有英语专业(68.75%),教育专业(12.5%),也有非师范非英语的其他专业(18.75%),有英语专业(TEM8)等级证书的占68.75%。专业对口率不够理想,较多人没有取得相应的英语教学资格证书。

2.师资性别比例失调

英语培训机构的师资性别比例严重失调,女教师占总人数的80%以上。而且年龄普遍较低,30岁以下的占75%。机构的教师大都年轻、有热情,他们中间不乏专业素质过硬,掌握先进教学理念的名校毕业生,但也有一些鱼目混珠的自封的所谓"名师"。

3.教师教龄偏低

从教学资历看,接受调查的教师中,教龄5年以下的占50%,6—10年的有31.25%,11—15年的占比12.5%,20年以上的占比6.25%。可见,杭州市英语培训机构的教师经验丰富的占少数,多数为资历尚浅的新教师。虽然年轻教师的教学方式活泼,但是实践经验相对欠缺。教师教龄偏低一方面反映了行业的发展前景乐观;另一方面,反映了行业的门槛低。

4.师资构成有短板

在教育部的命令禁止下,中小学校假期及周末在校补课现象、在职中小学教师在机构兼职现象几乎消失。但是,家长希望孩子先人一步的"补课需求"并没有消失,教育评价体系导向和教育资源不均衡使"培训热"持续不退。没有了在职教师,目前杭城中小学英语培训机构师资以专任教师为主。值得注意的是,机构专任教师中也有相当比例的应届大学毕业生。在校大学生正处在专业知识和技能的学习阶段,其自身各方面能力发展尚未成熟稳定,资历较浅,教学经验不够,这无疑会影响培训效果。

英语培训机构的另一部分特有的师资是外籍教师。但是培训机构没有设好师资门槛,不少机构所聘请的"外教"来历不明。有些外教根本没有获得他们所在国家的相关教育的从业资格证书和教学资质,不懂语言教学规律,缺乏教学技能,只能算是会说英语的外国人而已,甚至有些外教的母语并不是英语。

5.缺乏师资培训

英语培训机构的经营者在利益的驱使下,往往忽视对师资力量的投入和对教学质量的管理。机构的年轻教师缺少正规的培训,缺乏相关教学经验,教学技能成长慢。其次,许多英语培训机构由于规模和师资限制，没有形成专业的教研团队，没有开展定期的集体教学研讨或听课评课，这就导致同一机构内同一课程同一阶段的教学目标不尽相同。此外，由于缺少对机构教师的教学水平评价机制，教师教学质量参差不齐，无论外教与中教都缺少优质教师资源，难以与学生的英语学习需求相适应。

6. 师资流动性大

培训机构的师资还存在流动性大的问题。尤其是中小型英语培训机构内的教职工薪酬无法保障，管理制度等机构内部的优化工作难以开展，导致教师流动率高。

(四)教材选用不恰当，教学内容缺乏系统性

据调查了解，有些英语培训机构所选用的教学资料多为学校教材相关参考书和测评卷；有些培训机构还在使用20世纪七八十年代的教材；有些机构使用国外引进的原版教材；有些机构使用内部自编教材；甚至有机构不使用任何教材（这在外教的口语课中尤为常见），教学内容直接由教师自行决定。在教学内容上，不少机构存在教学内容过于超前的问题。机构为了满足家长的超前心理，将英语学习阶段目标设置越来越超前，形成恶性的“你追我赶”的态势，教学内容缺乏系统性。

(五)课堂缺乏互动

课题组在课堂观摩中发现，除外教的口语课外，其他课堂都以知识点的讲解及巩固为主，缺乏授课方式的多样化和师生的互动，这样的课堂无法培养学生真正的语言应用能力，不能实现语言学习的真正目标。

(六)缺乏有效的监督机制

英语培训行业是一个特殊的服务性行业，由于商业性和教育性之间的“冲突”使得这一行业的功能定位十分模糊。行业定位不清晰也使得教育管理部门和工商管理部门无法细分职责，无法有效监管。

四、对策建议

(一)对监管部门的建议

培训机构应在教育、工商等部门的共同监管和正确政策引导下形成优胜劣汰的公平竞争市场，做到健康有序地发展。

1. 规范准入机制

教育及工商部门应该联合制订相应的行业标准，加大对培训机构的审核，严厉打击不实办学机构。对申请的培训机构要实地考察，严格审核其办学规模、教学设施、教学硬件、教学地点及师资力量，提高培训机构的准入资质。如：培训机构老师必须持有教师资格证方能从教。所有的培训机构都应在教育主管部门进行登记备案，以备检查。

2. 加强行业监管

英语培训行业既不能由教育部门单独监管，也不能仅由工商部门单独监管。建议政府成立专门的培训机构督导小组，由教育主管部门和工商管理部门共同协调培训机构的

管理。督导小组遵循市场规律和调节机制，加强宏观管理与调控，建立英语培训机构的准入和退出机制，建立健全管理条例，完善法律法规，统一收费机制，如"课外培训机构管理办法""课外培训教育规程"等，促进培训机构规范有序发展，使其成为学校教育的"有益补充者"，而不是教育秩序的"干扰者"。

教育及工商管理部门还应联合开展培训机构评定，建立负面清单制度，将机构的办学规模、经营资格、师资力量、教学地点、教学设施、广告宣传、收费标准、家长及学生满意度、信誉记录等内容纳入年度审核内容，强化日常监管，打出不同的星级，通过网络平台及时予以公布。对有负面清单所列行为的机构列入黑名单，督令整改或予以取缔，并公布违法违规培训机构黑名单。

3. 严格师资要求

第一，要加强对中小学教师的管理，杜绝中小学教师流入培训机构授课的现象；第二，严格实行培训机构教师资格证制度。培训机构中的教师应和公立学校的教师一样，要求有统一的教师资格证书；第三，要求培训机构公开师资力量，对任课教师的学历、毕业院校、专业、教龄、所教科目、主要教学成果等都做到公开透明；第四，教育主管部门可定期对培训机构内的英语教师组织岗位培训等活动；第五，教育部门应不定期抽查各个培训机构，以现场下发调查问卷并及时回收问卷的形式了解机构的教学情况，以达到监督教师教学的目的。

4. 限制课程设置

为了避免培训机构扰乱学校教育的教学秩序，教育主管部门要对培训机构中课程的设置和教学内容进行限制和规范，尤其禁止超前培训。

5. 加强教材监管

语言的学习涉及文化的输入，对学生的价值观、世界观会有一定影响。因此教育管理部门要规范市场教材体系，通过宏观指导加强对各类教材的分析研究和评价，帮助各机构把握教材的特点和适用对象，尤其要加大直接引进的原版教材的审核力度。

(二)对家长的建议

家长在为孩子选择英语培训机构时，不可盲目跟风，可从机构背景、教学环境、收费标准、班级规模、教学师资、教材选择、教学理念及方法、课程设置、教学效果等几个维度去综合评价机构，结合孩子的学习目的和学习能力，选择合适的机构。

1. 了解机构背景

家长可要求培训机构出具教育资质，实地考察机构的办学规模、硬件环境，详细了解机构成立时间、员工人数、师资配比、教材使用、课程开发、教学成果等相关数据。同时，多渠道了解机构的市场口碑和诚信度，并实地考察机构的教学环境和教学设施。

2. 衡量收费标准

对于培训机构的价格收费，家长从家庭经济消费能力的角度出发，再结合高性价比，通过多家比较，选择定位合理的培训机构。

3. 选择班级规模

在班级规模方面，无须一味追求一对一或一对二培训。小学阶段最佳学员人数为2—10人，初高中阶段可以是10—20人。再者，根据孩子目前的英语水平，或是根据机构入学测的成绩，结合学校考试成绩，为孩子选择适合层次的班级。

4. 着眼师资力量

挑选英语培训机构一定要看师资水平。第一，看教师的文化背景(毕业院校、学历、专业、英语能力证书、教师资格证书等)；第二，了解教师的执教教龄；第三，看教师的教学经历；第四，了解外教资质，尤其是外教是否具有TESOL证书等。

5. 匹配学生需求

家长要按照孩子的学习需求来选择培训班。不同的英语培训班有不同的定位或者是特色课程，家长应根据孩子的特点及需求来选择培训机构及班级。

6. 关注教材体系

家长在考察英语培训机构时，要详细了解机构所选用的教材，一看出版社是否权威，二看教材体系是否完整。

7. 观察教学方法

绝大多数英语培训机构都有试听课，家长应充分利用好这一节试听课，了解该授课教师的教学特点、教学能力、课堂活动、师生互动等情况。

(三)对培训机构的建议

1. 规范内部机制

培训机构应完善管理体系，根据机构自身的培训优势，从市场需求出发，切切实实地在培训目标、课程设置、评价体系、培训服务等方面改革创新，推出高质量的培训课程。

2. 完善硬件设施

培训机构应改善教学环境和教学设备，不断引进先进的教育系统，充分运用现代教育技术，满足参加语言培训的学生的不同学习需求。

3. 加强师资力量

英语培训机构可构建一套标准的师资选拔条例。在招募师资时，要有准入门槛，严控把关，通过正规的招聘遴选出既有较高品德修养又有良好学识和授课水平的专职教师。就职的专任英语教师应具有TEM8级或相应的英语能力水平考试证书(如公共英语PET5级以上、托福110分以上、雅思7分以上)。不建议英语培训机构招收只有英语四六级考试证书的非英语专业大学生任教。培训机构要加强教师资历审查，非师范类英语专业毕业的应考取教师资格证后方可从教。培训机构应建立规范完整的入职培训体系及师资培训计划，加强对教师的培训与管理。对外籍教师的聘任更是要慎重，要严格审核外教的简历，要求具有TESOL证书的外教方可在机构任教。

4. 优化课堂教学

英语培训机构教师应丰富课堂教学活动形式，增加趣味性，注重口语训练，增进师生互动，以促进学生对知识的掌握和运用，改变“哑巴英语”的现状。

5.实行因材施教

培训班的英语课应对学生做好分层，教师做好因材施教，教学上应更具有针对性，设计差异化的教学模式，保证每一位学生在英语培训过程中获得理想的学习效果。

6.改革人事制度

针对机构教师流动性大的问题，培训机构需改革人事管理制度，提升企业的软实力和文化凝聚力，提高员工的薪资和福利，让机构员工有归属感。

课题组单位：浙江商业职业技术学院
课题组负责人：韩玲
课题组成员：胡海英，施磊，沈国强，胡晓娟
课题名称及编号：杭州中小学英语培训机构的现状及选择（编号：2020N83）

大众文化视野下杭州及周边地区传统民间音乐资料采集及整理

[按语]本课题在杭州及周边地区民间音乐戏曲文献和曲谱整理基础上，从音乐戏曲曲本内容出发，通过归纳文本内容并做出现代含义的诠释，进而通过调研访问法、文献研究法和历史研究法探析民间音乐戏曲文化深入的思想文化脉络，最终挖掘出音乐戏曲这一艺术形式对百姓精神文明生活的影响和当地民风面貌的反映。通过调研得出，2014 年至 2019 年政府和社会各界力量在传承学校、民间剧团剧社，青年传承人非遗项目专项保护等方面给予大量的政策和资金支持。传统音乐及戏曲文化逐渐融入于百姓生活，尤其是在中小学教育的普及和传承中，更多实践活动铺展开来，传统音乐艺术这一形式所反映的文化内涵和故事内容越来越被广泛接纳和重新释义。

一、课题概述

(一)本课题的学术理论价值和实际应用价值

民间音乐戏曲蕴含着极高的艺术价值，艺术内容来源于生活大众的写照，是人民大众真实情感的流露并反映了社会物质生活和精神面貌。传统的民间音乐戏曲活动在各时期社会中占有重要的地位，这一艺术形式和内容不仅承载着地区民众共同的历史记忆，也是百姓喜闻乐见的艺术形式。对杭州及周边地区传统音乐戏曲资料采集、整理具有以下几点：

1. 文化的传承价值，丰富史料文献内容

民间音乐戏曲文化包括了民众的衣食住行、婚丧嫁娶、节日礼节、道德信仰等，内容在民间音乐和戏曲传唱中进行体现与传承。挖掘、保护、传承和管理传统音乐戏曲文化活动，对其现状进行调研，不仅可以补充和丰富史料内容，还可以从中了解到某一地区和地域的文化知识，认识这一地区的道德信仰以及他们的历史积累和历程，从中汲取积极的健康优质元素，为新时代社会主义精神文明建设服务。

2. 奠定民俗学发展的理论基础，了解音乐戏曲的变化及演变

杭州及周边地区文化的发展受到南宋文化影响，南宋时期音乐和戏曲从宫廷走向民间，由贵族化转向平民化。因此，研究和挖掘民间音乐戏曲文化元素丰富音乐和戏曲领域不仅可以了解艺术活动的形式与变化，而且对艺术表现形式、艺术呈现手法演变有更加清晰的脉络把握。

3.传统音乐的现代重构,促进文化价值的共识

基于传统音乐戏曲元素与现代社会时尚元素的整合来重构现代音乐,既可以体现音乐的地方特色,又兼顾体现音乐的现代创作手法,通过借助传统音乐的沟通作用,在大众意识观念中建构相对清晰的文化共同印象。

4.弘扬优秀传统文化,树立正确的教育价值观

从基础教育到高等教育都需要把传统文化教育提高到一个新的高度,实现传统音乐文化在各教育阶段的教育价值。

5.应用价值

为政府和教育界提供战略咨询服务和决策依据。通过调研数据和现状为政府管理部门和传统文化在教育领域的传承和弘扬提供强有力的智力支持。在为政府决策提供有价值的指导意见的同时,提升当地居民对民间音乐艺术的认知度,激发群众的保护意识,更有利于打造和实践文化先导区的战略思想。

(二)研究的目标和主要内容

第一、杭州及周边地区的民间音乐分类及归纳。按照民族乐器、民歌、歌舞、曲艺、戏曲、说唱六种类别进行分类,归纳其一级、二级、三级名目等级。

第二、着重整理和归纳杭州及周边地区的非遗地方剧种。杭州及周边地区被纳入浙江和国家非物质文化遗产名录中有:杭剧、瓯剧、睦剧三种传统戏曲种类。按照地方剧种的唱法特征、戏服风格特征、脸谱视觉图案三个方面进行归纳总结。

第三、从民间音乐和戏曲的艺术内容中进行文化价值内容归纳。对个体品德、家庭和谐、社会风气、社会治理四个方面进行分析和归纳整理。此部分为整个研究的主体部分,为研究传统民间艺术的当代价值研究做铺垫。整体研究思路如图1所示:

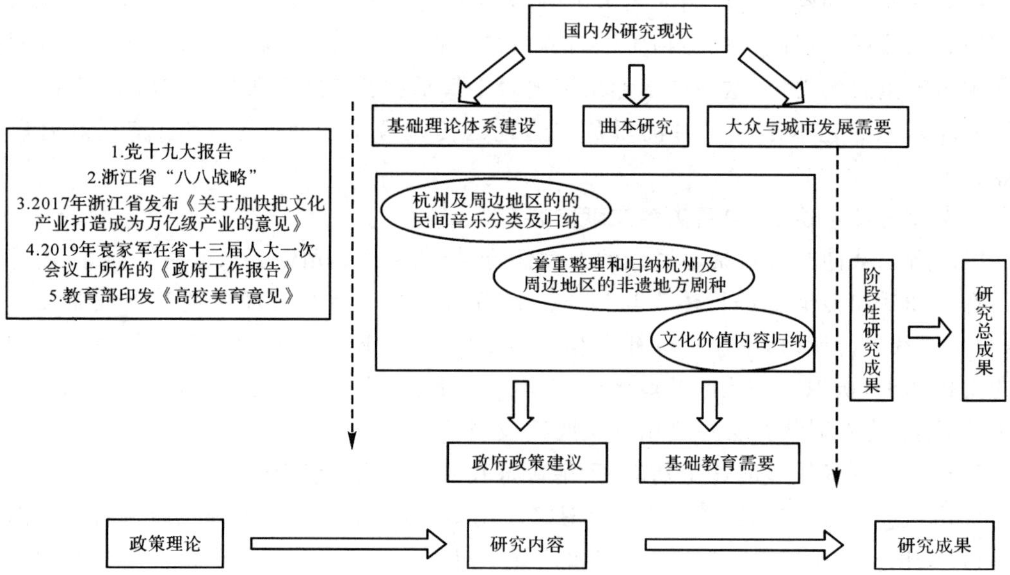

图1 研究思路图

(三)研究对象和研究方法

1. 研究对象

首先，调研杭州市区及周边地区(淳安、临安、临平、桐庐、千岛湖、富阳等)各级的政府部门。具体包括调研杭州市文化厅、博物馆、区文化馆、非遗办等3—4家政府部门，杭州周边地区乡镇部门4—5个。通过对政府部门的调研获取文献不少于100份左右，音频录像不少于40份左右，图片采集不少于50份左右。

其次，调研群众和非遗传承人，群众以70岁以上的老年人为主。访谈的问题主要围绕基层百姓对传统音乐戏曲活动的熟悉情况、项目类别、故事来源、传承问题等来展开。

2. 研究方法

本课题研究难点主要在调研期间发放调查问卷难于回收，而本课题的研究坚持以“实践调研”为基础，以“获得真实数据”为依据。考虑到这些问题，本课题研究将采取高校与政府相关职能部门及中小学合作的形式，通过政府相关人力资源的协助，来满足课题的研究需要。本研究采用问卷调查、访谈和实地考察、案例分析三种研究方法。

问卷设计：问卷主要包括两大类的调研问答，第一大类“关于杭州及周边地区传统音乐戏曲文化种类”设计15个问题。第二大类“关于杭州及周边地区传统文化分布情况和人员管理情况”设计15个问题，主要以社会情况调查各类民间音乐戏曲活动的开展和传承情况。

访谈和实地考察：首先，走访文化部门、博物馆、历史文化馆、乡镇政府等政府管理部门，进一步了解和搜集相关的杭州及周边地区的民俗文化活动的历史发展和当代传承与弘扬的实践情况。其次，访谈的群体由70岁以上的老年人和非遗传承人两个部分组成。访谈的问题主要围绕基层百姓对传统音乐戏曲活动的熟悉了解情况、当地机构部门的具体开展措施以及扶持等相关的情况。

案例分析法。在对地方音乐戏曲的调研和资料整理的同时，选取经典曲段进行案例分析。对经典案例的分析，一方面邀请非遗传人和民间艺人进行调研和访问，另一方面是对相关的剧种材料进行梳理从而在理论和观点上给予充足的论证和补充。

二、杭州及周边地区民间音乐的调研数据与结果

截至2018年的统计，浙江省共有公共图书馆103个，文化馆101个，文化站1374个，博物馆337个，隶属文化部门艺术表演团体64个。2014年浙江省第一批传统戏剧之乡共22个，其中，传统戏剧特色市2个，传统戏剧特色县(市)5个，传统戏剧特色镇(街道)5个，传统戏剧特色村10个，2015年省传统戏剧之乡共22个，覆盖面已达了57.5%。

(一)文献查阅调研结果

“南戏始于宋光宗朝”(《南词叙录》)，“南戏出于宣和之后，南渡之际”(《猥谈》)，南曲戏文与南宋皇朝的辉煌繁荣共存了一百多年，堪称中国戏曲之祖。公元1559年，文学家、戏曲家宋渭《南词叙录》一书是唯一的一部全面研究南戏的专著。南宋戏曲的声腔剧目、演出场所等呈现方式，今天已经无法做具体的考据。但是像《琵琶记》被视为“曲祖”，是根据南戏改编的一部作品，目前在浙江省多个剧团被赋予传统和新编等多种演出展演形式。

通过这部戏曲的探究，可以发现南戏用词“清丽”，还有对社会现状的折射，凸显文人气节等一些特点。

（二）问卷调研结果

为了更加直观地呈现调研结果，采用 SPSS 统计软件和表格统计法，设计了“关于杭州及周边地区传统民间音乐名录”“百姓对音乐及戏曲名录的熟悉程度分布图”“民俗内容中民间歌曲的分类”“歌曲分类中进行歌曲数量统计分布图”“宣传的主要音乐形式与体裁”“每一民俗文化活动中具体项目歌曲数量分布图”六个方面的内容。

第一，杭州及周边地区传统民间音乐名录的整理。

表 1 是按照国家级、省级和地方文化馆陈列三个层级的分类对杭州及周边地区传统民间音乐名录进行的整理。

表 1　三个层级的分类进行对杭州及周边地区传统民间音乐名录的整理

国家级非遗				
十番音乐（楼塔细十番）	浙派古琴	江南丝竹	嘉善田歌	平湖琵琶
省级非遗				
奉化吹打	嘉善田歌	江南丝竹	塘工号子	嵊州吹打
鼓亭锣鼓	渔歌	太极祭炼音乐	绍兴派古琴艺术	
杭州及周边地级市文化馆记载				
江南丝竹	浙派古琴	细十番	鼓亭锣鼓	畲族山歌

在三个层级分类中，目前通过媒介向大众展示最多的是民间音乐曲目，如器乐作品（江南丝竹、平湖琵琶等），声乐作品（山歌、采茶舞、莲花落等）。

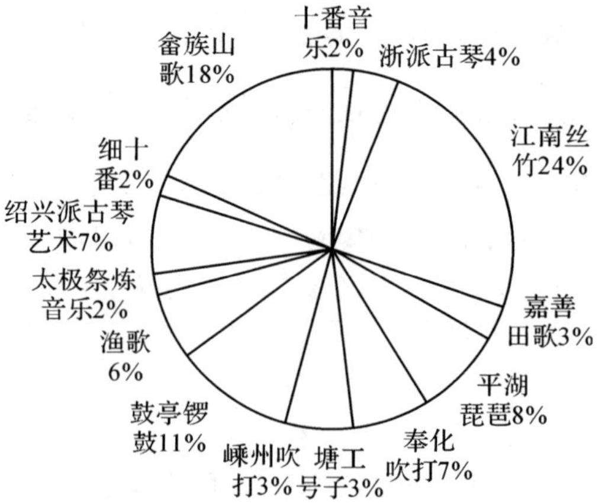

图 2　百姓对音乐及戏曲名录的熟悉比例

第二，根据大众文化生活、节庆礼节、道德信仰、山水等自然文化将民间歌曲进行具体项目的分类（见表 2），从中对每类歌曲进行数量统计（见图 3、图 4、图 5、图 6、图 7）。

表 2　民间歌曲中涉及四个内容的分类整理

分类	生活文化	节庆礼节文化	道德信仰宗教文化	山水、海洋文化
具体项目	服饰	成年礼	教派音乐	器乐曲
	饮食	生日和寿诞	信仰对象与媒介	歌曲
	居住	婚姻	祭祀仪式	歌舞
	出行	葬礼		

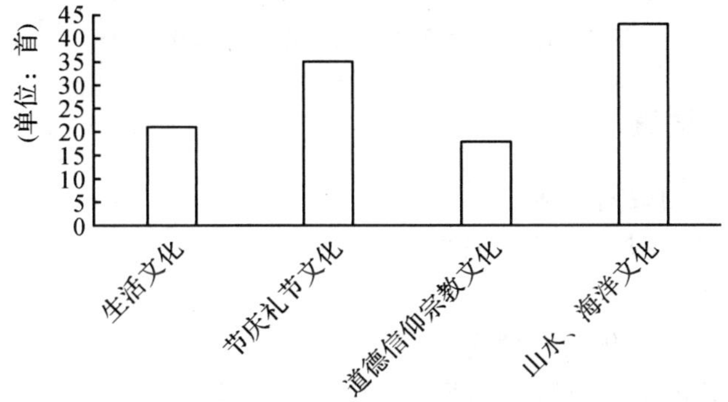

图 3　四类歌曲分类数量统计

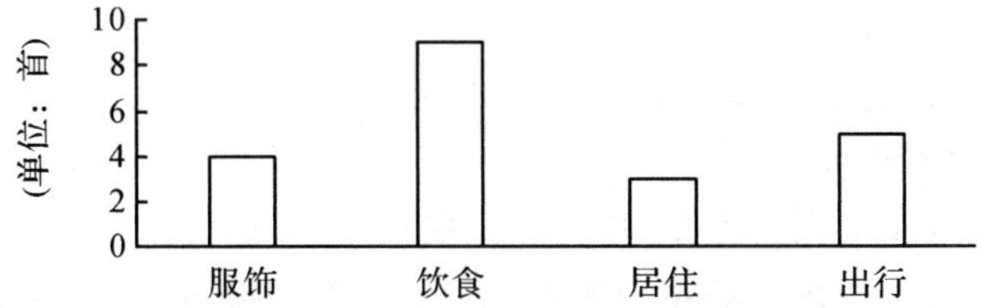

图 4　生活文化活动中歌曲数量统计

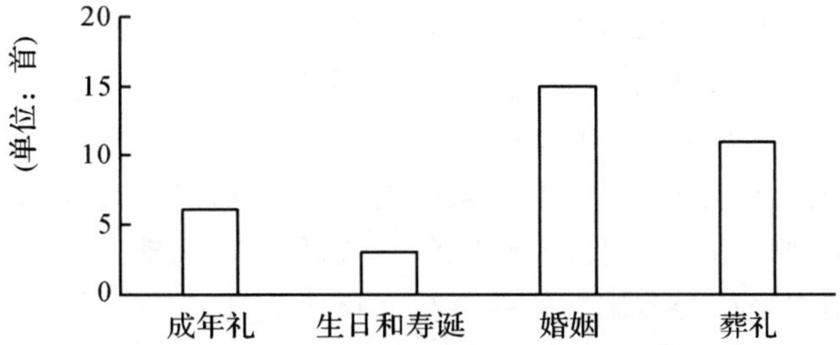

图 5　节庆礼节文化活动中歌曲数量统计

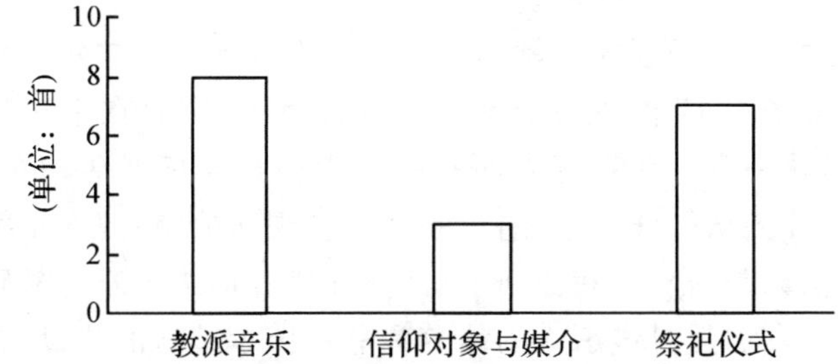

图 6　道德与宗教文化活动中歌曲数量统计

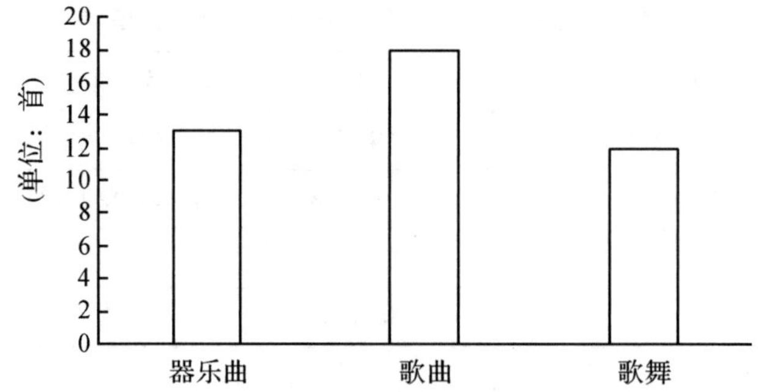

图 7 山水与海洋文化活动中歌曲数量统计

(三)访谈调研结果

A:传统文化传承的政府观点

访谈时间:2019 年 6 月 29 日星期六

访谈者基本情况:

A 先生,43 岁,某市文化馆管理人员

B 女士,38 岁,某市文化馆管理人员

C 女士,52 岁,某市非遗办管理人员

访谈问题与主要内容:

问:从政府层面看,自 2015 年,本市对传统文化尤其是传统音乐都有哪些工作,涉及范围和推广形式主要有哪些?

答:像政府部门及相关团体组织则逐步发展成了传统文化生存与发展的中坚力量。首先,各地级市文化活动在每年的春节晚会、元宵晚会、中秋晚会等重要节日的节目选编中把非遗文化音乐戏剧元素纳入节目单中。其次,为了更好地丰富居民群众的文化生活,提高居民的文化素养,杭州市拱墅区祥符文化站在勤丰社区开展了“送演出进社区”活动;杭州市上城区文广新局与紫阳街道联合举办的“上城区 2015 年文化遗产日非遗专题演出”;淳安县结合国内一流的创意和技术,选用中国武术、杂技、江南民乐、舞蹈、淳安元素(抬头看鱼灯、铿锵有力的号子)等表演元素倾情打造全新版《水之灵》;建德市 2019 年“文化和自然遗产日”系列活动,包括传统技艺展、传统民俗表演、非遗节目展演为进一步弘扬优秀传统文化,力图在全社会形成良好的传统文化保护氛围。

问:非遗传承人是如何联系和保护的?非遗教育的方式和种类又有哪些?如何认定非遗传人的价值和地位?

答:例如,桐庐县文广新局领导带领非遗中心工作人员班子在每年春节前走访和慰问了桐庐县朱维桢、陈爱华等 17 位省市非遗代表性传承人,同时在平时的非遗展示展演活动中积极为传承人搭建平台。在教育方面和中小学教育与拓展活动对接层面,把非遗文化的意识输入和知识技艺从娃娃做起,组织小朋友参观非遗馆;建德市举办市中小学艺术节优秀节目展演,包括舞蹈、合唱、戏曲演唱、经典诵读等形式。政府鼓励非遗传承人积极参与非遗宣传活动,重点加强对传承人的培养和非遗传承基地的建设,希望今后传承人能够积极履行传承职责,招徒弟,传技艺,尽自己最大努力将民间瑰宝转化为更多人的活态传承。

B:70 岁以上老人(群众)的观点

问:最喜欢的杭州及周边地区的民间音乐和戏剧都有哪些?

答:例如,越剧表演"梁祝选段回十八""葬花",舞蹈"向上攀爬",民间节目"小脚媳妇赶十八",莲花落《萧山葛毛花头透》、鼓乐"普天同庆"民间艺术表演《鼓韵魁星》、民俗舞《抬花轿》、说唱《四老太夸媳妇》等充满浓郁地方特色的节目。

C:非遗传人的观点

问:杭州及周边地区的非遗音乐戏曲整理工作做了哪些,目前有哪些成果和进展?

答:我们对"浙派非遗地方剧种"进行了分类整理,浙江省地方剧种被纳入浙江和国家非物质文化遗产名录中有越剧、昆剧、杭剧、婺剧、甬剧、瓯剧、睦剧七种传统戏曲种类。对浙江省各地文化馆、浙江省非物质文化遗产中心现有的资料进行曲谱文献整理,按照地方剧种的唱法特征、戏服风格特征、脸谱视觉图案三个方面进行归纳总结。首先,对主要的地方戏曲剧种,如婺剧、甬剧、杭剧、瓯剧等角色行当中,生角和旦角的演唱发声方法、音质音色、行腔咬字等方面进行系统性的汇总、记录总结,为戏曲动漫的传承及保护提供配乐参考。其次,从戏服的服饰形制、装饰纹样、色彩运用等方面总结整理出具有浙江地方特色的视觉元素,为戏曲服装及场景设计提供参考。此外,戏剧脸谱视觉符号的发掘研究也是非遗戏曲传承和保护的重点,通过对脸谱中的植物、动物、器物、文字图案进行分析,来研究浙江人文背景下地方剧种视觉符号的艺术形式,得出脸谱视觉艺术所蕴含的象征意义和人文精神,为戏曲动漫的人物设计提供参考。

D:中小学音乐教师和学校管理者的观点

小学音乐教师,女性,40 岁

中学音乐教师,男,36 岁

中学副校长,男,42 岁

小学教务主任,女,43 岁

问:目前在中小学音乐教育板块中非遗艺术走进中小学课堂拓展活动是如何进行教育宣传的?通过何种方式与日常教学相融合的?学生又是如何去接受这些传统文化元素的?

答:近些年来,全国开展的"戏曲进校园""戏曲在中小学的传承和发展"等活动不仅强调戏曲的教育价值、美育功能,还重视人文素养和动手实践能力的提升。首先政府给予支持,学校和社会力量鼓励活动的开展。放眼全国,例如,湖北省提出"加快推进武汉戏曲大码头"的振兴工作方针,在具体的实施中认真贯彻戏曲进校园的精神;2015 年湖南省在全国率先启动"中华优秀文化数字化建设与传承计划——戏曲动漫"推广项目,与九天星韵文化发展有限公司合作完成了 90 部(集)戏曲动漫资源的制作,并同时在海南、湖南、湖北三省举办校园推广活动。在戏曲进校园和戏曲教学方面,例如,湖南省精心编撰了《中小学美育课程教材·戏曲》的教学课件,让学生通过看、讲、学、模仿等形式,系统地学习优秀戏曲文化。

问:对浙派民间音乐与戏曲活动在中小学教育阶段进行学习和宣传有什么意义和价值?

答：中小学生是传承戏曲事业的接班人，是国家传统文化传承的希望。“戏曲进校园”的活动正是对传承发展戏曲事业和对青少年精神培育的有力践行。让学生欣赏戏曲动漫，从而领悟深刻道理，学习向真、向善、向美的文化精神是一种教学形式的创新。首先，服务于教学，为教师提供新的教学手段和教育理念，提升教师传统戏曲素养。学习与欣赏民间传统音乐与戏曲不再仅仅是传授知识，更重要的是教会学生从中获得艺术中美感的体验。其次，为学生提供了广泛的戏曲学习领域和实践空间。打破传统戏曲与中小学生之间的认知隔阂，巧妙地运用到动漫中，更加贴合学生的个性发展需要，为自行实践、戏曲学唱，以及对戏曲故事内容了解起到强大的推动作用。

问：目前以动漫的形式在中小学阶段进行推广形式较多，这种数字化的保护手段有什么优势？

答：通过对传统戏曲进行动漫化创作，以动漫为载体向中小学生传递非遗文化，是戏曲这一非物质文化遗产的传承与传播的途径之一，无论从现实需求的层面还是非遗保护的理论价值方面，都是一种有效的途径。具体地说，非遗戏曲动漫的使用可以分为以下三种途径：第一，戏曲动漫库网络化，通过网络在线或者移动设备客户端简易的方式提供经典视频，以供中小学生观赏学习。第二，成立戏曲学习兴趣小组和戏曲社团开展第二课堂，通过戏曲的动漫元素作为传统戏曲的表达载体，激发学生对戏曲服装或者“弓箭步”“走圆场”等戏曲基本功的兴趣爱好。第三，戏曲动漫库的建设为开展“教材编撰、教学师资培训、课程开设、节目展演”的一体化教学路径打下基础。非遗的传承需要稳定和规模的传承梯队，非遗在中小学教育中的普及正是构建这种传承梯队的重要途径，也是增加中小学生非遗学习兴趣和激发学习动力的重要辅助手段。

三、总结与展望

党的十八大以来，浙江省及各地级市认真贯彻落实习近平总书记关于传承和弘扬中华优秀传统文化的系列重要讲话及指示精神，坚守文化根脉，坚持活态传承，推动了新时代传统文化传承发展的壮阔实践在浙江大地生动开展。为推进中华优秀传统文化的创造性转化和创新性发展，浙江着力挖掘和阐释传统文化宝贵的思想资源，加强文化传承的总体设计、统筹谋划、创新实践。

第一，坚持保护活态传承，让文脉“活”起来。

通过本次调研了解到，浙江省加大保护传承非物质文化遗产的力度，相继开展了省级和国家级非遗代表性项目评审，将具有突出历史文化科研价值的市（州）级濒危非遗项目纳入申报。

要让优秀传统文化“活”起来，必须推动传统文化走入百姓生活，实现活态传承。近五年的数据显示，浙江推动传统文化的“非遗走进社区”“非遗培训班”“非遗春晚”等系列活动逐渐让传统优秀文化因素融入百姓家庭生活。这些优秀的剧目不只是让曲调“声入人心”，更需要通过这一艺术形式挖掘艺术本身的文化价值，从歌唱和表达中了解浙江传统文化中的家风家规，如三苏家规家风等家风文化资源，广泛开展文明家庭创建。此外，江南丝竹音乐以其小、轻、细、雅，充分体现了江南文化，是江南文化的特定产物，诞生并流行于江浙沪这一经济文化发达的富饶宝地，灵活多变，极具个性特色。

第二，鼓励多元文化相融，让优秀传统文化“兴”起来。

文化是根本，产业是途径手段，基于文化活态传承基础上，通过推动文化与科技、教育、旅游等多产业深度融合，实现传统文化业态的产业升级和创新迭代，促进传统优秀文化蓬勃发展。非遗文化与浙江特色的民间艺术可以与旅游结合起来，依托得天独厚的旅游资源，注重文化与城镇建设融合，把浙江文化经典性元素融入文创产品中，标志性符号纳入城乡规划设计中，推动优秀文化真正走入百姓生活空间。

第三，重视优秀文化接续相传，让传统文化“融入”进来。

围绕立德树人与实践教育，中华优秀传统文化不仅让其走入社会、进入人心，更需要融入学生思想道德修养、文化知识教育、社会教育实践各环节，发挥以文化人、滋养心灵的作用，让优秀传统文化在年轻一代中薪火相传、落地生根。

第四，浙江传承优秀传统文化的思考。

浙江传统文化历史悠久，资源丰富，需要做整体规划，按照把握导向、立足学术、着眼传承的总体工作思路。在现有的浙江一系列学术科研平台上，加强对浙江传统文化的挖掘整理、研究阐发和价值提炼。此外，增强百姓对传统文化的认知度、影响力、吸引力。浙江省有较为发达的媒体行业，可以开设一批围绕浙江优秀文化传承创新的新媒体矩阵，通过电视节目、报刊专栏、网站专题和新闻报道等多种形式进行，让更多的人了解传统文化，创造出更多惠及于民的文化福祉。

参考文献

[1] 顾希佳.浙江民俗大典[M].杭州:浙江大学出版社,2012:367-485.
[2] 张伟,苏勇军.浙江海洋文化资源综合研究[M].北京:海洋出版社,2014:144.
[3] 陈辉.浙东渔歌—海洋文化的历史记忆[M].上海:上海音乐出版社,2017:14-17.
[4] 朱秋枫.浙江歌谣源流史[M].杭州:浙江古籍出版社,2004:130.
[5] 齐琨.表述:从音乐到音声再到声音[J].音乐研究,2016(2):84.

课题组单位：浙江外国语学院

课题组负责人：苏燕

课题组成员：林刚，王姿妮，殷顒

课题名称及编号：大众文化视野下杭州及周边地区传统民间音乐资料采集及整理（编号：2020N86

杭州市社区居民健康管理需求调查研究

——以家庭医生签约实施现状调查为例

[按语]为了准确了解居民潜在健康管理需求，设计满足居民健康管理服务需求的多样性产品及服务组合，促进健康管理行业良好发展。本文采用调查问卷法、四阶抽样法和构建 Logistic 回归模型等方法，对居民当前家庭医生签约状况和健康管理服务认知情况，以及家庭医生签约制度和健康管理服务的开展使用现状进行调研。结果表明：居民对家庭医生签约服务制度的知晓度较高，但也存在着家庭医生的医疗技术良莠不齐、工作主动性不高等问题，进一步对居民健康管理服务需求现状调查显示，普遍存在对其认识不足、接受健康管理服务的意愿低、可接受服务价格不高等问题。提出多部门合作推进家庭医生签约更大覆盖；评价机制助力、完善家庭医生服务；多样服务、提高居民健康管理服务的参与度；狠抓服务质量，多渠道健康管理信息推广及管理，引入企业健康管理服务，补充社区一级的不足等建议。

一、调查背景

目前，我国 90％的医疗资源用于疾病的治疗，预防仅占 10％，大部分的人力、物力、财力都在忙于治已病，但随着健康产业的铺开，全国的医疗策略也逐渐从“以疾病治疗为主导”向“以健康干预为主导”转变。杭州市为完成“十三五”时期“城市国际化”的首要任务，在医疗卫生事业方面既抢抓机遇，又提供支撑，进一步推动资源合理配置。

现阶段，国内健康管理服务产业发展也存在一些问题。目前，杭州市居民健康管理需求日益增长，2016 年健康体检人数达 541.79 万人。因此，准确了解居民潜在健康管理需求，才能设计满足居民健康管理服务需求的多样性产品及服务组合，促进健康管理行业良好发展。

杭州家庭医生签约服务是杭州医改的一大亮点。但是，家庭医生签约服务正式实施三年多来，却遭受诸多诟病，在 2017“公述民评”第三场，现场曝光了杭州家庭医生“一人签近千名社区住户”“签完之后再无联系”等现状。因此，了解居民对家庭医生签约制度的知晓程度、满意程度、支持程度，以及家庭医生签约制度存在的问题至关重要。调查社区居民对健康管理服务需求状况(包括意愿、内容、途径)，并进行影响社区居民对健康管理服务需求的潜在因素分析，探究健康管理服务和家庭医生的发展趋势。归纳家庭医生签约制度的实施经验，从而为健康管理服务机构提出有效改进措施与提升方案，为杭州市“医养护”一体化建设提供建议。

二、调查方案

(一)调查对象与方式

本次调查以杭州市下城区、滨江区和富阳区内的社区居民为调查对象,调查场所限定在各个医院和社区医疗中心之内,随机进行问卷调查。

(二)调查问卷设计

了解杭州市社区居民当前家庭医生签约状况和健康管理服务认知情况,以及杭州市家庭医生签约制度和健康管理服务的开展使用现状。

1.第一部分——被调查者的基本信息

了解调查对象的性别、年龄、文化程度、月收入、职业、医疗保险类型等基本信息,总结被调查者对健康管理服务的了解程度、需求程度等,探究健康管理服务和家庭医生的发展趋势。

2.第二部分——被调查者身体状况

在完成被调查对象基本信息收集后,通过对数据的整理与分析,对社区居民身体状况从生病次数、就医次数、慢性病、自评健康状况等几个方面来进行分析。区分不同身体状况的社区居民对健康管理服务和家庭医生的需求状况和了解程度。

3.第三部分——家庭医生签约实施及健康管理服务开展使用状况

研究家庭医生签约实施和健康管理服务开展状况以及社区居民参与程度和满意程度的分析。通过对社区居民家庭签约医生制度的落实状况调查进而研究家庭医生签约制度的不足之处。

4.第四部分——健康管理服务的需求现状

调查社区居民对接受健康管理服务的意愿、支出、内容、项目、健康管理服务的问题、获取健康管理知识的途径和提供健康服务的方式等方面,准确把握社区居民对健康管理服务未来发展的趋势,为各大健康管理服务机构提供更好建议。

(三)调查抽样设计

1.整体抽样方案设计

本方案采用四阶抽样,各阶抽样单元分别为:

一阶抽样单元:地级市下辖的区

二阶抽样单元:街道

三阶抽样单元:居委会

四阶抽样单元:住户

2.样本量及样本

调查实施多阶抽样设计方法抽取调查样本。经查阅同类调查文献确定要求或认可的估计精度水平,同时,根据2017年杭州人口统计公报中杭州十个城区常住人口规模,考虑并权衡调查经费、时间、调查机构可动用的各种资源等各方面的限制,综合确定最终的有效样本量为676个,具体问卷分配量如表1。

表 1　问卷分配情况统计表

<table>
<tr><th>抽中区</th><th>抽中街道</th><th>抽中社区</th><th>2017 年住户数</th><th>有效问卷分配量</th></tr>
<tr><td rowspan="4">滨江区</td><td rowspan="2">浦沿街道</td><td>滨文社区</td><td>2791</td><td>68</td></tr>
<tr><td>新浦社区</td><td>1900</td><td>46</td></tr>
<tr><td rowspan="2">长河街道</td><td>白马湖社区</td><td>2199</td><td>54</td></tr>
<tr><td>长河社区</td><td>737</td><td>18</td></tr>
<tr><td rowspan="4">富阳区</td><td rowspan="2">富春街道</td><td>鹳山社区</td><td>3014</td><td>74</td></tr>
<tr><td>巨利社区</td><td>2599</td><td>63</td></tr>
<tr><td rowspan="2">银湖街道</td><td>香山社区</td><td>1510</td><td>37</td></tr>
<tr><td>彩虹社区</td><td>2800</td><td>68</td></tr>
<tr><td rowspan="4">下城区</td><td rowspan="2">长庆街道</td><td>十五家园社区</td><td>2488</td><td>61</td></tr>
<tr><td>吴牙社区</td><td>2520</td><td>61</td></tr>
<tr><td rowspan="2">武林街道</td><td>中北社区</td><td>2850</td><td>70</td></tr>
<tr><td>长寿社区</td><td>2293</td><td>56</td></tr>
<tr><td colspan="2">合计</td><td></td><td>27701</td><td>676</td></tr>
</table>

数据来源：根据政府公开信息网站整理得。
（http://www.hhtz.gov.cn/col/col1513592/index.html，http://www.fuyang.gov.cn/col/col1385744/index.html，http://www.hzxc.gov.cn/pub/xcqxxgk/）

三、调查结果分析

（一）调查样本分析

本次调查共发放问卷 725 份，回收有效问卷 676 份，有效率 93.2%。以下为有效问卷样本的结构分析。

1. 性别构成

676 份有效问卷中，男性为 313 人，占样本总量的 46.3%，女性为 363 人，占样本总量的 53.7%，男女比例接近 1∶1。

2. 年龄构成

调查显示，年龄在 20—29 岁的人数最多，约占总数的三成，30—39 岁年龄段占被调查者总数的 24.4%，40—49 岁年龄段占被调查者总数的 14.3%，50—59 岁、60 岁及以上的受访者最少，不足一成，受访者年龄总体呈钟形分布。本次调查受访者的主体分布在 20—49 岁（见图 1）。

3. 学历分布情况

被调查者中本科学历的人最多，占 39.9%，其次为高中或中专学历受访者、大专学历和初中及以下学历受访者，均占比两成左右，最少的为硕士及以上学历受访者（见图 2）。

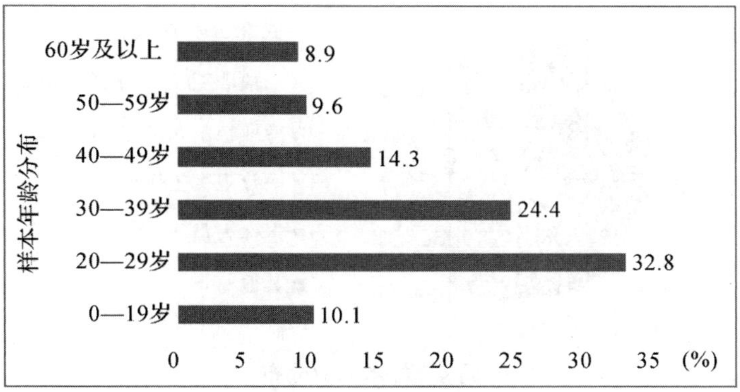

图1 样本年龄分布

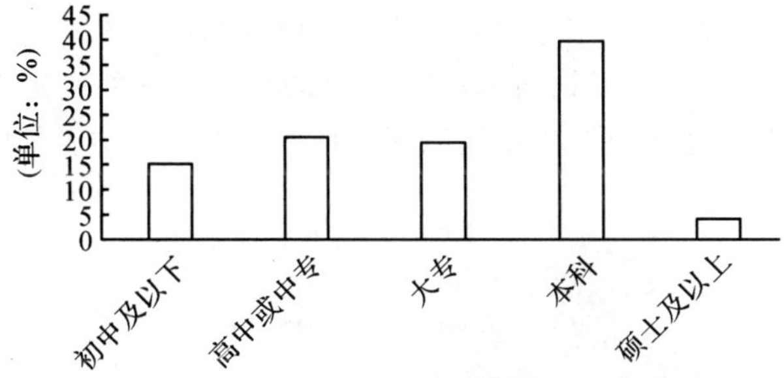

图2 样本学历分布

4.收入分布情况

调查中，月收入3500—4999元的受访者最多，占24.1%，其次为月收入917—3500元的受访者，占19%，接下来依次为月收入8000元及以上受访者、月收入5000—6499元的受访者和917元及以下的受访者，均占比15%左右，最少的是月收入6500—7999元的受访者。而月收入8000及以上受访者能达到17.2%，月收入917元及以下受访者只占14.5%(见图3)。

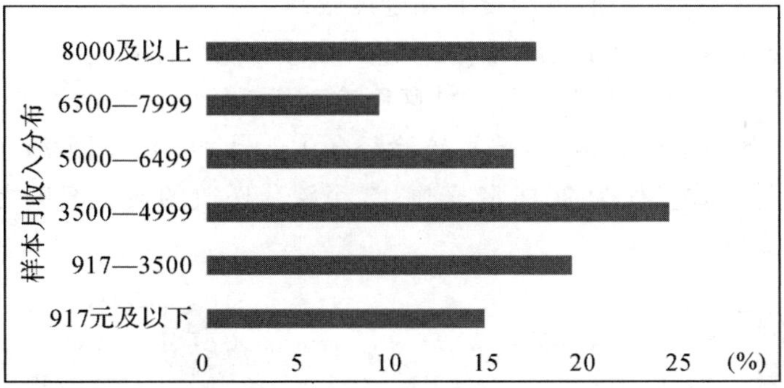

图3 样本收入分布

5.职业分布情况

调查中，职业为工人/服务人员和其他职业的受访者最多，占三成以上，其次是职业为专业技术人员/教师和退休人员的受访者，均占比一成左右，最少的是医疗卫生工作者和武警/公安/军人(见图4)。

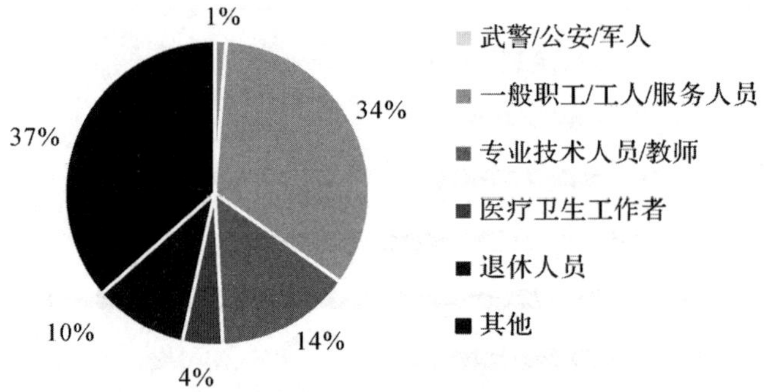

图 4　样本职业分布

6. 医疗保险类型分布情况

调查中，医保类型为城镇职工基本医疗保险的受访者占 39%，其次是新型农村合作医疗和城乡居民基本医疗保险受访者，均占比两成左右，最少的是医保类型为公费医疗、商业保险(含健康险及其他补充医疗保险)、无任何医疗保险受访者等(见图 5)。

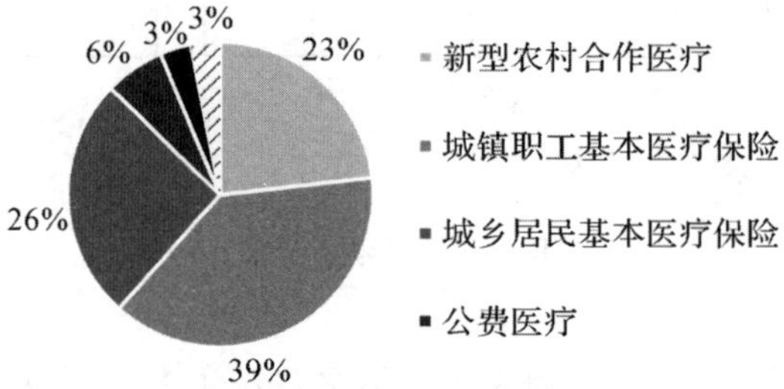

图 5　样本医保类型分布

(二)家庭医生签约实施现状

1. 家庭医生签约制度覆盖现状

(1)居民对家庭医生签约服务制度的知晓度较高。

调查表明:86%的居民听说过家庭医生签约服务制度，且有近 50%的市民表示很了解(见图 6)。约 50%的市民是在医院或社区医院看病就诊时医生的推荐下了解的家庭医生签约服务制度，其他上门宣传、宣传栏等途径各占 12%左右(见图 7)。由此可见，政府开展了多样的宣传方式。作为 2016 年全国 13 个深化医改的典型案例之一，杭州家庭医生签约制度卓有成效。

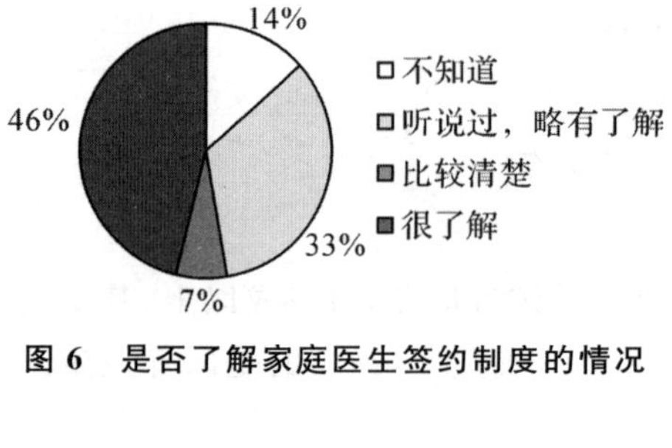

图 6　是否了解家庭医生签约制度的情况

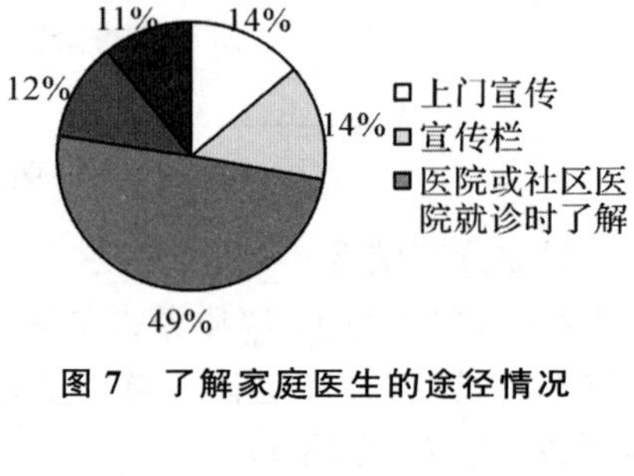

图 7　了解家庭医生的途径情况

(2)家庭医生签约多为重点人群,且签约方式多样。

杭州的签约服务制度,着重点在于老年人、慢性病人等十大重点人群。据官方报道,截至2017年4月,重点人群覆盖率已达到64.19%,成效显著,这得力于良好有效的宣传方式。在已调查人群中,有24%的杭州市民表示已签约家庭医生。这些人群中有47%是通过家庭医生介绍后单独签约的,有44%是集体签约的,分别为社区和农村两种方式。有9%的人表示自己会主动找医生签约,说明还是有一部分群众对于健康非常重视,会从行动上主动寻求帮助,这有助于推动家庭医生签约服务的开展(见图8)。

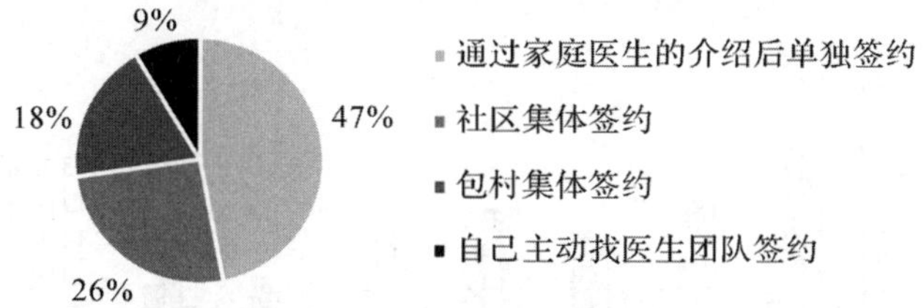

图8　杭州市居民签约家庭医生方式的现状

2.家庭医生实施情况现状

(1)家庭医生无法满足实际需求人数。

由于签约家庭医生的人群基数大,而相对应的家庭医生数量却不大,导致每一位家庭医生负责的人数较多,无法做到对每位签约市民都时刻关注,只能将更多的精力放在特别需要关注的人群上。

(2)家庭医生的医疗技术良莠不齐。

家庭医生的专业技能与责任心参差不齐,导致有些所谓的家庭医生形同虚设。当市民需要就诊时,市民往往会选择市级以上医院。因此,家庭医生应该更好的秉持为人民服务的思想理念。

(3)家庭医生工作的主动性不高。

对家庭医生向市医转诊次数的调查表明,家庭医生日常的转诊量偏低,81%的市民未有转诊经历,13%的市民有一到两次的经历(见图9)。体现了家庭医生工作主动性不高。

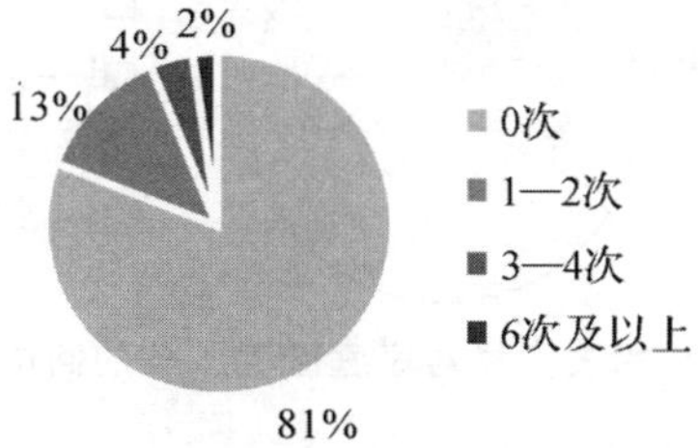

图9　一年中由家庭医生转诊的次数

3.家庭医生签约服务反馈情况现状

(1)签约市民对家庭医生签约制度的反馈。

对家庭医生签约服务实施满意度的调查表明(见图10)有66%的人对家庭医生制度表示认可,只有10%的人对此制度很不满意。不同身体状况的市民对家庭医生所担忧问题的调查显示(见图11),家庭医生的医疗技术水平是市民最为关注的。市民对家庭医生医疗水平的不信任也是制约家庭医生制度开展的重要因素。

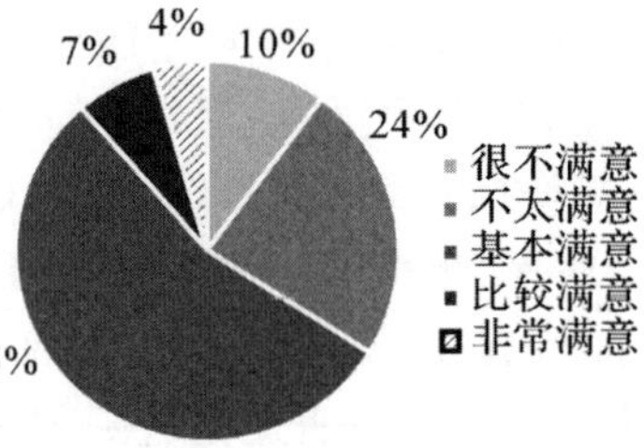

图 10　家庭医生签约服务满意度调查情况

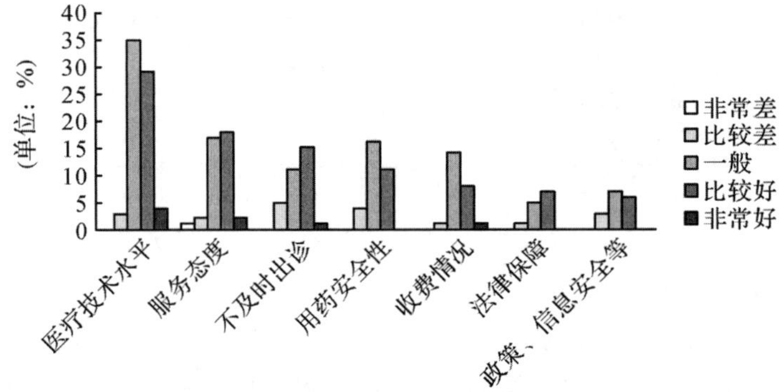

图 11　不同身体状况的市民对家庭医生所担忧的问题

(2)家庭医生回访评价现状。

相关人员对家庭医生服务的回访次数显示(见图 12)：有 67%的人表示从未有相关人员对家庭医生的各种服务进行回访调查，24%的只有 1—2 次，不超过 10%的市民经历过 3 次以上的回访。对影响家庭医生签约制度推行的因素进行调查发现，家庭医生制度本身不完善、人们需要时间去接受及不了解是主要因素(见图 13)，因此，有效的监督有助于规范家庭医生的行为与职责，健全家庭医生评价制度势在必行。

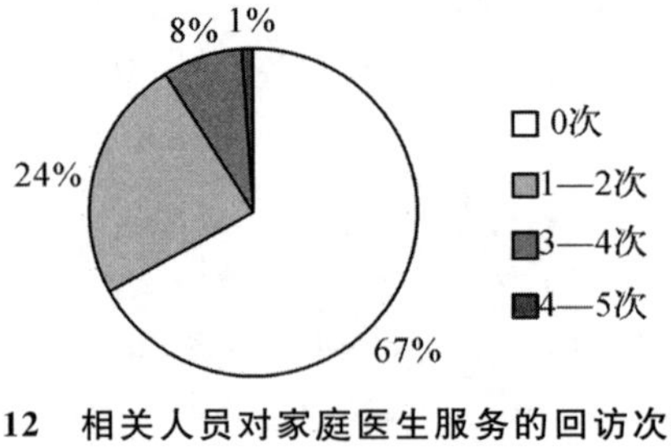

图 12　相关人员对家庭医生服务的回访次数

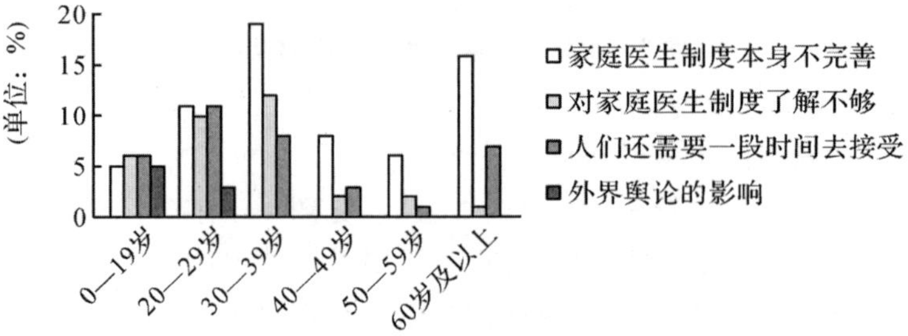

图 13　各年龄段认为影响家庭医生签约制度推行的因素

(三)杭州市居民健康管理服务需求现状

1. 居民对健康管理服务类型的认识普遍不足

调查表明:市民中最认可的健康管理服务类型和不同身体状况市民最想要参加的健康管理服务类型均是健康体检,且身体状况一般和较好的市民会更多地关注健康体检(见图 14、图 15)。这表明大部分居民首选的健康管理服务形式仍然是健康体检。居民对于其他类型的健康管理服务类型认识有限,表明杭州的大健康理念虽然已宣传多年,但健康管理内容并不被广大市民所熟知。

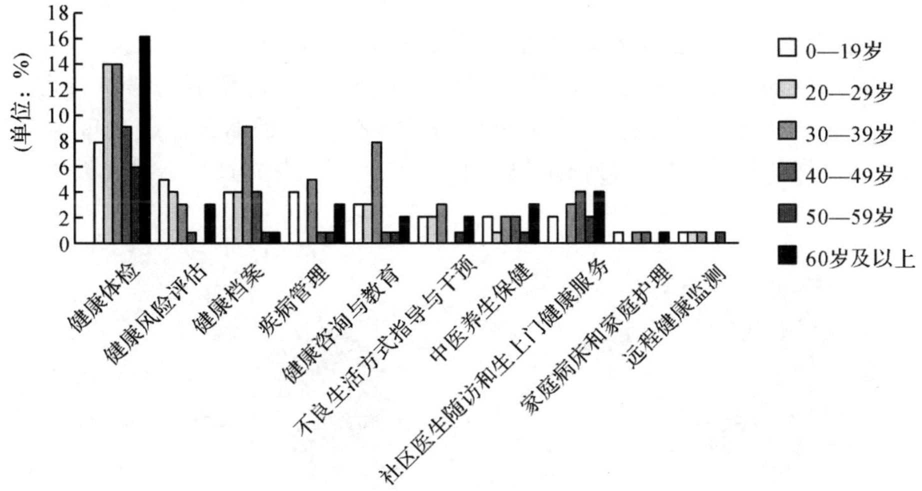

图 14　不同年龄段市民接受过的健康管理服务

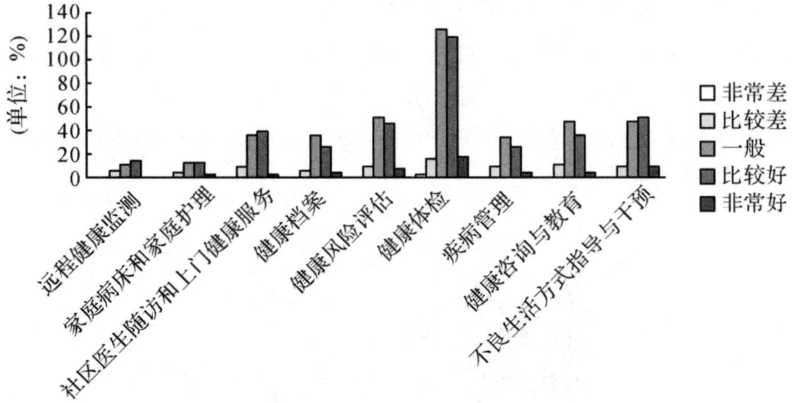

图 15　不同身体状况的市民想要参加的健康管理服务

2. 居民对健康管理机构的选择更倾向于市级以上医院

对杭州市居民在生病时选择的健康管理机构进行调查(见图 16),市级以上医院仍然是居民首选,其次是社区卫生服务机构。这表明市民对于社区医院和家庭医生的医疗水平的不信任,导致其看病首选在市级及以上的医院。这个层面表明,家庭医生制度有大的潜力。一旦医疗技术得到保障,现有的困局将会有较大的改善。

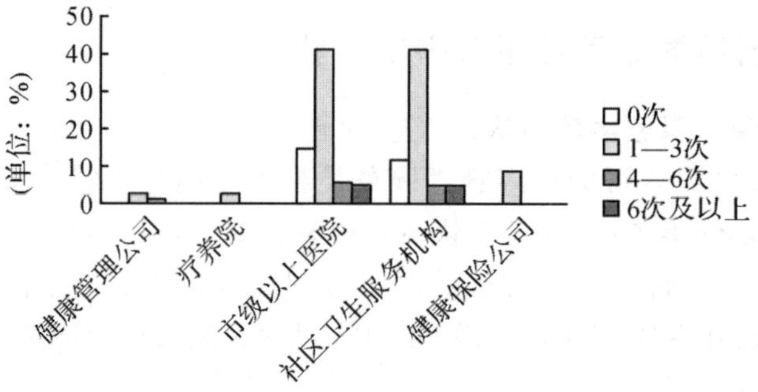

图 16　一年中不同生病次数的人选择的健康管理机构

3. 居民接受健康管理服务的意愿低，可接受服务价格不高

图 17 显示大部分居民无意愿接受健康管理服务项目，有意愿的居民只占 32.5%。图 18 表示有 44.8%的居民能接受每年 500 元以下，有 34%的居民能接受每年 500—999 元，表明大部分居民仍对健康管理的重视度不高，认为不该花费过多金钱在健康管理的项目上。

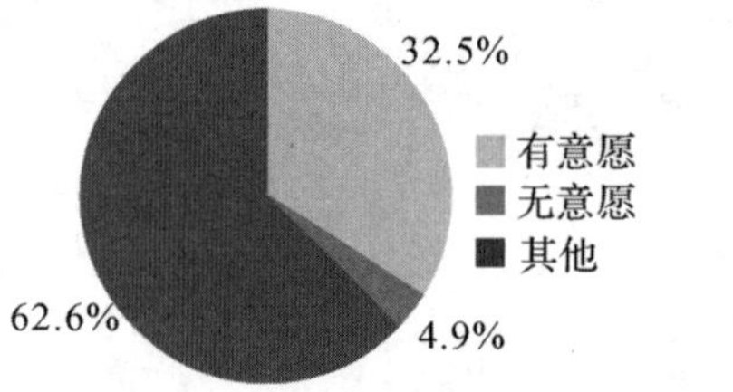

图 17　接受健康管理服务的意愿情况图

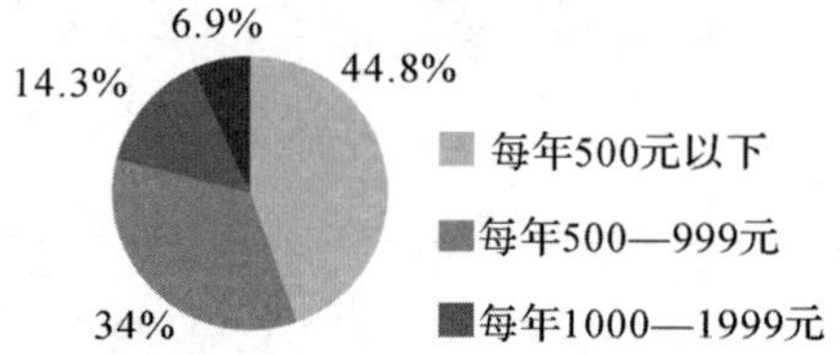

图 18　对于满意的健康管理服务所能接受的价格

4. 居民希望得到的健康管理教育内容多样

调查居民希望得到的健康管理教育内容表明（见图 19）：居民对慢性病防治、生活方式指导、养生康复知识三类较为关注，总占比 69.3%，图 20 显示：20—29 岁和 30—39 岁年龄段的居民对生活方式指导最为关注，可能是因为近年来青年的生活方式不规律，开始意识到要关注自身的生活方式。

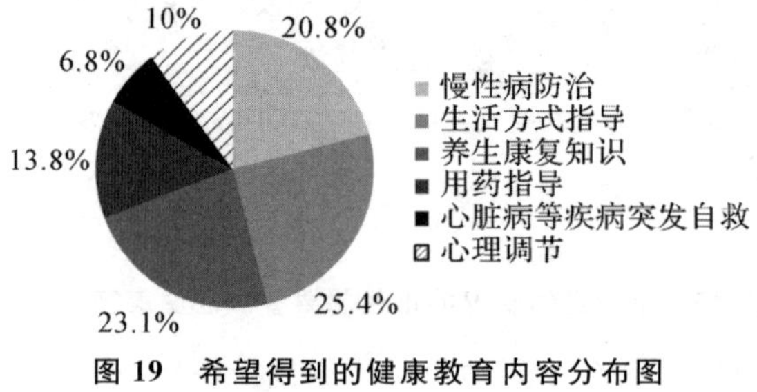

图 19　希望得到的健康教育内容分布图

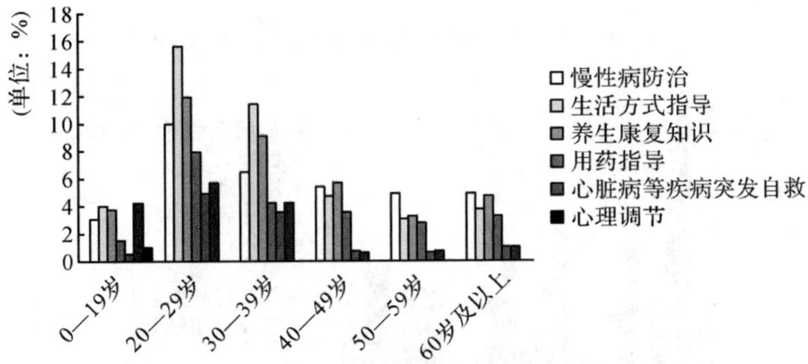

图 20　各年龄段希望得到的健康教育内容分布图

5. 居民获取健康管理知识的途径呈现多样化

居民获取健康管理知识的途径，最为常见的方式是通过健康平台等健康类 App、健康咨询热线等途径了解（见图 21）。进一步对不同年龄段居民的分析表明（见图 22、图 23）：青年人和中年人较多地通过健康平台健康类 App 来了解健康现状，尤其是 20—39 岁这一年龄段，可能是因为这一年龄段的人群能较大程度的利用手机来获取信息且偏爱于使用手机来获取信息。而 60 岁以后，则偏向于在线下的宣传中获取健康管理知识。

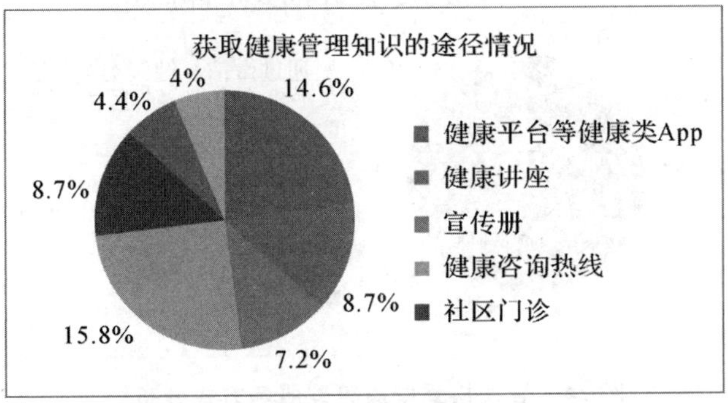

图 21　居民获取健康管理知识的途径

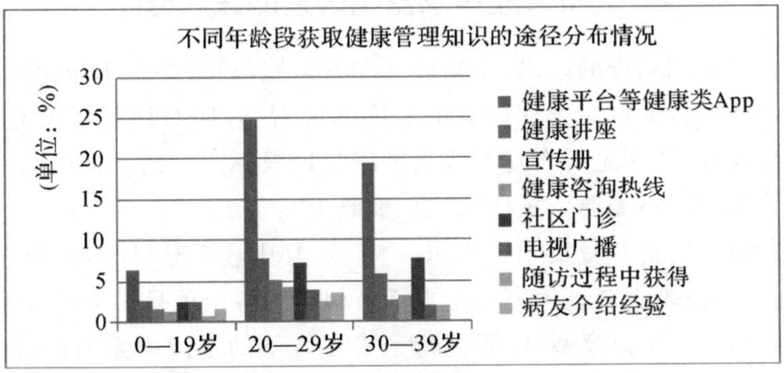

图 22　不同年龄段获取健康管理知识的途径分布情况

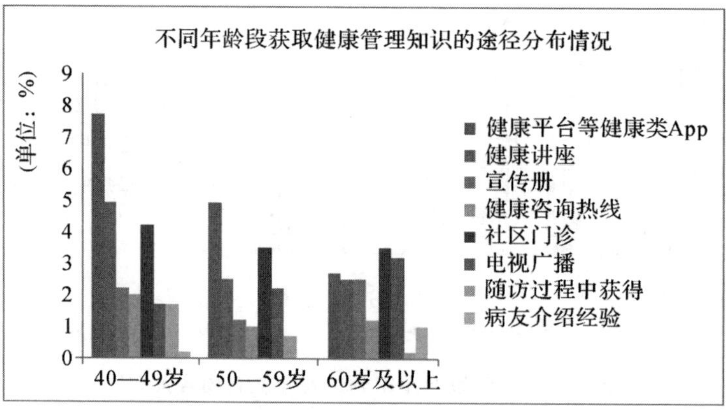

图 23　不同年龄段获取健康管理知识的途径分布情况

6. 居民接受健康管理服务的方式较为传统

对居民愿意接受的健康管理服务方式进行调查(见图 24),上门随访的占比达到 42%,其次为电话访谈。极少数人愿意通过微信、健康类 App 等手机客户端与医生互动。此外,虽然近两年来兴起视频直播,但愿意接受视频直播形式的居民仍较少。

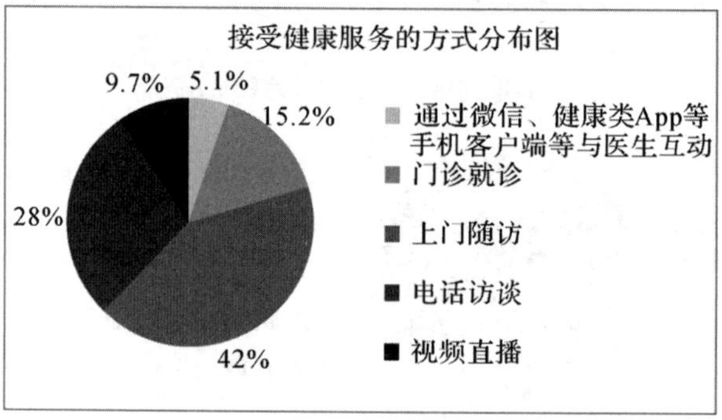

图 24　居民接受健康管理服务方式分布图

四、健康管理需求影响因素的深入分析

综合事先访谈和预调查的结果,重新设计问卷问题,通过构建 Logistic 回归模型探索居民个人层面影响其接受健康管理服务的意愿的因素,以期对社区居民健康管理需求作进一步阐明。特设计如“您是否有意愿接受健康管理服务?”一题,选项“说不准”“不需要”“无所谓”编码为“0”即“不需要”,选项“需要”编码为“1”。

本次调查所设定的自变量集中于需求一侧,分为基本情况、身体状况、自我健康管理行为三方面,为了更清晰直观地探究三个方面所包含的各个项目对医患关系的影响程度,分别构建三个 Logistic 回归模型,以研究每个责任方下的不同因素对医疗现状的影响程度。模型中的因变量“健康管理服务意愿”,是二分名义变量,两个水平变量分别为“需要”(水平数值编码为 1)和“不需要”(水平数值编码为 0)。模型中的自变量均为二分变量,转化为虚拟变量进入模型,认同这一因素导致有意愿接受的为水平数值 1,不认同这一因素导致有意愿接受的为水平数值 0。采用直接进入法,得到最终的 Logistic 回归模型。

经过分析，根据 Logistic 回归模型结果，认为影响居民健康管理服务接受意愿的主要因素在身体健康状况和自我健康管理行为两方面，虽然个人基本情况方面对健康管理服务接受意愿有一定的影响，但不显著。其中，身体健康状况方面对健康管理服务接受意愿有影响的是“一年内生病次数”和“患慢性病数量”，自我健康管理行为方面对健康管理服务接受意愿有影响的是“是否了解社区家庭医生”“一年内社区医院就诊次数”和“对满意的健康管理服务能接受的价格”，受访居民的年龄也对健康管理服务接受意愿产生了一定的影响。

五、改善家庭医生签约制度、满足居民健康管理需求的建议

(一)多部门合作推进家庭医生签约更大覆盖

除了继续加强重点人群(慢性病、老年人群)的签约服务，使真正有困难的市民有所依靠，还要进一步推进全面签约宣传，使家庭医生签约制度覆盖率更广，民众受惠程度增加。

同时，应加强各部门间的相互合作。卫生部门应做好牵头工作，与教育部门之间密切联系，不断提升社区基层医护人员的专业技能，从根本上解决社区家庭医生队伍的人才供给问题。财政部门提供充足的资金支持，保证开展社区基层医疗服务的各项配套设施到位。且充足的财政资金支持也能吸引更多优秀医护人员从事社区家庭医生工作，这是建立家庭医生签约服务模式所必需的基本保障。

(二)评价机制助力，完善家庭医生服务

1. 强化家庭医生人才队伍建设，提高服务水平

社区基层的医生所提供的服务一般都是以临床诊疗为主，在公共卫生方面的研究与参与是比较少的。一个合格的家庭医生不仅要具备临床诊疗等基本技能，还应该具有预防、保健、医疗、康复等较为系统的医学知识，因此要大力提高社区基层医护人员的专业素质。

2. 完善家庭医生签约制度

一次转诊有效时期是否可以相应延长，做到不用天天跑医院，真正方便签约群众。加强家庭医生的回访评价制度，加强对家庭医生行为的监管与约束。

3. 加强家庭医生的技能与责任心。

在学习专业医学知识的情况下，不断增加责任心的教育，使家庭医生做到真正为人民服务，使广大市民得到真正的实惠与照顾。

(三)提升健康管理认知，加强自我健康管理意识

政府与媒体应加大宣传力度，提高居民的健康管理意识，加强市民关于预防保健、疾病重在预防的观念，真正做到防患于未然，未病先预防。

政府相关机构和健康管理企业需重视健康管理知识宣传，通过多种方式宣传健康管理干预、阻止、逆转疾病发生或改善和促进健康的理念。同时，在具体的健康管理服务实施过程中，应积极与居民沟通，传授基本的健康管理知识。

(四)多样服务,提高居民健康管理服务的参与度

有关部门应丰富健康管理内容,使健康教育内容多样化,让居民有更浓厚的兴趣参与且拥有更大的选择性,尤其是着力于需求意愿较高的健康风险评估、不良生活方式指导与干预、中医养生保健等几类项目。

(五)狠抓服务质量,多渠道健康管理信息推广及管理

医疗单位和医疗卫生工作者应提高服务质量,取得居民的信任;做好医疗卫生工作,以提高居民对医疗卫生事业的满意度。

多渠道向不同学历人群、不同年龄人群普及健康管理知识。例如,针对高学历人群和中青年群体,可充分应用信息技术和网络技术,建立多层次的健康管理信息化平台,提升健康管理资源的共享程度及健康管理产品和服务的供给效率,开拓健康管理新市场空间,促进健康管理过程的系统集成。

让优秀的医疗资源向基层渗透,带动基层医疗水平的提高。推进区域医疗信息共享中心与远程医疗服务网络的建设,利用大数据分析,实现区域内的信息资源共享。建立以区域为单位的基层医疗机构 App,指导社区居民进行下载安装,居民可直接在 App 查找离自己最近的基层医疗机构,也可选择在线上与医生进行沟通交流或者预约医生进行面对面的诊断。如此便提高了社区基层医疗机构的服务水平,进而提高居民的信任度,促进家庭医生签约服务工作的发展。

(六)引入企业健康管理服务,补充社区一级的不足

可通过建立以社区健康管理为主体、健康管理公司相补充的管理体系,既发挥社区卫生机构贴近居民,对居民健康信息掌握迅速、细致的优势,又通过引入健康管理公司利用其专业化团队,通晓健康管理专业知识、执行力和工作效率高、对目标市场把握明确的特点,为居民提供诸如健康保险等多元化健康管理产品,挖掘人们对健康管理的潜在需求。健康管理公司以营利为驱动,健康管理执行程度和工作效率高,对目标市场的把握明确。通过与社区卫生机构合作,健康管理公司提供的多元化健康管理产品和服务能够更好地激发各年龄段人群健康管理的潜在需求。

参考文献

[1] 杭州市卫计委.杭州市卫生计生事业发展“十三五”规划[R].2017.

[2] 杭州市统计局.2017 年杭州市人口主要数据公报[EB/OL].(2018,2,06).

[3] 曹欣.武汉市健康管理服务行业调查研究[D].武汉:华中科技大学,2015.

[4] 曹海涛,潘毅慧,于晓静等.上海市闸北区居民健康管理服务认知及需求状况研究[J].中华全科医学,2013,10(10):1606-1608.

[5] 崔华欠,付晶,周霞等.广州市社区居民健康管理意愿及需求情况分析[J].广东医学,2017,5(10):1583-1585.

[6] 李林蔚.杭州市域公立医院健康管理服务现状及对策研究[D].金华:杭州师范大

学,2016.
[7] 冯士雍,倪加勋,邹国华.抽样调查理论与方法[M].北京:中国统计出版社,1998.
[8] 项莹,王金叶,杨鸣晓.杭州市社区健康管理需求调查[J].时代经贸,2012(12):142-144.
[9] 刘肖肖,任建萍,张涛,等.杭州市社区居民健康管理服务需求与利用现状分析[J].中国初级卫生保健,2017(6):17-19.
[10] 金勇进,蒋妍.市场调查方法与技术[M].北京:中国人民大学出版社,2012:102,170-173.
[11] 蒋萍.市场调查[M].上海:上海人民出版社,2007:218,228.
[12] 张文彤.SPSS统计分析高级教程[M].北京:高等教育出版社,2004:66-68.
[13] 格雷汉姆·加尔顿.抽样调查方法简介[M].武玲蔚,译.格致出版社,2014.

课题组单位:浙江中医药大学、浙江财经大学
课题组负责人:俞慧娜
课题组成员:蒋守渭,王永辉
课题名称及编号:杭州市社区居民健康管理需求调查研究——以家庭医生签约实施现状调查为例(编号:2020N88)

数字成型(RP)技术在影视视觉造型中的应用研究

[**按语**]面对当下影视工业化进程的飞速发展,我国传统的影视造型手段正在发生改变。本研究最终目标以当下电影产业中传统文化与现代技术的完美融合为前提,首先,通过对传统工艺的遴选与继承,我们以玄幻及科幻类影视作品为应用研究对象,通过现有的数字快速成型(RP)技术、数控等技术对影视视觉造型中场景、道具、人物造型进行制作呈现,最终达到了经济时效的艺术效果,缔造了独特的东方影视视觉奇观。

一、影视产业发展现状及研究背景

(一)发展现状及研究背景

伴随着中国电影市场已经成为全球电影第二大电影市场的形势,《中国新闻出版广电报》记者发现,2018 年中国电影市场开始呈现“领跑”趋势,这从同比之下的几个关键数字便可以看出。

其一是票房,中国仍是全球票房增长最快的国家。2018 年全球电影票房达到 411 亿美元。其中,北美票房最高,全年总票房 118.88 亿美元,超过全球电影票房的 1/4。中国全年总票房 609.76 亿元人民币(约合 90 亿美元),增幅为 9.06%。同比之下,韩国增幅 8.1%,北美增幅 7.4%,英国下降 20.24%,德国下降 14.87%,日本下降 2.65%。

其二是银幕数量,中国增长幅度快速。2018 年中国银幕总数达 60079 块,增长 18.32%,影院数量 11031 家,同比增长 16.06%,3D 银幕数 53470 块,同比增长 22.11%。中国银幕覆盖人口 2.31 万人,同比之下美国为 0.8 万人、英国 1.55 万人、韩国 1.75 万人、德国 1.72 万人、日本 3.56 万人。

其三是观影人次,中国人观影习惯正在形成。2018 年中国电影观影 17.16 亿人次,同比增长 5.93%。年人均观影次数 1.23 次,同比增长 5.13%。同比之下,韩国观影年人均 4.24 次,北美 3.59 次,日本 1.33 次,德国 1.02 次。

其四是电影票价格,中国仍是价格最低的国家之一。2018 年,中国电影平均票价 35.53 元人民币(约合 5.16 美元)。同比之下,日本为 11.86 美元,德国为 10.39 美元,北美为 9.11 美元,韩国为 7.46 美元。2019 年趋势有所好转,特别是动画类型电影《哪吒之魔童降生》与献礼影片《我和我的祖国》的热映,前者票房已近 50 亿元,成为新的票房亚军，并代表中国被选送竞争第 92 届奥斯卡金像奖最佳国际电影奖。后者也开拓了类型片的新市场，从某种程度上拉动了主旋律题材的市场潜力。[1]

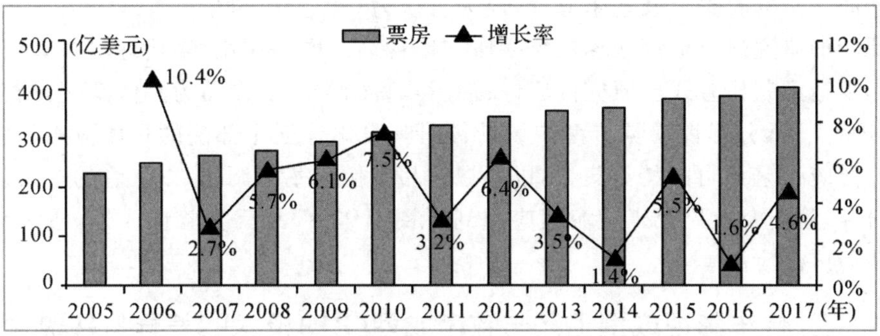

图 1　国内票房数据表

电视剧方面，头部内容的马太效应在近几年表现得十分明显。数据显示，2014—2017 年网络视频电视剧总流量由 1238 亿次增长至 5205 亿次，其中流量 TOP5 电视剧的集中度已从 13.41%上升至 34.69%；截至 2017 年 11 月 8 日已有 11 部电视剧网络播放量过百亿，其中年度 TOP5 为《楚乔传》《三生三世十里桃花》《人民的名义》《择天记》《欢乐颂 2》，前两者流量超 400 亿，前五均超 250 亿，单集平均播放量超 4 亿，5%数量的剧目流量占比达 50%，可见头部剧目对流量的吸引力明显。数据显示，2017 年 1 月—11 月期间，52 城晚间时段电视剧收视前五的电视剧分别为《人民的名义》《那年花开月正圆》(上海东方卫视)《因为遇见你》《我的前半生》和《那年花开月正圆》(江苏卫视)，收视率均在 1.75%以上，最高为 3.66%；市场份额均在 5.5%以上，最高达 11.53%；头部电视剧的收视率与市场份额明显高于 2016 年。[2] 2018 年上半年是古装剧热映的半年，以两部清宫戏《延禧攻略》《如懿传》的抗衡拉开序幕，其制作水准已达到国产剧的上乘，更是将影视造型的制作作为宣传卖点拉动了大众的传统文化热，故宫甚至利用这个专门修缮延禧宫及举办专题展览，使大众对清朝文化的热捧达到前所未有的程度。虽然受到税务风波及政策变化的影响，但《知否知否应是绿肥红瘦》《将夜》《破冰行动》于下半年的影视寒冬中一路披荆斩棘，也算不负众望。2019 年因为中华人民共和国成立 70 周年及题材限制，很多古装及探墓题材只好转为网络平台闪播，如《陈情令》《长安十二时辰》《九州缥缈录》等仙侠、悬疑剧的热播都取得了不错的成绩，即便大环境及政策导向性的压力所在，古装剧的制作品质仍然可窥见创作者、观众对画面造型品质的极致追求。

(二)研究目的及意义

电影是一门综合造型艺术，它合而不同，风格多元、流派众多。它合得艰辛，但合必归一。“合”关乎导演的执念，关乎角色的命运，却从不属于一个人的创作。就画风语境而言，传统视觉造型(实物造型手段)与 CG 视觉造型(数字造型手段)的完美结合，俨然成为支撑电影风格的重要艺术形式。一部优秀的国语电影问鼎视觉巅峰，必经空间造型、服装造型、特效化妆、数字特效、数字调色等全产业链的协力配合。观众凭借荧幕最终所呈现的视觉画面，可以洞察到中国与其他国家在艺术表现样式上的巨大差异，从而探寻其画面背后的文化根基,品鉴电影独特的国风雅韵。数字成型(RP)技术的飞速发展带来了电影视觉的全新整合方式,无论是再现历史还是抒发情怀,这种集体创作手段的融合成为关键所在。导演自身的凝聚力及艺术修养,成为合众为一的关键纽带。

本课题的研究通过借用快速成型手段在影视创作中的应用,来梳理出一套更为便捷、时效的影视造型制作方式。研究内容以古装类、科幻类影视作品为具体案例,结合传统工艺的部分特点,拆分影视视觉造型中场景、道具、服化等创作部门的具体应用与转化。将RP技术、传统工艺各自的特点集合,以影视作品案例为基础调研,以作者的个人创作经历为专项研究,将研究成果及工艺流程应用到影视制作中,并反复验证成果,最终结合实际教学实践而广泛应用。

二、传统影视成型工艺与数字成型(RP)技术的差异与共融

(一)两者的差异及优劣势

1.传统影视成型工艺的劣势

传统影视造型多体现在纯手工制作,耗时耗工,难以适应今天国内影视格局的发展速度。例如,过去对于历史服装发冠、铠甲的特殊造型加工,军队士兵的兵器多为木质、皮质等材料加工上色而成。央视版的《西游记》《三国演义》便是这一时期影视造型手法的集中体现,以泡沫雕刻为载体,集合木艺、漆艺来完成了所有服化道的造型制作。自2000年以来,影视剧的制作成本及工艺不断增进,尤其是大批香港的电影人来到内地合作,以及美国的电影人来我国合作带来了全新的造型手段,正式引入快速成型(RP)技术并得到广泛应用。

在面对大批量的道具制作时,传统的加工制造往往制作周期长,并在材料以及人工上成本消耗非常高。影视行业中有时需要用到形态各异的道具,采用传统的手工雕刻、切削等方法往往难以确保道具在造型上真实度的还原及精准度,尤其传统的手工难以完成复杂结构的模型制作。在材料使用上,用传统工艺中的泥、木、泡沫、硅胶等材料制作出的道具往往表面粗糙、造型简单、细节不完美,特别对于科幻或者玄幻类电影,它们很难满足特写镜头对细节的要求。而数字成型(RP)技术的发展使影视行业在制作工艺上变得更有效率、更精确,更能弥补传统工艺上的缺陷及弊端。

2.数字成型(RP)技术的优势

Rapid Prototyping(以下简称RP技术)是20世纪90年代发展起来的一项先进制造技术,是为制造业企业新产品开发服务的一项关键共性技术,对促进企业产品创新、缩短新产品开发周期、提高产品竞争力有积极的推动作用。自该技术问世以来,已经在发达国家的制造业中得到了广泛应用,并由此产生一个新兴的技术领域。RP技术是在现代CAD/CAM技术、激光技术、计算机数控技术、精密伺服驱动技术以及新材料技术的基础上集成发展起来的。不同种类的快速成型系统因所用成形材料不同,成形原理和系统特点也各有不同。[3]但是,其基本原理都是一样的,那就是"分层制造,逐层叠加",这恰恰符合影视视觉造型与镜头的基础拆分原则,更给影视工业下各个制作部门提供了极大的便利。形象地讲,快速成型系统就像是一台"立体打印机",它可以在无须准备任何模具、刀具和工装卡具的情况下,直接接收影视场景、道具造型设计(CAD)数据,经济时效地制造

出美术、服装、特效部门的样件、模具或模型。因此，RP 技术（转印机、精雕机、3D 打印机、喷镀机等）的推广应用可以大大缩短新产品开发周期、降低影视创作的开发成本、提高制作周期与质量。

相比传统造型手段，其优势具体体现如下：

（1）制作周期短、节约成本。

与传统手工制造相比，3D 打印制造工艺流程短，可缩短制作的周期，并实现设计制造一体化。并且在材料上也可灵活选择。

（2）塑型能力强，能适应于烦琐复杂的结构。

3D 打印可以满足影视制作者对模型精准度的要求，以及完成复杂的结构模型制作。

（3）个性化定制，制造过程更柔性化。

影视行业中拍摄道具的个性化，有很多都需要特殊定制，而且用量一般都比较小，这种需求和 3D 打印擅长小批量非标准件快速成型的特点有天生的契合，在制作过程中更柔性化。

（4）视觉效果呈现上更加丰富。

传统工艺制作对于科幻或者玄幻类电影而言，往往很难满足特写镜头对细节的要求。而 3D 制作成品的精确造型与细节更适合近距离拍摄，可以更完美地还原美术和导演的要求，从而提升视觉效果和质感。

（二）两者工艺特点及融合体现

3D 打印作为 RP 技术的典型，存在着许多与传统工艺不同的技术，更广泛应用于航天、医学、建筑等不同领域。它们与传统工艺的不同之处在于可用的材料方式更多，并通过 CG 技术的演示来模拟，以不同层构建创建部件。3D 打印常用材料有尼龙玻纤、耐用性尼龙材料、石膏材料、铝材料、钛合金、不锈钢、镀银、镀金、橡胶类材料。在数字化技术和制造技术融合的背景下，并在虚拟现实、计算机网络、快速原型、数据库和多媒体等支撑技术早已完善与成熟的前提下，根据现有的技术平台与影视造型创作的特点，对图纸产品的信息、传统工艺特点和校内科研条件进行分析、规划和重组，实现对产品设计和功能的仿真及原型制造，进而通过传统工艺（漆艺抛光、玉石粘贴、织锦捆扎）等手工处理达到工艺与艺术效果上的完美整合。

传统工艺与新技术相结合的影视视觉造型美学探索新时代的影视视觉造型创作，提供了有别于传统制作的快速成型方式（例如 3D 打印、精雕技术、数控技术等），而传统工艺依然不可或缺（例如竹艺、木艺、刺绣、漆艺等），在这样的发展趋势下，一方面保留部分传统工艺的手工制作部分，一方面研究和分析好莱坞电影工业的新技术手段及创作方式，两种工艺技术相辅相成。激励国内电影视觉创作者不断创新，拍摄与制作出一条既达到国际工业标准，又兼具东方美学特点的中国电影之路。

三、数字成型（RP）技术的应用案例及体现

随着我国电影工业的蓬勃发展，国内票房不断攀升，内地在近 10 年内相继出现了专业性的视觉造型公司及工作室，电影《寻龙诀》《流浪地球》不仅在艺术与商业上双赢，更带

动了大众对电影画面视觉造型的极致追求，直接拉动了产业链中依赖技术革新而诞生的影视造型制作公司，出现了以徐天华为代表的赤雁概念设计公司，以特效化妆为代表的肖进视觉(北京)文化传媒有限公司，以及以物理特效为特长的盛悦国际文化发展有限公司。另外，还有针对机械道具及载具改造而诞生的其他科技公司。这些优秀团队的形成无不说明影视造型创作必须建立在良好的传统文脉及技术革新上。

(一)影视科幻现代造型应用

2019 年春节档《流浪地球》的热映更让中国科幻类型片取得佳绩，绝佳的视觉画面印证了国内电影工业的完善与进步，众多科幻场景、道具及航天载具都体现出 RP 技术的广泛应用(见图 2—图 7)。在影片中道具数量达到了近万件，科幻片的道具材质需要具有未来感、科技感，不是传统工艺中的常规材质就能满足的。很多道具的设计极其复杂，一套宇航服要 1100 多个零件，一个头盔的构造多达 14 层，剧中的道具必须通过三维建模，再用大量车床 CNC 加工或 3D 打印而成；而 3D 打印中常规的金属、ABS 塑料、PLA 塑料熔丝等材质都能大大满足其造型需求。

以防护服为例，防护服分为民用与军用，在设计上，以写实和功能性为主，直观上就是民用的要“软”，军用的要“硬”。机械外骨骼是一种穿在身上的金属机械装置，影片中军用外骨骼装甲服外形兼具了防护性能及行动能力，而负责制作这些装甲道具的，是业内著名的新西兰维塔工作室，他们还授权中方团队复制和改造数十套轻版外骨骼。在制作外骨骼装甲之前他们使用 3D 打印了一套模型，反复模拟以确保活动自如(见图 2、图 3)。

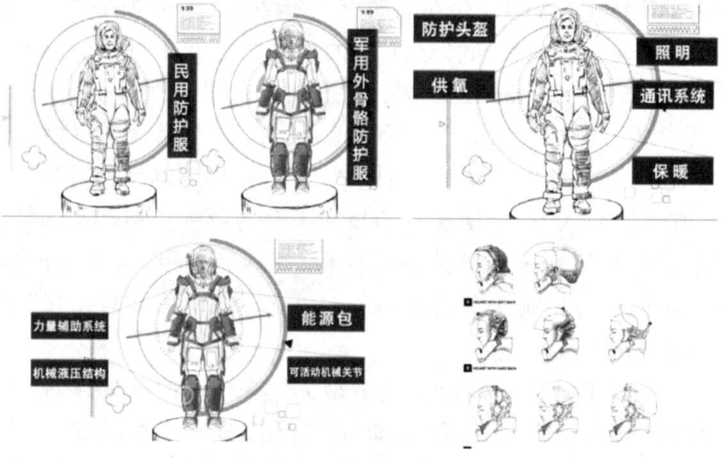

图 2　防护服设计图

图 3　防护服实物图

不同的颜色、板型、材质，细致到单个材料的外形、重量以及感观，外部的硬质部分对于工业设计来说是一个高阶曲面，和汽车一样，大致在七阶左右。头盔内的构造和零件分层非常多，达到 14 层，传统手工模型的工艺根本无法满足这么高的精度，必须采用新技术的工业工艺。

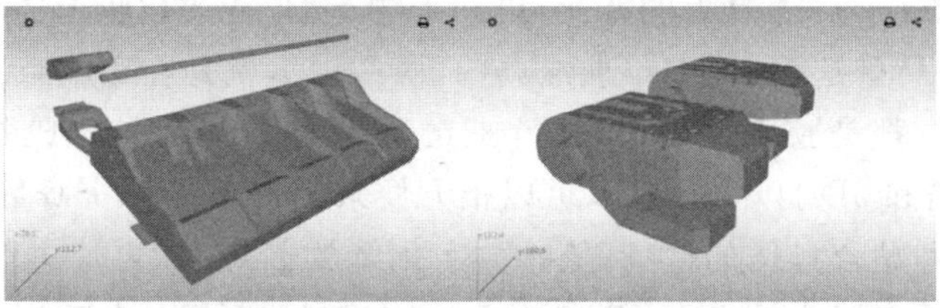

图 4　摆动开关座与底面门把手

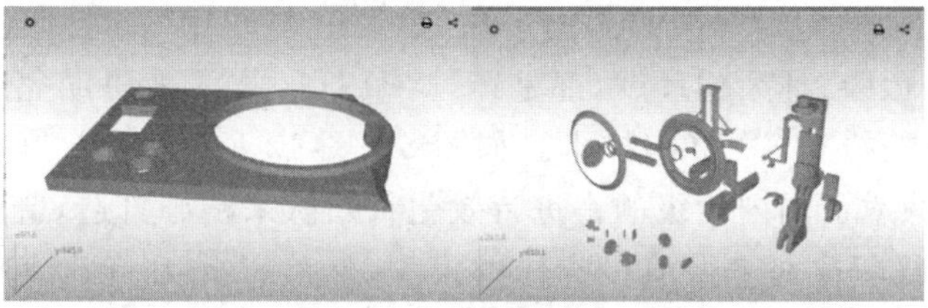

图 5　雷达支架

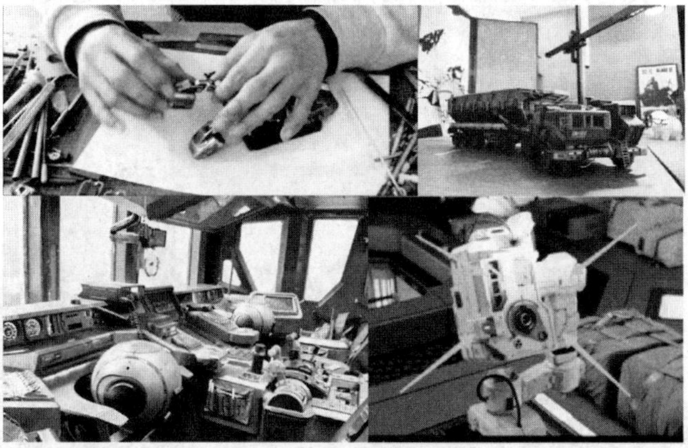

图 6　载具制作

图 7　耳麦与机械臂

当然，在某些情况下 3D 打印直接制作而成的道具可能并不能满足片方的要求，比如说成本因素，需要小批量复制，或者需要特殊材料性能；这时候可以将 3D 打印作为一种工具，制作原型或者模种，再利用传统翻模工艺来制作道具。这样既能利用 3D 打印造型能力强、时间周期短的特点，又能发挥传统工艺在成本、数量和性能上的优势。

(二)影视特效化妆造型应用

RP 技术除了在场景、道具上的普及，更在人物造型、特效化妆上体现了绝对优势。影视拍摄中常常需要特殊造型，比如早期经典的《西游记》，就是在极端艰苦的条件下做的造型，孙悟空面部毛发都是胶水粘贴的，猪八戒的面部和躯体都是硅胶材质的面具、服饰。当下，借助 3D 扫描和 3D 打印的结合，可以很方便采集到演员的全身数据，并以身体数据作为基础，做出各种贴合身体的造型；依托数字化解放创造力，再通过 3D 打印来输出，不仅使造型更逼真，更有镜头效果，更精准合身，也有效规避了传统工艺中烦琐费时的取模步骤。

电影《那片星空那片海》中男鲛人的形象，是第一部利用 3D 打印技术打造出来的全新鲛人，他的鱼鳍、鱼鳞、耳朵的尺度，都是经过 3D 打印技术来协助完成的。背后特效制作中大量采用三维扫描和 3D 打印技术。如图 8—图 12 所示，剧方为了达到精准复原鲛人王形象的目的，特邀了国内顶级的肖进特效化妆团队来精心打造，造型团队首次尝试了用三维扫描跟 3D 打印技术来做演员身体的模型，然后以此为基础演变成一个鲛人的状态，为其雕塑再进行分片翻模。设计了半透明皮质翼、角质鳍和飘须。单鱼尾的制作就耗时两个月，重达 30 千克。鲛人是通过模仿海底生物的一些特征进行设计的，对其耳朵、额头、手臂部分做了不同程度的特效。

图 8　鲛人设计稿

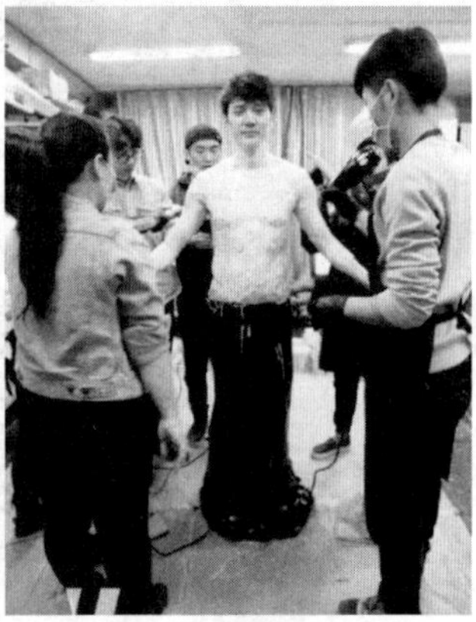

图 9　传统翻模

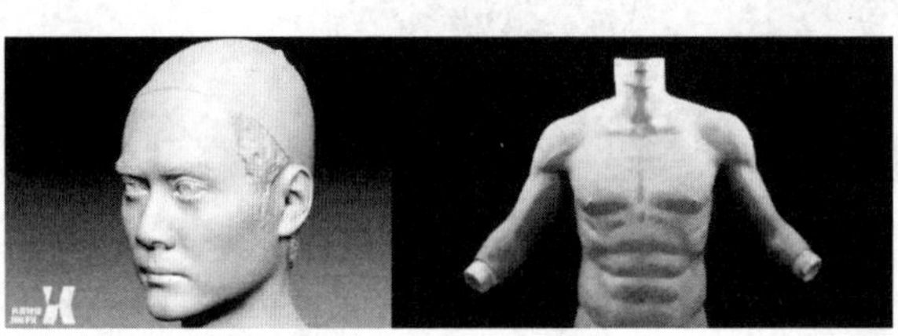

图 10　3D 扫描图像

图 11　3D 打印半身模型

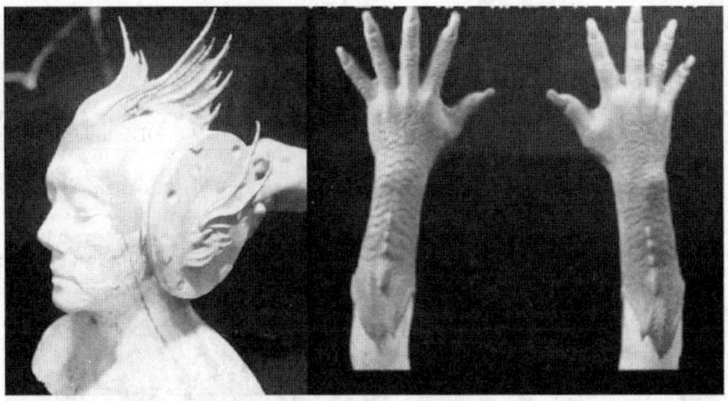

图 12　手工泥塑

鲛人的手套也是先用三维扫描出冯绍峰整个手的模型，然后把手的模型做成一个玻璃钢的膜，在膜的基础上雕刻出鳞片的效果。

毋庸置疑，3D 打印技术在影视业领域具有相当广阔的应用前景，能够解决影视制作中许多迫切需要解决的问题。尤其是在电影生产制作过程中的静止模型制作、物理效果仿真、机械模型制作、电影后期产品开发等诸多环节，3D 打印技术都大有用武之地。它打破了原有传统工艺的生产方式，将更多的创意通过数字处理和 3D 打印来实现，满足了当今个性化、复杂化、快速的制作需求，并实现有效控制成本的好处。

(三)影视传统道具造型应用

尽管 RP 技术的出现解决了许多在传统工艺上无法克服的问题，但是传统工艺依然不可或缺(例如竹艺、木艺、刺绣、漆艺等)。古装题材一直是我国彰显东方艺术美学的载体，其美术创作的核心离不开传统元素、工艺手段，能让更多的观众欣赏到新古风美学背后的工艺传承。

以电视剧《知否知否应是绿肥红瘦》为例，剧中的美术风格基本还原了宋代的风格样貌。剧中对传统工艺展现得更是淋漓尽致，剧中食案、床榻、屏风、椅、墩、几，都呈现出线条流畅、构造简约、款式雅致的审美特色，不追求繁复的装饰，但讲究线条的美观，牙头、牙条、枨的使用既可加固家具的框架结构，又巧妙地起到修饰作用，使得影片中家具的整体造型结构简练，细瘦有力。

在家具上，剧组专门定制了近 900 多件家具，样式都是从宋画中摘取而来，根据宋画中的描述和样式，1∶1 做好图纸找工匠定制而成的。材质主要以木、竹为主，部分主要构件都凭借快速成型的精雕机、立体雕刻机来辅助制作，再结合手工装配与上色便达到了最佳的艺术效果(见图 13)。对于影视制作的特殊性而言，传统道具既高效节约，又还原了材质本身的形貌细节与纹路质感。

图 13　古典家具数字精雕辅助制作

小道具方面,例如掌扇的手柄及雕花装饰也并非是价格昂贵的传世玉料或象牙,虽然选择较为上等的原材料,却依然由精雕或3D打印翻制而成(见图14)。对于制作精良的影视画面而言,这些是普通观众难以察觉的,只有专业的影视制作人员才能剖析出制作工艺及流程,这正是今天影视造型以小博大,凭借低成本满足高需求的关键所在。

图14 仿制清朝黄色缂丝宫扇,手柄构件3D打印翻模

(四)影视传统服装造型应用

3D打印同样也可实现多色打印,避免了影视行业后期手工上色的困扰。尤其是对复杂模型的上色,在遮盖、上色、打磨等诸多环节,一旦发生上色错误,修改起来便比较困难。此外,影视动漫行业对柔性模型也存在大量的需求,如制作人物面具等。通过彩色3D打印机,只要预先设计好模型等道具样式和颜色,即可打印出具有多种颜色的影视道具。无须后期涂装,减少时间成本和制作周期,并且可以实现各种色彩匹配。魔幻古装题材应用面也更广,热播剧《青云志》中鬼王宗和炼血堂的面具均由3D打印制作完成,为了提高面具的立体度以及脸的贴合度,服装团队先采用硅胶原料提高3D打印材料的舒适度和金属质感,再以传统的上色工艺及镶嵌工艺进行二度加工(见图15)。

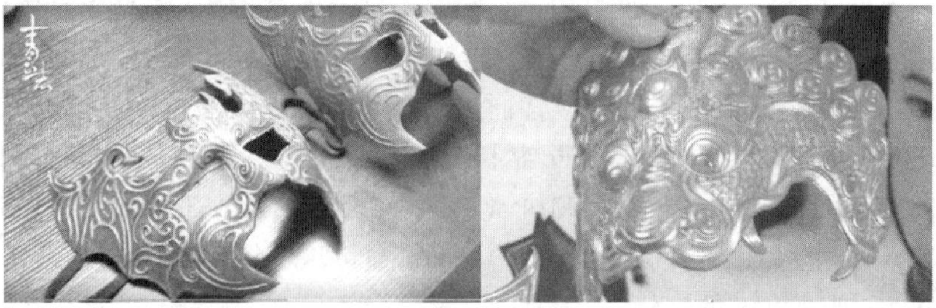

图15 鬼王宗面具与护腕3D打印、数字喷镀

在服装造型方面,尤为突出的是发饰及配件的快速成型、批量制作。多数古装造型的设计都是设计师从传统造型中汲取营养,再借助于现在的成型手段制作而成的,如《九州缥缈录》里的发冠(见图16)。对于魔幻、仙侠等非真实角色的特殊造型,以及批量制作的服装、装饰细节均归功于时下快速成型技术的不断成熟。

图 16 《九州缥缈录》批量打印及手工上色的发冠

影视剧《延禧攻略》中的服装、道具一方面广受赞誉，弘扬了传统文化的魅力；另一方面体现了传统工艺与现代技术的无缝结合。一针一线既展示了中国传统刺绣工艺的博大精深，又深藏快速机绣带来的高仿真效果。即便部分用于拍特写的主演服装，也传承自传统的京绣、宫廷绣，到缂丝、手推绣、打籽绣、盘金绣，全都由经验丰富的老绣工纯手工缝制。但是，影视作品是快销品，需要在有限的时间及预算内解决拍摄问题，并非所有的制作都依赖于传统工艺，部分构件还是需要机绣、打印来完成部分辅助构件。

(五)影视衍生品造型应用

美国在电影衍生品经营领域不乏成功的案例。在世界各地，哈利·波特系列电影形成了一条巨大的电影产业链，不管是书籍、录像带、玩具、文具还是服装饰品等，各类授权的电影衍生品在全部收益中占到了70%的份额，而电影票房只占30%。与欧美、日本等成熟的衍生品产业链相比，国内在RP的周边开发上一直发展得比较缓慢。电影的收入还是主要靠票房和植入式广告，衍生品市场几近空白，缺乏成熟的产业规划和生产意识。客观说，国内衍生品市场之所以发展得比较慢，一直没有形成比较完善的产业链，除了版权意识薄弱、观众消费观缺乏以外，与国内市场上正版周边产品的消费渠道太少也有关系。我国电影衍生品的前身是传统意义上的电影周边产品，其中包括电影中带有戏剧人物特色和电影标志性特征的玩具、服装、饰品、音像、图书、日用品等等。周边产品的销量与电影的知名度呈现出相关趋势。电影衍生品与电影周边产品的不同之处在于电影衍生品可以通过金融化的资本运作而盈利。说到底，影视周边产品的开发其实就是一种粉丝经济，粉丝对产品的反应以及购买力会直接影响到公司的收益。版权商在授权进行周边产品开发时，除了收益，更加希望可以通过周边产品的宣传、销售等传递RP的精神价值，从而扩大影响力。因此，厂商在进行RP开发时需要多跟版权商和作者进行沟通，多站在粉丝的角度去思考，根据粉丝的实际需求为RP量身设计、定制周边。通过设计和创意去获得利益，而不是一味地去透支RP价值。

电影产业是资金密集型和技术密集型产业，具有高风险、高回报、周期长的特点，要想在激烈的电影市场竞争中立于不败之地，必须走出一条创新的盈利模式，快速成型技术恰巧符合其制作成本及精度的把控，适应了电影产业金融化发展的新需要。随着国内电影市场的火爆及衍生品质的提升，出现了专门针对电影衍生产品的制作团队及工作室，末那团队便是这其中的佼佼者。他们不仅完成了自主品牌的创建，还利用快速成型技术与传统手工工艺的完美结合，将业务范围扩大到了专为艺术家翻制衍生作品的新疆土，在国内将衍生产品做到了国际水准，受到了广大手伴爱好者的热烈追捧。例如，罗伯特·罗德里格兹(Robert Rodriguez)导演的作品《战斗天使·艾丽塔》在国内热映后，末那工作室以日本漫画家木城雪户的作品《铳梦》为原型进行了二度创作，结合电影造型的特点，将女主角加里以机械半身之姿，将这个形态的加里立体化。由于制作立体作品相当耗时，所以四季就打算利用手中现成的材料拼贴塑形。加里身体采用古生物化石的残片，支撑身体的则是清代头盔的帽缨，再用铜管连接起来，附以鱼骨、铝丝、模型零件等材料完善细节。头部则先由末那申龙配合四季用3D软件雕刻，打印完之后再翻模上色(见图17)。加里的头部，是这款作品的灵魂。

图17 末那工作室手伴作品《铳梦》(部分组件为3D打印)

未来，动画与影视产业一定是有极大发展潜力的领域，现在市场还不够成熟，真正具有IP衍生价值的内容还不够丰富，正版意识也不强烈，行业内做衍生品开发的公司不多，销售渠道和授权体系距离发达市场还有一段距离。未来，大家会前赴后继地进入这个领域，B端有投入，C端市场逐渐成熟，当越来越多真正的成功案例出现，利用好现有的快速成型技术，配合优良的制作团队及营销理念，将能够促进行业体系的完善和健全。

四、结 语

通过对传统工艺的遴选来结合快速成型技术，以玄幻及科幻类影视作品为案例，最终以个案研究来探索全新的影视造型美学价值及其应用技术。《我在故宫修文物》《延禧攻略》催生出故宫热搜话题及传统刺绣的热捧。《流浪地球》热映后，观众看到了中国航天事业与民族文化的兴旺，影视产业只有通过产业模式升级，将科技与传统艺术紧密结合，才能全面带动传统文化的伟大复兴，激励国内影视视觉创作者不断创新，拍摄与制作出既达到国际工业标准，又兼具东方美学特点的中国影视作品。

参考文献

[1] 2019中国电影产业研究报告——数据解读“电影大国”向“电影强国”迈进[J]. 中国电影家协会，2018(16)：27-30.

[2] 骆美玲.中国影视行业现状调研与发展机遇分析报告(2017 年版)——头部剧目、综艺是吸引流量重要手段,2019.
[3] 李春祥,彭淑慧,谢鹏寿,等.快速成型技术原理及应用[D].甘肃工业大学学报,2000(03).

课题组单位:中国美术学院影视与动画艺术学院
课题组负责人:姬鹏
课题组成员:宣学君,刘智海,赵大千
课题名称与编号:数字成型(RP)技术在影视视觉造型中的应用研究(编号:2020N90)

温州市城市社区体育发展的调查与研究

[**按语**]温州市作为“社会力量办体育”和“创建国家运动健康城市”国家级改革试点城市，当前正在不断探索体育事业的改革发展。社区体育是城市体育的基础单位，发展社区体育是促进城市体育发展的基础。本课题对温州市鹿城区、瓯海区、龙湾区3个辖区的24个社区体育发展情况进行调研，结果表明，温州市城市社区体育存在专业人员不足、经费投入短缺、场地设施配备不完善、特色社区体育项目少、社会力量办体育机制不健全等问题。为此，温州市应继续完善社区体育管理体系，充分改善体育设施配备，强力打造特色体育项目，切实推进社会力量办体育等，进而持续推动城市体育发展。

一、温州市城市社区体育发展调研的背景与实施

(一)调研课题的提出

随着大众体育的普遍发展，人们对于体育健身的需求与日俱增。社区体育成为影响人们工作、生活的一个重要方式。国外社区体育的发展相对较早，相关的研究起步也相对较早。目前国内研究社区体育的研究项目不是很多，研究温州市社区体育的研究项目更是少之又少，相关的研究从2000年以后才逐步展开。目前的研究主要集中在社区体育发展模式以及硬件配备等方面。相关的政策性研究较少，不能很好地为社区体育的发展提供相应的实践借鉴和理论支持。

2019年3月20日，浙江省政府印发了《浙江省未来社区建设试点工作方案》(浙政发〔2019〕8号)(以下简称《方案》)，这标志着浙江省未来社区建设试点工作全面启动。《方案》明确了未来社区建设试点目标定位、任务要求、措施保障，为下一步全面开展未来社区建设试点指明了方向。《方案》聚焦人本化、生态化、数字化3大价值坐标，为浙江未来社区建设提出了明确的工作目标和建设要求，勾勒出浙江未来社区建设的九大场景。其中，健康场景中明确指出了体育对于健康的促进作用，体育是社区不可或缺的重要组成部分。

近年来，温州市体育事业的发展取得了非常好的成绩。当前，随着温州市“社会力量办体育”和“创建国家运动健康城市”两项国家级改革试点的推进，温州市正在不断探索体育事业的改革发展。国家体育总局副局长赵勇强调：要明确创建运动健康城市的空间布局，制定全域体育规划、运动健康规划，纳入政府“多规合一”，使运动健康元素延伸至社区、家庭。[1]因此，温州市应该更加重视城市体育的基本构成单位——社区体育。目前，对温州市城市社区体育的相关研究相对较少，对温州市城市社区体育现状、问题及措施的研

究相对缺乏。

发展社区体育是实施全民健身计划的一项重要任务,是促进城市体育发展的基础。本研究从目前温州市社区体育发展的现状出发,对于目前温州市社区体育发展过程中存在的问题进行研究,以问题为导向,通过调研分析,提出相应的对策、措施,为进一步促进温州市城市社区体育的发展提供一定的建设性思路与方法,以期能够进一步促进温州市城市社区体育软硬件方面的改善,完善温州市城市社区体育发展模式,激活社区体育,使得运动健康元素真正延伸至每一个社区及家庭,进而促进温州市体育事业的健康发展。

(二)调研课题的设计实施

1.研究对象

选取温州市鹿城区、瓯海区、龙湾区 3 个辖区,对鹿城区(五马街、万岁里、大高桥、水心、翠微、广化、杨府山、黎明中路、吕浦、大自然、黄龙),瓯海区(景山、净水、泽霞、新桥、金蟾、娄桥、茶山、瞿溪),龙湾区(镇中、永昌、曙光、状元、龙瑶)等 24 个社区居民进行调查。

为保证调研样本的合理性,充分考虑各调研对象实际情况。调研全部采用纸质调查问卷,并充分考虑不同年龄段的人员比例。按标准设置的每个社区调研样本量为 80 个,其中老年段(60 周岁以上)样本 20 个,中年段(35—59 周岁)样本 20 个,青年段(18—35 周岁)样本 20 个,少年段(6—17 周岁)样本 20 个。此次问卷调查共计发放问卷 1920 份,收回问卷 1708 份,有效收回率 88.96%。其中,男性 696 人,女性 1012 人;少年(6—17 周岁)192 人,中青年(18—59 周岁)672 人,老年(60 周岁以上)844 人。

2.研究内容

本课题研究的主要内容包括:温州市社区体育的发展模式;温州市社区体育硬件设施的配备情况;温州市社区体育相关政策制度、相应文件规定的落实情况;温州市社区体育竞赛开展情况;温州市社区体育锻炼情况。

二、温州市城市社区体育发展调研的现状与问题

对调查问卷进行数据统计分析,通过数据统计了解目前温州市城市社区体育发展的现状,并根据发展现状找出当前温州市城市社区体育发展存在的问题,并就问题进行分析,提出相应的建议与措施。

(一)调研数据统计分析

1.社区体育参与人员分析

综合调查分析发现:社区体育参与者中以中老年女性占比最大,这些人相对拥有更多的闲暇时间,对健身有较强烈的意愿。社区体育参与者中,企事业单位的职工占比相对较大[3](见表 1)。社区体育参与人员的年龄、性别相对不均衡,男性相对较少,青年人数量明显不足。

表 1 社区体育参与者情况分布统计表

参与者		人数	占比/%
性别	男	696	40.75
	女	1012	59.25
年龄段	少年	192	11.24
	中青年	672	39.34
	老年	844	49.42
职业	企事业单位	532	31.15
	学生	460	26.93
	公务人员	340	19.91
	其他	376	22.01

2.社区居民健身项目分析

调查发现，社区居民参与的健身项目主要为两大类：一类是一般性的体育健身项目，如健步走、跑步、球类、健身舞；另一类是传统体育项目，如太极拳、健身气功等。[4]其中，男性对于竞技类项目的参与度相对较高；女性对于休闲健身类项目的参与度相对较高。年轻人对于跑步、球类等参与度相对较高；老年人更多地选择健身舞蹈和传统养生类项目（见表 2）。

表 2 社区居民健身项目（项目可多选）统计表

参与者		项目（人数）			
		跑步	球类	健身舞蹈	太极养生类
男性	≤50 岁	248	316	72	164
	＞50 岁	136	148	104	264
女性	≤50 岁	312	212	268	148
	＞50 岁	144	96	276	292

3.社区居民健身时间频率分析

调查发现，社区居民健身时间的选择、锻炼时间的长短以及每周锻炼的频次具有差异性。在健身时间的选择上，大多数的锻炼者选择在早、晚的时间进行锻炼；在锻炼的持续时间上，每次锻炼在 30—90 分钟时间内的占比最大；在每周锻炼的频次上，每周 2—3 次的人数相对较多（见表 3）。

表 3 社区居民健身时间统计表

参与者锻炼时间频率		人数	占比/%
时间段	早上	648	38
	中午	96	5

续 表

参与者锻炼时间频率		人数	占比/%
	晚上	388	23
	不固定	576	34
持续时间	＜30min	284	17
	30—60min	552	32
	61—90min	616	36
	＞90min	256	15
锻炼频次	极少	352	21
	1—2	588	34
	3—4	484	28
	＞5	284	17

4.社区场地、器材等硬件设施状况分析

社区体育参与者在体育锻炼的时间选择上较合理，但社区健身器械、场地缺乏，多数为室外健身器械。温州市近年来在社区硬件等设施方面的扩展性投入并不多，以2010年陈秋芬等人关于分层抽样调查温州市社区体育硬件配备情况[2]以及2017年叶建强关于温州市公共体育资源配置现状的调查与分析作为参考依据，可以看出温州市社区体育硬件配备极不均衡[5]（见表4）。

表4　社区体育硬件配备情况统计表

项目	人均路径数（条/千人）	路径最高与最低配置种类差值（种）	路径全天开放比例（%）	场馆数量（个/社区）	场馆全天开放比例（%）	人均体育场地面积（m^2）
鹿城	4.96	12	50	1.5	75	1.57
瓯海	5.75	9	100	0.375	67	1.68
龙湾	6.59	4	100	1.13	89	2.19

5.社区体育管理组织及经费来源状况分析

当前社区体育组织形式大体可分为两种：一种是以街道辖区为单位和居委会为主要团体成员构成的行政主导型的体育组织，即街道式社区体协；另一种是个体自主、直接参与性的体育组织，如各种社区体育项目协会、俱乐部、早晚练活动点等。温州市内三区体育协会共计65个，社区体育组织约220个，早晚练活动点1300余个，其中龙湾区社区体育组织及早晚练活动点数量严重不足；社会体育指导中心3个，其中瓯海区1个、龙湾区2个、鹿城区0个。

社区体育经费主要来源于体育彩票公益金、财政补贴与自筹资金三方面。相对来说，温州市彩票公益金用于全民健身的投入比例和政府财政性投入占比相对较高，社会资金利用程度相对较低。

(二)调研存在问题分析

1.社区体育管理及体育参与人员存在问题

一是社区居民体育意识不强,体育管理不完善。调查发现,很多人没有强烈的体育健身意识,对科学健身的相关知识不太了解也无暇学习。目前社区体育组织管理和认知水平不高,管理体系不完善,对社区体育发展不重视,这是造成社区居民体育健身意识不强的客观原因。二是社区体育参与者年龄分布不均衡,呈现明显老龄化特征。调查发现,社区体育参与者多以中老年人为主,其中中老年女性占大多数。

2.社区体育经费投入短缺,硬件设施配备仍不足

社区体育硬件设施配备不足,人均占有路径相对较低,场馆数量相对较少。温州市人均社区体育场地面积较全国平均水平要低,其中鹿城区人均社区体育场地面积较温州市平均水平要低。温州市各区硬件配备使用程度不同,且路径的利用程度较场馆要高。社区体育硬件配备环境总体较好,但也有不少社区体育硬件配备环境较差。[4]

3.社区体育指导员队伍尚存在不足

温州市的社会指导员中,国家级的体育指导员屈指可数,一级的体育指导员为数不多,二级的体育指导员相对不足,绝大部分为三级体育指导员。社会体育指导员的质量不高,数量不充足。[3]其次,社区体育指导员应不仅仅只是充当体育项目的指导工作,而应该是科学健身锻炼方面的全方位的宣传与指导。从调研的结果来看,社区居民有一定的健身锻炼意识,但是相对缺乏科学的健身锻炼方法与健身锻炼指导。

4.社区体育活动的组织模式相对粗放

温州市社区体育活动的组织仍显粗放,随意性较大。温州市有组织的城市社区体育活动较少,自发性的社区体育活动相对较多,社区体育呈现相对松散的状态。

5.社区体育特色项目有待开发

温州市社区体育开展的项目仍较为传统,特色性体现不足。温州市自然环境颇具特性,可依据自然环境特点,发展自己的特色项目,比如水上项目、山地项目等,打造特色体育社区。

6.社会力量办体育需要落到实处

温州市社会力量办体育处于全国的试点起步阶段,没有可以借鉴的经验。社会力量办体育试点需要制度先行,建立健全相关制度、配套出台相关政策,保障社会力量办体育试点的成功。

三、温州市城市社区体育发展的建议与措施

(一)加快完善城市社区体育管理体系

温州市城市社区要进一步完善社区体育管理体制与运行机制,并健全相关的法律制度。制定适合各区体育的规章制度,使各区的社区体育组织规范化、正规化。适度放宽基层街道办事处的管理权限,并对其发展提供一定的政策扶持。因地制宜形成社区体协、体

育社团、晨晚练活动点等多层次、网格化的组织管理体系。[5]专设相关社区体育管理部门和人员，组织开展社区体育活动，进行相关知识的科普活动，提高社区居民的健身锻炼意识。

(二)不断强化社区体育服务功能

1. 社区体育设施保障

温州市有关部门应加强对社区体育建设的重视，加大社区体育经费投入，完善社区体育场地设施，改善社区体育的场地、器械等硬件条件。[5]

2. 社会体育指导员队伍建设

温州市应加强社会体育指导员人才队伍建设，各级体育主管部门应加大专业社会体育指导员的培训力度，健全社会体育指导员的培训制度。定期组织安排体育指导员专业知识、技能的学习；制定完善的、多元化的考试制度，定期考核检查。定期组织交流分享会、技能大赛等，以传帮带的形式和以赛促学的模式，逐步提高体育指导员的素质。建立相应级别认定机制，并定期开展社会体育指导员的理论和专业水平提升培训与考核，通过定期的培训、考核，不断加强社会体育指导员队伍的综合水平，培养一专多能的全能型社会体育指导员队伍，保障社区居民的科学运动指导。

制定相应的政策措施，将专业人员引入社区。其一，建立社会体育指导员奖惩机制。对成绩突出的体育指导员给予一定的奖励；对不求上进的体育指导员应给予一定的处分。其二，充分发挥学校、健身俱乐部等体育教师、教练的兼职作用，聘请他们到各社区进行科学的健身指导。

(三)积极促进社区与学校联动

1. 学区促社区体育发展

温州市诸多学校的体育场地、设施等相对于社区体育场馆、设施要更加完善。因此，可以建立以学校为中心的社区。社区可以成立社区体育与学校体育联动办公室，学校有条件地开放学校体育场地，让更多的社区居民走进学校体育场。

高校可以看作是一种相对比较特殊的社区形式，高校这种特殊社区的居民形式相对单一，是以高校学生为主体构成的居民。而且高校这种特殊社区的管理形式也相对特殊，是围绕高校学生教学开展而进行的相应的管理模式。虽然高校具有相对的特殊性，但高校仍可以被当作是一种社区来对待，因此，高校的体育开展模式，对于社区体育的开展具有一定的借鉴意义和实践参考价值，比如高校体育俱乐部制教学模式的组织形式，对于社区体育活动的组织与开展具有一定的实践参考意义。

2. 加强高校的社会服务功能

高校拥有较高层次的科研能力、较高素质的人力资源，温州市政府相关部门应加强与高校的合作，充分利用高校的优质资源。第一，利用高校资源优势，促进温州体育发展。各高校均有自身的优势，因此政府可以跟高校进行合作。如温州大学是体育人才培养优势高校，可以合作开展体育指导员培训等。第二，鼓励和引导高校专门人才服务社区体育。社区可以通过政策鼓励和引导，吸引高校教师和学校体育优秀社团等专项人才进入社区进行服务指导，也可以联合高校开展相关体育比赛等。[6]

(四)探索开展社区体育俱乐部制

高校可以看作一种特殊的社区形式,社区体育的开展可以借鉴高校体育的开展。参照高校体育俱乐部制教学模式,探索推行社区体育俱乐部模式,逐步建立和完善社区体育俱乐部制。依托体育俱乐部将有组织的和自发性的社区体育活动有机结合,让社区体育活动管理更有组织性、层次性和针对性。

注重社区居民体育需求的多元化和不同人群的个性化,在探索中不断完善体育俱乐部的管理模式,从社区居民的实际出发,以居民的需要为前提,有效地调动社区居民体育锻炼的积极性,激发社区体育的活力。例如,有条件地开展社区体育公益课堂,有条件地开展社区体育节,吸引社区居民加入到社区体育活动中来,激发社区体育的活力。

(五)强力打造特色体育

以国家体育大政方针为指导,以温州市自身环境为基础,以政府行为为引导,以社会力量为依托,科学论证,统一规划,力争打造以特色体育项目为点,特色基地为主线和特色小镇为面的立体化的特色体育发展模式。

1.建设特色小镇

国家体育总局办公厅印发的《关于推动运动休闲特色小镇建设工作的通知》指出,运动休闲特色小镇是集运动休闲、文化、旅游、健康、养老、教育培训等多种功能于一体的全民健身发展平台和体育产业基地。[7]温州市有着独特的自然资源环境,可以因地制宜地打造和发展体育小镇。以政府引导为手段,以社会力量为资本,以某项运动为依托,打造集运动、旅游、教育培训等为一体的特色小镇。如茶山镇,可以开发以山地越野为运动特色的休闲旅游度假小镇。

2.打造特色基地

温州市有关管理部门应统一规划,依据一定区域不同的自然和人文环境打造一批特色体育基地,以此带动周边社区体育的发展。力争建成一个水上特色体育文化体验基地,打造一批诸如龙舟、皮划艇等特色体育基地。

3.开展特色运动

温州市基层社区体育管理部门应当结合自身社区实际,挖掘具有社区特色的体育运动项目,并在充分调研社区居民情况的基础上,选取一项或几项具有可行性的运动项目。让社区居民充分参与到社区体育运动中,定期组织特色运动项目开展以及相关对外交流比赛等,不断夯实特色体育基础并壮大社区特色运动人口,真正做出特色,打造社区特色运动品牌。

4.助推特色社区

2019年,浙江省省政府印发了《浙江省未来社区建设试点工作方案》(浙政发〔2019〕8号),目前浙江省未来社区建设试点工作全面启动,全省试点的二十个未来社区名单也于近日公布,温州市的未来社区建设有试点社区三个。以人本化、生态化为准则,以数字化、大数据为手段,以社区体育为载体,实现未来社区健康场景,进而推动未来社区试点建设,是我们应当不断探索和研究的目标。

(六)大力推进社会力量办体育

1.社会力量办竞技体育

国家体育总局、教育部联合出台的《关于加强竞技体育后备人才培养工作的指导意见》指出,“社会力量是竞技体育后备人才培养的重要组成部分。引导和支持社会力量参与竞技体育后备人才培养工作,鼓励兴办多种形式的青少年体育训练机构”。意见中明确提出要推动社会力量参与竞技体育后备人才培养工作。[8]温州市政府应当积极引导,不断改革创新相关体制机制,充分发挥市场在资源配置中的决定性作用,把政策措施落实到位。调动社会资本、企业、青少年体育俱乐部、培训机构等各种社会力量积极参与体育改革发展,加大其在竞技体育后备人才培养领域的投入力度,让其利用自身优势参与竞技体育后备人才培养和梯队建设、青少年比赛、国际交流等领域。

2.社会力量发展体育产业

近年来,随着《国务院关于加快发展体育产业促进体育消费的若干意见》等政策出台,以及商业性和群众性体育赛事审批的取消等,社会力量举办赛事的积极性明显提高。温州市政府相关管理部门应给予社会力量办体育赛事更多的引导,为推动温州举办国内、国际性体育赛事的发展提供保障。加大对社会力量投资体育产业的支持力度,让社会资本更多地注入体育产业中来,助推温州市体育产业不断地转型升级和改革发展。

参考文献

[1] 人民网.赵勇:以创建国家运动健康城市推动全民健身[R/OL].(2017-09-05)[2018-03-10]. http://sports. people. com. cn/n1/2017/0905/c412458-29516147. html.

[2] 陈秋芬,谢翔,陈雪呀,等.温州市社区体育硬件配备的调查研究[J].浙江体育科学,2010,32(5):48-50.

[3] 朱少华.温州城市社区体育开展现状及对策研究[D].温州:温州大学体育学院,2016.

[4] 林小敏,叶建强,于可红.温州市区全民健身路径现状分析与对策研究[J].浙江体育科学,2005,27(5):29-32.

[5] 叶建强.温州市公共体育资源配置现状的调查与分析[J].温州职业技术学院学报,2017,17(4):22-25.

[6] 王茂球.上海市社区体育与学校体育互动发展现状的调查与研究[D].上海:上海体育学院体育教育学院,2009.

[7] 国家体育总局.体育总局办公厅关于推动运动休闲特色小镇建设工作的通知[R/OL].(2017-05-11)[2018-03-16]. http://www. sport. gov. cn/n316/n336/c802334/content. html.

[8] 国家体育总局.《关于加强竞技体育后备人才培养工作的指导意见》[R/OL].(2017-12-06). http://www. sport. gov. cn/n316/n343/n1195/c838149/content. html.

[9] 樊炳有,陈立,等.温州市社区体育发展模式[J].温州大学学报,2001(4):45-47.

[10] 丁增辉.温州市城市社区体育的调查与分析[J].温州职业技术学院学报,2018,18(3):16-24.

课题组单位:浙江安防职业技术学院
课题组负责人:丁增辉
课题组成员:胡孝海,张进,章国全
课题名称及编号:温州市城市社区体育发展的调查与研究(编号:2020B05)

浙江省“老漂族”生活状况、困境需求与关爱机制探索

[**按语**]在城镇化不断推进的过程中，我国的“老漂族”正逐渐形成。他们为支持儿女事业、照顾第三代而离乡背井，来到子女工作的大城市。这既是中国人强烈家庭观念的一种体现，也是当前快节奏中国的阶段性现象。本课题通过对浙江(杭州、宁波、绍兴三地)“老漂族”群体的全面调研，共发放450份问卷，收回有效问卷401份，了解他们的生活现状、困境需求，通过统计分析，结合浙江实际，提出新时代对“老漂族”的关爱机制应从五个方面着手：一是以文化人，适当提升“老漂族”的文化程度；二是拓展渠道，引导“老漂族”的社交需求，提升社交能力；三是营造氛围，调动各种资源，搭建“老漂族”的各种舞台；四是以人为本，优化公共服务，提升“老漂族”的城市归属感；五是适当改革，建立制度，提升“老漂族”的社会保障能力。

一、“老漂族”相关概述

(一)选题背景

在我国社会经济发展的大背景下，人口老龄化速度的加快与城市化进程的推进带来了频繁的人口流动。根据国家卫生健康委员会此前发布的数据显示，中国现有随迁老人近1800万，占全国2.47亿流动人口的7.2%，其中专程来照顾晚辈的比例高达43%，他们被称为“老漂族”。为了帮助子女来到陌生的城市，操持家务、照顾孩子，“老漂族”在帮助子女照看孙辈之余，对于新城市的生活往往难以完全适应，各方面问题逐渐暴露出来。然而学术界对“老漂族”群体的研究相对较少，他们的生活状况、困境需求是中国进入新时代亟待关注的问题。课题以浙江“老漂族”群体为研究对象，通过问卷调查和访谈，运用统计分析方法，对这一群体的社会关爱机制做一些探索，以此改善“老漂族”的城市社会适应现状，提升他们在城市中生活的幸福感。

(二)选题意义

学术界已有的对流动人口的研究主要集中在农民工、随迁儿童等群体身上，对老年流动人口的研究甚少，本课题的研究可进一步丰富对这个群体的理论认知。课题通过访谈获得第一手材料，详细了解“老漂族”城市适应现状的同时，全面系统地研究和解释老年流动人口群体遭遇的困境需求。在已有文献基础上，课题对“老漂族”的社会适应问题进行

探索研究，通过与民政、人力资源与社会保障等政府部门的联系沟通，为“老漂族”的社会适应理论、政策体系完善提供研究资料。另外，课题研究对“老漂族”及流动老年人群体的研究将有利于丰富流动人口以及社会工作领域研究老年人群体的理论。课题组希望通过深入调研浙江“老漂族”的生活现状与困境需求，旨在为解决“老漂族”的社会适应问题做出实践层面的建议与献策，并期望为我国“老漂族”群体的社会服务与管理提供可借鉴的经验。

(三)国内外研究现状述评

1. 国外研究综述

国外以“老漂族”为对象的研究，主要基于老年人的人口迁移。著名经济学家亚当·斯密最早提出关于劳动力迁移的理论以解释涌动的移民浪潮现象。Saito T(2000)认为老年人迁移后，在城市适应上主要表现为日常生活自理能力下降、社会交往范围缩小、社会地位下降，很少参与社会活动和社会事务。Zhang & Song(2003)认为来自农村迁往城市的移民是推动中国城市化率增加的主导作用。McGee(1997)认为劳动力供需的空间差异是人口迁移流动的根本原因。Liang&White(2003)研究指出了区域所属的区位条件、产业结构和迁移政策等非经济因素对人口迁移的较大影响。Shen(2002)研究发现中国省内移民的三大因素是经商、学习培训和医疗活动，省际移民基本特征是从事制造业和建筑业，并建议借鉴香港和新加坡的廉租房制度来改善我国迁移人口的生活状况。

2. 国内研究综述

国内以“老漂族”为对象的研究论文较少。陈勃(2006)从内容上界定了老年人迁移到城市后的适应现状，从生活适应、人际关系适应、精神文化适应以及个人发展适应四个方面来阐述老年人的城市适应。孙晓曼(2011)等认为老年人在城市生活的关键是要调整好自我心理状态，主要包括四个方面的内容:社会角色的转变，生理衰老问题，养老问题，晚年生活中的突发状况。刘庆(2012)认为老年人从进入城市到适应城市生活的过程中，必然要经历种种问题，为了解决在城市生活的诸多困境、适应城市生活必定要做出一定程度的调适。刘晓雪(2012)在《“老漂族”的养老问题初探》一文中指出了这里的社会保障是包括社会福利在内的广义含义，“老漂族”的养老、医疗问题是一个矛盾体。何惠亭(2014)将“老漂族”在城市的适应层面结合帕森斯的社会适应、文化适应和心理适应三个层面细分为主要的四个层面，即角色适应、日常生活适应、人际交往适应和心理适应。

3. 国内外研究现状述评

从国内外的研究现状可以看出，学者们对“老漂族”群体的关注度不断提升，也各自从不同的研究视角深入挖掘和分析“老漂族”城市适应的现状、影响因素以及相关的介入策略，不断丰富以往关于老年流动人口的研究。但从现有的研究来看，学者大多都从较为宏观的层面去剖析“老漂族”群体融入陌生城市的现象，提出的对策和建议也大多是宏观的、笼统的；在“老漂族”城市适应现状这一方面，大部分学者关注的主要是“老漂族”群体的整体特征和趋势，而对他们内心真实感受的关注度相对较低；另外，国内学者对“老漂族”群体的研究，大多是从个案、小组、社区这三个方面着手的，覆盖面较窄，研究深度不够，借鉴意义不大，实际操作性不强。

二、“老漂族”生活现状、困境需求分析

(一)调查问卷的设计

基于对当前“老漂族”的了解,课题组设计了一份《“老漂族”生活现状专项调研调查问卷》。问卷主要分为三个部分:第一部分主要了解被调查者的基本信息,如性别、年龄、文化程度等共5个问题。第二部分为“老漂族”生活状况的调查,总共有14个问题,主要以封闭式问题为主,以一些开放性问题为辅。涉及“老漂族”生活的方方面面。如迁移的时间,当地生活的适应情况,与本地居民的沟通情况,与街坊邻居的来往情况,参加社区互动的情况,“老漂族”生活情感依托等,这些问题的设计都是经过前期的调研,结合文献资料的整理后形成的,具有一定的针对性和可靠性。第三部分是“老漂族”对未来的期望,主要包括对当地福利待遇的期望,对社区、地方政府的期望,以及对改善“老漂族”生活现状的建议等。

(二)调查分析

1.调查对象基本信息分析

在本次专项调研过程中,共发放问卷450份,回收450份,其中有效问卷为401份,有效问卷比率为89.11%,其中男性178人,占44.39%,女性223人,占55.61%,女性较多(见图1)。调查对象的年龄层次分布为50—55岁占19.70%,56—60岁占28.68%,61—65岁占36.41%,66岁及以上占15.21%(见图2)。

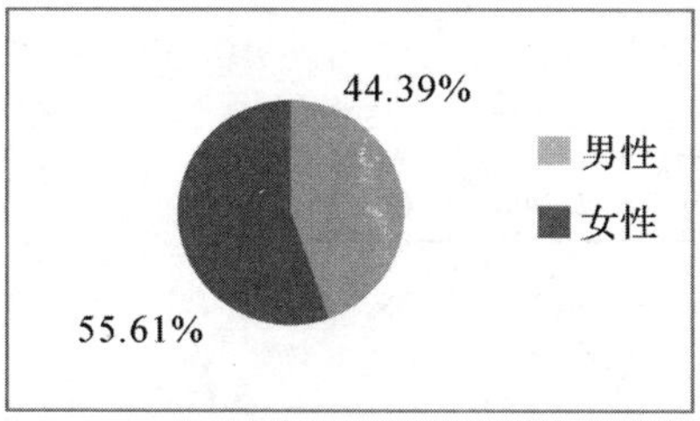

图1　性别情况

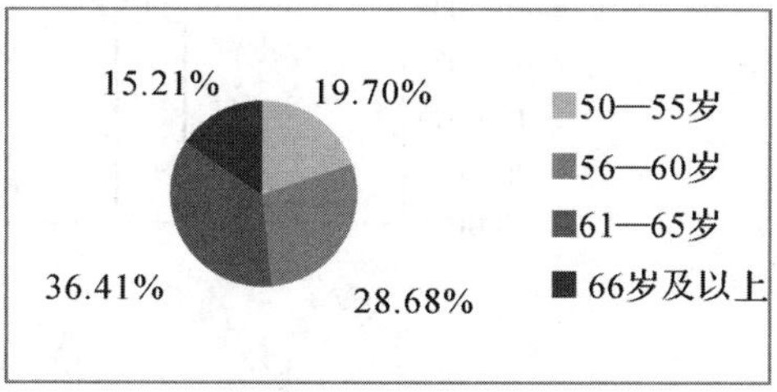

图2　年龄结构

调研对象中的老人大多数不会认字,在问卷反映的学历情况中,小学及以下占68.08%,初中占22.94%,高中占5.74%,专科及以上占3.24%(见图3)。由此可见,小学及以下和初中共占了91.02%,不能认知汉字或不能完全认知汉字,这是“老漂族”绝大多数的文化情况。

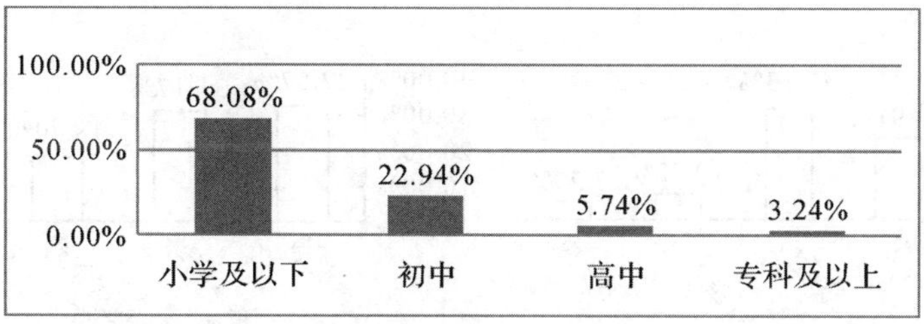

图3　调查对象的文化程度分布

通过调研过程发现,被调查者来自省外的农村或小城镇的老人占78.55%,而省内的农村或小城镇占21.45%(见图4),这说明大多数老人是从省外迁移到当地,从省内迁移的老年人相对比较少。而从迁移后在当地居住的时间来看,一年以内占了12.97%,1—2年(不含2年)占了11.97%,2—3年(含2年)占了22.94%,3年以上占了52.12%(见图5)。相对来说,居住在当地3年以上的老人较多,这说明了大多数老人是早些年就已经来到当地。

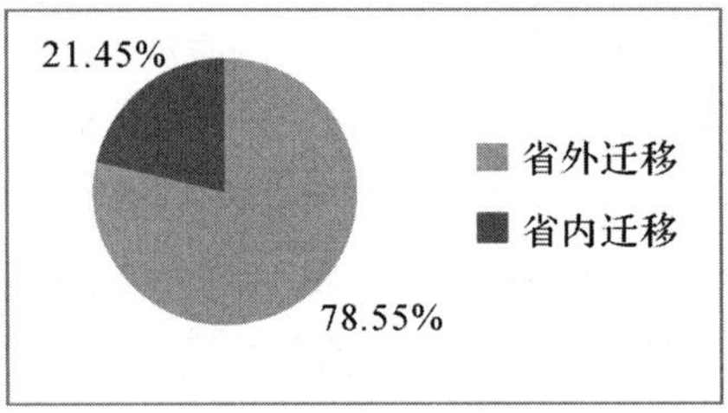

图4 迁移地分布情况

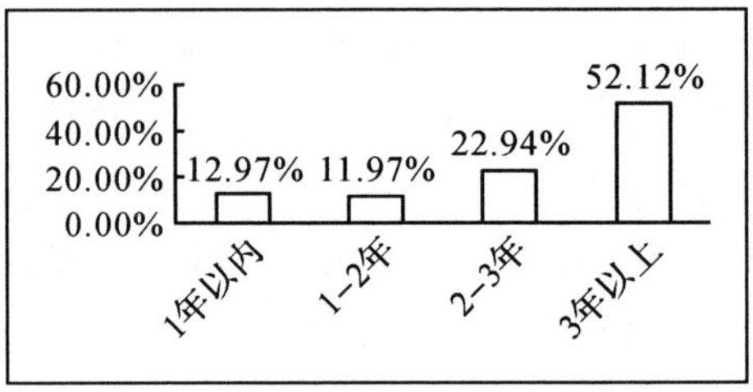

图5 来当地时间分析

2.调查对象生活状况分析

(1)迁移的原因。

调研显示,"老漂族"迁移原因主要是为了照顾子女及第三代,占比达75.56%,接受子女照顾占了13.97%,工作需要占了7.48%,旅游养老及其他占了2.99%(见图6)。在实地调研过程中,很多接受调查的老人都带着孙子或外孙,显然,"照顾子女及第三代"是绝大多数老人迁移当地的主要原因。

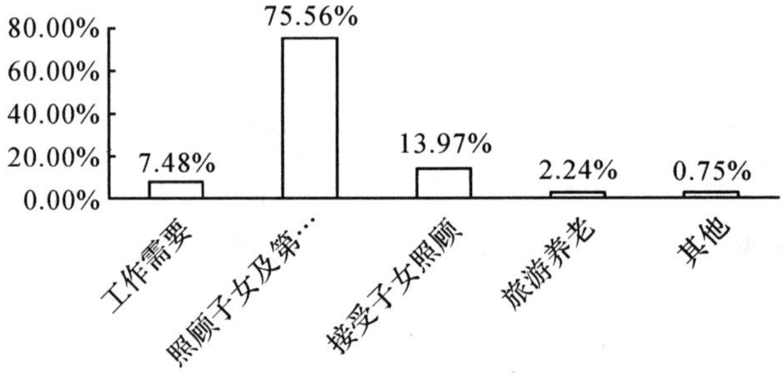

图6 迁移原因分析

(2)生活适应情况。

"老漂族"城市适应情况显示,不适应占7.23%,勉强适应占10.72%,一般适应占47.13%,非常适应占34.91%(见图7),这数据说明绝大多数"老漂族"都能适应在异乡生活。

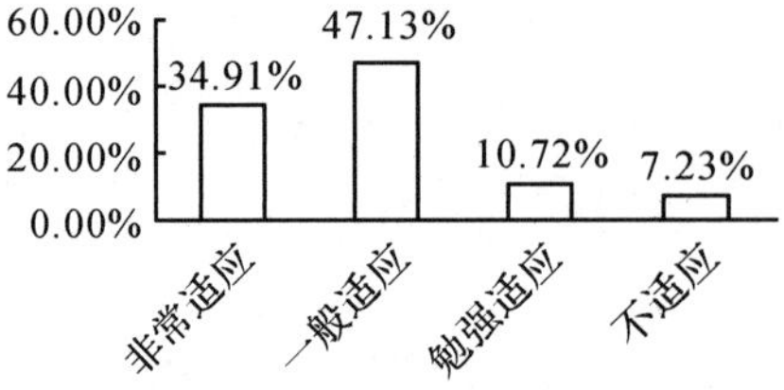

图7 生活适应情况分析

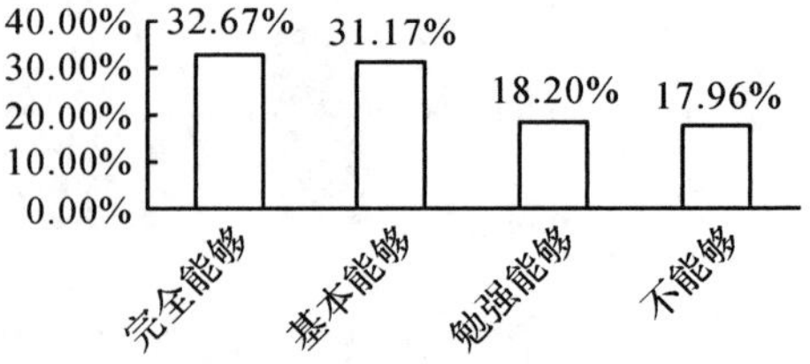

图8 与当地居民沟通情况分析

(3)与当地居民沟通情况。

在如图 8 所示的与当地市民沟通情况调查情况报告反映，不能沟通的占 17.96%，勉强能够的占 18.20%，基本能够的占 31.17%，完全能够的占 32.67%，在实地调研过程中，大多数老人表示，当地居民一般都用本地方言交流，在日常沟通中，如果能用心交流，基本上是不存在交流障碍的。

(4)与邻居往来情况。

根据调研情况，如图 9 所示，"老漂族"和邻居之间大多数有往来，但不会很频繁。其中偶尔往来占 52.87%，经常往来占 31.67%，从不往来占 7.23%，几乎没有往来占 8.23%。

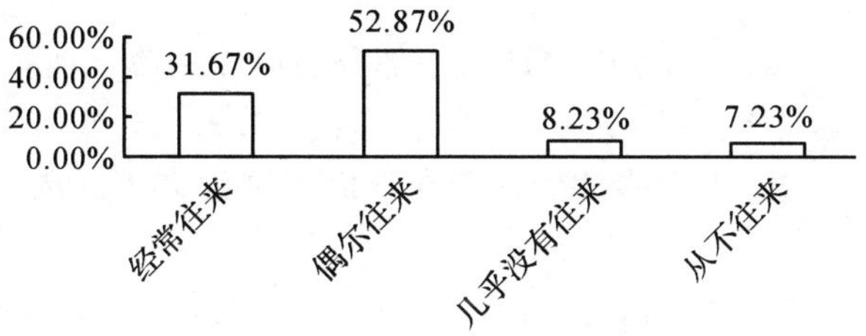

图 9　与邻居往来情况分析

(5)与子女摩擦情况。

在调研中发现，"老漂族"在与家人相处过程中，偶尔会发生一些摩擦，如图 10 所示，其中偶尔会占 91.77%，经常会占 1.25%，不会的 6.98%。

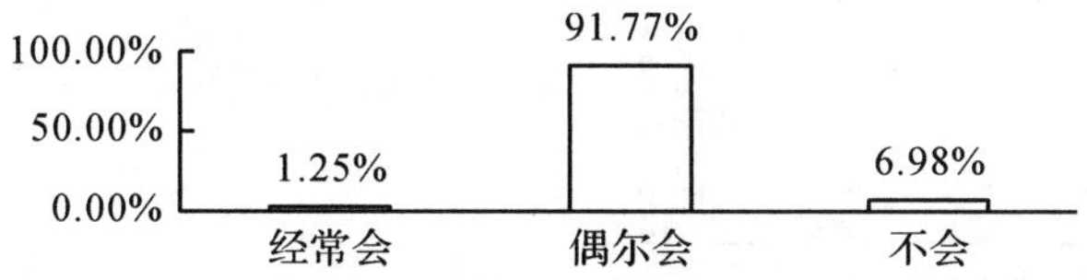

图 10　与子女摩擦情况分析

(6)述说对象情况。

如图 11 所示，调研中发现，"老漂族"遇到不愉快的事情，主要是憋在心里，占比 32.42%，向家乡朋友倾诉的占 21.70%，向兄弟姐妹倾诉的占 21.45%，向自己的子女倾诉的占 16.46%，比例还是偏低，向社区中的同伴倾诉的占 7.98%。

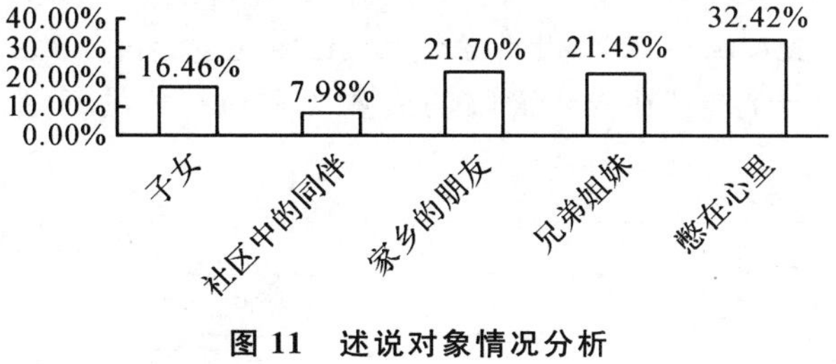

图 11　述说对象情况分析

(7)朋友交际圈情况。

在调研过程中，很多调查对象表示，都有新的朋友交际圈，其中朋友不多的占 57.11%，朋友很多的占 15.71%，基本还是和家人交流的占 27.18%(见图 12)，由此可见，老人在迁移当地后交往能力较弱，不少老人还仅仅是只和家人交流为主。

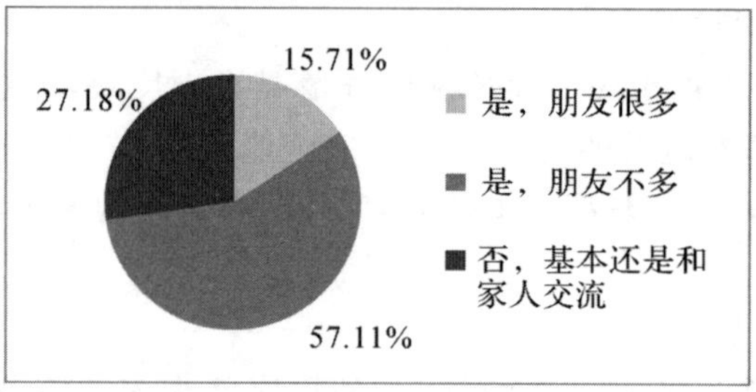

图 12　朋友交际圈情况分析

(8)社区活动情况。

关于社区活动情况，调查问卷中设计第二部分的第 8 和第 9 两题，如图 13 所示，社区很少组织专门针对"老漂族"的活动，从不组织占 90.27%，偶尔占 6.23%，比较多占 2.24%，经常占 1.25%，显然，大多数的社区在帮助外来的老人融入新的环境中还有很多工作可以做。

根据"老漂族"参加社区活动情况分析可知，从不参加占 74.06%，偶尔参加占 17.21%，经常占 2.00%，想参加但不知道怎么参加的比例占 6.73%，如图 14 所示，绝大多数"老漂族"从来不参加社区组织的活动，只有很少人会偶尔或经常参加社区活动。

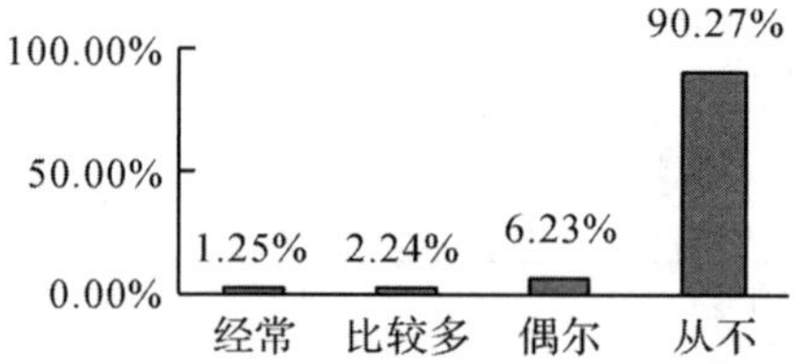

图 13　社区组织活动情况分析

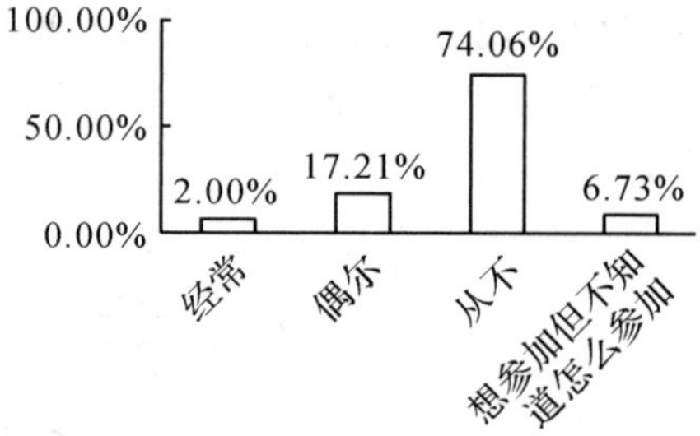

图 14　参加社区活动情况分析

(9)医疗和养老保险使用情况。

如图 15 所示，关于医疗和养老保险在当地能否使用情况的调查中，不能使用的占 95.76%，能使用的仅仅占 4.24%，由此可见，在移居当地后，绝大部分老人都不能使用医保和养老保险，只有极少数人老人可以在当地享受医保和养老保险的服务。在具体的调研过程中，有些老人没有医保和养老保险，这是老人向课题组反馈最多的问题之一，课题组认为这是"老漂族"在异乡面临的最重要和最严峻的问题，也是迫切需要解决的问题。

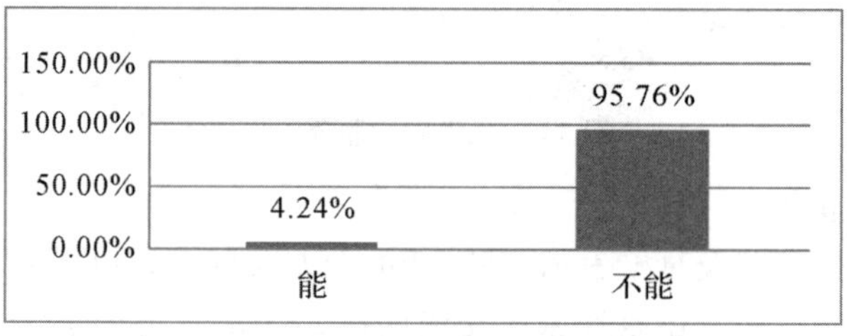

图 15　医疗和养老保险情况分析

(10)生活满意度情况。

如图 16 所示，对于自己当前的生活，不满意占 3.99%，基本满意占 24.69%，比较满意占 46.13%，非常满意占 25.19%，显然大部分的老人觉得现在的生活过得比较好，只有 3.99%的老人对现在的生活不满意。

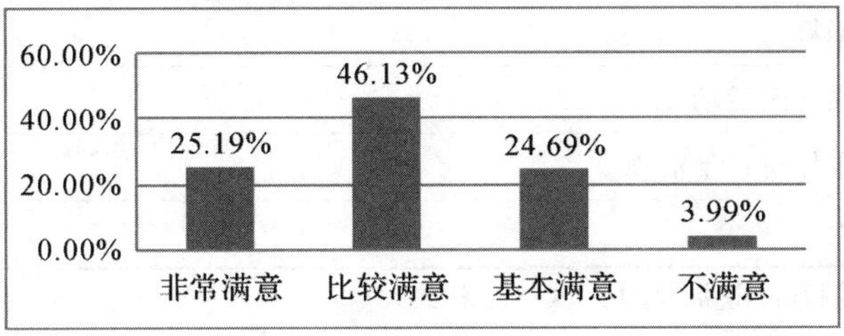

图 16 生活满意程度分析

(11)孤独寂寞、归属感分析。

如图 17 所示，在本次调研中，调查对象反映了他们在生活中感到孤独寂寞的情况，其中从来没有寂寞的仅占 4.74%，很少感到孤独寂寞的占 25.69%，经常性的占 20.70%，有时有的占 48.88%，由此可见，在日常生活中，“老漂族”身在异乡，大部分都会感到孤独和寂寞。图 18 反应的是归属感的调查，被调查对象中在当地有归属感的占 55.11%，没有的占 44.89%。

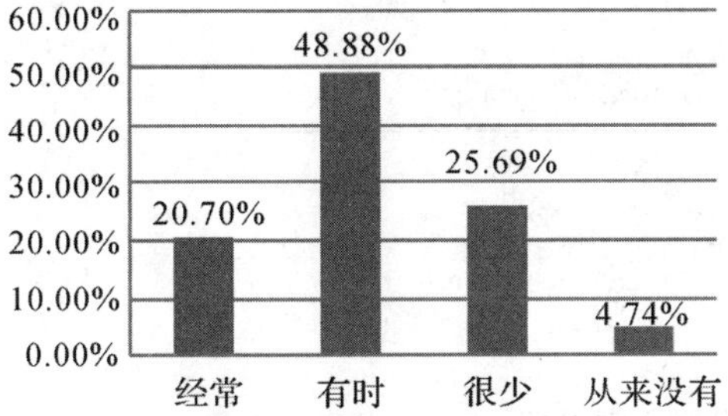

图 17 孤独寂寞感分析

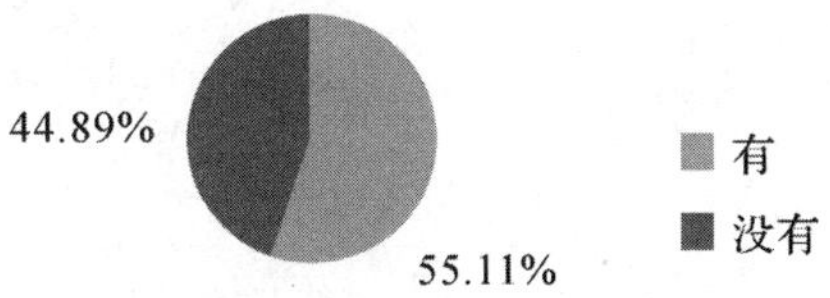

图 18 归属感分析

(12)“老漂族”日常活动调查分析。

在调研过程中，课题组设置了表 1，经过统计发现，在日常生活中，“老漂族”选择频率最高的五项日常活动是做家务(占 83.04%)、外出活动或锻炼(占 81.55%)、使用电子产品娱乐(占 45.14%)，读书看报等文化兴趣活动(占 29.18%)及广场舞(占 23.19%)，也有部分老年人选择了参加社区活动(12.22%)，与其他老年人一起组织活动外出游玩(11.72%)，极少数老人没有任何日常活动(1.50%)。

表 1 日常活动调查表

选项	日常活动	选择请打“√”
A	做家务	333
B	外出活动或锻炼	327
C	与其他老年人一起组织活动外出游玩	47

续 表

选项	日常活动	选择请打“√”
D	读书看报等文化兴趣活动	117
E	使用电子产品娱乐	181
F	广场舞	93
G	参加社区活动	49
H	没有任何日常活动	6
I	其他	5

附注：表中数据为统计调查问卷汇总时打“√”的总数。

3.调查对象对未来期望分析

(1)对福利待遇期望情况。

在对当地福利待遇的单项选择中，课题组发现，看病就医占90.77%，公共汽车和公园优惠占3.24%，文化服务占2.49%，居家养老服务占2.74%，其他占0.75%，很显然，从图19中可以看出，“看病就医”是大部分老人选择福利待遇的首选，这也是关爱机制的关键所在。

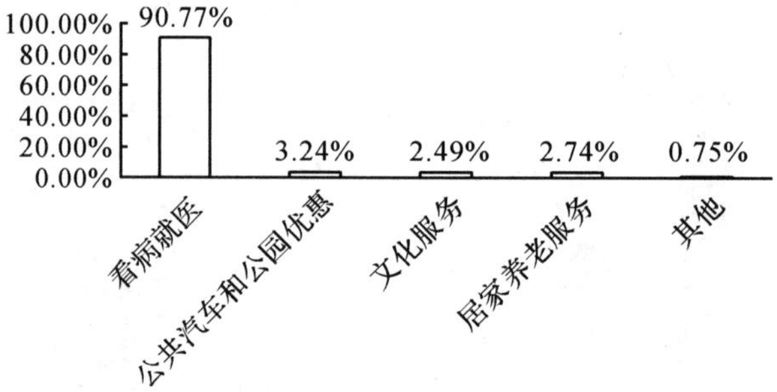

图19 福利待遇期望分析

(2)社区设施完善情况。

在调研中，老人们对当地社区设施完善也有自己的要求，如图20所示，希望增加康体活动设施的占20.20%，增加卫生医疗设施的占53.87%，增加文化活动设施的占16.96%，其他占8.98%，从图20中可知，老人们对卫生医疗设施比较看重，结合前面福利待遇中“看病就医”的要求，说明了大部分“老漂族”对身体健康是比较重视的，作为民生工程，国家也日益重视医疗对老百姓的影响。

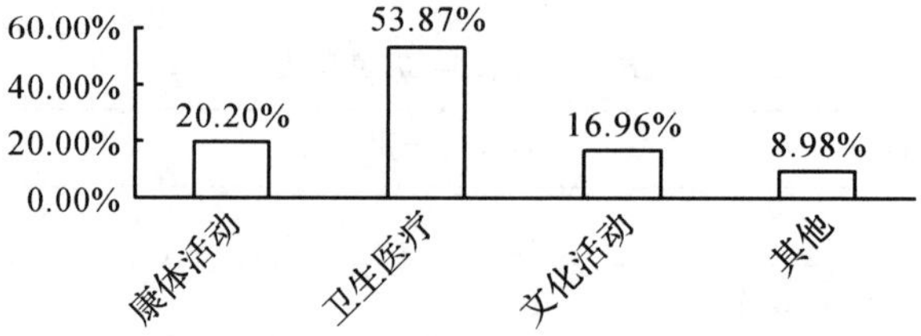

图20 社区设施完善情况分析

(3)对社区和政府的期望。

在调研中,老人们对当地社区和政府提出期望,如图 21 所示,其中希望"能和当地居民享受同等待遇"占 26.68%,"能提供多种文化服务"占 25.44%,"能增加针对'老漂族'的社区活动"占 24.94%,"落实医疗保险和农村合作医疗"占 20.95,这是课题组今后努力的方向。

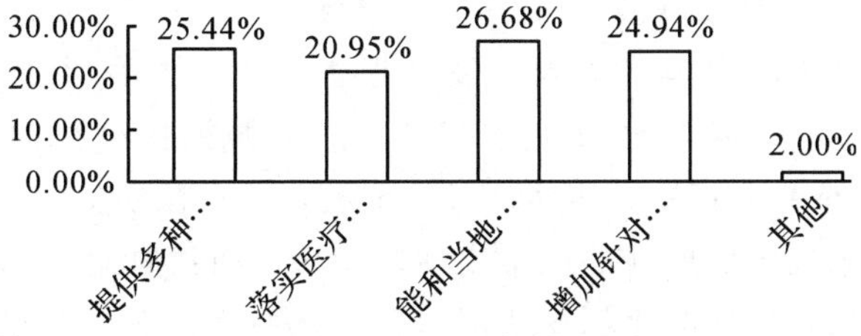

图 21 对社区和政府的期望

(4)对改善生活现状的分析。

在调研过程中,课题组设置了表 2,经过统计发现,在日常生活中,老人们认为可以改善生活现状的频率最高的四个选项,分别为改革异地医保报销政策(87.78%),政府完善异地养老的相关政策(78.80%),政府出台相关"老漂族"的生活福利制度(75.81%),子女及其家人的关心(41.15%),由此可见,有关异地医疗保险和异地养老的相关政策制度是"老漂族"重点期望的对象。

表 2 改善建议调查表

选项	改善建议	选择打"√"
A	"老漂族"自身努力	49
B	子女及其家人的关心	165
C	社区多帮助"老漂族"融入城市生活	78
D	改革异地医保报销政策	352
E	政府完善异地养老的相关政策	316
F	政府出台相关"老漂族"的生活福利制度	304
G	加强"老漂族"之间的相互帮助	89
H	其他	8

附注:表中数据为统计调查问卷汇总时打"√"的总数。

(三)当前"老漂族"生活现状、困境需求

1."老漂族"总体文化程度较低

课题组在调研中发现,部分老人正常填写问卷困难,需要调查人员将相关信息告知他才能进行问卷的填写。在前面的统计分析中,调查对象基本信息文化程度中小学及以下文化程度占 68.08%,高中以上学历占比不到 10%,这是由主客观原因决定的,也是中国"老漂族"的一个显著特征。

2.“老漂族”中的大部分来自省外

在调研过程中发现，跟随子女来到迁移地的大部分老人都是从省外的农村或城镇来到当地短期或长期生活的老人，图4显示，来自省外的老人占78.55%。这在很大程度上是地区发展不平衡造成的。浙江属于东部发达省份，杭州、宁波和绍兴又属于浙江省发展比较好的地市，能在很大程度上吸引其他地方的人才到当地工作，这也导致“老漂族”随迁而来。

3.“老漂族”主要是为照顾子女及第三代而迁移

据国家卫计委发布的《中国流动人口发展报告2016》显示，我国流动老人将近1800万，其中专程来照顾晚辈的老人比例高达43%。随着城镇化进程加快和竞争日益激烈，越来越多的年轻人选择离乡打拼。很多父母由于担心子女在外生活无人照顾，或帮子女带孩子，选择离开家乡，来到子女所在的城市生活。调研分析清晰地显示，专程为了照顾子女和第三代而离开家乡来到当地的比例高达75.56%，这些老人为了自己的子女，默默生活在陌生城市，以自己的牺牲和无私奉献，帮助照顾子女及第三代，发挥老年人巨大的作用。

4.“老漂族”基本适应城市生活

数据显示，在调研的“老漂族”中82.04%人适应了城市生活，总体感觉能融入当地生活。63.84%的“老漂族”能与当地人进行较好的沟通。31.67%的人与当地邻居有经常性的往来。在情感寄托方面，因为生活习惯不同，偶尔会与子女发生一定程度的摩擦，调查还显示，67.58%的“老漂族”会向适当倾诉对象倾诉自己遇到的不愉快事情。72.88%的人已经建立了新的朋友圈，以适应新的生活。但社区在组织“老漂族”活动方面还可以做不少的工作。随着经济的发展，杭州、宁波及绍兴各个城市的包容性正不断增强，正以更加开放的姿态迎接八方来客。

5.“老漂族”医疗保险报销比较困难

由于我国的医疗保障制度是按地区管理的，当“老漂族”在异地生病时，往往无法进行直接报销结算。课题组在本次调研过程中，接受调查的老人向调查人员反馈最多的就是医疗保险不能在当地报销，必须回到原来的户籍地去进行报销，这对于老人来说无疑是极大的开销，图16显示，有95.76%的外来老人不能够在当地报销，仅有4.24%的外来老人可以在当地报销。这对于老人来说是一个急需解决的困难，也是大部分外来老人的生活需求。

6.“老漂族”对当前生活基本满意

党的十八大以来，中国经济进入新常态，新时代老百姓的生活正经历着巨大的变化，城市和农村都越来越人性化，“老漂族”的获得感、幸福感、安全感不断获得提升。调研显示，非常满意的占21.93%，比较满意的为25.19%，基本满意的占24.69%，仅有3.99%的老人对现在生活不满意，这个数据也从一个侧面反映了城市化给人民带来的巨大变化。

三、浙江“老漂族”关爱机制建议

(一)以文化人，适当提升“老漂族”文化程度

随着人口老龄化程度的不断提高，老年人口数量不断增大，当前老年人在物质层面都得到了满足，提升老年人精神层面的需求势在必行，“老漂族”更是如此。社区可以开展积

极向上的文化娱乐活动，让当地的老年人和“老漂族”都参与进来，让大家学习文化，也学习当地文化，逐渐提升老年人的文化水平。当地的老年大学也可以向“老漂族”开放，不断助推老年人文化建设的发展和繁荣。

（二）拓展渠道，引导“老漂族”社交需求，提升社交能力

“老漂族”在当地的生活中，不少人经常会感觉到孤独和寂寞，这除了子女的陪伴外，社交渠道的不足，在很大程度上决定了这种状况的出现。可以引导“老漂族”们到社区服务中心、老年人活动中心去，参加各种活动来提高社会交际能力；可以引导老人们学会释放自己的社交情感，在生活中获得幸福感，将快乐融入生活中。在社交困境层次上，一要向子女学习普通话、积极向社区成员请教，打通语言障碍关；二要主动和子女交流，和老伴及老朋友经常保持电话联系，并主动“走出去”与社区成员交流沟通，多结交新的朋友。三要通过自我暗示的方式增加自己对生活的热爱，培养新的兴趣爱好，积极主动融入城市生活，消除“思乡”愁绪，找到归属感，同时要学会自我调节，宽慰自己，避免精神孤独和代际冲突的消极影响。

（三）营造氛围，调动各种资源，搭建“老漂族”的各种舞台

社区是自治组织的一个基本单元，具有自我管理、自我教育、自我服务、自我监督的功能。积极发挥社区的管理和服务功能，搭建“老漂族”的舞台，更好地发挥他们的自身价值。社区可以定期组织义务体检，关爱老年人的身体健康，让“老漂族”也参与进来；可以组织老年人融入社区，宣传社区、城市的基本信息，帮助“老漂族”熟悉城市社会环境；可以组织戏剧大舞台等活动，丰富老年人的精神世界；可以通过举办讲座、播放视频等形式，介绍社区、城市的生活方式和教育观念，转变他们的思维。还可以组织普通话和方言普及小组，消除“老漂族”的语言障碍；可以举办“老漂会”和“社区老人座谈会”，建立“‘老漂族’俱乐部”组织为搭建交流的平台。社区可以组织经验介绍会，让“老漂族”成功适应社会的典型案例，以交流座谈会为媒介教育并引导其他老年人调整自己的思想观念和行为方式，从而更好地适应当地的生活。

（四）以人为本，优化公共服务，提升“老漂族”城市归属感

首先，当地政府要以人为本，优化公共服务，并对“老漂族”进行适当开放，在公共汽车方面给予“老漂族”乘车优惠，将当地居民免费游公园等服务提供给“老漂族”。同时有针对性地为“老漂族”提供人性化的公共服务，为他们提供一个舒适的外部环境，是提高“老漂族”幸福感的重要渠道。其次，不断完善社区养老服务。随着城市化、工业化和现代化的发展，传统意义上的家庭养老方式受到了巨大的冲击，单纯依靠家庭养老的时代已经过去，但完全意义上的社会化养老方式又未形成，因此急需社区养老服务这种新形式对家庭养老进行辅助。社区养老服务事业作为和谐社区公共服务体系的一个重要组成部分，不仅关系到亿万老人的切身幸福和安乐，也直接影响到和谐社区的建设乃至整个和谐社会的构建。“老吾老，以及人之老”，让“老漂族”也能适当参与社区养老是未来城市的必然。最后，积极开展“老漂族”的精神慰藉工作。社区在建立老人身体健康档案的同时，还应建

立心理健康档案，定期开展心理健康讲座，对老年人定时探访，以了解他们的社会适应情况，正确引导关怀“老漂族”，对其进行一定的心理干预。

(五)适当改革，建立制度，提升“老漂族”的社会保障能力

户籍壁垒带来的医疗保险等社会保险和福利具有典型的中国特色，这在很大程度上是“老漂族”产生精神焦虑的重要因素。“老漂族”城市社会适应问题需要政府进行适当的改革，因地制宜，对地方政府的管理和服务能力提出了要求。是否可以在部分地区试点，适当破除城乡二元户籍壁垒，实行城乡一体化的医疗社会保险制度，不断完善社会养老福利制度，保障城乡居民的基本生活，解除“老漂族”的后顾之忧；由于均等化的公共服务在短期内很难实现，是否可以在部分地区试点，由当地政府购买适当的公共服务提供给满足要求的“老漂族”，在一定程度上促进本地区公共服务的均等化。此外，政府还可以通过加强舆论宣传，努力营造关注和关爱“老漂族”的良好社会氛围，进一步推动和谐社会建设。

参考文献

[1] SCHAFFAR A, DIMOU M, MOUHOUD E M. The determinants of elderly migration in France[J]. Papers in Regional Science,2019,98(3).

[2] SCHEFFEL J,ZHANG Y. How does internal migration affect the emotional health of elderly parents left-behind? [J]. Journal of Population Economics,2018:1-28.

[3] 孙晓曼，香湲，许晓云. 谈维护与促进我国老年人心理健康的对策[J]. 大众文艺：学术版,2011(08):297.

[4] 童晔珏. 社区社会工作介入老漂族城市社会适应研究[D]. 南京：南京大学,2016.

[5] 许加明. “老漂族”的城市适应问题及社会工作介入探析[J]. 社会工作,2017(04):96-107.

[6] 刘庆. “老漂族”的城市社会适应问题研究——社会工作介入的策略[J]. 西北人口,2012(04):23-26.

[7] 何惠亭. 代际关系视角下“老漂族”的城市适应研究[J]. 前沿,2014(09):157-161.

[8] 刘晓雪. “老漂族”的养老问题初探[J]. 西安财经学院学报,2012(06):110-113.

[9] 李珊. 影响移居老年人社会适应因素的研究[J]. 中国老年学杂志,2011,31(12):2301-2303.

课题组单位：浙江工业职业技术学院

课题组负责人：杨勇

课题组成员：吕明晓，胡海霞，周杰

课题名称及编号：“老漂族”生活状况、困境需求与关爱机制探索——基于浙江省调查的研究(编号：2020B06)

基层篇

金融服务“最多跑一次”助力乡村振兴的对策建议

——基于浙江温州助农服务点的调查

[**按语**]推进农村金融“最多跑一次”改革，解决业务多头受理、农民往返奔波的老大难问题，是提升金融服务“三农”水平的重要突破口。借助国家级金融综合改革试验区和农村改革试验区的独特优势，温州优化金融服务渠道，打造金融服务“最多跑一次、跑也不出村”的金融助农服务品牌，打通金融支持乡村振兴“最后一公里”。截至 2018 年 12 月，温州市辖区 11 个县(市、区)共设立服务点 2091 个，累计办理业务 433.24 万笔，主要分布在商户、村邮站和村委会，确保“就近跑”。为充分发挥服务点作用，应进一步总结经验，在全省范围内完善服务点，积极打造“最多跑一次、跑也不出村”的金融助农服务品牌，将其打造为乡村振兴的桥头堡。本报告通过对温州服务点探索“最多跑一次、跑也不出村”的金融助农服务调研，就这项改革的进一步完善，提出相关建议。

一、国内外文献综述

(一)国内外关于金融支持乡村振兴的研究进展

国内外学者在乡村振兴研究及其相关课题研究方面取得了丰硕成果。在要素研究方面，Johnson T G(1989)认为发展农村金融是农村振兴的关键所在。在乡村振兴主体方面，Greene M J(1988)认为政府的主体作用不可替代；而 Kawate T(2005)认为在日本的农村发展和振兴过程中，农村振兴和改革组织的作用非常重要。在乡村振兴理论研究方面，McLaughlin K(2016)等学者在实践的基础上，从全球治理和农村发展角度，对乡村振兴的理论进行了探讨；陈锡文(2017)认为农村地区经济发展不平衡关键原因是城乡收入差距，农村剩余劳动力向城镇转移，以及户籍制度不完善，从城乡发展的角度，提出了农业战略的部署意见，从体制上开展乡村振兴的理念；王勇和李广斌(2016)主张乡村振兴战略是一个发展中的战略，必须结合国家城乡发展的现状，以体系变革的视角对我国乡村振兴战略实施思考；刘守英(2017)认为要从根本上实现乡村振兴，必须在改善农村金融环境、完善现代化农业经营生产模式等相关问题上采取相应的实际行动；赵阳(2017)认为乡村振兴战略离不开金融支持，建议发挥农村普惠金融作用，提升金融行业对“三农”的服务能力。

(二)国内外关于“最多跑一次”的研究进展

国内外学者对行政审批制度改革进行大量研究。Bruce(2007)认为政府监管可以有效应对市场失灵,在对进入市场的规定上和调整价格的有关决策上严格把关,进而最终实现资源的有效合理配置。Frank Kwaku(2012)的研究认为,政府的监管工作要把握在合适的程度上,否则将会直接导致经济效益不高,政府办事效率降低,甚至会出现腐败这种非常严肃的问题。Kuotsai Tom Isa(2008)研究认为,政府审批成本为零,没有监管、放任市场主体自行发展的行为极易导致公平缺失等问题,在这个假设下,相对应的政府部门通过一系列的管制手段来对因为市场失效而造成的损失进行弥补,从而对市场中存在的问题进行针对性的解决,提高社会福利。

2016 年 12 月,时任浙江省委书记、代省长车俊在浙江省委经济工作会议上提出,要以“最多跑一次”的理念和目标深化政府自身改革。郁建兴(2018)认为,浙江省“最多跑一次”改革以人民为中心的改革思想,倒逼政府部门进行自我改革,并由此撬动经济体制改革、公共服务体制改革和权力运行机制改革等,深化“放管服”的最新成果。何显明(2018)认为“最多跑一次”改革通过民众体验感受和获得感倒逼政府职能转变,以群众口语化的语言确立改革目标和评判标准,为行政审批改革内在逻辑提供了借鉴意义。更有许多学者对“最多跑一次”改革纳入政府效能建设、进行理论渊源的梳理及正向经验总结、推进地方治理体系现代化等其方面进行研究(陈宏彩,2018;马宝成,2018;汪锦军,2018)。金雪军(2017)认为政府审批权限要下放到基层,实现“最多跑一次”和“最后一级政府”的无缝对接;要让政府自身职能定位更清楚,责任范围更明晰。盛骁骏等学者(2018)提出要以大数据助力“最多跑一次”企业服务改革。

(三)国内外关于金融助农服务点的研究进展

金融助农服务点属于中国独自具有的特色,是国家“惠农便农”的行政干预倡导的结果,不是完全按照市场需求发展而来的。金融助农服务点属于基础金融服务渠道建设的内容,国外在渠道建设方面做出了深入的研究,并取得了丰硕的成果。德国学者耐得•J.金(2003)认为,发展电子银行业务,通过布放 ATM、POS 及转账电话等电子机具,可以更好地为农业服务。日本学者田边野夫(2005)提到重点发展电子交易渠道是提高自身市场竞争力的需要。美国学者罗伯斯(2001)指出美国商业银行在渠道建设中存在自助渠道和电子渠道利用率不高等问题。

国内关于金融助农服务点的研究,学术性论文较少,很多是关于调查和问题分析及建议的文章。徐军(2014)运用 SWOT 分析法,客观阐述了在我国农村地区大规模推广助农服务点的优势、机会及其弱点和威胁。张永红(2011)介绍助农服务业务推广实施取得的现实成效,着重分析了影响业务可持续发展的现实掣肘,并结合实际问题提出对策建议。邓飞明等学者(2012)结合实际推广情况,就助农服务点在实现政府、农户、收单机构之间如何实现“多赢”进行了探索。俞富强(2012)介绍了助农服务的推广背景,探讨了助农服务点建设的战略意义和社会意义。何小平等学者(2012)通过走访银行、农户、服务点等助农服务参与各方,分析了助农服务隐含的风险类型,针对性地提出了对策建议。

二、温州金融助农服务点基本情况

"最多跑一次、跑也不出村"的金融助农服务品牌是为满足农村基本金融服务需求而开展的金融支持乡村振兴模式创新。金融助农服务推广以来，服务"三农"成效显著，受到了普遍赞誉，形成了"银行愿意、商户乐意、农户如意、政府满意"的多方共赢局面。

(一)服务点网点覆盖情况

截至2018年12月，温州市辖区11个县(市、区)共设立金融助农服务点2091个，主要分布在商户、村邮站和村委会，确保"就近跑"。全市48.6%的金融助农服务点实现基础金融业务与其他金融服务功能联动、叠加。农商银行、邮储银行、农业银行三家涉农金融机构占主导地位，农商银行1486个，占比71.1%；邮储银行450个，占比21.5%；农业银行155个，占比7.4%。

(二)服务点设立模式情况

选取具有一定经济实力、运营稳健、信誉可靠的商户，通过布放机具，为农户提供金融便利。以该模式设立的金融助农服务点共计1549个，占全辖区服务点的74.1%。邮储银行在辖区内村邮站布放转账设备、商易通等设备，设立金融助农服务点142个，占全辖区服务点的6.8%。农商银行、邮储银行依托村委会设立金融助农服务点116个，占全辖区服务点的5.5%。

(三)服务点机具利用情况

2018年1—12月，我市金融助农服务点月均办理业务0—3、3(含)—20、20(含)—30、30(含)笔以上的分别为597个、270个、274个、950个，占比为28.6%、12.9%、13.1%、45.4%。逾五成金融助农服务点月均办理业务量在30笔以下，逾两成几乎没有发生业务，机具利用率偏低。

(四)服务点业务发展情况

2018年1—12月，金融助农服务点办理业务433.24万笔，涉及金额37.91亿元。其中，取款业务105.34万笔，金额10.10亿元，现金和转账汇款业务66.88万笔，金额26.63亿元，代理缴费业务105.80万笔，金额1.18亿元，查询业务155.22万笔，极大地降低了农民办理金融业务的时间和经济与心理等方面的成本。

表1 温州各涉农金融机构金融助农服务点业务情况一览表

涉农金融机构	服务点数量(个)	取款业务笔数(万笔)	取款业务金额(万元)	汇款业务笔数(万笔)	汇款业务金额(万元)	代理缴费笔数(万笔)	代理缴费金额(万元)	查询业务笔数(万笔)
农商银行	1486	92.19	87595.13	52.78	238287.14	84.56	9519.44	131.37
中国邮政储蓄银行	450	12.17	12682.91	10.58	13361.87	3.54	558.78	13.95
中国农业银行	155	0.98	670.92	3.52	14660.51	17.7	1755.80	9.9
合计	2091	105.34	100948.96	66.88	266309.52	105.80	11834.02	155.22

注：数据截至2018年12月末

三、金融服务“最多跑一次”助力乡村振兴存在的问题

尽管温州助农服务点建设取得了显著成效，对于拓宽民生金融服务领域更好地服务“最多跑一次”以及破解农民办事“来回跑、多头跑”的难题具有较强的实践意义，但仍存在诸多问题。

(一)服务范围和功能有限，影响农民使用积极性

金融助农服务点业务范围以取、转、查、缴等基础性业务为主，业务种类比较单一，不能满足乡村振兴多样化的金融服务需求。目前尽管开办了代缴代扣水、电、话费业务，但是，农民期待的零钞兑换、残损币兑换、信贷咨询等业务仍需要到金融机构网点办理。截至 2018 年 12 月，全市具备农村电商服务、信贷服务、零钞及残损币兑换、个人结售汇功能的服务点分别为 730 个、549 个、296 个、27 个，仅占全部服务点的 34.9％、26.3％、14.2％和 1.3％。同时，金融助农服务点取款限额偏低。助农取款金额上限为 3000 元，随着经济的发展，农民面临医疗、子女教育、婚丧嫁娶、购买农资等大额需求，需分次支取，业务办理不便，影响农民使用的积极性。

(二)服务网点布局不规范，地区之间发展不均衡

全辖区 11 个县(市、区)金融助农服务点数量较多的是苍南县(523 个)、永嘉县(297 个)、瑞安市(276 个)、平阳县(252 个)、文成县(218 个)；数量较少的是鹿城区(3 个)、龙湾区(42 个)、洞头区(44 个)。往往几家金融机构相互竞争，集中争夺优质地区及优质商户，地区之间、网点之间发展不均衡。由于都在同一个县(市、区)选择商户，在同一村内选择多个服务点，甚至在一个商户布放 2—3 台受理终端，造成网点布局不规范。在发达地区“重复设点”及在优质商户“叠加设点”现象普遍，而在一些偏远、贫困的地区，却没有金融机构去设点，形成金融服务空白村。各涉农金融机构都以代理新农保、新农合项目为突破口，业务上相互竞争。

(三)服务质量普遍较低，难以满足农村实际需求

据调查，72.9％的金融助农服务点设于小超市、小卖部等商户内，其店主便天然成为工作人员。这些人员年龄偏大、文化程度偏低、金融素质不足，服务水平有限。金融助农服务点的经济收益偏低，有的几乎没有产生经济效益，仅能创造社会效益，导致服务人员缺乏服务积极性。2018 年 1—12 月全市查询业务量占总业务量的 35.8％，查询业务频繁，在查询业务免费的情况下，这部分没有任何收益。服务点要无偿垫付一定的周转金并承担假钞、短款等风险，还要承担通讯费、交通费等支出。以瑞安为例，该市共有 276 个服务点，能够实现盈利的服务点仅占 48.5％；逾两成服务点年收益仅有 1000 元，月平均收益不足 100 元。

(四)服务标准没有统一，管理水平比较落后

金融助农服务点标识建设滞后，不同涉农金融机构在各地设立的服务点名称不统一，容易对农户产生误导。个别代理商户私事较多，很难保证固定的营业时间，服务点经营随

意性较大。金融机构依据签订协议支付代理商户手续费，各行根据自身情况，有的按固定费用支付，有的以业务笔数逐笔计算，还有的将定价权下放到县域支行网点，本系统内标准也不相同。以平阳为例，该县邮储银行每月封顶150元给予服务点补贴；该县农商银行按取现3元/笔、转账1.5元/笔、代理缴费2元/笔给予补贴；该县农业银行按取现和转账1元/笔、代理缴费1.8元/笔给予补贴。由于实际执行中代理商户手续费标准不统一，使得商户整体稳定性较差，影响助农服务业务的推广。

（五）相关部门重视不够，制约助农服务业务发展

在助农服务业务推广过程中，虽然地方政府批转了金融监管部门的金融助农服务点实施方案和意见，但在实际落实中一定程度上呈现金融监管部门积极性高、政府有关部门积极性不高的情况，各级政府尚未对此工作进行目标化、责任化和量化落实，政府涉农部门与金融监管部门的联系、配合和支持不够。在调研中各涉农金融机构普遍反映，设备布设上投入较大，难以承受。一部POS机具成本约3000元，一台验钞机1500元，一个标识牌500元，若再配备其他设备，一个服务点需固定投入5000元左右。全市有5405个行政村，每个村设一个服务点就需资金2702.50万元。截至2018年12月，温州市金融监管部门累计给予1525个服务点65.81万元补贴资金，平均一个服务点仅补贴432元。其余费用支出均由金融机构自己承担，在没有政策倾斜和资金扶持的情况下，致使各参与银行费用负担沉重，制约了助农服务业务发展。

四、金融服务“最多跑一次”助力乡村振兴的对策建议

为充分发挥服务点作用，应进一步总结经验，在全省范围内完善助农服务点，积极打造“最多跑一次、跑也不出村”的金融助农服务品牌，将其打造为乡村振兴的桥头堡。具体做法如下。

（一）拓展服务功能，提高金融助农服务点利用率

1.不断丰富服务点的功能

对金融助农服务点进行扩容改造，在取、转、查、缴等基础性业务的基础上，逐步增加小面额零钞供应、残损币兑换、个人结售汇、金融知识宣传，协助办理农村电商、金融信贷、农业保险、农户信用信息采集、金融消费者权益保护等服务，实现各类功能联动、叠加，全方位实现一站式服务，减少农民奔波之苦和烦忧。

2.因地制宜灵活调整取现额度

坚持区别对待、有保有压的原则，根据不同地区实际情况，适度调高取现额度。建议以单卡单笔3000元，每天不超过3次，累计取款金额8000元为取款上限较为适宜，更好地满足不同地区农民多样化的取款需求，真正做到便农、惠农，避免农民“多次跑”。

（二）出台服务标准，推进金融助农服务点规范化

1.制定行业标准

建议参照目前助农服务实践相对成熟地区的做法，在金融助农服务点的布局设点、运营环境、品牌名称、服务点标识、运营管理、机具种类、服务内容、风险管理、服务收费、商户

补贴标准、工作人员配备、投诉处理等多个方面制订统一标准或规范，进一步规范服务、强化管理，最大限度上实现办理金融业务“最多跑一次、跑也不出村”。

2.设置准入和退出标准

对金融服务点工作人员设立严格的业务准入标准，将其业务素质、年龄、受教育情况等条件作为准入条件之一，确保金融助农服务点的高效运行。对服务点服务水平、业务量和基本风险防范设置标准，让服务质量差、使用效率低的服务点及时退出。

（三）加强服务培训，提升金融助农服务点服务水平

1.将农民培训与金融宣传活动结合起来

加大对金融助农服务点性质、主要业务及其相关金融实用知识宣传推介力度，引导农户全面了解服务点以及相关涉农金融产品和服务，增强农民风险意识，提升农民的基础金融素质。

2.建立多层次的服务点工作人员培训机制

业务开办前由承办金融机构采取现场指导、集中培训等方式，对服务点工作人员进行工作原理、业务操作培训。结合日常巡检，对工作人员进行新业务知识培训。实施轮训制度，三年开展一次集中综合性培训。努力提高工作人员的服务质量，不断提升农村金融“最后一公里”的服务水平和“最多跑一次”的效果。

（四）强化服务管理，保证金融助农服务点服务效率

1.构建强有力的组织监督机制

成立“金融助农服务”工作领导小组，并设立领导小组办公室，具体负责组织协调和指导督促工作。各县（市、区）和乡级政府也要成立相应的组织机构，在全市形成统一领导、分级负责、上下联动的工作机制，建成市、县、乡、村四级全覆盖的工作机制。强化地方政府的考核监督，市政府与各县（市、区）政府签订工作目标责任书，将金融助农服务工作纳入年度工作考核范围；市政府与各承办银行签订合作协议，明确工作职责及考核激励要求；各县（市、区）政府按年度对承办银行、服务点进行综合考核，进一步深化“最多跑一次”改革。

2.合理调整服务点的结构和布局

采取由农商银行、邮储银行、农业银行三家金融机构依照乡镇分片包干的方式设立服务点，并推行“谁包干、谁布机、谁发卡”的运行机制。坚持“优质高效”“一点一机”原则，既调动了金融机构的参与积极性，又避免了重复建设造成的恶性竞争。

3.开展精准分类管理

通过综合分析一定时期内服务点的运营状况，按照服务点类型、业务功能、业务量、服务质量、人员素质、风险防控等因素，制订出台服务点分类评价标准，将服务点按照评价标准进行类别等级划分。每两年开展一次，适时调整评级指标，对不同等级的服务点采取针对性更强的管理措施，进一步深化“最多跑一次”改革。

(五)完善服务政策,加强金融助农服务点扶持力度

1.加强各部门服务协调

加强政府涉农部门与金融监管部门的联系、配合和支持,着力强化各部门信息共享和业务合作,实现政府涉农部门与金融监管部门“共同跑”,切实提升政府服务效率。

2.加强对服务点的资金扶持

地方政府部门要把金融助农服务点建设与金融扶贫、扶贫开发工作结合起来,实施稳定的财政补贴机制。在对设置金融助农服务点的涉农金融机构给予财政补贴的同时,给予一定的税费减免和政策扶持,激发其服务“三农”和乡村振兴战略的积极性。

3.转变商户手续费发放方式

对于手续费补贴标准,根据服务点的业务量,实施“以绩计酬、多劳多得、按季考核、按季发放”的计酬制度,有效调动服务点办理助农服务业务的主动性。

4.有效整合农村渠道资源

充分利用农村渠道资源,加大资源整合力度,实现金融助农服务点与便民服务、农业服务、医疗服务和党建服务等各项职能“多点合一”,提高服务点在农村的渗透率,运用“小模式”撬动“大资源”,合力推动“最多跑一次”改革零距离接触农户。

参考文献

[1] 常小琴.助农取款服务点建设存在的问题及对策建议[J].时代金融,2018(29):101-105.

[2] 俞富强.浅谈推进银行卡助农取款服务稳健发展的战略举措[J].邮政研究,2014(1):25-26.

[3] 李超凡.助农金融服务点建设中存在的问题及建议[J].北方金融,2018(6):110-111.

[4] 李振宇,肖胜福.基层助农取款点服务管理问题分析与思考[J].河北金融,2014(6):30-33.

[5] 龙建平.欠发达地区金融支持乡村振兴的路径选择[J].金融与经济,2018(11):89-92.

[6] 饶兰平.浅析农村信用社助农取款服务点存在的问题以及对策[J].时代金融,2013(10):122.

[7] 孙璐.助农服务点风险隐患[J].中国金融,2017(6):101.

[8] 徐军.对农村地区大规模推广银行卡助农取款服务站的SWOT分析[J].时代金融,2014(4):84.

[9] 郁建兴.“最多跑一次”改革:浙江经验,中国方案[M].北京:中国人民大学出版社,2019:200.

[10] 赵子锐.金融支持乡村振兴战略面临的制约因素和建议[J].吉林金融研究,2018(5):58-61.

[11] 赵文瑞.农村地区银行卡助农取款服务的调查与思考——以甘肃省定西市为例[J].吉林金融研究,2016(9):60-62.

[12] 张孟洋.“最多跑一次”改革的现实困境及其优化路径[J].浙江树人大学学报,2019(2):31-36.

课题组单位:温州科技职业学院

课题组负责人:陈露

课题组成员:陈国胜,饶立兵,严瑾

课题名称及编号:金融服务“最多跑一次”助力乡村振兴的对策研究——基于浙江温州助农服务点的调查(编号:2020N52)

乡村振兴背景下农村基层党组织服务能力提升的问题及对策

——以浙西开化县为例

[按语]农村基层党组织服务能力的提升是乡村振兴战略顺利推进的前提和保障。本次调研将农村基层党支部分为先进村、中间村和薄弱村党支部，分别对开化县8个乡镇的17个村进行了现场及网络电话调研等。不同类型村党支部的服务能力各有差异，不同的发展阶段面临不同的问题、难题或者挑战。整体而言，村党支部服务能力的有效提升是一个动态的、长期的过程，应循序渐进，充分把握关键性要素，从服务队伍、服务机制、服务保障、服务实效等方面加强建设，从而实现党支部服务民生和助力发展并举。

《关于加强基层服务型党组织建设的意见》对如何强化农村党组织服务功能进行了部署，《中国共产党农村基层组织工作条例》进一步对农村党组织工作作出全面规范。随着乡村振兴战略的推进，如何抓住发展的契机，更好地发挥农村基层党组织对乡村振兴的全面领导，特别是带领群众脱贫致富、全面奔小康，成为当前农村党组织建设面临的重大挑战。本次调研认为，农村基层党组织的服务能力侧重于乡村振兴背景下农村党支部如何服务发展及服务民生。服务发展是指如何凝聚发展力量，营造发展环境，提供发展动力，促进乡村振兴；服务民生是指如何夯实基层治理，满足村民诉求，为村民谋利解忧，带领村民共创幸福美好生活，增强村民的获得感、幸福感。

调研遵循研究基础→初步探索→实证研究→比较分析→对策建议的研究思路开展。通过对乡村振兴背景下农村基层党组织服务发展、服务民生的实践，梳理先进村党支部的发展经验及挑战，探究中间村党支部发展的困境和难题，剖析薄弱村党支部的发展问题及原因，着力挖掘影响农村党支部服务能力提升的关键因素，并对如何提升农村党支部的服务能力提出若干建议。

一、调研分析

(一)先进村:成熟期(经验)

先进村是当前发展势头依旧较好、具有相对较高的知名度或在党建治理方面得到市级荣誉的村，重点关注村党支部在引领乡村振兴中的有效经验，即党建+乡村振兴如何实现可持续发展。先后走访了华埠镇金星村、齐溪镇龙门村和丰盈坦村、音坑乡下淤村、杨林镇东坑口村等。此类村党支部在引领乡村振兴中有很多共性特征，包括：

第一，有较强的服务意识。特别是村党支部书记能够把村民的需求放在心上，充分发挥榜样带头作用，带领两委班子积极主动开展工作，高要求严标准，没有私心扎实干，为村民办实事，让村民得实惠。因其德能兼备，有持续的干事创业的精气神，能够赢得各方的认同和支持。

第二，有明确的发展目标，与政府规划、村情民需有效契合。调研村的党支部都能坚持一张蓝图绘到底、一任接着一任干，形成目标体系并不断优化，确立目标责任制，积极兑现承诺。在目标优化中，开始注重内涵建设，境界层次逐渐提高，如下淤村就开始关注精神文化层次方面的同步提升，以实现村民对美好生活的向往。

第三，有较高的服务素养。调研村的两委班子一般在 8 人左右，虽然整体年龄偏大、文化层次偏低，但随着年龄增长而积累的人生阅历和工作经验等，能一定程度上弥补知识和技能方面的薄弱之处。特别是在优秀的村党支部书记的带领下，能相对比较团结，分工合作、责任明确，执行力较强，工作作风优良，有一定的组织力和战斗力。

第四，有丰富的服务资源。调研村的党支部都特别善于挖掘或对接资源，包括资金、场地、人才、自然条件、文化、政策、社会资本等，实现内外部资源的充分整合利用。如充分挖掘当地的太极、美食、礼仪等文化特色；通过建立乡贤会，为村里的发展建言献策；利用组团联村，引进管理技术；等等。

第五，有完善的服务机制与方法。调研村的党支部能够踏踏实实真干，“立规矩、抓落实、讲方法”，在实践中完善制度体系，推动制度规范扎实落地，并积极探索有效的方式和手段。如东坑口村的懒汉治村十法、金星村的六定工作法、龙门村的 1＋X 模式、丰盈坦村的“以礼治村”等一系列制度安排和模式举措，都取得了明显的成效。

总体而言，先进村党支部处于相对成熟期，在谋求发展的同时，基层治理的水平也明显提升，整体处于良性循环的状态。当然此类村党支部也面临新的挑战：第一，如何持续增强抵御风险和拒腐防变的能力。必须坚守初心，抵制外部诱惑，戒骄戒躁等。第二，如何切实提高党员群众及农村社会组织的参与能力。目前农村党员群众参与的深度和广度还十分有限，农村社会组织发育也还不成熟，需要进行更多有益的探索。第三，如何提升可持续发展的能力。根本在于要满足村民的多样化需求，解决好不平衡、不充分的问题，不能脱离群众谋发展，能让村民不断增强获得感、安全感和幸福感。

（二）中间村：过渡期（难题）

中间村是近几年知名度有一定提升的村，比薄弱村略好，但离先进村还有一定差距。重点关注村党支部面临的发展难题，探索党建＋乡村振兴如何优化发展。如池淮镇潭头村、芹阳办事处桃溪村、中村乡青山村、长虹乡库坑村、马金镇霞山村和金溪村等。此类村党支部在服务发展、服务民生方面主要面临的难题在于：

首先，未能精准定位，发展方向不明确。此类村基于政策利好，通过外在包装和推动，起步发展很快。但过度依赖外部环境，一旦政策、资金等跟不上，就会陷入发展困境。特别是乡级旅游村，本身同质性明显，受季节性影响大，内涵不够深化，重早期建设轻后续管理，存在宣传、配套不匹配等问题，整体品质不够、口碑不佳。调研中，如库坑村发展红色旅游、霞山村以古村落为特色等，面对诸多发展难题，村党支部尚不足以能够进一步做好规划。

其次,服务的基础条件尚未夯实。村党支部的服务意识不够深入,缺乏对发展项目的全面管理和运作的知识和技能,服务资源的链接和整合比较被动和有限。如金溪村党支部缺乏市场运作和管理能力,对品质建设重视不够,难以维护或开发其他资源,失去热情和动力,导致门可罗雀。而潭头村计划做深做透少数民族文化与特色产业相融合,村党支部只能在实践中去摸索,工作难度大。

最后,服务成效还需进一步提升。如何落实规范制度、创新方法手段、精准推进重点项目等,最终要让村民看到实质性的变化和发展,增强村民的获得感,才能夯实发展的基础。否则就如调研村的村民一样,刚起步参与发展的积极性被击溃,后续就很难再调动起来。

(三)薄弱村:起步期(问题)

薄弱村是发展较为落后、村党支部服务能力不足的村,重点关注党建+乡村振兴中存在的问题,以谋求发展。如池淮镇白渡村、齐溪里秧田村等。此类调研村党支部与先进村形成鲜明对比,核心问题即:

一是服务基础薄弱。调研村的党支部队伍老化,任期不长,文化层次低,不善于学习,对政策理论等理解不深刻,缺乏核心技能。工作缺乏自觉性、主动性,观念陈旧,方法老套,政治觉悟不高,责任意识不强,经常有畏难情绪,缺乏精气神,没有紧迫感,得过且过。这其中的关键是村党支部书记没有发挥领头雁作用。由于选举中还存在很多不规范的地方,没有真正选出能人,加上培训工作不到位,整体学用脱节,服务基础条件难以有效提升。

二是服务过程管控不到位。调研村的党支部对工作要求掌握不深刻,相关制度规范落实不到位,日常工作标准和要求不明确,相互推诿,执行力差,方式和手段简单,缺乏创新。根本上,不能按标准要求做,不愿意用心去做,更不能有效率地做,形式主义明显,机械低效,作风涣散。一方面在于组团联村工作未落到实处,无法给予村党支部直接有效的指导与监督;同时,由于机制不完善,村民会对反映问题的后果有所顾忌,而放弃监督。

三是服务成效差。调研村的党支部未能带领大家发家致富,村民没有获得感,村集体比较涣散。在当前评价体系中,村党支部堡垒指数由乡镇依据指标进行评定,可操作性较强,难以真正反映党支部的服务水平;而党员先锋指数由村党支部评定,由于党员人数多等诸多原因,未能体现差异性,真正落实难度较大,无法实现约束和激励。村民看不到实在的变化和成效,因而群众基础不扎实,基层治理水平低,得不到村民的信任和支持,难以找到发展的突破口。

二、结论和建议

(一)调研结论

村党支部服务能力的有效提升是一个动态的、长期的过程,不同阶段的服务能力及水平各异,不能急于求成,应循序渐进,才能使得村党支部的服务能力本质上稳步提升。薄弱村党支部要激发服务活力,解决问题,把项目做起来,让后进赶先进。中间村党支部要提升服务活力，应对难题，不断优化发展，中间争先进。先进村党支部要进一步强化服务能力，谋求可持续发展，先进更先进。关键要素在于：

首先是夯实服务的基础。服务意识体现在责任、奉献、标准、主动等方面，政治素养越高，服务意识越强，则党支部的组织力越强。服务素养侧重于知识和技能，要了解上级的政策和要求、掌握管理的方法和群众工作的技巧等，服务素养越高，执行力就越强，就越能积极主动扎实开展好各项工作。服务对象和内容方面，越成熟的党支部，越会关注村民的多样化需求，如精神文化需求、参与的需求等，满足村民日益增长的物质文化需要，精准对需。服务目标强调不断优化，从问题导向到目标导向进而到价值导向，谋求可持续发展。服务资源的积累，则是从少到多、从杂到优的过程，应主动对接，不断优化整合利用。

其次是做好服务过程管控。制度规范要标准化、规范化，并结合村情对流程、承诺、标准等内容予以细化优化，避免照搬照抄无实效。越成熟的党支部，制度体系越完善，特别在抓制度落实方面，执行力越强，越能充分发挥网格党支部的作用；方法和手段也会更专业化、民主化、多样化，不断创新，能够有效满足诉求。约束激励方面，村党支部越薄弱越需要外在的约束手段，包括组团联村的外在监督。而越成熟的党支部，越需要强化内在动力，需要更多正向的激励。项目管理是针对重点工作的重要方法，应及时公开项目进度，精准完成项目任务，注重项目品质。

最后是做好服务评估。要让村民看得到服务成效，让村民满意，有更多的获得感。应完善评估体系，不断优化评价指标，力求全面化、精细化，能更好地反映问题或需求，让村民真正地发挥监督和评价功能，促使村党支部更好地服务发展、服务民生。

（二）对策建议

村党支部服务能力的提升是无止境的，党支部引领乡村振兴的过程也是服务能力不断提升的过程，在遵循发展规律的基础上，实现党支部服务民生和助力发展并举。基于调研结论，村党支部提升服务能力，关键要做好以下几点。

1. 选优育强村党支部队伍

一是选好村党支部书记，搭好班子。村党支部书记是领头雁，是凝聚班子和民心的关键，应重德重能，以德为先。乡镇应基于组团联村工作，全面了解村情，特别是对服务能力薄弱的村，应做好引导。拓宽选人的渠道，特别是要重视对后备队伍的培养。通过竞职、履职、辞职“三项承诺”等载体，确保党支部基本组织力。

二是不断强化服务意识。通过理论学习、榜样示范等多种途径增强党员干部的各种意识。深入群众，充分调查研究，了解村情民情，做到服务村民有感情。同时要落实工作目标，公开服务承诺，明确服务标准和要求，转变工作方式，由被动变主动，高标准严要求完成各项工作等，既能经得起村民的监督，也能经得起村社组织换届“回头看”工作的检验。

三是持续提升服务素养。组团联村要做实，通过直接指导或资源整合，积极组织实施好思路、好点子，切实提升相关知识和技能。同时，搭建有效的学习交流平台，分层分类定期开展各类线上、线下培训；建立村支部书记以老带新、强村带弱村等党建联盟结对协作机制，通过实地参访、交流会等形式，发挥好先进村党支部的示范引领作用；探索书记或青年后备干部学历提升等模式，建立一套符合需求的培养体系。通过多渠道、多形式来提升学习、培训、交流的针对性和实效性，实现“干事创业有思路，带领队伍有办法”。服务素养的形成必然要在实践中得以检验，工作干了才有话语权，保持干劲，公心敢干、用心实干、匠心巧干，在实践历练中不断增长服务的知识和技能。

2.完善村党支部服务机制

一是完善日常运行机制。落实好网格管理，压实一长三员的责任，特别是要发挥党员群众的作用，探索建立特色化网格、“赋权”增效等，做实党员联户，线上、线下多途径充分吸收民意，掌握村民的诉求。确保日常工作常态化、规范化、长效化，健全各项制度并规范执行，敢抓敢管，真抓实干。明确服务流程和标准，包括服务内容、对象、程序、时效、责任人等，使办事透明公开、程序更为规范、职责更为明确。以项目制、专班制等形式来推进重点项目，明确目标责任，精准服务进度。

二是完善监督机制。利用“周二无会日”等载体加大暗访，完善责任追究机制，确保党员干部坚守底线。村党支部也应主动公开服务承诺、服务标准，将张贴告示等传统监督手段与微信、微博、QQ 等微媒介等现代网络信息手段相结合，扩大信息公开度，保障监督途径畅通、安全，更好地接受各界特别是村民的监督。

三是完善评价机制。群众评价不可或缺。对村党支部的堡垒指数评价中，应结合线上方式，或利用寒暑假学生社会实践队，还可与第三方专业机构合作来进行多维考评，确保村民参与评价的真实性、有效性。党员联系户也应纳入对党员的先锋指数评价中，着力构建科学和有效的评价方式。评价结果作为考核的重要内容，积极落实相关政策，从严管理，奖惩并举。特别是对党员干部及党员群众，应以正向激励为主，加大优秀的比例，注重精神激励、物质激励、政策激励三方面相结合，多途径提升工作的动力。

3.健全村党支部服务保障

一是发展村级集体经济，增强村级集体经济的“造血能力”，为乡村振兴提供有力保障。村股份经济合作社、专业合作社、公司等市场主体要在村党支部引领下，做好符合村情的集体经济项目，建立有效的利益协调机制，通过共同出资、共同参与利益分配等激发村民参与热情。同时与专业公司合作，提升规范运营能力，增强集体经济的活力，避免空壳化运作。

二是夯实基层治理基础。发挥好村规民约、议事会等载体的作用，优化乡风、民风、家风，构建广泛和牢固的社会基础。同时，积极培育其他村级自治组织和团体，如志愿者组织、老年协会、互助团体等，在村党支部引领下，凝聚发展合力，更多方位、更深入、更专业地服务发展和服务村民。可以与专业的社工机构或者社会工作院校建立关系，以项目化的形式，基于专业的社会工作介入，加强农村社区教育，孵化农村社区组织，促进农村居民参与，激发村民的改变，营造农村社区共同体等。

三是优化整合服务资源。实时关注上级部门政策动态，把握政策资金扶持方向，找准与本村实际情况的结合点，有针对性地争取资金、政策和项目，主动对接并积极跟踪落实，全力保证项目落地、资金到位。主动对接各类企业、高校、社会组织等社会资源，与优质资源建立长期稳定的合作关系。也要有效发挥乡贤、农业大户、致富能手等的作用，建立村级能人库、资源库等，采用多种形式加以激励，为发展建言献策。

4.提升村党支部服务实效

一是不看创新看实效。服务成效根本上不是看形式上有多少创新,而是看有多少切实可行的举措,能延续多久,能解决多少问题,让村民看到变化和发展,有实实在在的获得感。要大胆探索服务手段和方式方法,立足于群众所需、群众受益。

二是要有品牌更要有品质。从以问题为导向到以价值为导向,从根本上满足村民不断增长的物质文化需求。村党支部要善于在日常的工作中去梳理和归纳特色和亮点,打造服务品牌。但更重要的是要提升服务的品质,可以借鉴服务行业的经验,提升品质意识,增强服务内涵,不断提升专业化水平。

三、结　语

服务是激活动力的不竭源泉。要真正实现乡村振兴,就必须积极打造服务型农村党组织,提升村党支部的服务活力,在凝聚发展力量、营造发展环境、提供发展动力、促进乡村振兴的同时,夯实基层治理,满足村民诉求,为村民谋利解忧,带领村民共创幸福美好生活,提升村民的幸福感、获得感。在肯定农村基层党组织建设取得成绩的同时,更应认识到村党支部服务能力的提升是无止境的,还存在诸多问题、难题和挑战。各村党支部应因地制宜、因村制宜,不断丰富服务内涵,拓展服务内容,完善服务方法,把服务落到实处,以服务促发展,以服务促和谐,以服务凝聚人心。

参考文献

[1] 刘利平.乡村振兴视域下,农村基层党组织服务功能修复研究[J].知识经济,2018(5):40-41.

[2] 李勇.用服务激发农村基层党组织发展活力[J].山东干部函授大学学报,2018(3):54-56.

[3] 路翔翎,李宝艳.增强农村基层党组织服务功能的对策[J].福州党校学报,2018(3):32-35.

[4] 宗高峰,韩强.加强农村基层服务型党组织建设的思考——以武陵山片区为例[J].中共福建省委党校学报,2019(3):78-84.

[5] 中共中央办公厅.关于加强基层服务型党组织建设的意见[Z].2014-05-28.

课题组单位:绍兴职业技术学院

课题组负责人:林珍

课题组成员:李传喜,卢子敏,梁其英

课题名称及编号:乡村振兴背景下农村基层党组织服务能力的调研——以浙西开化县为例(编号:2020N47)

乡村振兴背景下浙江省农民教育培训供需调研及提质增效策略

[**按语**]乡村振兴人才是关键。2019 年全国启动农民培育三年提质增效行动，中央财政安排 20 亿元，分层分类实施新型农业经营主体带头人等培育计划。浙江省每年投入大量的人力、物力、财力开展农民培训工作。本研究聚焦乡村振兴人才需求，深入杭州、温州、宁波等地教育培训政府主管部门和省农广校、浙江农民大学以及温州、丽水、湖州农民学院等教育培训实施单位进行农民培训供给调研，通过发放调查问卷、现场访谈等形式对 1700 多名农民进行教育培训需求调研，发现省内农民教育培训存在教育有效供给与农民实际需求失衡错位、农民培训师资队伍建设未被重视、训后跟踪服务流于形式、基础设施建设和内涵建设力度不够等问题，提出建立全省"一线牵"的管理运行体系、建立全省"四联通"的培训资源网络、开展"个性化"的农民教育培训、确保"全方位"的软硬件保障等对策建议。

乡村振兴战略最核心的实践者、推动者和受益者是农民。重视农民的教育问题，提升农民文化素质和技术技能水平是从根本上提升农民的内生发展动力和能力。2018 年中央一号文件指出当前农民适应生产力发展和市场竞争的能力不足，高素质农民队伍建设急需加强，强调要大力培育高素质农民，强化乡村振兴人才支撑。2019 年中央一号文件再次强调要实施农民培育工程，大力发展面向乡村需求的职业教育。根据农业农村部"十三五"全国农民培育发展规划，到 2020 年新型职业农民将达到 2000 万人，一批高素质的青年农民正在逐步成为适度规模经营的主体。

一、浙江省农民培训教育供给现状

(一)农民素质基本现状

浙江省农业生产经营人员"老龄化"，受教育程度偏低。2018 年浙江省统计局公布的第三次农业普查数据显示(见表 1)，全省农业生产经营人员 527.8 万人，其中女性 209.7 万人。在农业生产经营人员中，年龄 35 岁及以下的 25.2 万人(占比仅有 4.8%)，年龄在 36 至 54 岁之间的 217.7 万人，年龄 55 岁及以上的 284.9 万人(占比达 54%)。高中及以上学历的仅占 7.8%，主要从事的行业为种植业。规模农业经营户农业生产经营人员仅有 35.0 万人。

表1 浙江省第三次农业普查农业生产经营人员数量和结构 单位:万人、%

指标	全省	规模农业经营户	农业经营单位
农业生产经营人员总数(万人)	527.8	35	48
农业生产经营人员性别构成			
男性	60.3	59	66.9
女性	39.7	41	33.1
农业生产经营人员年龄构成			
年龄35岁及以下	4.8	8.2	11.1
年龄36—54岁	41.2	54.7	56.4
年龄55岁及以上	54	37.1	32.6
农业生产经营人员受教育程度构成			
未上过学	8.2	5	5.7
小学	47.9	45.9	37.2
初中	36.1	41.2	40.6
高中或中专	6.6	6.7	11.4
大专及以上	1.2	1.1	5.2
农业生产经营人员主要从事农业行业构成			
种植业	86	60.6	49
林业	6.3	6.9	13.4
畜牧业	2.4	9.6	7.3
渔业	4.4	21.5	23.4
农林牧渔服务业	0.9	1.4	6.8

(二)相关政策及主要培训项目

1.管理办法及资金使用

农民培训基本都以政府部门推动为主,资金也主要由上级政府拨款完成,浙江省专门出台《省级农村实用人才和新型职业农民高级培训项目管理办法》和《省级农村实用人才和新型职业农民高级培训项目监督办法》,规范各类培训的培训对象、培训方式、项目组织方式和经费使用等。

2019年将中央财政农业生产发展资金划拨3469万元用于农民培训教育,计划培训11600人。其中,农业经营主体带头人10000人,按2700元/人转移支付到项目县;万名示范培育1200人、现代青年农场主(农创客)400人,按3000元/人转移支付到培训基地所在的县(市、区);高研班按10000元/人转移支付到培训基地所在的县(市、区)。

浙江省美丽乡村建设专项资金也划拨专门经费用于农村实用人才、新型职业农民培训、农村富余劳动力转移就业技能培训学员的学费补助，29 个县成人高等学历教育学费补助等。县级组织实施的农村实用人才、新型职业农民初级培训人均补助 1000 元，转移就业技能培训人均补助 600 元；市级组织实施的农村实用人才、新型职业农民中级培训人均补助 2000 元。

2. 主要培训类型及对象

以“千万农民素质提升工程”为总抓手，开展农业职业经理人、现代青年农场主、农村实用人才带头人、“农创客”、“新农人”等现代农业经营主体带头人培训，突出分类分层、培训引导、跟踪指导、创业帮扶。深入实施扶贫致富带头人培育工程，以低收入农户集中地区为重点，有针对性地开展来料加工、农村电商、农业新技术和新品种推广等有效带动当地低收入农户增收培训。其中 2019 年计划培训 16.7 万人次，包括高素质农民（新型职业农民）2.4 万人，各类农村实用人才 11.8 万人（次），以被征地农民、转产渔民、异地搬迁低收入农户和农村富余劳动力为主要对象，开展就业技能培训 2.5 万人。

二、农民教育培训供给存在的问题

（一）教育有效供给与农民实际需求失衡错位

1. 培训的组织缺少统筹协调，导致农民受教范围不平衡

教育培训供给主体众多，省、市、县各级农业、教育相关部门都涉及农民培训，特别是乡村振兴战略和精准扶贫战略的实施，多条线的各级、各类单位都在争先组织各类农民培训班。但是各部门又各自为政，缺少统筹安排和协调统一，经常出现培训项目的重复和培训对象的重复，也会出现偏远地区或者信息闭塞地区的农民没有获得培训的现象。被重复培训的农民将培训作为一种任务、一种负担，对培训失去了信任和兴趣，还有一部分急需或渴望参加培训的农民却没有渠道获得培训信息和机会。

2. 培训的内容缺少因需施教，导致农民培训成效不显著

很大一部分培训组织单位只是为了完成培训任务，因此组织培训比较被动。在举办一个培训班之前很少进行规范的可行性分析，对培训对象的特点、需求，对当前产业的发展现状和趋势缺少深入的调研、分析。农民培训组织人员经验主义思想严重，在培训课程安排和教师安排方面，不能根据现代农业发展的变化和农民实际需求的变化及时进行调整。

3. 培训的形式缺少因材施教，导致农民培训积极性不高

虽然近几年全省农民培训的模式和形式向多样化发展，但是大部分的教育培训还是以课堂的理论传授为主，很多农民表示“坐不住”“听不懂”“不实用”。因为培训成本控制、培训资源欠缺、培训管理人员不足、安全风险等因素的影响，大部分的培训没有按照培训项目的不同、培训对象的不同而采用多元化的培训形式，田间实践、现场参观、交流互动、线上学习等环节安排得较少，即便有安排也大多流于形式，没有实质性内容。

(二)农民培训师资队伍建设未被重视

1.师资队伍结构欠合理

如表2所示,全省农民培训相关教师入库的仅有3438人,师资队伍整体素质偏低,高级职称(正高级和副高级)占比为26.93%,没有评过职称的(大部分为乡土教师、基层技术人员)占比达54.45%。虽然乡土教师、基层技术人员等“土秀才”的一线实践经验较丰富,对农民的需求更了解,能够解决农民现实的生产难题,农民培训也确实需要这样的老师,但是农民培训也需要更多的高级职称教师的参与,向农民传授先进的现代农业技术和经营管理理念。

表2 全省农民培训教师基本情况一览表 单位:人

地区	总数	初级	中级	副高级	正高级	其余等级
合计	3438	114	526	709	217	1872
省级	68	0	1	10	13	44
杭州市	555	10	39	93	55	358
宁波市	320	14	68	95	26	117
温州市	269	6	51	76	13	123
嘉兴市	354	20	51	73	15	195
湖州市	276	6	28	32	7	203
绍兴市	252	1	28	24	10	189
金华市	420	16	91	90	35	188
衢州市	200	6	21	52	12	109
舟山市	77	3	5	29	7	33
台州市	295	14	61	58	17	145
丽水市	352	18	82	77	7	168

2.农民培训教师身份认同感低

当前,农民培训教师大部分是兼职教师,除了正高级职称教师和全国知名专家的课酬费较高外,大部分教师特别是乡土教师的课酬费很低,参与农民培训在职称评聘、评优评先等方面的影响力度不大,再加上农民培训备课耗费精力较多,很多老师是出于对“三农”的热爱和对三农服务的责任感才为农民授课的。

3.农民培训教师自我提升机会少

农民培训教师需要学习了解分析农民的心理和行为,需要根据农民的认知规律和学习特点改善教学技巧和授课方式,需要学习现代信息化教学技术,也需要进行专业的知识更新。当前关于针对农民培训教师的培训较少,每年全省层面的只有1期,而且人数较少,针对农民培训教师的研讨会、教学交流活动、技能比赛等活动几乎没有,教师进行继续教育的机会较少。

(三)训后跟踪服务流于形式

农民在接受在校的培训后,所学的知识运用到实际生产实践中还需要一定的过程,当遇到有针对性的实际困难时可能无法有效解决,影响培训效果和农民对培训的认可度,所以对农民训后的跟踪服务越来越重要。当前,全省还没有建立训后跟踪服务的长效机制,对农民的回访工作只是局限于电话调查或问卷调查的层面,调查的内容也只是满意度调查、培训效果的调查,缺少对农民在实际生产经营管理过程中的资金、技术和平台的持续性帮扶。农民联系培训机构、老师的渠道较少,教师对农民的服务还是属于自发行为,缺少相应的激励、考核、保障的政策和机制。

(四)基础设施建设和内涵建设力度不够

1.实践基地少且规模小

专门针对农民培训的农民田间学校、实训基地、创业孵化基地等实践平台不多,全省仅有342个(见表3),规模都不大,很多由于疏于管理和忽视后期的持续性资金投入建设,已经名存实亡成为摆设,远远不能满足全省的农民培训需求。

表3 浙江省农民培训实践实训基地统计　　单位:个

地区	总数	农民田间学校	实训基地	创业孵化基地	综合类基地
合计	342	156	149	4	33
杭州市	44	19	14	1	10
宁波市	28	6	17	0	5
温州市	39	21	17	0	1
嘉兴市	28	20	6	0	2
湖州市	70	12	54	1	3
绍兴市	25	15	9	0	1
金华市	28	19	7	1	1
衢州市	31	13	14	1	3
舟山市	5	4	1	0	0
台州市	26	17	6	0	3
丽水市	18	10	4	0	4

2.统一的信息化学习平台尚未建成

随着互联网、云计算、大数据等新一代信息技术的快速发展和手机、电脑等智能设备、移动互联网在农村的广泛应用,移动学习平台逐渐成为农民培训学习的基础设施和现实所需。但是,目前全省应用信息化平台开展农民培训还处于探索阶段,除了温州科技职业学院开发并应用了“温农云”移动学习云平台,全省统一的信息化学习平台建设尚处于起步阶段。

3.培训教材质量不高

全省对鼓励教师编著农民培训教材的激励政策不多，很多单位在评职称时对农民培训教材不认可，导致专门针对农民学习特点和需求的培训教材不仅不多，而且质量也不高，实际应用时可选择性小。很多培训单位和机构使用的教材还是十几年前出版的，还有很多培训只印发培训讲义，知识系统性不强，资料性差。绝大部分的教材是纸质版的，音像教材、融媒体教材较少。

除此之外，关于针对全省农民培训的大数据库建设还需进一步完善，农民培训的理论研究课题不多，研究也不够深入。

三、浙江省农民教育培训差异性需求及影响因素研究

(一)样本选取及数据描述性分析

本研究调查的主要对象是浙江省的种植大户、家庭农场、农业专业合作社、农业龙头企业、农业产业化联合体等新型经营主体的经营管理人员、技术技能人员和一般劳动人员。调查共发放调查问卷1831份，收回有效调查问卷1706份，有效率为93.17%。样本特征详见表4和图1。

表4 调查对样本的基本特征

调查类别	调查内容	样本数	比例/%
年龄	35周岁及以下	201	11.78
	35—44周岁	431	25.26
	45—54周岁	605	35.46
	55周岁以上	469	27.49
性别	男	1230	72.10
	女	476	27.90
文化程度	未上过学	18	1.06
	小学	45	2.64
	初中	1183	69.34
	高中(中专)	335	19.63
	大专(高职)及以上	125	7.33
从事产业	粮食作物	300	17.58
	经济作物	867	50.82
	畜牧养殖	269	15.77
	水产养殖	65	3.81
	休闲农业	70	4.10
	其他	4	0.23

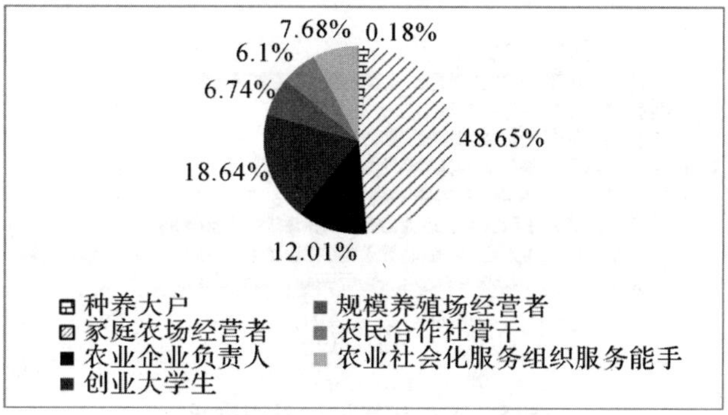

图1 样本人员类别组成

(二)教育培训需求及影响因素分析

1. 受培训情况

农民培训覆盖面广,在接受调查的1706名农民中,之前全部参加过农民教育培训,以及每年参加一次及以上培训的占比达到56.27%。在获取教育培训信息的渠道,绝大部分是组织推荐,占比为99.82%。

2. 农民对培训的评价及影响因素分析

年龄越大的农民对培训的敏感性越弱,对培训的评价较低;学历越高对新技术、新方法的需求越强烈,参与培训的积极程度越高,对培训的评价越高。农民更加关注培训项目、培训课程、培训内容、教师水平等培训的实质性内容,希望培训能够解决实际难题或者对生产产生指导作用,对培训场所环境及食宿环境等硬件条件不是特别关注。

3. 农民培训需求

(1)农民对学习和培训的意愿迫切。农民非常愿意或者愿意参与培训的比例高达80.95%。

(2)营销宣传、经营管理类培训需求强烈。92.91%的农民认为自身宣传营销能力欠缺,其次是法律及政策掌握、语言表达能力、专业技术水平。95.49%的农民选择希望进行营销类项目的培训。农民已经不仅仅局限于种植或者养殖技术,还越来越意识到宣传和营销策略的重要性。

(3)农民对坐在教室里学习的积极性不高。专家现场指导、现场考察、专业技能实践、沙龙论坛的培训形式更容易被农民接受。虽然选择手机电脑远程教育的农民只有34.53%,但是占比越来越高,年龄越小、学历越高对移动学习平台接受程度越高。

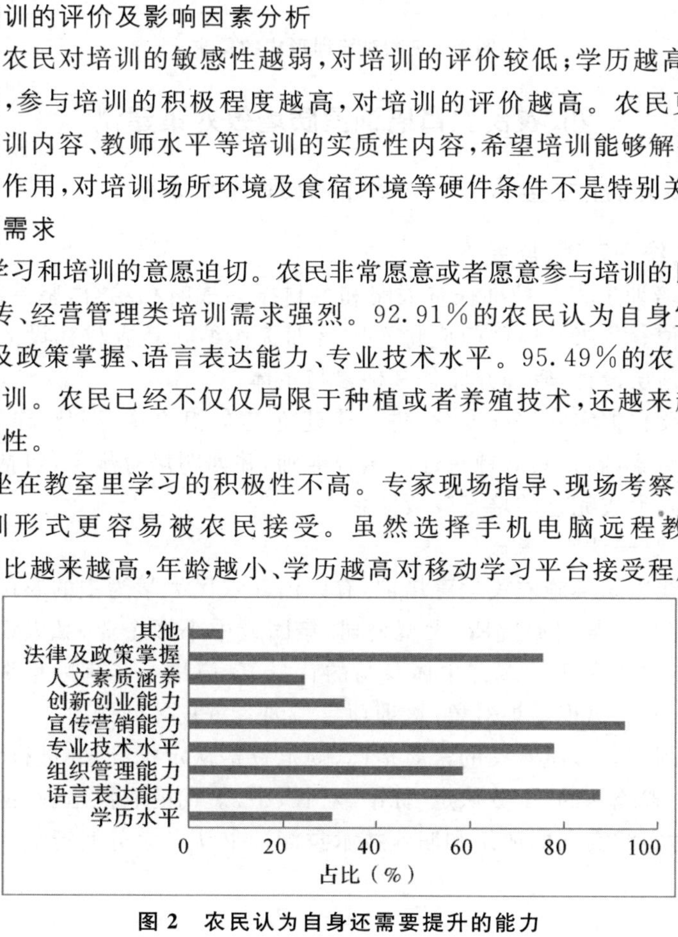

图2 农民认为自身还需要提升的能力

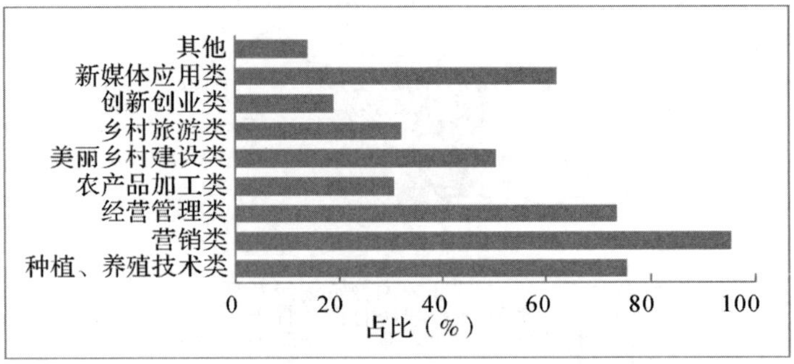

图3　农民对培训项目的需求

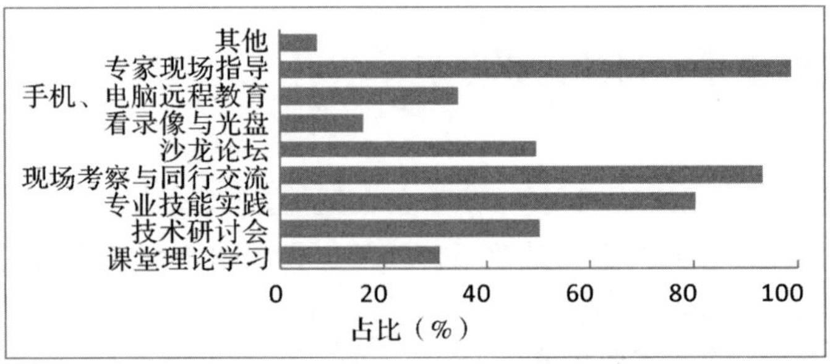

图4　农民对培训形式的需求

四、农民教育培训提质增效对策建议

（一）一主多元，建立全省“一线牵”的管理运行体系

1.政府主导，统一管理、监督

将农民教育培训工程与精准扶贫战略和乡村振兴战略相结合，坚持政府在农民教育培训中的主导地位。各级政府部门应将农民培训工作纳入新农村建设的总体规划，进行农民教育培训的顶层设计，管理并监督其他参与主体。

政府部门需要根据实际情况变化，进一步建立健全相关政策和法律法规，协调、统一培训资源和培育对象，制订具有针对性的培育准则，并列明培育规定，包括培育资金、培育机构、责任主体等，形成完整的培育政策体系。

2.多方参与，统一认定、考核

全省有多条线组织实施农民教育培训，有以浙江农民大学为主的农民学院，有农业广播电视学校统，有高校与科研院所、大型公司、集团或中小微企业、私人设立的培训机构，还有妇联、女子专修学院等。多方主体参与的背景下，应进一步理顺培训机制，统筹安排和协调统一培训，避免出现培训对象、培训项目与内容重复等问题。

全省应统一制订高素质农民的素质指标，规范资格认定标准，并进行统一认定。在全省范围内，制订全省统一的“学分认定”标准，对长、中、短期的农民培训、网络学习的课程、学时进行界定，对实践实训的成果和职业技术技能证书认定学分实行统一标准。

(二)共建共享,建立全省"四联通"的培训资源网络

1. 建立联通全省教师资源的"课题组"

全省农民教育培训教师资源共享,在全省范围内协调统一地加强师资队伍建设,分产业、分专业遴选地方教学名师和知名专家,建设教学名师库、导师团和课题组,对农业发展新业态、新时代对农民的新要求、农民对技术能力的新需求进行研究,鼓励教师联合开发农民培训课程、教材,并根据需求的变化及时进行授课内容和教材的更新。

2. 建立联通全省课程资源的"项目库"

以地方主导产业、特色产业的发展需求为基础,鼓励每个地区根据教育培训优势开发特色培训课程,形成各具特色的优势品牌培训项目。同时,立足于全省现代农业发展的需求和乡村振兴战略人才的需求,联通共享全省特色培训课程,各个地区的培训机构加强合作,着重打造具有浙江特色的培训项目。根据每个培训项目和培育对象特点,制订"人才培养方案",每个项目各自形成一套包括具体的培训课程、师资配备、实训基地、跟踪服务等集训前、训中、训后于一体的培训菜单和培养方案,探索"订单式"全套施教模式。

3. 建立联通全省现场学习实践资源的"基地网"

浙江农民大学、各个农民学院、涉农高校和科研院所、农业龙头企业等相关单位需建立联盟和长期合作办学关系,共享共建现代化农业园区、实践实训基地、科研实验室等农民教育培训示范基地,形成全省现场学习实践网络化,使现场学习实践常态化。

4. 建立联通全省信息化教学资源的"云平台"

整合全省信息化教学资源,建立具有线上学习、线上管理评价考核、线上技术咨询等功能的全省农民教育培训信息化学习云平台,探索实施"互联网+农民培训",克服偏远地区农民培训不便的瓶颈,扩大培训范围,打破学习时间限制,提高培训效率,降低培训成本。同时,加强培训机构、科研院所、高校、政府等部门的沟通协作,全面整合培训资源,开发适合农民的"互联网+农民职业教育"的慕课、网络课程、微课程等形式的课程和实用性强的技术指导短片,建设网络教学资源库。

(三)供需对接,开展"个性化"的农民教育培训

1. 因需施教,分类、分层开展培训

针对当地区域经济发展现状、现代农业发展需求和农民的实际需求,分类型、分产业、分等级制订培训标准和人才培养方案,组建教学班,为农民开设农业基础知识、现代农业技术知识、智慧农业与电子商务、经营管理与人文素养教育等大类的课程,包括公共必修课和选修课,形成农民教育培训的"课程超市",农民根据人才培养方案按需选课。在一个农民培训班中,农民学员大班集中修读必修课程,小班自主选择选修课程,农民也可以考取相应的职业技能证书来冲抵学分,修完规定学时、学分即可结业。

2. 因材施教,实施多样化培训模式

针对农民素质水平不一,认知能力不同,对生产技术、经营管理知识的需求多元的特点,在开展教育培训的过程中充分利用"校内""校外""线上"三个场所,改革组织形式,因材施教、按班施教。校内创新课堂学习形式,除了专家讲座论坛,还可增加农民经验分享、

座谈沙龙、情景教学等形式。同时,进一步增加校外现场参观体验、实践实训和线上按需自主学习的课时,实行个性化、多元化教学模式。

3. 全程施教,延伸训后跟踪服务

调研发现农民更渴望和专家进行一对一技术帮扶,所以在培训过程中应该注重训中与训后跟踪服务的无缝衔接,建立学员“终身”被指导的训后服务机制。培训机构要发挥教师、科技人员优势,并充分利用农民移动学习云平台,建立导师负责制、信息联动制,搭建训后跟踪服务体系及网络,对农民进行短期或长期正式培训后,继续对其进行技术指导、创业指导、经营管理指导等一系列的跟踪服务,以“一对一”技术帮扶形式帮助农民学员解决生产、管理、经营实践中的现实难题,为农民提供全方位的服务。

(四)夯实基础,确保“全方位”的软硬件保障

1. 营造农民“想学习”的社会风气

政府对农民教育培训信息的宣传,会产生价值导向、信息刺激、政策指引和权威带动,刺激农民潜在教育需求或增加对培育效果的认识,因此要进一步加强农民教育培训的宣传,增强农民参与培训的积极性,变“让你学”为“我想学”,营造良好的学习氛围。同时进一步创新培训信息传播的方式和渠道,扩大培训范围,确保每一个农民,特别是偏远地区的农民能够获得培训信息。

2. 建立教师“乐施教”的激励机制

师资队伍是提升教学质量和提高农民评价的有力保障,要进一步加强师资建设,健全农民教育培训教师的激励、考核机制,提升教师上课课酬,增加训后服务补贴,并对农民教育培训有特别贡献的老师、专家在工作评先评优、职称评聘、职务晋升等中有所倾斜,提升教师进行农民教育培训的积极性。同时加强教师的“师德”培养和服务三农的责任意识培养,使老师“爱农业、爱农民、爱授业解惑”。

3. 加强农民教育培训的理论研究

增加省、市级社科类科研项目中农民教育培训的比例,鼓励教师、管理人员进行基础理论研究,加强对培训信息的采集、分析和预测,强化调研意识,培训机构定期与培训教师、基层农技员、农民等进行交流调研,对农民培训需求进行充分的评估研究,有效对接不断发展变化的农民培训需求。

4. 探索多元化的资金投入渠道

在增加政府主导的公共财政资金投入的同时应该允许培训单位和机构拓宽资金筹备渠道,鼓励、引导企业私立培训机构更主动地参与农民教育培训工作。

课题组单位:温州科技职业学院,文成县现代农业与森林康养产业研究院
课题负责人:高春娟
课题组成员:吴坤龙,孙亚敬,叶隐隐,陈家斋,林利迈
课题名称及编号:乡村振兴背景下新型职业农民教育需求与供给调查研究(编号:2020N53)

城市快递包装回收的主体行为与动力路径的调查研究

[按语]城市快递包装垃圾泛滥，现有措施不够完善，回收动力不足。治理包装垃圾围城，属于社会系统工程，通过逐层随机抽样和重点调查相结合，归纳总结影响因素。运用AHP(层次分析法)，将定性指标模糊量化分析，厘清制约包装回收主次问题。根据因素权重高低，包装回收价格、居民消费观念、社区设施设备配备为主要因素。基于因素间因果逻辑关系，构建SD模型，展开单一和混合策略仿真，研究表明通过多方协同，政府优化政策法规、社区完善回收体系、企业提高运营能力、居民转变消费习惯，对快递包装有效回收有重要影响。

一、快递包装回收契合社会发展需求

自2014年以来，我国快递业务量连续居世界第一。在快递业务量50强城市中，浙江占8个。其中，金华(义乌)、杭州分别为第2、5名。目前，快递业普遍存在过度包装、缺乏回收和一次包装性等问题。据国家邮政局相关数据显示，快递纸板和塑料实际回收率不到10%，部分特大城市的包装垃圾已占生活垃圾增量的93%，严重影响了城市环境。城市快递包装回收是一个社会系统问题，涉及众多因素，需从社会协同角度厘清因素，寻找符合实际需求的动力路径。

二、调研资料整理与预处理

(一)调研样本问卷回收与整理

1. 调查样本回收

(1)网络问卷。通过社区App共享网络调查问卷，获取问卷968份。

(2)现场问卷。在居民社区，采取随机拦截式调查，回收问卷1150份。

(3)访谈问卷。对于邮政管理部门、社区管理部门、城市社区、快递企业等主体，发放问卷并进行现场访谈，回收问卷45份。

2. 调查样本预处理

首先，对问卷进行审核，剔除不合格问卷。不合格调查问卷有193份，有效问卷为1970份，有效回收率为91.07%。

其次，按照填制问卷先后次序进行编号，录入SPSS。

(二)调研样本信度与效度分析

1.信度分析

为检测调查问卷可信度,选取问卷中12项变量进行调查样本信度分析。数据显示,12项变量的信度系数均在0.85以上,具有较高的信度(见表1)。此外,12项变量的总体信度系数为0.851,进一步说明调查所获取的问卷整体信度很高,可靠性好(见表2)。

表1 问卷信度指标

影响指标	Alpha值
回收价格	0.895
消费观念	0.887
设施设备	0.853
经济收益	0.854
组织设计	0.852
政策法规	0.854
经济激励	0.856
回收宣传	0.854
回收监管	0.853
处理技术	0.866
运营意愿	0.854
运营能力	0.852

表2 问卷总体信度

Cronbach's Alpha	基于标准化项的Cronbach's Alpha	项数
0.851	0.853	1970

2.效度分析

效度分析显示,KMO值大于0.7,说明问卷的正确性和有效性较好(见表3)。

表3 KMO和Bartlett's球形检验

取样足够度的Kaiser-Meyer-Olkin度量		0.702
Bartlett's球形检验	近似卡方	321.470
	df	12.000
	Sig.	0.000

三、影响城市快递包装回收因素划分

通过所获取的问卷整理与分析,根据因素来源,归纳总结如下。

(一)政府管理层面

(1)法律法规完善程度。一是最新《快递暂行条例》未明确规定包装回收具有强制性。二是多数城市未将快递包装纳入城市垃圾分类回收体系,垃圾属性不明确。如:杭州市。

(2)经济诱导政策力度。现有政策偏重于包装源头管理,而忽视快递消费后包装回收激励,有偿回收、专项补贴、绿色基金等呼声较高。数据显示:74.82%居民希望政府有必要推动快递包装有偿回收或绿色账户措施。

(3)包装回收监管程度。调查发现,73.26%受调查群体认为,社区应承担政府赋予其相应的监管责任。社区、环卫、邮管等部门管理力量有限,且法律法规不完善,难以有效监管;包装垃圾管理追溯难,监管技术急需升级。如:物联网追溯技术应用。

(二)居民参与层面

(1)居民环保意识。受年龄、职业、教育程度等影响。通过相关性分析,年龄与包装回收再利用高度相关,相关系数为0.97。主要原因为年龄较大的群体具有节约意识。同时发现,受教育程度与包装回收相关系数仅为0.39,这表明受教育程度高低对居民环保有一定作用,但作用极为有限。

(2)回收价格敏感度。居民对包装回收价有较高的敏感度,回收价高低直接影响居民意愿。对比"回收商网"最新回收价格行情,废旧纸箱回收报价为1.94999元/千克,而社区回收价在0.8—1.1元/千克。包装回收收益偏低,直接打击居民参与包装回收的积极性。

(3)居民消费习惯。居民对包装处理方式受快递纸箱面单清理便利性、回收渠道畅通性、包装价值性等影响。此外,年轻群体因生活节奏快,回收参与性不高。对于其他快递包装材料,由于经济价值低,居民习惯性直接丢弃,如塑料包装袋。

(三)社区配套层面

(1)设施布局便利性。社区住宅规划缺乏包装回收体系。随着垃圾分类进一步升级,部分社区实行撤箱并点,实行定时定点回收,布点少直接影响快递包装回收便利性。居民希望在快递智能柜、物业快递存取点、社区主要通道附近设置回收点。

(2)回收设备配置度。智能垃圾回收箱、"互联网+回收"等应用少,部分社区回收设备配置少,居民回收体验度差。数据分析显示,在部分社区设置智能垃圾回收箱、"互联网+回收"等,居民参与快递包装回收意愿明显提高。

(3)回收组织合理性。未兼顾生活垃圾分类,组织设计缺乏柔性,回收过程较为复杂,社区管理系统未嵌入回收模块。调查显示:虎哥入驻社区(如余杭荷花塘小区),居民利用虎哥系统回收参与率达96%以上。

(4)回收宣传有效度。部分社区宣传栏较少,内容过于简单,生活垃圾(含快递包装)分类标识不易辨识,居民对回收认知模糊,宣传缺乏效度。数据显示,有40.89%受访居民反映不知如何参与包装回收,41.70%居民认为没有相关主体告知是否需要回收。

(四)回收企业层面

通过意向比较分析,现阶段引入专业回收企业入驻社区,可在较短时间缓解包装垃圾泛滥问题,影响因素有:

(1)运营能力普遍不高。多数企业规模小、经营分散、管理不规范,仅提供收集、分类服务,如虎哥、家宝兔等专业从事社区回收企业少。

(2)回收运营意愿不强。受居民消费习惯、回收体系、回收收益、经济激励等影响,其中,居民消费习惯、回收收益影响度较高,分别为61.38%、53.27%。此外,居民消费习惯、回收体系建设短期内难以改观。

(3)回收收益率不高。快递包装主要为纸箱、泡沫、塑料袋等形式,具有价值性偏低,回收量大而利润薄,直接影响企业回收动力。

(4)技术研发能力偏低。处理方式主要为转售、重复利用、焚烧填埋,大多数企业不具备价值再生技术研发和应用能力,仅有41.25%受访企业认为需要加大技术研发投入。

(5)获取经济激励高低。现有激励政策偏重包装减量化、绿色化,循环环节激励不够,回收企业仅享有免征增值税措施,需要政府根据贡献度给予相应经济激励。

四、构建层次模型展开因素影响力分析

结合上述问卷初步处理,获得影响各主体主要问题,但不能显现问题主次。AHP(层次分析法)可把多目标决策问题作为一个系统,将相关元素分解成目标、准则、方案等层次,通过定性指标模糊量化分析,以获取因素影响力。

(一)构建层次分析模型

根据AHP基本原理,构建层次分析模型。将城市社区快递包装综合治理作为决策的目标(A),以入驻社区专业回收企业为运营主体,通过政府政策导向、社区设施配套、居民协同配合,实现快递包装垃圾综合治理。根据政府管理、居民意愿、社区配套、回收企业运营等各方协调,作为决策准则(B)。环保意识、法律法规、经济收益、设施配置等14子因素为决策方案(C)。层次结构模型如图1所示。

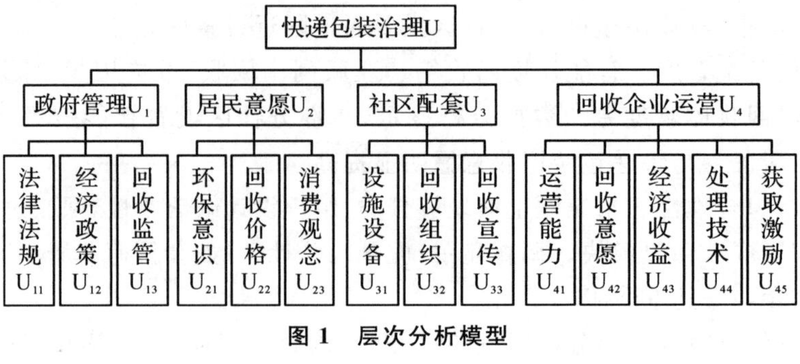

图1 层次分析模型

(二)确定因素影响力

通过构建判断矩阵,检验、求解,可获取各影响因素权重。按因素权重大小,划分为3类因素(见表4)。继而对比各因素权重,快递包装回收价格、居民消费观念、社区设施设备配备为制约城市社区快递包装回收主要因素;回收企业获得经济收益、社区快递包装回收组织设计、居民环保意识、国家经济诱导政策、回收企业获得经济资助等为重要因素;回收宣传、回收监管等为一般因素。

在政府管理方面,实施激励政策比完善法律法规、回收监管更有影响力。对于城市居民而言,经济意识较强,消费习惯需要改善,环保意识有待加强。社区配套方面,回收设施设备是最主要因素,其次为回收组织设计。在回收企业层面,由于市场运作,经济效益高低直接影响企业,其次为获取经济激励。

表4 快递包装回收因素分类

指标	权重	因素类别
回收价格	0.316943	主要因素
消费观念	0.168401	
设施设备	0.148334	
经济收益	0.062626	重要因素
回收组织	0.060147	
环保意识	0.059651	
经济政策	0.053297	
获取激励	0.040063	
回收宣传	0.024388	一般因素
回收监管	0.021611	
处理技术	0.017665	
回收意愿	0.011146	
法律法规	0.008763	
运营能力	0.006964	

五、快递包装回收系统动力模型建立

AHP仅能厘清因素影响力,不能全面反映相互逻辑关系,难以评价决策效度。根据因素间因果关系,选取AHP中关键12项因素作为变量,构建SD模型,借助Vensim仿真软件,展开动力策略仿真,以检测其策略有效性。

(一)条件假设

在系统动力研究过程中,以上述四个层面影响因素为基础,根据系统动力模型构建要求,选取关键因素,研究边界为影响居民消费习惯、回收企业经营意愿的内外因素。为了问题简易化和方案可操作性,就模型做如下假设。

(1)快递包装。主要为包装纸箱,即拆封后均视为无法重新使用的废弃物。由于包装塑料袋、填充物等废弃物价值性低,与其他生活垃圾合并处理,不再纳入研究范畴。

(2)回收企业。为入驻社区专门从事废旧物资回收企业,不考虑其他主体参与回收。

(3)运作方式。政府立法、政策激励;社区监管;居民参与;回收企业市场运作。

(二)模型构建

综合上述四个层面因素,结合快递包装回收实际,以及因素间因果关系,从而确定制约包装废弃物回收SD模型(见图2)。根据因素间因果关系,政府决策对监管、技术、渠道、激励等有直接影响,对居民回收习惯的转变产生间接作用。同时,居民回收习惯、回收收益、渠道建设、技术研发、经济激励等可一定程度上刺激回收企业运营意愿,回收企业运营能力(主要表现为包装回收增量)高低可为相关政策法规修订提供参考依据。

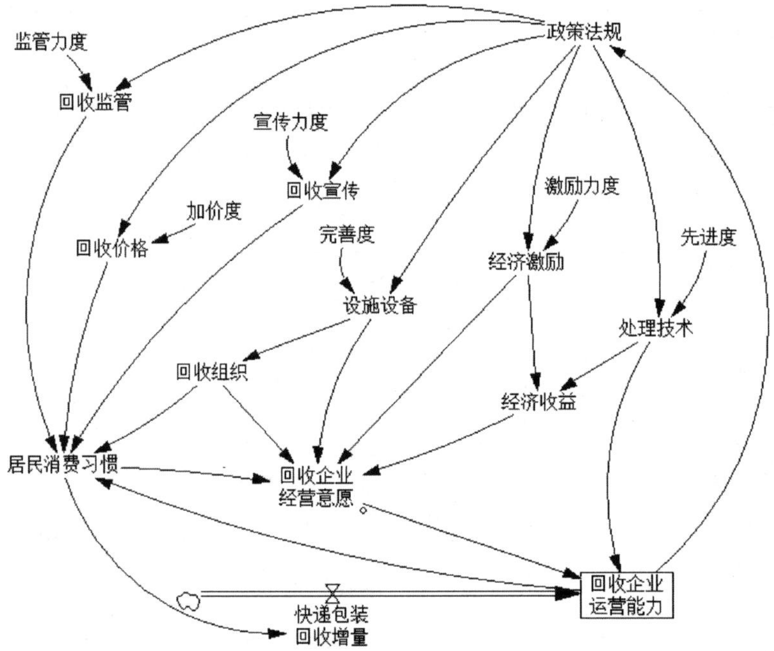

图2 快递包装回收SD模型

(三)变量权值与常量设置

该模型中,辅助变量有11个,分别为政策法规、回收监管、设施设备、居民消费习惯等;6个常量,分别为监管力度、宣传力度、激励力度等;1个状态变量,为回收企业运营能力;1个速率变量,即快递包装回收增量。通过AHP分析,将对应权值作归一化处理,获得SD模型变量权值(见表5)。

表 5　常量赋值、辅助变量赋值

常量名称	初始值	辅助变量名称	系数	辅助变量名称	系数
监管力度	0.1	回收价格	0.3402	经济激励	0.0430
加价度	0.1	消费观念	0.1808	回收宣传	0.0262
宣传力度	0.1	设施设备	0.1592	回收监管	0.0232
完善度	0.1	经济收益	0.0672	处理技术	0.0190
激励力度	0.1	组织设计	0.0646	运营意愿	0.0120
先进度	0.1	政策法规	0.0572	运营能力	0.0075

在初始值方面：一是国家及地方均加大生活垃圾分类管理；二是社区加大回收体系建设，降低运营成本，可适度提升回收价格；三是社区已对生活垃圾分类进行宣传；四是社区就生活垃圾分类而进行回收设施设备配置；五是国家对废旧物资回收企业予以免征增值税；六是快递包装逐步实施绿色化、减量化、可循环。结合上述变化，因此初始值均设置为 0.1。模拟时间为 2019 年至 2025 年，时间步长为 1。

六、动力模型多策略仿真与结果分析

为使策略更符合实际，从内外因素变动来仿真社区居民、回收企业两者意愿变化情况。

(一)外在因素改变对居民意愿影响

1.单一策略仿真

策略 1：变动回收价格。居民对包装回收价格变动敏感高。仿真显示，在政府指导收购价下，通过提高回收价格策略，居民的回收参与性明显增强且呈扩大趋势(见图 3)。

策略 2：加强回收监管。对居民参与性稍有影响，但效果不明显(见图 4)。原因：缺乏强制性管理措施，且居民素质不高，追溯技术应用少，难以做到全天、全域监管。

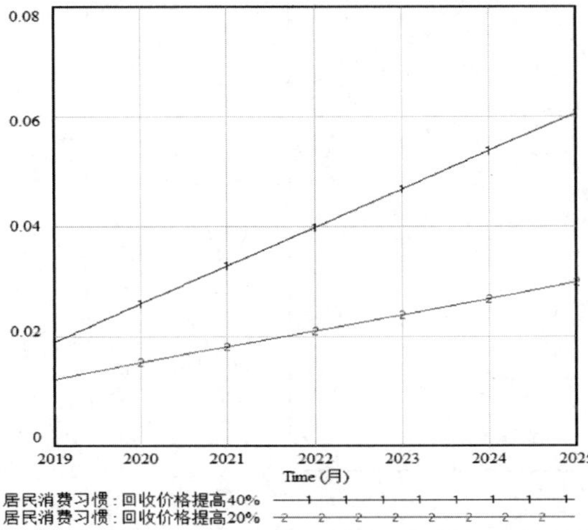

图 3 回收价格策略

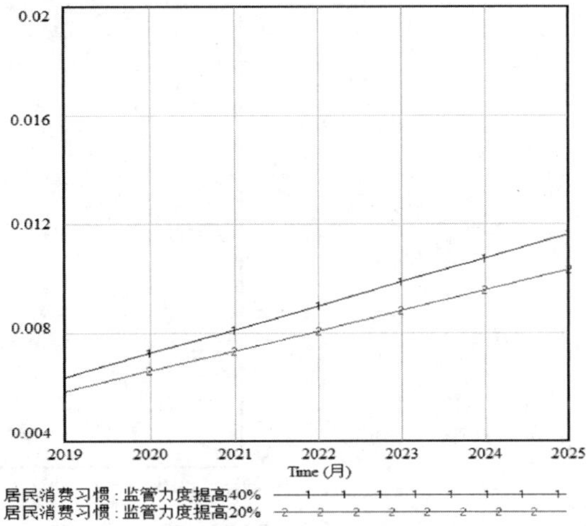

图 4 回收监管策略

策略3:完善设施设备。优化社区设施设备,提升包装回收便利性,居民消费习惯将逐步得到有效改变。结果显示,设施设备作用日益显现,居民意愿增长趋势进一步扩大(见图5)。

策略4:回收宣传力度。加强宣传,但总体效果不佳。由于宣传方式、内容不够合理,缺乏引导居民参与,多数居民反映不清楚。此外,宣传内容未纳入激励性组合措施(见图6)。

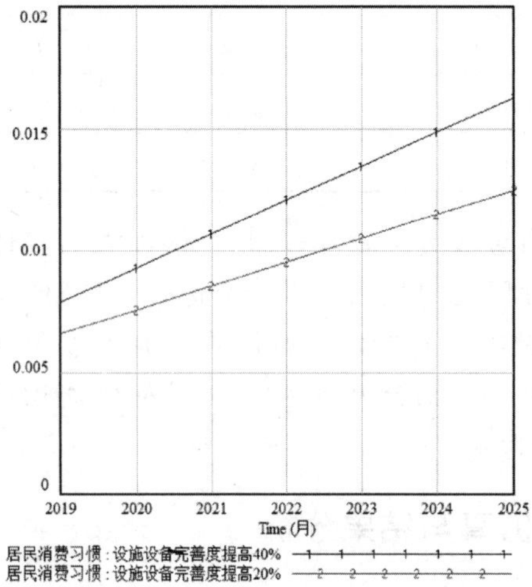

图5 设施设备策略

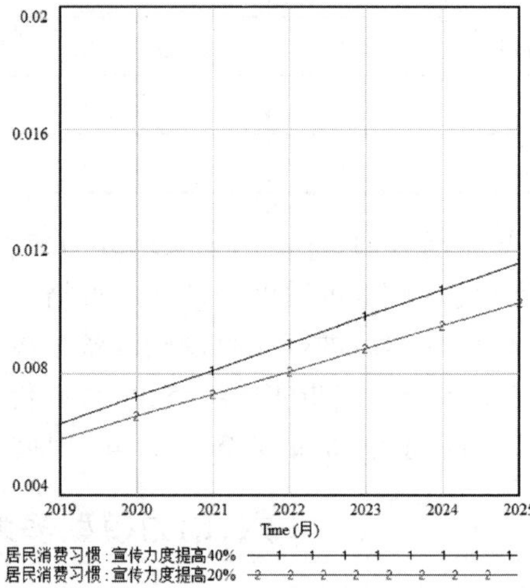

图6 回收宣传策略

2.混合策略模拟

策略1:加强宣传、设施设备、回收监管混合策略。在宣传、监管力度提高状态下,大幅度完善社区回收设施设备,产生效果要优于监管力度和高于回收设施、宣传混合策略(见图7)。

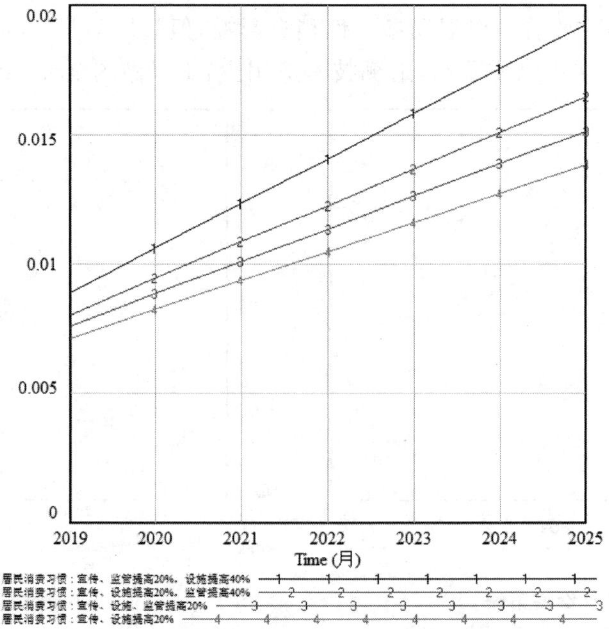

图7 加强宣传与监管、完善设施设备混合策略

策略 2:加强宣传、设施设备、回收价格混合策略。在宣传、设施设备完善度提高状态下,变动回收价格,对居民习惯的转变有较大作用(见图 8)。仿真结果表明,回收价格影响力高于回收设施设备完善度、宣传强度,而设施设备比宣传更重要,同时采取回收宣传、设施设备、回收价格混合策略,效果更佳。

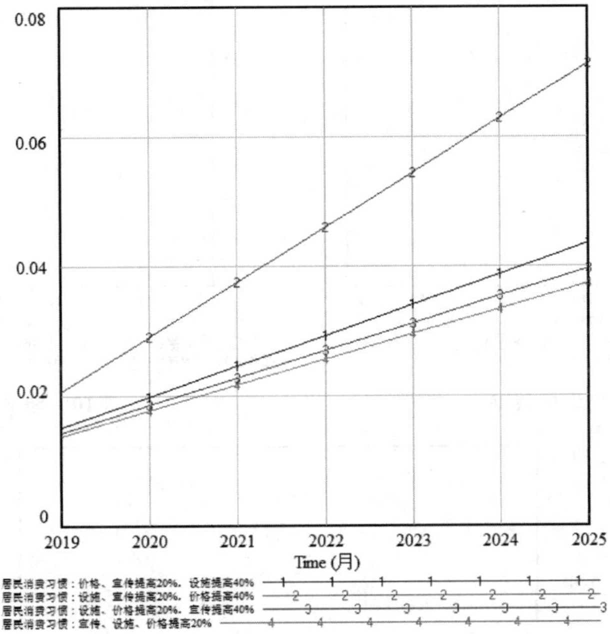

图 8　加强宣传、完善设施设备、提升价格混合策略

(二)内外因素改变对回收企业影响

1. 单一策略模拟

策略 1:完善设施设备。当前,生活垃圾分类作为社区环境卫生整治重要内容,通过不断完善回收设施设备,形成社区全覆盖回收体系,有利于回收企业高效回收。通过仿真,不断完善社区设施设备,回收企业经营意愿有极大提升,且呈扩大趋势(见图 9)。

策略 2:获取经济激励。快递包装回收量大而利润薄,通过政府专项财政补贴、绿色基金等措施,可缓解回收企业运营成本压力,促进参与社区废旧物资回收积极性(见图 10)。

策略 3:提高处理技术。处理技术不断进步,有助于从回收、加工中获得经济价值,使快递包装从废品到商品角色转变。由于技术研发、应用需要过程,产生效果较滞后。仿真结果表明,随着处理技术日益提高,回收企业参与回收意愿呈扩大趋势(见图 11)。

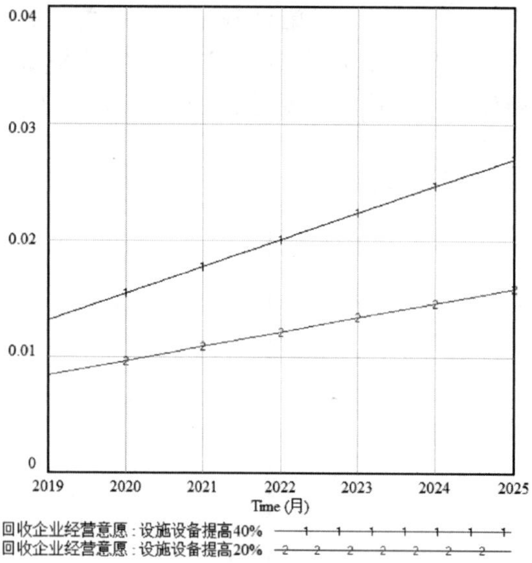

图 9 设施设备策略

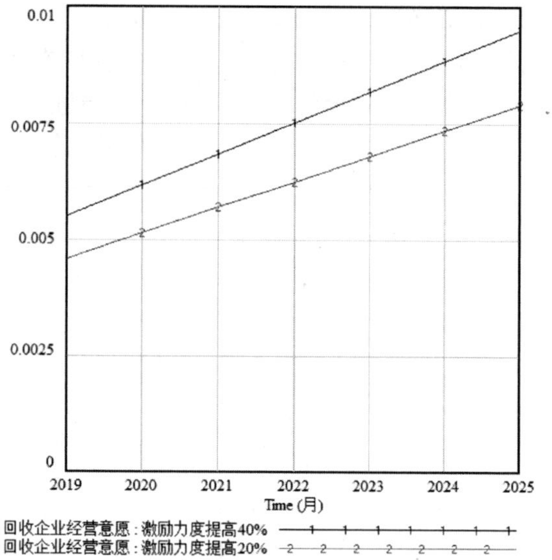

图 10 经济激励策略

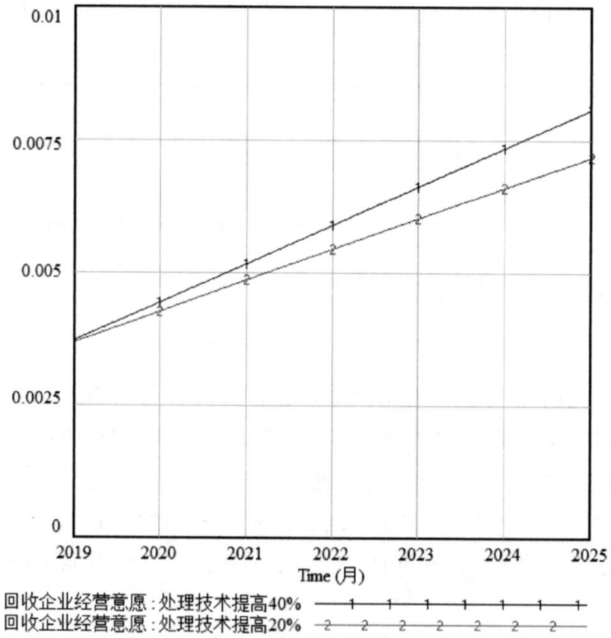

图 11 包装处理技术策略

2. 混合策略模拟

策略：设施设备、经济激励、处理技术混合策略。策略仿真表明，社区设施设备完善度，对于回收企业有较强影响度；在经济激励、处理技术有所提高下，同时将完善社区回收设施设备进一步提高，所采取措施的效果更佳(见图 12)。

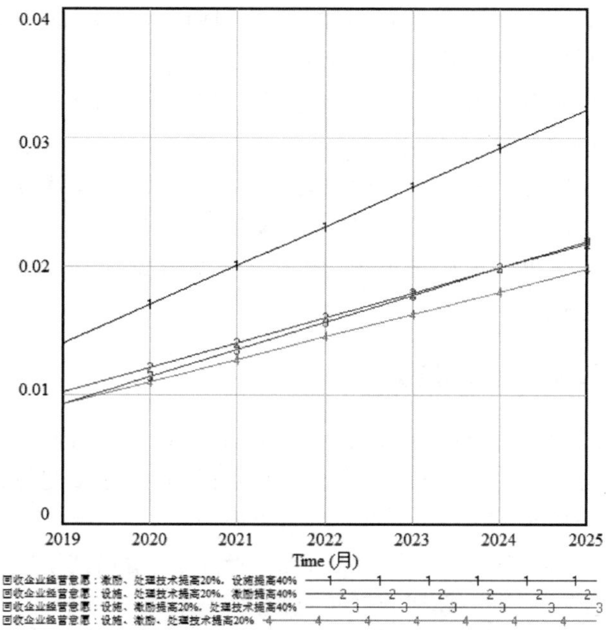

图 12　设施设备、经济激励、处理技术混合策略

七、城市社区快递包装协同回收策略

快递包装回收涉及众多制约因素，通过系统动力仿真，单一策略难以长效缓解包装废弃物回收难的窘境，需要通过政府、社区、企业、居民多方协同，不断优化策略。

(一)政府层面，加强宏观管理

当前，法律法规不够明确，需要政府加大宏观管理力度，营造有利的外部发展环境。

(1)完善相关法律法规。健全法律法规，明确回收责任，实现有法可依、违法必究。将《快递暂行条例》中“鼓励回收”提升为“强制性回收”；修改城市生活垃圾管理规定，明确快递包装垃圾属性。

(2)推进回收体系标准。多部门协调与配合，将快递包装回收纳入生活垃圾分类体系建设标准，实现回收设施与新建住宅同步建设，推动已建住宅回收体系改造。

(3)健全经济激励措施。遵循谁得益、谁负责原则，构建绿色回收基金，健全资金使用监管机制。根据贡献度，给予相应补贴、免税、低息贷款支持。

(4)规范回收企业运营。住建、邮管、物价、物业等多部门协同与配合，定期发布回收指导价格，规范入驻社区回收企业经营。

(二)社区层面，优化回收体系

快递包装回收需要便利的渠道支撑，才能提高居民体验感。

(1)完善回收设施设备。结合社区住宅，优化设施布局，合理配备设备，有计划应用智能垃圾回收箱、“互联网＋回收”等。

(2)引导回收企业入驻。物业企业应主动引导回收企业入驻,并给予其回收运营方便,实现社区包装回收规范化与管理标准化。

(3)因地制宜组织回收。结合居民环保意识和消费习惯,柔性设计包装回收组织形式,实行定时定点和预约上门相结合模式。

(4)加强回收运营监管。建立住户绿色账户制度,开放监督举报平台,形成多层次督导队伍,应用物联网追溯技术,纳入个人信用记录管理。

(5)推进回收宣传效果。运用多渠道,实现宣传全覆盖;内容应翔实,标识易识别;联合组织专项活动,以实践参与促宣传。

(三)企业层面,增强运营能力

包装回收需要专业从事社区回收企业,不断提高其自身运营能力。

(1)发挥专业优势,加快织网布点。主动入驻社区,有效连接智慧社区系统,参与社区回收体系建设,灵活开展定点定时、预约上门回收服务。

(2)延伸产业链条,推进技术研发。纵向延伸产业链,增强技术研发与应用水平,提升包装材料价值再造能力,努力培育利润增长点。

(3)拓展经营领域,增强风控能力。结合社区服务发展需求,拓展包装以外回收服务;依托核心业务,实现跨行业发展,提升抵御风险能力。

(四)居民层面,提升自身素质

快递包装废弃物回收成效取决于居民配合度。

(1)知晓回收意义,提升环保意识。主动知晓回收意义,增强环保消费理念;做好家庭教育,培养子女环保意识;学校应将包装回收融入教学内容。

(2)积极配合回收,环保付诸行动。自觉养成垃圾分类习惯,积极参与社区"垃圾分类"专项活动,以身作则,亲身实践,将环保意识付诸行动。

参考文献

[1] 佘福茂,王聪颖,魏洁.电子废弃物回收处理渠道演化的系统动力学仿真[J].生态经济,2016,32(06):147-151.

[2] 委洁,刘文慧.基于系统动力学的生鲜农产品物流库存仿真分析[J].保鲜与加工,2018,18(02):130-134.

[3] 钟永光,贾晓箐,李旭.系统动力学[M].北京:科学出版社,2009:57-60.

[4] 周亚蓉.基于系统动力学的库存控制研究[J].物流科技,2012(11):99-102.

[5] 周亚蓉.基于系统动力学的校园快递包装回收体系研究[J].中国物流与采购,2017(08):76-77.

[6] 李宇铭,刘玲玲,任静筠.快递包装废弃物治理:国际经验及启示[J].南方论刊,2018(05):75-77,98.

[7] 新华网.国外是如何处理快递包装垃圾的?[J].橡塑技术与装备,2017,43(22):65-66.

[8] 高广阔,孙甜甜.全过程管理下快递包装回收处理对策研究[J].技术与创新管理,

2018,39(03):318-322,345.
[9] 王代兵,王代芝,叶超.快递包装存在的问题及解决措施的探讨[J].湖北师范大学学报(自然科学版),2018,38(04):36-39.
[10] 耿言虎.城市社区垃圾分类的结构性困境及其突破[J].南京工业大学学报(社会科学版),2014,13(03):59-65.

课题组单位:浙江交通职业技术学院

课题组负责人:吴汪友

课题组成员:花永剑,孙领,刘小平,陈昭政,詹继兵

课题名称及编号:城市快递包装回收的主体行为与动力路径的调查研究(编号:2020N72)

运河船民社群文化记忆与大运河遗产保护利用研究

[**按语**]国务院2019年2月出台的《大运河文化保护传承利用规划纲要》,提出要深入挖掘和丰富运河文化内涵,强化运河文化的保护传承。如何统筹好大运河文化的保护传承利用,扛起大运河文化带建设的浙江担当?本课题以运河船民社群(包括驾船运输、靠船捕鱼和用船务农的船民)为调研对象,围绕他们活动的大运河(杭州段)水上空间和余杭区运河街道五杭和博陆两大岸上空间,通过历史文献梳理和实际调研,采集他们关于运河水上空间、岸上空间内的有形与无形、物质与非物质遗产及已消失或仍鲜活的民俗和活动等历史和当下的文化记忆,针对浙江段大运河遗产保护利用存在的四点问题,为大运河文化作为旅游资源开发提出四点建议。

一、大运河遗产保护利用中存在的问题

第一,运河遗产保护主要聚焦运河水环境(包括河道、河水、河堤、河面生态景观等)和运河两岸历史人文景观(如老街、民居、寺庙、古桥等)的物质性保护,以上保护流于表面,呈现同质化,表现在:①运河河道、河面和两岸生态修复犹如“水上高速公路”景观,没有结合沿线城乡特色。②传统老街修复与现代城镇规划操作模式无二,外观上整齐划一,没有体现历史文化变迁下建筑风格的流动性;老街传统建筑内部院落格局(如前店后寝)没有修复。③运河物质与非物质遗产本身的文化意义和价值有待充分认知、挖掘及利用。

第二,过于注重运河单体遗产的保护,忽视运河水乡风貌的整体性及其中人与生态、历史人文景观的互动。这导致对运河、水乡文化的活态价值认知不够,相关旅游产品单一,旅游活动体验感不强。

第三,我省大运河文化带非遗项目有21项,省级、各市级、区县级非遗数量更多。如“博陆火狮”和五杭“宝卷”均为非遗,但多为表演、博物馆展品,与社区居民的现实生活关系不大,常态化、生活化程度不高,虽为“活态”并非“活化”。

第四,大运河流经浙江沿线水网纵横,但没有做好“水”文章。如水上空间没有充分利用,水上活动贫乏,安全得不到保障,水上船只样式单一(由于运河水道等条件限制,只能千吨级货船通行),整个运河水面缺乏活力,大运河与船民的日常生活关系疏远。

二、大运河遗产保护利用中的问题分析

大运河遗产保护与利用主要受传统的以物质为基础的遗产价值评估、保护利用和管理的影响，体现了我国遗产保护利用问题的共性，具体包括：

首先，对大运河遗产的认知、保护与利用方式主要受到与联合国教科文组织相关遗产机构对于遗产的认知和保护实践的影响，即对于遗产的二分式认知（物质与非物质文化遗产），项目式（包括项目申报，而项目的认定、表述、保护和利用又基本照搬西方和国际组织的知识框架与实践经验）管理，这导致遗产及其所处的本土文化传统产生割裂或碎片化认知，导致遗产认定标准之外的文化遗产不被认知，濒临消亡。表现在：①注重以物质为基础（如大运河水工遗存、相关遗产、综合遗存、附属遗存等遗产要素）遗产价值的认定、评估、管理，遗产专家学者及遗产管理部门居于主导地位，遗产所在社区居民无法参与其中。②已制定的遗产保护管理政策、法规等注重遗产的物质层面，强调遗产的历史、美学、工艺等价值，是基于遗产科学、学术框架的认知和价值认定，遗产成为只属于过去历史，成为静态的、被“凝视”的对象，人和文化遗产的关系在现实生活中出现异化。

其次，2014 年大运河成为世界文化遗产以来，其价值越来越深入人心。然而，大运河遗产保护实践没有做到“见人、见物、见生活”。这是因为，我国“政府主导、社会参与”的遗产保护利用实践的相关利益群体对于国际遗产话语的发展趋势、国内遗产学界的遗产研究成果、政府主导的遗产实践、规划单位的遗产保护利用规划制定及社会公众的遗产理解与阐释之间的通道，并没有完全打通。比如：①遗产保护利用的规划单位对“概念规划”深信不疑，导致在具体遗产规划制定中过于注重遗产的“核心价值”，忽视遗产所在地方的历史文化传统的多样性、动态性和遗产所在地居住的人们对于遗产的理解与认知，这导致“千城一面”“千街一面”。②国内学界有关遗产研究的最新发现和成果，主要体现在遗产的认定阶段和遗产本体价值的专业性保护过程中，较少体现在具体遗产的规划制定、活化利用过程中，而社会参与主要集中在遗产的活化利用过程，但是由于社会公众遗产素养参差不齐，导致遗产保护成了市场经济的附庸，遗产被过度商业化、产业化，地方遗产的文化价值与内涵缺失，历史文化的多样性没有充分挖掘和保护。出现此种情况的原因，主要是在文化遗产保护的话语体系内，普通民众与遗产专业学者、官员所认知的文化遗产保护概念存在差异，如与官方侧重认定遗产的历史学、美学、建筑学价值不同，包括游客在内的社会公众更看重遗产承载的文化意义。③在具体的遗产实践层面，我国遗产保护利用的相关政府部门在组织动员、资源协调方面具有优势，并且积累了具体遗产保护利用的经验，然而在对既有实践经验进行理论总结，以及与国际国内遗产保护利用研究与理论的发展趋势上，缺少及时有效的对话与沟通，在国际遗产保护利用领域内较少发出自己声音，在传播中国遗产实践的经验与智慧上显得薄弱。

本课题受国际文化财产修复与保护研究中心（ICCROM）2009 年提出的活态遗产保护方法（Living Heritage Approach，LHA）的影响。LHA 认为，“活态遗产”包括“由历史上不同作者创造并仍在使用的遗址、传统及实践活动，或有核心社区居住在其中或附近的遗产地”，“在特定的空间与实践中，从精神和物质两方面持续影响人们的生活”。从这个角度看，大运河作为活态遗产不仅体现在作为航运河道的功能活态，也体现在大运河沿线

人们日常生活实践的活态。运河船民的生活方式、文化习俗，无论在过去还是现在，都与运河有着千丝万缕的联系，在运河水上空间和运河城乡聚落空间中以物质与非物质、有形与无形、空间中的活动和仪式等多种途径表现出来。

三、大运河文化保护利用建议

本课题以运河船民为调研对象，围绕他们在大运河杭州段的水上空间和余杭区运河街道博陆和五杭的村落空间，从历史文献和实际调研两方面采集并梳理相关文化记忆，包括运河景观记忆，运河水乡聚落景观记忆（如庙宇、桥梁、民居等），战争记忆（如日本侵略战争），生产生活记忆（如农业生产、商业文化及相关传统民俗等），当代运河船民生活记忆等，将其中有形与无形的、物质与非物质的、“死的”与“活的”文化记忆均视为大运河文化。在提出大运河文化保护与利用的相关建议之前，有必要首先简要介绍运河船民群体的概念内涵。

（一）运河船民群体的内涵界定

对于运河船民的认定，有一个狭义的定义，即“以船为家、靠船为生”。如顾希佳认为，所谓船民，一类以水路运输为职业，一类以捕鱼为生，靠运河水脉生活，与船相依为命；由于行业性质，他们长年累月漂泊在水上，生活在水上，吃住在船上，以船为家，活动空间局限在船上。这种运河船民的认知在《杭州运河船民习俗》的连环画中也可以看到。结合《余杭运河船民口述史》和《运河记忆——嘉兴船民生活口述实录》等记载，除了以上两类船民以外，还包括了余杭、嘉兴本地的农民。因此，如果从更广义的视角来看待运河船民，那就是这一群体都靠船为生，包括用船运输、靠船捕鱼和驾船种地。本课题从广义的运河船民视角来研究运河船民的文化记忆，这一群体包括：

1. 苏北船民

在调查中，我们发现运河船民群体并非一成不变，而是随着社会文化的发展不断变迁。博陆、五杭的人们均认为所谓船民是指“江北佬”，即苏北船民。苏北船民是清末民初时期的苏北移民。苏北移民多半是由于洪水、饥荒或家乡遭受战争而逃难到江南的难民，因而其初始的社会经济地位十分低下。他们所从事的职业是最不赚钱、最差强人意的营生。以运河（杭州段）为例，一部分苏北船民20世纪上半叶逃难到今天杭州拱墅区清水潭巷万物桥一带讨生活。20世纪50年代初，他们有的回到祖籍地加入到当地的船运社。还有一部分苏北船民选择就地落户，成为当地的“居民”。根据我们在杭州市余杭区运河街道五杭和博陆所做的调查，民国时期大概有十来户苏北船民在当地运河北岸停靠。“土改”时期，一些苏北船民选择在他们船只停靠的地方生活，分到了土地，开始上岸；一部分苏北船民选择回到老家，或者转为农业，或者兼业捕捞。在五杭的十几户苏北船民成为当地的居民，有了非农业户口。如今，他们大都靠做生意发家，基本在临平居住。

2. 渔户——水产大队

在博陆和五杭，以捕鱼为生的船民称为“渔户”，除了本地渔户以外，其他渔民多数来自绍兴、诸暨，他们在岸上没有土地。一直到集体化时期，渔户可以上岸加入水产大队。那时塘栖的东塘水产大队、樟山水产大队和良渚水产大队还有从湖北湖南过来的人。据沈如根老人讲，这些湖南湖北船民的船很大，抗日战争时期，由于日本侵略，战争频繁，于是摇船到余杭一带。1958 年集体化时期，博陆将原来的渔户组织起来成立了水产大队。水产大队在 20 世纪 70 年代改名为庄前村，后庄前村与南园村（农业大队）合并为博陆村。

1990 年版的《余杭县志》中介绍道："在解放初期，专业捕捞的渔民在塘栖镇最多，大部门从苏北、绍兴等地迁居来余杭，以船为家，捕捞为生。本地的丁山、丁河、博陆、良渚等乡的渔民。土改时期，这些渔民都分到土地，大部分转为农业，或者兼业捕捞。1953 年调查，有专业捕捞渔户 928 户，兼业捕捞渔民 446 户。分散在未养殖的河港、河荡捕捞天然鱼。1949—1959 年，平均年捕捞量 1225 吨，60 年代后减少。1968 年，对全县的 760 户专业捕捞渔户进行社会主义改造，其中 354 户连家渔船，由国家拨款拨料建房，实行陆上定居，建立博陆、东塘、仓前、石鸽等 11 个水产大队，养捕结合，多种经营。1984 年，有专业经营的水产村和养殖场 18 个，1987 年有 29 个。"

3. 驾船种田的农民

对于五杭本地人来说，船更多是交通工具，因为农民要去地里劳动，要坐船，可是附近没有土地，只能坐船去河那边的地。传统中无论是博陆还是五杭，境内农业（水稻、络麻、甘蔗种植），渔业，蚕桑业等比较发达，如《杭县志稿》（卷十四，37/67）记载，"故运河南岸迄今为渔业最盛区域，运售沪上者仅次于太湖、菱湖两帮；而五杭、博陆、东塘、金佛寺、古荡、留下等处，均有鱼行之设置供应沪杭，渔之利亦溥哉"。生活在这两地的人们，大部分主要以务农为主，本地也没有专门跑船运输，大都是农忙时种田，可以赚钱，农闲时就出去抓鱼，这样可以有两种收入。当地有的还用船运些货物做小生意，到嘉兴、到乡下去卖菜、瓜果，那时杭州周边都是农村，蔬菜种植多，他们就经常划着小船，去乡下收来黄瓜、青菜、番茄等蔬菜，每次都能有 500 到 1000 斤，然后运到嘉兴等地去卖。那时做农民一天只有七毛钱好赚，他们这样出去卖菜，7 天卖完能够赚到 20 块钱。再加上还有田地的收入，生活条件比较好。因此，改革开放以前，博陆和五杭虽然没有大富大贵之家，但是平均经济条件还是比较好的。一直到改革开放前期，五杭的传统农业都以水稻、络麻、临平甘蔗和蚕桑为主，畜牧业以养湖羊和猪为多。改革开放以后，许多农田都拿去办乡镇企业、修路，因此现在的农田很少，驾船务农的农民也几乎没有了。

4. 当代大运河杭州段跑船船民

根据我们对在大运河杭州段跑运输的当代运河船民的调查，发现如今在运河跑运输的船民群体出现多样化，具有区域性和地方性，不是全国性的，当代运河船民中，安徽籍的船民占近六成（58.5%），浙江本省的船民约占 25%，大部分来自台州、萧山、绍兴、宁波等地的农村，他们主要从事省内外的短途运输，从杭州钱塘江到桐庐或者上海等周边城市。此外，还有来自江苏、重庆、湖北、山东、重庆等地的船民。约有三分之二的受访船民是第一代，第二代占 13.2%，而三代以上的"世袭船民"仅占总调查人数的 20.2%。具体如下：第一，仍然有一批世袭的船民。这一批船民以上文提到的依然在跑运输的苏北船民居多，也有浙江富阳等地的世袭船民，他们大多从祖上爷爷辈或者曾祖父就开始在运河跑船，一直延续到现在。第二，一批船民来自渔民。如在我们的采访中，就有来自鄱阳湖和微山湖的渔民。第三，一批船民来自农民、无业人员和其他打工、做小生意者。这批人以安徽人、重庆人、四川人居多，且多来自同一个地方。第四，还有一批已经上岸的船民或渔民，他们拥有着活态的、与运河紧密相关的关于过去运河生活方式的记忆。

(二)大运河文化遗产保护利用建议

本课题从活态遗产保护方法角度出发，认为大运河遗产的保护利用要跳出传统的以物质为基础的遗产认知、保护利用方法，从整体性角度保护利用大运河遗产，包括：注重运河水环境与人的互动；生态环境和历史人文环境的交融；从历史到当下的变迁过程；物质性与非物质性遗产的整体性(如运河船民的生活习俗、宗教信仰等依托于无形或有形遗产)；运河单体遗存与整个浙江段大运河的水上空间，以及城乡空间内单体遗产与聚落空间或遗产群的整体性。在此视角下，大运河遗产遍布运河船民的日常生活实践和活动场所，是鲜活的、流动的遗产，与此相关的各方面都可作为旅游资源予以“再生活化、日常化、常态化”。总体思路：以大运河的活态航运功能为基础，尽可能实现全域旅游通航，并根据沿线城乡的历史传统、民俗特色、生态与历史人文景观等恢复、创新设计旅游活动和产品，加深旅游体验，延长停留时间，实现运河沿线全域旅游。具体包括以下几点。

第一，设计旅游路线，对接激活沿线旅游产品和活动。以大运河浙江段杭州、湖州、嘉兴、绍兴和宁波五大城市为一级支点，以五大城市下辖运河沿线镇/街道为二级支点，以古镇/街道下运河行政村为三级支点，以这些支点为圆点辐射到周边。以所调研杭州段大运河余杭区运河街道博陆与五杭为例，具体路线如下：①杭州武林门码头—五杭(大运河主干道、大型客轮)；五杭—唐公村南、北水渭等周边农村(当地水系与运河相通支流，本地小型木船、水泥船)。②杭州武林门码头—博陆(大运河主干道、大型客轮)；博陆—新宇村、双桥村、博陆村等周边农村(当地水系与运河相通支流，本地小型木船、水泥船)。

将以上行政村镇与周边农村有生态价值、历史人文价值、活态价值和可进行旅游开发的其他资源激活和联结。如博陆周边新宇村的千亩荷塘，黑鱼、甲鱼养殖，油菜花、水稻种植及蚕桑业；博陆村(由庄前村和南园村合并)小桥、流水(南庙漾)、人家(庄前村前身为水产大队)的水乡景观；双桥村以养殖本牌鳖及中华鳖文化闻名，每年秋分时节还有“稻田文化节”。

第二，恢复、重塑大运河沿线及城乡运河支流的生态景观。从旅游角度看，由于运河河道挖深、加宽及沿线驳岸的修建，现在运河河道及沿线生态景观缺少地方特点、四季不分明，观赏和游览价值低。因此，通过恢复、重塑运河及沿线支流水面、两岸景观，既有地方特色，增加水面活力，又能给人以视觉、触觉冲击。

具体包括：①种植当地特色果树，做到春有花，秋有果。如余杭区素有“花果之乡”美誉，有水蜜桃、枇杷、橘子、柚子等，在历代诗词歌赋中多有提及，如(宋)范成大的《临平道中》：“烟雨桃花夹岸栽，低低浑欲傍船来。石湖确此红千叶，前日春寒总未开。”②种植荷花、菱角、水草等水生植物，使运河水面生机盎然。如郁达夫在《超山的梅花》中写道：“从前去游超山，是要从湖墅或拱宸桥下船，向东向北向西向南，曲折回环，冲破菱荇水藻而去的。”③养鸭、鹅等家禽和养鱼、螃蟹。20 世纪 70 年代余杭一带就有人在运河设竹箔鱼禽共养，取得不错成果，还吸引东南亚及韩国、日本等国家专门派人前来学习。另外还可设计赏花、采摘、游泳、捉鱼、摸蟹、挖藕、采菱等，结合水资源做好水文章，满足各种年龄层段游客的需求。

第三,恢复“小桥、流水、人家”的运河沿线村镇的生态与历史人文景观。具体包括:①原址恢复。如五杭和博陆原与运河相通的“市河”均已填平成路,破坏了水乡整体风貌;如无法恢复,可以告示牌、碑形式标注旧有桥梁、庙宇遗址(如五杭利济候庙是太湖流域金总管信仰成为运河文化的实证,应予以标记);不为恢复而恢复,与乌镇东栅西栅传统水乡风貌不同,新式民居遍布的运河农村也是运河文化在当代变迁的实证。②恢复古村镇空间内道路、建筑的旧有名称,延续地方历史文化传统。如五杭“解放路”旧称“老街”,“繁荣路”旧称“后头小路”等。③恢复古村镇空间中与人相关的传统或当代民俗活动。如博陆干荡节、慧日寺素食筵席,博陆和五杭的划快船比赛等;依托运河航道将运河沿线古村镇的庙会活动(如五杭禹皇禅寺水陆法会,博陆的南庙总管菩萨生日庙会)串珠成线,将庙会扎根于地方,城乡联动,发挥规模效应。④依据当地历史文化,恢复运河沿线特色商业样态。如杭州的茶业店文化在五杭与博陆均有体现,五杭的供销社和博陆羊行(贩羊、羊肉美食文化)商业文化等。⑤传统农产品生产及加工业(如络麻纺织、清水丝绵及纺织加工、水稻收割和磨米、米塑制作、榨油等)和当代乡镇企业文化活态展示(如博陆老板电器企业文化等),是我国改革开放 40 年来从农业大国向工业大国转型的缩影与见证。

第四,当代运河船民生活作为旅游资源进行开发利用。当代运河船民作为运河活态遗产的重要内容,其内涵是船民的生活世界,可为旅游产业开发利用资源,包括:①船只功能多样化。可将 800—1200 吨级的当代运河船开发成茶馆、咖啡馆、餐厅、渔/船家乐、会议厅、船上旅馆、船上游泳池等,让游客体验水上生活。小吨位的传统木船、水泥船可展开捕鱼、垂钓、捞菱、箍螺蛳、采莲等活动。②传统船只制作、维修展示。余杭塘栖一带如“船厂村”等,老底子擅长生产、维修传统木船、水泥船,可同时将制作与维修船作为活态遗产展示,一举两得。③适当活化浙江省非物质文化遗产“杭州运河船民习俗”,如将渔歌、船歌、夹板书、船拳等作为船上表演和娱乐。

总之,浙江段大运河遗产的保护利用,首先要跳出西方既有的运河作为活态遗产的认知和保护利用框架,结合我省运河沿线城乡具体历史文化传统,梳理总结遗产认知、保护利用的中国理论与经验,与国际遗产话语对话。其次从实践中丰富我国“政府主导、社会参与”的遗产保护利用模式的实现路径。如运河沿线农村社会有自发的地方庙宇信仰重建,但这种自发的运河文化重建和利用社会认可度不高(认为是“迷信”),这需要与政府主导的运河遗产保护利用形成有效沟通和互动。第三,探索通过大运河文化保护利用治理地方社会的具体路径,总结文化治理相关经验。如大运河文化作为旅游资源,既带动相关农业、商业等行业发展,又能实现大运河文化保护利用传承,促进大运河沿线城乡一体;运河沿线城乡生态与历史人文景观的空间修复和改造,能够规范人们在环境中的行为(如垃圾分类、五水共治等),重建当地公共空间(如恢复旧有茶业店文化)等。

参考文献

[1] TURNPENNY M. Cultural Heritage, an Ill-defined Concept? A Call for Joined-up Policy[J]. *International Journal of Heritage Studies*, 2004(3): 295-307.

[2] 赵旭东. 文化互惠与遗产观念——回到一种人群互动与自主的文化遗产观[J]. 民族

艺术,2019(2):12-24.

[3] 张集良.中国人心中的文化遗产——关于本土“文化遗产保护”概念的探索[C]//《旅游学刊》编辑部,编.2011《旅游学刊》中国旅游研究年会会议论文集.北京:社会科学文献出版社,2011:370-384.

[4] POULIOS I. Discussing Strategy in Heritage Conservation: Living Heritage Aproach as an Example of Strategic Innovation[J]. *Journal of Cultural Heritage Management and Sustainable Development*,2014 (1):16-34.

[5] Baillie,Britt. Living Heritage Approach Handbook[M]. Rome: ICCROM,2009:6.

[6] 顾希佳.运河船民习俗[M]//杭州运河非物质文化遗产.杭州:杭州出版社,2014:1-4.

[7] 金国强.杭州运河船民习俗 [M].杭州:西泠印社出版社,2008.

[8] 余杭政协文史委员会.余杭运河船民口述史[M].杭州:杭州出版社,2015.

[9] 嘉兴市文广新局.运河记忆——嘉兴船民生活口述实录[M].上海:上海书店出版社,2016.

[10] 韩起澜.苏北人在上海,1850—1980[M].卢明华,译.上海:上海古籍出版社,2004.

[11] 余杭县志编纂委员会.余杭县志[M].杭州:浙江人民出版社,1990:227.

课题组单位:浙江科技学院

课题组负责人:张崇

课题组成员:刘朝晖,马庆凯,张煜,厉芳

课题名称及编号:运河船民社群文化记忆与大运河保护利用研究(编号:2020N79)

浙江省“00后”学前师范生的乡村从教意愿及影响因素

[按语]当前我国师范教育正步入“00后”时代，关注“00后”学前师范生的乡村从教意愿及影响因素，提早规划并开展“下得去”工作，对推动我国学前教育城乡优质均衡发展具有重大现实意义。以浙江省“00后”学前师范生为调查对象，通过实证研究后发现：目前浙江省“00后”学前师范生的乡村从教意愿严重偏低且群体差异显著，但是提升空间较大；预期个人发展、婚姻问题、教学条件、生活适应、同伴认同、同龄陪伴、收入水平、个人价值追求对“00后”学前师范生的乡村从教意愿具有显著性的影响。研究还发现，生活适应与个人价值追求是影响浙江省“00后”学前师范生乡村从教意愿的最主要因素。基于研究结论，进一步提出了推动浙江省“00后”学前师范生“下得去”的对策建议。

一、问题的提出

发展学前教育，学前教师是第一资源。是否拥有充足且合格的学前教师队伍，决定着学前教育发展的内涵与质量。面对当前我国乡村地区学前教师队伍建设严重滞后的现状，如何为乡村地区输送足够且合格的学前教师，成为落实中共中央、国务院《关于学前教育深化改革规范发展的若干意见》目标任务，必须首先解决的关键性问题。合格学前教育师资的供给，主要依赖师范教育所培养的学前师范生。因而当下关注学前师范生的乡村从教意愿，推动学前师范生去乡村从教，具有重要的现实意义。

2018年秋季，“00后”作为一个群体正式进入大学校园。根据各高校新生报到的大数据显示，在2018年各高校的本科新生中，有近3/4的学生是“00后”。未来几年，越来越多的“00后”会进入大学校园，我国大学校园的主体将逐步由“95后”转变为“00后”，步入“00后”时代。不久的将来，我国幼儿园的师资也将逐渐由“00后”学前师范生来补充。受成长环境、社会发展等因素的影响，被称为“21世纪新公民”“移动互联网一代”的“00后”们，与“80后”“90后”“95后”相比，具有自身独特的气质与特点。那么作为一个特殊的群体，“00后”学前师范生的乡村从教意愿究竟如何？哪些因素影响他们的乡村从教意愿？回答这些问题有利于提前规划和出台相关措施，引导和支持“00后”学前师范生未来去乡村地区从教，推动学前教育城乡优质均衡发展。

二、研究设计

(一)数据来源与研究假设

1. 数据来源

本研究的数据来源于2019年对浙江省“00后”学前师范生的问卷调查。根据“全国高校信息查询系统”的查询结果,目前浙江省有13所高校开设学前教育专业。本研究通过分层抽样,基于高校层次、学历层次等因素,从浙江省八所高校随机选取约1000名“00后”学前师范生进行问卷调查。回收问卷后,剔除无效问卷,有效问卷数为888份,有效回收率为88.8%。有效回收样本情况如表1所示。

表1 抽样调查的样本情况

		频 率	百分比(%)
学校层次	省重点高校	156	17.6
	普通本科高校	420	47.3
	专科院校	312	35.1
性别	男	40	4.5
	女	848	95.5
本专科	本科	576	64.9
	专科	312	35.1
家庭来源地	城市	368	41.4
	县城	144	16.2
	乡镇	200	22.5
	农村	176	19.8

2. 研究假设

本研究的研究假设,是关于“00后”学前师范生乡村从教意愿影响因素的假设。研究假设的提出基于文献与理论分析、“00后”学前师范生访谈、学前专家访谈。根据对已有文献与理论的分析发现,影响师范生乡村从教意愿的最关键影响因素是工资因素、政策因素、个人因素、学校因素、家庭因素等。通过对“00后”学前师范生访谈,“00后”大学生比较关心去农村后的个人未来婚姻、生活适应、教学条件、同伴认同、工作氛围等因素。专家访谈认为,“00后”大学生有更强的自我认同和个性化追求,在选择和择业上更为理性和务实,所以个人未来发展、个人价值实现是影响他们乡村从教意愿的重要因素。

综合这些方面的因素,本研究提出以下假设:

(1)“00后”学前师范生对乡村从教后个人未来发展的担忧显著影响其乡村从教意愿。

(2)“00后”学前师范生对乡村从教后个人婚姻问题的担忧显著影响其乡村从教意愿。

(3)"00后"学前师范生对乡村教学条件的担忧显著影响其乡村从教意愿。
(4)"00后"学前师范生对乡村从教生活适应的担忧显著影响其乡村从教意愿。
(5)"00后"学前师范生的同伴对其乡村从教的评价显著影响其乡村从教意愿。
(6)"00后"学前师范生对乡村从教缺少同龄同伴的担忧显著影响其乡村从教意愿。
(7)"00后"学前师范生对乡村从教收入水平的担忧显著影响其乡村从教意愿。
(8)"00后"学前师范生对个人服务乡村的价值追求显著影响其乡村从教意愿。

(二)测量工具与研究变量

基于研究假设,本研究编制了"'00后'学前师范生乡村从教意愿及影响因素调查问卷",除基本信息和部分填空题外,其余题项均采用李克特5点量表形式。具体包括九方面内容,分别测量乡村从教意愿、个人未来发展担忧、婚姻担忧、教学条件担忧、生活适应担忧、同伴认同、缺少同龄陪伴担忧、收入水平满意度、个人价值追求。除了从教意愿只设有一个题项变量外,其他八部分均设有三个题项。八部分的克龙巴赫 α 系数均在0.85以上,KMO值均在0.83以上,可见八部分均具有较高的信度和效度。

研究假设的检验将以"乡村从教意愿"为因变量,以个人未来发展担忧、婚姻担忧、教学条件担忧、生活适应担忧、同伴认同、缺少同龄陪伴担忧、收入水平满意度、个人价值追求为自变量。自变量的计分采用对应题项变量同向编码后加总平均的方式,因变量的计分直接采用李克特选项得分,调查数据采用SPSS23.0进行统计分析。

三、研究结果

(一)"00后"学前师范生的乡村从教意愿

1.总体情况

如表2所示,对于毕业后去乡村从教的意愿,"00后"学前师范生没有人选择非常愿意,8.1%的"00后"学前师范生选择愿意,两者相加比重仅为8.1%;25.2%的"00后"学前师范生选择不愿意,15.3%的"00后"学前师范生选择很不愿意,两者相加比重为40.5%;选择一般愿意的"00后"学前师范生人数比例为51.4%。单就选择比例情况可以看出,"00后"学前师范生不愿意毕业后去乡村从教的比例要高于愿意去乡村从教的比例。

表2 "00后"学前师范生的乡村从教意愿

		频　率	百分比(%)	有效百分比(%)	累积百分比(%)
有效	非常不愿意	136	15.3	15.3	15.3
	不愿意	224	25.2	25.2	40.5
	一般	456	51.4	51.4	91.9
	愿意	72	8.1	8.1	100
	非常愿意	0	0	0	100
	总计	888	100	100	

如表3所示，对于毕业后长期乡村从教意愿，没有“00后”学前师范生选择非常愿意，1.8%的“00后”学前师范生选择愿意，两者相加比重仅为1.8%；20.7%的“00后”学前师范生选择不愿意，47.7%的“00后”学前师范生选择很不愿意，两者相加比重为68.4%；选择一般愿意的“00后”学前师范生人数比例为29.7%。与表2的乡村从教意愿对比，不愿意的比例有明显升高，但愿意或一般愿意的比例仍有31.5%。

对“00后”学前师范生在这两个题项上的作答进行相关分析，皮尔逊相关系数为0.613。由此可见，“00后”学前师范生毕业后如果愿意去乡村从教，有较大可能愿意长期留在乡村从教。

表3 “00后”学前师范生的农村长期从教意愿

		频　率	百分比(%)	有效百分比(%)	累积百分比(%)
有效	非常不愿意	424	47.7	47.7	47.7
	不愿意	184	20.7	20.7	68.5
	一般	264	29.7	29.7	98.2
	愿意	16	1.8	1.8	100
	非常愿意	0	0	0	100
	总计	888	100	100	

2.不同群体的情况

性别方面：“00后”男学前师范生没有人愿意毕业后去乡村从教，非常不愿意的比例为100%；“00后”女学前师范生中有8.5%的学生愿意毕业后去乡村从教，有37.7%的学生非常不愿意或不愿意毕业后去乡村从教；两者存在显著差异。

家庭来源地方面：家庭来源于城市、县城、乡镇、农村的“00后”学前师范生，愿意或一般愿意毕业后去乡村从教的比例分别为37%、55.5%、80%、86.4%，非常不愿意或不愿意毕业后去乡村从教的比例分别为63%、44.5%、20%、13.6%，彼此间存在显著性差异。

学校方面：省重点高校、普通本科高校、专科院校的“00后”学前师范生，愿意毕业后去乡村从教的比例分别为0、13.8%、0，非常不愿意和不愿意毕业后去乡村从教的比例分别为14.3%、24.6%、0，彼此间存在显著性差异。

学历方面：“00后”学前师范本科生和专科生，他们愿意毕业后去乡村从教的比例分别为12.5%和0，非常不愿意毕业后去乡村从教的比例分别为23.6%和0，彼此存在显著性差异。

表4 浙江省不同“00后”学前师范生群体的乡村从教意愿及差异情况

		非常不愿意	不愿意	一般	愿意	非常愿意	差异检验
性别	男	100.0%	0	0	0	0	$t=-58.12^{**}$
	女	11.3%	26.4%	53.8%	8.5%	0	

续 表

		非常不愿意	不愿意	一般	愿意	非常愿意	差异检验
家庭来源地	城市	23.9%	39.1%	26.1%	10.9%	0	$F=31.39^{**}$
	县城	16.7%	27.8%	44.4%	11.1%	0	
	乡镇	12.0%	8.0%	72.0%	8.0%	0	
	农村	0	13.6%	86.4%	0	0	
学校层次	省重点高校	14.3%	14.30%	71.4%	0	0	$F=7.77^{**}$
	普通本科高校	24.6%	21.5%	40.0%	13.8%	0	
	专科院校	0	33.3%	66.7%	0	0	
学历	本科	23.6%	20.8%	43.1%	12.5%	0	$t=4.54^{**}$
	专科	0	33.3%	66.7%	0	0	

注：* $p<0.05$，** $p<0.001$。

(二)“00后”学前师范生乡村从教意愿的影响因素

为了验证本研究提出的研究假设，以各个因素为自变量、离职意向为因变量，分别进行回归分析。结果如表5所示：“00后”学前师范生对乡村从教后个人未来发展的担忧增加1个标准单位，乡村从教意愿就降低0.38；“00后”学前师范生对乡村从教后个人婚姻问题的担忧增加1个标准单位，乡村从教意愿就降低0.25；“00后”学前师范生对乡村教学条件的担忧增加1个标准单位，乡村从教意愿就降低0.45；“00后”学前师范生对乡村从教后生活适应的担忧增加1个标准单位，乡村从教意愿就降低0.51；“00后”学前师范生的同伴对乡村从教的负面评价增加1个标准单位，乡村从教意愿就降低0.34；“00后”学前师范生对乡村从教后缺少同龄同伴的担忧增加1个标准单位，乡村从教意愿就降低0.35；“00后”学前师范生对乡村从教收入低的担忧增加1个标准单位，乡村从教意愿就降低0.24；“00后”学前师范生个人服务农村的价值意愿增加1个标准单位，乡村从教意愿就增加0.29。各假设都通过了验证。

表5 各因素分别与“乡村从教意愿”的回归分析

变量	模型1	模型2	模型3	模型4	模型5	模型6	模型7	模型8
个人未来发展担忧	-0.38^{**}	—	—	—	—	—	—	—
婚姻担忧	—	-0.25^{**}	—	—	—	—	—	—
教学条件担忧	—	—	-0.45^{**}	—	—	—	—	—
生活适应担忧	—	—	—	-0.51^{**}	—	—	—	—
同伴评价	—	—	—	—	-0.34^{**}	—	—	—
缺少同龄同伴担忧	—	—	—	—	—	-0.35^{**}	—	—
收入水平担忧	—	—	—	—	—	—	-0.24^{**}	—
个人服务乡村价值追求	—	—	—	—	—	—	—	0.29^{**}
N	888	888	888	888	888	888	888	888

续 表

变量	模型 1	模型 2	模型 3	模型 4	模型 5	模型 6	模型 7	模型 8
Adjusted R^2	.143	.062	.204	.256	.116	.123	.056	.085
F	148.7**	59.2**	228.2**	306.1**	117.3**	125.2**	53.7**	83.5**

注：* p<0.05，** p<0.001。

（三）“00后”学前师范生乡村从教意愿的最主要影响因素

1.描述性分析

为了直观地了解影响“00后”学前师范生“乡村从教意愿”的最主要影响因素，本研究在调查时设置了主观选择题项。如表6所示，“00后”学前师范生对生活适应、个人价值追求、工作同伴以及个人发展因素较为重视，显示了“00后”自我意识强烈，关注个人体验，重视工作意义、价值与乐趣的特点。

表6 “00后”学前师范生乡村从教意愿的最主要影响因素

		频　率	百分比(%)	有效百分比(%)	累积百分比(%)
有效	个人未来的发展	116	13.06	13.06	13.06
	婚姻问题	28	3.15	3.15	16.22
	个人价值追求	152	17.12	17.12	33.33
	生活适应	224	25.23	25.23	58.56
	同伴认同	72	8.11	8.11	66.67
	教学条件	78	8.78	8.78	75.45
	工资收入	62	6.98	6.98	82.43
	缺少同伴	138	15.54	15.54	97.97
	其他	18	2.03	2.03	100.00

2.逐步线性回归分析

将八大因素全部作为自变量，以“乡村从教意愿”为因变量，采用逐步线性回归方法进行分析。如表7所示，生活适应担忧首先被纳入回归，其对“00后”学前师范生“乡村从教意愿”的贡献率最大($R^2=0.26$)。其次是个人服务乡村价值追求，紧接着是个人未来发展担忧。婚姻担忧、同伴评价、教学条件担忧最后被纳入回归方程。收入水平担忧变量由于与个人未来发展担忧存在线性相关没有被纳入回归方程。七个因素一起共同解释了“00后”学前师范生“乡村从教意愿”取值变异性的39.4%。从逐步回归分析的结果可以看出，生活适应对“00后”学前师范生“乡村从教意愿”的意义最大。

表7 多因素与“乡村从教意愿”的逐步回归分析

变量	模型 1	模型 2	模型 3	模型 4	模型 5	模型 6	模型 7
生活适应担忧	−0.51**	−0.49**	−0.41**	−0.35**	−0.38**	−0.36**	−0.28**

续 表

变量	模型 1	模型 2	模型 3	模型 4	模型 5	模型 6	模型 7
个人服务乡村价值追求		0.26**	0.25**	0.26**	0.26**	0.23**	0.24**
个人未来发展担忧			−0.17**	−0.16**	−0.24**	−0.21**	−0.20**
缺少同龄同伴担忧				−0.15**	−0.18**	−0.17**	−0.17**
婚姻担忧					0.17**	0.16**	0.16**
同伴评价						−0.12**	−0.10**
教学条件担忧							−0.11**
N	888	888	888	888	888	888	888
Adjusted R^2	0.257	0.321	0.345	0.36	0.375	0.385	0.394
F	306.1**	210.9**	156.6**	125.9**	107.5**	93.6**	81.9**

注：* $p<0.05$，** $p<0.001$。

四、结论与政策建议

(一)研究结论

(1)浙江省“00后”学前师范生的“乡村从教意愿”严重偏低，但是提升空间较大。

调查研究发现：当前浙江省“00后”学前师范生中，仅有8.1%的学生愿意毕业后去乡村从教，40.5%的学生不愿意，51.4%的学生表示不确定，愿意去乡村从教的比例严重偏低。主观意愿与实际可能之间还会存在一定比例下降，所以当前迫切需要提升浙江省“00后”学前师范生的“乡村从教意愿”。目前有51.4%的“00后”学前师范生的“乡村从教意愿”不明确，态度中性。这部分高比例学生的存在表明，提升浙江省“00后”学前师范生“乡村从教意愿”的空间较大。

(2)浙江省“00后”学前师范生的“乡村从教意愿”存在群体差异。

相较于女生，浙江省“00后”男学前师范生的“乡村从教意愿”更低，调查的男生100%非常不愿意去乡村。相较于乡村家庭学生，浙江省“00后”非乡村家庭学前师范生的“乡村从教意愿”更低。相较于专科生，浙江省“00后”本科生的“乡村从教意愿”更低。相较于普通本科高校和专科院校，浙江省重点高校“00后”学前师范生的“乡村从教意愿”更低。浙江省在开展“00后”学前师范生“下得去”工作时，需要关注这些群体差异，相关政策需要针对不同群体有所侧重。

(3)个人发展、婚姻问题、教学条件、生活适应担忧、同伴认同、同龄陪伴、收入水平、个人价值追求等因素显著影响浙江省“00后”学前师范生的“乡村从教意愿”。

实证分析表明：“00后”学前师范生对去乡村从教后的个人未来发展越担忧，越不愿意去乡村；“00后”学前师范生越担忧去乡村从教后的个人婚姻问题，越不愿意去乡村；“00后”学前师范生越担忧乡村幼儿园的教学条件，越不愿意去乡村；“00后”学前师范生越担心自己的乡村从教生活适应，越不愿意去乡村；同伴对乡村从教的评价越负面，“00后”学前师范生越不愿意去乡村；“00后”学前师范生越担心去乡村从教后缺少同龄同伴，越不愿意去乡村；“00后”学前师范生越不满意乡村从教收入水平，越不愿意去乡村；“00后”学前师范生个人越愿意服务乡村，就越愿意去乡村从教。这些影响因素是浙江省开展“00后”学前师范生“下得去”工作，出台支持措施，需要重视的具体方面。

（4）生活适应担忧与个人价值追求是影响浙江省“00后”学前师范生“乡村从教意愿”的最主要因素。

在浙江省“00后”学前师范生“乡村从教意愿”的诸多影响因素中，对生活适应的担忧与个人服务乡村的价值追求是最主要的影响因素。“00后”注重个人生活品质，消费观更为自主，泛娱乐消费具有社交性、潮流性、个性化的特点，对个人的生活较为重视，因而非常担心去乡村后的生活适应问题。“00后”成长在物质生活更为富裕的21世纪，个性化的价值追求是“00后”群体的显著特点，因此在他们的人生规划中，较少关注物质，更强调个人的情感体验与价值实现。所以，政府在出台支持政策时需要重点关注这两方面因素。

（二）推动浙江省“00后”学前师范生“下得去”的对策建议

（1）重视“乡村从教”价值意义的宣传工作，从国家战略高度展开，激发“00后”学前师范生“乡村从教”热情。

“00后”对国家的认同感高，愿意为国家做出行动。因而，从国家战略高度展开，重视“乡村从教”的价值意义宣传，有利于激发“00后”学前师范生乡村从教的热情，让他们确立为了国家需要去乡村服务的价值追求，从而推动他们未来“下得去”。当前全国各地对学前师范生乡村从教的价值意义缺少有效宣传，浙江省如果现在从政府到高校逐级做实宣传，有利于在推动“00”学前师范生“下得去”上占得先机，成为全国典范。

（2）构建学前师范生“乡村从教”支持体系，对不同“00后”学前师范生群体出台差异化的激励政策。

2015年国务院出台《乡村教师支持计划（2015—2020年）》，从提高生活待遇、统一城乡教师编制标准、职称（职务）评聘向乡村学校倾斜等多方面入手，支持师范生“下得去”。浙江省也相应出台了《浙江省乡村教师支持计划（2015—2020年）实施办法》。但是“支持计划”主要针对乡村中小学教师，并不能有效解决乡村幼儿园教师“下不去”的问题。因而，浙江省可以在全国率先出台《浙江省学前师范生“乡村从教”支持计划》，从提高工资待遇、县域内幼儿园编制配置向乡村倾斜、职称评聘向乡村幼儿园倾斜等方面支持学前师范生“下得去”，在全国发挥示范和引领作用。不同“00后”学前师范生群体的“乡村从教意愿”存在差异，对于更不愿意去乡村从教的学前师范生群体，需要进一步分析原因，出台针对性的激励措施。

（3）重视乡村幼儿园师资配置中的“同辈搭配”，持续改善乡村幼儿园的办学条件与教师生活条件，为“00后”学前师范生去乡村后的个人发展与社交提供帮助与支持。

“00后”成长在我国经济社会快速发展的时代，从小接受的物质生活条件非常优越，对生活和工作的品质与条件较为在意。他们是移动互联网的原住民，兴趣爱好多样化、文艺范强、爱玩、爱幽默，喜欢短视频，追求炫酷。他们个人的休闲娱乐时间大多花在社交上，尤其重视与同龄同伴的社交互动。而且“00后”十分重视个人奋斗，追求自我不断提升发展。所以，为了更好地吸引“00后”学前师范生未来去乡村从教，需要重视乡村幼儿园师资配置中的“同辈搭配”，让“00后”学前师范生在乡村工作时有同龄的同伴，能够相互交流陪伴；需要持续改善乡村幼儿园的办学条件与教师生活条件，消除“00后”学前师范生对这些方面的担忧；需要支持教师外出学习与交流，重视引入优质教育资源，并积极组织区域内教师间的交流互动活动。

（4）逐步推广乡村幼儿园教师定向公费培养，提前开展学前师范生乡村幼儿园实习，提高“00后”学前师范生对乡村从教生活的适应性。

“00后”对新环境充满新奇感，但如果要他们去新环境生活，他们又非常担心不能适应。对生活适应的担忧，是当前影响浙江省“00后”学前师范生“乡村从教意愿”的最主要因素。所以，推动“00后”学前师范生“下得去”，提高“00后”学前师范生的乡村从教生活适应，重视前期早了解、早接触、早体验非常重要。中共中央、国务院《关于学前教育深化改革规范发展的若干意见》要求：扩大学前教育专业公费师范生招生规模。浙江省可以在此基础上，逐步推广乡村幼儿园教师定向公费培养。乡村定向培养有利于学前师范生提前了解、接触、体验乡村从教生活，增强毕业后的适应性。此外，对于非定向但有意向去乡村从教的学前师范生，可以对他们提前开展乡村幼儿园实习，早了解、早接触、早体验，提高乡村从教生活适应性。

参考文献

[1] 刘佳，方兴．我国师范生乡村从教意愿及影响因素的实证研究[J]．教师教育学报，2015(5)：72-79．

[2] BERGER J L，YANNICK D'ASCOLI．Motivations to Become Vocational Education and Training Educators：A Person-Oriented Approach[J]．Vocations & Learning，2012(3)：225-249．

[3] 姜金秋，陈祥梅．《乡村教师生活补助政策》实施背景下师范生乡村从教意愿及影响因素分析——基于西部贫困地区15所院校的调查[J]．教师教育研究，2019(1)：43-50．

[4] FOKKENS-BRUINSMA M，CANRINUS E T．Adaptive and maladaptive motives for becoming a teacher[J]．Journal of Education for Teaching，2012(38)：3-19．

[5] 宋崔．师范生教师教育质量认可度及其对从教意愿的影响研究[J]．湖南师范大学教育科学学报，2018(2)：48-54．

[6] 徐国兴，谢安邦．师范毕业生的从教意向及其影响因素研究——以X大学为例[J]．教师教育研究，2015(5)：8-13．

课题组单位：湖州师范学院，浙江省乡村教育研究中心

课题组负责人：刘佳

课题组成员：方兴，徐佳琪，斯淑娴

课题名称及编号：浙江省“00后”学前师范生的农村从教意愿与影响因素研究(2020N09)

检察体制改革下的“捕诉一体”运行实证研究

［按语］检察机关作为法律监督机关，其刑事检察权的行使也需被监督，来自检察机关内部的监督是最有效最便捷的方式。尤其是“捕诉一体”办案机制在我省各级检察机关全面推行的背景下，专业能力、权力界限、责任意识等方面的更高要求使得大多数检察官暂时会非常谨慎地行使权力，然而从长远来看，检察权的高度集中和独立潜在的廉政风险会逐渐显现，不及时预防及纠正会严重影响到案件的政治效果、社会效果及法律效果，影响到检察机关的形象。故刑事检察权的内部全程监督必须未雨绸缪、同步跟进。本课题针对此问题，分别在上海市、台州市及嘉兴市选取浦东区院、三门县院、玉环县院及海宁市院展开跟踪调研，在此基础上发现我省各级检察机关多注重案件办理程序的衔接与消化，对刑事检察权内部监督的有效路径仍处于探索阶段；由此提出建构“司法化”“立体式”内部监督格局。

一、我国刑事检察权运行状况考察

（一）“捕诉分设”状态下刑事检察权运行效果不尽如人意

中华人民共和国成立以来，检察制度的发展经历了艰难曲折的过程，检察机关承担的法律职能随着经济社会发展的变化而不断调整，其内设机构实行“捕诉合一”还是“捕诉分离”亦非一成不变。正所谓中国特色社会主义检察制度的发展完善有其阶段性和长期性，在不同时期，由于诸多因素影响，内设机构设置的逻辑，其侧重点有时是有所不同的。

“捕诉分设”从其设计功能上而言，强调的是内部制约、专业细化及工作量的合理分配，也是为了防止因为捕诉同质化而带来审查逮捕控诉化倾向。然而，检察机关内设机构的设置本身就蕴含着职能分立和内部监督。在职能分立、强化内部监督制约原则指导下，刑事检察部门分设为侦查监督部门和公诉部门，开始捕诉分离，这就是检察权的分解。对于这种职能分立和内部监督的程度及其效果，需要用辩证的、历史的思维进行综合评价，把握好质量与效率、内部监督与外部监督、司法责任制、专业素养和能力提升，与有关机关工作衔接等各方面因素。

捕诉相互制约，顾名思义，应包括逮捕权对公诉权的制衡和公诉权对逮捕权的制约。由于公众对下行案件的特别关注，“捕诉合一致使捕诉制约缺失”显然意在强调“公诉权对批捕权的制约”。通过梳理J市检察机关在2014年至2016年办理的审查逮捕和审查起诉案件相关数据发现，该市这三年分别批准逮捕4135件5869人、3615件5178人、3119

件4445人,捕后不诉数分别为15件20人、14件16人和5件7人。由此可见,2014年到2016年捕后不诉的案件比率分别为0.363%、0.387%和0.16%、捕后不诉的人数比率分别为0.34%、0.31%和0.157%,无论是捕后不诉的案件比还是人数比都没有超过0.4个百分点。如果从捕后不诉的类型来看,在这三年捕后不诉34件43人中,绝对不起诉只有4件6人、存疑不起诉6件8人、相对不起诉则有24件29人;从捕后不诉的原因来看,有的因法律政策变化(如数额犯入罪标准提高,绝对不起诉的4件6人均属该种情况),有的因证据情况发生变化(存疑不诉6件8人均属于该种情况),有的是对情节认识与把握存在差异。这一系列数据表明,在实践中公诉权对逮捕权发挥的制约作用并未达到制度设计的初衷。

(二)"捕诉一体"后刑事检察权运行成效明显

本课题组先后到浙江台州市检察机关(包括台州市院、三门县院、玉环市院)和上海浦东新区检察院调研学习。2018年6月,台州市院确定三门、玉环、黄岩、温岭4个基层检察院为"捕诉一体"试点院。三门县院成立以检察长为组长的"捕诉一体"试点领导小组,下设工作专班。玉环市院从2017年4月起对未成年人、监察委移送、院领导办理的三类案件试行捕诉一体办案,为试点工作打下基础。2019年1月以来,台州地区已全面推开"捕诉一体"办案模式。上海浦东新区检察院于2018年4月23日起在全院开展"捕诉合一"机制试点工作,通过加强检侦对接、全程跟踪、严格证据标准、把控案件风险等举措,及时应对"捕诉合一"机制改革试点中出现的问题,工作成效初步显现。

1.加强检侦对接,提升办案效率

一方面,案件承办人在审查逮捕阶段深入了解案情,并结合案件具体情况加强捕后跟踪,及时引导侦查取证;另一方面,案件移送起诉后,要求承办检察官注重对案件的事实、法定情节的审查,有效避免重复劳动,审结案件时间大大缩短,案件退补情况明显减少。据统计,2018年4月23日至5月31日,张江院受理起诉案件158件185人,审结案件173件215人,审结率与去年同比提升2%。三门县院办案周期相应缩短14至24天不等。

2.严格证据标准,引导侦查效果显著

台州四个试点院"捕诉一体"后,提前介入、引导侦查比例大幅提高,从原来的5%上升至20.8%。玉环市院退回补充侦查率为18.8%,有所下降;书面提出继续侦查取证意见比例达22.1%,形成检察引导侦查的有力态势。三门县院利用"一案一提纲",以庭审的证据标准引导侦查取证,捕后一次退查率从原来的33.9%降至24.8%、二次退查率从原来的10.4%降至5.8%。张江院秉承"谁捕谁诉"的原则,要求案件承办人在审查逮捕环节自觉提高案件审查精细度,在考察案件是否符合逮捕条件时,提前考虑捕后证据补强问题,在证据把握上以起诉标准引导侦查取证,进一步严把公诉案件的"入口关"。引导侦查更精准,补充证据更到位,监督侦查更高效。

3.增强监督意识,侦查监督更有刚性

台州4个试点院"捕诉一体"后,充分发挥员额检察官的主观能动性,立案监督、追捕、追诉等增长了3倍以上。试点以来,玉环市院已纠正漏捕2人,立案监督26件;已追诉漏罪、漏犯15人,法律监督成效初显。特别是坎门六合彩赌博案件,立案监督36人,追诉32

人,有力地彰显了检察机关法律监督的司法权威。三门县院试点后,原公诉部门检察官监督意识明显增强,在被告人庭审供述新的内容时,检察官当庭建议延期审理,启动立案监督程序。椒江、温岭通过完善员额责任制,把监督工作落实到员额,黄岩、椒江、玉环把监督成效同员额的绩效考核、干部的提拔挂钩。

(三)"捕诉一体"后刑事检察权运行面临的挑战

1."少捕慎诉"理念尚未达成共识

"捕诉一体"试点前,台州地区不捕率、不诉率指标良好,一般不捕率在34%—35%之间,不诉率在15%左右。"捕诉一体"后,三门县院试点一个月逮捕率上升至92%,试点两个月逮捕率上升至90%,黄岩区院也出现了同样的情况,原因是:有些原公诉的员额检察官审查逮捕案件构罪即捕,"少捕慎诉"的理念没有在办案中贯彻落实。案管中心及时进行数据统计、分析研判和调整管控,目前已经达到正常值。

2.办案节奏难以把握

由于审查逮捕、审查起诉办案期限不同,角色性质又有差异,检察官既要适应起诉的"精准性",又要适应批捕"快节奏",并需要在两个"频道"间不断切换进行"变速跑"。一般大案开庭需要2—3天,审查逮捕案件7天,既要开庭,又要短时间内审查逮捕案件,如何处理好、衔接好出现的新问题,是检察官面临的新考验。试点以来,台州地区第一次退回补充侦查的案件明显增加,第二次退回补充侦查的案件大幅下降。

3.业务管理有待理顺

一方面是分案管理需要完善,台州采取普通案件轮案、类案专办和指定办理三种模式并行;另一方面是审查批捕和审查起诉程序的熟悉问题、文书的转换问题和两个报告的衔接问题,台州的有些地方已经将审查逮捕报告扩展至十一项内容,方便审查起诉时使用;另外,案件的审核把关问题,如何解决既突出员额检察官的主体地位,又注重分管检察长、科长的审核把关作用。

4.法律监督全程、全域的理念有待提高

在监督方式上,"捕诉一体"后,原来公诉的检察官对立案监督不重视,黄岩区院刑检二部立案监督为0件,而三门、椒江刑检二部监督的案件量反而很大,集中在网络、集团、刑民交叉类案件,各地监督不平衡。在监督难度上,随着捕诉一体的推进,监督难、难监督的情况依然存在。台州地区采取了避开公安的立案监督,选择追诉、追捕来处理。在监督责任落实上,浦东区院与台州各院均提出将监督责任落实到员额。玉环市院出台了《2018年度检察人员绩效考评及奖金分配办法》,将案件质量、监督成效等工作量化,与绩效考评和奖金分配挂钩。

二、我国刑事检察权运行实践的问题反思

逮捕权与公诉权是检察机关享有的两种独立权力,在证据标准、法律后果等方面均有区别,公诉权行使主体对证据条件的把握并不比逮捕权行使主体更加合理。过于强调"公诉权制约逮捕权"并不一定能展现捕诉之间的制约功能。

从"捕诉分设"到"捕诉一体",两项权力集中由一个检察官统一行使,但是审查逮捕与

审查起诉作为完全独立的两个诉讼程序没有改变，捕诉的相互制约继续存在，内部监督也不能削弱。在司法体制改革、检察体制改革、检察责任制改革叠加的背景下，“捕诉一体”的稳步推进需要特别关注以下几个方面。

（一）严格把握逮捕条件，谨慎对待逮捕的证据条件

坚守底线思维，不搞变通，坚决杜绝“带病”案件进入审查起诉程序；借力认罪认罚从宽制度，发挥检察机关在刑事案件审前的主导作用，促成各方在案件证据、事实、法律适用、量刑等问题上达成共识，消除案件质量隐患。

（二）划清检察官与分管检察长之间的权力界限

把握好分管检察长业务指导与具体案件审核的关系，并确定检察长必要介入制度。

（三）重视检察官职权范围内的疑难复杂案件处理

对重大疑难复杂案件的检察决定应经充分讨论，承办检察官应主动征求检察官联席会议的分析意见、主动听取主办检察官甚至分管院领导的意见建议，通过广泛征求案件处理的意见建议，群策群力，确保争议案件处理得当。

（四）注重检察权内部监督手段的运用

为了避免行政领导权对检察权实体处分的“干预”，考虑通过案件管理部门对刑事检察权行使过程的流程监控、刑事执行检察部门羁押必要性审查工作对刑事检察权的事后监督等方式进行，并引入绩效考核机制，激发内部监督动力。

（五）激活刑事诉讼机制内的制约制度

将“人民法院、人民检察院和公安机关分工负责，互相配合，互相制约”的刑事诉讼基本原则落到实处；同时，畅通案件当事人申诉通道，加大审前程序中相关诉讼主体参与力度，确立刑事检察权运行公开透明的工作机制。

三、“捕诉一体”后刑事检察权独立运行及内部监督的建议

“捕诉一体”运行初期，逮捕率、起诉率等反映检察权行使状况的重要指标性数据存在较大波动，表明权力行使方式发生了变化，改革尚有一定的磨合适应期。因担心案件质量出现明显下滑，引发了“要不要对检察官充分放权”以及“如何放权”的争议，相应存在“放任不管”和“回收权力”两种极端做法。事实上，“捕诉一体”改革是要在“放权”与“限权”中寻求新的平衡点，实现“放权不放任”“管好不管死”的目的。实践表明，“捕诉一体”改革的高效顺畅运行有赖于相关配套机制的同步跟进。

（一）更新捕诉理念

审查逮捕与审查起诉是两个独立的诉讼阶段，联系紧密但不能混同。应强化检察官对捕诉价值的认知，合理把握不同诉讼阶段的诉讼规律，区分捕与诉在证据标准上的差

异。强调严把逮捕这一"关口",在明确逮捕的强制措施本质属性的基础上,对逮捕的三个条件(证据条件、刑罚条件和社会危险性条件)进行递进式审查。对于批准逮捕的案件,如果捕后证据发生变化或者法律政策调整,可以依法不起诉;相应的,除无罪不捕以外,不捕案件不能影响依法提起公诉,不能人为地降低或拔高捕与诉的标准。

(二)推进检察官专业化职业化建设

"捕诉一体,是检察机关内设机构设计从刑诉法逻辑向刑法逻辑转变的结果。"在刑事检察领域按照犯罪类别分为普通犯罪检察、重大犯罪检察、职务犯罪检察、经济犯罪检察等。调研中了解到,有的基层院试点单位将业务出众的检察官配备到案件影响较大的职务犯罪和经济犯罪检察部门,在普通犯罪检察内部设立简易案件办理组,实现人员合理配置,降低案件办理风险,也进一步减轻了刑事检察权的监督难度。一线办案的检察官要选好配强,人永远是最关键的因素,要把那些政治素质高、业务能力强、勇挑重担的检察官安排到刑事检察部门,把好案件处理的总闸门。

(三)确定合理的分案规则和清晰的权力清单

制定科学的轮案、分案规则,以随机轮案为原则、突出公平性,以专门分案为补充、突出专业性,以指定轮案为例外、突出科学性。制定相对明晰的检察官权力清单,合理界定检察官、检察长或检委会之间的权限。同时,在检察机关工作检查与绩效考核中,应将落实权力清单、贯彻办案责任制的情况作为检查、考核的内容,确保系列规则得以遵照执行。

(四)以程序的规范化制约实体权力行使

规范刑事检察决定权的行使绝不是强调对检察权运行的实体性制约,而是以程序的规范化制约实体权力行使,即实现检察决定权的程序规制。在我国特定的制度背景之下,检察建设中的行政逻辑总是十分强势的,而保障检察官主体地位和相对独立性的司法逻辑则始终较为弱势。司法实践中存在这种检察权力的模糊地带,很难截然区分检察长与检察官之间的合理权力界限。在当下的检察权运行状态下,完全将检察决定权配置给检察官行使不现实,也不具有可操作性。检察官权力清单效力的落实,目的是促使检察官养成及时"汇报"有重大风险案件的行为自觉,推动检察官做出决定前充分征求意见建议的程序自觉。

(五)以司法化审查代替行政化指令

为防止检察决定过程中的"行政化指令"问题蔓延,应强化审查决定司法属性。对于检察官决定事项范围内的案件,应鼓励检察官听取检察官联席会议意见建议,通过工作机制引入案件当事各方的参与,如不捕不诉案件的公开审查宣告制度;对于检察长决定事项的案件,应落实检察长亲历审查制度,避免以审批替代承办、以听汇报替代阅卷;对于逮捕等上行案件,应强化刑事执行部门的羁押必要性审查工作,防止不当逮捕。加强案件质量的管控,充分运用大数据定期研判,通报办案质量、效率和监督数据,倒逼检察官依法公正司法。

(六)加强联席会议的实质化运作

首先,要明确联席会议的启动程序。实践中,往往承办案件检察官碰到难以抉择的案件会临时提请部门负责人召开检察官联席会议,其他与会检察官常常没有充足时间思考案件。若承办案件的检察官在联席会议召集前制作拟讨论案件的详细审查报告,交给其他检察官提前了解研究,与会检察官应能够就争议事项有针对性地研究并谨慎发表意见建议。

其次,要确立联席会议议事规则。为保障与会人员独立发表个人观点,平等交流,参照检察委员会相关议事规则,合理确定发表意见顺序。一般应先由普通检察官逐次发表意见,最好形成交锋辩论的局面,再由部门负责人或者分管检察长表明自己的观点或者倾向性意见,以此确保与会意见的客观真实。

最后,联席会议过程应做到全程留痕并上传到统一应用办案系统。实践中,有的联席会议讨论较为随意,口头通气较多而规范讨论较少,影响了决定的严肃性,联席会议讨论经过应做到全程留痕,全面记录讨论过程和发表的各种不同意见。可以将联席会议讨论案件纳入检察官考核指标体系中,以此提高与会检察官的积极性。

参考文献

[1] 龙宗智,符尔加.检察机关权力清单及其实施问题研究[J].中国刑事法杂志,2018(4).

[2] 张建伟."捕诉合一"的改革是一项危险的抉择?——检察机关"捕诉合一"之利弊分析[J].中国刑事法杂志,2018(4).

[3] 张建伟.逻辑的转换:检察机关内设机构调整与捕诉一体[J].国家检察官学院学报,2019(2).

[4] 张永进.从有限放权到相对独立:主任检察官制度改革评析[J].甘肃政法学院学报,2015(4).

[5] 叶青.审查逮捕程序中律师介入权的保障[J].法学,2014(2).

[6] 天津市武清区人民检察院课题组.检察机关内部监督制约的具体途径[J].中国检察官,2018(7).

[7] 参见最高检张军检察长在十三届全国人大二次会议上所作的《最高人民检察院工作报告》.

[8] 吕瑶,魏再金.检察权运行内部监督制约机制实践探索——以四川省A市为样本[J].中国检察官,2018(15).

[9] 卢希.健全检察机关执法办案风险评估预警机制的实践思考[J].人民检察,2011(14).

[10] 左为民.信息化与我国司法[J].清华法学 2011(4).

[11] 王治国.构建权责明晰制约有力运行高效的检察权运行机制[J].检察日报,2017(7).

[12] 卓凯.论审查逮捕的司法化及其限度[J].中国检察官,2018(3).

[13] 朱孝清.司法的亲历性[J].中外法学,2015(4).

[14] 杨圣坤.检察权内部监督的调整与发展——以检察官办案责任制改革为背景[J].时代法学,2014(6).

课题组单位:嘉兴市人民检察院

课题组负责人:杨劲松

课题组成员:侯银萍,柏屹颖,卓凯,金茂松

课题名称及编号:“捕诉一体”背景下刑事检察权运行监督机制研究(编号:2020N15)

网络去中心化背景下基层政府网络舆情应对能力研究

——以浙江省嘉兴地区基层政府为例

[按语]去中心化背景下的网络社会公共空间呈现去权威性、碎片化涌现性、价值观多元性等特征，基层政府面临诸多挑战：全媒体平台壁垒被逐步打破，官媒权威逐步式微；境外网络空间难以管控，负面炒作扩大舆情；网信办体制机制存在桎梏，权限能力有待提升；专职网信工作者配备不足，人员调度捉襟见肘；少数干部缺乏正确舆情观，政治站位不够；等等。嘉兴地区基层政府在应对辖区内网络舆情时形成了一套有效的做法：一是领导重视，机制有效；二是精准研判，正面引导；三是强化联动，寻求支持；四是做实线下，阻断源头；五是抓在平时，夯实阵地；六是构建智库，强化培训等一系列做法实现破题。在此基础上，课题组厘清基层政府应对网络舆情的一般性启示，为基层政府提供经验借鉴。

相较于早期的因特网(Web 1.0)时代，Web 2.0 内容不再是完全由专业门户网站或特定互联网媒体人群制造生产的，而是由权级平等的各个网络节点的个体共同参与和创造的内容，呈现网络中心化的现象。在此背景下，本课题将网络去中心化现象与基层政府网络舆情应对结合起来，厘清基层政府网络舆情应对的特色亮点做法及其存在的问题，并对此提出针对性的政策建议和启示。

一、网络去中心化的概念和特征

以 Web 2.0 技术为代表的互联网时代深刻改变着社会形态，从网络哲学视阈审视因特网，会得出其有别于传统哲学所认为的联系是多样性和线性的观点，而是一种非线性、网状的联系的结论。哲学意义上的主客体在互联网中的关系，包括权利关系和地位，因而也有了独特的表现形式："在虚拟世界里，传统社会权力的消解和垄断被打破，即网络社会的去中心化，使所有网民成为网络平等的成员，改变了传统社会的科层制管理模式，消解传统社会秩序，同时也消解主客二元式的本体论框架和认识论结构，导致这一社会呈无中心化状态。"①具体来说，互联网时代的去中心化有以下几个特征。

(一)去权威性

网络去中心化的过程，也是主客体的现实社会秩序在互联网中消解、重构的过程，呈

① 任福兵:《网络社会危机传播原理》，华东理工大学出版社 2017 年版。

现出去权威性的特征。“网络话语权”的相对平等性是去权威性的集中体现。作为个体的网民在互联网中既是客体，又是主体，呈现出一体两面的特征，具有一定程度的“平等话语权”。网民借助“微博”“微信”“抖音”等公共网络空间，突破了传统社会空间的时空限制，一定程度上模糊了现实身份和阶层的界限，拥有了对公共社会事务的发言权，形成了“网络民主”热潮，通过“网络民主”深刻地影响着现实社会的民主，甚至在某种程度上“网络民主”和“现实民主”的边界已经愈加模糊。这种虚拟与现实的交织和模糊，所带来的现象就是网络去权威性的过程，伴随着的是“现实存在”权威性逐步削弱的过程，对基层政府的权威性带来挑战。

网络去权威性的另一面则是新的网络权威的树立，如与现实权威形成强烈反差的“草根权威”，例如草根大V、各类网络平民达人，或者是在现实社会中缺乏“文化领导权”的资本精英阶层，如曾经微博粉丝数量上千万，有着巨大网络影响力的商人“薛蛮子”，其在后来的自述中认为自己“比部长受关注，有种皇帝批奏章的感觉”[①]。同样，在嘉兴地区也存在着一批较为活跃的“草根大V”和本地发布平台，如嘉兴本地的“嘉兴19楼”和“桐乡生活论坛”等本地发布平台，在信息传播的影响性方面超过了部分本地区的官方发布平台，在这些平台上活跃着一批“意见领袖”。

(二)碎片化涌现性

网络去中心化的非线性、网状联系决定了传播的形态是碎片化传播，呈现出无序性和混沌性，其传播的结果必然将是涌现性。信息生产个体制造的信息，以碎片化的方式被各个节点上的“个体”按照其价值观和兴趣偏好接受和重新编辑，再被二度、三度……N度编辑传播，最终使海量的碎片化信息再以重新聚合的方式，涌现在互联网公共空间的各个角落，呈现出相对主流的几类信息。最终涌现的整体性结果，很有可能与“元信息生产者”所想要表达的信息存在偏离、失真，甚至背离，也有可能在不断聚合的过程中得到补充完善，最终超出“元信息生产者”的预期。如南湖区七星街道“6·30”网络舆情事件，从6月25日开始酝酿，6月30日舆情开始上升，到7月3日达到峰值，经过9天的碎片化传播、发酵，舆情事件的社会影响和效应超出了七星街道基层工作人员原本预期，这也是嘉兴地区近些年网络舆情碎片化涌现传播的一则标志性事件。

(三)价值观多元性

互联网时代，各个网络节点的个体由于现实生活环境、教育程度、工作背景的差异，其在网络上所直接呈现的是价值观的差异性和多元性，中国8.54亿多网民所组成的海量网络节点形成的是海量的价值取向和态度，理性和非理性、正面和负面、隐蔽和公开……相互交织和碰撞，形成了互联网的多元社会思潮，多元社会思潮所呈现的开放性的另一面则是躁动性和不安性，互联网公共空间在成为民意合理表达场域的同时，在某种程度上也异化成为“精神垃圾”宣泄和堆积之地。在互联网多元社会思潮的浪潮背后，不乏夹杂着带有特殊政治目的和经济利益的组织和势力，在带节奏和裹挟网络民意中，试图达成其政治

---

① 《薛蛮子:网络“大V”像当“皇帝”》,《香港文汇报》,2013年09月16日。

和经济目的。当前中国共产党作为执政党，面临的直接的网络风险和危机，包括某些西方国家和势力所推行的“和平演变”和“颜色革命”。南湖区七星街道“6·30”事件实际上就是被境外媒体和势力恶意炒作，扩大负面影响，诋毁党执政形象的典型案例。

二、去中心化背景下基层政府应对网络舆情的挑战

（一）全媒体平台壁垒逐步打破，官媒权威逐步式微

随着网络去中心化趋势的演进和加深，全媒体平台间的壁垒正逐步被打破和消解。传统基层政府的官方传媒进入舆论阵地，如新闻传媒中心发行的报刊、地方广播电视台的舆论主导权被非官方网络发布平台和社交软件消解，官媒在现实和虚拟空间中的声音和权威日趋减弱，“文化领导权”逐步式微。例如，“2017 年，短视频呈现草根化发展趋势，短视频与新时代用户的信息获取和消费习惯相吻合。移动互联网使用户获取信息的场景移动化、多样化，时间碎片化，心态更加随意化、情绪化、娱乐化，容易让用户沉溺其中”[①]。短视频的疯狂式传播既是对过去传统图文式自媒体的颠覆升级，更是对全媒体平台壁垒的进一步消解，洗脑的配音和猎奇的视频内容拥有着传统官媒无法比拟的传播影响力，如重庆网红景点洪崖洞在抖音短时间内的疯狂式传播成为 2018 年度的一个现象级事件，远远超越传统媒体投入巨额财力和物力所取得的效果。同时，“随着近年来年轻受众流失和互联网媒体的冲击，春晚的价值在逐年缩水。2017 年相比去年少了近 3000 万人民币的‘标王’价格”[②]，可见传统地方广电的话语权和生存空间更是岌岌可危。

（二）境外网络空间难以管控，负面炒作扩大舆情

网络去中心化带给基层政府的另一个严峻挑战是：舆情信息会以碎片化传播的形式，再以重新聚合的方式，涌现在互联网公共空间的各个角落，包括境外网络空间。舆情信息经过境外媒体的恶意编辑和负面炒作，涌现在境外网络社交平台，如推特、脸书等境外主流社交平台，再加之在境外势力的带节奏和推波助澜下，造成舆情带偏和扩大，致使中国基层政府的执政形象在境外污名化，同时负面舆情信息在网络去中心化的大背景下“出口转内销”，让部分境内网民选择性倾向于信任境外传播信息，造成境内舆情的进一步扩大和恶化。更为棘手的是，境外网络传播平台由于意识形态、外资控股等多方面因素，会配合和服务于境外势力的“舆论战”，中国大陆官方对此往往束手无策。

在南湖区七星街道“6·30”事件中，境外势力利用“党的诞生地”“七一”“红船”等题材扩大舆情，将其污名化为“党的诞生地爆发的农民暴动”，致使基层政府的执政形象受到极大损害。在此次事件中，从 7 月 1 日起相关资讯在推特上传播，到 7 月 25 日止舆情总体平息，相对来说，境外网络社交平台推波助澜的力度还不是特别大，这才使得该事件总体可控和平息较快。但在今年香港地区“暴力事件”中，“推特公司官方账号在 8 月 19 日发

---

① 《中国网络版权产业发展报告(2018)》，2017 年 1 月 27 日。

② http://m.kdnet.net/share-12094943.html。

布了一份声明，称他们已经暂停了936个在内地建立的推特账号”①，使境外网络社交媒体服务于境外势力“舆论战”的工具属性暴露无遗，这对当前中国基层政府网络舆情的应对工作是一个重大的威胁，因为网信部门无法预判境外网络传播平台在每次舆情事件中配合服务于境外势力“舆论战”的力度及其会造成负面影响的强度。

（三）网信办体制机制存在桎梏，权限能力有待提升

网信机构从中央到地方层层设立，特别是区县一级基层政府也相应成立了网信办，但在体制机制上仍存在一定桎梏。网信管理工作受属地管理原则制约较大。当前，基层网信办在管理互联网平台时所遵循的是属地管理的原则。例如，南湖区七星街道“6·30”事件发生时，嘉兴市网信办只能对本地互动平台进行舆情管控，如嘉兴19楼等本地发布平台，对于市外的互联网发布平台缺乏相应的处置权限，只能通过逐级上报才能进行相应的管理和引导。而网络去中心化的一个特点是，一旦发生地方舆情会呈网状式传播，各个节点都有存在传播的可能，传播信息会爆发式涌现在其他地方网信办属地，因而在上报过程中，有时处置过程较长，不能第一时间进行引导和管理，在政府失声的时间节点内舆情会造成蔓延和发酵。在南湖区七星街道“6·30”事件中，由于上报较为及时，省市层面极为重视，在舆情引导和管控上处理较好。但对于一般性网络传谣事件，就难以及时消除，部分“低级红”和“高级黑”的信息在“凯迪社区”“知乎”等跨区域性和本地信息平台停留数月乃至数年之久。

同时，网信机构对于微信等新媒体传播缺乏有效的技术手段。由于微信成为当前国人主要社交平台，微信平台上点对点、点对群之间的传播效应巨大，速度极快，目前仍缺乏有效的管理和引导手段。

（四）专职网信工作者配备不足，人员调度捉襟见肘

在当前中央层面提出“网络强国”和浙江省提出“平安浙江”战略，网信工作重要性日益提升的大背景下，市、县（区）两级网信办人员虽配优配强、人员精干，但人员配备较少等问题，导致专职网信力量仍显不足。特别是浙江等东部沿海互联网经济发达地区，网民人数多，活跃度高，互联网机构和“草根大V”自媒体多，在管理引导和舆情预判分析等工作方面较其他地区需投入更多时间和精力。例如，在南湖区七星街道“6·30”事件发生时，该区网信办如不计网信办领导人数，专职工作人员只有1人，面对强度超出以往一般舆情的“6·30”事件时，实际上人员配备是不足的，由于建立了快速的协调处理机制，得到省市网信力量全力支持，才得以做好积极的应对准备。而嘉兴市网信办在南湖区七星街道“6·30”事件发生时，不计网信办领导人数，专职工作人员只有7人。嘉兴作为世界互联网大会永久举办地，每年下半年市一级网信办需安排部分工作人员前往嘉兴乌镇现场集中办公，在全力保障峰会顺利举办的前提下，还需应对市内舆情分析研判、管控引导等日常性工作，人手配备不足的问题较为凸显。

---

① 《推特、脸书删近千账号，声称涉香港暴力内容是“假新闻”》，2019年8月20日，http://news.ifeng.com/c/7pHx6vOMdmK?_share=weixin。

(五)少数干部缺乏正确舆情观,思想政治站位不够高

少数基层一线工作人员在处置突发性舆情时缺乏正确的网络舆情观,政治站位不够高。一方面,缺乏正确舆情观,不够重视网络民意,认为网络世界中的声音不够真实,是少数网民在网络公开空间非理性的诉求表达,缺乏科学的研判。在七星街道“6·30”事件中,街道一线的基层干部对于前期舆情信息不够重视,未能预料到会造成重大的舆情事件,错失了制定线下处置措施的最佳时期,进一步引起了后续的发酵。另一方面,政治站位不够高,政治敏感性有待提高。当前,少数乡镇(街道)基层政府一线工作人员,精通基层业务工作,但由于忙于日常事务性工作,在政治站位和敏感性的把握上有所欠缺,对党史、国史上重大事件和时间节点的学习和把握不够充分。

在南湖区七星街道“6·30”事件中,少数街道一线工作人员对多年来该地区高速发展,所遗留的一时未解决的问题,更多地采用“时间换空间”的做法,对于可能引发舆情的风险缺乏正确的舆情认识。同时,缺乏嘉兴作为党的诞生地“嘉兴无小事,事事连政治”的政治站位,对于“七一建党日”的时间节点缺乏必要的敏感性,如果基层街道办事处能及早进行线下处置,即使不能平息事件,只要延缓一周的时间,也能避开“七一建党日”这一重要的时间节点,降低舆情的政治性和影响性。

三、嘉兴地区基层政府应对网络舆情的做法和对策

近些年,嘉兴基层政府有效应对了辖区内产生的系列网络舆情事件,如南湖区七星街道“6·30”事件、海盐垃圾焚烧发电项目舆情事件、平湖市地表水水质问题舆情事件等,做到了抓在平时,主动作为和多措并举,实现了总体可控,将风险降至最低,形成了一系列行之有效的做法。

(一)领导重视,机制有效

嘉兴基层政府在应对辖区内爆发的舆情事件时,做到了第一时间启动应急响应机制,建立舆情处置组织架构,当地主要领导赶赴现场针对舆情反映的实际问题进行现场调研,制定专门方案,根据部门职能进行科学化分工,责任到人,进行“人工+技术”的手段时时掌控舆情的动态进展,特别是重点关注微博、微信、本地网络信息发布平台以及境外网络信息发布平台的舆情动态。建立快速协调处置机制,迅速展开舆情处置。在南湖区七星街道“6·30”事件中,南湖区主要领导高度重视,分管领导靠前指挥舆情应对,根据《南湖区网络信息安全应急响应预案》,及时启动应急响应机制,确保了强有力的网络舆情监测,建立“6·30”事件快速协调处置机制,发挥了有效的机制保障作用,取得较好效果。

(二)精准研判,正面引导

嘉兴基层政府应对舆情发生时做到科学化和精准化的研判,确保研判数据真实有效,实时将掌握的最新和准确舆情动态报送给决策机构,以便得出最为精准的研判,做出最为有效的管控和引导方案。针对网络空间中出现的传谣信息,利用官方网络政务平台,在掌握最新真相的前提下进行持续性和有重点的披露,通过持续性的披露不断地掌控舆情节

奏,引导网民将关注点转移到正面、客观和理性的权威发布中来,使基层政府在舆情事件中占据主导权,也让网民看到政府的行动和举措,并在本地论坛上不断为民众答疑解惑,挤压负面不实信息的传播空间,提升民众对基层政府在舆情事件中的认同感和好感。

例如,在 2017 年平湖市地表水水质问题舆情事件中,平湖市在面对《浙江省级以上城市饮用水水质报告出炉! 嘉兴悲剧了……》等不实微信公众号文章广泛传播,引发本地网民恐慌和热议的局面下,做到了精准研判,迅速发声,较好地进行了释疑解惑和正面引导工作,适时地、有节奏地通过两微一端网络政务平台发布官方信息,挤压不实信息传播发酵空间,"平湖发布"微信公众号分阶段发布了《广陈水源地劣 V 类水? 以后平湖这类谣言不会再有!》《一月份水质初步评价结果出炉,16 条市级河道平均水质为三类》等正面权威信息,确保了基层政府在该事件中占据话语权,实现了对民众的正面引导。

(三)强化联动,寻求支持

当前,网信工作所存在的属地管理原则造成的桎梏在较长一段时间内仍将存在,基层政府网信工作队伍编制少、人手紧的局面暂时也仍将存在。面对该局面,嘉兴市在舆情事件处置中强化联动,积极主动对接上级部门,寻求上级部门的有效支持;统筹周边资源,借力市外兄弟网信部门支持;组织动员市内各类力量,形成强大的舆情应对合力,从多方面消解属地管理原则和人员紧缺所产生的不利影响。在海盐垃圾焚烧项目舆情中,嘉兴市主动邀请处理过杭州余杭区九峰垃圾焚烧项目事件的网信专家提供智力支持,协调周边兄弟县(市、区)给予支持帮助,加强与浙江省网信办的沟通,协调省级资源。在南湖区七星街道"6·30"事件中,当地政府第一时间上报上级网信部门,争取到了中央、省市网信力量前所未有的支持,为舆情的讯息平息争取了广泛的力量。

(四)做实线下,阻断源头

注重线下具体性矛盾的分析和把握,理性分析其背后的成因。看到其根源大多与当前社会转型分化速度加快、利益分配机制调整相关,同时也与基层党政机关乃至村一级腐败现象频发导致网民对政府认同度下降有关,各种线下的症结弊病和利益纠葛导致网民将网络当成减郁撒气和表达利益诉求的渠道,从而产生网络舆情事件。嘉兴地区基层政府找准根源,关切基层群众现实利益,在舆情爆发的初期和前期找准群众的利益矛盾的关键,重视矛盾的征集和疏导,重视群体的意见和看法,组织与利益诉求相关的部门和专题工作组在线下安抚群众情绪,制定切实的工作方案,协调群众利益,化解矛盾纠纷,在源头阻断网络舆情爆发的根源。例如,海盐垃圾项目舆情事件的矛盾症结就在于"避邻效应",海盐基层政府关切群众所忧,通过村(社区)座谈会、进村入户等形式,为公众厘清疑惑,消解担忧。同时,组织 280 位村民集体赴常州考察垃圾焚烧发电厂,从而打消村民顾虑,在线下阻断了海盐垃圾焚烧发电厂项目爆发网络重大舆情的可能。

(五)抓在平时,夯实阵地

网络去中心化的另一表现则是新的网络中心的建立,现实权威在网络社会公共空间消解的另一方面则是新的权威的树立。基层政府可以凭借天然优势将自身重新塑造成为互联网各个节点中的“超级信源”，在虚拟世界中重新树立政治权威。浙江等东部互联网经济发达地区在网络虚拟空间的政务服务能力一直走在前列，国家行政学院电子政务研究中心发布的《省级政府网上政务服务能力调查评估报告(2018)》显示，浙江省连续三年名列首位(见表 1)。浙江省内有 11 个地级市、89 个区县开通了“双微”政务发布平台，即微信、微博政务发布平台，在当地网络虚拟空间中取得了较大的话语权，在重大舆情事件的官方辟谣中具有较强的权威性。

表 1　2017 年我国省级政府网上政务服务能力①

排名	省级政府	总分	服务方式完备度指数	服务事项覆盖度指数	办事指南准确度指数	在线办理成熟度指数	在线服务成效度指数
1	浙江	94.26	96.70	90.17	92.56	98.39	94.45
2	江苏	93.93	94.75	92.83	96.89	89.91	93.64
3	贵州	93.76	94.78	91.21	98.76	91.63	86.06
4	广东	93.25	96.32	86.65	95.89	92.28	94.37
5	安徽	90.90	91.68	90.39	98.62	84.55	79.93
6	北京	85.89	89.14	90.29	88.87	81.17	71.13
7	福建	84.39	88.30	74.82	89.80	85.11	78.01
8	重庆	83.35	81.98	79.00	88.95	76.95	90.80
9	四川	82.75	83.23	84.19	86.65	74.40	83.88
10	山东	82.50	91.10	76.05	81.63	85.07	75.64

嘉兴地区基层政府在面对网络去中心化的大背景下，工作抓在平时，着力构建和培育官方的互联网“超级信源”——“两微一端”政务发布平台，强化队伍，壮大政务发布平台团队的专业团队，确保在重要节点和事件中及时和理性地发声，通过日常性地发布本地区重要讯息，培育本地网民主动关注和阅读接受“两微一端”信息的习惯偏好，潜移默化地在网民心中树立权威形象，从而管理好政府在网络空间中的形象，争夺和夯实政府在网络空间中的舆论阵地。当前，“嘉兴发布”“禾点点”“桐乡发布”等嘉兴地区政务发布平台经历了数年的培育和打造，已成为本地网络空间的“超级信源”，在历次网络舆情事件中积极有为，发挥了正本清源的积极作用。

在 2019 年 3 月，“嘉善县中学生扶人反被讹舆情事件”中，“嘉善交警”公众微信号推送《扶？还是不扶？》一文，叙述事件细节，附上相关监控视频，引起了广泛阅读，阅读量达上万，在嘉善本地网络空间中发出了权威及时的声音，同时还引发环球时报、新浪、今日头条等平台转载，有效扭转了舆情导向，在“2006 年南京彭宇案”留给网民“扶人恐惧症”影响至今的舆论背景下，在浙江嘉兴地区树立了“做好人好事”有保障的良好舆论导向，遏制了不良之风，树立了风清气正的文明城市形象。

① 《2017 年度省级政府网上政务服务能力排名出炉》，2018 年 4 月 18 日，http://n.cztv.com/news/12888148.html。

(六)构建智库,强化培训

近些年来,嘉兴市网信系统选优配强,吸纳民间社会力量和其他条线上精通互联网的精英骨干构建以核心网评员、核心舆情员为主体的网络舆情应急智库,发挥智库成员的专业特长和网络影响力。定期组织智库成员开展座谈交流、专业培训,提升智库成员的凝聚力和专业化水平,为应对本地区网络舆情构建了较强的智库力量,做到未雨绸缪,在多次舆情事件中,发挥了积极的智库作用。在南湖区七星街道"6·30"事件中,嘉兴市充分发挥了智库的功用,通过网络舆情专家出谋划策,集纳智库智慧,制定准备若干舆情正面引导素材,发挥本地区"大V"在网络的影响力和权威性,为该事件的稳控保驾护航,这也与嘉兴网信系统多年未雨绸缪的深耕密不可分。

四、嘉兴地区基层政府应对网络舆情的工作启示

(一)提升党员干部的舆情观和政治站位是基础

对于基层政府党员干部而言,应在纷繁复杂的事务性工作中,加强政治理论学习,特别是对于党史、国史和习近平新时代中国特色社会主义思想等方面的学习,提升自身的政治素养,增强自身政治敏感性,提高政治站位,从而才能抓准和把握重要的历史事件和时间节点,自觉地将处置基层出现利益诉求问题提升到应对政治事件的高度,有利于及早预判,避免可能出现的政治风险,小事变大,大事变炸。同时,基层党员干部应提升自身的舆情观念和网络素养,正确认知和把握网络舆情在潜伏期、扩散期和消退期的演变规律。提升网络素养,思辨地看待网络虚拟空间存在的意义和作用,认识到其是基层群众试图通过网络社会公共空间来参政议政的表现,避免"恐网心态"。强化网络知识的学习,尝试将自己转变为虚拟网络中的一个深度用户和重要节点,甚至可以成为"大V",通过自身的影响力来正面引导当地舆论。

(二)提升改变网络舆情的调控思维和方法是重点

当网络舆情事件爆发时,地方政府应通过前期的科学应急方案进行有步骤、有目的的正确引导和消解。第一,需要把握"黄金四小时"。第一时间发声,发布真实消息,压缩谣言在网络社会公共空间的传播空间和时间,一定程度上能起到安抚网民情绪的效果。第二,有节奏、适度地披露事件真实的进展情况。政府在第一时间内往往掌握不了全部事实真相,需在掌握最新真相的前提下进行持续性和有重点的披露,通过持续性地披露引导舆情的节奏,使地方政府在舆情事件中占据主导,让网民看到政府的行动和举措,并不断通过网络政务平台和其他媒介多渠道为民众答疑解惑,使民众对政府形成认同感和好感。第三,对舆情爆发针对的当事主体进行必要和及时的切割和处理。例如在公共性的环境污染事件发生时,对肇事企业进行及时和必要的调查和处理,及时给网民交代。对腐败案件的当事人,及时介入调查,给出处理结果,与腐败分子及时切割,消除网民由于对个别官员的贪腐行为从而对整个公职人员群体产生"圆晕效应"。第四,把舆情事件处理的落脚点和出发点维系在维护好网民的切身利益和合法权益上。尊重网民理性的言论和表达,

不盲目封堵网民的建议性和合理性言论，对别有用心者和团体组织进行有效甄别，不胡乱给网民贴上“网络暴民”的标签，借舆情事件为契机来解决网民的诉求，提升政府公信力。第五，对于境外网络媒体的负面恶意炒作保持定力。应认识到境外网络媒体的负面炒作将是长期存在的一个现实，在无法有效引导境外网络舆情的情况下，应当教育网民认清境外势力的本质和意图，提高对于境外传谣的免疫力。

(三)强化聚合网信工作的资源和力量是关键

应对重大网络舆情事件犹如一场战役，需要采取集中优势兵力、歼灭有生力量的做法。因而，在短时间内能聚合网信工作的资源和力量是决胜网络舆情战役的关键。这就要求地方政府联动互通，能第一时间争取上级网信资源，迅速获取周边兄弟县(市、区)的支持，并且能整合辖区内多部门的精干力量、“大V”等社会力量、智库的智力支持。

抓在平时，建设网信铁军，强化网信工作者的舆情应对能力也是至关重要的。因而，打造高水平的网络舆情干部队伍是地方政府所面临的紧迫性任务。需要地方政府打破传统公务员选拔考试网信干部的路径依赖，传统的公务员选拔考试保证了相对的公平，但笔试面试无法体现考生的专业技能，由组织部去双一流重点高校选调网信人才，或是采用聘任制公务员制度招引优秀的网信工作是较好的路径，让优秀网信工作人才的加入产生“鲶鱼效应”，带活带强整个网信干部队伍。同时，有计划地培训专兼职网信干部，通过实战演练、理论辅导等方式提升现有专兼职网信干部队伍的舆情应对能力。

(四)培育和拓宽网络信息宣传公开渠道是保障

在过去网络自媒体高速发展时期，部分基层政府忽视和主动放弃了网络社会公共空间的“文化领导权”，导致了部分民间草根和各类非官方组织团体成为互联网节点中的“超级信源”，当前地方政府重塑“网络政治权威”并非积重难返，仍有积极作为的空间。通过利用先进的互联网技术，搭建信息诉求交流通道，或者积极主动进驻各类主流网络社交平台和自媒体，可以取得较好效果，能在地方网络社会空间中取得较大话语权，甚至能影响和辐射其他地区。从嘉兴地区基层政府应对舆情的做法中可以看出，网络舆情得以顺利平息，在于地方政府抓在日常，一以贯之地培育和拓宽当地网络公共社会空间的“超级信源”，壮大“两微一端”的影响力，在面对舆情时能做到网络宣传全覆盖和积极的正面引导。

参考文献

[1] 中国互联网络信息中心.第42次《中国互联网络发展状况统计报告》[R].北京：中国互联网信息中心，2018.

[2] 中共中央宣传部舆情信息局.舆情信息工作概论[M].北京：学习出版社，2010.

[3] 卢银周.全面深化改革新形势下领导干部必备的18种能力[M].北京：中共中央党校出版社，2014.

[4] 燕道成.群体性事件中的网络舆情研究[M].北京：新华出版社，2013.

[5] 李弼程，郇江兴，戴锋，等.网络舆情分析——理论、技术与应对策略[M].北京：国防工业出版社，2015.

[6] 王晰巍,邢云菲,赵丹,等.移动环境下网络舆情信息传播路径及传播规律研究[J].情报理论与实践,2016(09).
[7] 兰月新,曾润喜.突发事件网络舆情传播规律与预警阶段研究[J].情报杂志,2013 (05).

课题组单位:中共嘉兴市委党校
课题组负责人:张杰
课题组成员:彭世杰,白玉凯,戚红蕾
课题名称及编号:网络去中心化背景下基层政府网络舆情应对能力研究——以浙江省嘉兴地区基层政府为例(编号:2020N16)

浙江省“美丽村庄”促动“美丽经济”发展路径研究

[按语]万村景区化正在浙江大地上如火如荼地开展着。这是浙江后治水时代落实两山理论，实现生态文明建设和促进经济转型的重要举措。调研报告以浙江省景区村庄为调研对象，分析“美丽村庄”如何有效促动“美丽经济”，实现乡村振兴。报告首先介绍浙江省景区村庄发展背景。其次分析浙江省景区村庄发展现状，提出四种运营模式、七个存在问题。最后提出浙江省“美丽村庄”促动“美丽经济”路径，包括科学规划，精准设计美丽村庄；股份合作，景区和村庄融合发展；撬动资金，延伸农旅价值链；外引内培，强化乡村人才支撑；文化建村，重塑特色传统文化；协调各方，推进治理体系现代化。

一、引　言

如今在浙江大地上，万村景区化正在如火如荼开展着。浙江省各村庄景区化的创建，在省委、省政府的高度重视下，统筹谋划、典型引领、全力推进。景区村庄是以村庄、社区及其村民或居民生产、生活范围为核心，以自然景观、田园风光、建筑风貌、历史遗存、民俗文化、体验活动、特色产品等为主要吸引物，具有一定的公共服务设施及旅游配套服务的区域。景区村庄是全域旅游和美丽乡村建设结合的产物，其目的主要是在乡村振兴背景下，建设美丽乡村，乡村中不仅生态美丽、环境美丽、人文美丽，还需要经济美丽。将旅游产业引入农村，可以促进农民增收致富，全面推进农村一二三产融合，实现美丽乡村向美丽经济转型升级。景区村庄建设是浙江后治水时代落实两山理论，实现生态文明建设和促进经济转型发展的重要举措。

“美丽村庄”如何有效地根据各地区的资源禀赋、区位交通、客源市场，借力美丽乡村建设，激发村民的内生动力，引入专业力量，创新投资、营销和管理机制促动“美丽经济”，成为农村经济新的增长点，在农村经济结构战略性调整、增加农民收入、扩大农民就业等方面发挥重要作用，也为“三农”问题的解决提供了一条行之有效的路径。

二、浙江省景区村庄的发展背景

2003 年，时任浙江省委书记的习近平同志亲自调研、亲自部署、亲自推动“千万工程”，拉开了美丽浙江建设的帷幕。习近平同志在浙江工作时，每年都会亲自组织和出席全省“千村示范、万村整治”工作现场会。浙江省久久为功，扎实推进“千村示范、万村整治”工程，造就了万千美丽乡村，取得了显著成效，习近平总书记高度肯定浙江“千万工程”。

一件事情接着一件事情办，一年接着一年干，回顾浙江“千万工程”建设，从省级层面到各个市县，都践行着扎实推进、久久为功的真谛。浙江省始终按照总体规划目标，层层扎实推进，总体上来说景区村庄建设有四个阶段：示范引领期（2003—2007）、整体推进期（2008—2012）、深化提升期（2013—2015）和转型升级期（2016 至今）。2003—2007 年是示范引领期，主要推进道路硬化、卫生改厕、河沟清淤等。经过 5 年的努力，全省有 10303 个建制村进行了整治，1181 个建制村建设成为“全面小康建设示范村”。2008—2012 年是整体推进期，主要以畜禽粪便、化肥农药等面源污染整治和农房改造为重点，并制定实施“美丽乡村建设行动计划”，推动环境优势向经济优势转化。2013—2015 年是深化提升期，攻坚生活污水治理、垃圾分类、历史文化村落保护利用等。2016 年以来，是转型升级期，全力打造美丽乡村升级版。目前，浙江省正进一步实施“新千万工程”，推进万村景区化建设。景区村庄正是在美丽乡村建设转型升级时期，响应乡村振兴、全域旅游发展以及浙江“大花园”建设等的重大命题提出来的。浙江省作为全国唯一的省部共建乡村振兴示范省，十多年的“千村示范、万村整治”为村庄景区化建设和乡村经济结构转型打下了比较扎实的基础。预计到 2022 年累计建成 1 万个 A 级景区村庄，其中 3A 级景区村庄 1000 个，达到千村精品、万村景区。

三、浙江省景区村庄的发展现状

（一）浙江省景区村庄基本情况介绍

浙江省美丽乡村发展 15 年，乡村旅游必然成为“两山”转化的一个重要通道。乡村旅游是解决“三农”问题的重要抓手，对优化我国农业供给侧结构性改革有着重要的意义，更是契合党的十九大建设美丽中国、实施“乡村振兴战略”的生动实践。截至 2017 年底，浙江省共有 27000 个村庄完成了村庄整治建设工作。自 2017 年 6 月浙江启动“万村景区化”建设以来，浙江各地开展了 3A 级景区村庄评定工作，重点考察村庄自然和人文旅游、环境卫生、配套设施、管理服务、特色业态等各方面的发展水平。2017 年 11 月 16 日，在全省美丽乡村和农村精神文明建设现场会上，公布了浙江省首批 3A 级景区村庄名单，285 个村庄入列浙江省首批 3A 级景区村庄。2019 年 8 月，持续推进“万村景区化”建设，完成 2640 个 A 级景区村庄的认定，其中 3A 级景区村庄 465 个。

经过近两年的建设，浙江省第一批 3A 级景区村庄发展迅速，2018 年共接待游客 4759.5 万人，实现旅游经营总收入 566681.75 万元，带动农产品销售收入 105393.29 万元，实现旅游经营净收入 131298.9 万元，乡村旅游人均花费 133.57 元/人。截至 2018 年底，285 个村共有旅游从业人员 34271 人（见表 1）。

浙江省景区村庄的建设在省委、省政府的高度重视下，统筹谋划、全力推进，先后出台了《浙江省乡村旅游发展规划（2018—2025）》《浙江省 A 级景区村庄服务与管理指南》等指导景区村庄发展方向及管理细则。总的来说，景区村庄旅游发展的基础打得比较扎实，资金投入力度较大，旅游大项目进驻景区村庄。共享性配套设施建设，停车场、公共厕所、休闲设施等快速增加。深挖自然资源禀赋、农耕文化基础上打造一批特色的景区村庄。

积极探索运营机制，使运营机制更加多元化。涌现出安吉农家乐、德清洋家乐等乡村区域旅游品牌。

美丽乡村建设过程中，浙江省建立了以各级财政资金为主的投入机制，支持美丽乡村建设。2003—2018 年，生态保护和环境治理业累计投资 1548 亿元，2004—2018 年，年均增长 12.5%，环境治理成效显著。2017 年浙江省 27458 个村，每个村落的生态资本财政投入平均达到 623 万元。为生态资本打下坚实的存量基础。景区村庄在美丽乡村建设的基础上增加了配合旅游的公共服务、文旅项目、旅游导览、营销投入等。各景区村庄开始意识到是财政资金的支持为他们积累了丰富的生态资本，各景区村庄都在推动将生态资本转化为经济资本，旅游产品特色逐渐成形，示范效应逐渐凸显。

表 1　2018 年度全省首批 3A 级景区村庄旅游接待情况

序号	指　　标	浙江省(平均)
1	可接待游客床位数(张)	382.24
2	可接待游客餐位数(个)	1494.77
3	接待游客总人数(万人次)	16.70
4	接待过夜游客人数(人次)	27234.04
5	接待过夜游客人天数(人天)	46212.62
6	旅游经营总收入(千元)	19883.57
7	住宿收入(千元)	5163.82
8	餐饮收入(千元)	6602.57
9	产品销售收入(千元)	4410.07
10	其中，农产品销售收入(千元)	3698.01
11	景点门票收入(千元)	694.14
12	旅游经营净收入(千元)	4606.98
13	期末旅游业从业人员(人)	120.06
14	游客人均花费(元)	133.57
15	床位出租率(%)	22.59
16	平均床位价格(元)	359.52

(二)浙江省景区村庄的运行模式

为了实现美丽乡村的转型升级，优化美丽乡村的产业配置、土地配置、资金配置，在景区村庄与美丽村庄融合模式方面不断探索，对国有经济、民营资本、村集体经济、个体经济等多元化的投资发展格局，各景区村庄做出了不同的实践。

1. 个体经济主导型

个体经济主导型运营模式是以乡村旅游微型企业为主导，其表现出以农户或者多个家族性农户为单位向旅游者提供餐饮、住宿、农产品等特色乡村旅游服务。个体经济主导型运营模式主要是农民自主经营，相对独立，经营管理水平不够高。运营模式尽可能地保留了乡村原有文化，旅游者到景区村庄中更多地体验到乡村生活的真实性，乡村原有的文化得到传承。但是这种个体经济主导型的运营模式对农业生产供给和农村经济支撑功能相对弱化。

2. 集体经济主导型

集体经济主导型运营模式是通过农村集体经济组织自用及入股、联营等合法方式组建的乡村旅游运营服务载体。集体经济主导型运营模式由村集体统一管理，村民参与性强，投资主要靠集体经济，缺乏外来资本。此类运行模式的村庄一般都是文化休闲资源较为丰富，生态环境较为优越。具有一定的公平性，村民之间的利益冲突较少。集体统一管理，标准一致。该模式对区域农业生产供给和农村经济支撑功能较强。

3. 民营资本主导型

民营资本主导型模式是民营资本通过承包取得土地承包经营权，村集体依法采取转包、出租、互换、转让或者其他方式流转给民营经济组织投资、运营区域乡村旅游。民营资本负责景区中的所有投入和运营，村集体获得土地转包、出租等收益。该景区村庄运营模式中，村民的参与度不高，但一般采取该模式的村庄，其土地流转很高，一二三产业融合，村民可以就近从事其他工作。村民的收益不仅有土地流转的年租金，还有在村里就业后的工资。总体呈现集体经济富裕，村民富裕。该模式中村民很难从公共资源中获利，未来可能存在外来资本和农民之间矛盾加剧的问题。

4. 多元股份合营型

多元股份混合型，主要是外来投资者和当地村集体共同拥有多元股份合营型运营模式，该模式由外来投资者、当地农村社区居民和社区集体（或政府）共同拥有股份的股份制旅游企业，由企业独立进行乡村旅游开发和经营活动。多元股份合营型实现外来资本和集体经济的有机结合。结合的同时，为了扩大资本筹措渠道，创新性地引入农村中闲散资源的整合利用，实现小市场对接大市场。合营的同时既关注效益又关注公平。运营该模式需要有良好的生态景观资源和文化休闲资源禀赋，对区域农业生产供给和农村经济支撑功能强。该模式存在股份不能流通、股权比例的控制等难题。

（三）浙江省景区村庄存在问题

1. 景区村庄打造还不够景致精美

按照大花园、大景区的发展建设要求，离实现“田园变公园、农业区变风景区、美丽乡村变美丽经济”转变的全域发展目标还有距离。部分景区村庄在通村道路的绿化美化上面还不够细致，在村庄主游线以外的局部节点上还不够洁美，在村庄重要景观节点的打造上面与景致精美的要求还有距离。部分地区在开展农旅融合时只顾追求眼前的经济利益和发展效率，对自身特色和区位资源优势的推广利用不足，导致乡村出现很多整齐划一的旅游民宿、千篇一律的特色小镇、快速复制而成的现代化农业庄园。

2. 景区建设和村庄发展融合有待深化

景区与村庄的融合还不够紧密。景区村庄的建设过程中，还存在“搭便车”的现象，部分景区村庄依托其村域范围内的旅游景区或其他设施、村域范围内的农业庄园。同时对于景区内村民、景区外村民资源如何共享，村组和村集体关系，管理服务，推广问题尚未厘清。各景区村庄已初具“景区＋村庄”的空间格局，但实质上的融合发展仍需继续推进，与“景在村中，村在景中”的全域秀美发展格局还有差距。

3.农旅融合价值链仍需延伸

农旅融合都是以农业为中心进行的产业融合，是对农业产业链的延伸与拓展，这些新业态在发展过程中始终确保了农业的核心地位不动摇，保障了农民的基本利益不受侵犯。农旅融合延伸出的价值链条较短，产生的附加价值对地方经济的带动作用有限。从调研的数据可见，浙江省首批3A级景区村庄2018年农产品销售收入为105393.29万元，平均到每个景区村庄为36.98万元。纵观全省数据，最少的是舟山只有6.73万元，最多的是湖州达到3335.08万元。湖州作为“两山”理论发源地及积极践行地，农产品加工、农产品销售通过乡村旅游产业带动较为明显。农业与旅游业的融合层次不高、程度不深，导致融合后的产业优势没有得到充分发挥。

4.景区村庄市场导向不明确

景区村庄的市场化运行体制还没有完全建立，各级行政主管部门从指挥者向服务者的角色转变还不够彻底，导致部分景区村庄存在“等、靠、要”的现象，在村庄授牌以后，景区村庄建设进程反倒放缓，存在景区村庄后续管理面临无人问津、建设成果面临难以巩固的问题。根据调研，美丽乡村后期运营、维护经费每年在20万—50万元不等，景区村庄若不明确市场导向，积极推进乡村旅游，增加村集体及村民收入，未来美丽乡村的后期维护将给村民及村集体造成极大的负担。

5.各层次旅游人才严重不足

截至2018年底浙江省285个3A级景区村庄共有旅游从业人员34271人。但乡村旅游带头人缺失，对旅游有一定认识，且对景区村庄发展有思路、有方法、有目标的村庄发展带头人不足。由于旅游管理运营人才不足，乡村旅游的工作就业环境很难吸引到优秀的旅游专业人才。一线旅游从业人员缺乏，乡村旅游从业者主要以村民为主，未接受过系统的教育和培训，对旅游业的认识不足，在创新产品设计，实现规范化、标准化管理和打造特色旅游产品等方面均存在较大的难度。

6.景区村庄传统文化价值重塑面临考验

景区村庄的建设是对农业产业链的延伸与拓展，这些新业态在发展过程中始终确保了农业的核心地位不动摇，传统乡村文化不能变。部分村庄在进行建设时一味追求经济效益，引入旅游项目，脱离农业产业，致使乡村文化的表现形式、结构设置、载体等发生了巨大变化，传统乡村文化生存空间急剧缩小，乡村文化的引导教育功能逐渐弱化。

四、浙江省“美丽村庄”促动“美丽经济”路径建构

（一）科学规划，精准设计美丽村庄

科学规划是推进景区村庄建设的总纲。建设规划既要有景区村庄的风貌，更要有支撑与保持乡村活力的内容。第一，扎实做好前期调查。应突出掌握地理区位、人口现状、产业构成、道路交通、用地现状、建筑现状、公共服务设施、乡村环境等现实情况，并了解乡

村民众普遍关注并希望在规划中改进的问题。第二,坚持景区村庄规划的制定原则。依据资源禀赋对农村进行整体规划、分类建设,坚持当前发展与长远发展相结合,坚持个体规划与整体规划相衔接,坚持空间规划与产业规划相结合,坚持特色规划与基础规划相结合,坚持以人为中心的规划与以物为基础的规划相结合,严格规划管控、分期分批推进。

(二)股份合作,景区和村庄融合发展

将土地增值收益作为融合发展重要推动力。第一,对闲置房屋情况摸排上报。建立基本信息库,全面清产核资,建立农村宅基地租赁平台,加快城乡要素的双向流动。第二,在集体经营性建设用地折股量化到人、确权到户的基础上,积极发展多种形式股份合作。引导农民自愿将承包地、宅基地、闲置农房等资源入股组建股份公司,或入股经营主体投资的建设项目,成为股权投资人,参与分红。第三,引导、支持和鼓励企业参与建设。有序引导市场主体投资创业、农民有效增收,为吸引社会资本投资民宿产业提供政策支持。

(三)撬动资金,延伸农旅价值链

考虑以金融投入、工商资本、农民资金来建设景区村庄,延伸农旅价值链。第一,借助三类资金进一步实现"差异化"的产业发展。把农业与旅游、体育、健康、养生等产业相结合,打造集观赏、品尝、科教、生产、生态于一体的农业产业体系。第二,完善金融政策,强化产业扶持。设置考核指标和激励机制,加大政策性银行支农力度,鼓励商业银行扩展支农业务,从政策层面引导金融资本投入乡村产业。将乡村文化旅游业、农产品加工业等列入金融支持范围,促进景区村庄多元化发展。第三,工商资本"上山下乡",激活"绿水青山"。工商资本带动人力、财力、物力以及先进技术、理念、管理等进入农业农村,缩小城乡差距、促进城乡融合。推行村企结对制度,大力实施乡贤回归工程,倡议成立项目库和资金库。第四,盘活农民富余资金,推动发展农民合作组织等新型经营主体。打造"绿水青山"产地市场,以示范村庄为单位,线下沿国道、省道、县道、乡道等主要交通干线建设公路农民超市;线上利用各电商平台同步打造公路农民超市。

(四)外引内培,强化乡村人才支撑

景区村庄还是需要人来建设。第一,坚持把农民作为景区村庄建设主体。始终将农民利益放在核心位置上,围绕保护农民利益、增加农民收益来设计动员机制和建设机制。第二,积极培养景区村庄的过硬带头人。坚持"选育管用"并举,建立成体系的村支书培养、选拔、考核评价、激励机制。积极从致富能手、外出务工经商返乡人员等群体中选拔培养村支书,推动一批有产业、有能力、有思想的"能人书记"投身在景区村庄建设中。第三,积极打造农村优秀人才队伍。大力培育新型职业农民,加强农村专业人才队伍建设,嫁接与引入科技人才支撑作用,鼓励大学生农业创业,鼓励社会各界投身景区村庄建设。

(五)文化建村,重塑特色传统文化

把文化建设贯穿景区村庄建设始终,文化振兴才有活水之源泉。第一,确立乡村独有的文化内涵。除了优化呈现传统农业风貌,还要对各个村庄的文化留存进行挖掘与重新

定位，恢复建造村落传统文化中心。第二，提高农民文化综合素质。传承好传统文化素质，提高现代文明素养；提升科学专业技能，增强经济和商业意识。积极发展健康有益的现代大众文化，为村民营造现代生活氛围。第三，适度发展以乡村为主题的文化旅游产业。统筹布局，积极改善基础设施提升服务水平，推动经营特色化、管理规范化、产品品牌化、服务标准化。

（六）协调各方，推进治理体系现代化

坚定不移走群众路线，高效开展景区村庄建设。第一，加强推进各类建设力量集成。以农村基层党组合作为核心，推动自治德治法治相融合多主体，发挥村民的主体作用和乡贤的团结示范作用，健全专家智力支持的工作机制。第二，建立正确的乡村基层党群互动关系。进一步推动村务公开，以抓党建为龙头、为核心、为根本，积极建立起有序的干群关系。第三，推动乡村治理数字化。提升数字基础设施建设，推动智慧乡村试点，鼓励数字技术应用，推广数字村庄治理示范村。

五、结　语

浙江省各景区村庄依靠各自资源禀赋、区位交通、客源市场、城镇一体化等优势，建设有特色的景区村庄，也取得了一系列成果。调研深入分析了浙江省3A级景区村庄的现状，提出六条对策提升“美丽村庄”促动“美丽经济”，也为浙江省2640个景区村庄，以及浙江省27458个村中想要开展乡村旅游的村庄提供参考。但“两山”转化仅仅考虑农旅融合是不够的，仍需要进一步思考农旅融合、农工融合、农商融合协调发展的问题。

参考文献

[1] 浙江省A级景区村庄服务与管理指南[S]. 2017.
[2] 许雅文，方臻子，陈宁，等. 全力打造“千万工程”升级版[N]. 浙江日报，2019-3-7(001).

课题组单位：嘉兴学院
课题组负责人：苏海林
课题组成员：程秋萍，翁胜斌，陈炜栋
课题名称及编号：浙江省“美丽村庄”促动“美丽经济”发展路径研究——基于浙江省“景区村庄”的调研（编号：2020N19）

都市圈背景下劳动力流动区位选择的调查研究

[按语]《2019年新型城镇化建设重点任务》提出培育现代化都市圈，构建大中小城市和小城镇协调发展的城镇化空间格局，促进以人为核心的城镇化。城镇化过程中，劳动力大量流入城市，提高了城市发展活力。在少子老龄化背景下，各城市竞相出台人才新政抢夺优质人才。“抢人”政策出现负面溢出效应，劳动力流动减速，空间分布不均衡，外来劳动力市民化程度不高，劳动力技能与产业转型升级需求不匹配等问题突出。课题组通过调研劳动力流动区位选择的影响因素，分析劳动力流动趋势及存在的问题，建议优化都市圈规划建设、推动不同层级城市协同发展，推进调整宏观产业布局、实现区域协调发展，加快制度改革步伐、推动流动人口市民化，优化引才留人环境、引导劳动力合理流动以实现城镇化高质量发展。

一、都市圈背景下劳动力区域流动特征

(一)人口流动规模呈现下降趋势

我国流动人口规模在经历长期快速增长后开始进入调整期，未来流动人口规模可能进一步下降。1990—2010年是人口流动加速时期，年均增长约12%；2010—2015年增速下降至年均2%。此后流动人口规模从持续上升转为缓慢下降，2015年全国流动人口总量为2.47亿，比2014年下降约600万人；2016年全国流动人口规模比2015年减少171万人，2017年继续减少了82万人(见图1)。[①] 城镇化率上升速度也逐步放缓，2018年我国的城镇化率已达到59.58%。

(二)城镇化过程中“人户分离”现象严重

中国城镇化速度之快令世人称赞，但其“质量”也受到部分学者的质疑：我国的“人口城镇化”很大程度上是由流动人口推动的，存在城镇化率“虚高”现象。城镇人口统计包含在城镇居住超过半年的流动人口，但户籍制度未完全放开，大部分流动者的户籍并未随之改变。人口流动的主体可分为两类：户籍移民和非户籍移民(后者在统计上被称为“流动

① 数据来源：本文中流动人口统计数据来自《中国流动人口发展报告2018》，农民工统计数据来自《农民工监测调查报告2018》，其他人口数据来自历年《中国统计年鉴》。

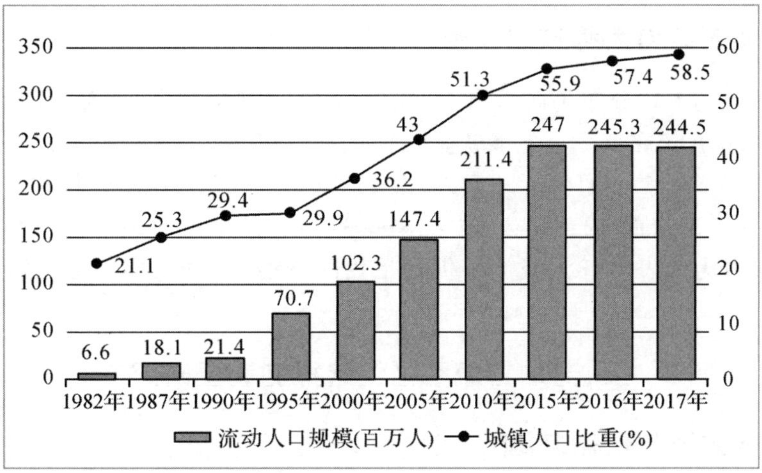

图1　1982—2017年全国流动人口规模(单位:百万人,%)

人口")。2000年我国人户分离人口为1.44亿,2010年上升至2.61亿,到2017年已高达2.91亿人。

(三)区域流动总体趋势为内陆向沿海流动

"六普"数据显示,东部地区是我国最大的人口净迁入地带,而中西部是我国最大的人口净迁出地带,我国人口迁移的总体趋势是从内陆向沿海流动。根据2018年农民工监测数据,东部地区流出量为10410万人,但流入量为15808万人,占农民工总量的54.82%;中部、西部、东北地区均为净流出,占比分别为20.98%、20.78%、3.14%,流动人口向东部地区集聚。

(四)劳动力出现向中西部回流趋势

随着劳动密集型、资源密集型产业向中西部地区转移,中西部地区非农就业机会上升且具有低劳动成本优势,近年来劳动力市场出现由沿海向内陆回流的新格局。2018年在东部地区就业的农民工15808万人,比上年减少185万人,下降1.2%;在东北地区就业的农民工905万人,比上年减少9万人,下降1.0%;在中、西部地区就业的农民工分别比上年增加139万人、239万人,增长2.4%、4.2%。

(五)老年和儿童流动人口增加

流动人口举家迁移、长期居留趋势明显,随之带来流动老年人口和流动儿童的增加。如何妥善安置老年和儿童流动人口,保障养老、医疗、教育服务亦是城市吸引劳动力流入需要关注的问题。老年流动人口规模从2000年的503万人增加至2015年的1304万人,年均增长6.6%。流动儿童2000—2010年继续快速增加,2010年增加至3581万人,增幅高达40%以上,全国儿童中流动儿童的占比上升至12.8%。2015年流动儿童规模较2010年下降了155万人,降幅为4%,但全国儿童中流动儿童的占比基本保持不变。

(六)流动人口向大都市圈集聚

目前中国流动人口分布仍向沿海、沿江集中,新兴都市圈、中西部中心城市成为新的人口聚集区。2018 年在京津冀地区就业的农民工 2188 万人,占 7.59%;长三角地区 5452 万人,占 18.91%;珠三角地区 4536 万人,占 15.72%。三大都市圈吸收的农民工超过 1.2 亿,占全国农民工总量的 42.22%。在未来一段时期,以珠三角、长三角、京津冀、长江中游和成渝城市群为代表的五大城市群仍将是我国流动人口的主要集聚区和城镇化的主战场。

二、劳动力流动区位选择的调查研究

(一)调研方法与数据来源

课题组于 2019 年 7 月至 9 月在上海、杭州、宁波等长三角主要城市以问卷调查和访谈结合的方法开展了调研。选取城市为长三角区域经济发达城市,开放程度较高,外来人口多,具有代表性。采用随机抽样的方法进行问卷调查,共收回有效问卷 1765 份,下文的分析数据均来自本次调研。

(二)劳动力流动主体特征的描述性统计

1. 个人基本特征

从性别看,样本男、女比例分别为 53%、47%。从年龄结构看,受访者以年轻人为主,18—30 岁占 64%,31—40 岁占 21%,41—50 岁占 7%。从受教育程度看,硕/博士研究生、本科、大专、高中及以下学历分别占 5%、68%、15%、11%。为保证分析结果的可靠性,对劳动市场的分析剔除学生、退休人士和无业者,仅考虑居住在城市的工作人士,称为劳动力;对城市选择的影响因素、城市满意度、人才补贴政策等内容的分析包含了全部样本,称为受访者。进一步剔除本地样本,将生源地为外地的受访者称为外来人口,将生源地为外地的劳动力称为外来劳动力。最后获得调研总样本 1765 个,其中外来人口样本 1398 个,外来劳动力样本 540 个。外来劳动力中男性占 76%;年龄以 31—40 岁为主,占 48%;18—25 岁、26—30 岁、41—50 岁、51—60 岁年龄段分别占 9%、16%、18%、9%;学历以大专、本科为主,分别占 33%和 39%,高中及以下占 19%,硕/博士研究生占 9%;已婚占 79%,未婚占 20%,离异或丧偶占 1%。

2. 迁移特征描述

一是劳动力迁移以近距离迁移为主。省内迁移占 66%,跨省迁移占 34%。长三角城市来自东、中、西部和东北地区的外来劳动力分别占 39%、36%、21%、4%。二是外来劳动力在城市呈现长期居留趋势。5 年以上的居留者占 66%,每年在城市居住时间超过 10 个月的外来劳动力占 85%。三是举家迁移是主要的迁移方式。已婚的外来劳动力中,65%在同一城市工作,22%在同一城市居住但无工作;异地居住工作占 11%,异地居住无工作占 2%。

(三)劳动力流动区位选择的影响因素

1. 经济收入因素

大多数的劳动力迁移以提高经济收入为目的。大部分劳动力认为通过迁移能够在城市获得更高的收入,仅15%的外来劳动力认为在家乡从事同类工作收入可能更高。但高收入通常伴随高物价,城市房价和生活成本过高也会造成城市人才流失。44%的外来劳动力认为城市房价高得难以接受,46%认为偏高但可以接受,6%认为房价合理,仅3%认为房价偏低,1%表示并不了解。

2. 劳动市场因素

工作类型方面,外来劳动力就业分布以私有企业为主,占比48%。受教育程度与职业类型密切相关,70%以上的体力劳动力者为高中及以下学历,而政府及国家工作人员、国有企业员工、医教人员等单位从业人员大多拥有本科及以上学历。

社会保障方面,城市的社会保障相对比较完善,外来劳动力中68%的人对社会保障表示满意。外来劳动力中享有养老保险、医疗保险的比例为87%,工伤保险为83%,失业保险为79%,生育保险为77%,公积金为44%,无任何社会保险的仅占9%。

工资不够高、社会保障不够好、工作时间长、未按照法定节假日休假是劳动力对就业不满意的主要因素(见图2)。除提高经济收入外,完善社会保障、提高劳动者福利、保障休假权、增加培训机会等举措亦是改善劳动市场以吸引劳动力的途径。

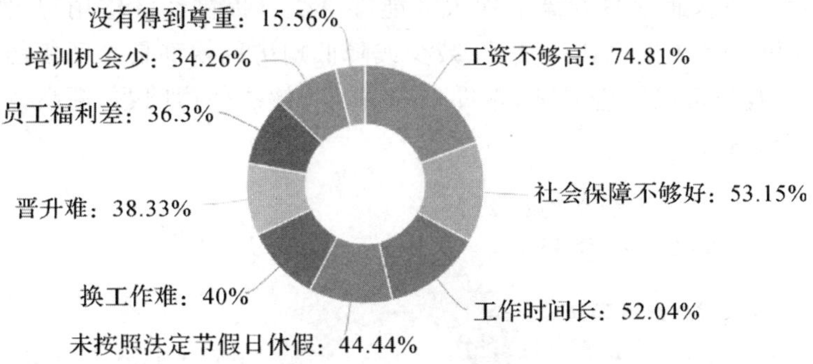

图2 劳动力对就业不满意情况汇总

3. 城市建设因素

城市建设包括医院、公园等基础设施建设、公共交通及高等教育等。77%的外来劳动力对城市公共交通表示满意。但城市越发达,外来人口流入过多,也可能带来教育、医疗、基础设施等方面的压力。沿海城市经济实力强,城市建设相对更有优势。针对在校生的调研表明,31%的学生毕业后更愿意去沿海地区省会城市,一线城市占23%,沿海发达非省会城市占27%,内陆发达城市占12%,县城、农村占比分别为5%、2%。在校生是未来居留城市工作的主力军,48%的学生表示愿意居留所在城市就业。

4. 社会环境因素

外来劳动力以居住出租房为主。在城市已购住房或者在父母购买或自建的住房居住占36%,私人出租房占49%,政府廉租房占4%,集体宿舍和工作场所占10%,其他场所占 1%。关于当地人是否有歧视外来劳动者的现象，37%的外来劳动力认为比较多，2%认为非常多。关于在城市居住的心理感受，超过半数认为自己是外地人或既是城市人又是外地人。外地劳动力在城市居住作为市民身份的心理认同感不够强。

5. 户籍制度因素

受访的外来劳动力中以非户籍迁移为主，41%的外来劳动力已在城市落户，59%的外来劳动力户口仍在原籍。原籍的户口类型属普通农村的占 67%；属普通城镇和县级城市的占 30%；属省内(或直辖市内)中心城市的占 3%。目前的户籍制度虽有放松，但并未完全放开。29%的外来劳动力认为能落户是促使其居留城市的原因之一；43%的外来劳动力认为不能落户是造成城市人才流失的原因之一。

6. 其他政策因素

近年来城市争相出台吸引人才的政策，包括放松落户条件，提供学历、住房补贴，提供人才房等多项措施，形成"抢人大战"局面。调研发现，43%的受访者知道所在城市有人才补贴政策，对人才补贴的了解程度为：非常清楚占 9%，比较了解占 33%，有点了解占 47%，完全不了解占 11%。多数受访者认为人才补贴政策具有吸引力，仅 12%表示完全不吸引。但吸引力有多大跟人才补贴力度有关，调研发现只有 23%的受访者认为有人才补贴是吸引其居留城市的影响因素。

政策内容方面，购房补贴对人才的吸引力最大，其次是创业补贴、学历补贴、宽松落户政策、生活补贴、租房补贴、税收补贴与贷款优惠政策(见图 3)。购房补贴通常数额较大，但政府财政预算有限，通常只有高层次人才能够享受。提供经济适用房、发放住房补贴、提供廉租房、提供无息或低息住房贷款、减少或降低购房税款都是受到普遍认可的解决住房问题的措施。政府可以多管齐下，帮助外来劳动力解决住房问题，提高劳动力在城市居住的满意度和归属感。

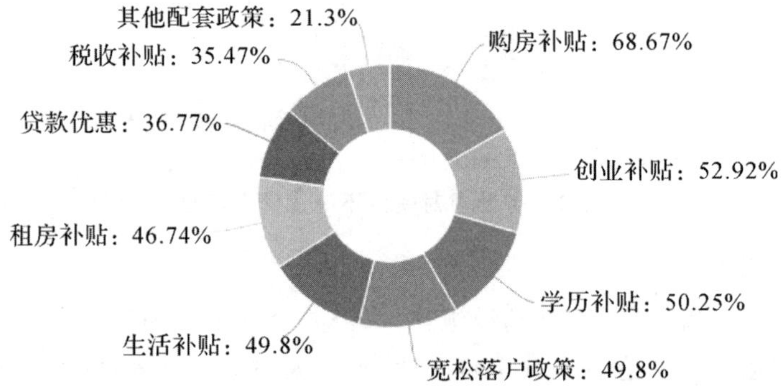

图 3 不同类型人才补贴政策对劳动者的吸引力

(四)基于"推—拉"理论对劳动力流动影响因素的分析

1. 城市吸引劳动力流入的"拉力"因素

"推—拉"理论认为人口迁移是由迁移地的"推力"和迁入地的"拉力"共同作用的结果。迁入地那些有利于生活条件改善的正面因素是吸引人口流入的"拉力"。迁出地那些不利的社会经济发展条件是促使原居民向外迁出的"推力"。"拉力"因素见图 4 所示，经济发达、就业机会多、工资水平、城市发展前景、高等教育水平都与一个城市的经济发展程度有关。因此城市吸引人才流入最关键的还是提升自身经济发展水平与产业竞争力，才能从根本上提升对劳动力的需求和待遇以留住人才。

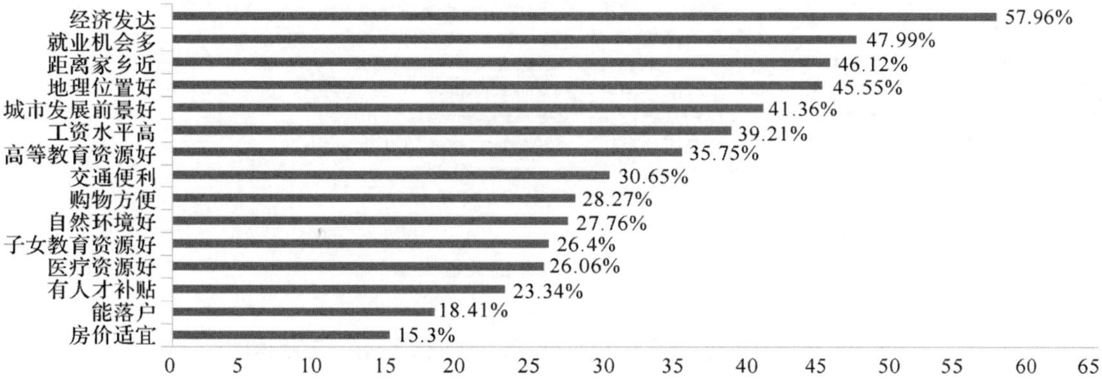

图 4 城市吸引劳动者的“拉力”因素

2. 城市发生劳动力外流的“推力”因素

“推力”因素如图 5 所示，其中房价太高、竞争压力大、生活成本高是出现劳动者逃离北上广深等一线城市的主要原因。经济落后城市的工资水平低、工作机会少、地理位置不佳是“推力”因素，但特大城市房价太高、生活成本高、人口数量过多、交通拥堵也会产生“推力”因素。未来都市圈规划中需要兼顾区域人口密度，引导人口合理流动，缓解特大城市的人口压力。

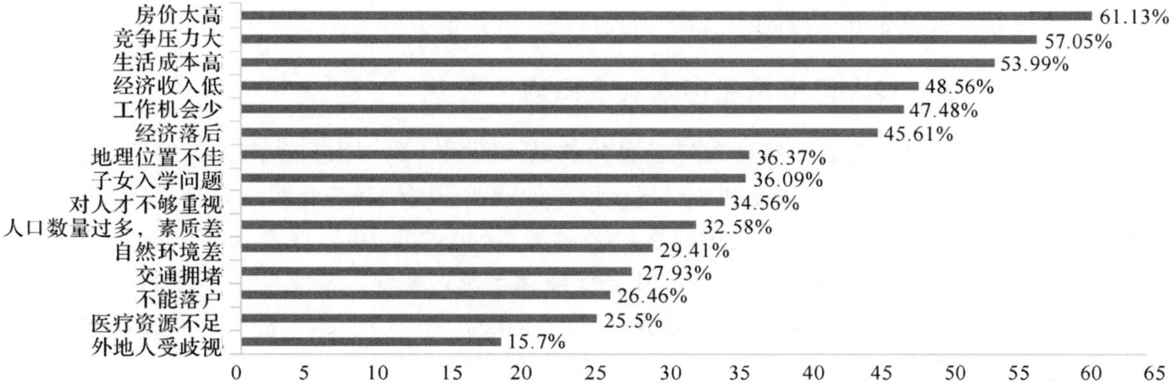

图 5 导致城市劳动者外流的“推力”因素

3. 城市吸引人才的五大关键因素

课题组邀请受访者选择“城市吸引人才”的五个关键因素，结果表明：城市经济发展、事业发展机会、人才引进政策、社会保障体系、基础设施建设是城市提高竞争力的五个最关键因素（见图 6）。

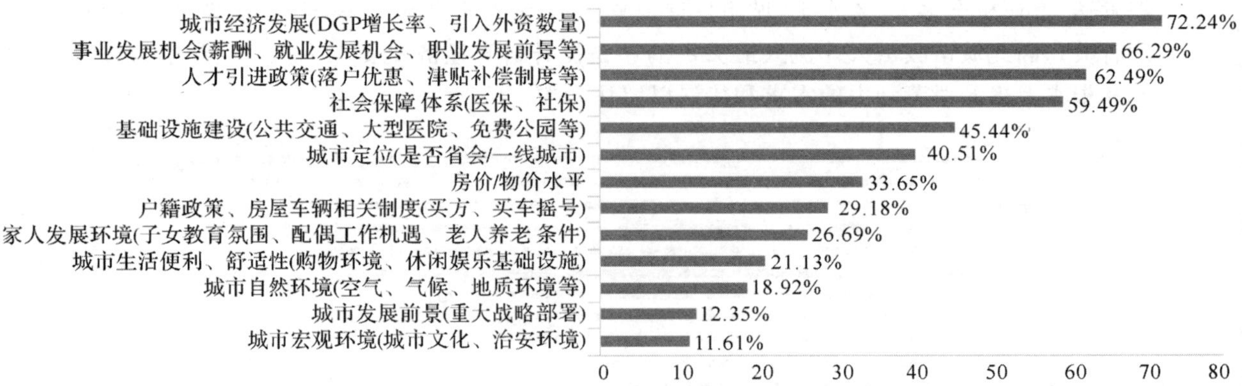

图6 城市吸引人才的关键因素

三、新型城镇化背景下劳动力流动存在的主要问题

(一)劳动力流动方向与城镇化空间布局规划不一致

一是区域之间劳动力流动分布不均衡,导致经济发展不平衡的加剧及其引发的民生问题。内陆向沿海大规模的人口流动导致内陆人才流失,不利于当地经济发展甚至引发贫困。农村人口空心化,留守儿童和空巢老人缺少关爱,有违社会发展的宗旨。二是城市之间劳动力流动分布不均衡,不利于资源的优化配置。大城市“人口超载”,出现住房拥挤、环境恶化等“城市病”。中小城市留人困难,导致产业升级和经济增长乏力。三是小城镇解决就近就业能力有待进一步提高。乡内就近就业的农民工仅占四成,离乡外出比例高。我国乡镇数近4万,对解决农业转移人口就近就业潜力巨大。

(二)农业转移人口市民化存在制度阻碍

一是户籍制度成为农业转移人口市民化的最大阻碍。我国人户分离人口约2.9亿,外来人口不能落户,就不能享受和城市居民同等的就业、社保、教育和医疗等待遇,无法真正实现市民化。二是社会保障制度存在城乡差异、区域差异,社会保障水平职业差异较大。基于户籍制度的区域、城乡分割的社会保障体系弊端明显。三是劳动市场制度不健全。工资水平、福利待遇“编制”内外差异,同工不同酬,工作时间长,未按法定节假日休假等问题依然存在。

(三)劳动力流动与城市产业发展需求不匹配

一是劳动力流动减速且存在盲目性,未能跟上产业转移趋势,导致“招工难”与失业并存。劳动密集型和资源密集型产业出现向内陆地区、小城市、城镇转移趋势,但农民工的流动相对滞后。二是政府对劳动力培训不足,劳动力技能与企业创新转型升级的需要不匹配。部分传统行业劳动力在城市转型升级中被淘汰,而新兴行业劳动力缺口较大。三是劳动力市场的信息不充分,对劳动力流动的官方指导不足,导致劳动力供需不匹配,加剧摩擦性失业,存在交易成本上升和劳动力资源浪费的现象。

(四)流动人口的城市生活质量有待提高

一是流动人口住房环境有待提高,外来劳动力住所以出租房为主,农民工的人居环境有待改善,特别是政府提供的保障性住房供不应求。二是教育、医疗等公共服务不健全。未落户的外来劳动力无法享受与市民同等的教育资源和医疗保障,使其产生“被排外”的心理落差。三是缺乏对流动人口精神生活的人文关怀。外来劳动者在城市难以获得归属感,无法真正融入城市生活,部分流动人口甚至被边缘化,影响社会安定。

(五)“抢人大战”出现负面溢出效应

一是人才政策过于同质化,“抢人”效益下降,且政策不断升级变化,也会诱发对政府的信任危机。二是部分城市突破原有的住房限购政策给予人才的购房优惠,与城市房地产调控政策存在冲突。三是人才政策加重财政负担,可持续性堪忧。城市间经济收入本就有差异,一旦城市财力无法支持,反而可能陷入人才外流的被动局面。四是“抢人大战”后期配套政策不足。目前各城市重在“抢人”,而缺乏人才引入后激励人才发展的配套政策。

四、都市圈背景下引导劳动力合理流动的对策建议

(一)优化都市圈规划建设,推动不同层级城市协调发展

一是加快都市圈内城际高铁、轨道交通等基础设施建设,构建中心城市向外辐射的“1小时通勤圈”,发挥中心城市对周边中小城市的辐射作用,促进区域协同发展。合理疏解中心城区非核心功能,推动产业和人口的合理扩散,防治“大城市病”。二是都市圈内城市间要实现市场统一开放、公共服务共建共享,统筹规划、合理布局、分工协作,提升都市圈整体经济实力和公共服务水平。三是都市圈内部城市要实现差异化发展战略,发挥自身区位优势和产业特色优势,功能互补,避免同质化竞争,要增加对不同领域专业人才的吸引力。

(二)推进沿海与内陆合作,实现区域经济协调发展

一是加强沿海与内陆的产业合作,借助长江经济带战略契机,推动部分产业由东向西雁阵转移,促进内陆地区产业集群化发展,调整优化全国范围内的城市群格局。二是加强沿海和内陆的经贸合作,提高内陆地区开放程度,改善内陆城市投资和生态环境,提升公共服务品质及效率,积极承接国际和沿海产业转移,促进区域经济协同发展。三是加强沿海与内陆的教育合作,通过网络资源共享、合作办学、招生协作等形式支持中西部教育发展,推进企业面向中西部地区的订单式人才培养,从源头上解决人才稀缺问题。

(三)加快制度改革步伐,推进公共服务均等化

一是继续深化户籍制度改革,逐渐去除人口流动的体制性障碍,落实公民自由迁徙的权利,消除城乡和城市内部的二元结构,充分发挥市场资源优化配置机制。二是推进“互

联网+”政务服务建设，打破异地限制，深化“最多跑一次”改革，逐步实现医疗、养老、就业保障的全国、城乡一体化，最大限度保证劳动力的自由流动。三是逐渐淡化户籍制度的附着权益，实施“居住证制度”，扩大居住证持有者享受公共服务的权利。

(四)加快基础设施建设，改善城市人居环境

一是加快城市基础设施建设，完善交通、通信网络和生活服务设施，提升互联网和物联网建设水平，健全市政公用设施建设，缩小大中小城市硬件上的差距。二是通过加大经济适用房与廉租房的供给力度，通过劳动力个人、房地产开发商、政府三方协调、共同分担机制，将房地产调控政策和人才引入政策有机结合，从购房租房政策上向外来劳动力倾斜，改善外来人口居住环境。三是增加面向外来人口随迁子女学校的供给，提高农民工子女学校的教育服务水平，解决外来劳动力的“后顾之忧”。四是提供面向流动人口开放的文化活动设施和场所，增强城市文化包容性，以提高外来劳动力在城市生活的幸福感。

(五)营造良性引才留人环境，提高城市核心竞争力

一是完善城市引才引智政策，因城施策，精准引进人才。结合城市产业发展特点，把产业规划和人才引进规划匹配起来，做到人才规模、质量、结构与城市经济社会发展相适应。二是营造好的人才环境，让人才能从市场经济中获得回报。创造适合人才发展的工作、生活、交往环境，持续改善营商环境和政府服务，增强人才对城市的归属感、亲近感。三是加大面向智力成果、创新成果的奖励力度和覆盖面，激发人才创新意识和创造力，充分发挥人力资本对城市发展的作用。四是培育和壮大城市优势产业，提高城市核心竞争力。扩大城市开放力度，鼓励企业创新升级，增强对优势产业的培育和支持，提升核心竞争力以吸引优秀企业和人才集聚。

参考文献

[1] 张亚丽，方齐云.城市舒适度对劳动力流动的影响[J].中国人口·资源与环境，2019，29(3)：118-125.

[2] 杨亚勤.城镇化新格局下农民工就业流动问题研究[D].太原：山西大学，2016.

[3] 周子浩，古恒宇，沈体雁.中国沿海与内陆地区城市迁入人口影响因素研究[J].经济体制改革，2019，215(02)：64-69.

课题组单位：宁波财经学院

课题组负责人：王晓庆

课题组成员：田荣富，王少英，励利，钟冰平

课题名称及编号：《都市圈背景下劳动力流动区位选择的调查研究》(编号：2020N29)

浙江省农创客创业绩效与政策支持体系优化研究

[按语]农创客作为一个崭新的创业创新群体，在推动“三农”事业高质量发展上发挥了重要作用，正在成为推动乡村振兴的生力军与破解乡村振兴人才“瓶颈”的重要一环。但目前浙江省农创客发展总体还处于起步阶段，各地存在着培育发展工作不平衡等问题。为此，加快农创客的培育发展显得尤为紧迫而重要。通过对绍兴、衢州、金华等地168名农创客的抽样调查，发现60.7%和56.4%的农创客营业收入和净利润较上一年度有增长；47.9%的农创客对当地创业政策了解程度一般，有83.6%的农创客得到了政府的政策支持，获得过创业培训的农创客最多，占比65%；支持政策供给与农创客主体需求存在一定的错位现象。

一、农创客群体特征与创业现状

（一）研究背景

党的十九大提出实施乡村振兴战略，其中的一项重要内容就是培养造就一支懂农业、爱农村、爱农民的“三农”工作队伍。“农创客”概念在浙江的兴起，始于2015年，指的是年龄在45周岁以下，有创意理念、创新精神、创业热情的投身现代农业创业的大学（大专）毕业生或在校大学生，且在农业技术、模式、营销、产品等方面有创新突破。农创客以高学历投身农业，用新思维从事农业，具有谋略决策、沟通协调、组织指挥和创新创造能力，能够带动农民提升农业、培育职业农民，引领农业转型升级，已成为新时代乡村振兴的生力军。2018年，浙江省出台《关于加快农创客培育发展的意见》，提出在未来5年内，建立起一支3000人左右、涵盖农业主要产业、创新引领作用突出的农创客队伍，并鼓励各地打造农创客产业园、创新园、众创空间等平台，以促进小农户与现代农业发展的有机衔接。

农创客给浙江“三农”发展带来了新的能量和活力，不仅影响和改变农村传统的生产方式，带动农民跟养跟种，也让更多农民分享二、三产业的利润，在提高农业效益和竞争力、助推农业高质量发展和乡村振兴战略实施中，带领农民走上增收致富路，发挥着生力军作用。但目前浙江“农创客”发展总体还处于起步阶段，队伍规模还不大，缺技术、缺经验、缺支持等问题还比较突出，与乡村人才振兴的要求相比，还存在不小差距，与乡村振兴和农业绿色发展的要求还不相适应。同时，相关针对性的政策较少，各地存在着培育发展工作不平衡的问题。为此，加快农创客的培育发展显得尤为紧迫而重要。

(二)农创客的群体特征

1.农创客以男性为主,党员与村干部比例较高

农创客以男性为主,占74.29%,平均年龄35.4岁,主要集中于30—39岁之间,占总数的52.86%,同时农创客呈现逐步年轻化趋势,年龄在20—29岁的占到21.43%;受教育程度以大专和本科为主;农创客中是中共党员的比例达到30.94%,高于一般的农业生产经营主体,民主党派也有2.88%的占比。农创客中担任村干部的比例为13.57%,一定比例的农创客成为中共党员、担任村干部表明这个群体已日益成为乡村振兴事业发展的生力军。从农创客的风险来看,与预期不太一致的是中间型农创客占比为56.43%,而冒险型的仅占16.43%。

2.农创客呈现一定程度的家庭创业传承

农创客的父亲受教育程度以小学和高中(中专)及以上的水平为主,两个阶段占比均为35.00%,农创客的母亲受教育程度为小学及以下的比例较高,达到47.86%,而初中及高中阶段的比例较少,分别为27.86%、24.29%。农创客的父亲外出创业人数占总数的57.14%,创业领域主要集中在特色种养殖业(占比32.91%)和经商(占比27.85%)等。农创客的母亲创业的比例为37.86%,其创业领域主要集中在以下几类:加工业(占比26.92%)、运输业(占比32.69%)和农村旅游业(占比25%)等。上述结果表明农创客的父母外出经商比率相对较高,这对农创客的创业选择起到了一定影响,且其创业领域与农创客所从事领域存在一定程度的一致性,存在子承父业、子承母业的现象。

(三)农创客的创业现状

1.农创客多处于初创期或者成长期

多数农创客创业时间较短,2014年之后创业的占比57.55%,创业时间在6—10年的占比24.46%。农创客创业阶段在成长期的占40.44%,初创期的占37.50%,而成熟期的仅占12.50%,说明大多数农创客创业处于成长期与初创期,这一时期更需要政府提供更多的创业支持以促进其发展。超过50%的农创客创业动机源于自我发展需要,为了解决生活问题和证明自己能力的农创客占比在10%—20%左右。根据马斯洛需求原理,农创客创业动机多是出于尊重需求或自我实现需求,需求层次较高,这也在一定程度上符合农创客群体特征。

2.农创客创业领域集中,以个体创业为主,家人支持度高

农创客创业领域主要集中于特色种植养殖业,其占比为64.29%,其次是农产品加工业,占比为12.86%。结合创业区域分析,多数农创客在本村进行创业。农创客个体创业和团队创业的占比分别为56.43%和43.57%,表明农创客的创业形式以个体创业为主,即使是团队创业,其团队成员中也主要以家人为主,这可能使得农创客创业力量较为单一,创业技能的组合性一般,在创业资源集聚、创业能力互补上存在先天性的不足。家人对农创客创业的支持度较高,数据反映96.4%的家人都选择正向的支持。

3.农创客资金来源渠道单一,以自有资金为主

农创客创业资金的主要来源都是以自有资金为主,以银行贷款为辅。以自有资金为主占样本的89.60%,是绝大多数农创客创业资金的来源渠道;以银行贷款为主的占

17%。这一方面表明农创客创业选择受其家庭的影响,同时以其父母创业积累的初始资金投入为主,使得其创业启动资金压力较小。但从后续的资金投入需要来看,由于农业生产经营具有“投资大,周期长”的特点,农创客仍然面临着一定程度的融资需求与融资压力。在支持农创客创业政策的选择中,融资支持仍应该是其中一个重要选项。

二、农创客创业绩效现状与特征

(一)农创客创业客观绩效

1.营业收入和净利润稳步增长

通过对客观绩效中的营业收入和客观绩效的净利润这两方面分析可得,农创客的营业收入与上一年度相比,处于持平状态的占比22.9%,实现营业收入增长的占比60.7%,营业收入处于降低状态的比例为5.0%。净利润与上一年相比,处于增长0—15%状态比率占总量的35.7%,处于增长15%以上的比例为20.7%,降低的比率占总量的12%,持平的比率占总量的25.7%。可见大多数的农创客的营业收入、净利润与上一年度相比基本都呈现增长的趋势,增长的比例都超过了一半。这表明多数农创客创业绩效良好,创业收入稳步增长。

2.投资收益率与资产回报率较为稳定

农创客在创业过程中以今年与上一年度相比,投资收益率很高的占比为2.1%,较高占12.1%,一般占总体的56.4%,较低占比15%,很低的占5%。同样的,资产回报率很高的仅占2.9%,较高占9.3%,一般占57.1%,较低占总体的15%,很低占7.1%。由此可见,投资收益率与资产回报率很高或很低的农创客很少,大多数农创客的投资收益率与资产回报率一般,且高低所占比例差距明显。一方面分别有60.9%和56.4%的农创客表示与上一个年度相比,当年度的营业收入和净利润有一定的增加,与之相反的则是仅有14.2%和12.2%的农创客认为投资收益率和资产回报率较高或很高。这说明农创客在创业过程中还有很多需要完善和改进的地方,在创业过程中还需要当地政府提供更多的帮助,比如技术、人才、资金、客源等等。

3.农创客创业客观绩效存在群体差异

从农创客个体特征与客观绩效的交叉分析来看,女性、是党员、担任村干部的农创客,无论营业收入还是净收润的增长均要好于男性、不是党员和非担任村干部的农创客。从其父母受教育程度和是否创业与农创客客观绩效的比较来看,一般来说父母受教育程度越高、父亲或者母亲创业的农创业的客观绩效相对较好。从创业特征与客观绩效的交互来看,创业时间越长、进入成熟期、以团队创业为主的农创客的营业收入和净利润的增长要好于创业时间短、处于成长期和以个体创业为主的农创客。

(二)农创客创业主观绩效

1.农创客对自己创业评价以正向为主

认为自己创业很不成功的农创客占比为总量的1.4%,不成功的农创客占比为总量的17.1%,说不清楚的占比为37.9%,比较成功的占比39.3%,很成功的占比0.7%。看数据可得,农创客的主观绩效测评多处于中间段,两端包括很不成功与很成功的比率都是较低的,有 39.3%的农创客的经营状况已经比较完善稳定,认为其企业处于良好发展的轨道上。也有相当部分农创客认为,农业生产经营是一个周期长的事业,从短时间来看很难说出其具体的成功度。

2. 农创客主观创业绩效存在一定群体差异

从对当前创业现状的主观评价来看,男性农创客较女性而言更加乐观,正向评价的比例稍高,教育程度越高、相对年轻、学历层次越高、是党员和担任村干部的农创客,认为自己创业比较成功和很成功的比例明显较高。父母创业的农创客主观创业绩效的评价也高于父母未创业者,其内在原因可能是他们拥有父母亲传授的创业经验、创业资金以及一定的创业技术,在一定程度上得到了创业的先发优势。

三、农创客创业政策认知、获得与需求

(一)农创客创业政策认知

1. 创业支持政策了解程度有待进一步提升

有 16.9%的农创客不太了解或者完全不了解相关的创业支持政策,仅有 32.9%的农创客表示对创业支持政策非常了解或比较了解。这说明创业政策出台以后,对政策的宣传,对政策的入企、入户力度不够,导致政策的实际效能发挥不足。从调查来看,仍有 10.5%的农创客对政府宣传创业政策的形式和力度不太满意或很不满意。

2. 对创业政策的了解程度存在明显差异

在具体的分类政策中,了解程度最高的是创业培训方面的支持政策,而了解程度相对较低的则是创业园区、简化手续以及资金奖励等方面的政策信息。这其中固然有农创客自身的原因,但政策宣传的力度差异、效度差异仍然是主因。

3. 农创客获取支持政策信息的途径带有一定的指向性

从农创客了解政府相关支持政策的途径来看,主要集中于镇、村干部的告之以及手机短信、微信等,这意味着对于普通农创客来讲,需要与镇、村干部有一定的经常性联系,或者要加入相应的社会交往圈中。限制了其他农创客获得支持政策信息的机会,这一点从农创客个体特征与政策了解程度的交互分析也能看出,农创客是党员的、担任村干部的对创业支持政策的了解程度明显较高。

(二)农创客创业政策获得

1. 获得政策支持总体情况良好

从调查数据来看,83.6%的农创客都得到了政府的支持,仅有 15.7%的农创客未曾受到政府的支持,可见政府对农创客的政策支持还是具有相对的普遍性。从农创客获得政策支持的具体内容来看,获得最多支持的政策内容为创业培训,样本中有 65%的农创客获得过此类支持,其次是获得税收减免,占比为 37.1%,获得创业项目支持的占比为 24.3%,排名第三。但是在农创客较为关心的例如信贷支持、用地优惠等方面,享受到的农创客还是较少的,表明对这些创业政策的支持仍有改进的空间。从农创客获得政策支持的项目来看,所有农创客平均获得 2.37 项政策支持,其中没有获得政府支持的农创客占

总人数的16.4%,仅获得1项政策支持的占25%,获得2项政策支持的农创客占21.4%,获得3项政策支持的占22.1%,获得4项政策支持的占11.4%,获得6项、7项政策支持的农创客合计占14%。这说明在农创客中获得政策支持的情况并不均衡,同时农创客获得政策支持也具有一定的复合性,其对政策支持的需求具有多样化,使得在支持政策供给中要充分考虑支持政策的组合性,可以通过出台相应的政策包来满足农创客的多样化需求。

2.政策获得难易程度不一

从对农创客创业政策获得难易程度评价的分析数据可知,农创客从多种渠道获取创业所需资源的难易程度一般的占比50.7%,较难和较容易也分别占了22.1%和20.7%,非常难和非常容易的占比很少。或许是因为受农创客的是否受过培训以及是否与政府人员存在联系的影响,使得其获得创业所需资源的途径少且难度较大。对于农创客从金融机构获取所需资金难易程度来说,难度为一般的占45.7%,较难的占比30.0%,容易的占比仅有16.4%,由此可知对农创客融资需求来讲,仍然存在一定程度的融资难、融资贵和融资慢的问题。农创客从竞争者手中获取相关信息资源的难度为一般的占比51.4%,较难占比19.3%,非常难占比8.6%,较容易占比17.9%,非常容易占比仅有2.1%。针对此类情况,政府应该提供资源共享平台,规范竞争规则以便更好地推进信息共享与信息交流。农创客从政府部门获取政策支持的难度为非常难的占比3.6%,较难的占12.9%,一般占62.9%,较容易占17.9%,非常容易仅占2.1%,从农创客获得政策支持非常容易和非常困难的占比相比来看,农创客很难从政府部门获得政策支持,说明了政府对于农创客创业方面实施的政策支持仍需进一步改进。

(三)农创客创业政策需求

1.农创客创业政策的主体需求情况

从农创客所需政策支持重要程度排名分析可得,在重要性排名第一的统计中,提供用地优惠占比为总量的35%,提供创业项目占比为总量的25%,提供信贷扶持占比为14.3%,提供税收减免占比为8.6%。在政策重要性排名第二的统计中,提供信贷支持占比为总量的21.4%,提供用地优惠占比为20.7%,提供信息服务咨询占比为11.4%,提供创业技能培训占比为10.0%。在支持政策重要性排名第三的统计中,提供创业技能培训占比为总量的17.4%,提供信贷扶持为总量的14.3%,提供信息咨询占比为11.4%,提供税收减免占比为7.9%。通过综合累计,可以发现目前农创客最需要的支持政策主要为提供用地优惠、提供创业项目、提供信息咨询、提供创业技能培训这四项。主述支持政策可主要分为两类:一种是物质性,较为实质化的支持,包括土地、项目等可以直接产生经济效益;另一种是信息、培训这类非物质性的支持政策。同时对于不同领域不同类型不同创业特征的农创客,其对支持政策的优先序是不一样的,政府在提供支持政策的过程中一定要考虑支持对象的不同,实施差异化的支持政策体系。

2.现有创业支持政策的精准性不高

一是现有支持政策的供需匹配度不高。从调查来看,当前得到支持最高的政策内容分别为创业培训支持与税收减免支持,而从农创客对未来支持政策需求角度来看,排前三位的需要支持的政策内容分别为提供用地优惠、提供创业项目和提供信贷支持,政策供给侧与需求侧明显存在不一致。二是关键环节的政策支持仍未有较大突破。资金供给也就是农创客的融资难问题仍未得到有效解决，从调查来看，有36.4%的农创客认为从金融机构获取所需资金非常难和较难，只有16.4%的认为比较容易或者非常容易。另外就是农业用地、农业设施用地的指标突破与有效供给仍受现行农村土地制度的制约。

四、优化农创客创业政策支持的对策建议

(一)大力推进创业支持政策的宣传推广

1.增加支持政策的宣传力度

可以重点结合各地农创客联合会组织、“千名农创客”培训行动、各类农创客参加的创业大赛(竞赛)等载体，将对省、市各级政府出台的支持政策纳入联合会常规活动和培训内容，从正规途径加强政策宣传。同时，也要通过加入联合会的农创客向未入会的农创客进行辐射，通过以点带面，扩大支持政策宣传的覆盖面。

2.创新支持政策宣传的途径

创新运用各种新媒体手段，增加支持政策宣传的频度和深度，尤其重点针对农创客人群特征与不同行业创业特征，综合运用多种途径实现点对点的精准式宣传，提升政策宣传效果。

3.加强支持政策宣传的深度

在结合固定载体、多种形式点对点的宣传过程中，要注重宣传的深度，通过《支持政策问答》《支持政策简图》等形式加强政策宣传的深度，通过简单、明了、直接的方式让农创客了解熟悉相关的支持政策。

(二)有效加强支持农创客创业的集聚平台建设

1.推进农创客创业园区(空间)建设

引导部分成立农创客联合会组织的地区，要更进一步围绕农创客创业主要领域与行业特征，因地制宜打造农创客产业园、创新园、众创空间等各类集聚发展平台，通过“园区＋”“空间＋”等形式，将支持政策融入相应的园区和空间，使得只要入驻园区和空间，所有农创客均可享受一揽子的支持政策。

2.加强多种机构合作支持农创客

鼓励农创客联合农技专家、涉农高校、科研机构、创投机构等主体自愿结成地方性、联合性、非营利性社会组织。对外，可以联系涉农高校、农机专家、龙头企业等提供技术支持和合作；对内，可以加强沟通交流实现抱团发展。

3.建设全省农创客信息综合平台

该平台可以融合创业信息交流、农创客信用信息查询、创业项目匹配、创业经验分享等功能，通过将该平台与金融机构、行业协会、投资机构等打通，通过平台使农创客获得综合性服务，使其创业效能提升。

(三)积极提升农创客支持政策的精准性

1.加强对需求侧的调研，提升政策制定的针对性

要从政策支持的需求侧出发，将农创客的实际支持政策需求转化成为政策制定的目标，从源头上提升支持政策供给与政策需求的精准对接。要充分利用农创客联合会等组

织平台，农创客培训会、创业大赛等赛事平台，加强对农创客政策支持需求的调研，为支持政策制定提供第一手支撑。

2.实施差异化的支持政策

即实施针对农创客群体特征的“利基”创业政策，根据农创客不同创业行业、不同创业阶段、不同创业形式提供针对性的政策支持，以便增强创业政策支持的精准性，提升创业政策支持的效果。

(四)加大推进农创客重点支持政策的突破

1.加强信贷领域支持的突破

实质来讲就是解决好农创客在创业过程中的融资难、融资贵和融资慢的问题，要通过信贷产品创新、保险分担机制等组合拳，降低农创客融资成本。同时，要加强多方融资渠道对接，鼓励设立农创客发展产业基金，积极对接创投机构、众筹平台，引导社会资本投向农创客企业。

2.推进农村土地制度创新

尤其是农村集体建设用地入市与耕地三权分置等创新工作。鼓励农创客使用集体建设用地开展创业创新活动，依托自有和闲置农房院落发展休闲农业。指导农创客通过公开流转交易市场流入土地，签订规范的土地流转书面协议，有效减少和化解流转风险。

参考文献

[1] 朱红根，解春艳.农民工返乡创业企业绩效的影响因素分析[J].中国农村经济，2012(4):36-46.

[2] 宁光杰，段乐乐.流动人口的创业选择与收入——户籍的作用及改革启示[J].经济学季刊，2017(1):771-792.

[3] 田松青.农民工返乡创业的政府支持体系研究[J].中国行政管理，2015(11):94-97.

[4] 张雷.激发“三农创客”新活力[J].中国农村金融，2015(4):64-64.

[5] 黄洁，蔡根女，买忆媛.农村微型企业:创业者社会资本和初创企业绩效[J].中国农村经济，2010(5):65-73.

[6] 朱红根.政策资源获取对农民工返乡创业绩效的影响——基于江西调查数据[J].财贸研究，2012(1):18-26.

课题组单位:衢州学院经贸管理学院

课题组负责人:戚迪明

课题组成员:龙黎明，向翠林，刘云茹，郑强

课题名称及编号:浙江省农创客创业绩效与政策支持体系优化研究编号(2020N39)

浙江省高校"最多跑一次"改革师生满意度调查与分析

[**按语**]以浙江省915名高校学生和814名高校教师为研究对象，深入探讨学生和教师对高校推行"最多跑一次"改革的满意度。统计得出在校学生办理事务"最多跑一次"实现率达到66.13%，30分钟以内办完事务实现率达到88.24%，学生总体满意度已达到75.82%；教师"最多跑一次"实现率为61.49%，30分钟内办完教师业务实现率达到78.72%，教师总体满意率达到71.7%。采用人工智能技术中的多任务二元粒子群算法结合粗糙集技术对所获得数据进行分析，得出在高校推行"最多跑一次"改革中，影响学生满意度的关键影响因素为前往部门次数、办理业务时间、推广程度，影响教师满意度的关键影响因素为前往部门次数、办事效率。最后从在师生中间加大推广宣传力度、加快实现校务事项数据共享、简化校务流程、引入人工智能技术以进一步精简业务办理时间、丰富师生监督范围等方面给出对策建议。

一、引　言

"最多跑一次"改革诞生于浙江，并以势如破竹的趋势在全国范围内广泛推广。"最多跑一次"旨在通过"一窗受理、集成服务、一次办结"的服务模式创新，让企业和群众到政府办事实现"最多跑一次"的行政目标。2018年11月，浙江省教育厅发布了《关于推进全省高等学校"最多跑一次"改革的实施意见》，就省内高校如何推进"最多跑一次"改革提出了相关意见。高校"最多跑一次"改革，将师生权利本位作为改革的逻辑起点和价值遵循，从根本上彰显"以人民为中心"的理念，并在改革实践中展现出独特的价值意义。浙江工商大学率先建成并启用省属高校首个"最多跑一次"校务服务网，优化教育服务，提高办事效率；浙江大学、宁波大学、浙江农林大学等省内高校通过"互联网＋校务服务"形式打破信息孤岛，构建网上办事大厅，有200多个应用服务实现"网上申报、网上受理、网上审核、快递送达"，真正实现"零跑腿"；湖州师范学院、温州医科大学、宁波城市职业技术学院等其他地方院校通过"数字校园""智慧校园"形式进一步深化校园"最多跑一次"改革。高校与政府实施"最多跑一次"改革的本质一致，但办理业务的种类、流程以及所面对的对象均与政府不同。目前高校实施"最多跑一次"改革还处于起步阶段，深入学生和教师群体，调查学生和教师满意度及真实需求，对全面深化高校自身改革，进一步增强师生获得感，具有十分重要的现实意义。

二、研究对象与方法

(一)研究对象

课题选取浙江省部分高校学生和教师"最多跑一次"改革满意度进行分析,研究调研分为学生满意度问卷和教师满意度问卷。学生问卷发放对象涵盖浙江省高校在校专科生、本科生、硕士生和博士生。教师问卷发放对象涵盖浙江省高校初级、中级、高级职称教师以及行政教辅人员。为了保证数据分析的合理性,在样本选取时考虑以下因素:

1. 调研对象的广泛性和覆盖面

本项目团队对浙江省内20多所高校在校学生和教职工进行线上线下专题调研,兼有本科院校和高职院校、省会高校和其他地方高校,每所高校选取样本的数量基本保持一致,以保证数据获取的覆盖面。

2. 兼有专任教师和行政教辅人员

高校"最多跑一次"改革不仅仅针对专任教师,行政教辅人员在校务办理、办事流程、数据共享、服务态度等方面也是重点参与对象,更能深层次反映实际存在问题。

根据以上要求,本课题组共发放学生问卷1000份,回收有效问卷915份,回收率91.5%;发放教师问卷1000份,回收有效问卷814份,回收率81.4%。

(二)研究方法

本课题在查阅相关文献基础上,在课题组具有心理学、教育学等背景专家的指导下制作调研问卷,并对问卷进行信度和效度分析。在问卷调查的基础上,结合访谈结果,采用统计学方法对问卷总体结果进行统计分析,然后采用多任务二元粒子群算法结合粗糙集同时提取教师和学生满意度关键影响因素。

三、研究结果

(一)浙江高校"最多跑一次"改革在校学生满意度调查结果统计与分析

对在校学生的满意度问卷调查中,男生所占比为49.58%,女生所占比为50.42%;专科生占比13.73%,本科生占比73.66%,硕士及以上学历学生占比12.61%。具体调查统计结果如下所示。

(1)在校学生对高校"最多跑一次"改革的了解程度不够。

在调研过程中,"非常清楚"的人数占总人数的16.99%,"听说过,不是很清楚"占比47.06%,选择"不知道"的人数占到了总人数的35.95%。这在一定程度上说明,高校学生对高校"最多跑一次"改革的知晓程度较低,这与高校的推广力度不够有关。即使有些学生在日常生活中已接触到一些改革的实际内容,但并未意识到这就是"最多跑一次"改革。

(2)学生通过学校网络平台办理各类事务,在一定程度上实现了"零跑腿"。

目前各高校已基本实现采用网上办事大厅办理各类校务,极大地提高了办事效率。特别是"服务评价""网络充值""选课""寝室报修""成绩单打印""校园卡办理""缴纳学费",这几项占总人数的百分比都超过60%,随后是"奖学金和助学金申请"、办理"在校证明""科研实践项目申报",选择"公共物品租借和审批"的人数最少,占总人数的47.71%。值得关注的是,选择人数少的选项,恰恰是在今后高校"最多跑一次"改革需要重点解决的问题。

(3)约有94.12%的受访学生所在高校设有集中办理学生事务的部门。

对915名学生进行调查,约有94.12%的学生所在高校有集中办理学生事务的部门,仅有5.88%的学生所在高校没有。

(4)绝大部分高校对办理学生事务的流程进行了公示。

调查对象中有87.58%的学生表示所在学校对办理事务流程进行了公示,而12.42%的学生认为没有。

(5)学校对办理学生事务流程公示形式多样化。

在所调研高校中,基本实现采用"工作人员口头叙述""流程图""文字叙述"等方式对学生办事流程进行公示,分别占比32.68%、67.32%和79.08%。

(6)办理学生事务方式多样化。

目前各高校办理学生事务方式主要有"网上预约线下办理""网上办事平台办理""前往学生办事大厅办理"以及"去相应部门依次办理",且网络办理占比已达到66.67%,绝大多数高校仍以"前往学生办事大厅"作为学生办理事务的最主要方式,占比81.87%。

(7)学生办理事务一次成功率达到66.13%。

受访学生通过网上办理事务(即"零跑腿")实现率达到32.03%,一次办成实现率达到34.1%,合计"最多跑一次"实现率达到66.13%。

(8)"30分钟以内"办完学生事务实现率高。

高校学校在办理学生事务时,"30分钟以内"办完事务实现率达到了88.24%,办事时间为"30分钟—1小时之间"占比为8.5%,而仅有3.27%的学生表示在办理某些事务时需要"1个小时以上时间"。

(9)75.26%的学生对工作人员的服务态度表示满意。

高校学生对工作人员服务态度满意率达75.26%("满意"和"比较满意"之和),22.73%的学生认为"办事态度一般",1.95%的学生对工作人员服务态度"不太满意"和"不满意"。

(10)75.32%的学生对"最多跑一次"改革后,办事效率提升,办理时间缩短持认同态度。

75.32%的学生对改革后,办事效率提升,办理时间缩短保持认同态度,而只有22.08%的学生表示"说不清楚",1.3%的学生"不认同"或"不太认同"。

(11)约有77.92%的学生对"最多跑一次"改革后,提供材料不重复,减少资源浪费持认同态度。

77.92%的学生对改革后提供材料不重复,减少资源浪费持认同态度,18.18%的学生"说不清楚",1.95%的学生持"不认同"或"不太认同"态度。

(12)约有82.47%的学生对采用手机App和网站功能深化"最多跑一次"持认同态度。

44.81%的学生持"认同"态度,37.66%的学生持"比较认同"态度,仅有2.6%的学生持不认同态度,总体认同率较高。

(13)学生对高校实施"最多跑一次"改革的总体满意度和平均满意度较高,改革成效明显。

全省高校推行"最多跑一次"改革后,目前受访学生总体满意度已达到75.82%,

22.88%的学生认为“一般”,“不太满意”或“不满意率”仅为0.65%,“平均满意度”为4.076530612,平均满意度较高。这说明高校在推行“最多跑一次”改革之后,已经体现成效显著。

(二)浙江高校“最多跑一次”改革教师满意度调查结果统计与分析

在对高校教师满意度调查中,男性教师占比58.51%,女性教师占比41.49%,且初级职称教师占比17.02%,中级职称教师占比50%,高级职称教师占比32.98%。具体统计结果如下:

(1)教师对高校“最多跑一次”改革了解程度较高。

23.4%的教师对高校“最多跑一次”“非常了解”,53.19%的教师表示“知道一些”,合计有76.59%的教师对高校“最多跑一次”有所了解,而14.89%的教师表示“听说过,不是很清楚”,8.51%的教师对高校“最多跑一次”完全“不知道”。

(2)教师通过学校网络平台办理事务多样化。

受访教师所在高校在“网上报销”“调课申请”“教室会议室借用”这三项占总人数的百分比都超过60%,随后是“图书馆预约服务”“科研项目统计”“科研成果登记”,选择“科技查新与收录引证”“校章使用”“专业技术职务评聘”的人数最少,分别占17.02%、13.83%和19.15%。

(3)教师办理业务方式多样化。

受访高校办理教师业务的方式主要有:“去相应各部门依次办理”“网上办事平台办理”“网上预约线下办理”“电话预约前往部门办理”等。线上办理实现率为35.11%。

(4)大部分高校对教师业务办理流程进行公示。

约有80.43%的教师认为所在高校对教师业务办理流程进行了公示,19.57%的教师则认为未进行公示。

(5)教师办理业务“最多跑一次”实现率已超过61.49%。

通过“网上办理无须前往”(“零跑腿”)的教师占受访总教师人数的20.64%,一次就办成功的教师占40.85%,合计“跑一次”实现率为61.49%,跑两次及以上教师占38.51%。

(6)教师办理业务时间明显缩短。

教师办理业务时,“30分钟内办完”业务实现率已达到78.72%,在“1小时以内”办完实现率达到93.62%。

(7)教师“跑多次”的原因。

据调查,未能实现只跑一次的办事教师占38.51%。业务未能一次办成功主要原因归结为三方面:“不知道要准备哪些材料,导致材料没带齐或不合规”;“事先咨询得到的信息不全,导致材料没带齐或者不合规”;“审批环节太多,必须跑多趟”,分别占比50%、50%、42%。

(8)约有89.36%的教师认为较改革前,办理效率提高。

较高校“最多跑一次”改革以前,36.17%的教师认为办事效率“有很大提高”,53.19%的教师认为“稍有提高”,合计有89.36%的教师认为办事效率有所提高,10.64%的教师则认为“和以前差不多”。

(9)约有67%的教师对工作人员服务态度持满意态度。

在被调查的教师中,21%的教师对工作人员服务态度表示“满意”,46%的教师表示“比较满意”,合计满意率为67%。而“不满意”率仅为5%。

(10)约有90%的教师认为,较“最多跑一次”改革之前,办事效率有所提高。

在被调查教师中,有36%的教师认为办事效率“有很大提高”,认为“稍有提高”占54%,合计占90%,认为“和以前差不多”占10%。

(11)约有73%的教师对“最多跑一次”改革后,“提供材料不重复,减少了资源浪费”持“认同”态度。

32%的教师认同改革后“提供材料不重复,减少了资源浪费”,41%持“比较认同”态度,16%的教师“说不清楚”,8%和3%教师持“不太认同”和“不认同”态度。

(12)约有74%的教师对“采用手机App和网站功能深化最多跑一次”改革持“认可”态度。

(13)约有84%的教师对改革后“办事流程更透明,行政权力运行更规范”持认可态度。

在高校推行“最多跑一次”改革后,被调查对象中,34%的教师认为“办事更透明,行政权力运行更规范”,50%的教师持“比较认同”态度,9%教师“说不清楚”,4%和3%的教师“不太认同”和“不认同”,总体认同率较高。

(14)高校“最多跑一次”改革教师总体满意率达71.7%。

17.02%的教师对高校“最多跑一次”改革持“满意”态度,54.68%的教师“比较满意”,合计总体满意率达到71.7%。持“一般”态度的教师占比21.91%,“不太满意”为6.38%,不满意率为0。

(15)约有73%的教师认为在高校应持续推进“最多跑一次”改革。

在被调查教师群体中,46%和27%的教师认为在高校“应持续深化”和“继续推广”“最多跑一次”改革,26%的教师表示“感受不深,不清楚”,仅有1%的教师持反对态度。

(三)高校“最多跑一次”改革师生满意度关键影响因素提取

因影响师生对高校“最多跑一次”改革满意度的指标较多,所以只能从众多指标中提取主要影响因素,剔除相关度低的因素,聚焦师生在校内办理各类事务的难点、校务服务的堵点和痛点,从而为高校有针对性制定师生满意度提升策略提供更为经济、有效的参考指标。这里采用多任务二元粒子群算法结合粗糙集技术,同时提取影响教师和学生满意度的关键影响因素。

1.数据集说明和数据预处理

数据分析部分分别选取学生和教师问卷中的指标构建测试数据集,其中满意度指标为办事流程满意度、办理业务时间、办理业务次数、工作人员服务态度、办事效率、提供材料满意度、使用手机App和网站功能深化、最多跑一次支持度、零跑腿支持度、推广程度,学生数据分析实例数为915,教师数据分析实例数为814,满意度级别为两种:满意/不满意。具体如表1所示。

表 1 数据集

	实例数	满意度影响因素个数	满意度级别
学生	915	10	2
教师	814	10	2

对满意度中的定性数据(如办事效率满意度等)需要做定量化处理,这里采用模糊隶属度函数量化法。以办事效率满意度为例,该指标取值范围为满意、比较满意、一般、不太满意、不满意,分别用数字 5、4、3、2、1 表示 5 种满意程度,引入偏大型柯西分布和对数函数作为隶属函数,分别求各满意度级别隶属度。

2.基于多任务二元粒子群算法的粗糙集满意度主要影响因素提取结果

将多任务二元粒子群算法结合粗糙集技术,得出师生满意度关键影响因素见表 2 所示。学生满意度关键影响因素为:前往部门次数、办理业务时间、推广程度。影响教师满意度的关键影响因素为:前往部门次数、办事效率。

表 2 学生和教师满意度关键影响因素

数据集	满意度关键影响因素
学生	前往部门次数、办理业务时间、推广程度
教师	前往部门次数、办事效率

四、对策建议

(一)高校“最多跑一次”改革的深化需要在师生中间加大推广宣传力度,提高师生校务办理流程和办理材料的知晓率

由于在高校实施“最多跑一次”改革尚处于起步阶段,师生对其了解程度较低,这在对学生和教师实施问卷调查和深入访谈时都证明了这一点。当前我国的信息基础设施建设已处于世界前列,各高校要充分利用互联网和新媒体等有关渠道广泛宣传“最多跑一次”改革,及时准确发布改革进展和办理业务流程解读,正确引导师生参与、积极回应师生关切的热点问题。(1)网络宣传。各高校通过官方网站、微信公众号、QQ 群、微博等网络平台发布、推送学校“最多跑一次”改革的最新内容,并鼓励在校师生通过自己的朋友圈、所在班级 QQ 群进行宣传,扩大影响力;制作在线办理事项和办事流程三维动画,在校园内滚动播放,以吸引师生关注,提高师生知晓度的覆盖率。(2)实地宣传。在学校内部通过发放传单、下发文件、粘贴海报方式在师生中进行宣传,同时,高校各职能部门通过讲座、二级学院通过班会的形式在师生中间进行面对面宣传,当场解答师生疑惑,宣传本校“最多跑一次”改革的特色和亮点,增强师生对“最多跑一次”改革的信心。(3)及时获取师生的反馈。各高校实施“最多跑一次”改革后,可通过问卷调查、网络留言、电话反馈等方式,及时获取师生的反馈,激发师生的积极性、主动性和创造性。

(二)加快梳理“三张清单”,实现校务服务事项数据共享

首先,对教师、学生需要办理的校务进行系统梳理,涵盖教学、科研、财务、网络、后勤

等与师生密切相关的事项，列出“三张清单”，精简归并后形成校务服务事项目录并予以公布，通过删、合、并、串，将办件量占总办件量前80%的高频校务事项作为工作重点；其次，政府部门政务平台已日趋成熟，各高校数据共享事务，在参照政府政务服务平台基础上，根据所在高校校务特点，采用云计算平台构建关联各职能部门的“公用信息库”，有效“打通”各部门数据，实现数据跨越各部门，部门用户对共享数据库进行数据的读/写，达到数据及时更新、各部门协同办公的目的；最后，引入大数据技术可以动态监测校务服务网上信息，通过对不同对象、领域校务活动进行可视化分析，精准追踪和预测师生的未来需求，并提供主动服务，同时也为科学管理和决策提供支持。

（三）简化校务流程和引入人工智能技术共同加速智慧校园建设，进一步精简业务办理时间，提高办事效率

高校“最多跑一次”改革的最终目标是除特殊校务外，师生线下“最多跑一次”，线上通过网页客户端、手机端实现校务“网上办”“掌上办”，真正实现“零跑腿”。高校师生校务办理除了通过数据共享缩短时间外，还可参考以下两点：(1)简化办事流程，各高校本着“能简则简、能并则并”的原则，通过设置网络“一站式”办事大厅，将所有校务接入网络平台，并引入第三方服务平台，如支付宝、微信，实现网上缴费，打破时间和空间限制；(2)通过引入人工智能技术精简办事时间，随着因特网快速发展，高校在线业务办理服务器需要在同一时刻快速响应或处理来自多个师生服务请求，可在校务系统中引入人工智能技术中的多任务处理功能模块，如云平台、多线程、并行体系结构、低延迟、高容量的5G通信技术，全面赋予智慧校园建设。

（四）丰富师生监督范围，实现改革“长效”发展

高校“最多跑一次”改革成效如何，发言权在于广大师生。坚持把改革成效的评判权交给师生，做到部门自我评价与师生共同评价紧密结合。首先，实行问责制。各职能部门可设置线上/线下满意度评价和投诉信箱或电话，对师生提出的意见建议在有效时间内未能做出处理或答复，系统将会沿“部门领导—分管校领导—主要领导”逐层反馈督办。其次，通过开展师生座谈会或匿名问卷调查的形式，获取师生的真实反馈，倒逼相关部门优化职能、转变作风、提升服务质量。最后，实行窗口服务人员考核制。将师生投诉情况与工作人员的年底考核、评奖评优、绩效奖励相挂钩，有奖有罚，促进高校“最多跑一次”改革长效发展，进入良性循环。

课题组单位：湖州师范学院

课题组负责人：程美英

课题组成员：周建华，陶维东，熊伟清，钱乾，宋洁，吴佳丽，朱绍军

课题名称及编号：浙江省高校“最多跑一次”改革师生满意度调查与分析(编号:2020N11)

乡村振兴背景下农村宅基地制度改革的现实困境与创新路径研究

[按语]乡村振兴战略的发展需要加强乡村振兴用地保障，农村宅基地问题是乡村振兴发展中的重点问题，直接影响着乡村振兴战略的实施效果。本文以乡村振兴战略下宅基地制度改革创新为切入点，探讨宅基地所有权、资格权、使用权分置改革中的热点、痛点、堵点，剖析宅基地制度改革的现实困境，靶向性进行宅基地制度改革路径创新。

"宅基地制度改革"一直是我国乡村振兴战略中的热点议题。随着城镇化的发展和农村社会经济条件的变化，农村土地资源配置失灵导致一户一宅面积超标、一户多宅、宅基地闲置浪费、布局散乱等现象普遍存在。面对农村宅基地利用困境，急需农村宅基地制度的改革与创新。2019 年，在十三届全国人大常委会上表决通过了《土地管理法》的修订决议，此次修订创新地将许多土改试点地区的大胆尝试与成功经验转化为科学合理的制度改革，并上升至法律层面，突出了城乡统筹发展与乡村振兴的战略导向，维护了农民合理合法的土地权益。以此为基础，本课题进一步探究乡村振兴战略下究竟如何推进宅基地制度改革，实际走进基层，找出宅基地所有权、资格权、使用权分置改革中的热点、痛点、堵点，剖析宅基地制度改革的现实困境，靶向性进行改革路径创新，构建可行的宅基地有偿退出的交易机制，盘活农民闲置宅基地和闲置农房，进一步保障农户宅基地资格权和房屋财产权。

一、中国农村宅基地制度改革的演进与变迁

治大国如烹小鲜，任何一项制度改革都非一蹴而就，需谨慎为之。中国的土地制度改革涉及千家万户，关乎广大农民群体的切身利益。不同时期的土地改革政策导向都不同，不仅反映了国家的治理理念和态度，演进脉络又影响着未来宅基地制度改革的发展方向。因此，课题组追根溯源，梳理现行农村宅基地制度的变迁演进过程，理解并求证其形成的经济社会动因。自中华人民共和国成立以来，农村宅基地制度历经多次变迁，大体上可以分为建立、探索与规范和改革与创新三个阶段。

(一)农村宅基地制度建立阶段(1950—1985 年)

中华人民共和国成立之初，百废待兴。摆脱贫困、解放农村生产力显得尤为迫切，为了让广大农民耕有其田、户有所居，国家将保障农户的基本居住权作为首要任务，农村宅基地则主要以私有为主。1950 年 11 月，政务院出台的《城市郊区土地改革条例》第 14 条

规定:“国家为市政建设及其他需要征用私人所有的农业土地时,须给予适当代价,或以相等之国有土地调换之。”1962 年的《农村人民公社工作条例》提出:“生产大队范围内,除了生产队所有的和社员所有的生产资料以外,一切土地、耕畜、农具等生产资料,都属于生产大队所有。”自此正式确立了农村宅基地的公有制,以“两权分离,一宅两制”为核心的农村宅基地制度框架基本形成。这一阶段是我国农村宅基地公有制初步形成与适应的阶段,尤其在人民公社运动后,宅基地制度废旧立新,政府相继出台了一些后续政策规定,用于解释或强调以“两权分离,一宅两制”为核心的农村宅基地公有制框架,进一步巩固这一制度的确立。

(二)农村宅基地制度探索与规范阶段(1986—2011 年)

随着人口的不断增长与经济的快速发展,一些农村地区开启了建房热潮,一方面未经正规的城乡规划,另一方面滥用耕地,使得当时的农村宅基地制度捉襟见肘,反映出制度安排的不合理、不完善。1986 年 6 月的《土地管理法》颁布,开始正式对农村宅基地进行登记,并发放《农村宅基地使用权证》,并明确规定“农村居民建住宅使用土地,不得超过省、自治区、直辖市规定的标准”。1989 年《国家土地管理局关于确定土地权属问题的若干意见》进一步规定了农村宅基地使用面积确定等细则。1995 年,《确定土地所有权和使用权的若干规定》更规范地将农村宅基地产权划分清晰。《国务院关于推进社会主义新农村建设的若干意见》强调要加强宅基地规划和管理,大力节约村庄建设用地。2008 年发布的《国土资源部关于进一步加快宅基地使用权登记发证工作的通知》进一步明确宅基地政策,严把宅基地使用权登记关口。

此阶段,宅基地公有制已经得以确立,探索与进一步细化、规范农村宅基地相关制度、政策成为重点:一是保护耕地以及粮食安全,严格限制农村建房非法占用耕地等情况;二是加强城乡建设规划,合理利用土地资源,贯彻严格的宅基地审批制度;三是细化与规范农村宅基地计划指标与用地标准,强调一户一宅,禁止城镇居民在农村购置宅基地;等等。

(三)农村宅基地制度改革与创新阶段(2012 年至今)

随着中国城镇化水平的提高,农村劳动力大量进入城市务工,农村人口大量流失,使得“空心村”现象非常严重,大量的宅基地由于人口的转移而闲置,农村宅基地的利用率不断下降,并且普遍存在“一户多宅”现象,农村土地利用不合理等矛盾较为突出。2016 年“发新停旧”,农村宅基地和集体建设用地使用权都统一登记为不动产,并颁发统一的不动产权证书。2019 年 8 月,在十三届全国人大常委会上表决通过了《土地管理法》的修订决议,又进一步地推动了宅基地管理制度的改革与创新。这一阶段的农村宅基地制度进入了改革与创新的时期,设立多处农村宅基地制度改革试点地区,并且积极探索不同的还权赋能方式,保障农户宅基地的用益物权,保证农民的财产权利。

随着城镇化发展与城乡空间格局巨大的转变,农村社会经济条件已经发生了根本性的变化,农村宅基地制度也在不断改革与发展,宅基地权力结构也在不断优化,在保障居民的基本居住权的基础上,逐渐拓展宅基地财产权的使用权能。从宅基地制度改革的演进过程来看,宅基地的关键是农民,以农民的基本权益和内在需求为制度改革的切入点,结合农村实际,从保障农民安居稳定向增加农民财产性收入、振兴乡村发展推进,体现了国家追求公平向兼顾效率转变的发展规律。

二、浙江省农村宅基地制度改革的现实困境

(一)农村建设空间布局失衡,土地利用效率较低

2007 年到 2017 年,中国常住人口城镇化率从 44.9%上升至 58.52%,也就是说有 15089 万农村人口进入了城市。[①] 大量农业人口转移到城市,但仍保留农村的住宅,农村房屋闲置、废弃等现象普遍存在。农村土地建设规划的实施本身存在一定的滞后性,未批先建、批少占多、建新不拆旧等情况同时存在。调研发现,大部分地区的农民倾向于交通便利、具有区位优势的地点,所以农村宅基地布局逐渐出现"中空""外扩"的特点,聚落空心化,导致农村建设空间布局失衡,宅基地分布散乱,土地利用效率较低。目前的村庄规划很难在位置、规模以及发展方向上进行合理定位,导致村庄规划的科学性下降,为乡村振兴战略的推进增加难度。在与村民的调研过程中发现,实际上,很多村民并不满意目前村庄的规划布局情况以及宅基地的管理现状,但是并不了解合理表达诉求的途径和手段,尤其缺乏集体行动力,因此村组织也很难发挥基层管理的作用,迫切需要宅基地管理制度顶层设计的创新与优化。

(二)"一户多宅"问题严重

我国《土地管理法》明文规定,农村村民一户只能拥有一处宅基地,并且面积不得超过相应标准。但是,"一户多宅"的问题依旧普遍出现在浙江各大小村庄,宅基地政策执行的存在失灵。一方面,农村宅基地的获取是无偿的,且具有无期限的使用权。随着农村近年来老龄化情况的加剧,继承、赠予等情况不会影响宅基地使用权的存续,因此宅基地面积超标、"一户多宅"现象不减反增;另一方面,私下买卖农村宅基地现象普遍存在。农村宅基地的审批、监管、管控需要巨大的管理成本,同样也需要承担一定的社会风险,所以,在制度不具体、不配套的基础上,基层村组织力有未逮。

(三)农村宅基地退出陷入两难境地

根据调研情况可知,浙江大多数地区的农民即便进城务工或已经定居城镇,也不会主动退出宅基地。近年来,部分地区的征地政策使得农村宅基地的收益价值逐渐显露,所以大部分农民都不愿意放弃这份资源,造成城市和农村两头占地的现象;也有一部分已经进入城市就业生活的农民,实际上并不愿意最终定居城市,计划回乡养老,因此不肯退出宅基地。缺乏有效的宅基地退出机制,导致农村的宅基地目前陷入了一种"不退不卖"的僵局,导致存量宅基地资源无法盘活利用。党的十九大提出的乡村振兴需要乡村产业的振兴,需要乡村建设用地的合理规划,但宅基地退出机制的缺乏无法实现乡村振兴战略的实

---

① 胡传景、汪英、杜静:《基于乡村振兴背景下宅基地"三权分置"改革路径探讨》,《国土资源》2019 年第 7 期。

际诉求，大量闲置的宅基地无法实现合法流转，存量宅基地无法盘活，导致新产业、新业态无法切实落地。

（四）宅基地拆迁补偿缺乏统一标准

农村土地规划中城乡建设用地增减挂钩、房屋拆迁安置补偿一直以来都是农民最关心的问题，也是许多已经进入城市就业定居的农户不肯主动退出宅基地使用权的主要原因。但是，有关宅基地拆迁补偿问题，一直缺失具体的法律规定。在旧的《土地管理法》中，只有第47条规定“被征收土地上的附着物和青苗的补偿标准，由省、自治区、直辖市规定”。而2019年修订的《土地管理法》进一步规范了政府征收土地的程序与标准，要求政府在征地之前开展土地状况调查、信息公示。虽然维护了农户在征地拆迁补偿中的合法利益，但在实际执行过程中，对于补偿“统一标准”的核实又会受土地产值、区位、经济状况等复杂因素的影响。

（五）宅基地的资产功能被限制，农民财产权难以保障

集体制下的宅基地使用权主要体现在两个方面：一是社会保障权，宅基地保障了农民最基本的居住权，让农民住有所居、安居乐业；二是财产权，即宅基地的处分权和收益权，主要通过农村宅基地的流转实现。通过目前调研的情况可知，社会保障权与财产权在宅基地使用过程中分量并不一致。根据农村宅基地管理制度改革的演进发展，制度设计更重视农村宅基地的社会保障权，限制了宅基地的资产功能，弱化了农民的财产权。随着农村的社会经济条件翻天覆地的变化，在满足了基本社会保障后，农民对宅基地及房屋财产性价值实现的需求日益增长。而我国农村宅基地制度中“两权分离”的基本框架使宅基地的使用权身份属性和财产属性形成冲突，宅基地使用权无法获取完整的用益物权，农民财产权难以保障。

三、农村宅基地制度改革的创新路径

农村宅基地是农民安身立命之本。只有打通农村宅基地制度改革中的难点、堵点才能实现宅基地制度设计的创新，推动乡村振兴战略的实施。2019年修订的《土地管理法》增加了“人均土地少、不能保障一户拥有一处宅基地的地区，在充分尊重农民意愿的基础上可以采取措施保障农村村民实现户有所居”。同时，国家允许进城落户的农村村民自愿有偿退出宅基地。然而，制度改革并不是一蹴而就的，农村宅基地制度改革还需要进一步创新。

（一）优化农村宅基地空间布局，全域土地深入整治，夯实乡村振兴基础

“千村示范万村整治”工程已经在浙江实施多年，农村土地综合整治与宅基地管理改革也一直是政府的重点项目。但是，农村宅基地空间布局散乱，废弃、闲置宅基地等问题并不是短期内简单形成的，这与城镇化发展、社会经济条件变化、农业人口转移、农民需求改变等客观现实都有着密切的关系，需要政府打一场“持久战”。

1. 优化农村宅基地空间布局

2018 年，我省开展的全域土地综合整治助推乡村振兴战略就已经拉开了农村土地管理与综合整治的序幕，这样的制度创新必须得到进一步的深化。首先，就必须从农民对住房的基本需求出发，以人为本进行宅基地管理改革。对宅基地及基本住房依赖度较高的农户，必须解决遗留的危房问题，鼓励其拆除、复垦废弃的宅基地，在保障住房安全的基础上进行宅基地的统一规划整治。其次，找准乡村发展定位，因地制宜地调整村庄土地利用整体规划，统筹村庄空间发展布局。尽可能将散落农户向规划中心集聚，集中统建、多户联建，扭转宅基地空间布局散乱的局面。

2. 优化农村生产、生活、生态空间，改善乡村居住条件与环境

科学规划、全域整治是优化农村生产、生活、生态空间的关键。浙江省目前正在实施的土地综合整治战略就是以“全域规划、全域设计、全域整治”的理念，统筹全域生产、生活、生态空间，统筹山水林田湖路村系统治理，优化国土空间开发格局。[①] 以这一整治理念与发展脉络，继续推动全域土地的深入整治，扩大土地综合整治的覆盖面，走出农村土地规划滞后、政策制度供给不足的改革困境。

3. 以统筹规划为抓手，推动全域土地整治，建设美丽乡村

全域土地整治涉及面广，整治内容复杂多样，必须以统筹规划为抓手，科学统筹宅基地整理、城乡建设用地整理以及乡村环境整治和生态修复等，找准定位做好土地整治规划，保护绿色乡村，建设美丽乡村，推进村庄环境治理、生态修复、基础设施建设。杭州双浦镇在打造“山水林田湖路村”过程中就以精细的全域土地整治规划为统筹先锋，精心打造了宜居宜游的美丽乡村。

(二)开发适合浙江省的农村宅基地流转模式，激发乡村经济发展实力

1. 搭建农村宅基地交易平台，探索市场化运作模式

鼓励农村宅基地的内部流转，引导部分农户自愿有偿退出，将宅基地使用权流转给符合条件的其他集体成员，形成多方利益的最大化，不仅实现资源配置的最优化，而且还给农民带来一定的经济收益。在内部流转的基础上，可以逐渐扩大宅基地流转的对象范畴，这样才能够真正激活农村宅基地流转的市场化模式，消除城乡之间土地要素流转的障碍，进一步保障农民的财产收益权。

2. 整理闲置宅基地，与城乡建设用地增减挂钩项目相关联

此次《土地管理法》最新修订规定：任何单位或个人需要使用土地的必须遵从国有土地的规定。增加规定农村集体建设用地在符合规划、依法登记，并经三分之二以上集体经济组织成员同意的情况下，可以通过出让、出租等方式交由农村集体经济组织以外的单位或个人直接使用，同时使用者在取得农村集体建设用地之后还可以通过转让、互换、抵押的方式进行再次转让。

---

① 董祚继：《探索一条符合中国实际的乡村振兴之路——浙江省农村全域土地综合整治的实践与前瞻》，《国土资源》2018 年第 10 期。

3. 发展新产业新业态，盘活空闲农房，增强宅基地使用权中的财产收益功能

拓宽农房的使用途径，不将宅基地及其地上建筑限定为单一居住房，而是利用租赁、自营形式或与企业合作，开发新产业新业态，如电商、乡村旅游等，为一些宅基地及农房空闲的农民提供开发空闲农房经济价值的机会，一方面提高土地利用率，为农户创收，增强农村集体经济实力，促进广大农户收入来源多元化，另一方面利用新产业新业态带动乡村经济，推动乡村振兴战略的实施与发展。

（三）完善农村宅基地自愿有偿退出机制，宅基地退出对接基本住房保障

在这次的《土地管理法》修订中增加了“户有所居”的规定，允许已经进城落户的农村村民自愿有偿退出宅基地，强调了农民的“自愿性”“有偿性”，以维护农民利益为此次宅基地制度改革的基本原则和重要目标。农村宅基地自愿有偿退出机制的完善与优化是当务之急。

1. 在“自愿性”“有偿性”的基础上，增加“分类有序”退出政策

宅基地退出机制的目标群体主要分为两种情况。其一，已经进入城市就业并在城市购置住房的农户，鼓励其自愿有偿退出。有针对性地、合理地回收宅基地，突出宅基地的资产功能，进而加快整合分散的宅基地资源。其二，拥有宅基地但无能力筹资建房的农户，鼓励其将已有宅基地置换为养老服务保障，实现老有所居、老有所养。

2. 鼓励农村宅基地退出补偿方式多元化，引入收益分享机制

目前的宅基地退出原则是在明确宅基地产权的基础上，开展自愿的、有偿的宅基地退出，将选择权交到农户手上。但是，大多的村集体并没有足够的经济实力为宅基地退出农户提供与征地补偿标准一致的补偿金，且宅基地退出的具体情形复杂多样，应该由村集体经济组织进行协商确定补偿金额。如引入合理的收益分享机制，鼓励政府准入的金融机构和社会资本参与农村宅基地退出，探索多元化的退出补偿方式，吸引因宅基地常年闲置而无法合法置换收益的农户，进一步完善农村宅基地自愿有偿退出机制。

（四）推进宅基地有偿使用，经济手段引导土地资源优化配置

目前我国现行法律所规定的宅基地“无偿使用”，虽然保障了农户的基本居住权和社会稳定，但这种福利分配特性也导致了农村土地资源配置的失灵，一户多宅等现实问题一直在质疑“无偿使用”的合理性与公平性。所以，秉承兼顾公平和效率的原则，可以推进宅基地有偿使用，通过经济手段引导土地资源优化配置。

1. 对不符合资格权对应的宅基地使用权，都应该收取有偿使用费

针对目前普遍的“一户多宅”问题，村集体经济组织可以根据法定面积来衡量宅基地面积是否应该交纳有偿使用费，超出法定面积的农户可以选择退出部分宅基地，维护“一户一宅”的基本原则，回归公平起点，整治农村土地资源配置效率低下的问题。

2. 为宅基地有偿使用提供法律与政策支持

宅基地的有偿使用不仅是农村宅基地管理制度的创新，而且维护了农村土地集体所有制的根本利益。但是，缺乏法律与政策的支持，村集体想要推进宅基地的有偿使用是异常艰难的。所以需要顶层设计与法律支持，坚持权利与义务对等的法律原则，对超标占用

宅基地和一户多宅等情况，通过经济手段收取有偿使用费来引导土地资源的优化配置，解决宅基地管理的现实问题。

四、结　语

浙江省土地整治工作领跑全国，乡村振兴战略的推进也深入到广大乡村，美丽乡村建设成绩斐然。然而，农村土地管理问题依然存在，并且可能在一定时期内都无法彻底解决，这是由农村土地性质以及城镇化发展的一般规律决定的。所以，必须狠抓农村宅基地制度改革不能放。农村宅基地管理制度的改革不能只局限于管理手段的更新，而是需要从农民权益的根本保障出发，在遵循城乡土地规划的基础上，兼顾宅基地使用权的社会保障功能与财产收益功能，同时实现农村宅基地资源配置的有效性和宅基地用益物权保障的充分性。提升宅基地制度创新的改革力度、实践成效和示范价值，推动农村宅基地管理的转变，促进各类资源要素在城乡之间双向流动，优化宅基地空间布局，拓展新型城镇化建设空间，保障乡村振兴发展战略有序有效地推行。

参考文献

[1] 刘守英.农村宅基地制度的特殊性与出路[J].国家行政学院学报，2015(03)：18-24.
[2] 董祚继."三权分置"——农村宅基地制度的重大创新[J].中国土地，2018(03)：4-9.
[3] 韩立达，王艳西，韩冬.农村宅基地"三权分置"：内在要求、权利性质与实现形式[J].农业经济问题，2018(07)：36-45.
[4] 赵龙.为乡村振兴战略做好土地制度政策支撑[J].行政管理改革，2018(04)：11-14.
[5] 刘锐.乡村振兴战略框架下的宅基地制度改革[J].理论与改革，2018(03)：72-80.
[6] 张勇.农村宅基地制度改革的内在逻辑、现实困境与路径选择——基于农村市民化与乡村振兴协同视角[J].南京农业大学学报(社会科学版)，2018(06)：118-127.
[7] 张劲松.农房流转：推进乡村振兴的新业态[J].社会科学战线，2019(02)：181-188.
[8] 向勇.宅基地三权分置的立法意旨[J].农业经济问题，2019(04)：10-17.
[9] 张军涛，游斌，翟婧彤.农村宅基地"三权分置"的实现路径与制度价值——基于江西省余江区宅基地制度改革实践[J].学习与实践，2019(03)：47-56.
[10] 申端锋.集中居住：普通农业型村庄的振兴路径创新[J].求索，2019(04)：157-164.
[11] 胡传景，汪英，杜静.基于乡村振兴背景下宅基地"三权分置"改革路径探讨[J].国土资源，2019(07)：38-40.
[12] 董祚继.探索一条符合中国实际的乡村振兴之路——浙江省农村全域土地综合整治的实践与前瞻[J].国土资源，2018(10)：7-12.

课题组单位：绍兴文理学院
课题组负责人：马宁宁
课题组成员：周天肖，马林，罗昌瀚
课题名称及编号：乡村振兴背景下农村宅基地制度改革的现实困境与创新路径研究(编号：2020N46)

营造优良的理财环境，不断提升乡村财务管理水平

——基于村级集体资金收付网上审批的调查研究

[**按语**]通过查阅获取相关信息和资料，走访街道纪检部门、代理中心、村支书、村主任、村民代表、普通村民，分发调查问卷等方式，课题组对温州市永嘉县瓯北街道“三资”管理工作的现状、存在的问题、产生原因及解决问题的办法有了较为具体的认识。从营造优良的理财环境，不断提升乡村财务管理水平的角度出发，针对问题提出合理化的对策及建议，并创新性地提供了一套全面、完善的，具有建设性和指导意义的农村“三资”智慧监管系统，以实现农村财务管理效益的最大化，促进农村经济的健康、稳定和可持续发展，并对该系统的运行效果及使用者的评价进行了实地专题调研，以期进一步完善新系统，充分发挥其在农村“三资”管理中的应有作用。

一、调查背景及目的

在新型城镇化、新农村建设的驱动下，随着乡村经济的兴起、繁荣，大量建设项目和资金向农村特别是城郊村和城中村转移，村级组织可支配资源大幅增加，使乡村财务工作的范围越来越广、内容越来越繁杂、难度越来越大，乡村财务工作受到了越来越严峻的挑战，也存在着巨大的风险，基层微腐败问题层出不穷。国内大型数据调研中心《人民论坛》杂志社有关“小官巨贪”的数据调查显示，在“小官巨贪”问题上，村干部排在第二位，仅次于区县基层干部；中央纪委国家监委网站 2018 年 6 月通报数据显示干部违纪案例 19227 例，乡级以下干部违纪占比高达 87.89%；杭州市纪检监察系统近年来查处的村干部腐败案件也占农村案件总数的 32.4%，占农村案件涉案总金额的 72.4%。这些数据说明，近年来村干部腐败呈现出较高的发展态势。同时，在“乡村振兴”背景下，村级资源的合理配置和有效利用也是当下的热门议题，如何有效地配置资源和避免村级资源的浪费，如何从高速转为高效、由短期的利益行为转向效率的提升和增长潜力的提高，实现农村经济的可持续发展，是当前亟待解决的问题，也是大势所趋。

二、问题及原因分析

(一)存在的主要问题

(1)由于乡村财务管理人员队伍建设滞后；村干部不重视、廉洁意识不到位；规范模式

难运行；财务管理操作流程难监控等导致防腐墙不防腐，基层微腐败问题层出不穷。

(2)因制度落地艰难、相关人员对政策把握不够、民主决策混乱、议事规则不到位、工程管理不规范、资产发包暗箱操作、资金审批与支付不规范、现金管理把关不严等导致村集体资产、资源大量流失，严重损害了广大村民的利益。

(3)村级财务公开的内容有限、形式单一、渠道狭窄，使村民无法及时了解、掌握本村真实的财务状况及资金流向，并无法实施有效的监督，从而对村干部、基层政府的信任度减少，村民的获得感和幸福感下降。瓯北街道 2017 年乡村信访案件中 2/3 是财务问题，而财务问题中 2/3 是“三资”问题。

(二)具体原因分析

那么，产生这些问题的具体原因是什么呢？现归纳如下：

1.制度难落地或制度执行不力

有关农村三资管理的政策、制度制定不少，但只停留在农业局或代理记账中心层面，而没有真正落实到村里，落实到实处。

关于现阶段农村有无内部控制制度，仍有 40％的受调查者认为没有，而在 60％认为有内部控制制度的受调查者中，只有 53.17％的人认为内部控制制度的执行情况较好，46.83％的人认为执行情况一般，甚至没有效果(见图 1、图 2)。

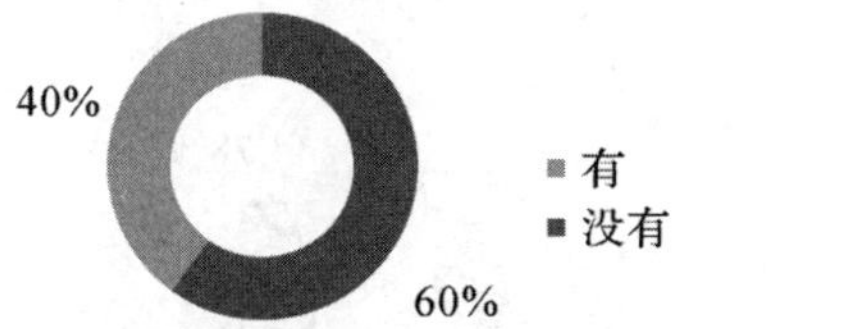

图 1　现阶段农村有没有内部控制制度

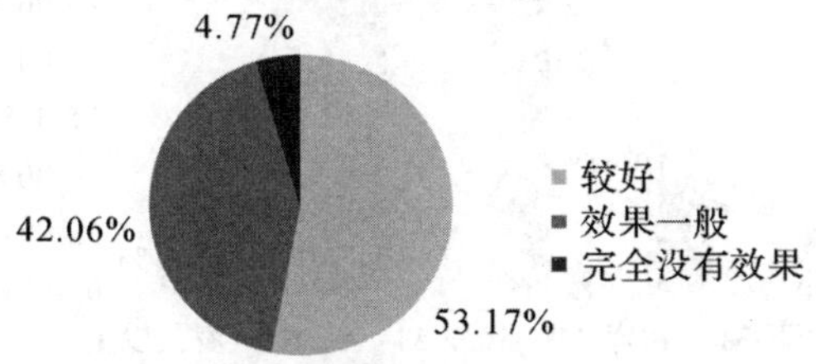

图 2　内部控制制度的执行情况

2.村干部、会计人员素质偏低

村干部主要是指通过村民自治机制选举产生的、在村党组织和村民委员会及其配套组织担任一定职务、行使公共权力、管理公共事务、提供公共服务，并享受一定政治经济待遇的工作人员，主要包括村党支部(党总支)委员、副书记、书记，村民委员会委员、副主任、主任和村民委员会内设工作委员会主任。而村主要干部指党支部书记、副书记，村委主任、副主任等。

从整个政权体系来看，村干部虽然不是“官”，却是最贴近基层的治理力量，也是国家行政管理的神经末梢，其行为和精神风貌直接影响着党和国家政策的贯彻实施。由图 3 可知，瓯北街道所辖 27 个行政村的 67 名村主要干部，大专学历仅占 37.31％，而 59.7％

的村主要干部学历在高中及以下，甚至还有1人为小学学历。同时，由图4可知，67名村主要干部年龄均在31岁以上，31—40岁的仅7人，占比10.44%。年龄在51岁及以上的有32人，占比47.77%。由此可见，大多数村干部年龄偏大，知识层次偏低，管理能力欠缺，根本没有经过系统的教育和培训，而留得住的大学生村官又太少，以至于村干部中屡次出现违规违纪现象。瓯北街道尚处经济繁荣的沿江地区，若是偏远山区，村干部的学历和年龄结构更不容乐观。

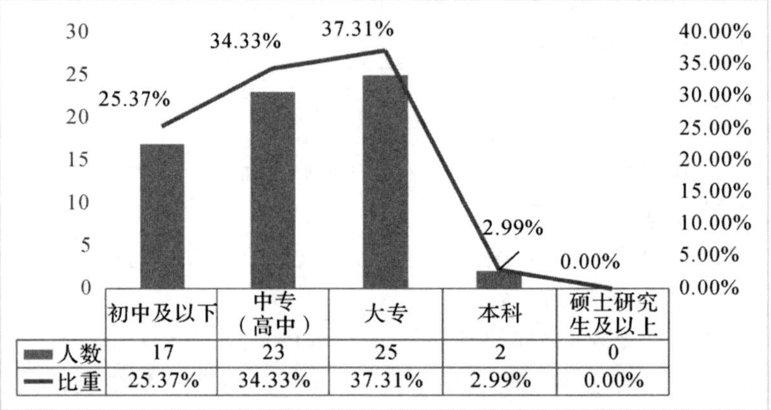

图3　村主要干部学历分布图

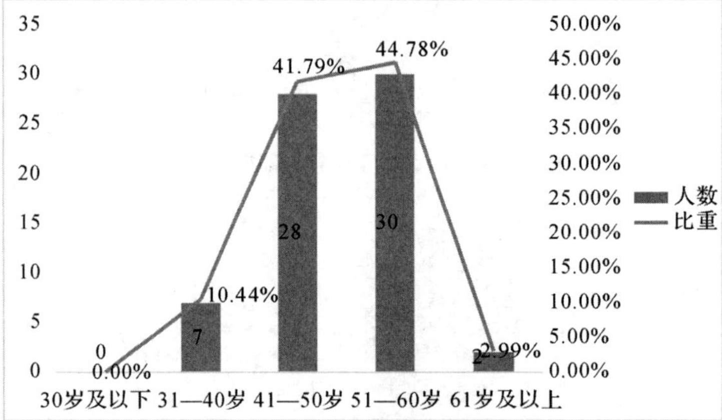

图4　村主要干部年龄结构图

据调查，瓯北街道27个行政村的27位报账员的学历占比分布如图5所示。其中，过半数的报账员学历为初中和高中(中专)，两者占比55.56%。本科学历的报账员仅3人，占比11.11%，其中2人还是兼职。同时，村报账员的年龄偏大，如图6所示，27位报账员中，年龄在30岁以下的仅1人，年龄在46岁以上的共15人，占比55.56%，65岁及以上的有3人，最大年龄为68岁。因瓯北街道地处沿江，报账员的学历层次相对较高，年龄结构相对偏低，若是内地、边远山区，其报账员的学历和年龄远不及此，更有甚者，山区某村的报账员最大年龄为82岁。如此大的年龄，对新事物、新技术的接受能力、学习能力自然受限，因此，在实际的会计操作中不规范、不合理、不合法现象经常出现。同时，也严重影响了乡村财会信息的质量及乡村财会信息化建设的进程。

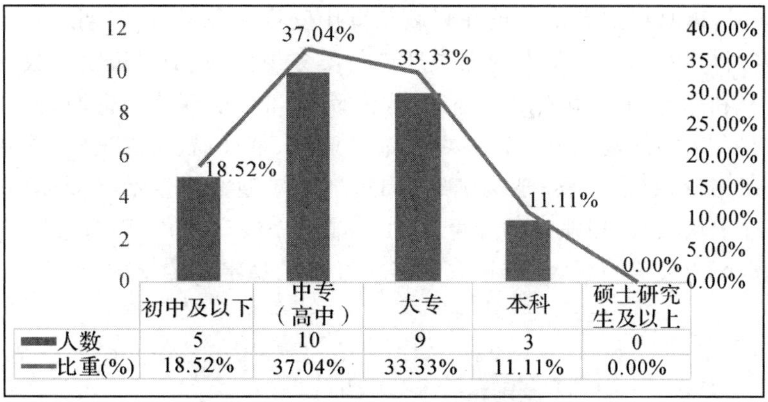

图 5　村报账员学历占比分布图

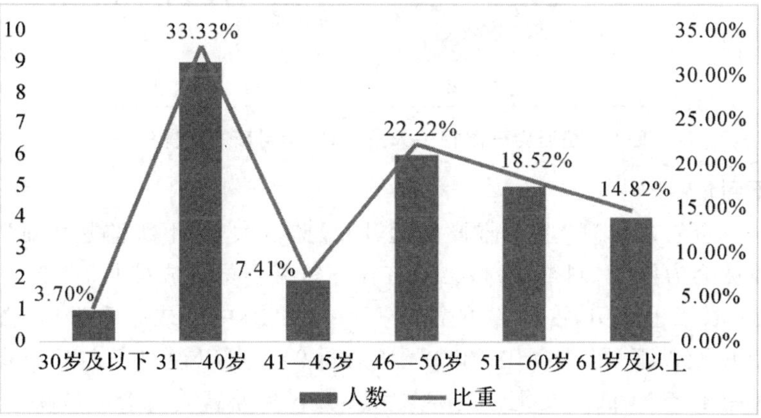

图 6　村报账员年龄跨度分布图

另外，关于村报账员的职务任免仍有占比 31.9%的报账员是由村支书或村主任决定的（见图 7），碍于人情和面子，往往上任的报账员业务水平不高、专业能力不强，从而导致村级财会工作的混乱。

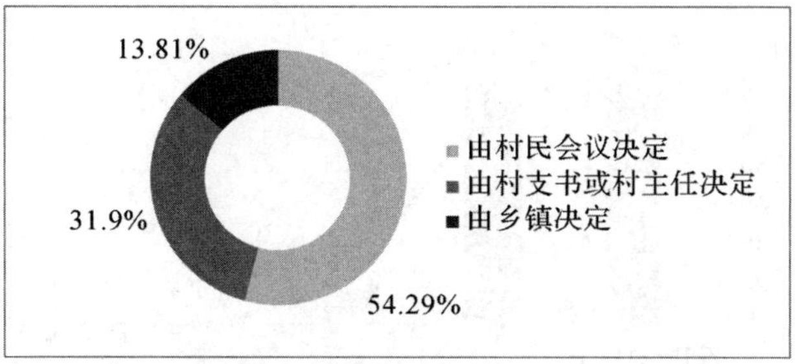

图 7　村报账员的职务任免情况

鉴于村主要干部和村报账员学历程度低、业务水平不高的事实，当问及是否会开展相关人员培训、学习新的财务知识时，25.34%的受访者表示很少有，10.86%的受访者表示几乎没有，而 23.53%的受访者表示只有会计制度变更时有（见图 8）。因此，建议上级政府部门要加大对相关人员的培训与管理，并使之真正形成一个长效机制，实现培训和管理的常态化。同时，市县级财政部门可在财政预算中安排专项经费，定期或不定期地组织一些专门性的培训与学习，学习基本的操作理论与实务规范，维护村级财务收支及管理的有序、安全。充分利用好当地相关职能部门、大专院校和乡镇等培训资源，使其成为乡村干部、财务人员教育培训的基础阵地。亦可邀请农业局、审计局、纪委、公安等相关部门人员通过授课、座谈讨论、参观考察、现场观摩、周边地区典型案例警示等多种形式，进一步提高村干部、代理记账人员、报账员的业务能力与遵纪守法意识，从而有效防止农村财务管理混乱、集体资产流失等问题，为维护农村经济社会的稳定奠定基础。

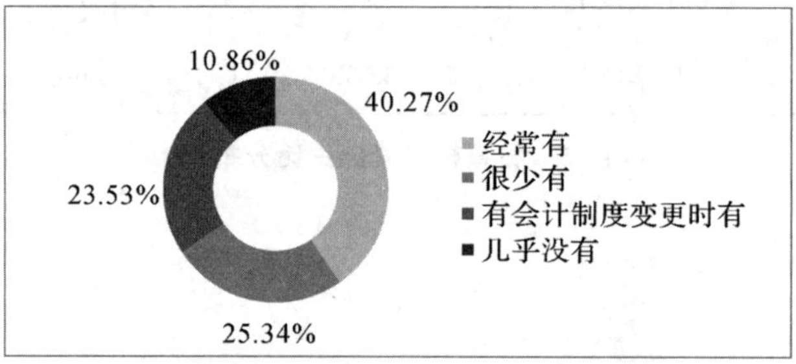

图 8　是否会开展相关人员培训，学习新的财务知识

3. 监督不到位

目前农村三资管理出现“上级监督太远、同级监督太软、下级监督太难”的尴尬局面。以村务监督委员会为例，据调查，永嘉县现有村务监督委员会成员共 2799 名。其中，只有 207 人拥有大专及以上学历，占比 7.4%；有 1248 人拥有中专或高中学历，占比 44.59%；1344 人仅有初中及以下学历，占比 48.02%（见图 9）。可以说村务监督委员会成员学历相对偏低且参差不齐，较低的文化程度导致大多数村务监督委员会成员缺乏专业知识，对农村集体的资金、资产、资源等重大事项，不清楚监督的重点是什么、哪些环节容易出现问题以及如何有效地监督。另据了解，大多数村务监督委员会成员并非能者居之，而是和村主要干部关系好者任之，由此便导致村务监督委员会无法真正、充分、有效地发挥其应有的职责与作用。

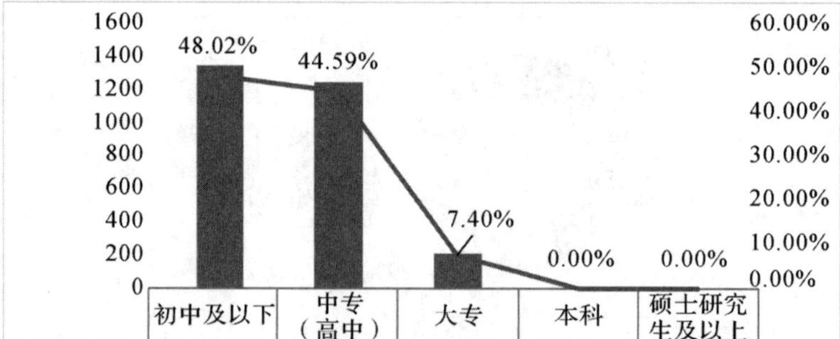

	初中及以下	中专（高中）	大专	本科	硕士研究生及以上
人数	1344	1248	207	0	0
比重(%)	48.02%	44.59%	7.40%	0.00%	0.00%

图 9　永嘉县村务监督委员会成员学历状况

4.村民政治参与意识不够

而村民对村集体财务监督的积极性如何呢？有58.82%的村民表示会很积极地监督，有33.03%的村民表示当发现问题后才去监督，而8.15%的村民甚至表示从来不去监督。

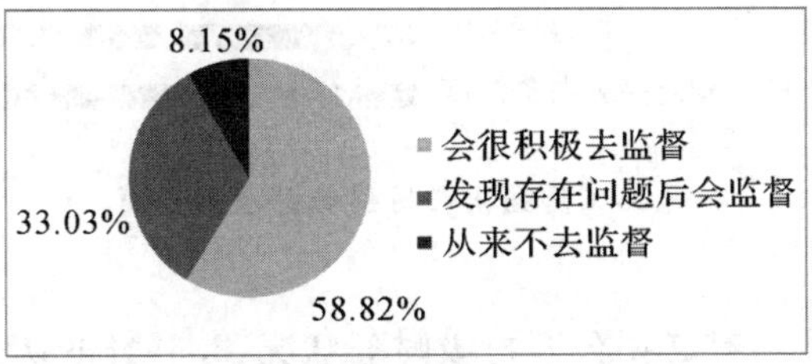

图10 村民对村集体财务监督的积极性

由此可见，村民的政治参与意识并不乐观，其参与的主动性和积极性不够，基本上都是“执行性”参与，是决策的被动接受者和权力的受制者。如对本村资金的去向，53.5%的村民表示比较清楚，23.5%受调查的村民表示并不清楚，23%的村民只是有点清楚(见图11)。因此，村民自治和基层民主被异化和形式化在所难免，在有些地区“家族政治”“村霸政治”和“村委会政治”等行为严重存在。村民本是最广泛的监督群体，却由于其民主意识不强、民主素质不高等等制约着民主监督的成长。

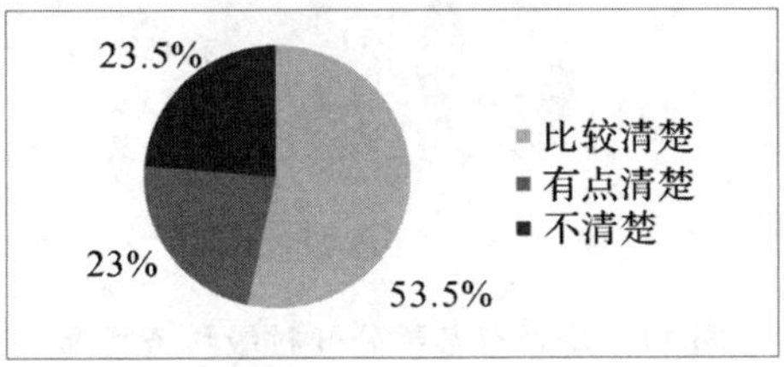

图11 对本村资金的去处的了解情况

5.村级财务管理制度不完善

在村级财务制度方面，69.68%的受访者认为村级管理制度不健全，44.34%的受访者认为内部监管制度不健全，35.29%的受访者认为村财务开支随意性大，31.22%的人则认为会计财务处理不规范(见图12)。而在如何强化农村财务管理方面，74.21%的受访者认为需抓管理基础，制定完善的财务制度，超过50%的人认为需要抓责任落实，抓民主理财和监督，抓科学管理(见图13)。由此可见，除了完善相应的制度、规定外，还需强化管理和落实，使制度和规定能够真正发挥实效。

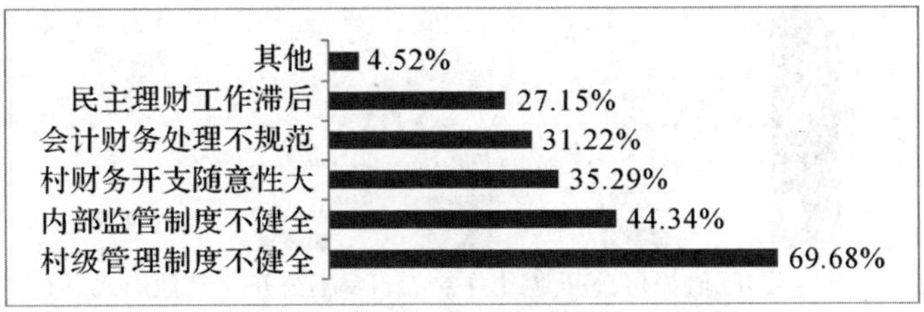

图12 村级财务制度存在的问题

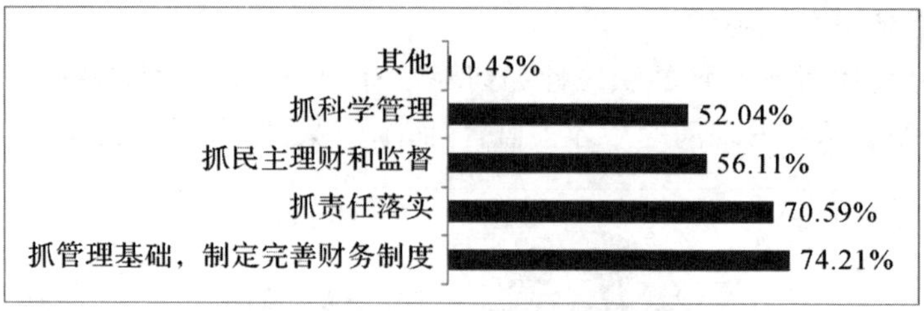

图 13　需强化农村财务管理的方面

6.信息公开不透明

95.71%的受访者认为有必要公开村级财务状况，2.39%的认为无所谓，1.9%的认为没必要（见图 14），84.29%的受访者表示村集体会定期公开财务状况（见图 15），但17.62%的受访者认为公开的内容和时间由村民理财小组决定，14.76%的人认为没有定期公开，11.9%的受访者认为没有对关键内容进行公开，如招待费、土地征用费等等。而且公开的形式 93.33%仍为公开栏公开（见图 16），如此便大大限制了外出村民信息获取的完备性和时效性。

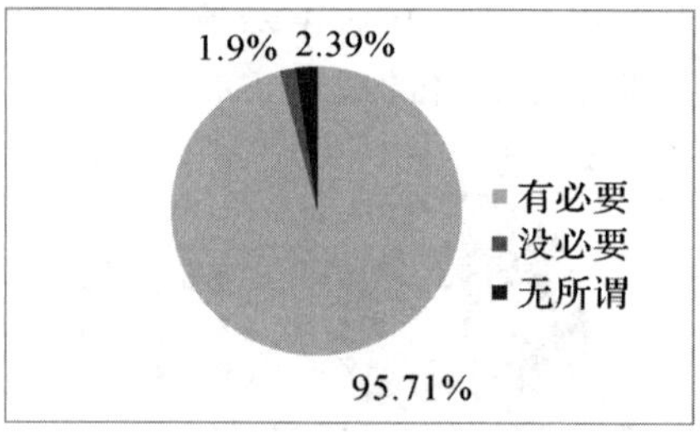

图 14　是否有必要公开村级财务状况

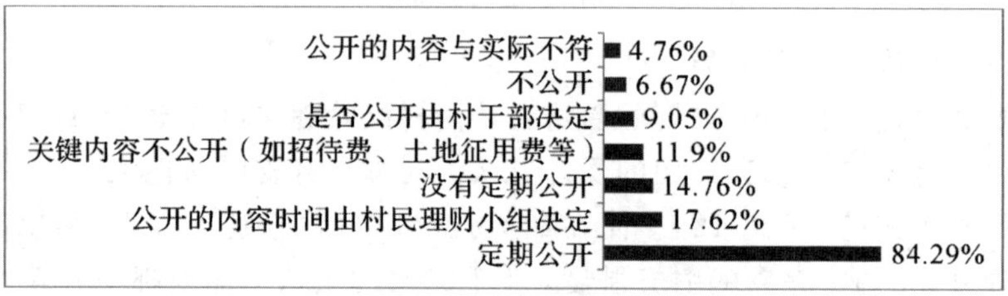

图 15　现阶段农村的财务公开状况

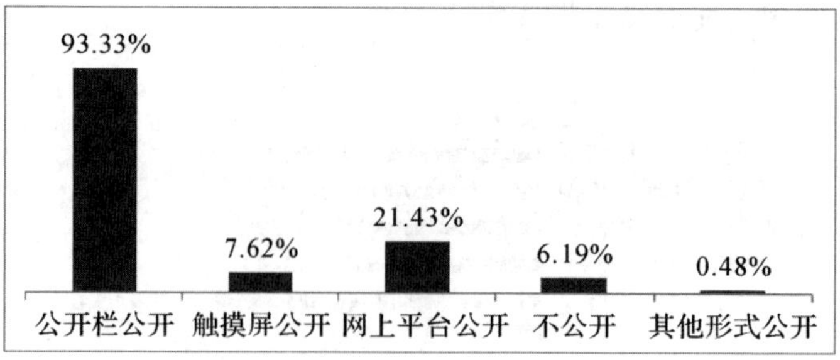

图 16　现阶段农村财务公开方式

三、对策——“三资”智慧监管系统

课题组针对温州市永嘉县瓯北街道乡村财务管理中存在的诸多问题，充分运用现代科技手段，率全省之先创新打造集“三资”全方位监督、一体化收支、全留痕审批、无现金支付、大数据分析、阳光化交易及实时化公开等功能于一体的智慧监管系统（以下简称“新系统”，见图 17），以积极推进农村集体“三资”管理制度化、信息化、有效化和公开化。对于该系统，省、市、县各级领导多次前来调研，并给予了高度的重视和评价，浙江省农业农村厅副厅长对该系统的应用情况实地调研后，希望以此系统为蓝本开发适用于全省的农村集体资产综合管理系统，同时，课题组主要成员金晓星主任受邀赴省农业农村厅指导相关的系统开发工作；温州市纪委方向书记 2019 年 7 月亲自批示“永嘉做法可在全市推广”；瓯北街道“三资”计算机网络信息化管理的做法，也被永嘉县委列入 2019 年度全面深化改革重点任务清单。

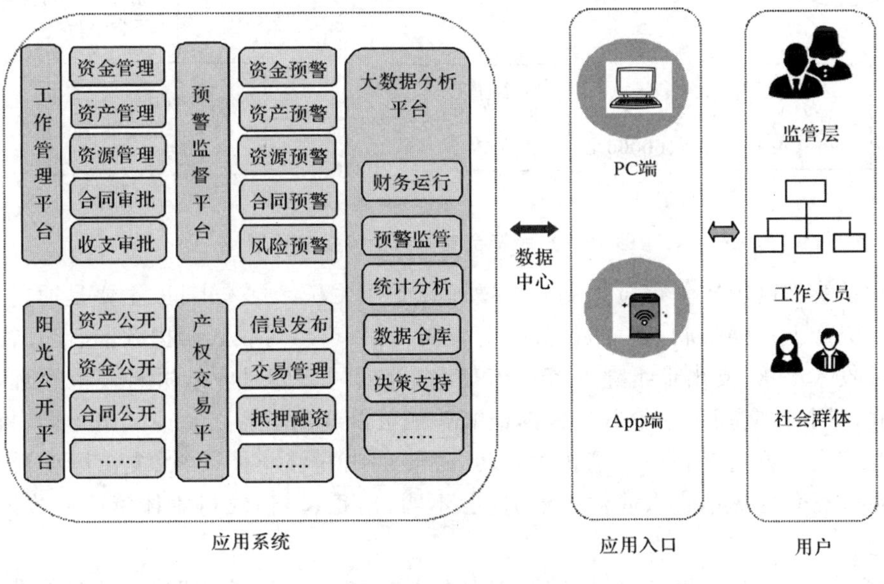

图 17 “三资”智慧监管系统

（一）新系统介绍

1. 工作管理平台

在“工作管理平台”系统里最大的亮点是新增了在线支出审批功能（见图 18），该功能弥补了之前审批效率低下的缺陷，并且使监督前置、审批留痕。在审批支付实现一体化的同时，严控超支。同时，乡村的大额支出通过银行转账，小额零星支出通过村务卡结算，真正实现了零现金结算。支出业务一旦发生，即向所属的代理中心会计推送短信，使“线下使用”向“线上监管”转变，打通“村务卡”与系统壁垒，将“村务卡”、村级账户资金全部纳入实时监管，最大程度减少现金交易，实现资金智慧管理。由此，便在一定程度上铲除了小微权力腐败现象滋生蔓延的土壤，不断净化政治生态。

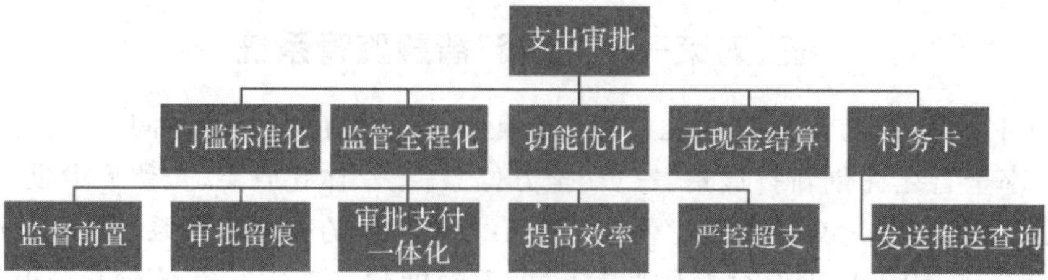

图 18 支出审批功能图

以某次的支付审批为例，其流程如图 19 所示。

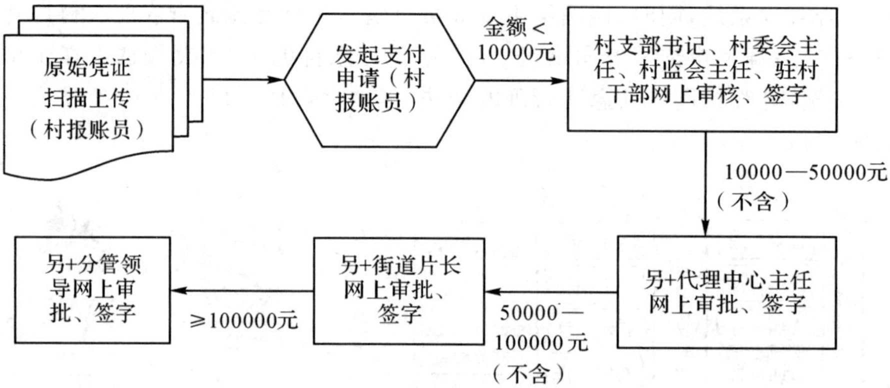

图 19 村级资金支付网上审批流程图

现有系统在网上支付审批的基础上增加收支强关联和收入审批，主要是通过收入、支出操作与资产卡片强关联，建立资源库，对合同备案审查，对收入票据领取、销号管理等。

通过收入审核、支出审批建立资源库理念，倒逼村集体对收入进行规范管理，摸清村集体家底。同时，实现每一笔账目根据记账凭证可追溯到资产卡片或经济合同，根据资产卡片或经济合同可追溯到每一笔相关账目，逐步明晰村级集体收入、支出账全流程管理，解决了农村经营性集体收入底数不清、情况不明，出租、转让农村集体资产的收入无法监管的难题。

同时，在原“一县一审批流程”的基础上实现“一村一审批流程”的审批权限设置功能，均衡山区与平原农村实际情况，让各乡镇（街道）可根据各村实际情况设置资金审批权限和审批流程，实现系统审批的灵活应用。

2. 预警监督平台

如图 20 所示，该平台共设五大类 47 项预警项目，根据村收入合同设置收款计划、付款计划，对应收未收、应付未付等异常情况，变原来必须手动进行查询为自动生成预警信息，并发送至监管单位，实现预警、督办、办结一站式管理，实现日常管理和监督信息一门化、监控预警实时化，助力监管单位实时掌握有关辖区村级账户资金审批流程、明细账目及收支凭证、收支金额、收支时间、收支用途等具体信息，实现村集体资金收支透明化、结算公开化，有效破解了村级“三资”监管领域顽疾，防控“三资”领域廉政风险，对于未履职尽责的村干部及时移交纪委部门，从而加强微权力监督，遏制村级“微腐败”，让农村集体“三资”防腐手段再上一个台阶，由“不敢腐向不能腐”递进。

图 20 监督平台

3.阳光公开平台

原有乡村财务公开为财务报表的结果式公开，公开形式为公告栏。而实行新系统后财务公开的内容除财务报表外，还实现了结果和过程两公开、收入未收两公开。同时，结合信息化的大背景财务公开的形式亦新增了电视、网站等多种媒体渠道、App、微信小程序、村内触摸屏等。

特别是手机App，以"全民、全程、全内容"为目标，系统实现了向村民公开包含发票、合同、会议记录等一系列决策附件的财务原始资料，公开体现支出全流程的会议讨论、民主决策、审批流程等，转变原来以账务结果公开、以会计条目式罗列财务收支的现象，确保信息能够及时准确地传达给每位常驻或外出的村民，保障广大村民的知情权与广泛参与权，实现有效的监管，以此真正推动村集体资金、资源、资产使用效率的提高。

4.产权交易平台

该平台与永嘉县农村产权服务中心互通，可通过查询合同信息对交易过程追踪溯源，可查询全县村级资产，实时掌握村级资产、资源状况，可主动推送到期和闲置经营性资产的相关信息，村集体可提早谋划、包装、公告，发挥市场价值，真正实现乡村资产、资源的盘活增值，实行资产的动态管理。

5.大数据分析平台

该平台运用互联网、物联网、移动互联等现代信息技术，可对全县、全市乃至全省的农村集体资产数据联网建设，搭建覆盖全省基层农经业务管理单位的互联互通、资源共享、标准统一、数据深度融合的农村"三资"管理平台，并保证了所有基础数据从产生的源头就遵循统一的逻辑规则，数据的加工过程遵循注重风险分析与管控的标准流程，以加强最终的数据质量，提高数据的加工效率。同时，上级纪检监察部门、业务主管部门也可以不受时间、空间的制约，实时在线查询监督各乡镇、村的具体数据信息，实现全方位、无死角监督，更好地促进了农村经济健康发展、良性发展。

综上所述，该系统可以实现集体资金收、支在线审批，确保全程留痕，并逐步推进村务运转流程化、资金监督网络化、业务处理自动化和决策支持科学化，使乡村财务工作整体迈入自动化更强、集成化更高、协作化更优的管理轨道。

(二)新系统运行效果分析

“三资智慧监管系统”自 2019 年 3 月初在瓯北街道投入试运营以来，在完善会计信息、提高信息质量，规范审批支付流程、提高审批效率，控制资金流向，推进村级财务决策的民主化，实现全面实时监督，落实乡村财务管理的相关政策、制度和措施，提升“三资”使用效率，防止或减少“村官”腐败现象的发生等方面，发挥了非常好的作用，得到了大多数使用者的肯定。会议、访谈、问卷调查结果表明，50.91%的被调查者为新系统打了满分 5 分，新系统评价的平均分为 4.16 分。可见，新系统运行的总体效果较好，评价较高。具体表现在：

(1)不断优化工作流程和操作流程，明确风险项目，着力风险点控制，约束和规范小微权力，有效解决基层微腐败问题，并严格执行明责、履责、追责制度，变“人防”为“技防”，真正打造防腐升级版及清朗的政治生态。同时，借助科技化、信息化的手段去倒逼相关人员素质的提升，真正促进基层治理水平和能力的全面提升。

(2)更好地规范资金运作，防止集体资产、资源流失，减少不合理开支，进一步规范乡村财务管理秩序，使村级财务管理工作更加科学合理，并提高了理财效率，优化了资源配置，切实保护了广大村民的利益。

(3)以“全民、全程、全内容”为目标，改变公开方式(现为村务宣传栏、电视、网站等多种媒体渠道、App、微信小程序、村内触摸屏等)，完善公开机制，由结果公示转变为全过程公示，使得监督前置，全程留痕，监督网络化，并提高监督效率。由此使得村级财务公开更为透明、民主理财更为规范，也不断增强广大村(居)民的参政意识与监督意识，使其积极参与到村集体资产的使用、决策、监督及管理中来，提高自身的责任感与主人翁意识，重建村民与村干部、基层政府的信任关系。

(4)新系统实现了“五个统一”(即核算、交易、监督、公开、分析五统一)，“三大转变”(即由传统的管理向现代管理的转变，由分散式管理向集中化管理的转变，由粗放式管理向精细化管理的转变)。

四、改进建议

“三资智慧监管系统”投入运行后，取得了很好的效果，产生了较大的收益，但某些方面仍有待完善。具体如下：

(1)需增加纪检监察、信访等在线服务子系统或路径，以方便村民群众监督、检举和揭发相关问题。

(2)增强流动资金监管力度，促进其使用效率的不断提高。据统计，瓯北街道 22 个收益较高的行政村 2017 年、2018 年应收账款的平均周转率均较低，均少于 0.11 次，即平均 9.09 年才能收回应收款。应收账款周转速度最慢的村落年周转次数只有 0.0146 次，年周转次数最多的村落也只有 0.8414 次，究其原因是应收账款大量挂账，长期(超过 1 年)未收，有的甚至已变成坏账。而应收账款大部分为村集体经营收入所得，长期如此，实则是村集体资产的流失及对全体村民利益的损害。同样,村集体的货币资金(现金和银行存款之和)持有过多也增加其机会成本,从而降低收益。据统计,2016—2018 年收益较好的 22 个样本村货币资金占当年经营收入及总收入的比重均较高,特别是 2018 年货币资金平均持有量已是当年经营收入的两倍多,特别是某村 2016 年的货币资金占经营收入和总收入的比重竟分别高达 5499.25%和 5039.03%,即货币资金是收入的五十多倍,货币资金存在严重的闲置与浪费。

(3)增加"财务分析"内容,完善相关分析指标,在为政府部门提供宏观数据的同时,亦为村集体、村民提供微观数据,以进一步提高数据服务的有效性和针对性。

(4)进一步简化流程,更便于操作。

(5)对村民公开的形式应更形象、生动、活泼些,可通过更喜闻乐见的方式让村民更容易理解和接受。

城乡社区是人民群众日常生活的重要依托,是党和政府联系、服务居民群众的"最后一公里"。如何事半功倍地缩短这最后一公里,"三资智慧监管系统"从乡村财务治理方面给我们提供了很好的借鉴,它可达到乡村理财转型升级的目标,可优化理财环境,加快推进乡村振兴战略的实施,同时,也是积极落实习总书记提出的"乡村振兴"战略总要求"产业兴旺、生态宜居、乡风文明、治理有效、生活富裕"的一个具体抓手,但由于上线运行时间较短,仍有一些问题尚待解决,这便为我们下一步的研究工作指明了方向。

参考文献

[1] 农业部.农业部关于推进农业供给侧结构性改革的实施意见.农发〔2017〕1 号,2017 年 2 月 6 日.

[2] 方华慎.农村财务管理环境的优化问题探讨[D].湖南农业大学,2014.

课题组单位:温州职业技术学院

课题组负责人:应晓君

课题组成员:应晓君,盛秋生,金晓星,刘晓乐

课题名称及编号:营造优良的理财环境,不断提升乡村财务管理水平——基于村级集体资金支付网上审批的调查研究(编号:2020N57)

杭州亚运会主场馆 PPP 项目研究

[**按语**]体育场馆是体育事业发展的重要设施,依靠财政资金、由政府部门负责建设和运营管理的模式已严重阻碍体育场馆运营效益。作为国际上通行的体育场馆 PPP 模式在设施供给与赛后利用发挥了重要作用,既为民营资金开创了新思路,又为政府财政减少短期资金压力,也解决了赛后场馆管理难经营亏损的尴尬局面。杭州亚运会主场馆通过 PPP 模式解决了前期融资和后期运营设想等一系列问题,通过对杭州亚运会主体育场馆 PPP 项目的调查充分肯定其股份制管理模式、投融资方式、考核奖励机制等用制度保障参与企业的盈利方式,符合 PPP 模式在大型体育场馆项目的治理机制理论和概念框架。本项目主要是运用利益关系、契约理论、权利和责任等几方面来剖析 PPP 模式的机制本质,通过调研肯定 PPP 模式的市场化功能,引发思考并提出存在问题。

一、导　论

(一)选题的意义

《国家发展改革委员会关于开展政府和社会资本合作的指导意见》(发改投资[2014]2724 号)中将 PPP 项目界定为“政府为增强公共产品和服务供给能力、提高供给效率,通过特许经营、购买服务、股权合作等方式,与社会资本建立的利益共享、风险分担及长期合作关系”。2022 年杭州亚运会共需要各种体育场馆 40—50 个,主体育场馆为重中之重,设计篮球馆和游泳馆一体化加训练辅助馆,项目时间紧、投资大、影响广,研究主体育场馆的 PPP 项目有着示范性意义。

(二)文件综述

发改投资[2014]2724《国家发展改革委正式下发 PPP 项目指导意见和通用合同指南》国发〔2014〕60 号)《关于开展政府和社会资本合作的指导意见》(发改投资[2015]445 号国务院办公厅《关于在公共服务领域推广政府和社会资本合作模式指导意见》的通知国家发展改革委正式下发 PPP 项目指导意见和通用合同指南:充分认识政府和社会资本合作的重要意义。通知还规定:各地的新建市政工程以及新型城镇化试点项目,应优先考虑采用 PPP 模式建设。

《政府和社会资本合作项目财政管理暂行办法》(财金[2016]92 号)第二条规定适用于中华人民共和国境内体育公共服务领域开展 PPP 项目。2017 国务院办公厅印发《关于进一步激发民间有效投资活力促进经济持续健康发展的指导意见》在国家文件精神的指导下鼓励民间资本参与政府和社会资本合作(PPP)项目,促进基础设施和公用事业建设,支持民间资本股权占比高的社会资本方参与 PPP 项目,调动民间资本积极性。

二、转型期我国大型体育场馆项目中存在的问题

(一)资金渠道

目前我国体育场馆项目参与资金有国有、集体、个体、外资等形式,其所占的比例分别是 75.5%、5.5%、12.4%、5.1%、4.7%和 2.4%(见图 1)。

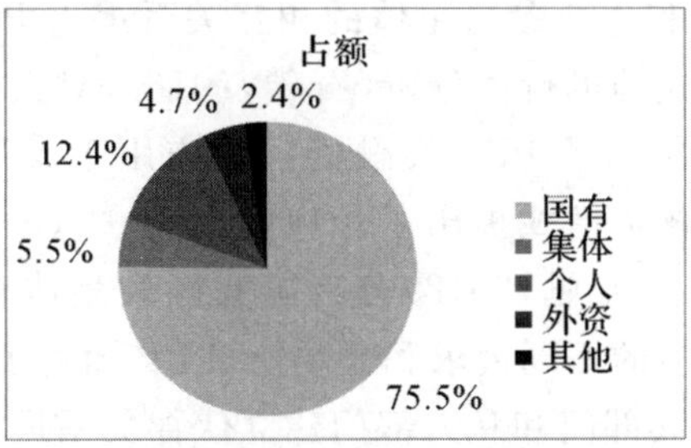

图 1 我国体育场馆建设中的资金构成

由图 1 可知,我国体育场馆大部分是由国家财政拨款建设的,社会资金参与的比较少,建设资金来源渠道单一。

(二)赛后利用

大型体育场馆项目一般具有投资建设规模大、投资资金回收周期长及后期运营费用高等特点,如果在场馆的设计建设阶段只考虑赛事要求而没有考虑赛后的有效利用,那么场馆的后期运营将面临许多问题。

(三)场馆运营现象

体育场馆经营业绩上不去,连年亏损是当下体育场馆的普遍现象,既要符合国家政策规定对群众开放,又要保证场馆盈利确实是件难事。其一场馆功能必须为训练比赛和全民健身提供公益性的服务,其二要支付人工、水电和维修成本,导致场馆运营经济负担加重,像一件脱不掉的湿棉袄。

三、研究内容与研究方法

(一)国外研究

在 PPP 实践中,英国是最早采用 PPP 模式的国家,加拿大、澳大利亚也是公认的 PPP 模式运用较好的国家。场馆选址在赛时的影响和赛后的利用意义更加深远,或是推动发展或是加重负担。法国法兰西体育场,悉尼奥运会主体育场、奥林匹克体育场,美国 NBA 联赛的菲尼克斯太阳队西部球馆等均采用 PPP 模式建设与营运。

(二)国内研究及应用

体育场馆有了合建、出租、承包、委托管理等形式的出现,有专家提出了体育场馆的民营化管理。(1)论公共体育场馆民营机制的选择(陆亨伯,2008)阐述民营资本进入公共领域能降低公共资金成本,能提高公共体育场馆运作效益,能激活民营资本推动体育场馆发展。[1]国发〔2014〕60 号《关于开展政府和社会资本合作的指导意见》明确了社会资本的合法性,保障社会资本的权利。(2)大型体育场馆民营化改革思考(李秀芬,2010),其观点为民营化法制建设构建政府、私营、第三部门多维互动的公共服务新秩序。[2](3)PPP 模式在体育场馆建设运营中的应用研究(李婉斌,2015),分析 PPP 应用于体育场馆中的优势和重要性,依据项目建设运营和主要参与主体的相互关系提出 PPP 运行模式;[3](4)大型体育场馆引入 PPP 投融资模式的可行性分析(石璞,2016),对大型体育场馆引入 PPP 投融资模式进行了可行性分析,指出了 PPP 投融资模式应用于大型体育场馆的优越性,并就大型体育场馆引入 PPP 投融资模式提出了相应的对策。[4](5)基于多目标的大型体育场馆 PPP 项目的融资性研究(叶晓甦,2018)分析了我国大型体育场馆关于政府、社会资本和公众对 PPP 项目融资目标的不同诉求和立场。[5]PPP 涵盖了不同社会系统倡导者之间的所有制度化合作方式,公共部门和私人部门建立伙伴关系进行的大型公共项目的实施,可以理解为一系列项目开展模式的总称,包含 BOT、TOT(转让—经营—转让),DBFO(设计—建造—投资—经营)等多种模式。[6]

PPP 模式的大型体育场馆项目治理机制研究(邓云,2015)结合大型体育场馆项目的功能属性和机制要素分析,构建 PPP 模式大型体育场馆项目治理机制的理论概念框。[11]国家体育场("鸟巢")运营状况及对策研究(姚玉凤,2011)通过问卷调查等研究方法归纳总结出 PPP 场馆运营中所存在的矛盾,从战略、策略、操作层面提出解决矛盾的对策。[12]

(三)本项目研究内容

"本项目"打包以 PPP 模式公开向社会招标,包括杭州奥体中心主体育馆、游泳馆和杭州奥体中心综合训练馆项目。

(四)项目研究基本思路

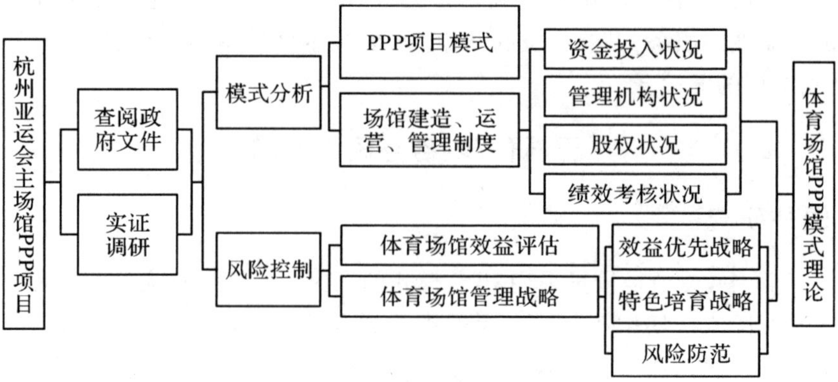

图 2 项目研究基本思路

（五）管理机构状况

中建八局是央企，负责主要建设工程。有深圳大运中心主体育场、南京青奥中心等建设经验；华润集团负责场馆运营。旗下有深圳湾体育中心 BOT 项目；中南网架是杭州奥体博览中心、水立方等主建上市公司，主要负责钢结构部分和钱江世纪城管委会（法人）组成股份公司进行党委联合办公。

（六）项目进程

根据项目管理办法和赛程需要，本项目分三期运行。（1）建设期为 3 年：须在 2020 年 12 月 31 日完成竣工验收。（2）赛事服务期：建设期结束后的次日至 2022 年 12 月 31 日为赛事服务期，预计为 2 年。（3）赛后运营期为 20 年：2023 年 1 月 1 日起至 2042 年 12 月 31 日结束。

（七）项目绩效考评

（1）工程建设如期竣工可奖 2000 万，延误则罚 40 万元/日，工程质量设“鲁班”奖和“钱江杯”奖励，分别为竣工价的 1％和 0.5％。（2）赛事服务期根据亚运会委员会要求承担各项赛事压力测试，期间费用都有政府支出收入也归政府所有，如不符合要求必须整改并附罚则。（3）赛后运营期分固定考核奖 2000 万元/年；可变性考核奖 6 亿元/8 年；可确定性考核奖 2 亿元/年。

四、绩效考核体系

萧山区政府按 PPP 合同设定指标每年对公司进行考核并发放考核奖励，具体如下：

（一）硬件部分

套用国家标准验收工程质量、环卫指标、消防安全、场地设施、器械标准、交通设施及安保安全等方面进行量化打分获得固定系数。（2000 万/年×系数）

（二）可变部分

运营期 1—8 年每年设定考核变量包括以下几类。①场地开放：面积、时间、天数。②体育服务：国际国家级比赛、省级比赛、群众性活动。③场地管理：规范化、信息化。④社会影响及效应：体育培训、公益活动、接待量、收入增长率、运营收入与运营支出的比值、群众满意度。各子项进行量化打分获得可变性系数。（6 亿/8 年×系数）

（三）可确定部分

政府临时组建的考察团通过常规考核和临时突击检查来获得场馆的正常营运情况，此项没有具体量化指标，一般而言不出赛事事故，交通安全或消防问题基本能够获确定奖（2 亿/年）。

五、后期营运效益分析

关于第19届亚运会的场馆建设，这既是一项重大的政治工程，也是一项利国利民的惠民工程，因此政府高度要求，严格考核并投入巨大财力。

(一)地理位置优势

体育馆地处滨江和萧山区之间的钱江新城，沿江开发以奥体中心为核心的体育休闲板块逐步形成，配套设施和周边居民日益成熟，五年后位于经济繁华地带的体育中心“火”是肯定的。

(二)股东实力优势

凭借华润集团的实力、运营体育馆的经验以及萧山区政府的优惠条件，收益已明显浮出水面。政府每年的奖励已经接近3亿，20年的经营权即可达到60亿。(投入预算45.8亿)

(三)政策优势

体育馆后期会有一定改造(合同允许)，停车场、酒店和周围商铺存在着不确定性收入。按约定超过利润8%的部分必须与政府分成，利润越高政府分成越低，从政策上鼓励PPP合作伙伴。

(四)长期经营风险

PPP合作协议虽然做了后期周密部署，确保收益增长以图长期运营，但未知事件定有存在意味着风险犹存，尚需跟踪研究并及时提出调整报告。

六、后期管理战略

(一)效益优先

以效益为导向监管体育场馆，使体育馆与群众、社会紧密联系在一起，这是管理的创新，能长期保持体育场馆的繁荣与昌盛。

(二)特色培育

体育场馆要在特色项目的发展上加大投入，培育与打造本土特色品牌，形成“杭州市场”的体育产业发展模式。

(三)战略布局

政府通过体育场馆PPP模式，吸取经验，合理布局体育小镇建设，形成“一市一品”的体育特色，使得杭州城市更具有竞争力。

七、基本步骤

调查的基本步骤如表 1 所示。

表 1 调查步骤

时间	步骤	实施
2017 年 11—12 月	获取信息确立研究项目	查阅知网 CNKI 相关研究成果;搜集近 10 年“体育场馆”研究成果,共搜索 77 篇
2018 年 3—5 月	确立研究基本框架和思路	查阅相关文件:国发〔2014〕60 号《关于开展政府和社会资本合作的指导意见》、发改投资〔2014〕2724 号《关于开展政府和社会资本合作的指导意见》、国办发〔2017〕79 号再次鼓励民间资本参与政府和社会资本合作(PPP)项目,促进基础设施和公用事业建设等共计 14 部
2018 年 3—5 月	组建研究小组,做好调研准备	组建课题小组成员对研究项目提出意见和建议,初定研究基本思路,拟定调研提纲;走访萧山区政府相关领导、高校研究专家
2018 年 6 月	确定题目,初步完成课题申请报告	实地走访中标企业项目负责人进行访谈,获取 PPP 项目部分资料;召开科研小组讨论会对访谈所得材料进行总结,撰写课题申请报告
2019 年 3 月	完成课题申请报告及网上注册申报	将课题申报书提交有关专家修改,更加完善其中材料,网上申报成功
2019 年 8—10 月	继续对研究项目进行调研	对比前后工程进度,发现新问题、新矛盾,撰写研究报告和成果要报并提交相关部门,完成结题

八、调查结果分析

(一)本课题学术理论创新程度

1. 本项目的理论阶段

解读本研究项目 PPP 模式框架,根据亚运体育场馆的实际情况分为建设、比赛和赛后运营三个时期,政府与七家公司组成股份有限公司进行合作,公司的融资形式和政府以考核奖励的机制分期付款都有一定的理论创新程度。

2. 阶段性考核指标

考核分固定性奖励、可确定性部分收入和可变性奖励三个部分。分别在场馆建设期、比赛服务期和赛后服务期设考核参数符合经济学、管理学等相关理论原理,利于监督和管理。

3. 营运利润分配方式

企业在后期经营利润分配上采用固定部分 8%以下和可变部分 8%以上部分的逐年递增的方式来激励经营者,有助于体育场馆运营的良性循环,也是创新之举。

(二)实际价值

1. 社会价值

2022年亚运会在杭州举行是一项国际大事,体育场馆是赛事成功的关键,是亚运会的保障。杭州举办亚运会,有着特殊的时代背景(第三次在中国举办)。通过亚运会向各国人民展现新一线城市杭州的交通、人文、地理和社会服务,真正成为长三角枢纽城市,是G20峰会后国际化的又一次提升。

2. 经济价值

建设主体育馆及附件共耗资45.8亿元,政府压力不可小觑,通过PPP模式成功引入民间资本90%,政府资金投入只占10%,明显减轻了政府财务压力;同时给以盈利为目的的民间资本创造了投资契机,后期营运20年每年补贴企业2—3亿元已超过投资本金,再加上商铺、停车场和酒店利润收入,以及完成政府约定的定期举办国际、国家赛事、演唱会等收入,并规定8%以下部分归企业所有,8%以上部分还可以按比例分成,同时企业还有2年的过渡经营时间和20年的经营权,利润颇丰。

3. 文化价值

杭州亚运会后赛事主体育馆为钱江世纪城周围的居民健身活动带来便利,让群众体育活动的开展有了保障。体育场馆不仅具有企业文化,同时展示体育人文、体育科技、城市与城市、国与国之间的艺术交流。调查发现,后期改造后将形成酒店、商店、展览会馆和大型文艺表演等一系列功能的场所,社会影响度高,能充分发挥体育馆的社会功效,举办重大赛事,聚集人气,扩大城市社会影响力,为杭州名片做出贡献。

九、通过研究引发思考

(一)政府的出发点

政府首先考虑的是如何完成亚运会任务,其次再考虑后期运营。项目设计时考虑到绿色环保兼顾后期体育场馆开放及有效利用,但不知道什么公司会来投标。

(二)中标单位出资状况

中建八局出资60%,中南网架出资20%,萧山城投出资10%,华润集团出资0.1%,萧山区政府出资9.9%。

(三)人文地理

主体育馆地处萧山区、滨江区和江干区的交界,北靠钱塘江,东靠庆春隧道,西临滨江和西兴大桥出口,位置比较特殊,交通繁忙,人口众多。周边有莲花体育场、滨江体育馆、江干体育场、黄龙体育中心、包玉刚游泳馆及萧山体育中心。

(四)工程进度

按设计方案目前主体工程进展顺利,正在完成第二部分钢结构,从调查了解到,工程进度完全可控。

十、本课题尚待解决的问题

(一)股东之间的矛盾

前期建设公司按比赛要求建设符合国际赛事标准的超一流的赛事场馆,然而后期运营公司只关心两年过渡期的拆移、改装、重建及更多利用空间既省事省力省工还能多创收。

(二)赛后运营股东约束

赛后运营为华润集团,是一个轻资产股东,只投入总工程价的0.1%,按合同约定政府以奖代还,每年2亿元而且还需要考核合格。那么问题来了,若赛后运营正常每年有盈利皆大欢喜,如果考核不合格经营亏损,不仅拿不到政府的奖金,更谈不上财务费用,逐年亏损华润集团放弃经营又该如何应对?前期协议缺少约束力。

(三)同行业间竞争

民营体育运营公司有浙江广厦(运营杭州体育场)、来茵达(运营瓜沥体育馆)、昆仑集团(运营金华体育中心)等一些有实力的体育发展公司,华润集团进入杭州后同行业之间的赛事组织竞争一定会更加激烈,场馆出租也同样面临周边体育场馆的挤压,有可能会相互压价后变成无序竞争。

(四)交通难协调

主体育馆处在三区交界,将来举办各种赛事或文艺演出、大型展览等,按现在规定人数,超过1000人以上的活动都必须报备和交通管制或疏导,那么这里的地理位置决定必须通知三个区政府,协调不一定会顺利,难度增加是一定的,如果遇到活动相互冲突更是难上加难了。

(五)周边规划

各个区政府的规划有相对的独立性,体育场馆周围的环境变化将直接影响到场馆运营。PPP项目的长期性也存在着将来的不确定性,现在的协议不一定适合10年后的情况,我国有5年规划计划,国家层面的政策导向直接影响地方政府决策,一旦环境发生改变,运营企业可能出现亏损或收益率达不到要求,体育服务质量肯定会下降,老百姓的满意度无法保证,面临考核不合格的风险。

十一、建　议

(一)思想觉悟

各个股东要有高度的民族觉悟和历史使命,全心全意为办好2022年杭州亚运会服务和做贡献,政治思想不能放松,发挥党员干部带头作用为亚运会添砖加瓦,管理者要做好引导和思想工作以保障亚运会的顺利举行。

(二)政策补丁

亚运会后的改建期,针对出现这样或那样的矛盾,各级政府应该相互协调出台政策补丁,来弥补前期考虑不周的协议。在改建期的两年内由上级政府部门(杭州市)牵头协调江干、滨江和萧山三区的规划、交通、体育、文化等有关部门布局体育场馆的后期利用。

(三)赛事机构

根据我国现有的体育赛事制度,民间赛事运营机构很难运作大型体育赛事。我省是否可以制定政策鼓励民间赛事交流,引进国际赛事,或成立官方市场专业赛事运营机构,加大体育赛事供给,制定赛事场地收费标准以及聘请专业体育裁判员和工作人员的标准,真正达到体育大型赛事的市场化运作,让更多专业的人来做专业的事。

(四)备胎计划

本PPP项目的赛后运营公司华润集团以轻资产参加赛后运营缺少约束力,政府应该做好备胎计划,保证场馆运营长期正常化,保护国有资产。

(五)市场化运作

PPP项目本身是市场化运作,对于亚运会主场馆的PPP项目,政府的初衷是想做真正的PPP,确实现在是在做PPP。因此政府不应该过度干预,特别是上级部门,省里应该出台政策,确保PPP项目的规范化运作,当地政府做好引导和监督的角色,尽可能地让其进行市场化运作。

参考文献

[1] 陆亨伯,徐培兴,谢萍萍.论公共体育场馆民营机制的选择[J].浙江体育科学,2008(03):9-11.
[2] 李秀芬,贾文彤.大型体育场馆民营化改革思考[J].体育文化导刊,2010(06):65-68.
[3] 李婉斌,刘伊生.PPP模式在体育场馆建设运营中的应用研究[J].建筑经济,2015(09):40-43.
[4] 石璞.大型体育场馆引入PPP投融资模式的可行性分析[J].财经界,2016(18):137-137.
[5] 叶晓甦,许婉熔,徐青.基于多目标的大型体育场馆PPP项目的融资性研究[J].成都体育学院学报,2016(6):12-16.
[6] 李洁,刘小平.知己知彼——国外PPP发展现状及对中国的借鉴[J].和讯债券,2015-3-9.
[7] 张仁寿,丁小伦.国外大型体育场馆的运营模式与经验借鉴[J].广东经济,2006(11):22-24.
[8] 谭建湘,周良君,陈华.国内公共体育场馆运营管理研究述评[J].体育学刊,2013(05):48-53.
[9] 何于苗,陈元欣,滕苗苗,等.国外体育场馆建设与经济发展研究综述[J].湖北体育科

技,2017(02):19-23.
[10] 刘波,龚晖晖.PPP模式与准公共品的供给——论PPP在大型体育场馆建设中的应用[J].首都体育学院学报,2009,21(2):151-154.
[11] 邓云.PPP模式的大型体育场馆项目治理机制研究[D].重庆:重庆大学,2015.
[12] 姚玉凤.国家体育场("鸟巢")运营状况及对策研究[D].宁波:宁波大学,2012.

课题组单位:浙江师范大学
课题组负责人:周顺锡
课题组成员:张晓云,洪丽敏,陆亨伯
课题名称及编号:杭州亚运会主场馆PPP项目研究(2020N84)